키네마:
영화소설과 시나리오 2

한국 언어·문학·문화 총서
20

키네마:
영화소설과 시나리오 2

백문임·김다영·이만강·최우정 엮고 씀

책을 펴내며

 이 책은 식민지 시기 신문에 연재된 영화소설과 시나리오를 삽화, 스틸 사진과 함께 수록하고, 그에 대한 연구자들의 해제와 논문을 엮은 『키네마: 영화소설과 시나리오』 두 번째 권이다. 이번에는 영화소설 「백의인(白衣人)」(이경손, 1927), 시나리오 「싸구료 박사」(김영팔 작, 안종화 각색, 1931), 안석영의 소설 「춘풍」(1935)과 박기채가 쓴 수기(手記) 「춘풍」(1935), 그리고 안종화 등 7명의 필자들이 참여한 연작 단편 시나리오 「여인부락」(1937)을 다루게 되었다. 또 우리가 제공한 「춘풍」 자료로 귀한 원고를 작성해 준 김상민을 객원 필자로 초대하게 되었다.
 이번에도 우리는 신문 연재 당시 거의 매일 삽입되었던 삽화나 스틸사진과 '함께' 이 작품들을 읽고 보는 것이 중요하다는 데서 출발했다. 박기채가 '문예영화'로 만들어 큰 화제를 모았던 「춘풍」을 제외하면, 「백의인」이나 「여인부락」은 일단 '영화화' 작업과 무관했기에 별다른 주목을 받지 못했고 「싸구료 박사」는 로케이션 촬영까지 다녀오고도 개봉하지 못해서 역사의 뒤안길로 사라진 것 같았다. 그러나 스틸 사진과 함께 읽을 때 「백의인」은 1927년 당시 최고의 '스타'였던 신일선과 김정숙이 연기하는 캐릭터들(및 감독 이경손)이 식민지 조선의 바깥(일본, 중국, 러시아 등)을 꿈꾸는 작품으로 다가오고, 「싸구료 박사」는 소년 수남의 귀엽고 총명한 모습과 활동이 주도하는 작품이 된다. "여인 생활의 백면상(白面相)"이라는 부제를 단 「여인부락」에서는, 남성 작가들이 생각한 당시 여성들의 유형(구여성, 신여성, 여급, 기생, 유한마담 등)이 현순영, 복혜숙, 신일선, 황정미, 김연실, 김소영 등의 배우들을 통해 구현된다. 캐릭터의 성격과 운명이 배우들의 이미지와 상호작용하며 형성되는 걸 보여주는 이 흥미진진한 프로젝트는, 근대 초 '작가'로 알려진 사람들만이 아니라 안석영 등의 삽화가, '일월 사진관' 등의 촬영자, 박기채 등의 영화감독과 각색자, 그리고 배우들이 함께 어떤 텍스트를 생산했는가를 잘 보여준다.

　이번 책에는 특별히「춘풍」의 두 가지 판본을 싣게 되었는데, 안석영이 소설로 연재하면서 직접 삽화를 그리기도 했던 작품을 박기채 감독이 "수기(手記)"라는 형식으로 각색하면서 스틸도 삽입했던 사례이기 때문이다. 화가이자 작가이자 감독이었던 안석영의 다재다능함을 한 작품에서 드러낸 것이「춘풍」이며, 영화화로 나아가는 과정 자체를 보여주는 것이 박기채 감독의 "수기"「춘풍」이다. 독자들은 안석영이 자기 자신의 소설의 삽화를 어떻게 구상하는지, 그 삽화가 (문예봉이 주인공을 맡은) 스틸사진으로 어떻게 구현되는지 혹은 고정되는지 등등을 음미해 볼 수 있을 것이다. 사실「춘풍」의 시나리오 버전도 존재하지만, 지면 일부가 유실된 상태여서 이 책에 싣지는 못했다. 객원 필자 김상민은「춘풍」의 이런 생성적 텍스트 상황을 꼼꼼하게 분석하는 논문을 기고해 주었다. 그는 안석영의 원작을 "소설"로, 박기채의 수기를 "영화소설"로 보아야 한다고 말하면서, 오랫동안 신문 삽화와 시나리오 작업을 했던 안석영이 소설을 쓰고 삽화를 그릴 때 어떻게 영화적 이미지와 구도를 구사했는가를 설득력있게 분석한다.

　1권의 "책을 펴내며"에서도 밝혔듯, 이 책을 처음 구상한 것은 식민지 시대 영화평론을 조명하는 작업[1]을 위해 자료들을 꼼꼼히 살피던 때였다. 21세기 들어 이 시기 영화의 프린트들이 다소 발굴, 소개되었으나 우리는 여전히 갈증을 느끼고 있었는데, 1920년대 초부터 신문, 잡지 등을 '점령'한 영화 관련 기사들, 영화소설, 시나리오, 그리고 이미지들은 단비와도 같았다. 특히 열악한 제작시스템과 검열 때문에 한때 지식인들이 영화소

---

[1] 백문임 외, 『조선영화란 하오』(창비, 2016)로 출간되었다.

설, 시나리오 같은 "독물(讀物: 읽을거리)"을 대안으로 삼았던 것을 염두에 둘 때, 이 자료들은 단순히 조선영화의 보완이 아니라 그 핵심이 될 수도 있다.

이 두 번째 책은 1권을 읽고 응원해 준 동료들, 그리고 이 낯선 자료에 흥미를 보여준 학생들 덕분에 추진력을 얻었다. 그들과 나누었던 많은 대화들이 순수한 기쁨과 또 에너지를 주었기 때문이다.

자료 수집에 도움을 준 박소연, 이재린, 정재훈, 일본어 파악을 도와주신 다지마 데쓰오 선생님, 많은 관심과 열의로 이 두꺼운 책을 만들어주신 보고사의 박현정, 이소희 님께 진심으로 감사를 보낸다.

2025년 3월 백문임

차례

책을 펴내며 / 5
일러두기 / 11
식민지 시대 시나리오 용어 / 12

1장
자료 및 해제

이경손, 영화소설 「백의인(白衣人)」

『조선일보』, 1927.01.20.~04.27. ——————————— 15

[해제] 흰옷 입은 무리들의 가련한 동화 【백문임】 ——— 215

김영팔 작, 안종화 각색, 시나리오 「싸구료 박사」

『동아일보』, 1931.09.12.~10.25. ——————————— 225

[해제] 엑스(X)키네마의 여행 【최우정】 ——————— 329

안석영, 소설 「춘풍(春風)」

『조선일보』, 1935.02.10.~04.14. ——————————— 335

감독 박기채 수기(手記), 「춘풍(春風)」

『조선중앙일보』, 1935.09.17.~10.08. ———————— 475

[해제] 영화의 시대에 분 봄바람 【이만강】 ——————— 505

안종화 외, 연작 단편 시나리오 「여인부락」
『동아일보』, 1937.08.15.~09.30. —————— 513
[해제] 명류(名流)영화인이 본
여인생활의 백면상(白面相) 【김다영】 —————— 626

2장
논문

신일선의 스타 이미지 【백문임】 —————— 635
   1. "조선의 애인" —————— 635
   2. '순결한 처녀' vs "까불까불 유쾌하게 뛰노는 인물" —————— 641
   3. 오버랩되는 배우-캐릭터 —————— 649
   4. 〈아리랑〉과 나운규의 신일선'으로 기억되다 —————— 657

1930년대 조선영화의 희극(성)과 가족 로망스 【최우정】 —— 660
  : 〈싸구료 박사〉와 〈키드〉(The Kid, 1921) 겹쳐 읽기
   1. 식민지 조선의 '촵푸린' 담론과 〈싸구료 박사〉 —————— 660
   2. 도시 빈민의 재현과 아동노동의 문제 —————— 664
   3. 사각화(四角化)된 인물구도와 아버지됨의 재배치 —————— 668
   4. 오려진 사진 귀퉁이와 '난민-천사'의 형상 —————— 675

1930년대 중반 소설과
영화소설의 매체적 경계와 변화 【김상민】 ─────── 678
: 영화 〈춘풍〉(1935) 관련 텍스트 연구

1. 유실된 영화 〈춘풍〉(1935)을 재구성하기 ─────── 678
2. 영화소설 「춘풍」의 성격과 목적 ─────── 681
3. 안석영의 가상 스크린 -
   원작소설 「춘풍」(1935)에 구현된 영화적 연속성(continuity) ─── 687
4. 소설과 영화소설의 경계 ─────────────── 696

참고문헌 / 703
서지정보 / 706
저자소개 / 707

일러두기

1. 우리말과 외래어 표기는 현대어에 맞게 고쳤다. 가독성을 높이기 위해 문장과 표현을 문맥에 맞게 고치기도 했다. 단, 특별한 의도나 의미가 있는 경우는 원문을 살렸다.

2. 영화 제목은 〈 〉, 영화소설·시나리오 제목은 「 」로 표기했다.

3. 오식의 경우 원문을 수정하고 주석에서 오식임을 밝혔다.

4. 해독이 어려운 부분은 ▨로 표기했다. 원문의 인쇄 혹은 보존 상태가 좋지 않아 식별이 불가능한 경우는 '판독 불가'로 표시했다.

5. ×, (약(略)) 등의 삭제 표시는 원문 그대로이다.

식민지 시대 시나리오 용어

서광제의 「「화륜」 연작을 앞두고」(『중외일보』 1930.7.4.) 및 이효석의 「시나리오에 관한 중요한 술어」(『동아일보』, 1931.2.24.~25.)에서 발췌.

    T: 자막(title)
    전경(全景): Full Scene. 전체의 경치를 화면 속에 넣은 것.
    원경(遠景): Long Shot. 먼 데 것을 촬영한 것.
    중경(中景): Medium Shot. 원경보다 조금 가까운 것.
    근경(近景): Close View. 중경보다 아주 가까운 것.
    반신(半身): Bust. 인체의 반신을 박은 것.
    대사(大寫): Close Up (C.U.). 안면이든 수족이든 크게 박은 것.
    용개(溶開)/교개(絞開): Iris In (I.I.). 컴컴한 화면 중앙에서 동그랗게 점점 밝아지는 것.
    용폐(溶閉)/교폐(絞閉): Iris Out (I.O.). 용개와 정반대.
    용명(溶明): Fade In (F.I.). 화면이 점점 밝아지는 것.
    용암(溶暗): Fade Out (F.O.). 용명과 정반대.
    이중(二重): Double Exposure. 물체가 이중으로 보이는 것인데, 가령 사람이 서 있는 그 위로 기차가 지나가는 것.
    순간(瞬間): Flash. 잠시 잠깐 보이는 장면.
    이   동: Follow. 자동차가 질주해 가는데 화면도 쫓아가는 것.
    회   전: Revolve. 촬영기에 일정한 한도가 있어 상하좌우로 회전할 수 있는데 그 외의 것은 이동으로 촬영함.
    용전(溶轉): Overlap. 이중전환.

1장

자료 및 해제

이경손, 영화소설 「백의인(白衣人)」

『조선일보』, 1927.01.20.~04.27.*

기호는 아침상을 내보내고 시계를 꺼내 보니 작은 침이 아홉 시와 열 시 중간에 머물러 있다. 신문사의 규칙은 대강 열 시에 모이라는 것이지만 자기는 문예부를 맡아보는 터라, 경찰서 문지방을 깡충 뛰며 돌아다니는 사회부 기자와 같이 출근 시간에 바쁘게 서두르지 않아도 좋을 때는 많다. 그래서 몸을 벽에 기대며 두 다리를 쭉 뻗고 담뱃갑을 끌어당겼다.

〈그림 1〉 1.20.
기호(基浩) : 이소연(李素然)

그때 누구인지 자기 방을 향해 걸어오는 인기척이 있었다.

"있구면!"

개성 계신 어머니의 목소리다. 기호는 후다닥 일어나며 창문을 벌렸다.

"아직 안 갔구나."

"어떻게 올라오세요."

"너 보고 싶어서 왔지."

늙은이의 만족은 이런 곳에 있나 보다.

"언니!"

---

* 신문 연재본을 저본으로 하되, 지면이 지워진 부분은 1931년의 단행본 『백의인(영창서관)』을 참고했다.

"잘 있었니."

어머니 뒤에는 자기 동생 기영이가 서 있다.

"공일에도 들어간다기에 못 보면 어떻게 하나 하고 줄달음질을 해왔지."

어머니는 앉으며 그같이 말했다. 못 본 석 달 동안에 어머니의 앞니는 좀 더 뻐드러진 것 같아 보인다.

"아무 일도 없었지요?"

"그럼 아무 일도 없지. 문안도 싱겁기는 하다."

"이모 어머님도 안녕하세요?"

"매일 한 번씩 들여다보고 가지 않으면 잠이 안 온다고 하신단다."

아무리 친형제지만 고마운 노인이다. 어린 아들 하나를 끼고 단둘이 지내는 아우의 고적함을 생각하고 이 년간을 매일같이 한 번씩 방문하는 이모야말로 친아들인 나보다 낫구나 했다.

"얼굴이 못되었구나."

"못될 리가 있나요. 공부하는 사람은 하룻밤만 늦게 책 보다 자도 이틀 날은 못된 것 같아 보인답니다."

"밤낮 공부꾼이냐. 인제는 좀 얼굴도 펴볼 도리를 해야지."

"어머니는 밤낮 공부꾼이 아니시오? 매일 성경을 보시면서."

"그것은 영혼 양식이지."

"저도 영혼 양식이랍니다."

세 사람은 웃었다. 이것은 사 개월 만에 다시 만나는 봄이니 이 봄을 매일같이 맛보자면 '모시고 함께 있어야 한다.'는 것은 자기도 잘 아는 일이요, 어머니 역시 가끔 설명하는 터지만 그야말로 형편이 형편이다.

구(舊)한국 때 문관을 지내시던 아버지는 몇십 석 추수의 유산을 가지고는 있었으나 그것은 자기의 구 년간 공부가 모두 없애놓았으며 그분은 이 년 전에 해소로 돌아가시고 말았다. 인제는 기가[1]한다는 문제가 순전

---

1 기가(起家): 기울어져 가는 집안을 다시 일으킴.

히 자기의 두 팔에 달린 셈인데, 구십 원이란 사령장을 준 신문사는 다달이 육칠십 원밖에 못 주고 다음 달로 미뤄버리는 월급이다. 자기 밥값 외에 우선 정성껏 지켜야 할 것은 정동학교 기숙사에 있는 자기 누이동생 정애의 학비다. 그리고 보니 개성 보낸다는 '가와세'[2]는 이십 원 예정이 십 오 원 혹은 십 원으로 줄어 들어갈 때가 많다.

이런 형편에 단 두 칸의 전세인들 얻어놓고 모셔 온다는 기회가 생겨날 이치야 없다. 그러기에 달밤이면 가끔 눈앞에 나타나는 개성 시외의 조그마한 초가 몇간 집— 잘 지내는 이모 어머니가 기부한 집 속에 노모와 동생을 앉혀놓은 채 벌써 이 년이란 세월을 아무 해결 없이 질질 끌어온 것이다.

"정애도 아마 이따쯤 오기 쉬울걸요. 공일이면 가끔 들른답니다."

"그러지 않아도 그래서 공일을 선택했지. 예배도 못 드리고…."

"차 안에서 드리시지요."

"그러지 않아도 차 안에서 본 셈이란다. 아들과 딸 보게 해주시니 감사합니다고 기도드렸지."

"어머니는 열 시도 못 되어서 남보다 먼저 드리나?"

이번에는 작은아들이 비꼬았다.

"참 그렇구나."

이때 창문이 덜컥 열렸다.

"어머니!"

그것은 정애의 얼굴이다.

01회, 1927.01.20.

---

2 かわせ(爲替). 'かわせてがた(爲替手形)'의 준말. 환어음.

"손이 얼었구나. 자아 이리와 앉아라.³ 어떻게 예배 시간도 못되어서 나오니."

"어머니 오실 줄 알고…."

물론 당치않은 거짓말이다. 사랑하는 이와 약조한 바가 있어 예배도 안 보고 나오면서 – 하는 생각에 해해 웃는 낯으로 마음의 형상을 가렸다. 대낮의 바다와 같이 밝은 성격이다.

〈그림 2〉 1.21.
정애 : 신일선(申一仙),
기영 : 김성운(金成雲)

"오빠 들어가시지나 않았나 했는데 계시네."

"나도 너 올 줄 알고…."

"에그."

어머니는 딸의 두루마기 앞품을 낚시질하듯 당겨도 보며 머리칼을 뒤로 넘겨도 보아 고운 이의 형상을 더한층 돋워 놓으려고 한다. 자기의 창작, 자기의 보물이므로….

"아침 먹었니? 올 때 볶은 고추장을 좀 가져오려다가 네 편지에 하도 기숙사 반찬은 – 아주 무슨 나라 여왕…? 기로사 여왕보다도 낫다 하기에 그만두었다."

"기로사가 뭐예요. 에그 어머니도. 매일 경성에서 희랍, 희랍 하시면서 기리샤⁴도 모르시네."

"희랍이 기로사냐?"

모두가 웃었다.

"너는 맛난 반찬 혼자 먹는구나." 하는 오빠는 참으로 좋은 사람이다. 정애에게는 그리 보였을 것이다.

"면회일에 오세요. 일어나지도 못하시도록 많이 대접하지요."

---

3 원문은 "안노라"이나 오식으로 보인다. 단행본에는 "안저라."
4 ギリシャ. 그리스.

네 사람은 또 웃었다.

"참 어머니, 아침?"

"그래도 그런 데에 딸이 아들보다 낫구나. 먹고 왔지. 이따가 느직해서 점심이나 함께 먹자."

그때 기영이는 손수건에 싼 조그만 꾸러미를 여러 사람 가운데 내놓았다.

"누나, 호두!"

"참, 어저께 이모께서 주시기에 너희들이 생각나서 가지고 왔다."

모두가 한 개씩 호두를 집어 들었다. 어머니 역시 한 개를 잇사이에 무니 너무나 단단한 바람에 얼굴을 한편으로 쏠그라트리며 "에그", "에그" 하실 뿐이요, '딱!' 소리가 나자면 아직도 먼 것 같아 그것을 보는 두 어린 사람은 해해 웃었다마는 나이가 있는 기호의 가슴은 조금 쓰렸다. '그것도 인제는 안 깨지는구나.' 인제는 청춘이 아니라는 말이다. 기호는 손아귀에다 넣은 채 고무공을 들고 있는 형상으로 주물럭거릴 뿐으로 정애와 기영이는 기를 써 물고 있다.

"아서라 얘들아 이 상할라."

어머니는 방 안에 목침이 있나 없나를 살피다가 재떨이라도 주울 듯싶어서 그것을 끌어당길 적에 '딱!' 소리가 나는 곳은 기영이의 입이다. 어머니는 손에 든 무기로 여러 개를 깨트려 자기의 아들과 딸들에게 분배하고 있을 때 정애는 여러 번이나 자기의 몫으로 돌아오는 것을 아우인 기영의 손에 쥐어 주었다.

"누나, 누나, 영어 셋째 권 배워?"

"응."

"누나 예배당에서는 공일날마다 합창한대지?"

"그럼. 코러스대라고 아주 있는데."

그때 어머니는 큰아들의 얼굴을 바라보며 의논하자는 어조로 말을 걸었다.

"참 기영이가 자꾸 너에게 와서 같이 있으면서 서울서 공부하고 싶다고 조른단다."

"서울요?"

"내가 어떻게 서울에 와서 단 몇 칸이라도 얻어 있게 되었으면 학생들이라도 치면서 제 소원대로 해줘 보겠다만…."

정애와 기영이도 어머니 편 이야기에 주의를 끌린다.

'왜 하필 서울은요. 개성에도 중등학교가 많은데.' 하는 대답이 입술까지 나왔다마는 기호는 그것을 참았다. 아우의 욕망이 무엇이든 한 가족의 두목 된 자기로서 어린이의 소원을 못 풀어 줄 경우에 있다 하면 그것은 슬픈 일이다. 아우의 이론이 어떠하든지 간에 배우고 싶어서 바둥대는 어린이의 마음 그것은 귀여운 것이다. 자기는 항상 '누이가 졸업할 때까지는 어머님 모시고 참으라.'는 편지를 했으나 말하자면 모두가 돈 때문이다. 공부가 하고 싶은 기영이는 상업학교 야학부에를 일 년이나 다녔지만 그래도 더 좀 여러 책을 보고 싶어서 개성 도서관의 하인인지 사무원인지 분간키 어려운 월급 생활을 육 개월간이나 했다는 소문은 기호 역 모두 듣고 있는 터다. 늦은 밤 등잔불 밑에 앉은 어린 아우가 책 읽는 시선으로 천장을 쏘며 이를 악물고 부르짖는 말이 '아- 나는 언니와 같이 될 테다! 위대한 사람이 될 테다!' 하는 광경을 상상할 때 동기 사이에 흐르고 있는 형용키 어려운 피는 까닭 없이 뼈를 저리게 할 때가 많다.

"오빠, 오빠, 한번 대대적 경제생활을 하시지. 그래도 안 될까."

누이의 그 웃으며 말하는 음향은 '그래야 단 십여 원이 아니야요.', '영업부에 내려가 들입다 조르시면 십 원쯤이야 더 못 빼서 오세요?', '친구와 한번 술잔을 잡으시면 적어도 육 원, 칠 원이 아니야요?'로도 들리는 듯싶었다. 그래서 기호는 가장 인자한 음성을 지어가지고 아우를 향해 물었다.

"서울이 좋으냐?"

02회, 1927.01.21.

"서울서 공부가 하고 싶으냐?" 하며 기호는 여러 번 물었으나 아우는 자기의 월급 생활을 동정함인지 대답이라고는 "…." 이럴 뿐이었다.

정애는 기영이를 끌어올릴 삭성으로만 연달아 청하는 바람에 "그러면 어머니 혼자 계시게 되시지." 해볼 뿐이었다.

"나야 친형님이 옆에 계신데 상관이냐." 하는 어머니의 대답에 "글쎄 그럼 어떻게 올라와 있도록 하지." 하고 승낙하던 기호는 아까의 그 장면을 다시 생각하며 광화문통을 걸어간다.

〈그림 3〉 1.22.
기호 : 이소연, 정애 : 신일선

'월급이래야 줄 것을 다 줄 때는 드무니 다달이 모자라기가 쉽지…?'
'글쎄 그러나 어떻게 해보지.' 기호는 그같이 혼자서 중얼대며 찬바람을 가르고 있다.

십자각 넓은 마당터에는 행인의 자취가 드문데 '앵' 하고 울며 달려드는 전차가 더한층 찬 기운을 몰아다 퍼트리는 것 같다. 멀리 공중에 솟아 있는 것은 방송국의 쇠돛대. 아침 해에 반사가 되어 번쩍! 또 번쩍!

열 시가 넘었기에 그렇지 않아도 일어서 보려는 판에 신문사 급사가 '얼른 오라'는 편지를 가지고 왔었다. 어째서 얼른 오라는지 알 수 없는 일이나 지금 기호의 종종걸음을 치는 이유는 편집부장에게서 그 편지를 받은 까닭이다.

일하며 사는 이에게는 생기가 있는 법이다. 이층으로 올라가는 층층대를 그럴 듯이 쿵쾅대며 편집실 도어의 고리를 잡아당겼다.

"야!"
"야!" "야!"
"야!"
"그 애 보고 오셨소?"

"네. 막 일어서려는데…."

편집부장은 자기를 신임하는 사람이요 자기 역 '좋은 분'이라고 여기며 있다. 얼굴이 귀공자로 생기기는 했으나 아직 조선 '티'가 덜 빠졌다는 탓으로 별명이 '코리안 프린스'라 했다.

"저번 밤에 명월관에서 수원 사람이라고 보신 적이 있지요?"

편집부장은 기호를 자기 옆에 불러다 세우고 그같이 말했다.

"수원 사람요?"

"왜 돈푼이나 있다는-."

"네- 네. 압니다."

모본단[5] 조끼를 입었던 자, 변소에 가는 기생의 뒤를 따라 나가던 자, 신문사에 돈 좀 내겠다고 떠들던 자 말이다.

"그 일로 오늘 수원에 좀 가주셔야 하겠습니다."

"네-…."

"집이 내려갈 때는 확실한 대답이 있었는데 요사이는 편지 답장도 없어서-." 하는 한마디에 기호는 자기가 하러 갈 일이 무엇인지를 짐작했다.

지금 앉아 있는 기자들 중에 서너 사람은 비단 기자 일만 해오던 기자는 아님이다. 말하자면 이 신문사에는 여러 의미의 공로자이니 기호의 신문사는 기호가 입사한 후로도 단 이 년간에 벌써 세 번째나 윤전기 소리가 멈추었었다. 그 소리가 멈추려고 할 판- 다시 말하자면 돈 대던 양반들이 인제는 못 대가겠다는 의미를 토하고 선금밖에 모르는 종이 장사 일인은 머리만 긁으며 시원스러운 대답을 안 하게 되면 온 사 안은 들끓게 되어 그런 때마다 직공들은 그럴 줄 알았습니다의 얼굴로 때아닌 때에 드러누워서 아리랑타령을 부르려 들지만 애쓰는 것은 사에서 중요시하는 기자들이다. 책보를 내던진 지 불과 몇 해가 못 되는 서생이라- 해도 좋을 만한 경험 없는 눈들이 뱃가죽 두꺼운 이의 앞에 앉아서 "사실 즉 저희

---

5 모본단(毛本緞): 비단의 한 종류.

사는….." 하고 전주⁶ 운동을 하게 되니 기막힌 일이다만, 아까 말한 그 사람은 벌써 두서너 번씩 그 맛을 보았다고 한다. 지금 또 이와 같은 심부름을 하게 되는 것은 반드시 이사회에서들 긴 한숨을 쉬게 된 까닭이 아닌가 할 때 가슴 안이 조금 뜨끔해진다.

만약 자기들의 대화를 지나가는 직공이 들었다 하면 그는 뭐라 할 것이냐. '흥 다섯 번째로구나.'

"얼마나 말을 했어요." 기호는 가만히 물었다.

"자기 말은 한 삼만 원이라도 어쩔 수 있다지만 그야 누가 알우."

"사람이 어때요? 말은 확실했어요?"

"좌우간 가보시구려. 자기가 자진한 것이니까 우리 일에 얼마든지 낸다는 거야 안 받을 수 있소." 하는 편집부장의 말은 자기 얼굴에 떠도는 근심을 풀어놓으려는 방책으로도 들렸다. '망해가니 구하는 것이 아니라 내놓는다니 받는 것이지요.'로 해석하려다가 '아직 회사가 그렇게 되었을 리는 없어.' 하고 스스로 위로했다.

"수원 시내겠지요?"

"가만히 계십시오, 여기 주소가 있으니." 하며 부장은 자기의 서랍을 연다. 기호는 어머님에게 '안녕히 내려가십쇼.' 할 장면을 예상하고 섰으려니 연상의 움직임은 어머니, 누이동생, 공부하러 온 아우 하고 다른 편으로 돌게 되어 생활에 대한 가벼운 불안이 또다시 자기의 가슴을 어둡게 한다.

03회, 1927.01.22.

정애와 기영이는 어머니에게 자리 하나를 잡아준 후 차에서 나와 어머

6　전주(錢主): 사업 밑천을 대는 사람.

니 탄 창문 앞에 나란히 섰다. 어머니는 기호를 수원에 보내고 정애 역 더 앉아 놀다가는 기숙사 시간이 늦으리라 하여 이같이 네 시 삼십 분 차를 선택한 것이다.

어머니는 손아귀가 찢어질 듯이 애써서 간신히 유리창을 올려 밀더니 "아니 춥구나. 그만 들어가거라." 한다.

"어머니, 내 편지할게." 딸은 말했다.

"참 어머니, 내 책상 안의 것 그대로 가만 두우."

〈그림 4〉 1.25.
경식(敬植) : 박덕양(朴德陽),
정애 : 신일선

"그래 잘 모셔두마."

"건드리면 안 되오."

"그래 에유 그놈-. 너도 잊어버리지 말고 추운데 집에 들어오거든 조선옷으로 갈아입고 앉았어."

"응."

따르릉! 소리가 나며 기차는 움직인다. 차장은 뛰어가며 작별 나온 일인들은 허리를 기역 자로 구부렸다.

"어머니 내 편지할게."

"그래, 잘들 있거라."

정애는 개찰구를 거쳐 너른 마당에 나서는 길로 급한 것이 연인 방문이다.

"나는 바로 기숙사에 가야 해."

"그럼 공일날이나 오우?"

"응. 차표 줄까."

"싫어. 있어."

두 사람은 잘 가거라, 잘 가오 소리를 못한 대신 서로 두어 번씩 돌아보았다.

어머니가 탄 기차는 벌써 신촌 앞 굴 앞까지 갔을 것이다. 갑자기 눈앞이 캄캄해질 때 그 노인은 무엇을 생각할 것인지 장차 자기 앞 위안이라고는 하루 한 번씩 보는 형님의 웃는 얼굴, 예배장의 종소리 그뿐일 테니 참으로 적적한 일이다마는 기독교인들에는 때때로 '희생'에 참는 일이 실없이 많다. 그것이 의식적은 못 되나마 꺼진 불 다시 일어나듯이 확! 할 때면 무서운 법이다.

'자기의 자손을 위해 몇 해 고적한 것쯤이야.'

그렇다. 이 노인도 지금 그 같은 마음으로 고요히 기도드리며 있다 하는 어여쁜 신촌역을 작별할 때―

"빠고다 고-웬 마에-[7]" 소리가 나자마자 정애는 벌써 큰길에 내린 사람이다 할 만치 그는 급했다. 연인이 유숙하고 있는 곳은 인사동 골목 안이니 전차에서 내리면 얼마 안 되지만 얼마 안 됨이 더 급하단 탓도 되었다.

일 초, 이 초를 세면서 다섯 시간이나 기다렸을 그 사람은 일 년 전 크리스마스 때 만난, 법학 배우는 전문학생이다. 정애는 어머니를 뵈러 개성에 갔으며 경식이(연인)는 '호스톤[8]에 있는 누이동생을 보러 그곳에 내려갔을 때 대자연은 빙그레 웃으면서 그들을 어느 조그만 예배당 안으로 이끌어 놓은 것이다.

"아유 언제 내려왔어!" 그것이 정애의 손목을 잡는 경식이 누이동생의 목소리라 하면 정애와 경식의 친해진 경로를 상상할 수가 있는 일이 아니냐.

인사동 너른 길을 조금만 올라가자면 왼편 좁은 골목 안에 막닥치는[9] 일본식 검은 판장이 그의 유숙하는 집 담이다.

대문 안에 들어서며 정애는 너무나 늦어서 첫 인사가 재미있을 것을

---

7 パゴダこうえんまえ. 파고다 공원 앞.
8 개성 호스톤[Holston; 호수돈(好壽敦)] 여학교.
9 원문 그대로임. 단행본에는 "맛닥치는".

예상하여 가늘게 웃었다. 그 웃음에 충동을 받은 정애는 장난이 하고 싶어졌는지 구두 소리를 감추며 살며시 걸어간다.

"유-빙[10]!"

방 앞까지 와주는 고마운 체부[11]도 없거니와 체부로는 너무나 어여쁜 목소리다.

"유-빙!"

"…."

"편지입니다."

"요새 편지들에는 거짓말이 많으니까 받아 보나 안 보나 일반입니다."

"아유 어쩌면-."

"그럼 무어야요." 하며 경식은 튀어나왔다.

"아유 뭐라고 사죄를 해야 옳을까."

"글쎄 어떤 벌을 드려야 옳을까…."

04회, 1927.01.25.

두 사람은 방 안에 들어서는 길로 연인 사이의 정말 인사를 실행하려고 서로 가슴을 맞대었다. 그들의 지난날 첫 키스는 짧고 뜨거웠건만 이제는 그 열기를 잃은 대신 키스의 시간이 길어졌다.

"오빠한테 들었더니 어머니가 올라오셔서 그래 늦었어요."

서로 입술이 떨어지자 정애는 그같이 말했다.

"어머니요?"

"아침에 올라오셨어요."

10　ゆうびん. 우편.
11　체부(遞夫): '우편집배원'의 전 용어.

"나도 가볼걸."

모르는 사람을 어째서 가본단 말이냐. '사랑하는 이의 어머니, 장래 아내의 어머님이니까.'가 대답이라면 그곳에 장모란 말이 포함된 것을 생각하니 정애는 우스웠다. 경식이도 그 기쁨에 공명된다는 표정으로 마주 보며 웃었다.

〈그림 5〉 1.26.
경식 : 박덕양, 정애 : 신일선

아침부터 오늘은 불 많이 때달라고 주인 할머니를 졸라놓은 터라 방 안은 어디 가 앉든지 따뜻할 것 같았다.

"다섯 시간씩이나 위반하고."

"어유 또 그 소릴세."

온기가 알마침 도는 방 안에 사랑하는 사이가 오래간만에 마주 앉았으니 무슨 이야기를 해야 옳을 것이냐. 시골의 이런 장면이라 하면 '뒷집 강아지는 감기가 들어 캥캥하데.'가 이야깃거리일 것이며, 기생방 이런 장면이라면 '창경원 사쿠라가 내일부터래.'가 문젯거리지만, 스물한 살의 법학 전문생과 열여덟인 여자 중학 사이니 뭐라 늘어놓음이 그들의 이야기일는지.

예전 날 정애를 처음 만나던 경식이는 비교적 재미있는 이야기를 많이 가진 듯도 싶었다.

"저희 학교는 한 달에 한 번씩 실습 시간이라고 있어요. 그 시간이면 상급생만 모여서 정말 재판소 모양으로 하나는 검사가 되고 하나는 판사, 그리고 서기, 방청객들을 꾸며놓은 다음에 의복도 정말 검사처럼 차린 학생이 범인 된 학생을 으르딱딱거리지요-." 하며 정애를 기껍게 해주었다만 이제는 -그 여자의 마음을 뺏어 놓았으니까 예전처럼 노력할 필요는 없다-는 게 아니라 우선 이야기의 재료가 적어졌단 말이다. 그것은 그가 시나 소설이나 음악을 좋아하는 예술가가 아니므로 잔재미의 능란

이 부족하다는 것은 사실이겠지만 최대의 원인은 그것이 아닐 것이다.

그들은 매일 학교에서 배우며 또한 신문과 잡지를 곁거리로 본 덕에 경식이만 하더라도 장래는 우선 변호사가 된 다음 훌륭히 더 공부하여 조선에 무슨 일이 있으면 자기도 일본의 농민당 수령 대산[12] 씨와 같이 되리라는 이상을 갖고 있다. 정애 역시 '그대의 이상은?' 하고 묻는 사람이 있다면 '저 말입니까-.' 하고 여자 동지들의 첫두머리 논문만 한 이상도 토할 것이다. 그러나 그것은 그들의 '학문'이란 것이요, 그들의 피나 살이나 또는 재미있는 이야깃거리는 못 된다. 그것은 마치 차고 다니는 훈장 같은 것이다.

소학교부터 철학을 못 배우는 동양의 학생들은 불쌍한 생활자다. 그들은 연설 마당과 실생활이 쇠패딴판이므로[13] 그들은 자기 연인의 코가 우뚝한 것을 볼 때 그것이 자기들 작년 하기 방학 때 연설한 '현대란 것은'과 같은 뜻인 것을 모르고 있다(처진 코는 구식이라니 말이다). 그래서 "아- 그대의 아리따움이야." 하며 놀라야 옳을 시간에 당치도 않은 일로 킬킬대고 있을 뿐이다. 옆에 화로 위 주전자가 갑자기 푸! 하고 방귀를 뀌었단 말이다.

두 사람은 때때로 과자를 입에 넣으며 쥐가 쥐꼬리를 물듯이 여러 이야기를 늘어놓았다. 지금은 옆의 신문지가 똥겨주어[14] 며칠 후에 시작될 전선 바자회에 대한 이야기가 벌어졌다.

"아이 ××학교는 왜 해마다 음식점만 맡아."

"××가 음식점을 맡았으면…. 행주치마 입은 정애 씨를 좀 보게."

"참, 차니 과자니 그런 걸 팔면 어떨까."

---

12 연재 지면의 글자가 뭉개져 있고 단행본에는 "내산"이라 되어 있으나, 일본의 정치가, 정치학자로 1926년 노농농민당 위원장이 되었던 오야마 이쿠오(大山郁夫; 1880~1955)를 말하는 듯하다.
13 원문 그대로임.
14 똥기다: 모르는 사실을 깨달아 알도록 암시를 주다.

아무도 모르게 서로 눈웃음을 건네면서 살그머니 찻잔을 놓고 물러나는 장면을 상상할 때 그것이 부부생활의 어느 장면과도 비슷하여 두 사람은 미리 기뻤다.

밖에 지나가는 두부 장사의 "두부드렁 사오!" 소리가 들리자 정애는 놀라서 물었다.

"참 몇 시?"

"인제 네 신가."

"무얼."

"정말."

"어디."

"자아."

"죽은 시계!"

"왜 이렇게 잘 가는데."

"어디."

똑딱 소리를 들으려 귀를 끌어갈 때 확! 하고 전깃불이 들어온다.

"어유머니나 어쩌나!"

"가지 마라."

"몰라 난."

05회, 1927.01.26.

수원 내려온 기호의 일은 헛다방[15]이다.

"이리 오너라!" 소리에 '시키시마'[16]를 피워 들고 나온 사람은 만나려는

---

15 아무 소용이 없는 헛된 일.
16 しきしま(敷島). 일본 담배 브랜드.

'모본단 조끼'가 아니라 그의 형 되는 분이라 했다. 사랑마루에는 서양식을 가미한 셈인지 유리창들이 늘어서 있고 그곳에 비치는 저녁놀은 주황색 파도가 요란했다.

"네, 한 일주일 전에 온양온천으로 갔습니다. 떠날 때 말이 사오일만 있다가 서울로 직행을 한댔으니까 아마 지금쯤은 경성에 있겠지요."가 그의 대답이다.

그러냐 하고 돌아선대야 올라가는 차는 아홉 시밖에 없으니 아직도 멀었다. 그래서 "좀 들어왔다 가시지요." 하는 말에 "네." 하며 사랑방에 끌려 들어갔더니 저녁 한 상을 대접하는 대신에 "그거 서울 가 허름한 트레머리 하나 얻어 지내려면 여하한 방식이라야 하나요." 하며 들어 덤빈다.

〈그림 6〉 1.27.
수자(壽子) : 김정숙(金靜淑)

'이놈 역시 모본단 조끼로구나.' 하던 생각을 하면 여태껏 우스웠다.
"이제 한 오 분 남았습니다."
"네 그런가 봅니다."

그같이 친절한 보고자는 기호를 송별 나온 이곳의 지국 기자다. 기호는 본사의 재력이 약함을 지국 사람에게 알리기 싫어 지국 앞은 지난 일도 없는데 어떻게 알았는지 이처럼 정거장에 쫓아 나와 "본사에서 오셨지요?" 하니 어찌할 수 없는 일이었다.

탑승객은 거반 다 나간 듯하기에 기호도 개찰구를 빠져 기차 탈 곳을 향했다.

"저희들 몇이 모여서 수원에 신극 운동을 일으킵니다. 러시아 각본 식으로 진실한 계급사상 각본을 상연할 텐데 선생님 많이 후원 좀 하십쇼."

이 청년은 벌써 이 소리를 몇 번 했는지 수가 없다. "시간이 계셨더면 같이 모시고." 소리와 합해 거짓 없이 말하자면 아마 열네 번은 될 것 같았다.

기차가 떠나겠다고 악을 쓸 때 청년은 공손히 읍하며 "선생님 참 미안합니다." 하고 두 손을 비빈다.

'오히려 미안한 일인걸요.' 차가 떠나매 기호는 돌아서 들어오며 그같이 중얼댄다.

각본은 한두 개 읽어본 적이 있지만 연극이라고는 구경 가는 일도 적거니와 쇠패 모르는 터다. 그야 어찌 되었든 말끝마다 '선생님' 소리가 땀 빠질 일이었습니다.[17]

연기와 먼지가 가득 찬 차 안에는 몇 개의 전등이 흐린 날 겨울 해만도 못했고 그 아래 앉은 승객들은 전일과 다름없이 일본 사람과 조선 사람이 뒤섞여 하나 가득했다. 기호도 앉아보고 싶어 허리에 닿는 남바위[18]와 밟히기 쉬운 게다짝을 조심해 가며 한 걸음 두 걸음씩 전진했다. 해수욕객이 물 안에서 걷듯이 한참을 헤매어서 한자리를 얻었다.

철석 허리를 내리고 보니 맞은편에 앉은 것은 여자다. 여자면 여자이지 무슨 일이 있으랴마는 첫눈에 띄는 것이 그 여자의 눈썹 긴 것인데 그 눈썹이 자기의 마음을 대번에 내려누르고 있는 듯도 싶으니 말이다.

옷 입은 차림차리로 보자면 강습소에 다니는 시골 여자 같기도 하고 공장에서 일하다 튀어나온 여자도 같아 보였지만 그 눈과 살가죽에서 빛나는 정신적 아리따움은 아무리 봐도 '천만에 그렇지는 않다!' 할 수밖에 없다.

'옳지, 사회주의를 떠들며 다니는 신여성이란 여자.'

'아니, 조 입술이 떠들며 다닐 입은 아니다.'

그런듯한 미인이란 소리는 못 들을 윤곽이지만 전면에 떠돌고 있는 지혜로운 빛과 그 지혜로 말미암아 연달된 코와 입과 눈, 그리고 앉아 있는 선. 사람은 염치없는 놈이다.[19] 번대인[20] 시선이 떨어지기를 싫어할 때 여

---

17 원문 그대로임.
18 추위를 막기 위하여 머리에 쓰는 쓰개.
19 연재본에는 "안저잇는 성사람은 렴치업는 놈이다." 단행본에는 "안저잇는 셔사람은

자는 별로 미안해하는 빛도 없이 천연스러히 앉아있을 뿐이었다. 그러나 스스로 미안해진 기호는 우선 한번 시선을 옮겨 놓아줄 필요는 있다 하여 기껏 다른 곳을 보리라는 것이 의자와 여자 치마의 일부분이다. 고 사이에 눌려서 얼굴만 방긋이 내밀고 있는 것이 있으니 그것은 책이다. 시집인가 보다. 책과 기호와는 인연이 깊은 터라 적지 않은 흥미로써 자세히 보니 그것은 과연 시집이다.

'누구의 시집이냐?'

크기가 궐련갑 두 개의 넓이만 하고 아담스러운 품이 일본 신조사에서 발행한 서양 여러 시인의 것 중의 하나인 것은 분명하다만 누구의 것인지 그것이 알고가 싶었다.

그러자 여자가 몸을 어떻게 움직였는지 치맛자락이 조금 더 한편으로 끌리는 바람에 -『하이네 시집』-이라는 어여쁜 글자가 다섯이 '아이 시원해'[21] 하는 듯이 내보인다.

하이네! 하이네! 하이네라는 사람은 비둘기와 같이 고운 시인이라고 사람들은 말하지 않는가?

06회, 1927.01.27.

철도 직공의 광대뼈같이 딱딱한 논문 쓰기를 좋아하는 기호에게 하이네란 이름은 듣기만 해도 화를 돋게 만드는 것이지만 사실인즉 자기 역 육칠 년 전에는 그 시인이 제일 좋았을 뿐 아니라, 아무리 시대가 변했다 한들 하이네가 대시인 아닌 것은 아니라 할 때 '너도 그렇구나' 해버릴 수는 없는 듯도 싶었다.

렴치업는 놈니다."라 되어 있다.
20 원문 그대로임.
21 원문은 "아이시연해."

그뿐 아니라 그 여자가 『붉은 노서아[22] 문화연구』니 무어니 하며 솔개미 발톱 같은 책을 갖지 않고 비둘기를 품고 있다는 것이 오히려 흥밋거리였다. 그것도 어린아이가 색동저고리를 좋아하듯이 끼고 있음은 아니라 하고 보니 기호의 흥미는 더한층 깊어진다.

〈그림 7〉 1.28.
기호 : 이소연, 수자 : 김정숙

'하이네?'-

어느덧 이번에는 여자의 시선이 자기 몸 위에 머물러 있음을 발견한 기호는 확실히 얼굴 들기가 무거움을 느꼈다. 이런 경우의 심정을 서울의 잡탕패들은 '켕긴다'고 부르니 사람은 자기의 몸을 살피기에 가장 빠른 때가 이 '켕기는 때'다.

'나 말입니까. 동경 가서 한 삼사 년 있었지요. 처음에는 불란서 말을 배우다가 던져버리고 그 후부터 지금껏 노서아 문학을 좋아하며 있습니다.'

'직업요? 신문사 문예부를 맡아 보지요.'

'과거의 연애 생활? 글쎄요. 사람치고 음양 이치를 안 다음부터야 누구든지 연애가 있었겠지요. 그러나 저의 과거가 그다지 번잡지는 않습니다. 연애라 이름 붙일 만한 경험은 아마 한둘밖에 못 되겠지요.'

'손에 든 것 말씀입니까. 노서아를 좋아하는 사람이 볼 일본 잡지 『노서아 문학연구』입니다.'

그 같은 예비시험이 기호의 머리 안으로 들어왔다 나갔지만 그 때문에 걸린 시간이란 것은 실로 한두 초밖에 안 된다. 함께 지내는 아내 앞에서도 가끔가다 자기 얼굴의 가치를 헤아려 보는 때가 많다. 미혼자인 기호에게 아내가 있다는 이야기는 아니다만, 기호 역 사람이니 그런 경우를 당하면 천하태평의 부르짖는 문학과는 다르리라는 말이다.

---

22 '러시아'의 음역어.

기호는 지금 무심중 자기 얼굴에 대한 생각을 하고 있다. 그의 얼굴의 윤곽은 건축가의 설계서 모양으로 이편에서 저편이 세 치 닷 푼이니 아래위 기장은 네 치 몇 푼이란 심으로 깍듯하지는 못했다. 따라서 가죽의 빛깔이 닭의 알로 닦아낸 듯이 반질게는 못하다만 '무지스럽거나 우악스럽지 않으면서도 사나이다운 기상을 품었으니까 가치가 있다.'고 했다.

기호는 스물여섯이나 먹은 사나이가 수그리고만 있을 일이 아니라 하며 얼굴을 보통 때와 같이 드들어[23] 보았다. 그 순간에 여자는 자기를 보고 있지는 않았었다. 그도 그럴 수밖에는 없는 것이 차가 정거장 안으로 들어서는 판이니 누구의 시선인들 창밖으로 아니 쏠릴 수는 없는 일이다.

발밑에서 덜거덩 소리가 나는 것은 차가 제 길을 찾아 들어간다는 표증인가 보다. 아니 벌써 다 찾아 들어온 모양이다. 한 개 두 개 뒤로 달아나는 전선주들은 '여간 추워야지. 눈물까지 얼어붙네.' 하며 번 바꾸어 하소연할 때 흰옷 검은 옷이 어른거리고 차는 선다. 역부의 외치는 소리는 찬 하늘에 자취를 숨기며 차 안은 또다시 닭 우는 소리를 들은 무도장과 같았다.

여자는 얼굴을 다시 정면으로 돌릴 때 그것을 훔쳐보려는 기호의 시선이 마주쳤다.

"이제 곧 서울이지요?"

여자는 조금도 다른 기색을 보이지 않으며 그같이 물었다.

"네. 이제 한 서넛 남았나 그렇습니다."

수줍음을 점잔으로 덮어 가려버렸다.

여자는 다시 아무 말도 없다. 그러나 사나이가 이야기를 걸어 본다 하면 여전히 조금도 거리낌 없이 대답해 줄 것은 물론이다. 그 여자의 얼굴이 그같이 보였다. 사나이를 피하려든지 막으려는 대신 그 얼굴의 천품이 범치 못할 기상을 갖고 있다고 기호는 그같이 해석했다. 기왕 한마디 터

---

23 드들다: 크게 들다.

놓은 사이니 인제는 말 걸기가 어렵지 않을 것임은 기호도 알고 있다.

07회, 1927.01.28.

기호와 여자 옆에는 갓 쓴 시골 중노인 둘이 와서 앉자 차는 떠난다. 그분들은 아마 이 정거장에서 서로 만난 모양인데 떠드는 목소리가 여간 엄청나게 큰 것이 아니다.
"자네 지난번 장날 면서기하고 다투었다대그려."
"아 세납표 나온 것을 보니 작년과 올이 같단 말이지. 올에는 네-기, 다 팔아먹은 놈의 세납이 어째 작년과 일반이람. 그래 말마디나 질문적으로 했더니 나마이키[24]라고! 나마이키!? 그래 악이 바짝 난 판에 빌어먹을- 그 녀석의 불알을 잡고 늘어졌네그려."

〈그림 8〉 1.29.
기호 : 이소연, 수자 : 김정숙

기호는 웃고 싶었다만 그분의 말하는 솜씨가 너무나 천한 듯하여 마음놓고 웃지를 않으려 들었다. 여자도 그런지 빙그레 웃는 기호의 입술을 향해 약간의 눈웃음을 띠었다. 그 통에 기호는 여자에게 말 걸어 볼 허가장이나 얻어들은 듯싶어 이 기회를 안 놓치려 했다.
"참 어디서 타셨습니까?"
"-저요?-"
여자는 말의 전후에 상당한 여유를 두며 대답했으나 그것이 결코 부끄럼에서 나온 기색은 아니었다.
"동경서 옵니다."

---

24 なまいき(生意気). 건방짐, 주제넘음.

'동경요? 동경이라면 저도 있던 곳입니다.' 해서는 안 됨을 아는 기호는 "네." 하며 우선 반겨할 뿐으로 끝막아 두는 대신 그 표정을 빌어다가 다음과 같이 말했다.

"아까부터 퍽 같이 말씀해 보고 싶어 하면서도…." 한 다음 끝은 웃음에 흐려버렸다.

여자는 '저 역시 약간은….' 하는 듯이 표정으로 대답할 때 기호는 외투 안으로 손을 넣었다. 신문기자의 명함은 꺼내기 쉬운 곳에 넣어두는 법이다.

"김기호입니다. 이런 망칙스러운 가다가키[25] 쓰여 있는 것을 드려서…."

여자는 손을 명함 편으로 내밀 때 얼굴에는 보지 못하던 부끄럼이 가득한 것을 기호는 보았다.

"김영자입니다."

김영자면 한문자로 쓸 때 '金英子' 이러하리라 했다.

"어느 학교에 계셨습니까."

"아뇨, 공부하지 않습니다."

"서울댁이세요?"

"아뇨…."

더 다시 물으면 조사하는 자의 대화와 같아서 그만두었다.

"참 남대문서 내리시지요?"

"네 경성역에서…."

여자는 또다시 할 말이 있으면서 못 꺼내는 얼굴이었다. 그러자 혼자서 뱅그레[26] 웃고는 여자는 다시금 입을 떼었다.

"용산서 내리시면 안 되시겠지요?"

"네?"

25　かたがき(肩書(き)). 사회적 지위, 직함, 호칭.
26　입을 살며시 벌릴 듯하면서 소리 없이 보드랍게 웃는 모양.

"아녜요. 선생님께 청하고 싶은 게 있어서 그럽니다."
"네-?"
자기는 용산서 내릴 텐데 청이 있다는 말인 줄은 알았다. 대체 어떤 말을 또 꺼낼지 추측키 어려운 일이었다.
"남대문서 내리기가 싫어서 용산서 내린답니다. 남내문 역에 있는 형사들은 대강들 제 얼굴을 아니까 그래서 싫어요. 선생님과 함께 나가면 저 혼자 이런 학생도 아닌 옷으로 동경표를 내놓느니보다 주목이 덜하겠지요? 용산서들은 몰라요."
기호는 이제야 알아들었다. 그리고 이 여자의 신변에는 여러 가지 재미있는 일이 관련되어 있으리라 했다.
"사회운동을 하러 오셨습니까." 속으로는 너도 그렇구나 하면서 물었다.
"아-뇨, 제가 무엇을요…. 오빠가 모스크바에 좀 있었다고 그런답니다. 저야 죄 없지요만 공연히 귀찮게들 굴어요…."
기호의 마음은 즐거웠다. 직접 사회운동을 하는 여자라고 미리 짐작하던 아까 그 순간에는 '너도 그렇구나.' 했지만, 그렇지가 않고 '혁명가의 누이동생'이란 설명을 듣고 보니 어쩐지 더한층 다정함을 느꼈다.
"오빠는 지금 어디 계신가요?"
"오빠요?- 글쎄 지금은 어디 계신지 벌써 편지 못 받은 지 일 년이 넘습니다."
그 순간 기호에게는 노서아 소설들 중에 이런 경우와 비슷한 장면들이 머리 안을 지나가고 있을 때 별안한 요란한 소리에 놀라 보니 차는 지금 한강을 건너고 있다. 쏴! 소리와 함께 차창을 때릴 듯이 덤비는 검은 쇠기둥이 한두 개 뒤로 미끄러져 달아나는 그 사이로 멀리 보이는 용산 시가의 밤경치는 물 안의 용궁과 같이 벌어졌다. '인제는 다 왔습니다.' 소리를 안 한들 누구나 이번이 용산역인지를 모르랴. 그래서 기호는 함께 내릴 것을 예산했다.[27]

08회, 1927.01.29.

'옳다, 늦지 않았다.'

정애는 잠이 깨는 길로 그 같은 겁먹은 소리를 했다. 아직 먼동이 못 텄는지 날이 흐림인지 영창에 어두운 기운은 별다름이 없을 때였다. 몇 시인지 알고 싶은 정애의 밀기름 같은 팔목은 옆에 자는 경식의 입김을 거쳐 그의 머리맡에 있는 시계를 잡을 때 착근!한 감촉이 정애의 손가락을 놀래주었다. 시침은 새로 세 시에 머물러 있으며 일상에 못 놓던 그의 노래는 찬 기운에 꽁꽁 얼어붙은 모양이었다.

〈그림 9〉 1.30.
경식 : 박덕양, 정애 : 신일선

시계도 섰으니 때를 분간키 어려운 판에 확! 하며 꺼지는 전등은 숨는 자취를 들키면 안 될 듯이 달아나 버리고 다시금 어두워진 방 안에는 새삼스레도 찬 기운이 돈다.

뗑-뗑- 남산 밑 천주교당의 쇠북이 운다. 교교 장안 위에 형체 없는 밀물이 사방팔방으로 먹어 들어갈 때 인사동 단칸 안에 누워있는 정애의 가슴이라고 빼놓을 이치야 없을 것이다.

정애는 어른이 되었다. 어른이란 무어란 말이냐. 상학종[28] 소리면 가슴이 뛰놀던 버릇이 없어지고 살아가는 재미에 서운함을 느끼게 되면 그 처녀의 댕기꼬리는 똘똘 말려서 위로 올라가 붙어야 옳단 말이다.

정애는 지난밤에 한편으로 약간 겁은 나면서도 '어쩌나….' 하고 떠는 목소리는 물론 가고 싶다는 뜻이 아니라 더 앉아 있을 의미가 십 분지 구였다. "그까짓 것 하나 핑계 댈 재주가 없담." 하며 잡는 경식이의 말에 못 이겼다 함보다, 같이 밥상을 받는다는 것이 즐거웠고 같이 이불자락을 가지고 장난할 광경이 미리 그리웠다. 오직 그립고 즐거웠을 뿐이었다.

---

27   예산하다: 진작부터 마음에 두어 작정을 하다.
28   상학종(上學鐘): 학교에서 그날의 공부 시작을 알리는 종.

그렇던 것이 이제 그 결과란 것은 이 모양으로 무슨 큰일을 맡아 놓은 듯한 겁과 오직 서운할 뿐이니 어린 정애의 가슴은 갑자기 맛보는 어른 된 설움으로 가득 찰 수밖에는 없었다. 그러나 또한 옆에 누운 경식을 바라보려면 전에 못 느끼던 색다른 그리움과 든든한 마음에 그의 품 안으로 기이들며 '여보 잠이 무슨 잠이오.' 해보고도 싶지만 벌써 참새는 재잘대며 영창 빛도 변해 오지가 않았느냐.

어느덧 안방 부엌으로서는 주인 할머니의 나무 꺾는 소리가 들려올 때 정애는 살그머니 일어나서 두루마기를 입고 나니 한 가지 잊어버린 것이 있다. 그것은 작별 키스니, 자는 사람을 깨워서는 안 되리라 하여 소리 없이 앉아서 소리 없이 입술을 가져가려 했으나 감촉이 가장 영악스럽다는 입술을 눌리고야 안 깰 사람이 누구랴.

"응-?"

"난 가."

"응?"

"이런."

자던 얼굴은 동무에게 보이기도 부끄러운 법이다. 그래서 경식이는 열없어 웃었다.

"나는 가."

"벌써?"

과연이지 사랑이란 것은 달다. 이것은 나의 말이 아니라 지금 대도회의 가장 큰길인 종로 바닥을 걸어 올라오고 있는 정애의 가슴 안 느낌이 그렇단 말이다. 아까 작별할 때 경식이는 자기의 목도리를 둘러주며 '나의 사랑하는 아내' 하고 영어로 가만히 부르던 생각에 정애는 고이 웃었다. 아니 길에 행인이 드문 것을 다행으로 더 한 번 만족한 대로 웃어보았다. 찬바람이 입안에 하나 가득 들어온다. 흑흑 느껴졌건만 그래도 좋다 했다. 그러나 자기의 걷는 발이 한 발 두 발 오빠의 집을 가까이 해줌을 깨달을 때 약간의 근심이 안 생길 수도 없는 일이었다. 기숙사에 대한 정애의 꾀란 것은 오빠와 공모해야만 성립될 것이다.

09회, 1927.01.30.

어젯밤 기호와 그 여자는 아무 탈 없이 정거장을 빠져나왔다. 개찰구를 넘어설 때 차장 어깨 뒤에 숨은 얼굴이 하나는 기자의 '패스'요, 하나는 동경서 서울까지란 표를 보고 약간 이맛살을 찌푸린 듯도 싶었는데 붙들어 물어보려고는 안 했다. 대체 형사가 수상한 사람을 꼬집어

〈그림 10〉 2.1.
기호 : 이소연, 수자 : 김정숙

낸다는 것도 그다지 쉬운 일은 아니다. '나 같으면 하루에 다섯 명씩은 잡을 테야.' 하던 자신도 직접 그 길에 들어가 놓고 보면 모두 모두 수상은 해 보이나 하나도 잡을 사람은 없다는 것이 형사의 업이니, 더구나 형사의 형사라는 별명을 듣는 신문기자와 그의 누이동생인 듯한 사람을 덮어놓고 불러보기는 좀 무얼 했던 모양이라고 해석해도 무관한 일이다.

기호는 지금 편집 시간에 몰려서 기어이 잉크병을 엎지르고야 말만치 분주하게 철필을 움직이면서도 정신의 태반은 어제 그 여자의 환상에 끌리고 있었다 – 해버리면 말하는 방식이 구식도 같다만, 환상이래야 활동사진 식으로 또렷이 나타나서 뺑긋 웃고 물러가는 것과는 달라 봄 잔디 위에 누우면 사면에서 아지랑이는 끌고 전신은 녹아내릴 듯하여 일어나려면서도 일어나기가 싫고 못 일어날 것이 아니면서도 일어날 수가 없는 듯싶은 것이 환상에 눌려있는 사람들의 형상이니, 무어라 묘한 말이 없는 듯하고나.

"에이! 고 눈썹!"

기호는 그같이 중얼대며 다시 철필을 헤저을 때 누구인지 옆에 사람이 전화를 받고 있다.

"네?! 무슨 학교요?"

"네 네-네."

기호는 자기에게 온 전화가 아닌가 했다. 아까 꼭두식전[29]에 찾아온 누이동생이 부탁해 놓고 일이 있으니 그때 누이동생의 말은 어머니와 정거장에 나갔다가 기숙사 들어가는 길에 동무 집을 들렀던 것이 무심중 밤중까지 놀게 되어서 이왕 늦었으니 자고 아침에 들어가라고 동무와 같이 잤으나, 기숙사 사감은 노하기도 쉬우니 이따가 만약 전화가 오거든 개성서 올라오신 어머니와 함께 문밖 일가 집에 나간 것이 저물어서 못 들어왔다고 대답하라는 것이다.

그때 기호는 '이 아이가-?' 하며 동생의 성적 생활을 헤아려도 보려 했으나 또한 '아직 기숙사 사감을 무서워하고 나와 잔 것을 두려워하느니 만치 어리고 순결타.' 하는 적극적 해석으로 구태여 불쾌한 상상을 안 하려 했다. 그래서 그 전화가 그 전화나 아닌가 했더니 그에 관한 전화는 신문사가 파하도록 오지를 않는다.

신문사 문 앞에 나선 기호는 '가볼까' 하고 물론 여자에게 가보고가 싶었다만 방문한 이유도 말 못 할 처지에 바로 그 이튿날로 찾아갔다는 것이 무얼 하여 하루 이틀 하다가, 사흘째 되던 날 저녁 때인가 오다가 여관 가는 길을 버리고 동대문행을 잡아탔다. 기호는 그날 여자와 작별할 때 그 여자의 가는 곳은 자기의 일갓집이며 번지는 동대문 근처 왼편 골목으로 들어가자면 육십사 번지라 함을 알아두었다.

전차에서 내려 그 골목을 들어서니 길이 언덕으로 되어 있어서 가끔가다가 길 위에 불거져 나온 바위가 보인다. 더 올라가면 산이다 할 만치 올라가려니 바른편 언덕 위에 서양 집 한 채가 한가히 서 있고 이편에

---

29 꼭두식전(食前): 아주 이른 새벽.

서 있는 벽돌 기둥 두 개가 그 집 대문인 모양인데 지나가며 번지를 읽어 보니 육십일이라 해 있다. 그곳에서 두어 집을 더 거치자면 오막살이 대문이 바로 그 여자가 일러준 번지다. '이리 오너라.'를 부르기 전에 우선 안마당을 들여다보니 부엌과 마루 앞에 자디잔 세간살이들이 구비해 있는 품을 보아도 이 집 주인은 삼사십 환의 월급 생활을 하는 사람이 아닌가 했다.

"누구 찾으세요." 등 뒤에서 그같이 묻던 여자는 아마 이 집의 주부인 듯 손에는 빨래 담는 동이를 들고 있다.

이왕 나선 길이니 찾아보고 가려는 기호는 지금 수구문 언덕을 넘고 있다. 아까 그 아낙네의 말이 그 여자는 어제부터 수구문 밖 고무공장에서 일하고 있다 했다. 매일 수십 대씩 상여만 영접하는 음울한 언덕에는 밑동이 두 아람이나 넘는 고목이 박혀있고 그 나무의 번잡한 가지들이 넘어오는 찬바람에 쏴- 소리를 치며 흔들리는 품이 그야말로 죽음의 길을 상징하려 듦도 같았다.

'이 고개를 넘어서 멀리 가자면 낭만적 처녀 하나가 웃고 반긴다. 동경서 서울, 하이네와 공장.'하며 생각할 때 미상불 그같이 중얼거려 보고도 싶었던 것이다. 얼마 안 가자니 마주 보이는 편에 커다란 공장이 있고 그 집 위에는 넘어지면 이곳까지 미칠 높은 굴뚝이 오래되었다는 표적으로 붉은빛을 잃고 있다. 길옆 왼편에는 빈민굴 같은 집들이 늘어서 있다. 아마 이 회사에서 지어준 모양이다 하며 걸어가려니 신짝을 끌면서 옆집으로 뛰어가던 여자 하나가 흘깃 돌아다보더니 "아유!" 하고 선다.

무심코 보았었는데 그것이 바로 그 여자다. 기호 역시 적당할 만치 반기며 모자에 손을 댔다.

10회, 1927.02.01.

그 여자의 이름은 영자가 아니라 수자(壽子)다. 해삼위[30] 신한촌[31] 강 언덕에서 시금치를 뜯다가 갑자기 뿌리가 끊어지는 바람에 동그라져 울던 것이 바로 다섯 살 먹던 해의 봄인지 일상 누워만 있던 어머니는 커다란 나무상자 안에 담겨나가던 기억이 어렴풋하다.

〈그림 11〉 2.2.
기호 : 이소연, 수자 : 김정숙

그 후 동리집 아라사[32] 노인들에게 붙들리면 '이쁘다 키스 한번' 소리를 듣던 것이 어느덧 열네 살이란 나이를 먹고 다니던 학교에서는 졸업장을 내주었다.

아버지는 본국에 가서 공부해야 쓴다 하더니 자기의 손목을 잡고 기선으로도 올라가고 기차도 탔다. 서울 와서 유숙하게 된 집이 아까 기호가 찾아갔던 동대문 근처의 그 집이다. 지금은 이왕직[33]에 들어가 고용을 살지만 전날에는 전도사였다. 수자는 기호에게 일가라고 해버렸으나 사실은 아버지에게 도움을 받아 출세했다는 이의 집이다. 성경 시간이면 "여러분도 수자와 같이 외우기를 힘써야 하오." 하는 서양 부인의 칭찬을 받아 가며 어느덧 사 학년이 되던 해 봄에 목사와 장사를 겸해 하느라고 가끔 본국 출입을 하시던 아버지가 별안간 돌아가셨다는 보고를 접하니 공부고 뭐고 서울과는 영 이별의 형상이 되어버렸다.

신한촌의 조선 사람들이 함박 덤벼서 아버지의 상여를 잡고 엉엉 울던 것도 옛일이요, 수자는 그 가을에 사랑에 취했다. 수많은 청년 중에 자랑

---

30 해삼위(海蔘威) : 블라디보스토크.
31 신한촌(新韓村) : 일제강점기, 러시아 연해주 블라디보스토크에 있던 한인 집단 거주지.
32 아라사(俄羅斯) : '러시아'의 음역어.
33 이왕직(李王職) : 일제 강점기에, 조선 왕실의 일을 맡아보던 관청.

스레 수자의 고개를 수그리게 만든 사나이는 기운이 든든하고 입술 두터운 '김'이란 청년이었다. 두 사랑이 불같아질 때 웬일인지 '김'이란 청년은 노국 관인들에게 '강도'란 소리를 들으며 잡혀갔다. 수자는 처음에 "우리 연인 뜻있는 사람이다." 했으나 차차 알고 보니 사실 강도 심리와 비슷한 점이 없는 것도 아니었다. 그는 외국인 큰 상점 안에 복면을 하고 들어갔다 한다. 그때 수자는 매일 밤 오 리나 넘는 곳을 찾아가서 높은 벽돌담을 어루만지며 울었다.

여러 청년들의 눈초리는 봄이 오면 꽃피듯 옛 질투가 부흥될 때 그 꼴이 보기 싫은 수자는 와서 함께 있자는 동무의 편지대로 처음 길인 동경을 향해 떠났다. 수자는 동무와 같이 영어 전문을 하느니, 사회주의 책을 읽느니 하는 동안에 그의 가슴은 또다시 사랑에 젖게 되었으니 그 청년은 (기호도 잘 아는 사람이지만 그것은 차차 이야기하기로 하자) 웃는 눈에 애교가 있고 몸은 작은 대신 깨끗했으며 "아― 노서아에 가고 싶다!" 할 때면 옆에 사람의 가슴을 시원케 하는 음악적인 곳에 수자의 가슴 안이 녹아 들어갔던 것이다.

수자가 사나이와 한 이불 안에서 며칠씩 지냈다는 것은 물론 그때가 처음이었다. 그때 마침 수자의 동무는 의학박사가 되었다는 어느 사나이와 연락선 신혼여행을 해버리니 벌이 없이 있을 형편도 못 되는 수자는 연인이 항상 말하는 소원대로 다시 해삼위를 향했다. 두 사람은 신호[34]서 지나인의 기선을 타고 하관[35]을 돌아설 때 그곳의 수상 경찰서는 자기의 연인을 뺏어가면서 "너만 가라." 한다. 자기는 가도 좋을 만한 이유와 자유가 있다고 버틴 것이 오히려 둘 사이의 이별이 되고 만 것이다.

그래서 혼자 해삼위에 가봤으나 아무 맛이 없었다. 다시 동경으로 와보니 역시 그러하여 조선에나 나가볼까 했다. 바로 그때다. 자기의 연애 생

---

34 고베(こうべ. 神戶)를 말한다.
35 시모노세키(しものせき. 下關)를 말한다.

활은 이미 멈췄고 아무 자극 없는 세월이 계속될 것을 생각할 때 무엇이고 일이나 좀 해보자는 생각도 들었던 것이다. 그래서 경부선 차 안에 앉아서는 생활을 개선할 계획에 정신이 없는 판에 우연히 알게 된 사람이 지금 찾아온 기호. 워낙 자기 성격이 그럴 뿐 아니라 인제부터는 뭐니 뭐니 하는 사람들 틈에서 엄벙거리며 공연한 날을 보내지는 않으리라는 마음에 이름과 숙소를 되는대로 대답해 줬는데— 하는 생각을 하면 우습다.

"용하게 찾아오셨네요."

"네."

'그러면 숨으려 드셨습니까.' 해야 격이 맞을 대답에 "네." 하고 마는 것은 눌리는 이의 하는 짓이다. 수자는 그런 이치야 자기 알 바가 아니라는 듯이 흔히 이런 경우에 쓰는 대화에다가 약간 자기의 개성적 애교를 가미해 가며 손님을 앉혀놓고 자기도 앉았다.

11회, 1927.02.02.

들어와 앉으며 몇 마디 이야기도 못 해본 모양인데 어느덧 전깃불이 켜진다. 기호는 자기의 시장한 것은 둘째 치고 이같이 손수 살림하는 이의 시간을 끌러 놓았으니 뭐라 그에 대한 한마디가 있어야 옳은 판에 여자가 자기의 할 말을 가로채버린다.

"시장하시겠지요? 제 얼른 차려 가지고 들어올께 자시고 놀다 가세요."

"저녁요?—" 해놓고 생각하니 여자가 이같이 다정한데 먹고 간들 흉 될 것이 아닐뿐더러 여태껏 자기편만이 수줍어해 온 게 스스로 딱도 하여, "글쎄요 선생님의 요리법부터 시험해 볼까요." 하며 촌건이[36] 헌병 보조원 앞에 농을 걸 듯 했다.

---

36 원문 그대로임.

"시험요? 오늘은 데워먹는 날이 되어서 시험용지도 준비 안 한 셈이랍니다."

성냥갑을 집은 수자는 될 수 있으면 치맛자락에서 바람이 안 일어나도록 몸세[37]를 가지며 방문 바깥으로 나갔다.

약한 폐에서 우러나는 수자의 기침 소리가 에헴! 하며 부엌에 들어왔다는 통지를 해주니 인제는 다리를 뻗고 앉아도 좋을 때요, 지랄발광 떨어도 상관없는 판이다. 그와 같이 눌리는[38] 자의 가슴은 수줍으며 벅찼던 것이

〈그림 12〉 2.4.
기호 : 이소연, 수자 : 김정숙

다. 지금까지 두 사람은 해삼위의 풍속과 신문사 생활에 대한 이야기했지만 그중에서도 단편 단편으로 차차 모으면 중학교의 역사책만치는 서로의 지내온 윤곽을 짐작할 수는 있었다. 기호는 가끔가다가 그 여자의 인생관, 그 여자의 사회관, 그 여자의 연애관 등을 들어보려고 슬그머니 뚱겨도 보았지만 그때마다 여자는 "글쎄요…." 하고는 다른 말을 꺼내버렸다. 그것이 속은 맥문이면서도 겉으로 겸손하여 속이려 함인지 정말 속이 차 있는 이의 겸손인지 다른 이가 보면 양편이 모두 반량중 같아서 진상을 분간키가 어렵다고 대답할 테지만, 사랑은 장님이란 말도 그럴듯한 소리인 것이 지금 기호는 모두 거룩하게만 여겨진다.

'의문의 여자다.'

기호는 그같이 중얼대며 몸을 편안히 펴고 다시 한번 방 안을 휘둘러본다. 이 집들은 회사에서 지어 놓은 것이며 한 호에 하루 세가 칠 전이라 하니 한 달에 이 원 십 전만 내면 한 호를 차지하는 셈이다만 한 채라야 방 한 칸, 부엌 한 칸, 변소 하나니 그 생활이 옹색함이야 묻지 않아도

---

37 몸세(勢). '몸짓'의 북한어.
38 원문과 단행본에는 모두 "놀리는"으로 되어 있으나, 문맥상 "눌리는"이 맞겠다.

머리에 떠오를 일이다. 그러나 아리따움은 단순한 곳에 있다는 이치를 아는 수자의 방이라 그런지, 아직 견습 시대라 월급도 못 받는 터이므로 그런지, 방 안의 세간이 사람의 시각을 분주케 하도록은 없었다. 걸려있는 옷 한 벌과 기물 옆에 바스켓이 중요한 세간이었다.

"문 좀 열어주세요." 밥상이 늘어온단 말이다.

"어떻게 자시나요?" 여자는 상을 내려놓으면서 반찬 없다는 뜻을 그같이 말했다.

"미인을 평함에 반분의 가치는 정신적을 취하는 법이랍니다." 인제는 기호도 제법이다. 수자는 아무 말 없이 웃으며 자기 맞은편에 앉더니 수저를 들라고 권했다.

"얼른 자셔야 하신답니다."

숟가락을 데운 밥 안에 집어넣을 때 여자는 웃으며 그같이 말했다.

"왜요?"

"아녜요. 옆집 숟가락을 빌려왔으니 말이지요."

흰 수염이 기다란 노인이 어린애와 같이 밥 들여오기를 기다리다가 숟가락이 없어서 밥상을 내려다보고만 있을 것을 설명해 두 사람은 웃었다.

'아— 다정하다!'

기호는 여관의 대문을 들어서면서 중문간 어두운 것이 기회인 듯이 그같이 중얼거렸다. 물론 자기로서는 더 놀고 가고 싶었지만 밥 먹고 한참 지절거렸으면 그만이지만 처음 방문에 아홉 시나 열 시를 넘길 수는 없는 터이므로 일어난 것이다. 그러나 기호는 만족한 심이다. 한번 앉은 무르팍을 꼼짝도 못 하는 것이 보통들 초대면의 장면인데 자기는 마치 신혼여행 나온 아내의 다정함과 같은 대접을 받고 오지 않았느냐—함이 동양에서만 자라난 기호에게는 그럴 듯도 한 기쁨이었다.

"인제 오."

아우가 창문을 열고 영접한다. 그의 손에는 시험 준비에 관한 참고서가 들려 있다.

"저녁 먹었니."

"그럼 언니는?"

"응 밖에서 먹었다."

너도 나이가 먹으면 나 같은 비밀이 있으리라 하며 외투를 벗었다.

"참 누나한테서 엽서가 왔는데 내일이 면회일이니 놀러 올 테면 오라고. 그리고 식비 들여놓을 날짜가 넘었는데 언니한테 물어보라고."

"응." 하면서 태연한 빛으로 앉는 기호의 머리 안은 이번이야말로 더구나 음력 섣달인데 그믐날이나 준다 하며 미는 신문사 월급이 어찌나 될 심인지 근심이라면 근심이었다.

12회, 1927.02.04

역사가들은 조선의 풍경을 가지고 남에게 자랑하려 들지만 그것도 금강산이나 백두산 말이지, 지금의 서울경치 같아서야 그야말로 생쥐가 갉아먹다 내던진 일 전짜리 비스킷과 다름이 없다. 그러므로 재주가 메주인 아메리카 백성들이 지어 놓은 학교나마 하학이 되어서 벅적거리던 학생들이 나간 다음의 정경은 그럴듯하다는 사람이 있을 것이다.

산에서 머지않은 너른 터전에 실용적이요 이지적인 붉은 집이 두서넛 놓여 있고 그 가자리[39]에는 조선식이란 헌 담이 둘러있는 곳에 격이 맞아 들어가느라고 휘어진 고목이나 한두 개 박혀있으면 원고지 한 장에 일 원도 받기 어려운

〈그림 13〉 2.5.
정애 : 신일선

---

39 "가장자리"로 추측된다.

조선의 시민으로는 그 안 정원의 금잔디 위를 오르락내리락하며 자연이니 인생이니 영적 조화니 하고 읊조려도 무관한 일일 것이다.

정애도 마치 그 비슷하게 거닐다가 어느 돌층층대에 앉았다. 올겨울은 어찌 된 심인지 이같이 앉아 있어도 찬 기운이 몸에 안겨들 만치 춥지도 덥지도 않은 대신 하늘은 매일 흐렸다. 활터 관악[40] 모양으로 밀리 보이는 기숙사의 이층에는 누구인지 노래를 부르며 걸어가는 것이 유리 안에서 어른거렸다. 그 동무는 자기를 보았는지 유리창 하나를 쭈르륵! 하고 올려 민다.

"정애야 얘!" 까불기 잘하는 ××이다.

"너 왜 그러고 앉았니. 너 요사이 큰일 났구나!" 속으로 사실 그렇다 했다.

"무어?"

"네 생각 내 다 안다!"

"미친년."

"그만 둬라. 이년 아주 로라 라 푸렌트[41]처럼 앉았구나."

다시 창문을 내리더니 돌아선다. 이 학교의 활동사진 미치광이들은 배우들 중에 로라 라 푸렌트란 여자를 제일 좋아들 한다. 남이 웃든지 울든지 찡그리든지 툭하면 로라 라 푸렌트의 표정에 비해 평하는 게 유행이다.

그 동무는 노래를 부르면서 이 방 저 방으로 돌아다니는 모양이다. 정애도 그 노래를 듣고 있다가 무심중 찬미가의 한 곡조가 자기 입에서 흘렀다.

자비하신 예수여 / 제가 사람 가운데

---

40 원문 그대로임.
41 로라 라 플랜트(Laura La Plante)(1904~1996). 미국의 영화배우로, 「백의인」이 연재될 당시까지 1924년에 〈18일간의 세계 일주(Around the World in Eighteen Days, 1923)〉가, 1926년에 〈호접(Butterfly, 1924)〉 등이 개봉된 바 있다.

의지할 이 없으니 / 슬픈 자가 됩니다
마음이 어두웠으니 / 밝게 하여 주시고
저를 보호하시사 / 항상 인도하소서

노래는 건성으로 겉에 흐를 뿐이요 사실이지 마음은 괴로웠다. 오빠에게 전화까지 걸어본 사람은 웬셈인지 자기를 보는 눈이 공연히 이상해졌다. 동무들은 섣달그믐이라고 집에서 온 엿을 깨트리느니 새 옷의 동정이 마음에 없는 것으로 달려와서 그것을 갈아붙이려 본정통[42]을 돌아보겠느니 하며 법석인데 자기는 아까 오빠에게 전화를 걸어보았으나 조금만 가만있으라 하고는 여태껏 아무 회답이 없다. 그런 일이 전에도 한두 번 있기는 했으나 요즘은 밤낮 그러니 이 꼴대로 장래가 또 그렇다면 내 세상에는 영원히 웃음이 없겠구나 하니 가슴이 답답하다.

그러나 답답한 것은 정애뿐이 아니라 기호도 지금 납덩이와 같은 가슴으로 편집부장 편만 바라보고 있다. '조선의 귀공자'께서도 오늘은 화를 누르지 못해 얼굴이 붉으락푸르락한다. 그 이유는 이러했다−. 신문을 백이여서 판매부로 넘겼는데 판매부에는 배달부들이 어디로인지 한 명도 없이 숨어버리고 말았다. 그러자 전화가 오는데 이곳은 명월관이요 먹은 요릿값이 오십몇 환이니 갚아주지 못하겠느냐는 하이카라[43] 통지다. 대관절 웬일이냐고 물으니 웬일이란 다 무엇이냐 남보다 두 시간씩이나 늦게 나오는 신문을 어느 미친놈이 '가께아시'[44]로 돌리고 있겠느냐는 대답이다.

판매부장은 기겁을 하여 편집부로 전화를 걸며 "선생님 좀 가봐 주시오." 하니 편집부장이 가보게 된 것이다. 배달부들은 편집부장의 손목을 잡고 육체적 노동과 정신적 노동에 관한 설명을 전제로 하여 신문의 생명

42　本町通(ほんまちどおり). 식민지 시대 충무로를 이르던 말.
43　ハイカラー. ① 하이칼라. ② 양풍을 좇거나, 유행을 따라 멋부림; 또, 그런 사람. ③ 참신하고 조촐함.
44　かけあし[駆(け)足·駈(け)足]. ① 뛰어감; 구보. ② 말을 달리게 함.

론까지 미쳤다. 편집부장은 오직 정다이 사과하며 설명해 주었다. 사실 오늘의 인쇄가 늦은 이유는 중대한 기사를 맡은 기자 ××가 경찰서로 돌아서 나오는 길에 원수의 여관 밥값을 어디 가서 마련 좀 해보자고 원고를 다른 사람에게 부탁해 보낸 것이— 하며 끝으로 "다 같이 고생입니다. 우리는 고생 가운데서." 할 때 한 사람이 손을 들며 벌떡 일어섰다. 그는 술이 취했다.

"얘 두말할 것 없다. 너 왜 얼굴이 노래지면서 그런 귀찮은 일을 맡아서 하니."

그길로 튀어온 편집부장은 지금 판매부장더러 오라는 전화를 걸어놓고 붉으락푸르락 이게 다 밥값 때문에 원고를 자기 손으로 못 전해 이 일을 일으킨 ××는 기호 옆으로 와 앉으며 중얼거린다.

"흥 빌어먹을 것. 결단 나가는 판에 꾸중은 무슨 아니꼽게시리…."

점잖은 사람도 화가 나면 그런 소리를 하나 보다. 넓은 방 안의 기분은 여름날 소낙비가 오기 전과 같다.

13회, 1927.02.05.

수자는 아침을 지으려고 우물에 와서 차디찬 두레박줄을 감아쥐려 할 때 누구인지 자기 옆으로 가까이 오며 "용서하시오." 하고 서투른 조선말을 꺼낸다. 눈초리가 보통 사람과 다르며 신은 구두가 '아사고무'[45]인 것을 본 수자의 가슴은 갑자기 긴장했다. 어느 동물이든지 간에 자기의 자유와 자기의 몸을 건드릴 눈치만 보면 겁먹으며 그를 방비할 예산에 긴장하는 법이다.

"언제 오셨습니까?"

---

45 단행본에는 '아시고무.'

"…." 수자는 신사적으로 버텨 보고가 싶어서 아무 대답도 안 했다.

"재미 좋습니까?"

두레박을 놓으며 태평한 빛을 꾸몄다. "누구세요."

"저는 서에 있는 사람입니다."

눈으로 그러냐 했다. 어서 할 말이 있으면 하라는 뜻도 보였다.

"재미 좋습니까?"

고등계란 패 붙인 문안에 끌려들어서니

〈그림 14〉 2.6.
수자 : 김정숙

살빛과 의복에 조금도 우아한 맛이 없는 사람들이 제각기 책상 하나씩을 끼고 앉아서 이편만 본다. 한두 번 경험이 없는 바 아니지만 아무 때 맛보든지 성냥 황을 씹는 듯한 재미없는 곳이구나 하면서 앉으라는 곳에 앉고 보니 바로 끌고 온 이의 책상 앞이다.

그 사람은 종이와 붓을 꺼내놓더니 주소와 성명과 본적을 묻는다. 수자는 대답해 가며 얼빠진 듯이 천장을 휘둘러보고 있다. 이것이 자기에게는 이런 여유가 있을 만치 아무 일이 없는 사람이란 꾀도 되겠지만 또한 이 여유에 생각해 보고 싶은 것도 있었다. 아까 길에 오면서도 혼자 중얼거린 일이지만 자기에게는 물어야 대답할 말이 없다. 자기는 여직공과 기생들에게 (기생들에 관한 생각은 하관서 작별된 그 연인이 제안한 이상이다) 장차 돌아올 낙천지와 현 사회의 모순된 점을 의식 안에 넣어주려 할 뿐이지 '이 방식으로 싸우자!' 한 일도 없거니와 자기는 그 방식조차 하나도 말할 만치 아는 것은 없다. 어느 때 어디서인지 들은 법한 '현재의 우리는 위로[46] 앞으로! 시대에 처해 있다.'는 소리와 비슷한 이론은 몇 마디 들은 듯하지만 정말이지 자기는 그런 방식에 대해서는 아무것도 모르

---

46 원문은 "우로".

고 있다.

그렇다고 '으아-!' 소리를 치며 탄환에 넘어질 장면이 언제 오리라는 생각 같은 것은 해본 적도 없다. 그저 무럭무럭 연기 나는 장면과 또한 에덴동산 같은 환상을 그려본 적은 있다 하면 있지만 그 같은 환상이야 보통학교 교장 선생님의 꿈에도 나타남직한 장면이니 사실 무어라 대답할 길이 없다. '속일래야 속일 건더기도 없구뇨.' 했다.

"자아 시장하실 테니 이것 자시고 이야기합시다."

그 소리에 내려다보니 책상 위에 팥죽 두 그릇이 놓여 있다. 언제 나가 라는 통지도 안 해준 곳에서 사양하고 안 먹다가는 큰일이라 하여 기름에 미끈거리는 숟가락을 손에 들었다. 시장한데 약간 겁이 있어서 그런지 속이 붕어사탕 모양으로 텅 빈 것 같다. 꿈틀하고 팥죽 내려가는 형상이 눈에 완연한 것 같았다. 자기 때문에 동고동락을 하는 분은 너무 급히 먹느라고 이마의 땀을 씻는다. 수자는 숟가락을 놀리며 있으려니 밑층에서 들리는 "아유 아유" 소리에 아까 올라오다가 흘낏 본 광경이 다시 눈앞에 그려진다. 밧줄 한끝은 책상다리에 단단히 매여 있고 또 한끝으로는 사람의 몸을 동였다. 그 사람은 도적질을 했다는 사람인지 두 손바닥 사이에서 전깃불이 나도록 빌면서 가재 형상으로 뒷걸음질을 치나 몸은 책상다리에 매여 있다.

"이놈아 무슨 말이야!"

취조하는 경관은 철필대를 가지고 마치 어린애가 격검[47] 장난을 하듯이 범인의 눈을 노려 들어가다가 히히 웃으며 그만둔다.

'아- 이놈의 세상은 살려고 기를 쓰는 놈들에게는 재미있는 세상이요 그것이 싫은 자에게는 귀찮은 곳이구나.'

언제인지 그전에도 한 번 하던 소리를 다시 가슴에서 되풀이하며 먹던

---

47 격검(擊劍): ① 적을 물리치거나 자기 몸을 보호하기 위하여 장검(長劍)을 법도 있게 씀. ② 죽도(竹刀)로 상대편을 치거나 찔러서 얻은 점수로 승패를 겨루는 운동 경기.

숟가락을 슬며시 놓았다.

　집의 부인은 따뜻한 밥을 지어 놓고 고대할 줄을 알면서도 팥죽을 자신 분은 손수 팥죽 그릇을 들어서 책상 밑에 몰아놓는다. 그리고 목판 위에 다가는 오 전짜리 두 닢을 얌전히 놓는다.

　"그런데 어찌하여 그런 데 가 있소?"

　인제는 먹었으니 밥 먹는 이의 의무를 지키잔 말이다.

　"일해야 먹고 살지 않아요?" 해 보았다.

　"그렇지만 당신은 상당한 교육이 있으니 그런 일은 안 해도 좋은 것인데."

　"그러면 뭘 하며 벌어먹어야 합당하단 말인가요."

　"그야ㅡ" 해놓고는 아무래도 조선말이 옹색한 모양이다.

　"시집도 좋지 않아?"

14회, 1927.02.06.

　기호는 지금 수구문 언덕을 넘고 있다. 사에서 나오는 길로 이곳을 향한 모양이다. 들고 가는 얼굴이 모진 바람만 불어오면 뒤로 꺾일 듯이 그의 걸음에는 풀이 없다.

　사에서 수군거리는 소리들을 들으니 상여금까지 십 오 할인가 얼만가 있으리라던 월급이 반도 못 나오기가 쉽다고들 한다. 반이라 하면 자기의 월급은 오십 원이다. 정말 반도 어렵다 하면 이십 원밖에 안 주고 그만둘 모양인데 하숙옥 밥값만 해도 근 사십 원이다. 그것은 억지로 이십 원만 주고 내일모레로 핑계 댄다 하더라도 정애에게 식비 십사 원과 용돈 몇 원을 첨부하여 십 칠팔 원 이상은 보내야 한다. 그러나 월사금을 내고 보면 어린 누이동생의 손에는 한 푼도 안 남을 것이다. 때는 섣달그믐이다. 그리고 정애는 사실 아직 어리다.

　그뿐이냐. 개성 어머님에게는 어찌하고 빚쟁이들에게는 뭐라 해야 옳으냐. 삼 원, 일 원, 팔십 전, 삼십 전, 일 원, 칠십 전. 참으로 창피한 것은 잔빚받이들이다. 순사 수첩 안에 콩나물 오 전이라고 쓰여 있음이 이야깃거리요 웃음거리라 하면 신문사 문예부장이 이십 전이니 십오 전 계산에 풀을 잃고 걷는 품도 아마 적지 않은 희극일 것이다. 그러나 조선의 문사들은 나는 희극이라고는 모릅니다 한다. 그것도 아마 적지 않은 희극일 것이다.

고개를 넘어서려니 앞에 가는 여자가 바로 수자였다. 수자는 경찰서에서 나오는 길이다.

"수자 씨!"

서로 거리에 합당할 만한 음성으로 불렀다. 돌아다본 여자는 가냘픈 웃음으로 대했다. 수자 역시 머리 안에는 괴로움이 전염병 벌레같이 차 있는 판이다.

"어디를 다녀오세요." 가까이 둘이 가며 그같이 말했다.

〈그림 15〉 2.8.
기호 : 이소연, 수자 : 김정숙

"좋은 데 갔다 온답니다."

"좋은 데요?"

여자는 기운 없이 웃을 뿐이다.

두 사람은 어느 틈에 제출한 의견인지 그리고 어느 사이에 동의와 재청을 불렀는지 마을가는 길을 버리고 바른편 산길을 걷고 있다. 아마 두 사람은 자연히 높은 곳을 오르고가 싶었던 것이다. 솔과 솔 사이를 헤치며 수자는 아까 지낸 이야기를 했다. 자기의 자라난 것이 해삼위요, 공장에서 일한다는 탓밖에 없으면서 사람의 신경을 튕겨도 보며 당겨도 보다가 늦춰도 주며 별의별 짓을 다 하더란 이야기를 했다. 기호는 그 이야기를 들어가며 여자가 헤치는 소나무 가지가 자기의 눈에 부딪히지 않도록 피하며 그의 뒤를 따랐다. 이야기가 그칠 때면 두 사람은 묵묵히 걸을 뿐이었다. 그때면 들려오는 쇄-소리가 수많은 소나무를 쓰다듬으며 먼 산 위로 넘어가는 품이 퍽도 상쾌했다.

산등에 올라서서 수자가 유하는 부락을 내려다보니 바다 복판에 검은 바위가 놓인 듯이 작았다. 사람은 높은 데 올라갈수록 인간에 대해 반성하는 품이 커짐을 깨달을 만했다. 수자도 그러하며 기호 역시 그 같은 느낌이었다.

"사람이 신경을 둔하게 타가지고 난다는 것도 한 가지 행복이지요?" 하며 수자가 말했다.

"보기에 불쌍하단 말이세요?" 하며 물어보았다.

"비단 한 부락을 가지고가 아니지만…. 원체 사람이란 우습지요?"

무대 배우라도 굴리기 어려운 마디를 애교 있게 잘 굴리는 게 특성이로구나 할 만치 음악적이다. 기호는 슬그머니 그 음악을 되풀이하여 흉내내 보았다. 여자의 얼굴은 그 대답을 반드시 요구한다는 빛도 아니요, 자기 역시 경솔히 대답할 것은 못 되므로 "글쎄요….." 해 놓았다.

"더 올라가 볼까요?"

"그럴까요?"

어느 틈에 기호도 수자 모양으로 말끝마다 의문표 음악을 가하게 된 모양이다.

수자는 돌아서서 또다시 산등을 오르며 있다. 기호도 그를 따랐다. 기호는 이제야 여자의 곡선미란 것이 무엇임을 알 듯했다. 앞서가는 수자의 몸에서 제일 심하게 움직이는 부분이 그 점을 확실히 설명해 주고 있었다. 바람이 또 쇄-한다.

'아- 두 젊은이를 그대는 어디로 인도하려느냐!'

기호는 벅찬 호흡을 돌리느라고 발을 멈출 때 하늘을 우러러 그같이 중얼거렸다.

15회[48], 1927.02.08.

얼마 가지 않으려니 두 사람이 선 곳은 장충단 뒷산이 되었다. 한 개 벤치가 놓여 있음을 본 두 사람은 연설 끝에 찻잔을 들 듯이 발길이 자연히 그곳으로 갔다. 수자는 털썩 앉더니 산에 가려 저물어 가는 서부의 서울을 바라다보고 있다. 운동은 피의 순환에다 행진곡을 불어주어서 툭하면 허무를 말하기 쉬운 수자의 얼굴도 이제는 꽃필 주사를 맞아놓은 듯도 했다.

〈그림 16〉 2.9.
기호 : 이소연, 수자 : 김정숙

기호도 그의 등 뒤에 서서 역시 그편을 보는 체는 했지만 오십이 넘은 지친 태양을 바라보고 있느니보다는 오래간만에 자기의 생활을 긴장시켜 주는 수자의 얼굴을 훔쳐보는 편이 나을 것임은 물론이다. 곁눈으로 가만히 내려다보니 수자의 뺨에서는 아직도 더운 기운이 수증기와 같이 돌고 있다. 기호의 시선은 오뚝한 코와 다문 입술 위에 머물러 있다. '오뚝한 코는 하늘의 자랑이요 하늘의 비밀은 입술 안에 숨겨 있다.'고 하여 보지는 못하나마 그 같은 찬미를 하고는 싶었을 것이다.

이때 수자가 입을 연다.

"동경에서도 이렇게 들 위에 혼자 앉았으려니 우에노[49]의 종이 울겠지요. 저는 그때 머리가 자연히 숙여지며 울었어요."

"왜요?"

일변 응답을 하면서 그 장면을 그려도 보려니 그같이 엉성한 대답밖에 안 나왔던 것이다.

"글쎄요…." 해버리는 여자는 대답보다 옛 생각이 더 재미있는 모양이

---

48 원문에는 "14"라 되어 있으나 오식이다.
49 うえの [上野].

다. 그의 눈이 그러했다.

"자기의 심령이 대자연과 포옹될 순간에 사람은 자기 자신이 너무도 빈약해서…. 혹은 너무도 고마워서 울어질 때가 있겠지요."

"글쎄요…. 참 앉지 않으세요? 앉으세요."

"네 인제 몸이 추워 오시겠습니다."

"무얼요."

기호는 외투를 벗어서 여자의 몸을 싸놓으려 했다.

"안 춥습니다."

"추워 오실 것입니다."

기호는 와서 함께 앉았다. 그러나 두 사이의 거리를 여덟 치 이상이나 두고 앉았다는 계산은 해 보며 앉았다.

"우리가 만약 다시 시가지로 안 돌아가는 사람이라 하면 이곳에서는 재주와 명예와 물론 돈 같은 것은 물론이지만 아무것도 소용이 없고 오직 두 사람이 서로 안다는 것이 재산이겠지요? – 저는 그런 생각이 들었어요." 하며 기호는 앉자마자 그런 수상스러운 소리를 했다.

"그래요–. 공장에서도 한 켤레에 육 전이나 칠 전을 받기 위해 손등이 터진 그이들의 손등 터진 것을 아는 것이 나란 그 사실만으로도 저는 행복된 것 같아요."

기호는 슬그머니 여자의 손등을 보았다. 그리고 "수자 씨의 손은요?" 하면서 때에 안 맞는 실없음을 보였다.

"저요? 저는 관계찮습니다." 여자는 얼굴을 붉혔다.

"손보다도 마음의 동무를 얻는 기쁨을…." 아십니까 해서는 실례이므로 기호는 말의 머리를 말머리 돌리듯 했다. "저는 마음의 동무를 얻어서 기쁩니다!"

기호는 그 한마디를 꺼내기에 얼굴이 더워졌다. 여자는 아무 대답이 없었다. 수자는 마치 모르는 사람에게 인사를 받은 듯이 미안한 얼굴이었다.

"그것이 누구냐고 물으려 들지 않으십니까?"

기호는 용기를 더해 그 같은 하이카라 말을 꺼냈다. 여자는 사나이의 눈을 쳐다보았다. 기호는 그 순간에 손을 내밀어 끌어당기고도 싶었지만 사람이 도야지와는 다르다. 그뿐 아니라 벌써 여자의 눈은 아래로 내리깔았다.

"동무가 좋으세요? 공자님이 말씀하시듯이 그렇게 좋으세요." 하며 여자는 묻는 편을 보지 않으며 그같이 말했다.

"좋아요! 공자님처럼이 아니라 더 좀 젊은이들이 바라는…."

기호의 말소리는 술 취한 이의 댄스가 되었다.

"수자 씨!- 저 좀 보세요."

"…."

"수자 씨의 눈이 보고 싶어서 그래요."

"네?"

기호는 그 눈 안으로 기어들려 했다. 그러나 여자의 눈은 자기가 가까이 들어가도 상관없을 듯싶지가 않았다. 수자의 눈은 겁과 미안에 붉어졌을 뿐이다. 기호는 여자의 눈에서 여자의 마음을 들여다보면서 어찌할지를 몰랐다. 여자는 기호를 위해줌인지 시선을 딴 곳으로 옮기더니 입을 열었다.

"동무도 좋아요…. '그대로' 동무가 좋아요…. 동무 중에도 웬셈인지 사회니 무어니 귀찮은 소리를 가지고 오느니보다는 하루에 한 시간쯤 그대로 허허 웃다가 갈라지는 사람이 그리워요…." 하는 쎄쓰[50]에 취하여 기호는 오직 묵묵히 앉았을 뿐이다.

16회, 1927.02.09.

---

50 원문 그대로임. 단행본에는 "쎈쓰"라 되어 있다.

"딴따라랑 – 딴따라랑! 오늘이 공일이다! 오늘이 공일이다!"

경식이는 일어나는 길로 이불을 개키면서 이같이 노래 부른다. 재킷을 집어 입으며 단추를 끼는데도 그 곡조에 박차를 맞춘다.

"오늘이 공일이다! 오늘이 공일! 오늘이 공일이다! 오늘이 공일!"

〈그림 17〉 2.10.
정애 : 신일선

공일이 되면 아마 무슨 좋은 일이 있었나 보다.

"편지요-." 소리가 대문간에서 난 듯하다.

"주인 할머니! 편지가 오지 않았소?!"

부엌을 향해 벼락같이 소리를 질렀다. 그러나 생각해 보니 올 사람이 편지할 리는 없으니 편지 온 것이 좋은 일은 아닐 것을 그랬다.

"편지바람에 일어나셨구먼. 인제는 점심이나 자실 수밖에…."

주인 할머니의 손에 들린 겉봉을 내려다본 경식의 눈살은 찌푸려졌다. 그러나 안 받을 수는 없어 받기는 했으나 펴보기도 싫은 편지다.

"빠가[51]! 빠가! 빠가!"

주인 할머니가 돌아서자 경식의 입안에서는 그 같은 부르짖음이 돌았다. 대관절 무슨 편지이기에 경식이는 그같이 저주를 하는지 내가 이곳에서 갑자기 그 이유를 공개해 버리면 정애를 위해 놀랄 분도 있겠지만 그러나 생각해 보면 이런 일은 과도기의 사회에 흔히 있는 일이니 그다지 놀랄 사건은 아닐 것이다.

그 편지의 겉봉은 자기 아내의 글씨인 것이 분명했던 것이다. 경식이도 상투 깎아 승으로 변하는 판에 출생된 몸이요 또한 자기 집은 동리에서도

51   ばか [馬鹿・莫迦]. ① 어리석음. ② 썩 상식적이 아닌 일. ③ 쓸모없음.

이름있는 부자라, 구한국 바람에 돈을 모은 아버지의 구식 지휘 아래서 조혼을 면할 수는 없었던 것이다. 지각없이 장가란 것을 들기는 했으나 정작 자기로서 이성을 요구하고 싶어질 임시부터는 새로이 유행된 신식이 좋게 보였음은 물론이다.

 아내는 워낙 싫어져서 한빙에 들어본 적이 없이 지내오다가 중학 삼학년 때 겨울방학이던가 섣달그믐날 술김에 어찌된 심인지 문지방 한번을 잘못 건너 디딘 것이 열 달 만에 '빼빼-' 소리를 듣게 되었다. 결혼 후에는 처음인, 단지 한밤 동안의 조화로는 거짓말 같은데 그것이 정말이었다. 그것은 딸이었다. 지금도 방학에 집에 가면 네 살 먹은 계집애가 "아빠 아버지!" 하면서 양복바지를 쥐어뜯는다.

 '나의 나이는 이제야 스물 하나다.'

 지난번 여름방학에도 경식이는 그 같은 탄식을 했다.

 "귀찮아! 저리 가 있어!"

 "왜 엄마가 가라는데."

 그것은 자식이 아니라 남편에게 보내는 연애편지와 같은 때가 많았다.

 경식은 그 비밀을 영원히 속이려는 작정은 아니다. 다만 정애가 그에 대하여는 물어보려 한 일도 없었고 자기 역시 만만히 이야기할 것도 못 될뿐더러 그리할 기회도 없었던 것이다. 속이려 하는 것은 아니지만 속히려 오는 심인가. 책보다는 사랑이 더 중한 까닭이다.

 '아니꼽게시니 겉봉 쓰는 법은 어디서 배웠어!'

 내용을 보니 편지는 별것이 아니었다. 섣달그믐이 되었는데 안 다녀가느냐는 것이 제일 중요한 말이요, "아빠 언제 오우?" 한다는 딸 음성을 첨부한 곳이 자기 사정으로는 제일 그럴듯하게 쓴 것 같았다. 읽기를 마치니 점점 표독해 가는 듯한 아내의 얼굴이 눈앞에 어른거리려 한다.

 "에이!"

 들어오는 올가미를 내다 미는 형상으로 뭉개버린 편지를 방구석에 던졌다.

"무엇이 에이! 예요."

이것은 여자의 음성이다. 바로 창문 밖에 서 있는 정애의 음성이다. 경식이는 일어서며 슬그머니 편지를 호주머니 안에 넣고 나서 창문 앞으로 갔다. 문은 아직 안 열려 했다.

"누구?"

"나!"

"누구?"

"나!"

"누구?"

"이런."

"자아- 들어오시지요." 하며 문을 열었다. 이만하면 아무 일 없는 얼굴로 보일 것임을 믿은 까닭이다. 웃는 정애의 입김이 마주 보며 웃는 이의 얼굴을 훈훈하도록 싸덮어 준다.

17회, 1927.02.10

두 사람은 그전대로 즐거운 체했지만 사실 정애의 웃음도 벌레 먹은 향기다. 아까 오빠에게 들었더니 내일 저녁에는 꼭 보내마 하지만 얼마나 보낼지는 둘째 쳐놓고 내일이면 섣달그믐날 밤이 아니냐. 만약 또 거짓이 된다 하면 할 때 엉엉 울면서 계약서를 써달라고 조를 형편도 못 되느니 만치 가슴만 황밤 모양으로 졸아들 뿐이다. 그런 정애니

〈그림 18〉 2.11.
경식 : 박덕양, 정애 : 신일선

아무리 연인 앞인들 티끌 없는 웃음만 보일 수는 없다. 의자 위에 털썩

앉는 연인에게도 다가가서 밤나무를 만난 딱저구리[52] 모양으로 애교를 꺼내놓기에 노력했다만 자연히 풀이 죽어오는 가슴은 '삼백둘 삼백셋' 하다가 쓰러지는 '제기' 장난과 같았다. 경식이 역시 천장을 쳐다보는 순간이 많았다. 불쾌한 편지를 받았다는 일시의 미움보다는 방 안의 연기를 뽑듯이 쉽사리 처치할 수 없는 근심도 있는 것이다. 아내의 편지는 가끔 경성에 와서 야학이라도 다니며 함께 있자는 지원도 해왔다. 봄이면 그 짓이 있더니 지난번에는 가을이 되어서 마음이 어떠니 어떠니 하는 끝에 또 그 소리가 적혀있어서 편지를 갈가리 찢고 발을 구르게 해주었다. '네가 올라오면 나는 외국으로 달아나 버린다!'는 위협으로 일을 무사히 눌러는 놓았으나 생각하면 그놈의 적군이 어느 때 쳐들어올지 미리 짐작키는 어려운 일이다. 자기는 애인과 둘이 붉은 술에 취해 들판에서 춤출 때 멀리 보이는 저편 언덕으로는 난데없는 적병들의 장검이 번쩍거린다면 이편 나라의 즐거움은 그 자리에서 파멸이다.

그러나 그럴 리가 있나 할 수만은 없는 일이다. 성미 팩한 아내가 자기 때문에 속이 상해 드디어 시어머니와 싸움이 났다고 치자. 그러면 아내는 '이제야말로 최후다!' 하고 어린 것의 손목을 잡아끌며 '최후의 담판 가자!' 소리를 안 할 리가 없는 일이다. 자기의 집은 동래(東萊)다. 아내의 손에 일금 칠 원 경성행이란 표만 사들게 되면

"이-"

그러나 나중에 어떻게든지 다시 편지로 위협해 둠이 옳은 일이다. 찾아온 연인 앞에서 본처에 대한 고민을 하고 앉았을 일은 아니다.

"무슨 생각을 하오?"

오히려 자기편에서 그런 소리를 꺼냈다. 손으로는 자기 손보다 더 보드라운 손을 잡았다.

"아-니."

---

52 원문 그대로임.

"그래도 무엇을 생각하는데."
"당신이 그러고 앉았으니까 그렇지."
경식이는 웃으며 입술을 내밀었다. 아니 그러마는 뜻보다도 당신이란 소리가 즐겁다는 표정으로 상대의 입술이 가까이 오기를 기다렸다. 정애도 웃음을 보이며 그에 응했다. 졸음이 오므로 기도 시간을 기다리는 교인이 있다. 두 사람의 키스는 자기들의 고민을 녹여 없애자는 욕심 모양으로 길게 끌었다. 그것이 육(肉)의 집을 찾아가서 이리 오너라 하며 대문을 두드렸다. 빗장은 저절로 빠지더니 대문은 열렸다. 두 사람은 가슴 안에 잠뽁 호흡을 들여마신 채 제각기 천장을 향해 떨어졌다.
"아- 어디 좀 갔으면."
경식은 어벌쩡하며[53] 벅차던 가슴을 가뿐하게 만든다.
"어디를?"
"아무 데나."
"어디-? 만주?"
"아니…. 참 우리 다른 데 가 공부할까?"
섣달그믐날 동전 한 푼도 없을까 보다 걱정하는 사람에게 무슨 소리인지 알 수가 없다. 이 순간 경식에게는 지금까지 생각지도 못하던 기꺼운 장면이 눈앞에 떠돈다. 지금까지는 단지 속이 상해서 조선이 싫다는 것을 말함이지만 그에 따라 연상은 갑자기 즐거운 예상을 전해준다. 동경에 가서 부부와 같이 생활을 해가며 공부한다는 그것이다. 조선에서는 절대로 그같이 안 되리라는 게 아니지만 여러 가지 귀찮은 문제가 많을 것이다. 그러나 동경은 그렇지가 않다. 생각해 보니 그 즐거움을 얻고 못 얻는 것이 단지 이곳보다 한 달에 이삼십 원 더하다는 우스운 문제뿐이다.
"우리 동경 가 공부할까?"
"… 동경?"

---

53 제 말이나 행동을 믿게 하려고 말이나 행동을 일부러 슬쩍 어물거려 넘기며.

"아버지에게 가서 동경 가 공부하자면 한 달에 칠팔십 원은 든다고 해 놓으면 둘이 할 수 있지 않아?"

정애도 좋았다. 그러나 무슨 알 수 없는 조목이 자기를 잡는 듯도 했다.

"어머니나 오빠에게 허가 얻을 수야 있지 않아?"

참 그 조목이로구나 하고 정애는 깨달았다.

"글쎄…."

"우리 동경에 가! 응? 동경에….'

연인의 두 손은 자기의 머리와 손목을 잡더니 끓는 뺨이 자기의 뺨에 와 닿는다. 정애의 정신은 취할 것이다. 그리고 그의 상상의 줄기도 연인이 예상해 놓은 바와 같은 즐거움에 빠질 것이다.

18회, 1927.02.11.

오늘이 그믐날이다. 아까 아침에 수자는 부엌에 내려가려 창문을 여니 앞산 솔밭에 까치 한 마리가 푸드득! 하고 날며 어린 소나무가 간들! 하는 바람에 떨어지는 눈 뭉치는 땅에 부닥쳐 흐트러진다. 그때 수자는 웬셈인지 갑자기 쓸쓸함을 느꼈다. 부엌에 내려와 보니 노비[54] 남은 것으로 팔아놓은 쌀 그릇은 한 끼 양식을 모으려는데 밑바닥 긁는 소리가 심하게 난다. 밥 짓기를 시작해 찬물

〈그림 19〉 2.12.
수자 : 김정숙

에 담근 손이 저리다 못해 불기운이 돌 임시에 "이래 가면서 왜들 살려 할까." 소리를 했더니 그것이 오늘 일의 전조였던지 그길로 경찰서에 끌

---

54 노비(路費): 먼 길을 떠나 오가는 데 드는 비용.

려간 수자는 망나니 놈의 걸음 같은 지루한 일곱 시간을 치르고 인제야 나온다.

끌려온 일은 다른 일이 아니다. 동경서 인사나 하고 지내던 사람들 사이에서 무슨 일이 일어났는지 아마 잡혀들 간 모양이다.

"이 사람들과 연락이 있지?"

없으니 없다고 하면 일은 그만인 듯싶은데 그처럼 자기 뜻과는 같지가 않았다. 어느 구절에 어떤 대답을 했는지 그 순간 취조하던 이의 다섯 손가락이 눈앞에 번듯하며 철커덕! 하더니 볼이 으스러지는 것 같았다.

"좋다!"

그 순간부터 전신의 핏발은 무자위[55] 모양으로 일어서게 된 것이다.

"세상이란 다 무엇이냐. 죽어버린다!"

수자는 지금 경찰서 문을 나서며 그같이 중얼거린다. 아이 업고 부라질하듯[56] 서 있던 순사가 흘낏 쳐다본다.

"이놈아 볼 대로 보아라!"

세상은 여전히 전차가 가고 자동차가 가고 감기 들린 지게꾼이 콜록거리며 간다. 만약 이것이 시가지가 아니요 북극 눈벌판이라 하면 푹! 엎어지면서 일고여덟 자는 녹여 들어갈 듯이 수자의 몸은 펄펄 끓고 있다. 그는 지금 남대문 통을 바라보며 종로 네거리를 걷고 있다. 양약국을 찾아 '네꼬이라쓰'[57]를 사려는 것이다. 자기는 지금 해골 뚜껑이 수통 마개 빠져 달아나듯 했으면 시원할 판인데 '땡땡! 땡! 땡! 땡!' 전차가 꾸중을 하시고 있다.

"흥 내 허리 위로 지나가려무나!" 했다.

이제의 수자는 주의(主義)도 모르고 주판(珠板)도 모른다. 어째서 죽어

---

55 물을 높은 곳으로 퍼 올리는 기계.
56 부라질하다: ① 젖먹이의 양쪽 겨드랑이를 껴서 붙들거나 두 손을 잡고 좌우로 흔들며 두 다리를 번갈아 오르내리게 하다. ② 몸을 좌우로 흔들다.
57 ねこいらず. 쥐약.

야만 한다는 것을 다시 심쳐보고 있을 경우가 아니라는 말이다. 그의 생각에는 이제라도 어디서 명함 없는 칼날이 선뜻 들어와 자기의 가슴을 쪼개는 석류와 같이 만들어 주면 "아- 고맙다! 열병에 얼음 봉지를 대어 주는 맛이로구나! 그러나 제군! 이곳에 막걸리보다도 더 우스운 사건이 생겼습니다그려!" 하고 외쳐가며 쓰러지고가 싶을 뿐이다.

전차는 연기를 싣기 위해 달아나는 것도 같고 자전거는 얼마 가다가 비지[58]에 미끄러져 코를 깨뜨리려고 약은체하며 닫는 듯싶다. 세상이 모두 내 세상이 아니요, 오직 자기의 눈썹과 눈썹 사이가 천근 같을 뿐이었다. 수자는 지금 약병 늘어선 집을 찾기 위해 시력의 전부를 몰아가지고 헤매는 것이다. 한 집을 찾아 들어가니 처음에는 있다고 하던 것이 자기의 눈치를 알아챘음인지 마침 떨어져서 없다고 하며 안 준다. 두 번째 간 집에는 주소와 성명을 써놓고 손도장이라도 찍으라 하기에 그같이 했다. 자기는 미곡 장사의 아내라고 애써가며 거짓말을 늘어놓고 있는데 뚱뚱한 일본인 주인은 "응 그러냐." 하며 들은 체 만 체한다. 그래서 수자는 독약을 손에 잡게 되었다.

"사요-나라!" 하며 돌아서 문을 열려니 그 집 유리 창문이 떨리는 만치 자기의 다리도 부르를 떨렸다. 길에 나서니 아까의 흥분은 다 어디로 갔는지 몸이 뱀 전대[59]와 같이 처진다. 내딛는 다리는 허공을 헤치는 것 같고 가슴 안은 형용키 어려운 무서움으로 하나 가득 차 있다. 온 세상은 주인을 잃고 땅 치며 엉엉 우는 노총각과 같이 마음에 안되어 보이는데 여전히 전차는 가고 자동차는 달아나고 강아지는 레일을 넘고 있다.

"슬프거든 슬프다고 그러려무나."

남이 들으면 미쳤다고 할 소리를 중얼거리며 황금정통[60]을 내려가는 수

---

58 "고을이나 국경의 경계선이 고르지 못하고 들쭉날쭉한 것"을 뜻하는 비지(比地)가 아닐까 한다.
59 전대(纏帶): 돈이나 물건을 넣어 허리에 매거나 어깨에 두르기 편하도록 만든 자루.
60 黃金町通. 중구 을지로의 일제강점기 이름.

자의 다리는 또 한 번 부르르 떨렸다. 그러나 그는 또다시 내딛었다. 수자는 지금 수구문을 향해 걸어가고 있다.

19회, 1927.02.12

방문을 열고 약을 방바닥에 던지며 털썩 주저앉으니 또다시 눈물이 쏟아지려 한다. 참을 수도 없거니와 참기도 싫은 눈물이라 그대로 머리를 이불 위에 던지며 쓰러졌다. 흑흑 느끼는 소리가 불도 안 켜놓은 찬 방 안에서 그칠 줄을 모르며 계속되고 있고 수자는 아까 오면서도 여러 가지를 생각은 해 보았다. 그러나 그것이 '생'이니 '사'니 조직적은 못 되었다. 벽에 걸린 열쇠를 발견하듯이 해답을 얻어보지는 못했다.

〈그림 20〉 2.13.
수자 : 김정숙

생지지친[61] 한 개의 여직공이 스스로 목숨을 끊으려 든다는 사실에 대해 조상[62]해 주듯이 그는 이론보다 눈물이 앞을 섰다. 그래서 무엇을 생각해 봤는지 다시 추려볼 건더기도 없는 생각을 했던 것이다. 행인이 한 명도 없는 찬 바람 부는 언덕을 자기는 차디찬 눈물 줄기로 뺨을 적셔가며 걸어오던 기억만이 어렴풋하다. 온종일 불도 때지 않은 방 안은 끓는 몸에도 차가움을 깨달을 만치 춥다. 수자는 그 찬 기운을 반항한다는 듯이 몸을 왈칵 젖혀서 네 활개를 벌렸다. 시커먼 천장은 자기의 상상하는 길을 위협으로 권고하려는 듯도 했다. 누구인지 사람 오는 기척이 들려온다.

---

61 원문 그대로임. 단행본에는 "생시지친"으로 되어 있다.
62 조상(弔喪): 남의 죽음에 대하여 슬퍼하는 뜻을 드러내어 상주(喪主)를 위문함. 또는 그 위문.

"있소?"

가만히 있었다.

"여태 안 왔나?"

옆집 젊은 여자다. 자기를 좋아하며 가끔 편지 써달라는 여자다. 초하룻날 같이 윷 놀자던 여자다.

"어딜 갔기에 여태 안 와…?"

혼자 중얼대더니 그 여자는 도로 나간다.

"나는 아주 간다우…."

수자는 혼자 중얼대며 또다시 눈물을 흘린다. 일이 이같이 될 것을 미리 짐작했다면 그가 편지 써달랄 때마다 얼핏 승낙하고 써주었다면 좋았을 걸 하는 생각도 난다. 그 여자는 어떤 얼굴을 가진 사나이와 사랑을 하는지 세상이 재미있으면 잘들 살려무나 하는 소리가 저절로 입에서 흐른다. 그같이 끝없는 생각은 꼬리가 꼬리를 물고 자기의 지내온 바 가장 중요한 부분만이 눈앞에 그려진다. 그중에도 제일 많이 뜨거운 눈물이 쏟아지는 것은 아버지가 자기의 머리를 쓰다듬어 주는 장면이다.

"아버지는 나더러 잘 자라고 머리를 쓰다듬어 주신 것이다. 그런데 나는 지금 이 모양으로…." 하며 느꼈다. 떠나가는 사람의 선물은 눈물이라는 듯이 차디찬 방바닥에 끊임없는 은줄을 흘렸다. 하관서 작별된 연인과 지내온 일도 회상되었다. 그와 관련이 되어 다 지친 자기에게 위안을 구하러 다니는 기호란 이의 생각도 났다.

"그대나 나나 가엾은 처지다." 했다.

"그대에게는 진리가 있거든 더 사심도 좋지요." 했다.

살아가는 기호에게는 행복 되기를 바라고도 싶었다. 한마디의 축수라도 남겨놓음이 옳은 일이라는 생각도 들었다. 수자는 팔을 짚고 부스스 일어나려니 머리칼이 이마 위로 늘어지는 게 무거운 동아줄이나 매달리는 것 같았다. 일어서서 전등의 스위치를 트니 확! 하는 전광이 울던 눈을 습격한다. 공연히 호-하며 한숨이 흐른다. 다시 앉아 잉크병을 앞에 놓고

병마개를 뽑으려니 힘없는 다섯 손가락은 바르르! 떨렸다.
　펜을 잡고 쓰려 하니 쓸 말이 태산 같기도 하고 한마디도 할 말은 없는 것 같기도 했다.

20회, 1927.02.13.

　또다시 솟아오르는 눈물이 종이의 면적을 흐리려 할 때 한편으로는 마음을 식혀가며 떨리는 철필을 간신히 바로잡았다.
　'저는 가렵니다. 갈 길이 어딘지도 모르며 가렵니다. 저의 감이 이르다 하여 애석히 여길 이도 저입니다만 저 역 없어지는 몸이니 저로서 생각키는 세상은 헛됨인가 봅니다ㅡ.' 하며 늘어놓다 생각하니 너무 길어질 것 같아서 찢어버렸다.
　'저는 갑니다. 저는 먼저 갑니다. 안 가고 삶에서 진리를 보시려는 분은ㅡ.' 하다가 또 찢어버렸다.
　'먼저 가나이다. 그대의 장래에 복이 있기를ㅡ.' 해놓고 생각하니 역시 모두가 쓸데없는 짓이다. 뭉개어 윗목으로 던지고 벌떡 드러누웠다. '왜 죽느냐?!' 다시 한번 생각해 볼까 했다.
　앞길에 희망이 없단 말이냐. 당장에 먹을 것이 없단 말이냐. 옛 생각이 그립지가 않으냐. 다시는 낙이 없을 것으로 인정하느냐. 낙이 낙 같지 않단 말이냐ㅡ. 스스로 물어보았으나 모든 것을 차분차분히 생각해 이치 있는 대답을 꾸며낼 힘이 없다. 가슴 위에 콩꺼풀이 낀 것 같았다. 노름판에서 상아 알을 굴리듯이 생각이 건성 돌고 있을 뿐이다. 수자는 지금같이 죽음을 결심해 본 적은 없으나 '죽어보면' 하고 그 같은 소리를 한 적이야 한두 번이 아니다. 해삼위 공원에서 낮잠만 자고 있을 때 그것은 어느 해 가을이다. 행인 한 사람이 누워있는 자기에게 돌을 던지며 "빌어먹을 년!" 했다. 그때 자기는 "오냐 나는 쓸데없는 사람이니 쉬 없어지마." 소리를 하며 빙그레 웃었다. 동경 가서는 우에노의 종이 울 때 머리는 자연히 수그러지며 '신이여 죽어도 좋습니까.' 했다.

그런 일이 한두 번이 아니더니… 하면서 방바닥 한가운데 놓인 약을 보았다. 약을 향해 몇 마디 물어보려 했다. 그러나 작고 영악스럽고 밉고 어리석고 귀엽고 약아빠진 '네코이라쓰'란 놈은 아무 대답이 없었다.

"빌어먹을 짐승 같으니…." 하면서 웃다가 보니 윗목에 보지 못하던 그릇 하나가 놓여 있다. 떡이다. 누구인지 흰떡을 갖다가 놓았다. 아마 자기가 나간 사이에 옆집 여자가 갖다 놓은 모양이다. 일고여덟 가락의 흰떡이 대접 언저리를 베개 삼아 누워있다.

"먹으란 말이지!"

역시 혼자 중얼거렸다. 웬셈인지 그것이 사람 먹을 것으로 보이지가 않는다. 시골 서낭당에 놓아주면 머리 허연 귀신이 나와서 춤을 덩실덩실 추다가 집어먹는 게 아니면 강아지 떼들이 덤벼서 혀로 핥다가 서로 싸워가며 뜯어먹어야 합당한 물건으로 보인다. 약기가 번갯불에 담뱃불 붙인다는 인간들이 먹을 것으로는 보이지가 않으니 이상하다 했다.

"너는 흰 송장이로구나!" 했다. 떡은 아무 말이 없다.

"너도 유희요 나도 유희다." 하면서 웃었다.

"아이고 귀찮다. 영원의 회전(回轉)이로구나." 하면서 일어나 앉았다.

약을 바라다보니 잊은 것이 있다. 아까 생각에는 오다가 호떡을 사다가 싸 먹으리라던 것이 호떡집을 지나오면서도 잊은 것이다. 게으른 여자가 바느질 상자를 끌어당기듯이 약봉지를 집었다. 종이를 뜯고 약을 보려니 별안간 머리 안이 얻어맞은 듯이 아파온다.

"아서라 조물주가 다치신다." 그런 소리를 중얼대며 약의 분량을 보았다. 한입이면 넘어갈 듯하다.

자기는 어느 사이에 부엌에 가서 물을 떠왔는지 약을 몇 모금이나 삼키다가 진절머리가 났는지 죽을만치나 먹고 나서 이처럼 엎드러졌는지 이것은 물어도 대답하기 어려운 기억이다. 배창자에서 하나비[63]가 터진다. 정신이 백두산의 얼음판을 기어 올라간다. 어디서인지 시계가 때를 고한다.

"오- 때야 열두 점이냐 마지막이냐?! 어둠이냐?! 새길이더냐?!"

수자는 그 같은 소리를 하면서 열 손가락이 방바닥을 긁는다. 엎드려서 방바닥을 긁고 있다.

21회, 1927.02.15.

때는 정말 열두 점이요, 기호가 지금 앉아있는 곳은 광화문통 어느 조선 요릿집이다.

월급을 반씩도 못 탄 편집부 기자들이 망년회 겸 윷놀이 겸 화풀이 겸 또는 신문사 일 때문에 육 개월 징역을 하고 엊그제야 나온 지방 부장을 위해서란 두루뭉수리의 회로 이곳에 모인 것이다. 그

〈그림 21〉 2.16.
기호 : 이소연,
진국(鎭國) : 배병철(裵炳哲)

러므로 아까 식탁이 여러 사람 앞에 들어오자 한 사람의 장난꾼은 일어서며 이같이 설명했다.

"이 밤은 망년회라 하면 망년회요 윷놀이라 하면 윷놀이! 화풀이회라 하면 화풀이회지만 더욱이 점잖은 얼굴을 해가며 고해야 할 것은 우리 신문사를 위해 수신대학까지 견학하고 이제는 선량한 국민이 되어 돌아온 안진국(安鎭國) 군을 맞는 회인 것입니다." 하며 나이 어린 자기 버릇은 어디 가서든지 놓지를 못한다.

그것을 듣고 있던 기생 하나는 옆에 앉은 동무의 귀에다가 속살거린다.

"수신대학이 무어냐?"

63　はなび. ① 불꽃. ② 폭죽. ③ 꽃불.

"이년아 감옥 말이야."

기생들은 월급을 반도 못 주어서 자존심을 잃게 된 영업국장이 보내준 다섯 명이다.

묻던 기생이 또다시 물어본다.

"왜 징역을 갔니? 사회주의냐?"

대답하는 기생은 자기네들에게 혹하는 잡지사의 정치부장이므로 이런 대답에는 능할 것이다.

"글쎄… 그러나 혁명가는 못되어. 사회주의에도 공산주의란 것이 있고 아나키[64]라는 것도 있고 일종 교육주의도 있는데 신문사쯤이야 일종 교육주의니까 아마 한 3개월짜리 혁명가겠지."

그러나 묻는 사람에게는 쇠귀에 경 읽는 셈이다.

"옳-지 교육공산 밖에 못 되는구먼…."

"그럼."

그때서부터 벌어진 윷판이 이제는 술 먹는 사람까지 덤벼서 여태껏 초저녁으로 알고들 있다.

"이!!-"

팽글팽글 돌면서 천장으로 올라가던 윷가락은 투닥! 툭! 탁! 소리를 치며 보료 위에 납신 엎드린다.

"그러면 그렇지! 토강이로구나!"

"빌어먹을!"

"괜찮으애! 괜찮아! 걸 길일세."

"왜 걸 길은요, 윷 길은 못 쓰고요." 하는 것은 기생의 소프라노다.

뒤에서 보고 섰던 기호는 슬그머니 돌아서서 밖으로 나왔다. 기호는 지금 몰래 나오는 모양이며 가려는 곳은 수자 있는 수구문 밖이다. 수자를 찾아감이 비단 자기의 욕심뿐이 아니라 수자를 위해서도 이 감개무량

---

64 아나키즘(anarchism): 무정부주의.

한 밤을 함께 이야기로 밝히자는 뜻이다. 서로 위안을 받자는 목적이다. 자기에게 사랑은 승낙치 않았지만 그만치 문명한 처지에 이만한 일야 이해하리라고 믿은 것이다. 더 좀 앉아 있어도 상관없겠지만 자는 것을 깨는 것은 둘째 쳐놓고 전차가 끊어지면 큰일이므로 이같이 몰래 따로 빠져 나오는 것이다.

"형님!"

신발을 신으려다가 부르는 곳을 보니 지방 부장 '안'이 변소 편에서 뛰어온다. 그는 자기가 사랑스레 여기는 친한 동무다. 지금으로부터 7개월 전 사에는 편집부장도 없을 때 동무는 편집부장의 대리로 잡혀갔다. 문제 된 기사란 것은 지국에서 올라온 어느 지주 못된 행실에서 한 것인데 고소를 맡은 검사국에서는 신문사로 책임자를 찾았다. 그때 아랫입술을 물고 묵묵히 앉았던 진국이는 별안간 "요로시[65]!" 하더니 벌떡 일어나서 간 것이 이백삼십 조나 몇 조에 걸려서 육 개월을 고생하다가 이삼 일 전에야 나온 것이다. 자기는 진국을 그같이 보낸 후에 각국 문예가들의 「옥중기」 중에서 속 시원한 몇 마디를 뽑아 「동무를 보내면서」란 제목으로 문예 부록에 실린 적도 있다. 그가 와서 팔목을 잡는다 하지 않아도 먼저 일어서기가 안된 처지임은 미리 모르는 바가 아니다.

"어디를 가우? 형님도 이러시기요?"

사실 기호는 지금 발목을 잡혔다.

"기어이 들켰구먼. 꼭 가볼 곳이 있어서 그래."

"무어요? 요새 형님이 발견이로구려. 기다리시는 분이 있지요?"

웃는 눈에 애교가 있고 목소리가 음악적이다. 기호는 이 청년이 수자가 하관서 작별을 하고 소식 모르는 수자의 연인인 것을 모르고 있다. 진국이 역시 수자가 지금 어디 있는지는 모르고 있다.

---

65 よろしい [宜しい]. ① 'よい'의 격식 차린 말씨: 좋다, 나쁘지 않다, 괜찮다. ② 'よい(= 좋다)'의 공손한 말씨. ③ 허가할 수 있다, 해도 되다.

"어디를 가오? 이름만이라도 대주면 놓아드리지."

22회, 1927.02.16.

　진국이는 그다지 취한 터가 아니니 남의 뜻을 절대로 꺾으려고는 안 할 것이다. 한참 동안 그 모양으로 시달리더니 잡은 팔을 느치면서[66] 정다이 물어본다.
　"참 연말이란 국경을 어떻게 넘기셨소? 내가 형의 사정을 모르는 게 아니요."
　개성에는 어머님이 계시고 기숙사에는 누이동생이 있지 않느냐는 말이다.
　"그저 그렇지."
　"형! 참 우리는 어떻게 해야 하오? 늙으신 조물주는 돋보기를 잃었는지 반도강산을 못 보는구려. 그리고 우리의 가슴은 이렇게 지쳤구려."
　"…."
　"어서 가보오! 내가 다 알고 있소."
　집안 사정을 보라고 해방해 주므로 기호 역시 집안 사정인 듯한 얼굴로 작별을 고하고 찬바람 몰려가는 문밖을 나섰다. 큰길 위에는 어느 사이에 가두[67] 눈이 깔렸고 매운바람은 전주를 때린다. 서대문 편에서 전차가 온다. 마누라 보고 싶은 운전수의 넋을 싣고 전차는 줄달음질해 온다. 봄비가 잔디밭을 축이거나 낙엽이 창문을 때릴 때면 "아ー 수자야!" 하며 땅을 치는 젊은이는 지금 기생의 어깨를 짚으며 "걸이냐?", "걸은 걸이로구나!" 하고 있으며 그 사람이 십 리 안에 있는지도 모르는 수자는 독약을 마셨

66　원문 그대로임.
67　단행본에는 "가득"으로 되어 있다.

다. 그리고 기호는 지금 '종점입니다, 종점!' 소리가 나기를 고대하고 있다. 기호가 오늘 타 내온 월급이란 것은 모두가 사십 원이니 돈 없이야 개성에 갈 수 없으므로 아우인 기영에게 노자를 주어 출장을 명했다. 정동 정애에게는 아까 신문사 급사에게 이십 원을 들려 보냈으나 정작 돈 받을 사람은 지금 연인의 하숙옥 안에서 과세[68]를 하고 있다.

흑흑 느끼며 수구문 언덕을 넘어서니 돈 있는 집 석탄 창고만도 못한 가옥들이 머리에 가루눈을 받아 희고 검은 윤곽이 멀리서도 보였다.

어두컴컴한 앞길에서 무엇인지 어른거리며 벅찬 호흡소리가 씨근거리는데 자세히 보니 인력거다. 이 밤중에 웬 인력거인지 반짝거리는 차륜(車輪)을 비켜서며 타고 앉은 이의 중절모 밑을 자세히 보려 했으나 그것이 일본 사람이란 이외에는 더 알아볼 시간이 없었다. 수자의 집 문턱을 들어서려니 이웃집 여자라는 걸음으로[69] 두 사람이 중얼거리며 나온다.

"집이 아라사래지?"

"집이래야 부모도 없대."

기호는 가슴이 뜨끔했다. 수자가 울고 앉았나 했다. 방 안의 비밀을 알고 있는 창문이 저절로 덜거덕 열리며 한 여자가 기웃이 내다본다. 아마 자기의 발자취 소리를 듣고 맞는 모양이다. "계십니까." 하면서 가까이 들어서려니 일어서 맞아야 할 수자의 얼굴은 벽에 기대어 틀어져 있고 웃어야 옳은 그의 눈이 뜨는 체 만 체하다가 스르를 감겨버린다. 선술집에 들어선 것과 같이 시큼한 냄새가 코를 찌를 때 서 있던 기호의 가슴은 뭉클하고 아래로 내려가려 하며 머리 안에서 '죽음! 죽음!' 소리가 호외를 돈다.

수자가 그 모양이 된 것을 제일 먼저 발견한 것은 밤윷을 깎아 가지고 수자가 오기를 온종일 기다리던 이웃집 젊은 여자다. 그것은 수자가 약

---

68 過歲. 설을 쇰.
69 연재본과 단행본에는 "거름으로"라 되어 있다.

먹은 지 얼마 안 되어서 두 손이 허공을 더듬기 시작할 때였다. 그 여자는 으아! 소리도 못 치고 튀어나왔다. 어두컴컴한 밤 가루눈 깔린 길 위에 오이씨 같은 버선발이 이곳저곳으로 수뢰정[70]식의 댄스를 했다. 공장 기숙사에서 자던 '야마사키'라는 자칭 시인도 깨어 나왔다. 그는 자전거로 수구문 고개를 다라 올라가며 "오- 오직 내가 발견한 숨은 여왕을 위하여! 아니 장차는 나의 연인을 위하여 나는 질주한다!" 하고 어린애 탐정극 장난과 같은 소리를 해가며 의사를 데리고 온 것이 약 먹은 지 사십 분 후다. 벌써 방바닥에는 뜨물이 엎질러져 있었고 수자의 목에서는 "왝! 왝!" 소리가 난다.

의사는 펌프를 꺼내 수자의 치마를 들고 보기에 망측스러운 짓을 해놓더니 먹기도 덜 먹었거니와 이만하면 상관없다 하며 돌아갈 인력거를 부른다. 방바닥은 요릿집 뒷골목이 되었고 수자의 입에서는 "아니 싫어." 하는 말소리가 나왔다. 중얼대던 여자들은 긴 한숨 한 번씩을 남겨놓고 뿔뿔이 빠져갔으며 혼자 앉은 웃 놀자는 시악시는 울었다. 그 판에 기호가 이같이 찾아온 것이다.

23회, 1927.02.17.

수자는 아직 눈도 떠볼 형편이 못 되지만 그가 만약 일후에라도 자기의 경험한 그 세상 이야기를 하자면 어떤 형용사를 끌어다 쓸 것인지. 그곳은 아무것도 없는 곳이요 따라서 아무 빛깔도 없는 것 같았다. 눈앞이 단지 컴컴하더라는 것도 에누리일 만치 그곳은 오직 끝없는 허공이었다. 그러나 슬프지도 않았으며 아무렇지도 않았다.

'아유 설명할 수가 없으니 이야기 안 할 테야.' 해 버림이 약은 짓일

---

70 수뢰정(水雷艇): 어뢰를 주공격 무기로 하는 해군 함정.

만치 참으로 아무것도 아니었다. '그저
아무것도 아니야. 세상도 없고 나도 없
고 그저 그뿐이야.'가 정확한 감탄사라
할 만한 세상이었다. 그러하던 것이 다
시 깨어났다 하면 그것이 이익이냐 손해
냐의 문제는 둘째 치고 깨어난 당자로서
는 알 수 없이 귀찮음이야 거짓 없는 일
일 것이다. 그래서 수자는 "아이 싫어…."
한 것이다.

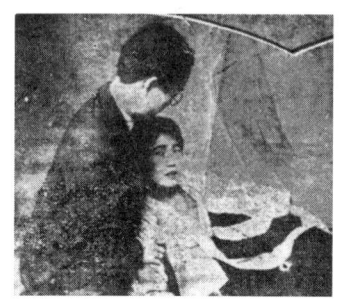

〈그림 22〉 2.18.
기호 : 이소연, 수자 : 김정숙

더구나 자기는 지금 왝! 왝! 토하고 있음을 깨달으니 '이 짓이 웬 놈의
모욕이냐.' 그야말로 손안에 육혈포라도 있었으면 이마를 향해 팡! 팡!
쏴버리고도 싶었다. 그같이 지금 수자의 머리만은 조직 있는 감각을 받아
들일 만하기는 했으나 아무 짓이고 몸을 움직이기는 싫었다. 다시 말하자
면 정신은 말짱하나 꼼짝도 하기는 싫었다. 한마디 입을 연다는 것이 자
기의 오장에서 어느 기관 하나를 꺼내줌과 같이 싫었다. 그래서 그는 지
금 눈도 깜짝거리지 않는다. 사실 그같이 심신이 지쳤을 것이다. 옆에서
지절거리는 소리도 들리기는 했지만 그것이 무슨 소용으로 무엇을 이야
기함인지 누구들이 앉아있는 셈인지는 알아보기도 싫었거니와 알 힘도
없는 듯했다.

그 방에 지금 앉아 있는 사람은 윷 놀자던 시악시와 기호와 일본 사람
'야마사키'다. 야마사키는 기호에게 우리 집에는 일백여섯 살이나 먹은
사람이 있는데 그것이 자기의 할머니요 자기는 미상불 괜찮게 사는 집
둘째 아들이란 소리로부터 시인이요 공장 감독이요 과학 취미도 많다는
인사를 마쳐놓은 다음 아까 자기의 활약한 자랑을 근 이십 분이나 늘어놓
고 있는 터다. 자전거를 타고 고개를 넘으려니 바람은 어떻고 어떻게 불
었으며 의사 놈을 깨워놓으니 출진 나서는 의사 놈의 태도가 이러하더라
는 활동사진을 그리다가 이제는 인생이니 사회니 여성이니 남성이니 하

며 철리[71]를 늘어놓고 있다. 기호는 그저 '응,' '응' 해버릴 사이지만 애써 준 수고의 값으로라도 정다이 대해줄 수밖에 없었다. 그리고 가끔가다가 '자기가 본 수자 씨에 대한 감상'이라 할지 그 비슷한 예찬도 나오니 자세히 듣지 않지 못할 순간도 있었던 것이다.

별안간 "왝!" 하며 누워있던 수자의 몸이 들신한다.[72] 기호는 얼른 달려들어 그의 몸을 일으키려 했다만 수자의 손은 싫다는 뜻으로 허공을 휘저었다.

"아직도 불편하시지요?"

기호는 수자의 두 눈썹이 열리는 것을 내려다보며 그같이 물었다. 수자는 아무 말 없이 다문 입으로 얼굴을 좌우로 흔들었다. 아직 눈물까지는 우러나지 못했지만 수자의 얼굴은 확실히 우는 사람이었다-. 나에게는 하늘이 이다지도 고마운데 그대는 무엇이 슬퍼!- 그것을 보는 기호의 눈자위도 갑자기 뜨거워졌다. 기호는 벌써 세 번째 우는 셈이다. 머리를 잡은 기호의 팔은 빠르를 떨려온다. 떨리는 그 신경이 기타의 선이라 치면 기호의 부르는 노래는 반드시 이러할 것이다.

"오!⋯."

"오!⋯."

그리고 울어버릴 것이다. 그렇지 않아도 기호는 지금 할 말이 태산 같으면서도 말 못 해 울 뿐이다. 수자의 눈은 아까의 눈이 아니라 이제는 사는 사람의 기색이 돌고 있다. 뺨에는 흰 줄이 흘러서 역시 울고 있는 기호의 눈에 보이기는 비행기로 높이 떠서 압록강을 내려다보는 것 같았다.

"싫다는데도⋯."

수자의 입에서 그 소리가 나왔다.

"왜들 그래⋯. 싫다는데⋯."

---

71 철리(哲理): ① 아주 깊고 오묘한 이치. ② 철학의 이치.
72 원문 그대로임.

사나이의 가슴에 뺨을 대며 수자는 울고 있다. 수자는 지금 누구에게 안긴 것을 모르는 게 아니다만 그를 그와 대하는 평소의 예법대로 말하고 있을 힘이 없다. 그래서 그와 같이 어버이에게도 아니요, 동생에게도 아니요, 선생에게도 아니요, 연인에게도 아닌 어조로 하소연한 것이다.

"정신이 나세요? 수자 씨 정신이 도세요?"

기호의 음성에도 눈물이 반주를 했다. 별안간 누구인지 그 두 사람보다 더 크게 느끼는 소리가 방 안을 흔들었다. 그 사람은 수자의 발 치우기 편한 구석에 웅크리고 앉아 있는 사람, 젖가슴 안에는 어여삐 깎은 네 개의 밤웋을 감추고 있는 사람이다.

"이제는 게우지 않아도 좋을까요?" 야마사키가 기호에게 묻는다.

"그렇겠지요." 기호는 돌아보며 그같이 대답했다.

"그럼 저는 먼저 일어섭니다."

"그러세요?… 여러 가지로 미안합니다."

"천만에…."

죽는 이를 구해줌에 연애라는 보수를 생각만이라도 한 것이 잘못이라고 느꼈는지, 기호와 수자의 사이를 보니 자기의 앞길이 눌렸는지, 돌아서 나가는 야마사키의 뒷모양은 쓸쓸했다.

"왜 울우? 웋 놉시다…."

시악시 편을 바라보는 수자의 입에서 그 같은 기적(奇籍)이 힘없이 흘렀다. 수자도 인제는 고마운 이를 고맙게 여길만한 정신이 돌아든 모양이다. 기호는 너무나 대견해서 적당한 말을 찾기가 어지러웠다.

"선생님…." 어린이의 어리광 같았다.

"네?"

수자의 길게 뽑는 한숨이 자기의 걸 양복을 뚫고 조끼를 뚫고 셔츠를 뚫으며 가슴에 뜨거이 닿는다.

"선생님…."

"네?"

"… 왜 우세요?"

무어라고 대답해야 옳으냐.

"… 안 웁니다!"

"제 뺨에 뜨거운 것이 떨어졌답니다."

이 순간 기호는 어찌하고 싶었으랴. 그러나 수자는 자기에게 '나는 사랑합니다.' 한 적은 없는 사이다.

24회, 1927.02.18.

"올해의 첫날이다. 백성들아 일하여라!"

송도의 동편이 찬란해지더니 조물주의 사자는 그같이 고함치며 산등에 올라선다. 수만의 용마루는 엎드려 절하며 느리게 부르는 찬양의 노랫가락이 조물주를 찾아 중천에 헤맨다.

기영이 집에서도 그 노래는 부른다만 가끔가다가 어느 구절에는 힘이 없어 보였다.

'후다닥! 툭! 후다닥!'

〈그림 23〉 2.19.
기영 : 김성운

어머니는 물론 아무 소리도 없이 타는 불만 내려다보고 있다. 구식 아낙네들의 철학은 아궁이 앞에서 궁리되는 법이다. 기영이의 어머니도 지금 웅크리고 앉아서 낙이니 고생이니 생각해 보려는 것이 아님이야 두말할 것이 없다. '이 나이가 되도록 이같이 쓸쓸히만 지내다니.'가 아니면 '모두들 왔다면 작히나 좋았을까.'의 종류이겠지만 그 역 철학이란 말이다. 자기는 지금까지 성경으로 위안을 받아오는 사람이다.

성경의 위안은 그로 하여금 '참 옳은 말씀이야.'하면서도 한숨을 쉬게 해준다. 가끔 오는 기호의 위안은 '아유 그놈' 하고 기쁘면서도 안 그렇다고 부정이라 함보다 떼를 써보고 싶은 위안이다. 딸과 작은아들의 위안은 옳고 그르다기보다도 뼈가 저린 위안이다. 그것이 살아가는 맛이다 했다. 가끔가다가 공연히 분할 때도 많았지만 그러나 대강은 '이것이 살아가는 맛이다.'로 넘기는 것이다. 오늘도 기호나 딸이 왔다면 자기가 왜 이같이 나이를 먹었다는 이유를 발견해 기꺼울 것을, 아니들 와주었으니 쓸쓸할 수밖에 없었다. 그것이 구식 어머니들의 낙이요, 고란 것이다. 기호의 어머니도 그러했다. 그러나 자기의 지금 때고 있는 불길이 구들장을 따뜻이 해주면 그 위에 잠자고 있는 작은아들의 몸도 따뜻해질 것을 생각할 때 머리 안의 생각은 다시금 기영이의 즐거워할 음식 준비로 변해졌다. 어제 저녁에 졸려서 빚다가 던진 만두는 모두가 몇 개가 되는지 기영이를 몇 번이나 먹이게 되는지 가감승제가 대신 들어섰단 말이다. 기영이는 어제 저녁에 동무들과 윷놀기와 등사 잡지 출판 의논 때문에 늦게야 잠든 탓으로 일어나려면 아직도 멀었다. 그의 머리맡 영창 밖에서는 참새들이 앵두나무 포기에 덤벼 곡마단 재주들을 흉내 내며 재잘거린다. 떨어지는 체하다가 다시 푸드르리며 나르는 놈에, 가지에 앉아 출렁대는 놈에, "어떻소! 어떻소!" 하고 떠드는 놈에, 별의별 짓을 모두 다 한다. 그놈들의 떠드는 소리가 기영이의 꿈으로 화한다ㅡ. 기영이는 "누구요." 하면서 창문을 열었다. 자기 집 밖에서 누가 지절거리고 있으니 열어본 것이다. 그놈들은 엊저녁 새로 한시까지 일곱 번이나 찾아와서 "아니 웬셈이야요. 큰 아드님이 오시면 주무신다더니 큰 아드님은 노모님 모시고 과세할 줄도 모르시나요." 하고 빈정거리던 놈이다. 옆집 잡화상 하는 놈이다. 그리고 그놈 곁에는 얼굴이 부처님 뒤에 선 놈 같은 자가 몽둥이를 들고 서서 히히 웃는다.

"여보 못 낸 것은 미안하지만 초하룻날 몽둥이를 들고 오는 사람이 어디 있단 말요." 기영이는 그같이 말했다.

"히히 못 내면 징역인 줄을 알지? 징역 갈 것 없이 나한테 한번 맞고 그만두란 말이다." 그놈은 팔을 걷는다.

"저런 비인간이 어디 있었더람."

기영이 자기도 분해 얼굴빛이 변해올 때 누구인지 자기의 문고리 잡은 손을 고이 집는다. 돌아다보니 어머님의 아서라는 얼굴이다. 깨어보니 역시 어머니는 어머니다만 얼굴은 웃는 얼굴이다.

"초하룻날이니 이제 그만 일어나야지. 삶아 놓은 것이니 이것 먹고 나서 자고 싶거든 또 실컷 자렴."

"어머니 언제 일어나셨소?"

아까 그것은 꿈이었구면 하기가 싫은 바람에 그 같은 소리가 나왔다.

"어서 입어라. 그 요 밑에 깔아놓았다."

"세수도 안 하고 먹나." 하면서 요 밑에서 셔츠를 끌어내니 따뜻한 감촉이 정답다.

"아따 양칫물 떠 왔지 그러게…."

기영이는 주발을 받아서 입에 물을 물고 천장을 우러러 피아노 장난을 했다.

"올라갈 때 누나하고 언니한테는 엿이나 좀 갖다 주어라."

숟가락을 들려니 옆에 앉은 어머니는 그같이 중얼대신다.

"왜?"

"왜라니. 저런 놈 보게."

"왜 여관이나 기숙사에서는 떡국 안 끓이나."

"그래두…" 하는 어머니의 가슴은 오! 여관이여, 기숙사 사감이여! 떡국을 끓이고 만두를 빚고 밤과 대추를 놓아주어라! 했다. 호두엿도 놓아주어라! 했다.

25회, 1927.02.19.

정애는 사나이의 비누로 세수를 한 다음 역시 사나이의 수건으로 얼굴을 닦는다.

"아이 어쩌면 수건을 빨지도 못해."

이제는 두 밤이나 연달아 지낸 사이니 그만한 농담이야 나올 것이다.

"오늘 목욕가서 빨면 그만이지." 하는 경식이의 대답에도 남편다운 기색이 숨어있었다.

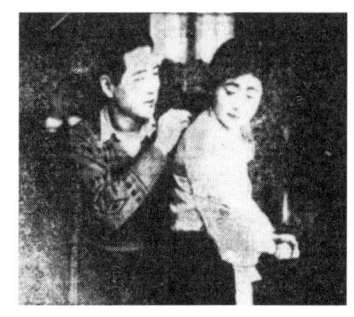

〈그림 24〉 2.20.
경식 : 박덕양, 정애 : 신일선

"초하룻날 목욕을 가?"

"그럼."

이불에 기대어 비스듬히 앉은 경식이는 천장을 우러러 담배 연기를 올린다. 정애는 수건을 걸어놓고 그편으로 뛰어가서 철석 앉았다. 몸은 사나이에게 기대었다.

"인제는 한 살 더 먹었지?" 정애는 쳐다보며 웃었다.

"나만 더 먹었나."

"그러게 말이야 글쎄."

두 사람의 대화는 그만치 연달[73]되었다. 서로 더 노력하지 않아도 든든하다는 믿음성을 얻게 되었다. 오늘이 초하룻날이요 창문 밖에는 여전히 밝은 세상이다. 그리고 두 사이는 이같이 다정하니 이야말로 한 획도 틀림없는 행복이다 하는 느낌뿐이었다.

정애는 지금 자기의 얼굴을 만져 보며 있다. 아까 세수할 때는 몰랐었는데 웬셈인지 풀로 도배나 해놓은 듯이 졸아들고 있다.

"아유 왜 얼굴이 이래."

그리된 이유는 물론 잠 못 잔 탓이다. 아주 못 잔 것이야 아니지만 온전

---

73 연달(練達/鍊達): 익숙하게 단련이 되어 막힘없이 환히 통함.

히 자지 못한 것은 사실이다. 못 잤다 해도 좋은 만치 즐거운 까닭도 있었 겠지만 그러나 태반은 괴로이 보낸 시간이었다.

"인제는 정말 학교는 그만이야."

사실 그 탄식에[74] 틀림이야 없을 것이다. 그러지 않아도 전일의 그 일 때문에 탐정의 눈이 된 사람 앞에 무소식으로 이틀씩이나 나가 갔으니 그리하는 계집애 가슴에는 상당한 각오가 있어야 할 것이다. 정애는 그 각오를 그저께 밤에 했을 것이다만 떠나려는 이의 탄식은 어젯밤까지도 미쳤던 것이다. 학원의 동무들을 생각할 때 지난날 즐거이 놀던 회상보다도 그리하던 그들과 작별하는 장면이 더 많이 나타났다. 여러 처녀들 앞에 바스켓을 들고 돌아서는 계집애는 자기다. 그것은 서운 일일 것이다. 그리고 돌아서는 자기의 뒷모양을 보고 비웃지들이나 않을지— 아니다 그들은 아직 아무것도 모르고 있다 — 오히려 그들은 부러워할 것이다. 정애는 '퇴학'이란 두 자를 스스로 가엾이도 여겨보다가는 다시금 '유학'이란 무기로 무찔러버리며 전진을 했다.

"그러나 오빠나 어머님에게는…."

어떤 이유로 어머니나 오빠에게 말해야 좋을지 정애는 경식의 턱밑에 파묻혀 의논도 걸어 보았다만 "당신은 여자의 마음이니까 그래. 어머니나 아버지에게 대한 정이야 일반이지."가 대답이었다.

'사랑하는 이여, 모험 안에 살아라!' 조선의 무솔리니는 그같이 대답하는 셈이다.

'그러나 그것은 이상 뿐이지 사실이야.' 함이 정애로서는 적당한 표현이다마는 그같이 말할 염치도 없을뿐더러 경식에게는 실험까지 해 보일 재주를 구비하고 있다.

"정애 씨…."

가만히 한마디만 물은 다음에 아무 말이 없이 자기의 가슴을 우그러져

---

74 연재본에는 "그탄직에," 단행본에는 "그닥지에"라 되어 있다.

라 하고 껴안을 때 눈썹이 저절로 감겨지는 정애로서는 '옳습니다. 당신 말씀이 옳습니다.'가 아니고 무엇이랴.

그래서 정애는 어제도 잠 못 잔 태반의 이유는 그로 인함이었다만 아직도 완전한 해답을 얻은 것은 못 된다. 학교와 오빠와 어머니 세 곳에 모두 아무 소리 없이 떠나볼지, 어머니나 학교에만은 말하고 가게 될지 아직도 미정이다. 학교나 어머니에게는 아무러하게든지 넘길 수가 있는 법했지만 오빠에게는 저편에 건너가서나 자백할 수밖에 없는 것도 같았다. 그럴 수밖에 없다 했다. 좌우간 경식이 집에서 전보 '가와세'가 도착된 다음에 결정해도 상관은 없는 일이다.

"웬셈이야…."

자기의 손을 쓰다듬으며 정신없이 만졌는 줄로만 알았는데 경식이는 그같이 중얼거린다.

"알 수 없네…."

"무어?"

"노비 말이야."

어제 아침에 전보를 했으니 어제 저녁때가 아니면 오늘 오전 안으로는 와야 한다는 뜻이다.

"참 부끄러워 어떻게 해."

정애는 동리 가서 경식이가 그의 아버지와 교섭할 사이 자기의 입장이란 것을 생각한 것이다.

"기껏해야 한 이틀일걸. 어느 여관에 파묻혀 있으면 그만이지."

"차 안에서는?"

경식이도 빙그레 웃었다. 부부의 여행인 체하기도 어려운 일이요, 한 남매의 사이인 체하기도 거북한 일이다. 그렇다고 동무라 말하라 하면 너무도 동양식이 아닌 것을 상상한 것이다. "누가 뭐래나." 하는 경식이는 구습을 반항하겠다는 어조를 보였다.

"그래두…."

"상관없어요…."

"싫어… 참 머리를 틀까 보다." 하고 정애는 무심히 말했다.

"참…." 경식이는 펄떡 뛰었다.

"틀고 갑시다."

"아이…." 자기가 말해놓고 자기가 싫다 한다.

"어디 틀어 봐요."

"싫어!"

"왜?- 자 내 틀어 볼게."

경식이의 손이 자기의 머리에 와 닿을 때 정애는 새삼스럽게도 부끄러워 얼굴도 들 수가 없었다.

"자아 돌아앉아요."

"싫어."

"자아."

"아이." 하면서 돌아앉아 주었다.

"이렇게 하나? 참 어떻게들 하더라-?"

"이런 틀 줄도 모르면서 그러네…."

두 사람은 떠들기에 체부 온 줄도 모른다. 밖에 소리는 다시금 커진다.

"텐뽀[75]요! 전보 낑께이[76]- 경식이 도장요!"

26회, 1927.02.20.

보내준 '가와세'는 사십 환이다. 그것을 찾아다 놓고 보니 미결대로 두었던 정애의 문제는 급해졌다. 경식이는 이불 위에 걸터앉아서 얼마만

---

75 でんぽう[電報]. 전보.

76 'きんけい(謹啓: 삼가 아뢴다는 뜻으로, 한문 투의 편지글 첫머리에 쓰는 말)'로 추측된다.

더 주면 셈이 맞는지 밥값을 셈 쳐 보는 모양이요, 정애는 정애대로 자기의 일 처리에 눈썹을 끔벅거리고 있다.

"어쩌나…?"

갑자기 당해놓고 보니 이러저러했다는 거짓말 하러 학교에 가기는 거북해진 것이다.

〈그림 25〉 2.22.
경식 : 박덕양, 정애 : 신일선

"응?" 하며 어리광처럼 보채는 형용으로 경식을 보았다.

"…."

"어떻게 해 응?"

"무어?"

"학교 말야…. 그리고 오빠!"

"왜 그냥 간다더니."

"그건 오빠지."

"그럼?"

"학교는…?"

"학교는 말하고 오면 그만이지 무어야."

"아이 참…."

"퇴학하는 데 무슨 말이에요."

"그렇지만 한마디로 아따 그래라 하나…?"

"아무려면 어때요 퇴학인데."

"무어니 무어니 물을 테니 그렇지…."

"무서우?"

"아니 그래두…."

"가지 말구려 싫으면…."

"무어?"

세상에 그런 일도 있느냐는 말이다. '암 있고말고. 우리 학교에는 상학 시간에 기생이 찾아와서 불러가는 학생도 있는데.' 해야 적당할 곳에 "그만두지 가보면 무얼 해." 해 놓았다.

"아주 안 가?"

"나중에 퇴학원서만 보내면 그만 아뇨?"

"어디서?"

"일본 가서라두…."

"….'

"그리고 짐은 동무더러 보내라면 그만이지."

"…."

사실은 그리해도 아무 일 없기는 하지만 하고 생각할 때 갑자기 대담해진 자기의 마음이 무서운 것도 같았다. 자기는 확실히 전일의 자기가 아니로구나 했다. 눈앞에 어른거리는 기숙사의 짐을 생각해 봄에도 어젯날까지는 그같이 위하던 공책이 이제 와서는 그저 이십 전에 사온 것이란 이외에는 아무렇지도 않다. 바스켓도 그렇고 이불도 그렇다. 넉넉히 엽서 한 장만 띄워놓고 가도 미련이 없을 것으로 화하고 만 것이다. 정애의 머리는 벌써 시내 통학생 중에 누가 제일 부탁 잘 들어줄 만한가를 골라 보며 있다.

"기숙사에는 무에 있어요?" 하며 경식이가 묻는다.

"무엇은 무어…. 책하고 이불하고 그리고 바스켓이지."

"가서 동무한테 부탁해."

"그럼 맨손으로 가나?"

"더 좋지."

"맨손이?"

"그럼 저 트렁크백도 들구려. 조그만 것이니."

"이거?"

그것은 참으로 정애가 들기에 알맞을 만큼 작은 것이다.

"혼마치[77] 가서 비누하고 수건이나 사다가 넣고 아주 맡아요."
"이거?" 하며 웃었다. 불쌍한 웃음이다.
"참 잡지나 두어 권 하고… 그러면 되었지…."
"뉘 것?"
"잡지 말이래니까는…."
"왜 남의 트렁크에…." 해놓고는 웃었다. 경식이도 웃었다. 두 사람의 그 같은 웃음이 정애의 근심을 덜어놓았다.

주인 할미에게 나머지 밥값 칠 원 얼마를 치러주고 경식이는 본정에 가자 했다. 별로 살 것도 없으면서 공연히 한번 물어오고 싶었던 것이다. 그 청에 선뜻 일어날 만치 정애의 근심은 이미 풀렸다 함보다 풀기에 도움이 되니까 선뜻 일어섰다고 해석해도 상관은 없는 일이다. 좌우간 두 사람은 본정을 향해 문밖을 나섰다. 내일 아침이면 서울을 떠난다. 서울을 떠나서 개성에 갔다가 개성서 부산으로 직행할 예정이다. 개성에 갔다가 가자는 것은 어제부터 약조해 놓은 일이지만 가 가지고 어머니 앞에 함께 나타날지, 한 사람은 숨바꼭질을 하게 될지는 아직도 미정이다. 그 예상은 재미가 있는 일이기 때문에 그저께 저녁에도 의논을 했고 엊저녁 이불 안에서도 토의가 되었지만, 요컨대 재미가 있어서 늘어놓은 것이지 결말을 지어보려고 그리한 바는 아니다. 그러므로 아직도 미정은 미정이다.

두 사람은 이궁 골목을 뚫고 수표교를 넘어서 본정을 바라보며 올라간다. 조선 사람 사는 골목을 걸어올 때는 서로 어색하여 두 사이의 거리가 너무 가깝지나 않은가 하고 거리꺼지던 것이 와글거리는 본정에 가까워 오니 숨었던 용기가 적잖이 회복된다. 수없는 군중은 여울물 끓듯 하는 사이로 까불며 날아가는 자전거가 빵빵 소리를 치니 총대 메고 바랑 지고 식으로 걸어가던 아이들은 낚시에 채이듯이 어버이 품 안에 들어선다. 장차 갈 곳의 연습이란 듯이 두 사람의 사이도 가끔 떨어졌다가는 다시

77　ほんまち[本町]. 본정. 식민지 시대 충무로를 이르던 말.

붙어서 걸었다. 그 순간마다 둘은 서로 보며 가만히 웃었다. 나막신 소리 들은 여전히 속사포의 바둑 놀이다.

27회, 1927.02.22.

이튿날이 되었다. 두 사람이 탄 기차는 벌써 거반 다 개성에 온 셈이다. 부드등 대며 지금 서는 곳이 장단이니 이제 임시 역 하나만 지나서면 송도에 닿는다.

"인제 개성이지?"

"왜 또 하나 조그만 것…."

"참 새로 지은 것 하나가 있지."

두 사람은 창밖을 내다보며 그같이 중얼거렸다. 해는 하늘 정복판에 있는 모양이다. 논 위에 얼음들은 봄기운을 맡았는지 녹을 예산으로 증편과 같아졌다. 멀리 보이는 아카시아 안에 흰 벽은 무슨 학교인지 흰 저고리에 검은 치마를 입은 선생님이 전기 인형 모양으로 이리 갔다 저리 갔다 하면 그를 따르는 어린이의 무리도 오물거리며 이리 오고 저리 간다.

〈그림 26〉 2.23.
정애 : 신일선

운동장의 붉은 흙은 벌써 봄인지 넘어져도 안 아픈 모양이다. 그 선생을 바라보고 앉아 있는 정애는 '좋구나.' 했다. 낙 있는 생활이로구나 라는 뜻이다. 그래서 그와 자기의 몸을 비교해 보고 싶었다. 자기가 정동만 마치고 그만두었더면 저 같은 생활로 지내게 되었을까 하는 생각도 해 보았다. 저 생활은 무엇이며 자기의 장차 하려는 것은 무엇인가 했다. 저이는 좋은 이요 착한 이다. 좋은 일을 한다 했다. 그러나 자기는 장하게 된다

하는 것이다 했다. 장하게 되는 것이다. 높게 되는 것이다. 차가 떠난다. 표 받는 문턱에 기착을 하고 서 있는 순사를 멀리하며 차는 달아난다.

　인제는 개성 가서 할 일을 예산치기가 바쁠 때다. 아무것도 모르는 어머니 앞에, 그 위대한 사랑 앞에 거짓말을 늘어놓을 생각을 하니 답답한 일이었다. 여러 가지로 어머니가 자기를 맞이하는 광경을 상상해 보았다. 그러나 아무리 순하신 어머니의 앞인들 하룻밤 동안에 모든 것을 자백하고 이해 얻도록 되기는 어려우리라 했다. 아무래도 그럴 것이다 하면서 개성에 도착했다. 누가 무어라 물어봄은 아닌데도 개찰구 넘어서기는 구술시험 모양으로 거북했다. 경식이의 유할 곳이 미리 어디라고 말 못 할 경우이므로 두 사람이 내린 곳은 자연히 자동차 대합실이었다. 지금부터 딛는 땅은 고향이다. 아는 동무를 만날지도 모를 일이며 자기는 몰라도 자기를 아는 사람이 있을지도 모를 일이다. 그뿐 아니라 개성만 해도 서울과는 다른 곳이니 자기 나이로 사나이와 같기는 어려운 일이다.

　"얻다가 정할까."

　경식이에게는 조금도 그 같은 눈치는 없었다.

　"가까운 데 정해요." 하는 정애는 어서 좀 대문 안으로 숨고 싶다는 욕망을 보였다.

　두 사람은 기둥 및 일본 타기가 놓여 있는 여관집 마당에서 작별을 하고 정애는 자기의 집을 향해 길에 흰 모래 깔린 맑은 시가를 걸어갔다. 될 수 있으면 밤에 한번 놀러 오고 그렇지 않으면 내일 아침에 나온다는 약조로 헤어진 것이다. 어머니에게는 뭐라고 속일 것인지. 어저께 생각한 바와 같이 총독부 일본 사람이 공부 잘하는 학생들은 유학 보내주는데 자기도 그중의 한 사람으로 뽑혔다고 해 볼는지. 그러나 어저께와 지금은 사뭇 다른 기분이다. 왁자지껄하는 도회에서는 능히 그러리라 했던 계획이 이곳에 와서는 수토가 다름과 같이 용기도 달라진 듯했다. 결국은 못 말하지나 않을까 하면서 포플러 늘어선 길을 지나 정다운 자기 집 문전을 당도했다.

비와 바람에 시달린 소지황금출(掃地黃金出)[78]을 떠밀며 삐걱 소리를 냈다. 어머니의 얼굴은 부엌에서 나왔다. 수없는 주름살은 연일을 맞이하기에 더 굵은 선으로 종횡했다.

"어머니!"

"너로구나…."

껄껄한 어머니의 손에 두 손이 잡힐 때 마주 보며 속임 없이 웃고만 있을 수 없는 정애의 가슴은 슬펐다. 내가 이분을 어떻게 속인단 말이냐. 영광스러운 앞길을 위해서는 이런 슬픔도 맛보아야 하는 것인가 했다.

"어떻게 왔니. 그 애 봤니?"

"누구?"

"못 봤니? 기영이도 아까 차에 올라갔지."

오빠의 이야기인 줄만 알았는데 딴 사건이매 안심이었다.

"못 보아."

"어서 올라가자. 그러지 않아도… 어유 몹쓸 것들. 어쩌면 안 오는 대신 편지도 없단 말이냐…. 그래 휴가냐?"

"…아니…."

뭐라 대답해야 좋으냐. 그 대답을 슬그머니 거저 넘겨 볼 양으로 우선 손에 들었던 것을 마루 위에 놓고 신발을 벗기 거북한 듯이 벗어가며 일 초 이 초를 에누리하면서 마루 위에 올라섰다.

28회, 1927.02.23.

경식이의 아내는 아명[79]밖에 없으니 최 씨라고 불러주자. 최 씨는 지금

---

78 '추구(抽句: 오언(五言)으로 된 좋은 대구(對句)를 뽑아 엮은 책)'에서 나온 말로, '땅을 쓸면 황금이 나온다'는 뜻. 흔히 대문에 써서 붙였다.
79 아명(兒名): 아이 때의 이름.

부엌에 앉아 떡국을 끓이는 심인데 아궁이를 향해 있는 게 아니라 몸을 안마당 편으로 두고 있다. 들고 있는 부지깽이는 아이들이 명필의 흉내를 내듯이 가만히 두고 있지를 못하며 눈은 가끔 위로 치떠 사랑으로 통한 쪽대문을 훔쳐보며 있다. 쪽대문 위에는 포도덩굴이 늘어져 있으나 이 겨울에 포도가 열렸다는

〈그림 27〉 2.24.
경식 : 박덕양, 정애 : 신일선

것은 아니다. 한편으로 생각하면 웬수라 해야 옳겠지만 그래도 잊을 수 없어 올 날을 고대하던 그이가 와서 지금 아버님에게 인사 여쭌다고 사랑 안에 들어간 까닭이다.

따끔! 하며 불길이 발끝을 꼬집는다. 그는 더 좀 참으라고 달래듯이 나무 한 입을 아궁이에 물려주고는 또다시 전 모양으로 사랑 편을 향해 앉는다. 보고 본 체도 안 하는 사람 앞에 그는 그 모양으로 하고가 싶다. 아마 그에게는 보고 본 체도 안 하는 것쯤이야 아침 전에 새끼 한 발 꼬아 던지는 셈인가 보다.

문 쪽이 삐걱하며 기다리던 얼굴이 나타난다 치면 그는 어떤 표정을 해 보일 셈인지. '이것 보세요. 이 사람은 이렇게 불쌍합니다.'가 될 것인지 그렇지 않으면 눈에 웃음 보이며 '그렇지 않아요? 이제 서너 시간만 더 있으면 해가 진다지요?' 해볼 셈인지 아직 그것도 정하지 못한 처지에 나타나기만 고대하고 있다. 그러나 또한 최 씨로서 그같이 민속한[80] 표정을 보여줄 재능이나 있는 셈인지 그것은 확실히 들어 닿는 기차와 역 사이에 교환되는 둥그렁쇠 주고받는 재간보다도 어려울 것이다. 그러나 최 씨는 아무리 기다려도 삐걱 소리는 듣지 못했다. 솥뚜껑을 열어보니 떡점은 벌써 언제 익었는지 오르락내리락 붕어 춤을 추어가며 골을 올렸다.

---

80 민속(敏速)하다: 행동이나 일의 처리 따위가 날쌔고 빠르다.

"엄마!"

부엌문 턱에 선 것은 '은희'다. 그 애는 입에 과자를 물고 있다.

"왜 그래. 들어가 있어." 최 씨는 돌아다보며 그같이 맛없는 대답을 했다.

"엄마 이거 아빠가… 아빠가 이거 사주었어."

그 애는 과자를 들어서 어머니에게 보이는 품이 나는 승리자라는 듯도 했다.

"무어?"

그이가 어느 틈에 나갔단 말이냐. 어느 문으로 나갔단 말이냐. 어디로 갔단 말이냐. 그 빌어먹을 사랑에는 사립문이 따로 있었음을 잊었나 보다.

"엄마 과자야…."

"몰라!"

경식이는 자기가 어디로 가는지도 모르며 따라서는 은희에게 과자 몇 개로 왼편 고동을 틀어놓고 정애 여관에 뛰어와서 벌써 목욕까지 하고 나온 터다. 자기와 부친과의 교섭이 끝날 때까지 정애는 이곳 온천장 일본 여관에서 유숙하기로 한 것이다. 일본 유학이면 칠팔십 원씩 청구함도 그럴듯한 일이니 부친과의 교섭이 이틀이 못 가리라고 생각하는 터다.

"아이 아까 하인이 방을 쓰는데 여기 그냥 모두가 곰팡이겠나…."

정애는 수건을 걸어놓고 다다미를 가리키며 그같이 말했다. 집의 어머니에게는 기어이 아무 이유도 없게 왔던 것으로 해놓아 무섭던 가슴도 천리를 다라오며 바람에 날렸고 그리고 지금은 이층 넓은 방에 목욕하고 나온 몸이니 나중에 또 어떨지는 나중 일이요, 이 자리서야 무사태평이다.

문밖 난간에 걸터앉은 경식이는 오래간만에 보는 고향 일본 집 이층에서 내려다보는 풍경에 취한 셈인지 눈은 먼 산을 향해 정신없고 손으로는 귤을 까서 입에 넣는다.

"어쩌면 혼자만…." 하며 정애는 어여쁜 도야지를 향해 난간에 왔다.

잘못하면 그들 사이에 딱한 일 하나 생기게 되었다. 다른 게 아니라 지금 경식이의 아내 최 씨가 두 사람이 서 있는 난간 밑 길을 향해 걸어오니 말이다. 그는 "애써 끓여놓았는데 먹지도 않고 나갔으니 어쩌면 좋으냐."는 시어머니의 말에 "몰라요!"만 연발하며 책보를 싸 들었다. 책보란 것은 오후 네 시쯤이면 『속수국어독본』[81] 한 권과 서양 실을 싸는 것이다. 실은 재킷 얽는 법을 배울 것이요, 책은 일어를 알자는 것이다. 두 달 전부터 온천장의 여학생 하나는 자기를 신식 여자 부럽지 않도록 만들어 주기에 무보수로 힘써주는 터다.

그래서 화도 나고 시간도 되어서 일어선 것인데 워낙 골목이라고는 두 갈래밖에 없는 동래온천 장날이라 그의 다니는 길이 바로 두 사람 서 있는 여관 앞이었던 것이다.

29회, 1927.02.24.

두 사람이 서 있는 난간 바로 밑은 검은 판장이겠지만 그 담이 바로 길옆에 선 것이니 만약 쳐다만 본다면 그야말로 옛날이야기에 두 아이는 나무에 올라가 있고 밑에서는 호랑이가 으르렁댄다는 형편이 될 것이다.

최 씨와 그들의 거리를 점점 좁아들고 있다마는 서로를 모르고 있는 터이니 세상은 태평이다.

"아이 차거워…."

경식이는 귤껍질을 분지(粉紙)처럼 만들어 가지고 정애의 닭의 알 같은 턱을 문질러주고 있다.

"아이 차거워…."

"이것은 자연의 분지야."

〈그림 28〉 2.25.
기호 : 이소연

---

81 조선총독부가 발간한 일본어 교과서인 『속수국어독본(束修國語讀本)』.

"분커녕 향수인데?"
"분 겸 향수 겸 쓰는 것이거든…."
"당신이 발명했다-구."
"자 인제 그만한다-구."
두 사람은 병아리가 좁쌀을 쪼아 먹듯이 사뿐 입술을 맞대었다가 떼었다. 어여쁜 강도여! 그는 대가(代價)로 받으라는 듯이 굴 한 쪽을 떼어서 내민다. 정애는 웃는 입으로 그것을 받았다. 입안에서 말큰거리는 굴쪽을 다정스레 한두 번 굴리다가 터트리는 사품[82]에 무심중 아래를 내려다보니까 경식이의 던지는 굴껍질이 행인의 뺨을 때리고 내려간다.
"저거 보아."
뺨은 아니었지만 당신이 던진 것이 남의 얼굴을 맞힐 뻔했다는 말이다. 굴껍질은 아낙네 행인의 치맛자락을 더듬으며 곤두박질을 친다.
"어이구머니 하마터면…."
무안하다느니 보다는 재미있는 장난이라는 듯이 경식은 웃으며 돌아섰다. 정애도 웃음이 나올듯해서 얼굴을 반쯤 돌리며 곁눈으로 내려다봤다. 흘깃 쳐다봤을 뿐이요 여전히 걸어가는 최 씨는 입안에서 중얼거린다.
"너는 이년, 신식을 너무 찾다가 왜놈하고 붙었구나." 점잖은 집 따님이 홧김이라 입에 못 담을 욕을 하며 있다.
"갔어?" 돌아선 경식은 웃으며 물었다.
"흘기며 당신을 쳐다보고 있어." 정애는 장난으로 속여 보련다.
"무얼…."
"이제는 안 보여."
경식은 돌아서 바라다보니 정말 그 여자는 골목을 빠져나가고 안 보인다.
"뺨이 맞았나?"
"이런…."

---

82 어떤 동작이나 일이 진행되는 바람이나 겨를.

"어느 아낙네이신지 욕했겠대….."
 그래서 그 일은 무사했으니 인제는 서울 이야기를 해 보자. 기호는 싫다 하는 수자를 억지로 끌어다 병원에 눕혔다. 자기 생각으로는 아무리 적은 분량을 먹었다 한들 그의 오장은 옛 싸움터의 벽돌집 모양으로 상하지나 않았나 염려한 까닭이다.
 그래서 기호는 외투를 잡혔다. 석 달 전에 원고 한 권을 팔아먹은 책사에서도 아직 칠십 원이나 받을 것이 있다마는 한 푼도 안 주니 우선 예산이 삼분지 일이라도 하여 외투를 벗은 것이다. 오래 걸린 대야 삼사일만 있으면 나오리라고 믿는 터다.
 기호는 '사랑합니다.' 소리도 못 들은 여자를 위해 일찍이 자기 모친에게도 들이지 못할 정성으로 입원비 주선에 장안을 헤매었다. 그러던 중 이튿날 신문사에 들어오니 정애 기숙사에 보냈던 급사가 그 봉투를 그대로 내어주며 없더라고 한다. 너무도 고지식한 놈이다 하며 뜯어보니 그 돈 이십 원은 그대로 들어있고 급사의 전하는 말은 정애가 아무 소식 없이 사흘째 안 들어온다 했다.
 '개성에 갔나?'
 '그러면 왜 학교에 아무 말도 없이….'
 '아니다!' 하고 생각하려면 일하던 손까지 멈춰지며 눈살이 찌푸려진다. 어버이 없는 가정에서는 자기가 두목이 아니냐. 그러나 자기는 자기의 낙을 구하느라고 생장하는 이의 어린 싹을 돌보지 못했구나 했다. 따르릉 하고 전화의 종이 울면 '사감이냐!' 해진다.
 '따르릉! 따르릉!'
 '경찰서?'
 '죽을 리야 없다. 죽을 리야 없다. 나의 동생이다.'
 기호는 나의 동생이다 하여 자기의 동기를 굳게 믿으며 불측한 상상은 폐하려 했으나 전일에도 그런 적이 한 번 있는데 또다시 사흘씩이나 나가 잔 것이 이상치 않을 수 없었다.

'어느 사나이냐.'

쓰던 것을 멈추며 철필 끝으로 원고지를 뚫고서 앉았다. 철필 끝이 송곳은 아니니 두 다리를 꼬면서 뻐드러질 수밖에는 없다.

'어느 사나이냐.'

얼굴도 못 보던 자가 자기의 혈족 안에 침입한다는 것은 윗사람의 처지로 말하자면 장질부사의 예방주사를 맞고 있느니보다도 불쾌한 일이다.

30회 1927.02.25.

기호는 도무지 정신이 붓대에 가지 않았으나 책임 있는 일이라 하는 수 없이 끄적거리고 있을 때 와르를! 하고 별안간 공장 안이 무너지는 소리가 들려온다. 여러 사람은 바늘에 꽁무니나 찔린 듯이 엉거주춤 일어섰다.

"그럴 일들이 아닌데…. 온."

편집실로 통한 문을 열고 직공 한 분이 중얼거리며 들어온다.

"무어요?!" 편집부장이 건너다보며 물어보았다.

〈그림 29〉 2.26.
기호 : 이소연

"아녜요…. 싸움들이랍니다."

기호는 한 사람의 뒤를 따라 그편으로 가보았다. 공장 마루 위에는 활자 쏟아진 것이 타작마당과 같이 벌어져 있고 그 위에 마주 서서 닭 싸우듯이 어르고 있는 것은 사진반 조수와 전일에 원고를 남에게 부탁하여 말싸움을 일으키던 기자 박(朴)이다.

"네놈은 나한테 문제가 안 된단 말야!" 하고 박이 유식한 싸움을 다시 걸어본다.

"이 자식아 너는 붓대로 먹고사니간 말이냐!"
얼굴에 여드름 많은 제주도 청년은 그같이 대항을 했다.
"여보 박!"
박이 또 일을 벌여서는 안 된다는 듯이 기호 뒤에 섰던 사람 하나가 소리를 질렀다.
"헛 온 참….."
박은 삶아 내놓은 듯한 얼굴을 이편으로 돌리며 그처럼 웃었다. 그들의 싸움은 다름이 아니라 며칠 전에 두 사람은 선술집에서 만나 가지고 한잔해 놓은 김이라 더 한잔해 보자고 지나 요릿집으로 장소를 옮겼다. 그래서 그 돈 오 원 얼마를 받으러 오는 지나인에게 두 사람은 장난인 체하면서 서로들 미뤘다. 처음에는 지나인이 제주도와 편집실을 왕복했지만 오늘은 박과 제주도가 직접 만나서 처음에는 웃음으로 밀려던 것이 싸움이 되고 만 것이다.

제주도는 "이 자식 무어 어째." 하고서 제멋대로 달아나더니 극약 병을 들고 나선다. "무어냐 어디 던져 보아라." 하며 박은 무서우면서도 한 번 실험을 해 보았다. "던지라면 못 던질까." 하는 제주도는 약병을 들고 신장 막대 모양으로 떨 뿐인데 정말 던지는 줄 알았는지 박은 방패를 들었다. 그 방패란 것이 용이히 들리지는 않을 활자판이다. 겁 김에 그것을 흔들었으니 시멘트 안 바른 벽돌집 모양으로 와르르! 할 수밖에 없는 일이다.

얼마 후에 사(社)는 모두 파하고 기호 혼자 앉아서 발간 팸플릿(소책자)을 편집하고 있으려니까 누구인지 등 뒤의 도어(창문)를 연다.
"형!"
일없는 박이 왜 다시 들어왔는지 알 수가 없다. 술이 취한 모양이다.
"웬일이시오?"
"흥! 형은 열심이시구려."
워낙 너저분한 건축이요 지저분하게 벌여놓은 채로 있는 방이지만 이 안에서 비틀거리는 걸음을 보니 이상한 느낌이 든다. 박은 의자 하나를 잡아당기더니 털썩 앉는 길로 '푸-' 하고 심호흡을 한다.

"어디서 훌륭히 자셨구려."

"나는 오 원에 싸웠소이다. 비인간과 싸웠어요. 편집부장의 설교는 요컨대 내가 어리단 말이지?"

"정말 취하신 게요-? 취하신 체요?"

"그러나 북간도에 앉아 있는 아버지가 뼈에 아프도록 생각키는 섣달그믐에 이십 원밖에 못 탄 것은 누구요."

기호는 자기보다도 더 가엾구나 해서 얼른 대답할 말이 없었다. 주정하는 이의 머리 안에서는 또다시 나사가 돌았다.

"나는 다 압니다-. 그 제주도 놈은 오히려 불쌍타 해야 하지요-. 그러나 그놈들!… 영업부에! 이사실! 편집부! 그중에도 장(長)자 붙은 놈들… 무엇이냐!!…."

"박형이 나를 벼르셨구먼."

"당신은 불쌍한 사람… 무엇들이냐!!… 형 아십니까?"

"덮어놓고 수수께끼인가요?"

"흥 모르는군요…. 이 신문은 삼 주일 이내에 나오지 못합니다! 내용은 한 푼 없이 다 망한 판에 그래도 훈장을 손안에서 못 놓고 바들바들 떤단 말이지! 너희가 나보다 더 아는 것이 있으면 경의를 표하마! 내 스스로 경의를 표하마! 난다 쿠소다레[83]…."

"망할 것이 눈앞에 보일수록 서로 다정해야 하지 않우."

"형이 물론 바른말을 하겠지요. 그러나 내가 술이 좀 취했는데 헤헤 이놈의 귀가 잘 안 들리면 어떻게 하나…. 요컨대 그놈들이 그렇단 말이지!"

"우리 내일 길게 토론하기로 연기하십시다요."

"형!… 형! 나는 나가요…. 나는 그만둬요-. 신문사? 너도 인제는 상업

83　なんだ くそたれ [何だくそ垂れ・糞垂(れ)]. 뭐야, 빌어먹을 놈.

이더라!"

　기호는 가슴이 뜨끔했다. 지금 자기가 보고 있는 원고는 어느 영화배우가 써 보낸 서양 배우에 관한 잡담이었다.

31회, 1927.02.26.

　이튿날 기호는 사(社)에 와서 자기 책상에 앉으려니까 옆에 있는 이사들의 회의실 문이 열렸다 닫혔다 하며 풀방구리에 쥐 드나들 듯한다.
　기호는 웬일인가 했다. 여러 사람들도 물론 그편을 주목하는 모양이었다. 손에 잡고 있는 일들은 제각기 달랐으나 정신은 일제히 그편을 향해 통일된 셈이었다. 그러므로 편집실 안의 공기는 전보다 몹시도 얌전해졌다. 얼마 있으려니까 그 문이 다시 열리며 앞장을 서서 나오는 사람은 영업부 중에서도 제일 외교가 용하다는 ××이요, 그의 이마에는 땀이 흘렀다. 그 뒤를 연달아 나오는 삼사 명의 이사들은 불끈 집 소방대 모양으로 뿔뿔이 헤어진다.
　"그것은 왜 이리로 가지고 다니오!"
　편집부장이 별안간 그같이 소리 지르는 바람에 무엇인가 하고 보니 그것은 직공이 어린이의 송장만 한 종이 더미를 어깨에 메고 공장으로 통한 문의 문고리를 잡고 서 있는 광경이었다.
　"뒷문은 열쇠를 숙직실에 두었다는데 찾으러 가서 오지를 않아요." 하며 그는 죄나 지은 듯이 얼굴이 붉어지며 공장으로 내려간다.
　그것으로 여러 사람들의 의문은 일시에 풀렸다.
　'신문 박을 종이가 없었구나.'
　그렇다. 여러 사람들의 해답이 거짓이 아니었다. 영업부의 ××는 종이 상점에 가서 "우편국에는 이같이 들어온 돈이 있습니다만 오늘은 공일입니다." 하며 머리를 숙였으나 서울에 한 곳밖에 없는 배부른 상사가 응해

줄 이치야 없었다. 할 수 없이 이사 ××는 탐정활극 모양으로 인력거를 재촉해서 자기의 집을 향했다. 내리는 길로 젊은 아내에게 수상스러운 악수를 청했다. 전당포의 일본인은 안경 너머로 건너다보면서 "정말 다이아지요?" 했다. 그런 사건들이 요지경 안의 그림 모양으로 삼십 분도 못 되는 사이에 돌아버린 것이다. 여러 사람들은 파할 임시에야 그 사건들을 알게 되었다.

'그러나 내일은?'

기호 역시 그런 한숨에 한몫을 보고 있다가 수자 있는 병원을 향했다. 정문을 들어서려니까 전화통 앞에 돌아서 있는 젊은 여자는 어느 방의 방문객인 줄만 알았는데 그것이 수자였다.

"웬일이세요?"

"아유 지금 걸려는데…." 하는 수자는 내가 언제 아팠었냐는 얼굴이다.

"의사가 뭐래요?"

"언제 아팠습니까? 나가겠다니 좋다고 해요."

사실 자기에게는 더 내놓을 돈도 없다마는 자기 생각하고 이리함을 모르는 바 아닌 기호의 마음은 가엾었다. 그러나 의사에게 물어보니 사실 상관없다 하기에 두 사람은 나와버렸다.

그길로 큰길에 나와 전차를 타고 전차를 내려서 종로 사정목에 이르렀을 때 수자는 안전지대에 올라서서 하늘을 쳐다보더니 "좋지요? 날이…." 한다.

"네 봄입니다." 했다.

"걷고 싶어요."

"네?"

"들로 걷지 않으실래요?" 하며 동의를 청한다.

"들요?"

"걷고가 싶어요."

"아무렇게나요…."

그래서 두 사람은 동물원 문 앞을 스쳐서 동소문 언덕을 넘고 있다.

등위에 올라서니 눈앞에 벌어진 삼산평[84]은 봄기운이 금잔디를 밟으며 춤추고 있고 그에 따라 피리 부는 옆 산의 솔들은 멋이 넘쳐서 응덩춤을 춘다. 고만한 자연을 봐도 두 사람의 도회인은 감격지 않을 수가 없었다.

〈그림 30〉 2.27.

"좋은데요!" 기호는 속으로 수자의 취미를 칭찬했다.

"봄이 다 되었지요?"

수자의 고운 음악을 바람이 차 가지고 성안으로 달아난다.

"지치실 걸요?"

"아-뇨."

모래밭에 맑은 시냇물이 흐른다. 물은 저도 어깨를 겨누며 수자의 안부를 전하겠다고 재절거린다. 동으로 동으로 하면서 돌켜 간다.

"참 점심은요?"

먼저 건너온 기호는 돌아보며 그같이 물었다. 마지막 돌이 삐긋하는 바람에 수자의 몸은 춤추는 사람이 되었다.

"네?"

"시장하시면 어떻게 해요."

"아-뇨. 아까 나올 때 좋은 것을 먹었답니다."

좋은 것이라니 죽에 닭의 알 풀은 것인가 하면서 다시 여자와 나란히 서서 걸었다. 황소는 땅에서 봄내를 맡으며 수레를 끈다. 수레 뒤에는 차부가 머리 뒤에 채찍을 꽂고 앉아 있다. '열두 번 죽어도 놓지를 못하겠다.'고 노래를 부른다. 그 노래도 이제는 멀어진다. 천지에 가득 찬 봄기

---

84 삼산평(三山坪). 현재의 삼선동.

운 안에 검고도 작은 두 그림자만 움직일 때 따뜻한 햇발이 그의 등을 부축한다.

32회, 1927.02.27.

"어디 가니?"

시어머니는 안방에 들어서며 돌아앉아 꿈지럭대는 며느리를 보고 그같이 물었다.

"시간이에요!"

촌의 시악시로는 건방진 대답이다. 시어머니의 지위로는 무어라 할 만한 장면이다마는 경식이의 어머니는 그 권위를 잃고 있다.

〈그림 31〉 3.1.
정애 : 신일선

'가는데 누가 뭐래니. 그게 웬 무슨 대답이란 말이냐.' 그 같은 소리는 목 밑에서 등대를 하고 있었으나 자기의 아들이 그에 대해 얼마나 냉정한지를 알고 있는 자기로서는 그의 화냄을 책망할 수는 없었다. 경식이는 집에 와서 이틀 동안을 동무 집에 간다 하며 코빼기도 보이려 들지 않던 것이다.

"목도리하고 나가거라. 저녁때면 찬바람이 분다."

그래서 그 같은 소리로 아들 대신 사과를 했다. 책보를 꾸며 든 며느리는 대답을 하는지 마는지 뾰로통해서 마당에 내리더니 문밖을 향해 꽁무니를 휘젓는다.

경식이는 아버지와의 교섭이 얼마나 진행되었는지 오늘로 점심 후에 집으로 가버리고 온천장의 정애는 혼자서 심심했다. 그래서 정애는 동리 앞에 시냇물을 건너고 잔디밭을 헤매면서 창가를 했다. 인제는 자기 나온

지가 두어 시간이나 되었는지 그만하면 경식이가 왔으리라 하여 걸음을 돌렸다.

"내 생명을 드리니 / 주여 받으옵소서
 세월 지나갈 동안 / 찬송하게 합소서."

앞에는 덤불이요 덤불 뒤는 도랑물이 흐르고 있다. 어느 곳이 건널 데인지 보이지가 않는다. 덤불 안의 참새들은 불[火]로 된 성 위를 걸어가듯 호두닥거리며 나른다.

"멀리멀리 갔더니 / 처량하고 곤하며
 슬프고도 외로워 / 정처 없이 다니니"

웬 덤불이 이리 길게 늘어섰는지 아직도 덤불이다. 걷고 있는 곳은 밭고랑이라 신 밑에 흙이 붙어 오른다. 걸음이 걷기에 귀찮아진다.

"예수 인도하소서 / 어둡고 길 모르니
 어디 가야 좋을지 / 나를 인도하소서
 어디 가야 좋을지 / 나를 인도하소서."

바라다보니 자기가 유숙하는 여관이 빤히 보인다. 지금 오던 길인 왼편으로 가자면 조금 돌 것 같고 그대로 가자면 건너도록 되어 있을 곳이 어딘지 좀 더 가봐야 없을 것 같다. 사진기계 뒤에 그림엽서[繪葉書]쟁이 모양으로 온천장 시가지를 목표 삼아 좌우를 바라보려니 아낙네 행인 하나가 보인다. 좀 더 가면 길이 있는 것을 그랬구나 했다. 그런데 무슨 길인지 그 여자는 밭 가운데를 걷고 있다.

"이거 보세요!"

그 여자의 고개는 자기편을 향했다.

"거기 길이 있어요?!" 또 한 번 활을 쏘았다.

"네?!"

두 사람의 거리는 한 백 미터쯤 될는지.

"그리로도 온천장 가요?" 하면서 또다시 소리 질렀다.

"네 이리 오세요!"

정애는 밭고랑을 넘으며 그편으로 걸었다. 가까이 이르며 그의 얼굴을 보니 어저께 경식이 귤껍질 때문에 죄를 지은 여자다. 그러나 그의 얼굴에는 아무 기색도 없으니 거리끼는 마음도 적었다.

"그리 가야지요?"

"네."

정애는 신의 흙을 트느라고 두어 번 발을 구른 다음 그의 뒤를 따랐다.

"어느 학교 가세요?"

정애는 보기에 대견했다. 대견하다는 것은 정신상으로 말이다. 물론 정애의 키가 그보다도 작으니 말이다.

"아-뇨. 학교는 아녜요."

"강습소요?"

이상을 향해 인제 겨우 문고리를 잡는 사람을 보니 참으로 대견했던 것이다. 물론 자기야 이미 전당(殿堂)을 향해 일 보 이 보 걸어가는 사람으로 자인하고 있는 터다.

"강습소도 아녜요. 혼자 배워요."

"네…. 무슨 책을 배우세요?"

"…『속수국어독본』요."

두 사람은 온천장의 문턱인 봉래교(蓬萊橋)를 건너서 오른편으로 휘어졌다.

"우-ㅂ!"

누군지 사람 부르는 군호다. 소리 나는 편을 바라다보니 그것은 여관 뒤꼍에 서 있는 경식이다. 어느 사이에 왔는지 바위 위에 올라서 있다. 그 일본 사람을 바라다보니 생김생김이 자기의 남편과 비슷하다.

33회, 1927.03.01.

경식이는 아버지에게서 가도 좋다는 승낙을 얻었으며 용돈도 탔으니 정애를 대하기가 화려했다.
"아버지가 승낙!" 일본말로 그같이 던지며 바위에서 겅정 내려 뛰어 그들 앞을 향했다.
최 씨는 걷던 걸음이 저절로 멈추었다. 경식이도 오다가 보니 그것은 자기의 아내였다. 두 사람은 종점에 다다른 전차와 같아졌다.

〈그림 32〉 3.2.
경식 : 박덕양

아무것도 모르는 정애는 앞서가는 아낙네에게 고맙다 해 보내려니 그의 걸음은 태엽이 풀려버린 전기 인형과 같음을 봤다. 정애는 연인을 향해 뱅그레 웃으며 일본말로 전보를 떼었다.
"내외를 하시는 모양이니 남자가 비켜야지요."
한발도 더 내놓을 수는 없으며 그렇다고 달아나 버릴 수도 없는 경식에게는 기꺼운 통지였다-. 정애는 모르는구나!
"네…. 그리고 내 무엇 좀 가지고 나올 테니 잠깐만!"
일본 말로다가 그같이 대답하며 몸은 벌써 삼십육계의 동작을 꾸몄다.
"잠깐만- 같이 올라가게 기다리세요!"
역시 일본말로 그같이 남겨놓으며 굴러가는 공을 쫓는 테니스 선수와 같이 뛰었다. 폭발탄을 품고 제국회의 안에 기어들다가 들킨 놈도 이같지는 못할 것이다. 상당한 여유를 보이면서 멋있게 뛰던 경식이도 정애가 못 보는 담 모퉁이를 돌아서서는 아랫입술을 깨물며 펌프[85]와 같은 한숨을 뿜었다.

자기 아내의 눈은 생선 눈과 같이 붉어질 것이다. 그리고 도야지와 같이 삼각 사각으로 째글어질 것이다. 아내의 입은 굴뚝과 같이 독기를 토할 것이다. 그의 하는 말은 정애의 간장을 핀셋으로 꼬집는 것 같이 만들어 놓을 것이다. 경식에게는 아내가 정애에게 무어라 하는 소리가 귀에 쟁쟁한 것 같기도 했다.

"인제 가시지요. 고맙습니다."

정애는 앞에 서 있는 쪽진머리를 바라보며 그같이 사례했다. 그 순간 아낙네는 자기의 얼굴을 한번 흘겨보더니 쏜살같이 내뺀다. 최 씨는 지금 경식이의 숨은 곳을 향해 돌격을 하는 셈이다.

"아이고머니나 흘겨보네…." 정애는 혼자서 중얼대며 웃었다.

"자기를 놀리는 줄로 안 게지."

『속수국어독본』 안에는 '내외를 하시니 비켜서요'의 한마디도 없는 것을 생각하니 우스웠던 것이다. 그러나 가뜩이나 귤껍질 때문에 아니꼽게 여기던 사람들 앞에 오늘은 또다시 자기 모르는 일본말로 놀림을 받았다 하면 그 사람은 흘겨보기도 쉬우렷다 해 보았다. - 그러나 참 눈이 어쩌면 그렇게 독해!

'뽕-! 뽕-!'

자기 뒤에서는 자동차 나팔 소리가 들린다. 돌아다보니 그것은 달려오는 자동차가 아니라 정류장 안에 들어앉은 자동차가 떠나겠다는 광고다. 뽕뽕 소리 나는 그 모양은 가는 널판으로 지었으며 유록색[86]을 칠했는데 깨끗하다. 두 채의 자동차를 잠재기에는 크지도 않고 적지 않아 보여서 다정했다. 그 안에 차들은 넘어가는 석양에 반사되어 자기네들이 차고

---

85   원문은 "폼푸".
86   유록색(柳綠色): 봄날의 버들잎의 빛깔과 같이 노란빛을 띤 연한 초록색.

끼고 돌고 있는 패물들을 마음껏 자랑하며 있었다.

　운전수가 문을 여니 일본 여자의 게다짝이 그 차의 툇마루를 올라선다. 그다음에 올라서는 것은 남편인가 보다. 짝이 맞는 어여쁜 내외다. 남자는 양복을 입었으며 아내는 새로 지은 듯한 봄옷을 입었다. 옷은 분홍빛을 위주로 해 선택한 모양인데 면주[87]로 짠 것이라 흐르는 강물 위에 수양버들이 늘어선 풍경같이 고왔다. 자동차는 움직인다마는 정애의 정신은 그 내외를 찬양함에서 조금도 옮겨 서지를 않았다. 그리하여 자기네들의 아리따운 동경(東京)의 장래도 꿈꾸었다.

　최 씨는 잔디밭 위를 걸어가는 불결과 같이 습격을 했다. 후원을 지나서 늘어선 검은 판장을 더듬으려니 자기 앞에는 쪽문 하나가 나타났다. 이것은 일본 사람이 부르기를 '갓데꾸지'[88]라 하는 문이다. 두부 장사나 생선 장사들이 고개를 디밀고 '아가씨!' 하면서 부엌에서 일하는 사람을 부르는 곳이다. 최 씨도 가슴 안은 날려 드는 기관차 같으면서 워낙이 촌에서 자란 사람이라 그같이 기우뚱하고 들여다봤다.

　경식이는 판장 틈으로 내다보고 있으려니까 아내의 걸음은 자기를 찾아 사생판단을 하겠다는 설명에 다름이 없었다. 어찌해야 좋으냐. 이 자리를 피한다 해도 소용은 없는 일이다. 이 순간에 자기는 정애의 허리를 끼고 학 두루미와 같이 공중으로 솟아오를 재주가 없는 이상에야 피해버림도 소용없는 일이다.

　'어떻게든지 말로 넘길 수밖에 없다.'

　그래서 자기는 오히려 얼른 맞이하려는 편이다. 경식이는 어서 좀 자기의 몸이 두부 장사의 눈에 걸리도록 움직였다. 그러나 답답한 일이었다.

33회, 1927.03.02.

87　면주(綿紬): 명주실로 무늬 없이 짠 피륙.
88　かってぐち [勝手口]. ① 부엌문. ② 다실(茶室)에서 주인이 드나드는 문.

"집에 가 있어요. 내 이따가 자세한 말을 할 테니…."

경식이는 아내 앞으로 나서면서 그같이 애걸했다. 이것이 자기 고향에 내려와서 아내에게 처음 걸어보는 첫마디다.

"…."

아내는 아무 대답이 없다. 없는 것이 경식에게는 더한층 무서웠다. 그의 입술은

〈그림 33〉 3.3.

바르를 떨 뿐이요, 두 눈에서는 무엇인지 지글지글 끓고 있었다. 경식이는 한란기의 도수를 들여다보듯이 그 눈을 바라보고 있으려니까 그것이 별안간 난로 위의 유리 조각 모양으로 녹아 들어가는 양이 보였다. 우는 것이다. 아내는 눈물을 흘린다.

"글쎄 가 있으라니까 왜 이리오…?"

경식이의 이번 애걸은 비단 애걸이 아니라 그 안에 권세가 파묻혀 있었다.

"…." 말없이 눈물만 흘린다.

"글쎄 왜 이리오? 나중 말하마는데…."

"말요?!" 튀어나오는 한 박자 안에 육 년 묵은 원한이 있다.

"마소!… 마소…."

네가 그러지 말아 달라는 뜻이다. 그것은 음악이므로 누구든지 알아들을 수가 있다.

"얼른요! 무엇을 하오!!"

정애가 영어로 그같이 묻는 소리가 들려온다. 정애가 상점 옆에서 소리 지를 사람은 아니다. 그러면 그는 이편으로 향해 걸어오는 것이다.

"가요 글쎄! 이따가 가리다!" 경식은 아내를 흔들었다.

"당신도 사람이지?" 아내의 어조는 술이 취했다.

"글쎄… 글쎄 나중에…."

"무엇이 나중이라고요-!"

아내는 긴 가락으로 부르짖는다. 이 내 몸을 잡아먹으란 말이다. 정애의 부르는 소리가 더 가까워진다.
"글쎄 나중에… 정말 이러면…."
"나를 죽여라 그만."
아내는 이미 세상을 모르고 떠든다. 경식이는 어느 틈에 어떻게 해 버리고 나온 셈인지 자기 역시 기억치 못할 만치 황급하게 문밖으로 뛰어나왔다. 아내는 발을 동동 구르다가 어떻게든지 되라는 말이다. 정애는 기다리다 못해서 이편으로 걸어온다.
"어쩌면 남을…."
경식이는 얼른 대답하기에는 너무나 침착성을 잃고 있다.
"무얼 했어요?"
"지갑 좀 찾느라고…."
"지갑?…"
돈에 관한 이야기는 묘하게도 연인의 입을 더 떼어보지도 못하게 했다. 동양의 점잖은 사람들은 돈 이야기라면 싫은 체를 한다.
"의논할 것이 있으니까요."
경식이는 덜 익은 웃음을 보이면서 정애의 어깨를 잡아 돌렸다. 이인삼각(二人三脚) 모양으로 뛰어가잔 말이다. 얼굴을 이편으로 두지 말라는 말이다.
"아이 왜 이래!"
"자아 우리 뛰어요. 좋은 일이 있으니 가서 의논해."
"무어?"
정애는 암행어사를 만난 죄진 원님의 걸음이다.
"가서 의논해요. 오늘 밤에 가요 일본!"
"그런데 어디로 가요 지금…."
"저-기, 저-기 저 산 넘어!"
뒤에서 소낙비가 몰려온다고도 할 수 없고 그렇다고 얼른 대답할 길이 없었던 까닭이다.

"아이 그만 뛰어요."

"우리 차점에 가서 차 먹으면서 의논해."

"아니 글쎄 그만 천천히…."

인제는 시가지다. 그리고 요 모퉁이만 돌아서면 안 보일 것이다. 뒤를 돌아다보니 소낙비도 안 온다.

"그래 이제 그만 천천히…."

두 사람은 별안간 시치미를 떼면서 모퉁이를 돌았다. 경식이는 앞을 서서 얌전한 차점을 찾았다.

"나 이 에하가끼[89]…."

돌아다보니 정애는 장난감 가가[90]에 걸린 그림엽서의 간판을 보고 있다. 아마 온천장의 풍경인가 보다.

"무어?"

"나 이것으로 편지할 테야…."

정애의 품 안에도 오 원이 있다. 개성을 떠날 때 어머니가 준 것이다. 그 노인은 아들의 월급이 오면 갚으리라는 생각으로 자기 형에게서 취해 딸의 기숙사 생활을 즐거이 하려 했던 것이다.

"살까?"

"아서 이따가…."

"이따가?"

"그래, 이따가-. 어서 와요."

그래서 정애는 우선 그만두었다. 두 사람은 경식이가 발견한 어여쁜 차점의 '소바'니 '우동'이란 글자를 뺨에 스쳤다.

"이럇샤이[91]…."

---

89 えはがき [絵はがき・絵葉書・絵端書]. 그림엽서.
90 가가(假家): '가게'의 원말.
91 'いらっしゃいませ(어서 오십시오)'의 준말인 'いらっしゃい.'

"아라마-니아우와."[92]

배불뚝이 일본 여편네는 부러워서 죽겠다는 얼굴로 두 사이를 놀려준다.

34회, 1927.03.03.

해가 진다. 전기가 온다. 온천장 어구의 전등주들은 초승달 맞이하려 봉화를 든다. 옛날에 화산이던 온천장 뒷산에는 수만의 검은 소[93]가 웅크리고 앉았다. 그것은 해지면서 나오는 바위 귀신이다. 길고도 짧은 샤미센[94] 소리가 눅눅한 길바닥을 기어다닌다.

"인제 그만 가요."
"응."
"참 내일 아침 몇 시?"
"아홉 시."
"멀미가 나면 어떻게 해."
"안아 드리지."
"이런…."
돈을 내놓고 두 사람은 나섰다.
'있을 리야 없다. 그저 있을 리야 없다.
촌 여편네가 모르는 일본 집에 들어가 앉을 리야 없다.'
도수장[95]을 바라본 황소걸음으로 아까 돌던 모퉁이를 돌아섰다.
"경식이!"
등 뒤에서 그 소리가 난다. 염라국의 사자가 왔느냐.

〈그림 34〉 3.4.
경식 : 박덕양, 정애 : 신일선

---

92 'あらまあ, 似合うわ.' '아이고머니나, 어울려.'
93 원문과 단행본에는 "거문소".
94 しゃみせん [三味線]. 일본의 대표적인 현악기.
95 도수장(屠獸場): 고기를 얻기 위하여 소나 돼지 따위의 가축을 잡아 죽이는 곳.

"아저씨로구려."

엄벙뗑하고 집에서 먹는 외삼촌이다. 활 잘 쏘는 아저씨다.

(아저씨 활 하나 사드릴게. 이 계집아이를 이상스러운 눈으로 보시지 마시지요.)

"어디 가세요?"

"응- 여기 있었나?"

"네. 서울서 동무들이 여럿이 내려와서…."

(이 계집아이는 그중의 한 사람으로 알아두시지요.)

"나는 그 명월관 뒤 최 생원 때문에…. 셈 좀 마칠 것이 있어서…."

(여전히 건달이십니다그려. 남이 듣기에 아저씨 셈 같은데요. 어서 가시도록 하시지요….)

"좀 있다 내려갈 테에요."

"응 가네."

아저씨는 호기 있게 두루마기 자락을 날린다.

"누구세요?"

"외삼촌."

두 사람은 하느님의 은혜를 안다는 듯이 천천히 걸어서 여관 정문에 다다랐다.

(변한 것은 없다. 전나무의 가지도 아까의 그 모양이다. 하녀의 얼굴도! 하나도 변한 것은 없다.)

"인제는 다 왔구나."

방문 앞에 다다르며 그 같은 쑥스러운 소리를 했다.

(왜 겁을 내느냐. 방문도 그대로 있지 않으냐. 다른 사람이 열었으면 연 자국이 있을 것이다. 아니 있고말고! 있을 것이다.)

'후쓰마'[96]를 당겼다.

---

96 ふすま [襖]. 맹장(盲障)지. 광선을 막으려고 안과 밖에 두꺼운 종이를 겹바른 장지.

(보아라. 공연한 겁이 아니냐.)
"전깃불이 들어왔네."
"그럼 여기라고 안 들어올까."
(용서하여라. 나의 말이 빗나가는구나.)[97]
"저녁이 멀었나?"
"또 그렇게 고파요, 배가?"
"아―니. 고프지는 않지만."
정애는 바이올린을 집어 들더니 동당거린다.
(아서라. 남의 속을 몰라도 유분수지. 온갖 귀신이 모두 몰려 들어올 것 같구나.)
"댄스해요. 내 켤게…."
"댄스?"
"무얼 할까?"
"그만두어요."
"폴카는[98]?"
"나는 알지도 못하는 폴카는…. 참 오줌 좀 누고 와야겠다…."
너무도 망측스러운 선전이므로 정애는 들은 척 만 척했다. 경식이는 방 안을 튀어나왔다.
'가봐야 한다. 혹시 쪽문에 기대서 지금까지 울고 섰으면 어떻게 하니….'
난간을 끼고서 뒤꼍으로 돌았다. 쪽문은 여전히 아무렇지도 않았다.
'변한 것은 없다. 이렇게 낱낱이 내려다보지 않느냐. 아무것도 없다. 변한 것은 없다. 내 눈은 결코 고장은 없으리라. 그러니 안심이다. 모두

---

97 원문의 이 문장은 " "로 표시되어 있으나, 앞 장면부터 대화 중 초조한 경식의 속마음이 ( )로 표시되고 있고 이 부분도 경식의 속마음을 드러내는 것이기에 ( )로 바꾸었다. 이후도 마찬가지다.
98 연재본에는 "쏠까," 단행본에는 "쏠까"으로 되어 있다.

그대로다.'

그러나 경식이는 별안간 뒤로 물러서며 전신을 떨었다. 그의 시선은 쪽문 아래를 내려다보고 있다. 그것은 확실히 여자의 신발이다. 아내가 항상 신고 다니는 고무신 한 짝이 쪽문 아래에 떨어져 있는 것을 그는 본 것이다.

35회, 1927.03.04.

'아내가 어찌 되었단 말이냐.'

고무신 한 짝은 그것을 대답할 리 없다. 물론 설명하고 있음은 아니지만 공연히 소름이 끼쳤다. 별안간 복국에서[99] 어른의 다리 하나가 나타나서 절레절레 흔들리는 것을 본 사람은 지금의 경식이를 이해할 수가 있을 것이다.

무심중 먼 곳을 바라다보니 컴컴한 들판에 도깨비불 같은 것이 일직선으로 다라난다. 그것은 등불이다. 논밭 여부없이 횡으로 살닷듯[100] 하더니 산비탈을 기어오른다. 등불이 멈추는 곳에는 사람들이 와글와글하는 모양이다. 국경에서 강 건너 나라의 제사(祭祀) 마당을 바라다보는 것 같다.

'죽었다!'

그 같은 직각이 들어온다. 끄나풀에 목을 얽은 아내의 얼굴이 손에 잡힐 듯싶다. 주춤! 하고 앞으로 쓰러지려는 몸을 난간 기둥에 기대어 놓았

〈그림 35〉 3.5.
경식 : 박덕양, 정애 : 신일선

---

99 원문 그대로임.
100 '살닷다(불 따위가 타거나 비치고 있는 상태에 있다)'에서 파생된 것으로 추측된다.

다. 한숨을 내쉬려니까 힘이 모자란다.

'정말 죽었니….'

어느 방에서인지 문 여는 소리가 들린다. 그래도 정애가 오면 어쩌나 해서 몸을 돌렸다. 눈앞이 캄캄하다. 마루가 아니라 지옥문이다. 그래도 간신히 난간을 더듬으며 쪽마루를 디뎠다. 다리에 힘이 없다. 방 앞에 이르려니까 누구인지 헐레벌떡거리며 이층으로 올라온다.

"경식이!"

아저씨다. 등 뒤의 방문도 열린다. 정애가 내다보는 것이로구나.

"자네 아내가-."

경식은 총알을 막듯이 손으로 자기 입을 가려서 신호하려고 했다만 무소용이다.

"자네 아내가 목을 맸어!"

무지한 전령사여, 등 뒤의 천사야, 인과(因果)여, 지옥아-. 경식이의 무르팍 하나는 삐끗하더니 앞으로 머리를 숙인다. 그에 따라 상반신도 힘없이 늘어졌다.

길 가다가 청개구리를 밟은 듯이 정애의 몸은 뒷걸음질을 쳤다. 하나 둘! 셋. 손으로 앞머리 한 묶음을 움켜잡으며 무서운 풍경을 내려다보고 섰다.

"바로 저 뒤 밤나무야. 어서 가보세."

이곳은 어두컴컴한 쪽마루 골목 고요하던 곳이다.

넓은 다다미방은 바늘이 떨어져도 찾을 만치 밝다. 사지(四肢)를 구비한 정애의 몸은 마루 끝에 떨어진 걸레 조각 모양으로 한구석에 엎드렸다. 다다미의 두터움은 항용 이촌(二寸)[101]이 가깝다. 정애의 흘리는 눈물은 그 두께를 알게 되었다.

아까 경식이는 울면서 자기의 손목을 잡고 늘어졌다. 용서하라는 말이

---

101 1촌은 약 3.03cm에 해당한다.

다. 자기는 울면서 가보라고 애걸했다. 차마 당신이 무섭다고는 할 수 없었던 것이다. 그래서 경식이는 병원으로 가고 문 닫고 돌아서던 자기는 서 있을 힘이 없었던 것이다.

하녀는 밥상을 들고 갔다가 다시 소리 없이 문을 닫아주었다. 그리고 제단 앞을 걸어가듯이 아래로 내려갔다.

호흡을 거절한 지 두 시간이 넘었으니 유언이 있다 한들 나올 이치야 없을 것이다. 달려들며 통곡을 하는 어머니. 공연히 허둥대는 아저씨. 얼음장 같은 의사의 얼굴. 경식이는 그것을 보고 있을 필요는 없었다. 남몰래 뛰어나와 병원의 뒤꼍을 걸었다. 흰 칠한 벤치에 허리를 내리니 머리 위에서는 소나무가 운다. 아내가 누운 방의 들창을 쳐다보았다. 푸른 장막 안에 검은 그림자들은 여전히 분주하다.

'왜들 야단이야. 무슨 소용이냐.'

자기의 정신은 말짱하다. 시계 속과 같이 말짱한 정신이다. 죽은 아내에게 사죄문을 쓰라 하면 한자도 안 빼놓을 것 같다. 정애가 장차 자기를 어떤 태도로 대해줄지 연구하여 해석할 수도 있을 것 같다. 그러나 문제는 한둘이 아니다. 정애! 아내! 자식! 자기! 공부! 아버지! 칼춤과 같이 요란하게 많다. 그러므로 경식이는 멀그머니 앉아있을 뿐이다.

병원 정문에서 무엇인지 희끗한다. 자세히 보니 그것은 고무 침대차다. 강 위의 흰 돛과 같이 아무 소리 없이 현관을 향해 흘러간다.

36회, 1927.03.05.

'젊은 여자가 젊은 사나이를 끌고 날이 저물어도 모른 체 하면서 인적 없는 촌길을 걷는다.'

기호는 수자의 이야기를 응답해 가면서도 한편으로 자기들의 현재를 해부해 보지 않을 수는 없었다.

'이것이 사랑이 아니고 무엇이랴.'

정복된 사랑의 안타까운 추측이 기호의 가슴에도 하나 가득했다. 그러나 수자의 취미는 자기보다는 훨씬 넓다. 그리고 높다. 문명해 있다. 그는 어떤 때면 자기가 이해치도 못할 취미를 발휘할 적도 있을 것이다.

'만약 지금의 이것이 수자의 취미의 한 가닥이라 하면….' 할 때 그의 가슴은 또한 서운했다. 걷는 걸음이 쓸데없는 짓이라는 느낌은 한 발 두 발 걸어갈수록 더 깊어 오는 것 같았다.

〈그림 36〉 3.6.
수자: 김정숙

'동무로만 지내도 너는 행복이 아니냐!'

그같이 달래도 봤으나 자기의 가슴은 그렇지가 않다고 버티는 것이 확실했다. 그래서 혹시나 수자의 언어 행동에서 이상한 점이 나타나기를 그는 얼마나 바랐으랴. 기호의 눈은 이미 육백여 건의 전과자가 되었다.

그러나 수자의 표정은 항상 이럴 뿐이었다. '당신은 동무시지요?'

넓은 들 위에 어둠은 깔리고 찬 기운이 두 사람 몸을 휩싸며 돈다.

"저물었지요?"

"어떻게 하나요?"

"무엇을요?"

"돌아가실 힘이 계세요?"

"글쎄요…. 참 어떻게 하나."

두 남녀가 이 같은 경우를 당한 소설은 세상에 많다. 기호는 그 장면들을 회상해 본다. 그러나 여자의 대답이 이같이 천연스러운 것은 없으리라 했다.

수자가 말한다. "어디 주막이 있었으면…."

"주막요?"

"저기가 동리인데…."

저녁을 든든히 먹은 아이들의 한 떼가 숨바꼭질을 하느라고 킬킬대는 소리가 들린다. 인제는 정말 밤이 되었다.

"묵어가게요?"

"그럼요 – 좋지 않아요? 시골 주막에서…."

엉성하나마 기호도 인제는 최신식의 인의예지를 아는 체하는 수밖에는 없었다.

"그래볼까요?"

두 사람은 마을 개 짖는 소리를 더 들으며 몇 마장의 어둠을 헤쳐 나가니 그곳에는 주막이 있었다. 주막의 등 뒤에는 동리가 있으니 술집 겸 주막(객주)인 것이 확실했다.

대문 겸 방문으로 쓰는 외쪽 창 안에는 여러 사람들의 수군거리는 소리가 들렸다.

"여보 어디 팔 전이요."

"팔 전이지 무어야."

"참 그러예."

"너무 따서 눈이 어두웠나."

모두가 여자의 음성이다. 노름들을 하고 있는 모양이다. 동전이 기직[102] 바닥을 스치는 소리가 분명히 들린다.

"이거 보세요?"

두 사람이 서로 보며 한번 웃은 다음 그같이 수자가 불렀다. 방 안에서는 난리가 났다. 누구인지 "에구머니"가 선두로 뒷문 열리는 소리가 덜커덕 나더니 버선발 튀는 소리, 치맛자락 스치는 소리가 창문에 비치는 검은 그림자들의 요동을 설명하고도 남았다.

---

102 왕골껍질이나 부들 잎으로 짚을 싸서 엮은 돗자리.

"이거 보세요. 여기 주막이에요?!"

수자는 우습고 미안해서 얼른 그같이 소리를 꺼냈다. 그 목소리는 확실히 나는 여자입니다의 증거를 보이려는 것이었다.

"아냐!"

"미쳤네. 그 계집애들."

"아니다 얘."

"아유 나는."

"미친 것들."

"아유."

파동이 가라앉더니 한 여자가 창문을 연다.

"여기 주막이에요?"

"아유 나는 또. 네 주막이에요."

그래서 두 사람은 그 집에 묵게 되었다. 두 사람이 마루에 올라서려니 방 안의 노름꾼들은 도랑물 밀리듯이 뒷문으로 나간다. 역시 치맛자락 스치는 소리는 솔개미 떼들이 머리 위에서 도는이만하다.[103]

방 안은 물론 어둡다. 넓이가 간반이나 되는데 벽에는 간쓰메[104] 통에서 뜬은 그림들이 '우로 나란히'를 하고 있다. '넷털'[105]의 그림은 벌거벗은 대만 인종이다.

"어디 여행차이세요?"

방 안 한가운데 어쩔지를 모르게 섰던 주인 여편네는 그같이 물었다. 검고 작은 얼굴에 개기름이 끼어있다.

"네―." 기호는 그저 그래 버렸다.

두 사람이 아랫목에 앉으려 하는 순간 뒷문 밖에서 신랑 신부의 방을

---

103 원문 그대로임.
104 かんづめ [缶詰]. 통조림.
105 '레테르(letter. 사업자가 자신의 상품을 다른 상품과 구별하거나 그 고유성을 나타내기 위해서 드러내는 기호나 문자, 도형 따위의 표지)'가 아닐까 한다.

엿보던 여자들은 킬킬대며 까닭 없는 웃음이 터졌다.

수자도 갑자기 이상했다. 까닭 없게 부끄러운 것 같았다.

37회, 1927.03.06.

윗목에 앉은 주인 여편네는 반찬이 없으나마 맛있게 자시라는 듯이 숟가락을 놓을 때까지 야주거리고 있었다.

수자는 변소를 가는지 상 뒤에 따라 나가고 기호는 외투에서 잡지를 꺼내며 벌떡 드러누웠다. 다시 몸을 엎드리며 잡지를 열었다. 자기는 아무 생각이 없는 선배님인 듯이 책장을 들추었다.

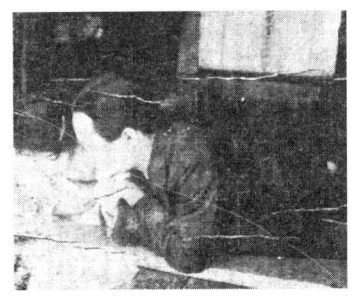

〈그림 37〉 3.9.
기호 : 이소연, 수자 : 김정숙

"아이 어두워." 하더니 수자가 문을 연다.

"진지 자시고 곧 엎대세요?"

"나쁜가요?" 하며 돌려보았다.

"무어야요?" 수자는 잡지 앞으로 가까이 덤볐다.

두 사람의 머리 위로 남폿불이 '나도 한몫 들어 보자.'고 껌벅거린다. 기호가 읽으려는 논문 옆에는 몇 줄의 시도 보였다. 수자는 그것을 읽는다.

"우리는 온갖 부르주아를 무찌르기 위하여 세계적 대화(大火)를 일으키려는 것이다. 피투성이인 세계적 대화를…. 오- 주여 그대도 축복하여라."

"아이 딱딱해…. 누가 지었나-?"

"알렉산돌. 딱딱하다뇨?"

"그럼요-?"

"역시 하이네가 좋으신가요?"

"그렇지 않구요-?"

두 사람은 그것으로 시초를 삼아 가지고 이십 분, 삼십 분이나 논쟁을 하게 되었다. 그러나 사실은 논쟁이라느니 보다도 서로 이성의 음악이 듣기에 좋아서 꼬집는 편이었다. 그러므로 두 사람은 매양 웃음을 배경 삼으면서 다투었다. 그래서 결국은 네 이상과 내 이상을 서로 합해서 '새로운 집 한 채'를 지어보자는 것으로 평화의 조약을 맺었다.

"도배는 하이네로 해요."

"가만히 계십쇼. 터전도 안 닦고 도배 먼저 하시자네."

기호는 외투에서 연필과 원고지를 꺼낸 다음 두 사람은 다시 나란히 엎대었다.

"자아 터전을 닦아야지요."

"그리스도로!"

"레닌은요?"

"그럼 레닌하고 그리스도하고 하지요."

"참- 둘이 합해서 짓는 것이지."

기호는 원고지 위에다가 - 집터는 레닌과 그리스도 - 라 적어놓았다.

"자아 이제 기둥요?"

"기둥은 네 개라야 하지요?"

"가만-있자…. 하나는 맹자, 하나는 공자, 하나는-"

"제 기둥은?"

"참 두 개는 그편에서 내놓으세요."

"하나는 카펜터, 하나는 화이트맨."

"동양 둘, 서양에 둘."

"이제 용마루지요?"

"가만히 계세요. 적어놓고."

"대들보는 누가 좋은가…."

"참 그것은 한 개인데 어쩌나-?"
"참-."
"뉘 편을 사용하나요."
"선생님이 하세요, 그것은."
"그럴까요? 도배는 이따가 맡으시고-."
"하이네요!"
"글쎄 그것은 아직 가만히 계셔요. 가만-있자, 대들보라…. 아무나 하지요. 석가모니라 할까?"
"참 무엇을 써야지요? 대들보에는."
"참 일천구백 이월 이십오일-. 자아 일천구백, 이십오일…. 그리고 무어라 하나?"
"이름요."
"수자와 기호라 할까요?"
 돌리는 기호의 얼굴을 바라다보다가 두 시선은 키스를 했다. 어찌하여 자기는 '네' 소리를 얼른 못했느냐. 얼굴은 공연히 붉어진다. 기호가 입을 연다.
"사인 식으로 선생님 이름은 선생님이 쓰세요."
"아무나 쓰시지요."
"안 되어요."
"제가 써요?"
"자아."
"싫어요. 쓰세요."
"자아."
"쓰세요."
"자아요."
 기호의 손은 자기의 손목을 잡았다. 그 손은 뜨거웠다. 수자는 기호의 눈을 바라보기가 미안해서 확확 다는 얼굴을 기직 위에 박아버렸다. 기호 역시 수자의 흉내를 내듯이 이마를 땅에 박았다. 기호의 손에 잡혀있는 수자의 손목은 또다시 기호의 이마에 눌리게 된 것이다. 숨소리도 없게 수그리고 있는 두 머리 위의 남포는 '픽피'거리며 무엇을 재촉하는 소리인 듯도 했다.

38회, 1927.03.09.

기호는 여태껏 이마를 수자의 손등에 박고 떼지 않았다. 사나이의 손에 잡히고 또한 눌려있는 수자의 손은 점점 뜨거워 온다. 수자는 모든 것을 말짱히 헤아려 볼 정신이 있었다. 자기는 기호를 사랑하기 싫다느니 보다도 이제는 사랑할 힘이 없는 것 같았다. 기호는 얼마나 훌륭한 청년이요 얼마나 아리따운 사나이인지 그런 점은 지금 문제가 아니었다. 단지 자기의 현재가 사랑을 할 만한 가슴이 못 된다는 슬픔뿐이었다.

〈그림 38〉 3.10.
수자 : 김정숙

기호와 사랑을 해도 관계는 없다. 그만한 얼굴에 그만한 지위는 자기의 연인 되기에 부족치는 않다. 오직 근심은 자기의 가슴이 너무도 식어있다. '나는 중늙은이로구나.' 하고 어느 때는 자기 스스로 그렇게 늙었다고 생각하는 터다.

사나이가 불같은 힘으로 자기를 보호한다면 그곳에 자기는 침대 위에 눕는 사람처럼 기대어 있고 싶다. 그러나 그것은 사나이에게 얼마나 미안한 일이랴. 그같이 풀 없는 가슴을 속여 가며 하루 이틀쯤 젊은 체해 볼 수는 있으나 그것도 이삼일 후에는 다시 꼬부라지는 아편 중독자와 같을 것이다. 그것을 알면서도 남의 입술을 선뜻 받는 것은 위조 시험을 치르고 상장 받으러 들어가기보다도 더 무서웠다. 지금 만약 기호가 자기의 머리를 나사 돌리듯이 비틀어 놓고 자기의 입술에 키스를 한다면 자기는 어쩐지 가만히 있을 힘밖에는 없을 것 같다. 그 대신 자기편에서 먼저 무어라 하거나 또한 동등의 권리라는 듯이 마주 보며 들어갈 힘은 조금도 없을 것 같았다. 그리고 될 수 있으면 기호가 아무 소리도 말았으면 좋겠다는 생각이 오락가락도 했다.

"수자 씨…."

"…."

사나이의 손이 자기의 이마에 닿는 그 손은 자기의 머리를 쓰다듬어 주듯이 훑으며 얼굴을 돌려달라는 힘을 보이고 있다. 수자는 노충혈[106]로 의사의 팔뚝에 안기듯이 정신을 잃어버리려고도 했다. 이같이 미안한 일은 세상에 또 없구나 했다. 얼굴을 돌리다가도 생각하니 너무나 염치가 없어서 다시 기직 위에 그대로 파묻혀 버렸다.

수자는 얼굴을 반쯤 돌리다가 떨어졌으니 기호가 따보려던 과실은 기직에 닿아있다. 기호는 그대로 뺨을 향해 입술을 끌어갔다. 약간 입술과 입술이 스친 듯도 싶었다. 그리고 두 사람은 아무 말을 못 했다. 수자는 이미 자기는 키스를 허락했다 하며 기호 역시 그 과실을 얻었거니 하고 생각한다.

서로 일어서 있었다면 동작이 훨씬 편리했을 것이다. 이다지 안타까운 결과는 아니었을 것이다. 그러나 인제는 이미 서로 마음으로 기호가 요구하던 사이가 된 것을 인정하는 바다. 그래서 수자는 잡힌 손을 슬그머니 뺐다. 남자는 순순히 그것을 놓아주었다. 두 사람은 서로 신호나 한 듯 부스럭거리며 이마를 들었다.

기호는 엎드린 채 있고 수자는 일어 앉았다. 기호는 담뱃갑을 끌어당기

106　원문 그대로임.

고 수자는 윗목에 있는 묶은 신문을 끌어서 들었다. 하나는 연기를 만들고 하나는 공부를 하는 셈이다. 일 면에서 삼 면으로 넘기던 수자의 손은 갑자기 이마에 올라가 붙으며 '아!' 소리가 가볍고도 강하게 흘렀다. 시선이 닿는 곳에는 이런 기사가 있었다.

- 본사 기자 안 군의 출옥 -

39회, 1927.03.10.

기호도 열김에 수자가 놀라는 눈치를 챘다. 그것은 자기와 수자의 사이보다도 더 깊은 무엇이 숨어있다는 직감을 받았다.

'그것은 그 신문 안에 수자의 집안 사정이 실려 있는 것이다.'

그런 대답을 해주는 사람도 없는 이 자리에 그 여자를 사랑하는 기호의 가

〈그림 39〉 3.12.
기호 : 이소연, 수자 : 김정숙

슴이 갑갑치 않을 수는 없었다. 그 순간 수자는 자기의 얼굴을 슬며시 보려다가 들켰다. 오히려 자기가 미안할 만치 수자의 눈빛은 평온치가 못했다.

"무어에요?" 하는 기호에게는 이 기회를 놓치지 않으면 눌려서 자백하리라는 예산이 숨어있었다. 그만치 그에게는 이상한 직감을 받았던 것이다.

"아녜요." 여자는 대수롭지 않다는 표정으로 신문을 놓았다.

"무어에요?"

"이이 아시겠지요? 여기 기자면…."

자기편으로 내미는 것은 자기 신문사에서 발행하는 신문이었다. 가는 손가락이 가리키는 곳의 기사는 출옥된 안 군의 보도였다.

"형님! 나는 일 년이 넘었는데 잊지를 못해요. 그 여자가 보고 싶어요. 아- 그 눈썹!"

몇 달 전 그것이 어느 날 밤이던가. 종로 네거리에는 전차도 끊어졌을 때 술 취한 진국이는 자기 어깨에 매달리며 요릿집에서 아까 하던 이야기를 되풀이했었다. 그 목소리가 지금 기호의 귀에서 팽글팽글 돌다가 꺼진다. 기호는 더 물어볼 필요는 없었다.

"알구말구요."

인제는 그에 대한 여자의 도수(度數)만 살피면 그만이다.

"저, 알아요."

그가 자기를 안단 말인지 자기가 그를 안단 말인지 여자는 그런 대답을 했다. 수자는 대답하기가 무서워서 그같이 어리둥절했다느니 보다도 별안간 닥치는 옛 생각이 자기로서도 의혈든만치[107] 강한 도수로 가슴에 울렸던 까닭이다. 그 순간 자기는 가슴 안에서 쇠북이 울었다. 그리고 전신은 전기 '안마'를 맛보듯 했다. 자기의 젖가슴을 만져주던 옛날의 그 손이 이제 또다시 나타나서 자기 가슴 안에 '기타 줄'을 건드리고 있다. 궁상각치우가 묘하게 맞는 찰나에는 전신이 오스스하며 폭포 밑에 선 것 같다.

"사랑했어요, 이이. 그전에….'

임금 앞에 나타난 성악가와 같이 수자는 약간 미소를 보이면서도 '도레미파솔라시'는 두 다리를 떨었다.

기호는 일어나 앉았다. "알아요…. 들었어요."

사랑의 철학으로 판단하자면 기호는 지금 모욕을 받은 셈이다. 그러나 어찌하랴. 장작개비와 같이 맛없는 대답이 무의식이나마 그에 대한 복수라 하면 복수였다.

"어떻게요?… 어떻게 아세요?"

"지금 생각하니 그전에 그가 얘기한 것이- 지금 그 생각이 나요."

---

107 원문 그대로임.

수자는 자기네 동무들끼리 제각기 경험담을 교환하던 장면을 회상했다. 사나이들도 그와 같았을 것을 생각하니 더 자세한 보고는 필요 없을 것도 같았다.

"몇 달이나 있었어요? 들어가서…."

"감옥요?"

"네."

(그곳에 쓰여 있지 않습니까.) 그런 대답이 목 밑까지 나왔다마는 꿀꺽 참았다. 자기가 이제 진국이의 안부를 일일이 전해주면 수자는 기꺼워할 것을 아느니만치 그의 가슴은 재미가 없었고 따라서 풀이 죽었다.

"육 개월이지요?"

"얼마 안 되네…."

자기의 집안사람을 가지고 겸손해 말하듯이 대답하지 않나 하며 그런 점까지 주목하도록 이 자리의 기호는 가엾었다.

"… 옛 생각이 그리워요?"

"네."

"… 사랑하세요?"

"… 이이요?"

"네."

"그리워요."

기호는 어색하지 않은 순간에 무르팍 하나를 약간 움직이며 수자의 옆으로 바싹 덤볐다. 그리하자니 가슴은 뭉클했다.

"수자 씨…."

부드러운 조개껍질 같은 수자의 귀는 바로 자기 입술 앞에 있다. 기호는 그 한마디를 그 안에다가 가만히 부어 넣었다.

"… 왜요?"

"누구를 더 사랑하셔요…?"

"… 네?"

"누구를 사랑하셔요…?"
수자의 손가락 한 개는 기직 바닥을 가벼이 긁고 있다.

40회, 1927.03.12.

이튿날 아침이 되었다. 기호와 수자는 주인 여편네의 작별의 서론을 들어가며 구두를 신는다.

해는 벌써 기자들이 사에 갈 시간이나 되었나 보다. 앞길 신작로로는 암탉 수탉을 하나 가득 장 안에 넣어 가지고 무겁게 지고 가는 한 사람의 장사가 지나간다. 그의 피는 담배 연기가 희게 보이도록 날은 따뜻하다. 어젯밤에는 숨었던 촌의 풍경이 세수한 얼굴로 환하게 벌어졌다.

〈그림 40〉 3.13.
기호 : 이소연

"자아 그럼…."
구두 위에서 꼼지락거리던 수자의 열 손가락이 휴식을 부르게 됨을 바라본 기호는 주인 여편네에게 그같이 인사했다. 모자에는 손을 대었다.
"아이 참…."
너무나 점잖은 인사를 받아서 어쩔 줄을 모르는 주인 여편네는 의미가 미분명한 연극을 하고 있다.
"그럼 평안히들 가세요."
"네- 마음이 내키면 또 온답니다."
여자와 여자끼리의 교환도 끝난 다음 두 사람의 나그네는 성안 가는 길에 올라섰다.
"이게 신작로라는 것이지요?"

"그렇지요-?"
 두 사람은 신작로가 무엇이 그다지 대견한지 한 발 두 발 무겁게 나가며 서로 앞길만 내려다보았다.
 수자는 엊저녁에 그 대답을 확실히 했다. 자기는 진국이가 그립다고 했다. 어깨 뒤의 양반에게서는 기다란 한숨이 흘러나옴을 수자는 들었다. 기호는 그때 수자의 손목을 으스러져라 하고 잡을 뻔했다. 그러나 그는 애걸하려 안 했다. 또한 나폴레옹과 같은 방식으로 그 여자의 궁전을 쳐들어갈까 하는 유혹도 가슴에 떠올랐었다. 그러나 그는 항복을 받아보려 하지 않았다. '나는 도야지가 아니요 개가 아니다. 사람이다! 도야지는 아니다….' 그래서 기호는 힘없이 고개를 숙였다.
 그때 수자는 자기로서도 자기의 제 욕심만 채우려는 형상은 확실히 볼 수가 있었다. '언제 내가 도장을 찍었다고 당신은 내게 와서 이러십니까.' 자기는 그와 같이 흉측한 사람이로구나 했다.
 '아까 입술이 와서 슬쩍 닿나 보다 했을 때 정말 닿지는 않았지만 닿은 것으로 인정해 주지 않았니?!'
 기호가 그와 같이 부르짖지 않는 대신 그 같은 공격은 자기 스스로의 가슴에서도 일어났다. 그러나 수자는 아니라고 떼를 쓰고 싶었다. 그래서 자기는 건넌방으로 건너가서 촌의 여자들과 윷을 놓는다고 킬킬대보았다. 새로 한 시가 넘어서야 기호 있는 방으로 건너왔다. 새벽이 되거든 잠자는 기호에게 몇 자의 편지나 적어놓고 성안으로 뛰어올까 하는 생각도 들었다. 그러나 그는 신사(紳士)다 하는 믿음이 두 눈을 제대로 감겨줄 수가 있었다.
 윗목에 기호는 포대기 한쪽과 외투 밑에 누워서 세시가 넘도록 잠을 이루지 못했다. 그때 기호는 일생에 최초요 또한 최후인 도적질을 한번 했다. 그것은 수자의 입술이다. 수자도 그것은 알았다. 그러나 모르는 체해 주었다. 그 후에 수자가 잠이 들고 기호도 잠이 들었다. 그리고 오늘이란 새날이 왔다.

"참 신문사는 어떻게 하세요…?"
두 사람은 묵묵히 걸어가다가 수자는 그같이 입을 열었다.
"쉬지요…. 하루쯤…."
'신문사의 출근부쯤은 동정해 주시는구려.'가 정당한 대답이다마는 그리할 기호는 아니었나 보다.
두 사람이 종로 사정목의 정류장에 도달하고 보니 해는 벌써 지고 전깃불이 들어온다.
"제가 내일 가겠습니다마는 먼저 만나시거든-."
"네." 하며 가로막아버리는 기호는 그 말의 전부를 듣기가 싫었다. 그래서 두 사람은 그 차에서 내려 하나는 동으로, 기호는 서편으로 가는 차를 탔다.
"또 뵈어요."
"네 안녕히…."
기호는 아까 마지막에 인사하던 두 마디를 입안에서 되풀이해 보며 여관 문을 들어섰다. 자기 방 창문을 부드득! 열면서 모자를 벗어 던지려니까 떨어지는 모자 밑에서는 종잇장이 아프다는 소리를 친다.
그것은 신문이다. 신문 위에는 벌거벗은 편지 한쪽이 놓여 있었다. 집에서 읽어보니 그것은 편집부장이 어서 좀 오라는 통지 이외에는 아무 말도 없었다. 그저 그런가 보다 하고 무심중 신문으로 바꿔 들다가 그는 크게 놀랐다. 그것은 신문이 아니라 어느 상점의 광고지 꼴이었다. 정작 기사는 두서넛밖에 못되고 전부가 광고뿐이었다. 이 짓은 신문사가 단두대 위에 섰을 때 하는 짓이다. 모가지가 뎅겅 달아날 때 하는 짓이다. 기호는 다시 한번 편지를 들고 보니 그 뜻을 알기가 오히려 겁(㤼)이었다.

41회, 1927.03.13.

정애는 올라오는 경부선 차 안에 앉아 있다. 창밖을 내다보니 뒤로 달아나는 검은 연기는 천 리 벌판을 한 줄로 거랴는[108] 듯이 끊일 새가 없었다.

'오- 달아나는 연기야, 나의 괴로움을 실어다가 바다에 풀어다고!'

정애는 한번 창에 박은 뺨을 떼 보려고도 않으며 천 리를 달려왔다. 차는 지금 노량진에 닿는다. 참으로 경부선은 길기도 하다.

〈그림 41〉 3.17.
정애 : 신일선

어제저녁에 정애는 그 사건이 무섭기도 했거니와 경찰이나 신문기자가 찾아오지나 않을까 하고 생각하니 일각이라도 더 머물기가 싫었다. 그래서 울던 것을 그치고 주인 없는 주머니에서 사 원의 돈을 꺼내어 자기의 오 원과 합하니 노비는 넉넉했다. 나는 갑니다 하고 적어놓으려다가 그것도 그만두고 허둥지둥 부산역으로 뛰어와 보니 차는 이미 떠난 지가 두 시간 전이었다. 그래서 할 수 없이 하룻밤을 여관에서 더 새고 이튿날 아홉 시를 기다려서 탄 것이 바로 이 차다.

정애는 모든 신경이 계(契)통 안에서 한번 휘둘려 나온 것 같았다. 도착하는 길로 경식에게 한 장 엽서쯤은 해주리라 하면서도 그 편지를 받아보고 올라오면 어찌하나 할 만치 무섭고 싫은 정도 생겼다. 그러나 또한 이대로 아무 말도 없이 끊어버릴 사이는 못 되는 것도 같다. 정애는 차에 오르며부터 그 근심에 헤매었다마는 서울이 가까워 올수록 그것이 엷어지는 것 같았다.

'이제는 서울이다….'

서울에 닿는대야 무엇이 시원할 바는 없겠지만 그 무서운 사건도 이제는 천 리 밖의 일로 되어버렸으니 그 같은 한숨이 안 나올 수가 없었다.

---

108 단행본에는 "끼랴는".

여러 사람에 몰켜서 개찰구를 나섰다. 먼저 눈에 띄는 것이 시가지의 전등들이다. 봄의 서울 밤이 그에게는 괴로이 보였다. 시원스럽고도 괴로운 바다다.

몸은 인력거꾼의 지휘대로 움직이면서도 두 눈은 꿈길을 쫓듯이 먼 곳을 보았다. 인력거꾼은 담요로 자기의 아래 몸을 싸주면서 어디로 가려느냐고 물었다.

"네?"

"어디로 가세요?"

"네. 입정정(笠井町)[109]요."

설명을 들을 대로 들은 인력거는 핑그를 돌아서 큰길에 올라선다.

정애가 지금 가는 곳은 자기 동무의 집이다. 이것은 어젯밤부터 예산해 놓은 것이니 지금의 자기로서는 오빠나 어머니에게로 행키는 어려운 일이었다. 우선 나직종에는 어떻게 되든지 친한 동무의 집을 찾아서 며칠간 유하는 수밖에 없다 했다. 그리하면서 앞일을 생각하리라 했으나 그것도 재학 중인 학생에게는 얼굴도 보이기가 싫은 생각이 들었다. 그래서 입정정의 '숙경'이에게 가리라고 정했으니 숙경이는 지난봄에 퇴학한, 한 반에서 친하던 사이다. 그는 코가 크고 키가 높으며 목소리는 굵었다. 어느 때는 운동장 한복판에서 자기의 허리를 껴안으며 "오- 연인!" 하고 부르는 숙경이는 자기를 몹시도 좋아하던 동무다. 정애는 그를 좋아하는 동무라고는 할 수 없었으나 그래도 그 "오- 연인!"이란 생각이 나서 그가 퇴학한 후에 한 번 찾아가 본 일도 있었다.

그것은 지난 가을 어느 일요일 오후다. 정애는 동무와 함께 그가 내놓는 점심 대접을 받고 있을 때 그는 은행에 다니는 미남자 연인이 생겼다는 보고와 자기의 요사이 생활은 어떻다는 설명을 퍽도 화려히 늘어놓고 있었다. 정애는 지금 그때의 그 얼굴을 그려보며 이상한 사정으로 며칠의

---

109 현 중구 입정동의 일제 강점기 명칭.

유숙을 청하러 가는 자기의 첫인사를 연습해 보았다.

"여기가 예배당 앞인데요." 하는 머무르며[110] 인력거꾼은 그같이 보고를 했다. 그 집은 바로 골목 안 예배당 옆집이니 더듬어 볼 여지도 없었다.

"응 여기에요. 내려요."

인력거값을 주면서 지갑 안을 들여다보니 남은 돈은 칠팔십 전밖에 없는 듯했다. 그 지갑 안에도 달빛은 비추었다. 트렁크를 받아 들고 닫힌 대문을 밀어서 열려니까 '삐걱' 소리가 남의 집이라는 느낌을 새삼스레 돋워주었다. 그러나 정애는 억지로라도 화려한 얼굴을 만들려 했다.

42회, 1927.03.17.

"언니-!"

캄캄한 중문간을 넘어서면서 안마루를 향해 호소했다.

"누-구?" 하고 응해주는 곳은 왼편에 있는 건넌방이다. 창에 비치는 검은 그림자는 꿈틀하더니 창문을 연다. 전등불이 뒤통수를 비춰서 얼굴은 어두웠으나 큰 코는 변함이 없음을 볼 수가 있었다.

"누구야?"

"나야 언니."

어두운 마당 안에 홀로 트렁크를 들고 서 있는 자기 자신의 형상이 눈앞에 핑그를 돌아서 꺼진다.

"나야 정애!"

"오- 너 이 계집애! 너 이게 웬일이냐."

반갑다는 음성이 파도 위에 날아가는 물새의 춤과 같았다. 숙경이는 마루로 뛰어나오고 자기는 그곳을 향해 올라갔다. 더운 손이 찬 손을 잡

---

110 원문 그대로임.

앉다.

"웬일이냐 글쎄—. 얼마 만이냐."

"언니가 보고 싶어 왔지."

"그래야 쓰지. 어쩐 말이야."

이것은 서울의 불량패들이 쓰는 사투리인 줄을 모르는 정애는 무슨 감탄사의 굴곡이 이 모양으로 이상한가 했다. 그는 예전 버릇대로 자기를 껴안더니 어깨너머로 넘긴 손이 자기의 등을 툭툭 쳐준다. 대견하다는 표현이다.

〈그림 42〉 3.19.
숙경: 최성애

"이건 또 웬 트렁크냐." 숙경이는 문고리를 잡다가 그같이 묻는다.

"아냐. 어디 좀 갔다 와."

"들어가자."

방 안에는 어느 청년 하나가 앉아 있다. 학생 비슷도 하고 학생을 다 마친 신사 비슷도 해 보이는데 턱이 빠른 얼굴이 조금 냉정한 듯한 인상이다마는 나쁜 얼굴은 아니다.

"자아 괜찮다. 들어오너라."

숙경이는 어름대는[111] 자기를 그같이 장려했다.

"내 동무야."

그리고 그같이 설명해서 손님에게 전했다. 앉은 품이 손님은 분명하다. 두 사람도 앉았다.

"그래 어디서 오니. 집에 갔다 오는구나."

"아니."

"그럼?"

"나중 이야기할게."

---

111 어름대다: ① 말이나 행동을 똑똑하게 분명히 하지 못하고 우물쭈물하다. ② 일을 대충 적당히 하고 눈을 속여 넘기다.

방 안의 장치를 쳐다보았다. 벌거벗은 서양 여편네가 모자로 턱을 가리며 빵긋 웃는 그림이 체경 위에 붙어있다.

"무엇 했소. 언니."

"나?-나 요새 배우 노릇 한단다."

"배우?"

인제 알고 보니 저 그림도 서양의 배우인 것이 확실했다. 숙경이는 지난겨울부터 ××회의 무대극 배우로 취직한 것을 정애는 몰랐던 것이다.

"그럼 나 먼저 갈까."

웅크리고 앉았던 젊은 사나이는 자기의 거리낌을 동정하는 듯이 말했다.

"아냐. 가만있어."

숙경이는 젊은이의 의사를 막아놓고는 자기편을 향해 묻는다.

"너 참 구경 가자. 그리고 자고 가!"

"구경?"

"조선극장야."

"글쎄 갈까?"

"참 여보." 하는 숙경이는 무엇을 생각했는지 젊은이를 그같이 바라보며 머뭇거리더니 "안방에 좀 가 계세요. 나 옷 좀 갈아입게." 하며 청년을 쫓는다.

"그러지…."

그는 굼뜨게 일어서더니 방문을 열고 나간다.

"언니 혼자요?"

"아니 안방에 어머니."

"이 방은?"

"나지, 독신야." 하는 숙경이는 무엇에 정신이 팔렸는지 아무렇게나 대답을 던지며 일어서서 의걸이장의 서랍을 끌어당긴다.

"어디 갔나?…"

무엇인지 부스럭대고 찾더니 머리에 꽂을 넓은 '간사시'[112]와 양말 하나를 꺼내놓는다.

"자아 이것 신자." 그것은 비단 양말이다.

"왜 촌것처럼 차리고… 그 모양이냐. 자아."

정애는 자기의 양말을 내려다보았다. 그것은 참으로 이 방의 경치와 조화되지 않음이 확실했다.

"자아 얼른 신자−. 참 배고프겠구나. 가서 사주지."

그는 운동회의 준비위원과 같이 보챈다. 정애는 다만 힘없이 웃을 뿐이었다. 그의 면목을 위해서도 사양할 수는 없었다.

"여기 끼워 신지? 언니."

43회, 1927.03.19.

윗목에 웅크리고 앉은 기영이는 잡지 안의 그림장을 뒤적거리며 때때로 아랫목 편을 엿보고 있다. 형의 누워있는 동정은 자기의 책장 뒤집는 소리도 미안하리만치 고요히 천장만 쳐다보고 있다. 아침상이 나간 지도 이미 반 시간이나 넘었으니 이제는 뛰어가야 옳을 텐데 어째서 출근을 안 하고 누워만 있는지 물어야 대답할 사정도 아닌듯해서 자기 역 가만히 있는 터다.

〈그림 43〉 3.20.
기영 : 김성운

이것이 오늘 처음이 아니라 어제와 그저께도 이 비슷했었다. 왜 안 가느냐고 물어보았으나 시원스레 대답치를 않았다. 그 대신이라는 듯이, "너 과자 먹고 싶지 않으냐?" 하며 형은 당

---

112 かんざし[簪]. 비녀.

치도 않은 질문을 했다. 그것은 어저께 점심때의 일이다. 자기는 싫다고 했으나 형은 들은 체 만 체하면서 지갑을 꺼냈다.

"나도 먹을 테니 사 오너라."

삼십 전을 꺼내주는데 지갑 안을 들여다보니 돈이라고는 그뿐이었다. 자기는 형의 그 음성이 지금 다시 되풀이해도 어쩐지 슬펐다. 형은 지금 어머니 생각을 하는 셈인지, 애달픈 사랑을 꿈꾸며 있는지, 신문사에 무슨 좋지 못한 일이 일어났는지 좌우간 그중의 하나인 것 같으나 자세히는 알 수 없는 일이다. 이렇게 앉아 있으니 자기 역시 동물원 안의 코끼리와 같이 갑갑해진다. 그리고 자기에게는 오늘도 어제와 같은 볼일이 있다.

"어디 가니?"

일어서는 자기를 보며 형은 오래간만에 입을 열었다. 그러나 직업을 구하러 다닌다고 바른말을 할 수는 없었다.

"동무 집에 좀 가요."

"응…."

기영이는 창문 밖에 나서면서 가만히 중얼거리고 싶었다.

'언니! 언니가 나의 대답을 응! 으로 그만둘 사람 아닌 것을 알고 있으니 내 마음이 더 안되었구려.'

길에 나서니 봄은 사방팔방에 깔렸다. '솥때려' 장사의 쇠망치 소리에도 따뜻한 봄의 넋이 숨어있다. 느짓느짓 넘어가는 구루마 바퀴도 꿀보벌[113]과 같이 땅에서 떨어지기를 슬퍼하며 굴렀다. 기영이의 피부 안에서도 새빨간 세포들이 두 팔을 들면서 만세!를 부른다마는 그것을 돌보고 있을 수 없는 지금의 기영이는 풀이 없다. 풀이 없이도 걸어간다.

기영이는 개성서 다시 올라와 가지고 여관에서 졸리는 형을 볼 때 자기는 이같이 직업을 구하리라고 결정하게 된 것이다. 어린 마음에 또다시는 학교생활을 못 하는구나 하고 생각한다면 한 팔을 칼에 잘려 버리느니만

---

113 원문 그대로임.

치 쓰릴 것이다마는 그래도 그렇지 않은 것이 또한 어린이의 마음이다. 그것은 운명 앞에 굴복을 하거나 다시는 책과 인연을 끊어도 좋다는 것이 아니라 더한층 자기를 강하게 보며 모험을 꿈꾸는 곳에 그들의 생활이 있다.

'나는 어떤 직업에 붙든지 독서할 수가 있으며 훌륭히 될 수가 있다. 노서아의 고리키와 같이….'

그래서 자기는 벌써 세 번째 시내를 돌았다마는 자기의 뜻함과 같이 인쇄소 교정부의 조수니 잡지사의 급사의 자리가 자기를 기다리지는 않았다. 월급은 밥만 먹으면 좋다고 생각하는 터인데도 그런 자리는 조선 시가나 일본 시가지를 통틀어도 없었다. 어제는 남대문 밖 직업 소개소를 갔더니 그곳에서 외치는 소리는 모두가 자기의 복음(福音)은 아니었다.

"입에 맞는 떡은 어려워! 네 열심에 달렸지. 하필 잡지사가 아니면 공부가 안되나?"

변소에 가는 사무원을 잡고 물었더니 그는 그런 철학을 남겨놓고 나가버렸다. 그길로 기영이는 소개소를 나와서 지금까지 여러 방면으로 공상의 마차를 파견시켜 봤다만 결국은 "입에 맞는 떡은 어려워."가 정말이었다.

'實習生採用(실습생 채용)!'

이런 글자가 사흘째 헤매는 기영이의 옷자락을 잡아당긴다. 그는 발을 멈추며 그편을 향하니 이곳은 양복점이다. 실습생이면 이것은 일종의 학생 비슷한 것이다. 개성 자기 동리 '학선'이란 보통학교 출신이 일금 일백오십 원을 가지고 서울 가서 월사금을 내면서 양복 견습을 한다더니 넉 달 만에 아무것도 아니라는 훈장을 차고 돌아온 것을 기영이는 알고 있다.

"무어요?" 하며 주인이 묻는다.

"아니에요…."

기영이는 다시 돌아서서 걸어간다. 걸어가려다가 멈칫 섰다. 그런 글자가 또다시 자기를 잡은 까닭이다. 이곳에는 일본인의 국숫집과 쇠고기 장사가 함께 붙어있는데 한집인 모양이다. 유리창 안에는 쇠고기 뭉치가 주황색 양복을 입고 데룽 매달려 있다. 그 유리창에 써 붙인 것이 '조선인 아동 임용!'이란 흰 종이다. 그것을 일본말로 부르자면 '조센징 뉴-요-' 라 한다.

44회, 1927.03.20.

종로 뒷골목을 들어서서 꼬불탕 휘어지자면 ××관이라고 이마에 금글자를 박은 요리점이 있다. 그곳에는 장판방도 있으려니와 다다미방까지 있고 흙발 그대로 들어가는 방도 있으니 따라서 오는 손님도 가지각색이다. 남작도 있으며 배우도 있고 기자도 있으며 직공도 들어간다. 한 그릇만 먹고 일어서도 무관이요, 대연회를 벌여도 꼼짝 안 할 홀도 있다는 것이 그 집 광고문이다. 그러므로 밤이면 장판방에서는 기생들이 찢어지는 듯

〈그림 44〉 3.23.
기호 : 이소연

한 '에라노와라'와 오줌싸개 술주정꾼의 '보이! 얘 보이야!' 소리가 시골 여름 개구리 끓듯이 한다.

이 밤도 벌써 열한 시는 넘었을는지 망족(亡族)을 자랑하는 이곳 팔 호실 안에는 장판 위에다가 '마사무네'[114]를 질질 흘리고 있는 손 하나가 있으니, 이 손은 어제고 그제고 십사 자 오행[115] 원고지에다가 사회니 인생

---

114 まさむね. 정종(正宗. 일본 청주의 한 가지).
115 14자(字) 5행(行) 원고지 단위. 단행본에는 "40자 5행"이라 되어 있다.

이니 우리 조선이니 하고 써 내려가던 손이다.

"그, 그, 그만!… 나 취했지?! 하 하!"

받는 사람은 기호요, 부어주는 사람은 그의 친구다. 친구라 해야 한 번도 찾아가 보지 않던, 동경 때 서로 인사나 교환하던 사람이다. 그는 돈이 있고 풍풍하다. 자기 아버지가 자작이어서 불명예라고 고민하는 표정을 하다가도 "그러나 우리 아버지는 한번 퇴하기까지 했다."고 명예로운 표정으로 변해버리는 청년이다. 친구 사정에 한 푼은 아껴도 사오십 원의 술은 낼 수 있다는 처세법으로 지내는 사람이다. 혹시 누구든지 끌려서 들어가면 왝! 왝! 하고 먹은 것을 도로 돌려놓아야 내놓아 준다는 청년인데 오늘은 기호가 걸렸다.

"자아 받자구!" 잔을 내주는 기호의 팔은 낚싯대와 같이 출렁거렸다. 그의 전신의 혈맥은 춤추다 못해 이미 지쳤다. 채찍 밑에서 연습을 거듭하던 곡마단의 견습생 모양으로 짜증을 낼 지경이다. 그의 피는 워낙 두어 잔만 먹어도 사나운 바다와 같아지는 게 이 밤에는 그 정도를 잊었다.

"받-아!"

"응-?"

"차례야!"

"내 차례?" 하며 음탕한 왕녀와 같이 누웠던 친구는 벌떡 일어났다. "과한걸… 이놈이 이렇게 먹고… 견디나?"

심 봉사가 심청이를 찾는 표정을 하다가 손에 든 술잔은 떨어뜨렸다. "내가 이만친데… 당 당신이야….", 하면서 솔개미가 고기를 채듯이 술병을 낚아챘다. 병 아가리는 똥물을 토하며 대굴대굴 굴렀다.

"허! 허!"

그가 이다지 취함은 물론 무의식이 아니라 약간의 고의도 있었다. 설명함이 어리석을 만치 기호의 요즈음은 괴롭다. 일을 지내놓고 생각하니 수자와 자기와는 응당 갈라질 운명에 있었던 것이다. 그러나 그다지도 악착스럽게 떼어놓는 그 손은 어느 놈의 마수(魔手)냐 하고 부르짖고 싶을 만치 애달팠다. 그 불행은 자기의 가슴이 무너지는 것 같았고 누이에 대한 소식 없음은 자기 가슴이 짐승의 이빨에 물어 뜯기느니만치 분하고 아팠다. 더구나 망해가는 신문사는 걷잡을 새가 없으니 밑지는 장사라 결국은 이 모양일 것이 정한 이치가 아니냐 하면서도 살아있는 놈과 같이 뛰놀던 윤전기가 제시간마다 돌지 못하는 것을 볼 때는 실업 후의 생활상 공포니 뭐니 보다도 형용키 어려운 슬픔이 복받쳤다.

오늘도 간신히 저녁 아홉 시나 되어 상점의 광고와 같은 것을 편집해서 아직 살아있다는 소식을 시내에만 돌렸다. 팔만 원이나 없앤 이사 ××는 이제는 할 수 없다고 나가버렸다. 그 소식을 안 그날부터 직공실의 공기는 거무락푸르락이다. 그 같은 빛을 안 내려고 노력하던 기호에게도 술이 들어가면야 참을 수만도 없는 일이다.

"일 년 이 년씩 신문값을 안 보내는 전선의 동무야, 지국(支局)의 불개미들아, 대답해라. 먹을 것이 없었더라고… 아니… 대답도 무소용… 대답도 무소용…."

중얼거리던 기호는 덜커덕 누워버렸다. 스물여섯 살을 먹은 바른편 주먹이 쾅! 하고 장판을 때려 울렸다. 기호도 실없이 젊은 모양이다. 입은 풀무와 같이 "씩- 푸-! 퓨." 소리를 냈다.

이같이 신문기자의 슬픔을 담은 팔 호실의 아래, 아랫방에서는 웃음이 흘러나왔다. 그들은 연극하는 사람이요 그중에는 배우 아닌 정애도 끼어 있다.

45회, 1927.03.23.

정애가 이곳에 온 것은 물론 숙경 언니가 데리고 온 것이다. 주석에는 전날 숙경의 방에 앉았던 금단추가 차지를 하고 두 명의 남배우도 끝 번호를 부르는 병정과 같이 그 자리에 참석해 있다. 모두가 다섯 명이요,

지금 떠들고 있는 이야기는 두 갈래로 갈려있다. 남배우와 남배우는 서로 마주 보며 전날 시골에 순회 가서 밥 굶던 이야기를 하며 숙경이와 금단추는 봄 든 동물원을 그리고 있다.

"오늘은 팔만 명이래, 전차 탄 사람이."

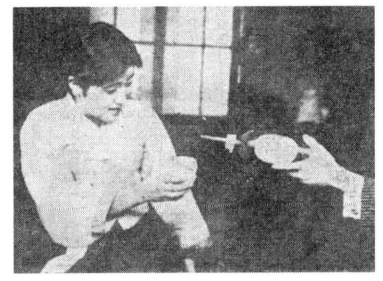

〈그림 45〉 3.24.
정애 : 신일선

"한번 갈까요."

"어제인가 사꾸라는-."

"사꾸라?"

옆의 남배우도 그 줄기에 녹아들었다. 이야기는 네 사람이 한 뭉치로 되어서 데굴데굴 구르며 있다.

정애는 듣고만 있을 뿐이라 강단 위의 경부와 같이 눈만 반짝거렸다. 정애는 입을 안 떼느니 만치 이런 공기에는 아직 덜 젖어있다. 그러나 눈을 반짝거리며 흥미 있어 여기느니만치 물들어 감은 사실이다. 그는 벌써 이런 사람들과 접촉해 옴이 일주일이나 되었다. 그간에 편지 한 장 쓴 적도 없다. 매일 놀았다.

숙경 언니의 '좋은 곳에 소개하마.'는 소리를 믿으며 얼마 안 있다가 사무원 같은 것이 될 자기의 형상을 그려보았다. 신세를 지고 있는 이의 약점으로 정애도 숙경 언니의 말을 따라서 일거일동을 해왔다. 놀러 가자면 놀러 갔다. 그만 자자면 이불을 폈다. 구경 가자면 구경을 갔다. 어느 사람이고 노는 것이 싫지는 않다. 정애도 그러했다마는 가끔 눈살을 찌푸릴 풍속도 보았다. 그러나 그저 그러려니 하고 넘겼다. 오늘 밤을 합해 극장에 간 것이 벌써 여섯 번이다. 어두운 무대 뒤에 가만히 서서 숙경 언니의 하는 양을 엿들었다. 울고 웃고 춤추고 별의별 짓을 모두 하는 무대 뒤에 가만히 섰었다.

어젯밤에는 숙경 언니의 노래를 부축하느라고 "내-고향을 이-별하고-"

하면서 그 노래 뒤에 면주안을[116] 받쳐주었다.

"잘한다!"

"잘 깐다!"

"익?!"

손님의 갈채는 숙경 언니에게로만 갔다. 뒤에서 면주안을 받쳐주는 자기는 몰랐었다. 그러나 역시 매일 밤 무대 뒤를 오락가락하는 금단추는 정애의 노력을 모를 리가 없다. 그러므로 이렇게 한몫 껴서 턱을 받은 것이 그다지 무리한 일은 아니라 해도 말이 된다.

"여 보-이!"

이야기가 한 토막의 낙착[117]이 나니 금단추는 손뼉을 치며 잊었던 귀신을 부르듯 했다.

"네…."

세련된 하인 놈의 대답은 마당 한복판의 연못을 슬쩍 건드리더니 꼬리를 치면서 별나라로 올라간다.

"비-루.[118]"

"이건 무얼 해."

남배우 하나는 시비를 걸고 싶어 죽겠는 듯이 곁가리로 덤볐다.

"비루입쇼?!"

"그래!"

얼마 안 되어 창문을 열고 들어오는 보이는 '팡!' 하고 마개를 떼었다. 정하지 못한 엄지손가락은 분수의 아가리를 눌렀다.

"그건 무어야, 더럽게."

"좋아 좋아."

"용서합쇼."

---

116 원문 그대로임.
117 낙착(落着). 일의 결말이 남.
118 ビール. Beer. 맥주.

개봉한 비루 병을 금단추가 맡아 들었다.

"자아 한잔-."

정애의 몸은 붕어 꼬리와 같이 놀랐다. 아까도 사양한 적이 있는데 이 사나이는 잊은 체하는 모양이다.

"받아라, 하나만…."

"아유 언니도."

"자아 요것만."

그 사나이는 약제사와 같은 동작을 했다.

"못 먹습니다."

"무얼 그러세요." 하며 남배우의 하나가 사람을 죽인다.

"자아 요것만."

"아냐요, 못…."

"마시렴, 어서…."

"아이 언니도…."

"그럼 자 이것은 쏟아버리고- 자 아주 성명만 부어 드리지요."

금단추에게 합당할 만한 맛있는 소리를 하며 권한다.

드디어 정애가 그 곱부[119]를 받아들 때 가슴 안에서 무엇인지 덜커덩하는 것 같았다. 입술이 곱부를 물 때 그 맛은 썼다. 그러나 시원한 사람에게는 시원할 것 같았다.

"여봐 보이!" 지나가는 보이를 금단추가 불렀다.

"네?" 창문을 연다.

"사이다 두어 병만 가져와."

"이 방에 술 못 자시는 분이 계시니 말야…." 쑥스러운 설명을 첨부하는 사나이는 아까의 그 배우다.

"막- 떨어져서 지금 전화를 걸었습니다."

---

119 コップ. 컵(cup).

"무어? 사이다가 없어."
"떨어졌어요. 자전거니까 곧 옵니다."

지금 자전거는 남대문 통을 다라온다. 매일 이 짓인 배달자의 두 다리는 기관차의 쇠방망이가 아니니 아플 것이다. 그것이 기영이니 내가 그같이 말하는 것이다.

46회, 1927.03.24.

기영이는 요새 정육상(精肉商)에서 먹고 있다. 유망하면 얼마 후에 사무를 보게 하마는 약조로 들어갔는데 주인이 말한 유망이란 언제 올는지 매일 쇠고기와 국수 배달만 시킨다. 주인은 욕심꾸러기가 되어서 뒤로는 식료품 장사도 하므로 앞뒤로 정문이요 큰 장사를 셋씩 벌인 부자다.

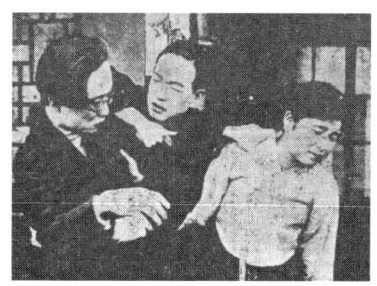

〈그림 46〉 3.25.

"지로!"

주인은 기영이의 이름을 그같이 부르기로 했다.

"하잇?!"

"××관 이송아시이[120] 말이 했소. 빨리빨리!"

쇠고기를 담아 들고 자전거를 끌어당기려니까 주인은 사이다도 가져가라 했다. 그래서 기영이는 두 가지 배달을 합해 가지고 이 ××관에 다다랐다. 대문 앞에 자전거를 내던지고 요리점 부엌으로 들어섰다. 물건은 항상 주는 머슴에게 주고 통장은 개구멍 같은 사무실 문으로 들이밀었다.

---

120 いそがしい[忙しい]. 바쁘다. 겨를이 없다.

요리점 주인이 통장을 주무르고 있는 사이 기영이의 눈은 꿈꾸듯 맞은편을 보았다. 맞은편 쪽마루로 처녀 하나가 걸어간다. 얼굴이 붉었으니 아마 기생집 동기[121]로구나 하려는데 치마와 저고리는 그렇지도 않았다. 철로 철둑 위를 걸어가듯이 쪽마루를 타고 저 변소 편으로 들어간다.
　그러자 처녀가 나오던 옆에 방인지 어디서 신사 한 분이 나타나는데 술이 잠뿍[122] 취한 모양이다. 기둥에 몸을 싣더니 "푸-" 한다. 그것이 형님이다. 기영이는 놀랄 일이 아닌데 놀랐다. '언니!' 하고 뛰어가려다가 생각하니 자기의 입은 옷은 일본 옷이요, 요사이는 동무 집에 잘 있다고 거짓말해 둔 형님 앞에 아무 예비도 없이 달려들 수는 없었다. 무어라 대답할 것을 예비해야 한다.
　그러자 뒷간에 갔던 처녀가 다시 나온다. 아까 반쪽 얼굴만 무심히 볼 때는 동기이던 처녀가 지금은 자기의 누이다. 누이는 고개를 숙이고 오빠 앞을 무심히 지난다.
　'오- 서로 무심히 지나라!'
　옆을 흘깃 보던 형님은 몸을 스르를 돌리더니 "몇 살?" 하면서 지나가려는 누나의 어깨를 잡는다. 누이는 주정꾼이 무서워서 어깨를 움츠리는데 형님은 비틀대며 기어이 잡으려 한다.
　"몇 살? 귀여워 그래-."
　기영이는 참을 수가 없었다. 형님은 확실히 기생의 견습생으로 아신 모양이다. 기영이는 형의 팔목을 잡았다.
　"언니!"
　누이도 그때야 뛰어온 자기의 얼굴을 봤다.
　"누나 가! 저리 가!" 기영이는 그같이 부르짖으려니까 눈물이 앞서 나왔다. 누나는 말을 못하고 입만 벙긋거렸다.

121　동기(童妓). 어린 기생.
122　'잔뜩', '가득'의 방언.

"가, 누나 저리."
"무어 누나? 당신 누이?"
형님의 손은 자기의 등을 쳐준다. 인생이 모두 귀엽다는 표현인 듯했다.
"언니 나야!"
등 뒤에서는 뛰어 달아나는 누나의 버선발 소리가 들렸다.
"언니 기영이…."
기영이는 형의 몸을 흔들었다. 형은 자기의 이마를 이편 이마에다가 부딪치려는 듯이 들여다보더니 눈을 스르르 감는다. 이편이 누구인지를 안 듯도 하고 알 수 없다는 듯도 했다.
"언니 나야…."
"안다. 내 안다."
형은 몸을 기둥에 다가서려고 들더니 그만 주저앉아 버린다. 힘이 부족한 기영이는 어찌할 수 없었다.
"언니 방으로 들어가."
"어머니한테 편지해…. 너는 가끔 어머니한테 편지해…. 나는 불효란다."
총 맞은 군사의 유언과 같이 형은 중얼거렸다.
누구인지 자기의 옆구리를 쿡쿡 지르기에 기영이는 쳐다보았다. 보이가 종이쪽지 하나를 슬그머니 내주더니 아무 말 없이 돌아서 간다. 눈물이 눈에 어려 무엇을 쓴 것인지 억지로야 읽을 수가 있었다.
"기영이 보라. 나는 간다. 내일 밤 ××극장 무대 뒤에서 만나기를-. 용서하라. 누이."

47회, 1927.03.25.

기영이는 상점 주인에게 어디 좀 들렀다가 늦게 가리라는 전화를 걸어놓고 형을 인력거 위에 실어놓았다. 형은 인력거를 타더니 떼를 부리려는

지 몸을 땅으로 떨어뜨리려고도 하며 어린애 굴 듯했다.

"가만있어!" 사무실 안에 있는 형의 친구는 맨발로 뛰어나온다.

"사람이 이서 어째 이래." 자기 역시 비틀대면서 형의 입에 은단[123]을 수없이 넣어준다.

"잘 모시게."

⟨그림 47⟩ 3.26.
기호 : 이소연, 기영 : 김성운

그래서 기영이는 인력거의 뒤를 따라 큰길로 나섰다. 어린 가슴은 상여 뒤나 따르는 듯이 무서움과 슬픔이 있었다. 자기는 일본 옷을 입고서 제 정신을 잃은 형의 뒤를 쫓는 광경이 스스로 생각해도 가련한 일이었다.

봄밤의 거리는 미지근하나마 모두가 한 색채에 그윽이 흐르고 있는데 자기의 형제만 춤을 잃은 병신과 같았다. 여관 앞에 다다르니 취한 사람은 무겁기도 했다. 인력거꾼과 합력을 하느라고 떠들썩했더니 주인 마누라님은 무슨 큰일이나 난 듯이 뛰어나왔다.

"식비는 낼 게 없어도 매일 장취[124] 시로군…."

형의 몸을 간신히 방 안에 들여놓으려니 주인 마누라는 그같이 중얼대며 제 방으로 들어간다.

기영이는 두 시 세 시가 넘어서도록 잠을 이뤄볼 수가 없었다. 엎치락 제치락하는 형의 몸은 불덩이 같은 빛이 사라지더니 인제는 늙은 누에와 같이 얼굴빛이 노래진다. 기영이는 겁이 났다마는 그래도 가끔 누런 물을 흘리는 것을 볼 때 적이 안심도 되었다. 그것은 조금도 틀림없는 '마사무네' 그대로가 장마에 천장 새듯이 흘러나온다. 벌써 세 권째나 낡은 잡지를 뜯어서 형의 턱밑에 받쳤다. 그러나 방 안이 닭의 장 바닥과 같아진

---

123 은단(銀丹): 향기로운 맛과 시원한 느낌이 나는 작은 알약. 입안을 시원하게 하려고 할 때, 멀미를 할 때, 체하였을 때, 가슴이 쓰리거나 배가 아플 때 먹는다.
124 장취(長醉): 술에 늘 취해 있음.

것은 벌-써 예전이다. 웍! 하고 아직도 살아있다는 듯이 목이 꿈틀댈 때면 기영이는 벼락같이 덤벼서 이마를 짚어보며 종이를 받쳤다. 눈물이 그럴 때마다 한 번씩 북솟음했다.[125]

형의 호흡소리가 조금 시원스러워지는 것을 보고 기영이는 마음을 놓았더니 잠이 들어버렸다. 그래서 서로 뺨을 박고 쓰러진 두 몸 형제 위에 새벽이 지나 아침이 오고 그것이 더 자라서 붉던 햇발도 이제는 나이 찬 아가씨의 얼굴빛같이 환하게 피어버렸다.

먼저 깬 기호는 아우의 고단함을 더 풀어주려 했는데 부엌을 향해 먹을 물 달라는 소리가 잠든 아우의 귀를 지나쳐 흔든 모양이다.

"언-니…."

기영이는 손을 내저으며 잠꼬대를 하고 있다. 기호의 눈자위는 갑자기 뜨거웠다. 기영이는 저절로 일어난다.

"왜 더 자렴…."

"응?"

눈을 비비며 벌떡 일어난다. 기영이는 덜 깬 정신에도 형이 일본 옷 입은 것을 볼까 하여 겁이 났다. 자기는 어젯밤에 중문간 절구 뒤에 이미 감춰놓은 것을 잊었던 것이다.

일순간 형제가 마주 보았다만 서로 시선을 사양하고 싶었다. 형은 아우에게 대해 죄가 있고 아우는 형에 대한 미안이 숨어있는 서름[126]이다.

"언제 왔니. 어젯밤에 왔니?"

"…네…."

주인 마누라님이 물그릇을 들고 와서 창문을 연다.

"온 어젯밤에 그게 무어세요. 아우님하고 인력거꾼하고 낑낑 매고…."

기영이는 주인 마누라의 얼굴이 '후도뽈[127]'이라 했으면 좋을 것같이 공

---

125 원문 그대로임.
126 '서로'의 방언.
127 フットボール[풋볼(축구)]로 추측된다.

연히 미웠다. 형은 다시 빙긋 웃었다. 그리고 "네…." 해버릴 뿐이었다.

주인 마누라는 물러갔다.

"참 동무 집이 있다니 어디냐?…." 하고 형은 물그릇을 놓더니 그같이 물었다. 기영이는 이왕 한번 거짓말해 놓은 길이면서도 얼른 대답하기가 어려우니 이상했다. 눈앞에서는 고기 써는 칼을 들고 으르딱딱거리는 주인의 환상이 어른거렸다. 그래서 기영이는 슬피 울었다. 그러나 머리를 숙여서 자기의 우는 양을 안 보였다.

"학교서… 개성 학교서 형제처럼 지내던 학생이 있어요…."

형은 아무 말도 안 했다. 입맛을 다시더니 또다시 물었다.

"누나 소식 들었니?"

기영이는 눈물이 더 많이 쏟아졌다. 입안에서 '몰라요.' 해보았다만 그 소리는 엉겨버릴 뿐이요 나오지는 않는다.

"울긴 왜 울어. 못난 것…."

꾸지람하는 형의 음성에도 눈물은 젖었다. 확실히 그러했다. 그들은 잠시간 말이 없었다. 부엌의 도마소리도 이제는 그쳤다.

48회, 1927.03.26.

××극장 무대 위에서는 지금 〈사랑과 죽음〉이란 연극을 한다고 우거지 같은 목소리를 늘어놓고들 있다. 충분한 자양품을 먹지 못한 배우들이 발도 내밀며 손도 들어본다. "오- 사랑하는 ××××여" 하며 면소 사무원의 일본 말 같은 영어를 토한다. 관객들은 위생소 통계 보고를 듣고 있는 얼굴이다. 남배우 한 분이 실수를 해서 껴안는 동작에 여배우의 응뎅이[128]를 더듬었다. 극장이 깨어지도록 관객은 좋다고 웃었다.

---

128 '엉덩이'의 방언.

무대 뒤 어두컴컴한 한구석에는 누이를 찾아온 기영이의 남매가 서 있다. 기영이는 벌써 한바탕 울고 난 판이다. 누이의 장래를 생각할 때 어린 가슴은 찢어지느니만 같지 못하게 아팠던 것이다. 우두커니 섰던 기영이는 또다시 주먹으로 눈물을 씻는다. 그리고 잊었던 것을

〈그림 48〉 3.27.
정애 : 신일선,
남우(男優) : 권중진(權重鎭)

찾은 듯이 부르짖었다. "언니더러는 어디 있는지 모른다고 그랬어! 언니가 알면 어떻게 해!"

정애는 대답 대신 한숨을 쉬었다. 할 말이 없었던 것이다.

연극은 점점 가경으로 들어가는지 뒤에서 바이올린의 책임을 맡은 사나이가 어린아이 숨바꼭질 모양으로 어둠 안을 기어 오더니 우뚝 서서 세레나데를 켠다. 연한 물결은 자랑스레 퍼진다.

"연극이 무어야. 연극장이 무어야…. 우리 집이 모두 망하면 어떻게 해…."

기영이는 눈앞에 무슨 참혹한 광경을 봤는지 흑흑 느꼈다.

"누가 글쎄 연극 한대나. 왜 이래. 울지 말아." 정애는 아우의 팔목을 잡고 어설프게 흔들었다. "울지 말아요."

그러나 기영이는 더한층 느꼈다.

"우리 집이 모두 망하면 어떻게 해…."

"글쎄 누가 연극 한대나. 왜 이래… 아직 오빠 뵐 낯이 없으니까 며칠만 남의 집에 있으면서 취직을 하거든 가볼 터라도… 자꾸 울면…." 하려니까 자기 역시 눈자위가 뜨거웠다.

"취직만 하면 뭘 해. 정신이 좋아야지! 공부를 해야지!"

"취직하면 독서할 테야."

"언니가 뭐랬어. 그전부터 언니가 뭐랬어…."

"그리게 취직하면 독서할 테야." 정애는 울지 말란 뜻으로 애원을 했다. 빌다시피 해서 동생의 마음을 가라앉히기에 그 후 삼십 분이나 걸렸다.

"그럼 잘 가…." 하며 어두컴컴한 곳을 빠져나가는 아우의 등을 향해 안타까이 축복을 했다. 돌아서면 인사 대답을 해야 옳은 아우는 의외의 소리를 한다.

"그럼 나 구경 좀 하다가 갈 테야…."

그래서 아우는 지금 관객석 중에 파묻혀 앉았다.

배경과 배경의 벌어진 사이로 아우의 무사한 얼굴을 바라보던 정애는 두어 걸음 뒷걸음질 쳐서 몸을 벽에다 실었다. 고요히 세레나데는 끝을 맺는다. 컴컴한 천장에 웃으며 손뼉 치는 아우의 얼굴이 그려졌다. 정애는 가슴이 쓰려서 눈물을 쏟았다.

갓난애 오줌 모양으로 벨이 울린다. 막이 내려오며 장내는 밝아졌다.

정애는 얼른 눈물을 씻어버렸다. 분을 켜켜이 바른 숙경 언니가 토깡이[129] 걸음으로 달려든다.

"어때 성공?"

긔의[130] 잘한 것을 칭찬 좀 해달라는 말이다.

"좋아요. 아주 비극!"

"이런 아주 히니꾸[131]!" 하더니 역시 엉덩이를 너울거리며 화장실로 뛰어 들어간다.

"이것 보십쇼, 정애 씨." 누구인지 뒤에서 자기의 이름을 부른다.

"네?"

이 사람은 어젯밤 함께 요릿집에 갔던 사나이다. 같은 배우들에게서 핀잔 잘 받는 사나이다.

---

129 '토끼'의 방언.
130 그 사람의.
131 ひにく [皮肉]. ① 빈정거림. 비꼼. 야유. ② 짓궂은 일을 당한 것 같은 결과. 얄궂음. 짓궂음.

"이리 잠깐 오세요. 여쭐 말이 있으니…."

중대한 사건을 몰래 전하겠다는 눈치를 보이며 앞서서 문을 나서더니 이편을 향해 손짓을 한다. 참으로 쑥스러운 사나이다 하면서 "어디요?" 했다.

"네 잠깐만…." 하더니 그는 덮어놓고 뒤꼍만 가리킨다. 뒤에 가서 이야기하자는 말이다.

49회, 1927.03.27.

정애는 몸을 그편으로 옮겼더니 그는 누가 들을까 봐 겁 하는 몸세로 이런 말을 한다.

"저하고 저기 좀 안 가실 테에요?"

"네?"

"사실 정애 씨를 뵈온 지는 얼마 안 되지만 사실상 제가 정애 씨가 어떤 이신지는 잘 압니다."

그런 전제로 그가 하고 싶었던 이야기는 다른 것이 아니라 정애더러 배우가 되어달라는 말이다. 자기 역시 이 ××회는 간판만 유명했

〈그림 49〉 3.29.
정애 : 신일선

지 대우도 나쁘며 하는 극이래야 뜻이 없는 연극이므로 자기도 이곳은 그만두고 새로 조직되는 데로 갈 터인데 거기서는 뜻있는 극을 할 뿐 아니라 가극도 할 터이며 유명한 여자에게는 서울 ××음악가에게 몇 달간 공부도 시킨다고 한다. 그래서 자기는 먼저 당신이란 유명한 분을 천거한 것이며 따라서 당신이 그곳에 들면 제일 위의 대우를 받을 것은 물론이라는 설명이었다.

"저는 배우는…." 하고 듣고 있던 정애는 아우에게 맹세한 대로 대답을

해보았다만 무지개같이 찬란한 가극배우에 대한 동경은 가슴 한구석에서 봉화를 올리고 있다.

"배우래야 거기는 배우가 아닙니다. 학교와 같이 점잖은 방식이니까 사실상, 사실상 말이지 사회상 명예도 좋고 또- 사실상 돈 내는 사람이 저 아는 사람인데 대학 출신이에요."

활활 타오르는 정애의 동경 안에는 오빠의 찡그리는 얼굴이 걸리적대는 제일의 조건이었다. 그는 얼굴을 숙여 자기의 구두코를 내려다보며 가만히 생각했다. 만약 자기의 신변에 이상한 평판만 없이 성공의 막이 열린다 하면 오빠인들 기뻐하지 않을 리는 없으리라 해 보았다. 둥그런 화환이 무대에 잠뿍 늘어선 가운데 자기가 나타나면 객은 여울물 끓듯이 갈채를 할 것이니 그중에 한 사람인 오빠에게 반대가 있을 리가 없다. 더구나 오빠는 문학가다. 문학과 연극은 사촌이니 오빠의 연극에 대한 친분의 정도는 어떤 감정일까 하는 세음도 쳐보았다.

"극을 하는 것은 좋다. 그러나 지금 조선에서야…."

오빠의 대답은 그렇지나 않을까 하는 추측도 해보자니 좌우간 품행만 단정히 나갔으면 하는 부탁이 스스로 입안에서 돌았다. 정애가 꿈꾸는 정애는 벌써 성공의 햇발을 향해 전진하는 광경임을 그려놓았다.

"어디를 가세요?" 끌고 가려는 곳은 어디냐고 우선 물어보았다.

"전주 있는 여관이에요. 사실 정애 씨는 정애 씨니까 우선 한번 가서 그이의 말도 들어보십쇼. 사실상…."

"숙정 언니한테 물어봐야지요?"

"무얼요 잠깐 다녀오세요. 아직 여러 사람들께는 절대 비밀이야요…."

그래서 정애는 아이를 못 낳아서 절에 가는 시악시와 같이 그의 뒤를 따라서 가만가만 걸었다.

그 여관은 극장에서 멀지는 않았다. 작은 대문이 몹시도 추했다. 돈을 가진 사나이가 어찌하여 이런 데 유리하나 하는 의심이 날 만한 집이었다. 마당도 그랬다.

"긴상!"

쑥스러운 사나이는 마루에 붙은 건넌방을 향해 전주 될 이에게 아무 경의도 없는 억양으로 그같이 불렀다.

"네?"

창문이 열리며 한 손으로 조선 바지춤을 잡은 청년이 엉거주춤하고 내다본다. 하이카라 머리털이 이마를 덮었다.

"소노 히토[132]…." 마당의 사나이가 전주에게 그런 암호를 했다.

정애는 장엄치 못한 그들의 태도에 공연히 자기가 열없어서[133] 머리를 숙였다.

"들어오시지요…." 전주는 둘을 겸쳐서[134] 자기에게도 전하는 음성이 분명했다.

'네.' 하려던 정애의 얼굴에서는 이상한 핏발이 오락가락하고 전신은 오수수 떨린 듯도 했다. 너무나 잘 아는 사람을 너무나 갑자기 만난 연고다.

"누구야!…"

자기의 얼굴을 건너다보고 있던 전주도 그 같은 감탄사를 토했다. 그 청년은 대학 출신이 아니라 법학 전문을 중간에 그만둔 경식이다.

"언제 왔어요-?"

그런 어색한 존경이 저절로 나왔다. 피로 맺은 인연이라 반갑기도 했다만 전번에 겪어온 사실이 눈앞에 어려서 약간 싫은 상도 떠돌았다. 그러나 싫다고 배척함이 좋을 것인지는 아직 미정대로 있는 일이요, 또한 갑자기 이 자리에서는 판단키 어려워서 몹시도 어색했다.

"들어와! 올라와서 아무리 찾아도 어딘지 알아야지…."

"두 분이 아시는구먼."

---

132 そのひと [その人・其の人]. ① 그 사람. ② 바로 그 사람; 본인.
133 열없다: 좀 겸연쩍고 부끄럽다.
134 겸(兼)치다: 두 가지 일을 겸하여 하거나 겸하게 하다.

"오래요? 온 지." 정애는 그만 마디만 되풀이했다.
"나는 누군가 했지…. 들어와요. 어서!"
"응." 하고 대답이 무심중 전 버릇대로 되었다. 남이 못 보는 인연 깊은 핏줄은 어두컴컴한 마루와 마당 사이에서 오락가락했다.

50회, 1927.03.29.

정애를 잃어버린 후의 경식이는 정신이 더욱이 어지러웠다. 건넌방에 누워있는 송장도 면대하기 어려웠거니와 드나들며 재잘대는 동리집 쪽머리들도 원수와 같이 보기가 싫었다.

그래서 온천장으로 피하여 기생집 안방에서 하루 이틀을 묵었다. 그 기생은 나이가 자기보다 여섯 살이나 더하므로 어렸을 때는 자기를 업어준 적도 있다고 했다. 그는 자기의 피를 빨아먹으려는 듯이 좋아했다. 그러므로 두 사람은 풀밭에 뒹구는 뱀과 같이 음탕한 밤낮을 되풀이하고 있었다. 기생의 권고로 장난삼아 두 대의 '모루히네'[135]도 맞아 보았다. 세상의 전폭(全幅)이 능라주사[136]로 보이는 사흘째 되던 날 오정 때던가.

〈그림 50〉 3.30.
경식 : 박덕양

"윙!- 윙!- 윙!- 윙!-"
상여꾼들의 발맞추는 소리가 저편 마을에서 출렁거렸다. 경식이는 기생의 허리를 끼고 구조선에 올라가는 파선객 비슷이 엎드린 채 밀어 가며

---

135 モルヒネ. 몰핀(morphine).
136 능라주사(綾羅綢紗): '능라주의(綾羅綢衣: 비단옷과 명주옷을 아울러 이르는 말)'와 비슷한 뜻.

창문을 열었다. 도깨비장난에 꼭두각시 모양으로 오색이 영롱한 상여의 한 채가 맑은 시샤길[137] 위에서 양충[138]의 보법[139]을 배우고 있었다. 이다지 냉정하고도 이놈이 무사할까 무서워 울고 싶은 경식이의 이마는 기생의 젖가슴에 박혀서 버르를 떨었다.

모-든 사정이 자기를 그 모양으로 동래에 가만두지는 않으리라 하여 서울로 와버린 것은 그 이튿 이튿날이다. 정애를 만나서 끊어진 인연을 사죄로써 회복하려 했으나 있는 주소는 아직 알 길이 없었다. 공부는 하기가 싫었고 우연히 만난 것이 하숙에 자주들 오는(동무를 찾아오는) 배우들이다. 이야기를 듣고 보니 시극이니 가극이니 돈 천 원만 있고 보면 손쉽게 될 것 같았다. 집이 아버님에게 사업하겠으니 자본 좀 대라 하여 이 몸을 한평생 명예와 인기와 꽃밭 안에서 웃고 지낼까 하는 생각에 "글쎄요…. 해 볼까요?" 하면서 응하는 듯 마는 듯했더니 좋은 배우감이 있다 하며 데리고 온 것이 바로 경애였던 것이다.

"어떻게 또 극장 출입을 하게 되었어요."

경식이는 올라와서 주소 몰라 갑갑했다는 성명을 늘어놓은 다음 지난날 정다움을 끌어가지고 그같이 농을 걸었다.

"놀러 갔었지. 무슨…."

"글쎄 어째서 놀러 갔어요."

"몰라요 아유…."

그런 대화를 교환하는 옆에 앉아 있기도 미안한 남배우는 가겠다 하면서 일어섰다. 말리기도 싫은 경식의 인사는 지극히 간단했다.

"그럼 또 뵙지요."

그래서 두 사람은 방문 밖으로 나섰다. 정애도 작별을 표하는 듯 방

---

137 원문 그대로임.
138 ① 양충(恙蟲). 옴진드깃과의 기생충. ② 양충(陽蟲). 더워지면 더욱 활발해지는 성질을 가진 벌레.
139 보법(步法): 걸음을 걷는 법. 또는 걸음을 걷는 모양새.

안에서 일어서기만 했다.

　이 순간 정애는 생각해 본다. 이 밤에 또다시 예전과 같은 인연을 무조건으로 잇대어 나가도 아무 일이 없을지 약간 싫증나는 것도 이제는 모두 풀려버린 터여서 건상▨러한 제목을 내놓아 보았다. 그러나 나이 적은 인간들이 인생 문제를 생각한 대야 강 위에 높이 놓은 구름다리와 같이 실속 없는 것일 뿐이다. 자기의 뜻대로 판단을 내려 그편에다가 자기의 피를 바르고 살을 붙여야만 그것이 해결이지 그들 어린이에게는 영원히 옳은 길을 알 리야 없을 것이다. 그런데 정애는 지금 갈라지든 다시 맺든 어느 편 한곳을 위해 노력하려 않는다. 이것이 서양 여자와는 조금 다른 구석이다.

　불꽃같이 뛰어 들어오는 경식이가 키스를 한다.

　"아이⋯."

　"아이?⋯"

　무심중 싫은 표정을 하던 정애는 연인 앞에 이러는 법이 아니라 하여 얼른 고쳐 해해 웃어 보였다.

　"요런! 주소 통지도 안 하고⋯."

　사나이는 원망의 상중[140]이라는 듯이 누르는 입술에다가 힘을 주더니 입술을 깨문다.

　"아야⋯."

　정애도 그같이 가벼운 원망으로 한마디쯤 하고 싶었다만 말을 꺼내면 목을 맨 사람이 연상될까 해서 그만두었다. 자기 둘의 서 있는 그림자가 연(ㄴ)자로 휘▨서 흰 벽에[141] 하나 가득하도록 크게 비쳤다.

51회, 1927.03.30.

140　원문 그대로임.
141　단행본에는 "그림자가 (ㄴ)자로 휘흰벽에"라 되어 있다.

요새 신문사 정문 안은 하루에 두서너 번씩 빚받이의 조수가 밀려왔다 나간다. 한 사람 앞에 외상 쓴 것이 두 곳이라고만 해도 백여 명이 더 된다. 그중에서도 그중 큰 빚받이는 집주인이니 그는 정문에서 이층 이 사실까지를 관병식 마당에 육군 장교와 같은 걸음으로 통과를 해도 무관하다.

햇발이 넉넉히 못 드는 아래층 영업부는 항상 어두워서 낮이나 밤이라는 구별이 똑똑치가 못하다. 지금도 아침 열한 시밖에는 안 되었다만 아편굴과 같이 어두워 보인다. 그 안에 삼십여 명의 직공들이 제각기 책상 하나씩을 끌어다 놓고 낮잠을 잔다. 문밖은 반드시 따뜻한 봄이라는 듯이 낮잠을 잔다. 그 광경은 혁명군이 한바탕 퉁탕거리고 나 간 곳도 같았다. 독가스를 마시고 쓰러진 사람들같이 아랫배를 불루거리며[142] 고단히

〈그림 51〉 3.31.
기호 : 이소연

잔다. 그중에는 아리랑타령을 부르는 젊은이도 있었다. 그는 깨진 걸상 다리로 책상을 두드리며 박자를 맞췄다.

기호는 보기 싫은 전람회를 걸어가듯이 그곳을 거쳐 이층으로 올라왔다. 이것은 열한 시 출근인데 자기가 제일 먼저인 것도 같았다. 편집실에 들어오니 앉은 사람은 두어 사람이었다. 지방부 노인 한 분은 이십 년을 신문사에서 지낸 분인데 그분은 테이블 앞에 정식으로 앉아 있었다. 그는 『중용』을 읽고 있는 서당의 선생님처럼 오늘의 발행할 것을 꾸미고 있었다. 전부가 광고요, 기사라고는 시골의 통신이 두엇일 것이며 그중의 하나는 아마 시어머니의 압박이 싫어서 우물에 빠진 며느리 사정일 것이다.

기호의 테이블 위에는 한 장의 편지가 놓여 있었다. 여자의 글씨다.

---

142 원문 그대로임. 단행본에는 "볼루거리며"라 되어 있다.

"기호 씨!" 하고 겉봉 위에서 이 방에 조화되지 않는 색채를 토한다. 그것은 수자에게서 온 것이다. 기호는 이런 사연을 읽어간다.

　― 아마 제가 붓을 집는 것은 일 년만인가 봅니다. 사람이 이다지도 늙고서야 산다는 것이 의심이외다. 그 후에 한 번도 뵐 수가 없으니 어쩐지 한마디쯤은 상서[143]해야 할 무엇이 있는 것도 같습니다. 저의 요사이는 지난날 인연 있던 '안'에게 의지합니다. 그는 어린아이와 같이 기꺼워하며 '스위트 홈'으로 꿈꾸나 봅니다.
　저녁 처음 만날 순간에는 전의 기억 때문에 약간 뛰노는 무엇이 가슴안에 있더니 그것도 사흘이 못 가더이다. 저는 이다지 늙었습니다. 그 한마디가 이 상서의 전부입니다. 늙었습니다.
　사흘 후면 친구로 사귀어 달라 청하고 싶어질 늙은 가슴이 헛되이 귀한 언약에 응할 수는 없었던 것이외다. 쓰려니 힘이 없사외다. '그리운 동무여!' 그 한마디도 묻기에 힘이 들만치 늙었습니다. 봄은 봄입니다.
　떼꾸레기[144] 도령님이 담 모퉁이에서 울고 섰습니다. 엿 사려 엿 장사가 이 마을에도 찾아왔습니다. 아마 이삼일 후에 이곳을 옮길까 봅니다. 대낮에 닭이 웁니다. ― 수자

　요새 만날 수 없는 안 군은 이 편지를 쓰는 수자 옆에 노래를 부르며 뒹굴뒹굴 누워서 구르는지. 따뜻한 봄 낮에 빈민굴 연애 장면을 그려보며 편지를 놓았다.
　의자에 걸터앉으려다가 그대로 나와 버렸다. 문 앞에 나서니 정말 따뜻했다. 새 양복에 가는 지팡이를 짚은 청년이 드문드문 보였다. 기호는 어디인지 가고 싶었다. 무엇인지 몽상하고 싶었다. 전차를 잡아타니 모든 사람의 누른 얼굴에서도 봄이 뛰었다. 장충단을 들렀다가 용산으로 다다랐다. 철교를 넘어서 노량진으로 빠졌다. 기차를 타고서 남대문으로 왔

143　상서(上書). 웃어른에게 글을 올림. 또는 그 글.
144　'떼꾸러기(늘 때를 쓰는 버릇이 있는 사람을 낮잡아 이르는 말)'의 방언.

다. 시가지에 들어오기가 싫어서 다시 경원선을 탔다. 차는 강을 끼고 둑 위를 기어간다. 동남의 산수가 강물에 비쳐 핑그를 돈다.
"안 군에게로 갔으면 갔지 변명이 무엇이냐."
수자에 대해 그같이 중얼대던 가슴이 어느 사이에 풀려버린 것 같았다.
"봄은 봄이다." 뜻 없이 수자의 편지 구절을 흉내 내며 되풀이해 보았다. 노랑 저고리에 빨래를 든 시악시가 둥둥 떠서 뒤로 다라난다. 차는 간다.

52회, 1927.03.31.

다시 생각해 보니 역시 수자의 말이 옳은 듯도 했다. 자기는 완연히 수자보다도 더 늙은 터면서 안 늙은 체하느라고 기 써 본 듯한 해석이 맞아 들어간다. 수자가 사흘만이면 다시 동무로 부르자고 청구할 만치 늙었다 하면 자기는 하루하고 반도 못되어서 그같이 될 나이가 아닌가 하니 '오- 선지자여!'

〈그림 52〉 4.2.
기호 : 이소연

하고 옆에 수자가 있다면 손목을 잡을 듯도 했다.
'나도 늙는구나!' 탄식을 하려니 기차가 청량리에 선다. 내려서 레일을 끼고 한참 내려가다가 그 레일을 건너서 누르스름한 풀밭을 바라보며 다시 올라왔다. 털썩 앉고 보니 그것은 바로 역(驛)의 맞은편이다. 등이 따듯해 옴을 보니 땅도 그만치 따뜻하리라 하여 그 자리에 누워버렸다. 푸른 하늘에 새 한 마리가 대굴대굴 굴러서 떨어진다. 이런 대자연을 잊어버리고 어두컴컴한 이층 한구석에서 일 년이니 이 년씩 아무 의심 없이 지내온 자기를 생각할 때 불쌍하기 짝이 없었다.
어디서인지 여편네들의 울음소리가 요란히 들려온다. 그곳을 건너다보니 정거장 모래밭 위에는 흰옷 입은 무리가 장사터와 같이 모여서 있다. 나무초리[145]와 같이 서서 있는 장명등[146] 기둥에 아낙네 한 분이 머리를 박고 아마도 그중에 제일 큰 목소리로 울음을 운다. 그 옆에는 허리 굽은 늙은 부인들이 땅에 무엇을 떨어뜨리고 찾는 듯이 허리를 휘저으며 엉엉 운다. 풀밭에서 새 한 마리가 뛰어나오더니 쪼로록! 쪼로록! 소리를 치며 푸른 하늘에서 이리저리 헤맨다. 바람이 내려와 풀밭을 누르더니 서편에 깔린다. 뛰어가던 흰 구름 한 장이 우뚝 선다. 지게꾼 두 사람이 머리를 숙이고 걸어간다.

"어유-어유-"

아낙네들의 복통하는[147] 소리만이 고요히 머물러 있는 천지에 헤매면서 이곳저곳에 머리를 부딪친다.

"제-기 모두들 북간도로 가는구나…." 기호 옆을 지나가는 두 사람의 지게꾼 중에서 누구인지 그 같은 설명을 풀어놓았다.

기호는 모자를 집어쓰고 정거장 편만 바라보고 있다. 검은 쇠수레[148]가 그들 흰옷을 들이마셔 버린다. 뻭! 소리를 치면서 밉살맞게 천천히 기어간다. 그 꼬리가 산에 가려 안 보일 때까지 기호는 한 모양으로 앉아 있었다. 전등주(電燈柱)에 머리를 박고 '아이고' 소리를 치는 흰옷의 형상이 눈앞에서 안 떨어진다. 그 한 여자의 울음이 자기의 힘으로 멈출 수가 있다면 자기는 그를 위해 손을 잘라서 피를 내도 좋다고 감격해 보았다.

사회니 조선이니 계급이니 큰소리를 늘어놓은 자기의 원고지가 눈앞에 떠오른다. 그 원고지가 누구의 생명을 구했느냐고 스스로 물어볼 때 복받치는 부끄러움이 손으로 얼굴을 가리게 한다. 책상 앞에 잉크병 모양으로 사회니 조선이란 문제를 뭉쳐놓고 이리저리 자유자재하게 철필 끝 하나

---

145 나뭇가지의 가느다란 부분.
146 장명등(長明燈): 무덤 앞이나 절 안에 돌로 만들어 세우는 등.
147 복통(腹痛)하다: 몹시 원통하고 답답하게 여기다.
148 쇠로 만들어진 수레. 또는 '기차'를 달리 이르던 말.

를 굴리는 자기란 놈은 세상에 제일 고약한 놈과 같이 생각된다. 그나마 그렇게 경솔한 것은 둘째 쳐 놓고 어느 때면 인기나 지위를 위해 대 논문을 만들고 앉았는 일을 회상할 때 이 죄를 어찌하나 하고 무심중 그 같은 소리를 흘렸다. 거짓 문사를 욕하고 죽이고 싶던 열일곱 열여덟 때의 기호야 너 어디 갔느냐 하고 깊은 가슴에서 탄식이 우러나왔다.

거의 사오 년 동안을 연극장 배우들 모양으로 피 없이 자랑만 좋아하며 걸어온 자기의 과거는 침을 뱉어도 시원치가 못할 것 같았다. 우는 아낙네 한 사람을 만나도 새 세상을 발견한 듯한 이놈의 가슴은 어느 나라에서 살다가 온 놈이냐 하고가 싶었다.

한 개의 무사마귀[149]만 한 감격도 없이 사라지는 자신을 그려볼 때 그것은 들어서 개천에 던져도 좋을 만한 천한 자기였다. 늙은 자기를 구할 것도 감격 있는 생활이요, 지나온 잘못된 길을 바로잡는 것도 감격 있는 생활이다. 그 감격이란 것은 어떤 형상을 하고 있는 것이냐. 염통을 꺼내서 아스팔트 위에(도회의 큰길 위에) 메다치는 것이냐. 자기의 심장을 꺼내 들어서 어둠을 뚫고 다라오는 무리들의 앞길을 밝혀주는 것이냐. 기호는 오래간만에 선지피 같은 감격에 뛰어들어 새파란 청년과 같이 그의 정신은 뛰었다. 그러나 사람의 머리가 시계 속과는 다르다.[150] 그리저리 조각 생각을 눈앞에 떼어보다가 날이 너무도 따뜻한 김에 어느덧 녹을 듯이 다시 누웠다.

53회, 1927.04.02.

눈을 떠보니 자기는 낮잠을 자고 있었으며 해는 이미 서산에 떨어져 찬 기운이 몸을 싼다. 일어나며 시가지 편을 건너다보려니 마침 전등불이

---

149 살가죽에 밥알만 하게 돋은 군살. 주로 어린아이에게 많으며 전염된다.
150 단행본에는 "그러나 사람의 머리가 ○○과는 다르다."라 되어 있다.

들어와서 십 리를 늘어선 수양버들에 반딧불 같은 실과가 열린다. 북에서 기어 오는 기차가 고동을 틀더니 정거장 안으로 들어선다. 검은 양복쟁이들이 이리 뛰고 서리 뛴다. 늘어선 차가 불 켜 놓은 정거장의 풍경을 가리자 검은 연기만이 이 근처를 덮는다.

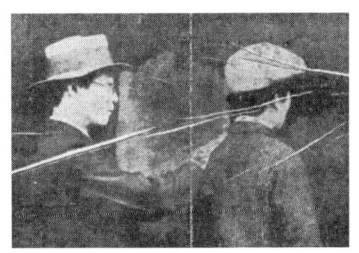

〈그림 53〉 4.3.
기호 : 이소연

　일어선 기호는 업(業)을 구하는 품팔이꾼의 걸음으로 레일을 건너서 정거장 앞 넓은 마당 터에 나섰다. 넓은 시샤길 위에는 차에서 밀려 나온 사람들이 늘비하게 벌어졌다. 허리에 쪽박을 찬 시골 부인, 짚신에 갓을 쓴 시골 양반, 시골 돈과 관계가 있는 우산 든 일본 영감, 조무래기 학생들을 몰고 가는 묵은 양복, 그 옆을 지나가는 젊은 사나이의 뒷모양은 어디서 본 듯도 했다만 가슴에 떠오르는 감상을 맛보느라고 구태여 쫓아가 보지는 않았다. 자기는 그중 천천히 걸었다마는 그래도 정류장 앞에는 한 떼가 가득히 남아 섰으니 그것은 모두가 다음 전차를 기다리는 무리였다. 기호도 그중의 한 사람으로 들어서서 심심풀이라 함보다는 무심중 이 사람 저 사람을 감상하고 있으려니 아까 어디서 본 듯한 청년이란 얼굴이 바로 자기 옆에 서 있다. 그 사람은 한두 번 보던 터가 아니라 동경에서는 실없이 매 주일 만나던 사나이다.
　손을 들어 가만히 어깨를 쳤다. 돌려다 본 그는 비교적 얼른 알아본다.
　"여!" 둘은 손을 잡고 흔들었다.
　"오래간만이지 우리가."
　"그러께[151] 한번 뵈었지요. 그리고….”
　"오- 참 그런데 어디를 갔다가 오시나요?"
　"간도서 지금 오는 길입니다."

---

151 지난해의 바로 전 해에.

"오- 참 간도 계셨지."

이 사나이가 간도에 있는 것은 기호도 알던 것을 잊었었다. 기호가 동경에 있을 때 일주일간이면 서로 한두 번씩은 만나야 시원한 동무가 있었다. 기호는 그 동무를 심방할 때마다 동무의 동무인 이 청년도 보았던 것이다. 종교를 연구하러 왔다 하며 언제든지 책상 앞에 앉아 있는 시간이 많은 듯했다. 지금까지도 인상이 새로운 것은 그가 그때서야 영어 둘째 권을 읽고 있던 것과, 때때로 정원에 내려가서 소학교 학생 모양으로 우스꽝스러운 체조를 한 다음에 당수곡[152]을 하는 것, 그리고 어느 때든지 실속 없는 이야기에는 참여치 않는 것 등이다. 그래서 기호의 동무는 그를 볼 때마다 "여 소크라테스!" 하고 별명을 사용했었다.

그 후 서로 못 만나게 된 지 이 년이 지낸 그러께 초가을이던가, 그는 신문사 편집실로 자기를 찾아와 주었다. 그때 그는 자기의 볼일로 찾아왔던 것이다. 간도 용정촌에서 몇십 리 떨어진 곳에 사립학교 하나를 설립했는데 그것은 자기의 뜻하던 바의 첫걸음이라는 설명을 했다. 그러나 경비가 곤란이다. 이번에 온 것은 하다못해 아이들의 연필값만 얻어가도 좋으니 음악회나 활동사진을 흥행하는 데의 의논과 후원을 얻으러 왔다고 했다. 기호는 자기가 예상하던 바와 같이 이 사나이의 건전히 나감을 볼 때 일종의 형용키 어려운 기쁨과 대견함과 축복하는 마음으로 일을 봐주마고 맡은 것이 자연히 그 마음이 식어져 버려서 정작 공개하던 날 밤에는 잠깐 들르기만 하고 만 적이 있다.

"그때는 참 가실 때 뵙지도 못하고…."

기호는 이 년 만에야 사죄를 꺼냈다. 차는 버들가지를 스치며 흥에 취한 듯이 다라난다. 서 있는 두 몸은 때때로 넘어질 듯 흔들렸다.

"무얼요-. 참 인제는 학교가 근심 없이 되었습니다."

"네 어떻게…?"

---

152 가라데[唐手]에서 파생된 말로 추측된다.

기호는 자기의 대답이 허위가 아니기를 원했다.

"네 그렇게 되었습니다."

동무는 내용에 대해서는 입을 닫으려 드는 듯도 했다. 이 건실한 청년은 자기를 한 개의 간판만 크고 내용 없는 놈으로 여기지나 않는가 했다. 그것은 아까 한바탕 뉘우친 터라 지금 이 청년을 대하니 한없이도 높이 보였던 까닭이다.

"조용히 만나서 형의 이상이나 듣고 싶은데요-."

기호는 자연히 그런 말이 나왔다.

"네? 이 형이 나에게 농담을 하시는구먼-."

"아닙니다!" 하고 상당히 조절을 주의하면서 대답했다만 그 결과가 정말로 들렸을는지 의아한 판에 동무는 웃음으로 허물어 버리며 "왜 이리시나…." 한다.

"아닙니다. 정말입니다." 하며 기호는 얼굴에다가 진정임을 조각해 보였다.

54회, 1927.04.03.

전차가 종로통의 중국인 동관 앞을 넘어서려니까 행길에 늘비한 사람들은 전일의 수효보다 백배나 천배가 넘는다는 듯이 요란했다.

"무엇이 이렇게 벅적거리나요." 기우뚱하고 창밖을 내다보던 동무는 그같이 물었다.

"글쎄요…." 기호 역시 알 수 없다는 듯이 내다보니 그것은 야시가 벌어진 것이었다.

"야시군요. 참 오늘이 사월 일일이지."

"네…." 하던 동무는 픽하며 웃음을 흘린다. 기호 역시 그 웃음에 끌려

〈그림 54〉 4.6.
기호 : 이소연

서 약간 쓴웃음을 나타냈다.

다라나는 전차에서 그 꼴을 내다보니 무어가 무어인지 형용할 길이 없을 만치 요란스러웠다. 장례식 행렬에 상여가 무너졌는지 늘어선 흰옷들은 이리 몰키며 저리 몰킨다. 한 칸 건너서 하나씩 켜놓은 전등 밑 광경은 누구인지 뼈다귀를 흘리고 다라난 자 있어서 그것을 다퉈 가며 주우려는 무리와도 같았다.

차가 종로에 머물 때 두 사람은 내렸다. 아까 동대문 앞에서 언약한 바와 같이 한 그릇의 냉면이라도 같이 먹으려고 바른편 뒷골목으로 들어섰다. 냉면집 유리창 문을 드르릉 열어젖히니 안에서 흘러나오는 유성기 소리는 「조선과 중국 사이는 '아라' 압록강」이라는 노래였다.

"간도 이야기 좀 해주세요."

두 사람의 음식을 청해놓은 다음 꾸며놓은 방 안의 풍경을 휘둘러보는 동무를 기호는 그같이 꺼들었다.[153]

"네?- 그저 그렇지요. 어디 무어 별로 이야깃거리라고 있습니까."

"학교는 유망해요?"

"네."

그 같은 선두로 진행이 되어서 간도의 동무가 자세한 이야기를 꺼내놓기까지는 아마도 십여 분간이나 머뭇거린 것도 같았다. 그가 이번 서울에 온 것은 실없이 큼직한 일을 보러 온 것이며 따라서 이곳에 두어 달은 있으리라고 한다. 이번에 자기는 간도의 모모(某某)와 협력을 한 결과 중국인 관청에서 이만 일경이라는 넓은 땅을 거저 얻게 되었다. 용정촌에서 서편으로 백여 리만 나가면 넓은 황토지가 벌어져 있으니 그것이 바로 그곳이다. 자기는 내지에서 살 수 없는 사람들을 그곳으로 인도해 주려 한다. 천호쯤의 이민은 넉넉할 것이며 그 부락이 왕성되는 날이면 자기의 학교도 그곳으로 옮겨 세우려는 뜻이다. 그러나 단지 지금에 문제인 것은

---

153 꺼들다: 함께 거들거나 들고 나오다.

이민하는 가족들을 위해 도착하기까지의 편의만 봐주려 해도 삼천여 원이 필요하다. 그리고 이민에 관한 총독부의 수속도 있어야 하므로 상경했다는 결론을 맺는다.

듣고 있는 기호는 벌써 자기의 몸이 간도의 교사가 되어서 붉은 피가 가득 찬 어린 학생들 가운데서 뛰노는 검은 양복을 그려보았다. 서산에 지는 붉은 해를 등에다 싣고 광이[154]를 휘저으며 채마밭[155]을 건너서 자기의 집으로 오면 정애와 어머니와 기영이가 산[生] 듯한 얼굴로 내달아 맞아주는 광경이 눈에 어렸다. 그것이 자기가 잘 알고 있는 사회주의 쟁투학 상에 어느 이론과 비슷한 생활인지는 대보려고도 안 했다. 지금 기호의 그 마음은 일종의 종교다. 학설이 아니라 신앙이다. 아리따움을 찬미하는 신앙이다.

"형은 행복이십니다."

그같이 찬미하는 기호의 얼굴에서는 부럽다는 빛이 더 많이 흘렀다. 칭찬은 무소용이라는 듯이 잠깐 동안 침묵을 보이던 동무는 또다시 입을 연다.

"어디를 가든지 나쁜 놈들은 있어요-. 우리 아는 중에도 몇 놈은 중국인 부호와 손을 잡아 가지고 이민이 들어오면 한판 차려 보려고…."

"조선 사람이요?" 듣던 기호는 중간에 뛰어들어서 물었다.

"그럼요-."

"한몫을 차리다니 어떤 방식인가요."

"보통 지주들의 착취 방식과 같지요."

"그러면 그자들은 소개와 통역만 해주고 지주의 한몫을 보는군요-?"

"그렇지요. 자연히- 한 푼 없이 들어온 사람들이니까- 농사를 지어서 익을 때까지는 후원을 받을 곳이 있어야 할 테니 그것을 이용하여 꾀 있

---

154 '괭이'의 방언.
155 채마(菜麻: 먹을거리나 입을 거리로 심어서 가꾸는 식물)를 심어 가꾸는 밭.

게 멍에를 씌우잔 말이지요."

"참 나쁘군요-."

"그놈들을 정복해 없애느라고 애도 썼습니다. 인제는 못 그럽니다."

그 소리는 바른길이 승리를 얻는 어느 회의장의 수라장으로 화하는 광경을 연상시켰다. 생명을 마신 듯한 듬북한 가슴으로 그 광경을 그리고 앉았는 기호의 얼굴에는 넘치는 만족이 흐르고 있었다.

55회, 1927.04.06.

기호는 두 사람이 숟가락을 놓은 다음에도 이야기를 더 계속하고 싶었지만 동무에게는 볼일이 있다고 해서 그대로 일어서고 말았다.

골목을 빠져나온 두 사람은 내일 또다시 만나기를 언약하느라고 종로 네거리에 잠시 머물렀다. 바로 옆에

〈그림 55〉 4.8.

는 이삼십 명의 군중이 모여 서서 상점 이마빡에 달려있는 전등을 쳐다보기에 무엇인가 했더니 그곳에는 라디오가 놓여 있다. "제이-오-디-케이!"[156] 소리가 막(幕) 열리듯이 시작을 고하더니

'세월아 봄철아 가지를 말아라
장안의 소년들 다 늙어진다'

는 기생의 탄식이 푸른 불 가득 찬 네거리에 퍼진다.

---

156 경성방송국(JODK).

"들을 만하군요 그것도." 동무는 그같이 비웃어서 두 사람은 쓴웃음을 흘렸다.
"그럼 내일-."
"-네 내일…."
작별을 하고서 돌아서려니까 건너편 책사[157]에 금글자 간판이 불에 비쳐 번쩍거렸다.
'칠십 원씩 떼어먹고 안 주면서 매일 번창해 가는구나….'
수자를 입원시켜 놓고 매일 가 졸라도 한 푼 안 주던 책사다. 그 돈 칠십 원 남은 것은 벌써 몇 달을 끄는지 알 수가 없다.
기호는 어쩐지 들러 보고가 싶어서 그 책사 안으로 들어섰다. 분하기[158] 짝이 없는 몸에다가 채플린 수염을 붙인 주인은 역시 상냥하게도 인사를 올린다.
"어떻게 오십니까."
"네." "좋으십니까 재미가-." 하고 보니 말해 보기도 싫어진다.
그러자 누구인지 자기 집 층층대로 뛰어오르듯이 부산하게 뛰어든다. 돌아다보니 그것은 ××신문사의 운동부와 연예부를 맡아본다는 기자 ××이다.
"여!"
"여! 웬일야."
"응."
"나는 전화 좀 걸려고. 여 어떻소. 전화 좀 빌려주시오. 모시모시 아고 까몽!"
그 동무의 법석은 불난 집 이상이었다.
"거기 장춘관요?- 행화 좀 불러주시오."

---
157 책사(冊肆): 책을 갖추어 놓고 팔거나 사는 가게.
158 '둔하기'의 오식이 아닐까 한다.

"발전이 여전하구먼."
"응? 응- 참 자네 누이동생 배우로 나서나?"
기호는 웬 소린가 했다.
"응?"
"가만있게- 너냐? 여기는 명월관인데 네가 곧 나온다면 나도 너희 집으로 지금 가겠다. 나올 테지? 곳예[159] 이 자식 그래-그래- 그래그래- 그래 그럼 그만두자." "명월관이 무슨 명월관이냐 왈살스럽게[160]."
동무는 전화를 마치고 돌아선다.
"내 그저께도 보고 어저께도 보았네. ××극장 무대 뒤에- 아마 매일 오나 보데."
이 동무는 자기의 하숙으로 놀러 와서 한두 번 본 적이 있으니 얼굴을 잘못 봤을 리는 없다. 기호는 무어라 대답해야 좋을지 갑갑했다.
"배우는 무슨 배우…."
"왜 무대 배우로 내세나. 활동사진이 나을 걸 그래…. 자아 또 보세."
"엉."
"고맙습니다." 하는 동무는 전화에 대한 사례를 남기고 수선스레 나가 버린다. 기호는 그 자리에 서 있기가 부끄러워졌다.
"지나다가 좀 들렀습니다. 또 뵈옵시다."
머리 안에는 ××극장 무대 뒤를 그리느라고 정신없이 모자까지 벗으면서 깍듯한 인사를 했다.
"가세요? 이거 보세요, 잠깐."
책사 주인은 무슨 일이 있는지 다정스레도 손짓을 해 부른다. 기호는 어색한 걸음에다가 점잖음을 보이며 그 앞으로 갔다.
"셈은 곧 해드릴 텐데요. 요새 참 말 아닙니다."

---

159 원문 그대로임.
160 원문 그대로임.

주인은 지갑을 꺼내더니 오 원짜리 한 장을 집어냈다.
"이것으로 어떻게 담배용이라도…." "참 미안합니다."
이놈이 이렇게 의외의 짓을 하는 것은 너무도 자기가 불쌍히 보인 탓이 아닌가 하고 해석하자니 사실 진땀이 날 만치 그 자리를 피하고만 싶었다.
기호는 그것을 받아 가지고 나와서 바로 극장 편을 향해 걸었다. 자기가 감시하지 못한 사이에 누이의 정신은 그다지도 흘러내린 것을 생각할 때 오직 가슴 안이 쓰릴 뿐으로 그의 장래를 어떻게 지도하리란 것은 가리잡을 여유가 없었다.
극장의 출입구를 넘어서 무대 뒤로 들어섰다. 흘깃 본 무대에서는 무슨 연극인지 남녀가 벤치에 앉아 있었다. 그 계집아이가 누이동생의 얼굴이 아닌 것만은 똑똑히 보았다. 어두컴컴한 무대 뒤에는 한 사람의 각본 든 청년과 무엇인지 뚝딱거리며 마치질[161]하는 사나이가 있었다. 기호는 마치질하는 사나이에게 가서 물으려 하니 "누구 찾으세요?" 하고 오히려 그 편으로부터 자기의 온 뜻을 묻는다.
그러자 어디서인지 정애의 음성과 비슷한 목소리가 들려온다. 그것은 '화장실 한인물입[162]'이라고 써 붙인 문짝 안에서 여럿이 지껄이는 중에 섞인 한줄기다.

56회, 1927.04.08.

정애와 경식이는 오늘도 이 극장에 놀러 왔다. 밤이면 이런 데라도 놀러 올 수밖에 없는 것이, 두 사람은 매일같이 하는 일 없어서 심심히 지낸다. 연꽃과 같이 화려한 봄날, 어두컴컴하고 습기가 가득 찬 하숙 단칸에서

---
161 마치(망치)로 무엇을 박거나 두드리는 일.
162 한일물입(閑人勿入): 일 없는 사람은 들어오지 말라는 말.

끼고 뒹굴며 그날그날을 보내는 두 사람이었다. 낮잠과 성교는 얼마나 계속되었는지 그들의 얼굴은 누르스름하게도 부어있다.

오늘도 어제와 같이 경식이는 구경한다고 이층 일등으로 올라가고 자기는 화장실로 들어오던 바로 그 순간이다. 여러 사람에게 인사를 마치고 차디찬 널빤지 걸상에 앉으려니까 뜨끔하고 별안간 아파오는 곳이 있었다. 겁을 잠북 품은 정애의 눈에는 매일같이 신문지에 광고 나는 병 이름이 떠올랐다.

〈그림 56〉 4.10.
정애 : 신일선

'이것이 그것이 아닌가?'

또다시 뜨끔할 때 정애의 얼굴은 파랗게 질렸다. 대관절 이것이 무슨 고장인지 생각해 보려는 정애의 얼굴은 먼 곳의 군호 소리를 듣는 것과 같이 긴장했다. 아픔을 참으며 그같이 웅크리고 앉았는 형상을 남에게 보일 수는 없어서 앞에 있는 체경 한 개를 끌어당겼다.

"표정 연습하세요?"

사나이 배우 한 명이 그와 같이 묻는다.

"네."

아무렇게나 대답을 해버리고 여드름을 짜는 노총각의 형상으로 체경을 향한 채 병세를 엿보고 있었다.

"어디 슬픈 표정으로 해보세요."

아까 그 배우의 화장한 얼굴이 자기의 어깨 너머에 나타난다.

"아서요. 보지 마세요." 정애는 웃으면서 잘되지 않는다는 표정으로 속여버렸다.

기호가 무대에서 들은 정애의 음성이란 것은 "아서요. 보지 마세요." 그것이었다.

여러 사람 앞에 그대로 우물쭈물하고 있으려니까 아픈 증세가 무엇인지 생각해 볼 수가 없는 정애는 슬그머니 일어서서 뒷문을 열고 나왔다. 그곳은 극장 뒷마당이니 가자리에는[163] 케케묵은 생철 담이 둘러있고 좁은 마당에 헌 배경 조각이 요란스럽게 놓여 있는 곳이다. 봄으로는 드문 차디찬 밤이다. 시원치 못한 흐린 달빛이 제 마음대로 서고 누운 배경 조각에 비춰서 그놈은 금강산 만물상 모양으로 보기에 따라서 형상도 달랐다. 무대 위에는 여자가 남자의 칼에 맞아 죽는 연극인지 숙경 언니의 외마디소리가 서너 번 연달아서 별똥 누듯 흐른다. 정애는 아이들의 숨바꼭질 모양으로 배경 뒤로 들어갔다. 이번에는 열 손가락까지 사용해 가며 이 아픔이 무엇인가를 알아보려 했다.

그러나 이 비밀을 얼른 알아맞힐 사람도 있으니 그것은 지금 일등에 앉아서 구경하고 있는 경식이다. 그는 경부선 기차 안에서부터 이런 증세가 있었다만 쉽사리 꺼져버리기를 기다리느라고 정애에게는 아무 말도 하지 않았다. 엊저녁 꿈에는 정애가 목을 매면서 '너는 내 몸을 이다지도 더럽혀 놓았다.' 하는 장면을 보았다. 자기는 울면서 빌었다. '내 죄가 아니다. 내 죄가 아니다….'

"아이 무서워. 왜 잠꼬대를 해…."

깨어보니 그것은 꿈이요, 정애의 연한 손이 자기 이마의 식은땀을 씻어주고 있었다. 경식이는 말 못 하는 대신 사죄하듯이 껴안아 주었다. 그리고 고맙다고 했다.

정애가 혼자서 제아무리 진찰해 본들 경험 없는 몸으로 알아낼 수야 없다.

'아무래도 임질이다….' 그같이 판결을 해보려니까 갑자기 오빠의 얼굴이 눈앞에 어려서 이교도(異敎徒)와 같이 슬펐다. 머리를 배경 쪽에 박고 치를 떨며 울었다.

---

163 원문 그대로임.

"정애 씨! 정애 씨 거기 계세요!?"

화장실에서 남배우 하나가 자기를 부른다. 우선 눈물을 씻으며 고개만 기우뚱 내밀고 화장실 편을 바라다봤다.

"누가 찾아왔어요!"

그 소리는 대답하려던 정애의 입을 막아 버렸다. 이 꼴이 되어가지고 오빠나 동생을 면대할 수는 없는 일이다. 다시 화장실의 유리창 안을 자세히 건너다 보았다. 방 안 무대 편 문이 열려있고 그 문턱에 서 있는 얼굴은 방 안의 전광을 눈이 부시도록 받고 있다. 그것은 틀림없는 오빠의 얼굴이었다.

"어디 갔어?- 정애 씨!"

창문을 드르릉 열면서 배우가 내다본다. 그 소리에 따라서 정애의 몸은 더 깊이 숨었다.

57회, 1927.04.10.

아무리 불러도 정애의 형상은 나타나지 않았다. 화장실 문을 열어놓은 채 오래 서 있기도 미안해서 저리로 가서 기다리마 하고 관객석 뒤로 왔다. 그곳에는 검열관 순사가 로이드 안경[164]을 버티고 높직이 앉아 있었다. 무대를 가려놓은 막 위에는 인력거와 요릿집과 영신환[165] 광고가 울긋불긋했다. 자욱한 연기 안에 파묻힌 천에 가까운 관중들은 고물상보다도 더 지저분한 이야기들을 수군거리고 있다. 벨이 울고 무대 면이 다시 열리기까지 아마 이십 분은 걸린 것 같았다. 퍼붓는 박수 소리 안에서 돌아선 기호는 무대의 화장실로 갔다. 그러나 역시 정애는 없었다.

---

164 미국의 영화배우 해럴드 로이드(Harold Lloyd)의 트레이드 마크인 동그란 뿔테안경을 말한다.
165 위장약 '영신환(靈神丸)'을 말한다.

"아마 갔나 봅니다."

분 바른 얼굴의 대답들은 그러했다. 기호는 할 수 없이 명함을 꺼냈다.

"그럼 내일이라도 또 오겠습니다. 미안하시만 혹시 보시거든 전해주십시오."

기대고 버텨서 집이라고 꾸며놓은 배경 뒤를 기호는 또 한 번 기었다. 그리하여 극장 안을 벗어나게 되었다. 기호는 문

〈그림 57〉 4.12.
기호 : 이소연, 기영 : 김성운

밖을 나서다가 맞은편 앞에서 오는 일본 옷 입은 소년의 얼굴을 보고 놀랐다. 그것이 자기의 아우 기영이다.

"언니." 누이를 보러오는 기영이도 의외에 이곳에서 형을 만났다.

아우의 가슴에는 '소바야(そぱや)'[166]라는 글자가 새겨있다. 그 형상을 본 기호의 가슴은 써늘하도록 내려앉으며 긴 한숨이 저절로 나온다. 전신에 맥이 풀려서 잠시 동안을 멍멍히 섰을 뿐이었다. 아우 역시 아무 말 없이 자칫하면 울 듯한 눈으로 아래편을 건성 보고 있다.

"무엇을 하든지 의논을 해보고 해야지."

묻지 않아도 이유를 아는 기호의 입에서는 할 말이 없는 대신이란 듯이 그런 말이 나왔다.

"의논을 하고 해야지." 또다시 그런 말이 흘러나왔다. 대답 없는 아우의 눈에는 눈물이 어린다. 다문 입술이 흔들리던 기영이는 참을 수가 없는 듯이 '픽' 소리를 내면서 눈물을 쏟는다. 그 순간 아우의 몸덩이를 부둥켜안고 함께 울고 싶었다. 백 마디 천 마디의 하고 싶은 말은 모두 집어던지고 그 대신 껴안고 울고 싶었다.

"어서 눈물 씻어라."

그 음성 안에는 이 건전한 형을 믿으라는 뜻도 나타내고 싶었다. 울음

---

166 そば屋·蕎麥屋. 메밀국수 등 면류를 파는 음식점.

이 해결이 아니라는 교훈도 주고 싶었다. 그러나 근본 목적은 너무나 불쌍히 서 있는 두 형제의 형상이 자기 눈에 비친 까닭이다. 아우는 그 말을 좇았다.
"누이 여기 있지?"
"네."
"나와서 연극을 하니?"
"아녜요!"
아우의 그 음성은 누이를 변명해 주고 싶은 욕망으로 하나 가득했다.
"들어가 보니 없더라."
"동무한테 끌려서 어쩌다가 한번 와요."
"너 있는 데는 어디냐."
"××시장 일본 집에서 사무도 보고 그래요."
기영이는 사무도 본다고 거짓말을 했다. 조선 풍속에는 붓대살림[167]이 다른 것보다 높게 들리는 까닭이다.
"형하고 의논을 해보고 해야지. 그리고 네가 그러지 않아도 좋아-. 무슨 계약금 같은 것은 받지 않았지? 몇 해 있겠다는."
"네 아녜요. 자유에요."
"응. 누나는 언제 만나니."
"오늘이라도 만나요."
"있는 데를 아니?"
"동무 집이에요."
여관 하숙에서 경식이와 뒹굴고 있다는 말은 할 수가 없었다.
"…동무?"
"…네."
누이와 동생과 어머니와 자기의 네 사람이 제각기 헤어져 있구나 했다.

---

167 원문 그대로임. '붓대로 하는 일.' 즉 사무직 정도의 뜻으로 추측된다.

할 말이 산 같은 대신 무어라 해야 좋을지를 몰랐다. 아까부터 내다보고 있는 표 받는 늙은이의 얼굴도 보기에 부끄러웠다.

"누나 보고 갈 테냐."

"…네. 언니 가세요?"

"한번 데리고 같이 와."

"네."

다시 만나면 할 말을 모두 하리라 하면서도 해결 없이 헤어지려는 기호의 가슴은 한없이 부족했다.

"돈 있니?"

"…네?"

기호는 아까 받은 오 원짜리를 꺼냈다.

"옜다[168], 저기 가 담배 한 갑 사고 바꿔 와."

그것을 받아든 기영이는 형의 말대로 옆에 담배 가게를 향해 뛰었다. 그것은 바꿔 가지고 그중에서 이 원쯤 아우에게 주고 싶었던 까닭이다.

기영이 서 있는 곳을 건너다보니 꼬부랑 할머니 일본 여편네가 전등 밑에 까만 금고를 끼고 앉아서 일 원 이 원을 압가히[169] 꺼낸다.

58회, 1927.04.12.

그 후 며칠이 지난 어느 날 밤이다. 오늘 밤도 경성역 대합실은 가고 오는 사람들로 네거리 선술집보다도 어수선하다.

이곳 한구석에 바스켓을 끼고 앉았는 조선 쪽머리에 딸기[170]와 같이 맛있는 얼굴은 전일 수자가 약을 마셨을 때 젖가슴 안에 밤윷을 감추고 흑

---

168 원문은 "앗다."
169 원문 그대로임.
170 단행본에는 "열기".

흑 느끼던 '향녀'다. 지금 그의 앞에는 수자와 진국이가 서서 있으니 가는 사람을 전송하러 나온 것이다.

"선생님들도 살러 오세요- 간도로…."

쓸쓸히 웃는 향녀의 애교는 조선식이나마 어리광과 정다움을 묘하게도 묶어서 내놓는다. 가는 이유를 너무나 잘 아는 수자로서는 가엾어서 대답할 길을 찾지 못한다. 자기는 고무공장의 직공이요 연인은 전차의 차장으로, 두 몸은 조그마한 전세 한 채라도 얻어보려고 오색이 영롱한 무지개 같은 꿈 밑에서 한 푼 두 푼을 모으고 있더니 동맹파업의 선동자라는 죄명을 쓴 연인이 법망을 뚫고 간도로 뛰게 된 것은 지난날에 일어난 일이다. 향녀도 연인의 간 곳을 가려고 차비 차리는 판에 연인은 청국 노동자들과 싸우다가 돌에 맞아 세상을 떠났다는 통지가 그저께인가 왔다.

〈그림 58〉 4.13.
기호 : 이소연, 진국 : 배병철

수자는 그 소식을 받은 향녀를 위로하느라고 이즈음 사흘 동안이나 잠을 밑졌다. 지금 향녀가 간도에 가는 것은 연인의 무덤을 어루만져 보고 싶은 이유만은 아니다.

"일하고 싶어요. 어쩐지 거기 가서 일하고 싶어요."

수자의 팔목을 잡고 눈물 섞어 말하던 그 말을 실현하러 가는 것이다. '일'이란 것은 몇 날 전부터 한 마디 두 마디씩 수자에게 들은 것이 이 시악시의 가슴 안에서는 자라는 아기와 같이 커졌던 것이다. 사회운동이다. 수자는 처음에 말려보았다. 그러나 향녀는 듣지 않았다. 간도에 가면 아저씨뻘 되는 분도 한 분 있으니 걱정은 없다고 오히려 수자를 위로했다. 그러나 향녀의 지금 결심이 남에게 의뢰하여 먹을 만치 약한 것은 아니다. 그가 꿈꾸는 바는 실로 크고도 굳세었다.

"문안으로 떠나신다고 해서 나는 어쩌나 했더니 내가 먼저 이렇게 가네요." 참으로 언니와 같이 선생과 같이 그립게 지내던 벗을 떠나기는 쓰렸다. 수자 역시 그렇다. 수자는 적절한 대답을 찾기가 어려워서 오직 고소[171]할 뿐이다.

대합실 안은 또다시 약간의 파동이 일어난다. 천장의 전기 나팔들은 '경원선' '경원선!' 하면서 먼 촌의 군호 소리와 같이 서로 응한다.

"표를 사야지―?"

진국이는 혼잣소리 모양으로 시간이 된 것을 말해주었다. 향녀의 주는 돈을 받아 든 진국이는 표 파는 너른 마당 터로 나섰다. 그는 늘어선 열 안에 참가하려고 걸어가다가 맞은편 돌기둥 앞에 일본 옷 입은 사람과 서서 이야기하는 기호의 얼굴을 보았다. 진국이는 수자에게서 동소문 밖 사건까지는 못 들었으므로 기호에게 대해 별로히 큰 의심은 품고 있지 않았다.

"여!"

그래서 기호의 시선이 자기편을 향하는 순간 전에 다름없이 반가운 음성이 흘러나왔다.

"여. 웬일요."

"그런데 어디 가슈."

두 사람은 못 만난 지가 벌써 이 주일이나 되었다. 기호 옆에 서 있는 일본 옷 입은 소년에게는 기호의 가방이 들려 있었다.

"어디를 가슈."

"나?"

기호는 빙긋 웃었다. 지금까지 가슴 안에 자욱하던, 나라를 떠나는 설움이 어디로인지 날아가 버리고 그대보다는 선각자라는 자랑이 얼굴에까지 나타나려 했다. 그것은 수자를 독점한 진국의 앞이니까 더 그러했다. 그러나 기호는 이것이 어리석은 짓임을 스스로 깨달았다. 그래서 속으로 '아서라.' 했다.

---

171 고소(苦笑): 어이가 없거나 마지못하여 짓는 웃음.

"간도에 좀 가요." 이번에는 오히려 자랑으로 들릴까 봐 진땀이 났다.
"간도요!?"
"광만적[172]이지요?" 기호는 늙은이와 같이 괴로이 웃었다.
"아-니! 형이 광만적일 리가 있나? 형이 광만적일 리가 있나!"
동무의 감격은 분 외의 칭찬이 포함된 듯해서 기호의 시선은 허공으로 피했다. 그 바람에 기호의 눈에는 이편으로 걸어오는 두 사람의 낯익은 여자를 보았다. 그것은 물론 표 사는 것을 보러오는 수자와 향녀였다.
수자에 대한 기호의 가슴은 이미 '친구이니라.' 하고 가라앉힌 터면서도 그 후 인제야 다시 만나는 마당이라 그런지 향기로운 옛 기억이 전신을 친다.

59회, 1927.04.13

나라를 떠남은 쓸쓸한 일이니 이 마당에서 더구나 수자를 대함이야 적지 않은 괴로움이다. 그러나 기호는 '이는 젊은 꿈이다.' 하고 누르는 수밖에 없는 터였다. 그래서 어느 정도의 인사를 올려야 좋을까 하는 생각을 끊어버리고 우선 그의 남편의 권리를 잡고 있는 진국이 편으로 시선을 돌렸다.
"두 분이 나오셨군요."
그는 젊은 부부를 찬미해 준다는 음성이었다.
"-누구 좀 전송하러."
이 마당에서 기호를 보게 된 수자의 가슴은 이상히도 울렸다. 그것은 진국이 앞에서 기호를 대하게 된다는 가냘픈 거리낌보다도 요즈음 혹시나 사상의 변동을 받은 기호가 어디로인지 먼 곳을 가는 것이 아닌가 하

---

172 원문 그대로임.

는 즉감[173]이었으니 이는 제삼자로서 보면 이상히도 들어맞은 즉감이었다.

"…어디를 가세요!?"

서로 눈인사를 마치자 수자의 첫마디는 그러했다. 기호는 그 대답을 될 수 있으면 화려히 하려 들었다.

"네!"

〈그림 59〉 4.14.

진국이는 또다시 감격한 어조로 설명을 가한다. "간도에 가신대요!- 여보! 우리도 생각할 시기인가 보오."

자기의 직각이 들어맞은 수자의 가슴은 더욱이도 울렸다. 슬그머니 기호의 동자(瞳子)를 쳐다보니 날리는 희망은 불꽃과 같으나 그 뒤에 떠도는 서러운 빛도 찾을 수는 있었다. 그것이 비단 고국을 떠나는 설움뿐이 아니라고 생각할 때 이 몸은 여하한 방식으로 위로를 해야 옳을지 괴롭고 황송하고 갑갑하고도 가엾었다. 그러나 또한 그이의 얼굴은 전일에 비해 훨씬 진정된 기호였다. 그래서 수자는 얼마간 안심은 했다. 그러나 속으로는 알 수 없는 기도가 용솟음했다. '오- 청춘과 나라와 동무를 떠나는 기호여!'

"좋은 데 가십니다!" 그리고 연달아서 입을 열었다. "몰래 가시려 하셨습니까."

기호도 자기의 미소를 받아서 웃어주었다. "글쎄요?…."

기호도 간다고 결정하던 날 밤에는 뭇사람의 손을 일일이 잡고서 흔들고 싶을 만치 감개무량이었다. 그러나 그것도 하루 이틀 날짜가 지나니 실없이 친한 사람을 만나서도 "나 참 간도에 가는데요…." 하고 싱겁게 나와버린다. 그렇던 것이 또한 정거장에 나오고 보니 새삼스레도 이상했

---

173 즉감(卽感): 당장 그 자리에서 느낌. 또는 그런 느낌.

다. 자기는 아직 개성 어머님에게도 통지를 안 했다. '간다면 물론 근심하시겠지- 도착해서 알려드리지- 자리가 잡히면 서너 달 후에 모시러 나와야지-.' 하고서 엽서 한 장도 안 썼다.

먼저 할 말이 조금 늦은 듯하다만 기호가 이렇게 갑자기 가게 된 것은 저편의 학교 사정 때문이다. 기호는 지금 우선 학교의 교사로 간도에 간다. '이왕 갈 테면 신학기에 나도 와서 바쁠 테니 빨리 가.'라는 것이 교장이요 동무인 간도 친구의 부탁이다. 실없이만 돌리던 간도 친구는 이틀 만에야 그런 승낙을 해주었다. 그리고 돈 오십 원을 쥐어 준다. 노비는 그것이면 넉넉하다.

최후로 책사에 들렀더니 의외에 사십 원을 내놓는다. 기호는 그것을 아우의 손에 쥐어 주며 정애와 함께 개성에 내려가서 있으라 했다. 너희들을 데려가기 전까지 다만 얼마씩이라도 개성으로 보내주마 했다.

오래도 안 오던 정애는 아까 떠날 임시에야 와주었다. 그는 감기라 하면서 앓는 얼굴이었다(그러나 그것은 정애의 거짓말이다. 병은 병이나 감기는 아니다). 감기라 하니 정거장에도 나오지 못하게 한 것이다. 할 말은 태산 같았다마는 퇴학 원인부터 자기가 학비 못 댄 탓임을 생각할 때 여러 말이 안 나와서 몇 마디 부탁으로 그쳐 버렸다. 정애는 처음서 끝까지 졸졸 울고만 앉아 있었다.

그러자 차 시간이 되어서 일어섰다. 자기가 지금까지 만나는 사람에게 간다는 통지하던 형용을 헤아려 보더라도 이 시간이 가는 시간인 줄을 알 분은 하나도 없을 것 같았다. 과연 그랬었는데 의외에 만난 것이 이 사람들이다.

"글쎄요…?…." 해놓고 보니 몰래 가는듯한 자기였다.

"글쎄요. 자연 그렇게 되었습니다-. 누구 전송 나오셨다지요?"

"-네-."

무어라 내용을 공개하려던 수자는 우선 옆에 서 있는 흑흑 느끼던 시악시의 얼굴을 본다. 기호의 시선도 그편으로 갈 때 "참!" 하고 진국이가 무엇인지 무릎을 치듯이 토했다.
"참 동무시군-. 마침 잘되었군!"

60회, 1927.04.14.

수자는 기호에게 향녀를 소개하고 기호는 자기의 동생을 그들에게 소개한 후 그 넷은 표를 사서 차에 올랐다. 벨이 울며 '뛰!' 소리를 친다. 웬셈인지 기호의 전신은 가야금처럼 떨렸다.

차 안의 승객은 그다지 벅차지도 않았건만 기영이와 진국이는

〈그림 60〉 4.15.
수자 : 김정숙

서서 간다. 그들은 청량리까지 가는 것이다. 그리운 고국을 떠나는 두 사람의 서운한 심정이 전송하러 나온 이에게도 전염이 되었는지 알 수 없는 침묵이 그들을 잡고 있다. 이때 진국이가 입을 연다.

"참으로 잊지 못할 밤이로군…. 사실은 나도 브라질에 가려고 한 적이 있었답니다. 아마 조선에서 브라질을 연구한 것은 내가 처음일 걸요-. 이 년 전이니까. 그러나 그곳에는 뱀[蛇]이 많아-."

뱀 한 마리를 문제 삼는 것은 묘하게도 그의 성격을 나타내는 말이다. 물에 빠져 죽고 싶어도 다친 손가락이 덧날까 봐 못 죽는다는 격이었다. 웃음을 지으려던 기호의 입술이 그의 아내뻘 되는 수자를 봐서 멈추고 말았다. 그러나 진국이는 그런 줄을 모르고 있다.

"우리 같은 약자는 오직 축복이나 하는 수밖에…. 형은 야스나야 폴야나[174]에 숨어있던 톨스토이가 되지 마시고 숲속에 숨어있던 타골도 되지 마시고 또한 광이만 잡으면 그만인 줄로 알던 카펜다- 아-니 카펜다란

놈은 좀 아는 자이야. 그놈은 실없이 건전한 사상가거든…."

 이 결론은 물론 싸우는 사람이 되라는 말이다. 그러지 않아도 그 문제 때문에 며칠을 뒹굴며 생각하던 기호 자신의 형상을 되풀이해 본다.

 "…글쎄…." 해놓고 생각하니 자기의 대답은 너무나 짧다.

 "…글쎄…. 시대도 시대려니와 나 가는 곳이 그렇게 한가하리라고는 생각지 않으니까…."

 "그렇지요!-" 하는 진국이의 음성은 더 좀 늘어놓고 싶은 이론이 있는 듯했다. 그러나 기호는 슬그머니 시선을 돌려서 창밖을 내다보았다. 먼 곳은 어둠이요 이 앞은 강물이다. 그 안에 흐린 하늘이 있다. 달이 있다. 이 차가 청량리에 닿을 때까지 밍밍한 이론으로만 떠들기는 싫었다. 그래서 기호는 다른 이야기를 꺼내리라 하면서 얼굴을 돌렸다. 시선이 닿는 곳이 바로 수자의 시선이었다.

 "-참 선생님의 장래는 어떻게 되십니까."

 웃음 섞인 정담이나 꺼내 보려던 기호의 무심중 나온 소리는 그러했다. 취중에 진담이라고 그것은 기호가 몹시도 하고 싶었던 말이나 아닌지.

 "-저요…."

 수자의 귀여운 입술은 자기를 위해 웃어주었다.

 "-힘을 나눠주세요."

 수자 역시 술잔을 쟁그랑! 하고 고이 대는 웃음의 이별을 만드는 모양인데 속 깊이 살펴보니 그러해 보이지도 않는다-. 그의 눈이 그러했다. 그 빛을 읽으려는 기호의 머리는 수십 종의 악보(樂譜)를 들춰보았다. 그러나 하나도 그 빛과는 맞지 않았다. 그만치 수자의 눈은 온갖 곡조를 한꺼번에 켜고 있다. '투우사의 찬양', '제왕의 행렬곡', '오- 나의 태양이

---

174 Ясная Поляна. 톨스토이 가문의 영지로, 톨스토이는 이곳에서 태어나 약 50년간 머물면서 학교를 세우고 『전쟁과 평화』, 『안나 카레니나』 등을 집필했다.

여', '이는 옛 싸움터이외다.' 못 알아듣겠다는 듯이 기호는 천장을 쳐다봤다.

뚤 뚤 뚤 뚤 차는 간다.

61회, 1927.04.15.

    차는 청량리에 서고 이제는 떠날 시간도 이삼 분밖에는 안 남았다. 밤은 반밤[175]이 가까워 온다. 증기를 내뿜는 기관차의 소리가 고단하다고 짜증을 내는 것같이 들려온다. 희미한 전등 빛이 깔려 있는 플랫폼에는 전송나온 사람들이 우뚝우뚝 서 있다.
    수자와 진국이와 기영이들도 가는 사람 창 밑에 바싹 섰다. 사나이는 사나이끼리 여자는 여자끼리 내려다보고 쳐다본다. 향녀가 수자에게 주는 이별담은 아담스러운 포도송이와 같이 정이 다북다북 달렸다. 수자 역시 그에 지지 않을 만치 서운도 했다만 반 정신이 기호에게로 쏠리는 수자의 대답은 그만은 못했다. 자기는 기호에게 지금까지 한마디밖에는 못 했다. 섭섭한 말을 못 늘어놓을 만치 부자유한 자기는 아니다만 어쩐지 이렇게 여자는 여자끼리 섰는 것이 자연스러웠다. 더구나 진국이가 맡아 가지고 있는 장소를 뺏어 서기는 어색한 일이다.
    그의 앞에 자기는 사랑해도 좋다고 생각한 순간도 있었다. 그는 지금 먼 곳에 간다. 다시 이 땅에 안 올는지도 알 수 없다. 그는 섭섭한 짓을 하나마 훌륭한 일을 한다. 그가 만약 이 순간에 죽어 없어지는 몸이라 하면 자기는 뛰어들어 껴안아 줄 것이다. 떠날 시간은 이 분이 일 분으로 졸아든다. 섭섭함과 찬양을 한 마당에 접한 수자의 가슴은 갓난 병아리와 같이 떨고 있다.

---

175 반밤(半밤): 하룻밤의 절반.

기호 역시 입으로는 진국이의 대답을 하면서도 시선은 때때로 수자에게 다라났다. 자기의 전 재산인 옛 기억을 더 한번 보고라도 가고 싶다. 만져보고만 가래도 원이 없겠다.

"일 분도 못 남았네?"

돌아다보던 기영이가 그같이 선언한다. 정거장 대청에 걸린 커다란 시계는 정말 그렇다고 끄덕거린다. 네 사람이 시계를 건너다 보던 순간 수자는 기호 앞으로 바싹 덤볐다. 진국이는 한두 발 물러섰다.

"안녕히 가세요."

〈그림 61〉 4.17.
기영 : 김성운

수자는 괴로우면서도 웃어 보였다. 그러나 또 한 번 웃어 보라면 차라리 기절을 하는 편이 나을 것 같았다. 진국이는 향녀에게 마지막 작별을 하느라고 몸을 옮긴다. 웃음으로 진국이를 속이려던 기호의 표정도 이제는 수자만치는 변했다. 두 마음이 합한 순간이다. 말이 없어도 말이 있는 찰나이다.[176]

"… 저는 배운 것이 많습니다." 기호는 그 한마디를 했다.

"… 항상 건강하세요." 수자는 그 한마디를 했다.

벨이 운다. 떠나라는 신호의 찌르릉거리는 소리가 쓰라린 두 가슴에 맞춰 피리를 분다. 기적소리 나며 차는 움직인다. 아우와 진국이의 손 드는 형용에 응해주면서 눈물진 수자의 동자를 파수[177] 보았다. 그러나 멀어진다. 모두가 점점 멀어진다. 기차의 꼬리가 어둠 안에서 흐지부지될 때까지 수자는 바라보고 있었다. 그러다가 진국이더러 수첩과 만년필을 달라 해서 내일이면 들게 되는 새집의 번지를 적었다.

---

176 단행본에는 "말이 없어도 말이 있는 것보다는 차라리 낫다."로 되어 있다.
177 파수(派收) : 여러 번 있는 일에서의 어느 한 번. 또는 어느 한동안.

"놀러 오세요, 집으로…." 수자는 그 종이를 기영이의 손에 쥐여 주었다. 어머니의 사랑은 개성에 있고 언니의 사랑은 간도에 가고 누나의 사랑은 경식이에게 뺏긴 기영이다. 나이 높은 형수를 대함과 같이 고맙고 정다웠다. "네." 하며 그것을 받았다.

차 안의 기호는 옆에 앉은 향녀 때문에 더한층 마음이 아팠다. 그는 얼굴을 수건에 박고 흑흑 느낀다. 기호는 그것을 말릴 수는 없는 경우이다. 울 만큼 울어라 하면서 창을 열어젖혔다.

달이 구름에서 빠졌는지 바깥은 시원스레도 밝았다. 노송이 늘어서 있는 안에 허여멀건 신작로가 누워있다. 흰 두루마기 한 분이 소를 앞세우고 간다. 갑자기 그 풍경이 어찌도 그리 정다워 보이는지 뛰어내리고 싶어진다.

'아― 나는 이곳을 떠나서 가는구나!'

적흙[土]¹⁷⁸의 한 움큼을 집어다가 포켓에 넣고 갔으면 했다. 집어삼키고도 싶었다.

62회, 1927.04.17.

어쩐지 기영이는 개성 어머니에게 가보고 싶다. 정거장에서 들어오는 길로 누이더러도 가자고 졸랐으나 정애가 그에 승낙할 수야 없다. 그래 혼자서 새벽 차로 개성에 왔다. 해가 솟으려면 아직도 먼 새벽이다.

희고 넓은 큰길 위에는 기영이 혼자서 터벅거리며 집으로 간다. 길가의 양버들들은 봄을 너무 먹어 팅팅 부어있다. 어디서인지 꼬끼요가 길게 운다.

집 문전에 다다르니 문은 걸려있다. 으레 그러리라 하고 어머니를 부

---

178 적토(赤土). 빛깔이 붉은 흙.

르려던 기영이는 웬셈인지 갑자기 놀랬다. 척근하고[179] 손에 닿는 것은 커다란 자물쇠다. 가슴이 내려앉으며 몸에 소름이 끼친다. 이것이 자물쇠인 줄을 알면서도 이리저리 만져 보았다. 문을 흔들려니까 눈물이 솟는다.

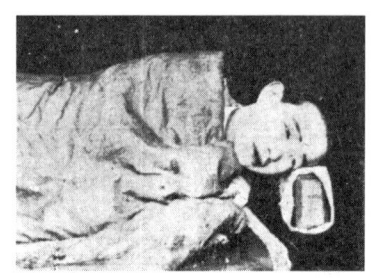

〈그림 62〉 4.19.
기영 : 김성운

"어머니!" 문 틈으로 안을 들여다 보니 안은 감감하고 차디차다.

"어머니!" 만상은 고요하다. 이웃집 젖먹이가 빼빼거린다.

"어머니!" 어디서인지 자기에게 뭐라 하는 사람이 있는 것 같아서 그편으로 돌아다보았다. 장죽을 문 노인 한 분이 뽕나무밭 옆에 서 있다.

"… 떠나셨소…."

"… 네?"

어머니가 이 세상에 살아계신 것을 알았으니 기영이는 좋았다. 그저께 떠났는데 어디로 옮긴지는 자세히 모르겠다는 것이 노인의 대답이다. '당신은 돌아가서 천당으로 가시옵소서.' 그는 한달음에 이모 어머니 집으로 뛰어갔다. 이모 어머니야 떠나간 집을 아시리라고 생각한 것이다.

와보니 이모 어머니의 집도 자고 있다. 그러나 안 흔들고는 견딜 수 없는 기영이는 암행어사가 출두한 듯했다.

"… 누구예요?" 응답하는 여편네는 바깥채에 들어있는 ××어머니다.

"저야요. 기영이야요."

"… 네- 언제 내려오셨어."

이래서 기영이는 어머니의 떠나간 집을 배웠다. 어머니는 지내시기가 어려워서 남의 집안일을 봐주고 계시다는 보고를 듣고 나니 눈물이 앞을

---

179 척근하다: ① 물기가 있어 척척하다. ② 느슨히 휘어지거나 굽거나 척 늘어지다.

가려 돌부리가 발에 챈다. 요리 꼬불고 조리 꼬분다고 일러준 대로 줄달음질을 쳤다. 그래서 이 집이 아닌가 할만한 곳에 다다랐다. 노르스름한 새 대문 위에는 둥그런 전기등도 달려있다. 벽돌벽인 커다란 집이다. 이 근처에 또 이런 집이 없으면 분명히 이 집이었다.

마침 문 여는 소리가 덜거덕대더니 새 대문은 활짝 열린다. 동이 든 어머니의 형상이 그곳에 섰다.

"…어머니!"

어머니 얼굴의 주름살은 덩실 춤을 춘다.

"아유 누구냐."

"저리로 갔었어!" 너무나 좋아서 어리광을 섞었다.

"언제 차에 내려오니!?" 너무나 좋아서 기적(奇蹟)인 듯이 말을 한다.

그러다가 어머니의 안내로 대문 안에 들어선다. 문지방을 넘는 순간 남의 집이라는 설움이 새삼스레도 가슴을 친다. 어머니가 차지한 방은 서울로 치면 행랑살이 모양으로 중문간 옆에 가 달려있다.

"새집이라 깨끗은 하지."

들어서 보니 단칸방 안에는 혼자살이에 필요한 어머니의 세간으로 하나 가득 찼다. 고리짝과 반짇고리, 인두와 성경, 경서책 옆에는 뼈안경이 놓여있다.

"큰 세간은 아직도 더러 거기 있지."

그런 설명을 들어가며 기영이는 앉았다. 어이가 없어서 할 말도 없다. 급전직하다.

"얼굴이 더 못해지는구나." 어머니는 마주 앉아 건너다본다.

"관계치 않아. 그런데 왜 옮겼소."

"왜가 무어냐. 저런 녀석 보게."

반은 기가 막혀 웃으면서 어머니는 설명한다. 지금껏 들어있던 집은 워낙 이모의 집인 것이다. 그것은 아우를 위해 아주 준 집이 아니라 내년 봄에 팔릴 때까지 우선 들어있으면서 셈[180]이 펴거든 내놓으라 했는데 기호의 직업이 그 모양이니 삼 년이 넘도록 셈은 못 폈다. 그래서 '이 봄', '이 가을' 하고 팔지 못하며 미뤄나가다가 이 봄에는 기어이 팔겠다고 이모 어머니의 아드님이 선언을 했다. 그뿐 아니라 다달이 한 푼도 보내 주지를 않으니 살려면 이 수 밖에 어디 있느냐는 것이 어머니의 결론이었다.

"어머니! 바깥 어머니!" 젊은 여자의 목소리다.

"왜-!?" 대답을 마친 어머니는 목소리의 주인공을 설명한다.

"저게 이 집 딸이란 여교원이지."

"좀 들어오세요, 얼른!!"

"그-리지."

어머니는 익살 비슷이 대답을 한다. 그리고는 또다시 설명을 가한다.

"정말 저희 어머니처럼 나를 위하지."-"들어가 보고 오마."

그래서 어머니는 일어서서 문을 열고 나간다. 나가는 뒷모양을 바라보고 있던 기영이는 입술을 깨물며 방바닥에 쓰러졌다. 고맙게 해주어도 하인은 하인이 아니냐. 주먹으로 땅을 치며 흑흑 느꼈다. 크게 울 자유조차 없는 방에서.

63회, 1927.04.19.

  삭은 나뭇가지와 같이 약한 허리를 가지고 때로는 물동이도 이지 않으면 안 될 어머니를 생각하니 뼈의 마디마디까지 울어주는 것 같다. 이 집 식구가 남겨놓은 국 찌끼를 맛있게 후르륵거리고 있는 어머니를 그려 보니 어디를 향해 통곡하면 좋을지를 알 수가 없다. 소리도 못 내는 그만 치 이마를 이불에 박고 쩔쩔맸다.

---

180 셈: 생활의 형편.

"자아 세수해라."

문밖에 대야를 놓는 어머니의 목소리다. 기겁을 해서 기영이는 눈물을 씻었다.

"고기 볶아 주마−. 세수를 해야 먹겠지."

자기의 아들이 항상 정한 체하는 것을 기꺼워하는 소리다. 문을 연다.

〈그림 63〉 4.20.
기영 : 김성운

"응?"

"오래간만에 왔으니 고기라도 좀 볶아주어야지."

"… 고기−?"

어머니는 별안간 고기를 안으로 디밀면서 가만히 말한다.

"안집이 여선생의 약혼한 사나이가 왔어."

"…."

"네 형보다도 더 큰 게 학생이란다."

"…."

"이 다음 차에 청국 북경으로 가−. 그래 저게 신랑 대접하느라고 바깥어머니를 불러 쌓지." 하고서 웃는 어머니는 이제야 기를 편다.

"내 저 안의 것이 끝나면 고기 볶아 주마−. 졸리거든 좀 자려무나."

어머니는 문을 닫고 돌아선다. 정작 자기의 아들은 어디 갔는지도 모르면서 남의 아들의 시중 들려고 들어갔다. 안에서 만돌린 소리가 들려온다. 아마도 이별곡인가 보다. 언니보다도 더 크다는 신사 같은 학생과 미래의 신부라는 그 둘이서 어머니의 차리는 밥상을 기다리며 킬킬대는 광경이 눈앞에 환−하다.

고와야 할 만돌린의 소리도 미워진다. 일어서서 밖으로 나온 기영이는 뒷동산을 향해 올라간다. 산이래야 웬만한 이층집 높이 밖에는 안되면서도 솔과 바위와 물 흐르는 품이 그럴 듯이 갖춰있다. 그중 높은 바위 위에 기영이는 섰다. 날개 달린 흰말 위에 장검을 번뜩이며 달리고 싶은 소년의 마음은 기영이의 마음이다. 송도의 전 시가가 자기 발아래 깔렸고 맞은편 하늘에서는 폭발탄 같은 태양이 올라오니 기영이의 탄식도 차차 자취를 감추어서 그 대신 앞길의 용진할 꿈으로 변해 나간다.

 오 분이 십 분이 되고 십 분이 십오 분이 되도록 그 모양으로 섰던 기영이는 우연히 아래편을 내려다보다가 놀랄 만한 일을 발견했다. 큰 행길로 흘러 내려가는 좁은 골목길에 세 사람이 나란히 걸어가는 중 어머니께서 무엇인지 이고 간다. 기영이는 직각으로 그것이 '정거장 가는 짐을 들어다 준다.' 했다. 어머니 앞에 신식 여자와 그 앞에 걸어가는 스프링코트는 만돌린 켜던 두 사람이 아니고 무엇이냐. 그렇다. 어머니의 왼편 손에 든 것은 틀림없는 만돌린이다. 그렇다. 지금 기영이의 어머니가 이고 든 것은 정거장에 나가는 여행구다. 주인집 여선생이 이고 갈 여편네를 불러오라고 할 때 그 명령을 맡은 기영이의 어머니는 동그란 십 전짜리 은전 두 푼을 그려 보았다. 그리고 자기 주머니 안에 들어있는 팔 전으로 사 온 고기 뭉치와 이십팔 전으로 사 온 고기를 비교해 보았다. 보나 마나 그것은 이십팔 전 어치가 많을 것이다. 이십팔 전이면 염통과 기름기와 가지가지로 사서 먹일 것을 생각하니 어머니의 사랑은 '내가 가마.'고 대답한 것이다.

 기영이는 '어머니!' 하고 부르려다가 그만두고 뛰어 내려간다. 가서 가지 마시라고 붙잡든지 자기가 들고 가면 갔지, 어머니를 큰길에다가 짐 지워 내놓기는 싫었다. 죽으면 죽었지 우리 어머니를- 하면서 뛰어갔다. 골목을 빠져서 큰길에 나서니 어머니는 벌써 까맣게 간다. 다시 뛰어가며 "어머니!" 했다. 돌아다보는 어머니는 이고 있던 트렁크를 떨어트린다. 떨어진 그놈이 데굴데굴 두어 번 구른다. 저 편서 오던 자동차 한 채가 트렁크에 놀라서 커브를 돈다. "아!!" 소리를 치면서 기영이는 뛰지 못하고 화석과 같이 섰다. 어머니를 넘어트린 검은 자동차는 또다시 뒷바퀴로 어머니를 짓밟는다.

기영이는 어느 틈에 이곳에를 뛰어왔는지 넘어진 어머니를 껴안고 "어머니!" 소리를 치자니 천지가 아득하다. 하나둘 모여들던 구경꾼이 빵 돌려 싼다. 구한국 시절에 문관의 부인은 다행히 발목만 치여서 길바닥에 까무러쳐 누워있다. 어머니!- 어머니!- 어머니!- 하늘과 땅을 부숴도 시원치 못한 기영이는 어머니를 흔들며 그같이 부른다. 그러나 어머니는 여태껏 눈을 안 뜬다. 둘러싼 군중들은 한 겹이 두 겹으로 되더니 두 겹이 세 겹으로 된다. 공중 푸른 하늘에서는 솔개미 한 마리가 빙-빙 돈다.

64회, 1927.04.20.

기호는 눈을 비비며 일어나보니 향녀가 깨워준 모양이다.
"다 왔세요."
"-네."
시가지 저편에 부유스름한 바다가 열렸다.
"참 다 왔군요."
차는 기적을 울리며 시가지 안으로 기어든다.
"좀 주무셨어요?"
"-네."
물어보나 마나 몇 시간도 못 잤을 것이다. 울던 울음을 그치기에 주무시라고 권고를 했더니 자는 체는 하더라만 잠이 쉽사리 들었을 리야 만무하다.
"내리거든 주무시지요."
"아녜요. 많이 잤어요."
"연락선은 오늘 밤 있겠지만- 아무래도 여관에서 기다려야지요?"
그것은 워낙이 정측인데도 기호의 말하는 형식은 그랬다.
"-네에."

그래서 두 사람은 역에서 멀지 않은 조선 여관으로 들어갔다. 정거장에 가까운 여관이면서도 퍽이나 한가해 보였다. 마당 한복판에 닭의 장이 놓여 있다.

기호는 아침을 마친 다음 향녀에게 자라고 권고하고 혼자서 바닷가에 구경을 나왔다. 오정의 햇빛이 바다에 서려서 놀아난다. 멀리 보이는 상선 한 척이 까-맣게 떴다. 가느른 연기를 흘린다. 저편 부두에서 우물거리는 흰옷들은 '엥-꽃-랴-[181]'에 맞춰서 노동한다. 졸린 풍경이다. 기호는 어린 파도와 입 맞추는 선창 위에 앉았다. 발밑에서는 찰걱! 찰걱! 소리가 그만둘 줄을 모르고 있다.

그간 몇 분이나 지나갔는지 정신없이 앉았던 기호는 여관의 향녀가 생각나서 일어나고 말았다. 아무리 모르는 사이라 해도 동행은 동행이 아니냐. 긴 시간을 혼자만 내던져 둘 수는 없는 일이다. 그래서 여관으로 돌아온다.

대문 안에 들어서니 어느 양복쟁이 하나가 향녀의 방문 앞에 앉았다. 문턱에는 향녀가 앉아 있다.

"그럼 부부도 아니고 친구도 아니면서 간도까지 동행이란 말요?" 하는 소리를 들어오면서 들었다. 돌리는 얼굴을 보니 인상이 좋지 못한 얼굴이다. 형사인 것이 분명했다.

향녀의 치마 앞에는 『조선농민』이란 잡지가 누워있다. 향녀는 저런 잡지도 보는구나 하니 대견했다. 그리고 잡지 한 권에 놀란 모양인 형사가 웃었다.

"많이 구경하셨어요?" 향녀가 묻는다.

"네-."

"노형이 동행이시오?"

이런 무식한 자 보았나 했다.

---

[181] えんやこら(=えんやこりゃ). 달구질할 때 달구 줄을 여럿이 당기면서 메기는 소리.

"-네?"
"이 여자하고 노형이 간도 가시오?"
"왜 그러십니까."
"나는 서(署)에 있습니다."

이런 대화가 한마디 두 마디 세 마디로 넘어갈 때 기호는 눈살을 찌푸릴 만한 악센트를 많이 들었다. 그러나 기호는 참았다. 참는 대신 공중을 향한 웃음이 몇 번 나왔다.

"좀 서에 같이 가십시다."

그분은 별안간 식은 얼굴로 어디 좀 보아라 하는 듯이 그 한마디를 내놓는다. '나는 이분의 마음이 이다지 상하도록 대답했나?' 하고 기호는 생각했다. 안 가겠다고 버텨보면 이분은 주먹을 들 것이다. 그 주먹을 받아 보면 반항이라는 죄목이 가해진다. 이분은 지금 내가 안 간다고 하기를 바랄는지도 알 수 없다고 생각하니까 우스워져서 미소를 했다.

"왜 서에를 가자 하나요?"
"가서 알 일이지요."

기호는 또다시 점잖다. "가야만 하나요?"
"무어요?" 이분의 얼굴은 또다시 발끈 변한다.
"아니- 조사할 것이 많으세요?"
"좌우간 가봅시다-. 시절이 시절이니까…."

시절이 시절이란 문자는 자기 신문사에서도 매일 쓰는 문자다. 매일 한마디씩 그 문자를 안 쓰면 저녁밥이 잘 먹히지 않는다는 기자가 있다. 그래서 그 기자의 별명은 '시절이 시절'이다. 우스워서 못 견디는 기호는 '픽!' 하고 안 웃을 수가 없었다. 그 순간의 형사의 얼굴이야 보나 안 보나다. 기호는 그것을 녹키느라고[182] 여러 말로 주물러 보았다. 그러나 들어줄 리야 만무하다. 다시 한번 삶아 볼까 하다가 홧김에 그만둬 버렸다.

---

182 녹키다: '녹이다'의 방언.

"그럼 갑시다!"

"가긴 무얼 가세요."

마루에 섰는 향녀가 이편은 정의(正義)이니 버텨보자는 응원을 한다. 그 소리에 기호는 생각하니 동행이니 무어니 하다가 하룻밤이라도 유치장에서 묵게 된다면 일은 야단이었다.

"가자니 가보지요. 곧 옵니다." 하고 위로 비슷이 장담을 했다. 그러면서도 돌아서다가 생각하니 일이 어떻게 될지 또한 알 수 없는 일이다.

"웬만하면 먼저 떠나시지요. 오늘- 아마 죄가 있는 모양입니다, 잡아가니."

(기호 : 이소연)[183]

65회 1927.04.21.

삼사일이 지난 후의 이야기다. 서울 남대문 밖 직업 소개소는 어제나 그전이나 조금도 다름없이 소개를 원하는 사람으로 하나 가득하다. 커다란 창에는 가는 쇠설주가 짐승을 가둔 동물원 집처럼 늘어서 있다. 그 창살에 기댄 축 처진 어깨들은 끼니를 제대로 못 먹는 무리들이다. 냉수라도 마시면 필 듯한 얼굴 하나가 지금 정문에서 나타난다. 그것은 기영이다.

아침은 설렁탕으로 지냈고 지금도 주머니 안에 이삼십 전은 있지만 점심을 사 먹어서는 너무나 건방지다. 내일 일을 생각하니 점심을 사 먹어서는 안 되고 허기진 몸에 방안은 찌는 듯이 더워서 바람을 쐬러 밖으로 나오는 것이다. 뻥끼[184]를 칠한 푸른 벽에 어깨를 기대며 바람을 마신다.

---

183 연재분에는 스틸사진이 실리지 않았으나 배역과 배우 이름은 명기되어 있다.

어머니 다친 곳은 다행히 발목과 발등뿐이었다. 그러나 발등은 그 자리에서 증편과 같이 부어 올랐다. 주인집의 소개로 병원에 가기는 갔다. 의사는 그것을 보니 발등 안의 살이 약간 우그러진 것 같았다. 썩어 들어가기 전에 자르는 편이 좋으리라 생각하면서도 부은 것 내릴 약만 써주고 상관없으니 내일 또 오라 했다. 자르자는 선언은 차차 봐가며 하리라고 생각한 것이다. 그러나 이튿날 또한 어머니는 제-발 덕분에 돈 적게 들이고 나을 방식을 열 번 스무 번씩 의사 앞에 청했다.

〈그림 64〉 4.22.
기영: 김성운

그것은 주인집에게 미안해서 견딜 수 없는 까닭이다. 그래서 의사는 자르자는 말은 하지도 않으리라고 정해놓았다. "네- 낫습니다. 이 약을 발라가며 정하게만 하시면-." 하고 대답해 버렸다. 그래도 삼 주일이나 걸리겠다는 소리에 노인은 긴 한숨을 쉬었다. 사실 의사로서도 자기의 한 말이 아주 거짓말은 아니라고 인정한다. 안으로 약간 상한 살쯤은 자연(自然)의 힘이 낫게 해주리라는 믿음으로 자기의 양심을 위로했다. 그러나 그것은 의사가 잘못 해석한 것이다. 사실 자연의 힘으로 낫는 법이 많기는 많지만 그것은 건전한 몸을 가진 사람의 일이요, 노쇠해질 뿐인 기영 어머니에게는 조금 부적당한 소리다. 그러나 의사의 말이라 기영이는 안심을 얻었다.

　다리를 절름대면서도 주인집 일을 봐주어야 하는 어머니를 생각하니 기영이는 한 끼라도 더 먹고 있기가 괴로웠다. 얼른 올라가서 어머니의 고약값이라도 벌어서 보내는 것이 제일이었다. 그래서 부은 발등이 내리는 것을 기다리지도 못하고 뛰어 올라와 버렸다. 소식 없이 사흘 나흘씩 쉬어버린 '소바야'에는 다시 가야 소용이 없을 것 같았다. 설혹 다시 받아

---

184 페인트.

준다 한들 그 집의 일이란 것은 자기에게 아무 이익도 주는 것이 없다. 하다못해 글자 한 자라도 더 알아질 곳으로 가고 싶다.

먼 산 양정학교 편만 정신없이 바라보고 있으려니까 누구인지 자기를 유심히 훑어보고 있는 사나이가 앞에 섰다. 이분은 가던 길을 멈춘 것인지 이곳까지 온 셈인지 대관절 어찌하여 자기를 이처럼 훑어보는지를 알 수가 없다. 눈은 성난 황소와 같다. 입술이 두터우며 기운차게 생겼다. 그러나 상서롭지 않아 보이는 것이 정에 든다. 공장의 직공 모양으로 오 원 오십 전짜리의 검푸른 양복을 입었다. 구두가 다 떨어진다.

"당신 직업 얻으러 왔소?"

"-네?" 기영이는 웬셈인지를 모른다.

"당신 직업 얻고 싶으오?" 외국 사람보다도 딱딱하고 엉성한 조선말을 한다.

"-네-."

"당신 보통학교 마쳤소?"

"-네."

"고향이 어디요?"

"개성이에요."

"응 개성- 당신 부모 없소?"

"-어머니만 계세요."

이처럼 대답하기를 자기는 몇 번이나 했는지 이제는 밑뿌리까지도 캐서 바친 것 같다. 그중 대답하기 재미없던 언니의 신문사 직업까지 안 대답하지를 못했다.

"-그런데 왜 물으세요."

"응 가만있소-. 좋은 일이 있소…. 그런데 형님이 문예부장은 정말요?"

믿지 않는 이유는 무엇인가 하고 그 사람의 얼굴을 쳐다보았다. 그 눈은 아까보다 약간의 정다움을 보내주고 있다.

"-네…. 왜 그러세요."

"-좋소- 이리 오오." 하면서 바른팔로 몸을 싸준다. 같이 가자는 동작이다.

"나는 말이지-. 아니 가서 무어 먹으며 이야기합시다-. 배고프지?"

"…."

"… 갑시다."

이리하여 기영이는 알 수 없는 사람에게 다정히 이끌려 간다. 이 사람의 성은 '김'. 몇 해 전 해삼위에서는 수자의 가슴을 으스러져라 하고 껴안아 준 수자의 연인이던 사나이다.

66회, 1927.04.22

김은 수자를 볼 때 돈이 필요했다. 의지가지없으면서도 자기 하나를 믿음으로 마음 편히 지내는 수자를 볼 때 돈이 있어야만 하겠다. 불의의 짓으로 모은 놈의 돈을 빼앗는 것쯤이야 자기의 주의상 그다지 부끄러운 일은 아니다 하면서도 어쩐지 재미는 없었다. 세상은 이것을 '강도'라 부르지 않느냐. 그러나 수자를 생각하니 돈이 필요했다. 그래서 복면을 하고 뛰어 들어간 것이 돈도 몇 푼 못 얻어오고 그 이튿날로 잡혔다. 그래서 근 이 년을[185] 옥중에서 썩다가 빠져나오는 길로 조선에 와버렸다. 서울에 와서 사회단체들과 관계한 지도 벌써 여러 달 전이다마는 지금은 조선 이름으로 김광선(光先)이라고 부르니 설혹 수자가 어디서 그 이름을 들은 적이 있다 한들 알 수야 없는 일이다.

광선이는 이번에 숨어있는 유지로부터 삼백 원이란 돈을 얻어 가지고 남대문 밖 남산 밑에 늘어있는 토굴촌(土窟村) 안에다가 강습소 하나를 세웠다. 널빤지 바라크로 삼십 명쯤은 수용할 수 있는 놀이터에 임시 변

---

185 단행본에는 "일 년을".

소만 한 집이다. 그것이 일백오십 원. 그 옆에 자기가 유할 두 칸 조선식 바라크는 일백이십 원을 들여서 지었다. 회령 아저씨 집에 맡겨두었던 열다섯 먹은 누이동생을 불러다가 소위 집안일이란 것은 그 아이에게 맡기고 자기는 한 달 전부터 강습소를 시작했다.

시작할 당시에는 혼자서도 넉넉하리라 한 것이 해나가 보려니까 그렇지가 못하다. 자기가 꼼작달신만[186] 하면 학생들은 놀아야 하게 된다. 그러나 시내에 들어갈 일은 자연히 안 생길 수가 없이 자주 생겼다. 그래서 광선이는 서생(書生) 겸 선생 겸 한 명의 소년을 얻으려 한 것이다. 뒤로 돈 대는 이에게 한 명의 식구가 더 늘어야 하겠는데 좋으냐고 물으니 그야 무슨 문제냐는 듯이 말을 한다. 그래서 광선이는 사람을 얻으러 나섰다. 보통의 조선 풍속이면 식구 하나를 구하는 판이니 심사해 가지고 선택할 일이다마는 광선이는 마치 주춧돌 하나를 얻으러 나선 듯이 여겼다. 적임자인 듯한 소년만 만나면 끌어올 작정으로 동대문 밖 고학당을 향하다가 발견한 것이 바로 기영이의 직업 소개소 문턱에 청승맞게 서 있는 기영이의 몸씨의 애연함이 그의 시선을 잡은 것이다.

"그러니까 말야, 당신은 선생일 뿐 아니라 나의 아우 셈이요 또한 때때로 노동이라도 할 각오가 있으면 좋단 말이지ㅡ. 나는 학생들에게도 저녁 때면 무엇이든지 장사를 시킬 테야. 팔러 다니라고 할 테야."

이것이 광선이의 결론이다. 두 사람의 설렁탕은 이제는 국물밖에 안 남았다. 기영이로서는 더할 나위 없이 좋은 일이다. 어서 좀 이분이 써놓은 원고를 정서해 보고 싶다. 어서 좀 빈민굴에 가보고 싶다. 기영이의 가슴은 뒤집어 엎어진 듯이 기꺼워 뛰논다. 나는 훌륭한 사람이 된다.

"그런 각오가 있나?ㅡ 좋은가?" 마시던 그릇을 놓으면서 묻는다.

"ㅡ네!"

이까짓 것은 그만 마셔도 좋다 하면서 자기도 그릇을 놓고 자신 있게

---

[186] 원문 그대로임.

대답했다.

"그러면 가자구!"

그래서 기영이는 광선이의 인도로 토굴촌에 이르렀다. 도야지 나라의 상두도가[187]보다도 작고 더러운 초가집들이 푸른 솔밭을 배경 삼고 우묵한 터전에 깔려있다. 앞서 걷는 광선이는 동리 어구를 들어서부터 인사 받아내기에 분주하다. 생철 조각을 들고 놀던 어린아이, 고무신을 꿰매고 있던 탕건 쓴 중노인, 밥 짓는 마누라님과 싸우고 있던 술 취해 새빨간 얼굴, 작은 아이를 때리고 다라나는 아이. 그 모든 사람들이 반기며 황송히 읍한다.

"문 안에 갔다 오세요? 선생님." "네-. 오늘은 벌이가 얼마나 되세요."
하면서 지나간다. 광선이는 한 사람씩 지나놓고는 뒤에 따라오는 기영이에게 그들의 과거를 설명해 준다. 오 년 전만 해도 재산가이던 사나이, 삼 년 전까지는 신파 배우로 일류이던 사나이, 구한국 때는 육군 대위이던 사나이. 일일이 듣고 있으려니 염라국에나 들어가는 것 같다.

"오빠!-"

소리 나는 편을 건너다보니 어여쁜 처녀다. 남치마에 노랑 저고리. 생기 있게 웃는다.

"조것이 회령서 데려온 거야-." 하는 앞에 선 이의 설명은 열여섯 살이나 먹었다는 처녀를 토깽이 한 마리와 같이 여기는 모양이다. 처녀 뒤에서 있는 송판집은 자기를 기다리는 강습소가 분명했다. 기영이는 반가웠다.

"저게 학교지요!?"

"-응 저거."

기영이는 어서 가서 학교 정면이 보고 싶다. 앞서가던 선생님은 서 있는 누이동생의 뺨을 꼬집는다. "네 동무 하나 잡아 왔다."

---

187 상두도가(喪頭都家): 장례 기구의 대여와 판매를 하는 가게.

*기영 : 김성운[188]

67회, 1927.04.23.

어여쁜 꽃봉오리 안에 비밀을 열어보게 된 요사이의 햇발은 이미 철모르는 아이들은 아니다. 시큰둥한 머슴 놈의 팔목과 같이 억세고도 능청맞은 빛이 이곳 삼천동을 내려 누른다. 오 원에 세든 단칸방 부뚜막 위에도 장안만 한 응뎅이를 내려놓는다. 수자는 지금 그 부뚜막 위에 걸터앉아서 졸고 있는 고양이와 같이 꼼작도 안 한다. 이것은 할 일이 없는 여자들의 형상이다.

자기네들은 그저께 이곳으로 옮겼다. 한 달 전부터 운동하던 진국이의 취직터가 기호 떠나던 이튿날 오전에 소원하던 대로 결정이 되었다. 그 직업은 서대문 근처에 새로 생긴 '라디오 신문사'의 연예부 기자이니, 사회니 무어니 떠들던 진국이의 하반생은 가엾이도 기생과 광대집 출입으로 변해버렸다. 그리하여 월말이면 얻어온다는 돈이 십 원짜리 넉 장이다. 물론 그것은 일본인의 경영하는 곳이다.

어느 짐승의 피를 받은지도 알 수 없는 장사치 사장 앞에서 '하이!' 소리를 연방 해가며 머리 숙이는 진국이를 상상할 때 아내 된 이의 가져야 할 진국이에 대한 숭배는 먼 산에 걸히는 안개와 같이 사라진다. 그리하는 모든 것이 자기를 사랑하는 연고다 하고 그같이 해석할 줄을 모르는 바 아닌 자기면서도 사랑해지지 않음이야 어찌하랴. 몰지각한 기름 장사나 떡 장사의 딸이 아닌 수자로서 단지 옛 생각이 그립다고 '우리 남편은 진국이니라.' 하고 뛰어온 것이 잘못이다. 진국이의 이상대로 저 더러운 단칸방도 두 달이나 석 달 후면 세간도 깨끗이 정돈될 것이며 육칠 원짜

---

188 연재분에는 스틸사진이 실리지 않았으나 배역과 배우 이름은 명기되어 있다.

리의 라디오도 놓아질 것이다. 그러나 그것이 무엇이냐. 이렇게 사는 것이 과연 즐겁다는 가정이냐. 수자는 졸고 있는 고양이와 같이 꼼작도 않고 부뚜막에 앉아 있다. 이것이 할 일이 없는 여자의 형상이다. 하품의 시종(侍從)이다. 그러나 수자는 벌써부터 이 생활이 싫어져 온다.

"편지요–!"

누런 양복이 중문간에 들어선다. 수자는 내게도 있었으면 했다.

"여기 떠나온 이 있소?"

"–네. 수자에요?"

"엇소, 여기 있소."

문지방에 놓고서 돌아서 나간다. 수자는 엽서 하나 온 것이 몹시도 반가웠다. 편지에는 쪽지가 붙어있다. 고무공장의 '야마사키'에게 부탁해 놓았더니 그가 전송해 준 모양이다. 대구 있는 동무가 보낸 엽서였다. 이 동무는 동경서 사회운동이니 무어니 하다가 의학박사가 되어서 귀국하는 사나이와 어찌어찌 되어 가지고 연락선 신혼여행을 했다던 동무다. 일본말로 갈겼다.

"잘 있니? 안 군이 어디서 튀어나왔더란 말이냐. 참으로 너의 반생은 탐정소설이구나. 꽃과 나비와 같은 너희들의 스위트 홈을 이곳에서 축복하마. 나는 매일 심심해 죽겠다. 문둥병 치료소가 이 근처에 있다니 그 안에 뛰어 들어가서 그들을 위해 일하다가 죽었으면 시원할 듯이 갑갑하구나. 요사이는 또 야학 선생으로 나서셨단다. 심심하니 어찌할 수가 없더란 말이다. 지난날 동경의 생활이 그리워! 너와 및 너의 사랑하는 이의 건강을…."

그때나 지금이나 남성적인 동무의 형상을 그려 보느라고 오늘로는 처음인 미소를 얻었다.

"어– 어!" 소리 나는 편을 바라보니 진국이가 들어온다.

"어떻게 벌써 오세요?"

"수자 씨가 보고 싶어서."

수자는 속으로 고맙기는 합니다 했다.

"어디서 온 편지요?"

수자는 앞으로 오는 진국이에게 엽서를 내주었다. 한 손으로 엽서를 받으면서 한 팔로는 자기를 껴안아 키스한다. 남편뻘 되는 이의 강제라 재미는 없으면서도 응해주었다. 진국이의 스프링코트 안에서는 땀내가 난다.

"이 앞 근동에[189] 기사 얻을 곳이 있어서- 그래 들렀어."

진국이는 엽서를 들여다보기 전에 그같이 설명한다.

"점심 안 자셔도 좋아요?"

"아니…." 하면서 읽고 있던 진국이는 "지금도 말괄량이로군." 해버린다. 그리고 엽서를 도로 준다.

"서울은 문둥병 수용소 없지요?"

"-왜?"

"아니 글쎄요…."

수자는 자기가 생각해도 물어야 소용없는 말을 물었던 것이다. 사람에게는 그런 순간이 많다. 그러나 그의 가슴과 그의 말과는 언제든지 인연이 있는 것이다.

"-없지 아마."

"-토굴은 있다지요?"

무심중 말해 나가려니 사실 자기는 그런 데 가서 무엇인지 해보고 싶다.

"토굴이야 많을 걸- 남대문 밖 남산 밑에도 아마 있지…."

수자는 '그런 데 가서 일 좀 했으면요.' 하려다가 의논도 아니요, 신청도 아니요, 탄식도 아닌 어조가 나오는 듯해서 그만두었다. 나 혼자 우선

---

189 원문은 "이압간동에." 단행본은 "이압근등에"로 되어 있다.

내일이라도 가보지 하고 속으로 그같이 결정했다.
"-남산 밑에요?"

68회, 1927.04.24.

"아이고 망측해-. 잠도 무슨 빌어먹을 년의 잠이-."
 정애와 경식이 자는 방을 건너다보던 주인 여편네는 그 같은 욕을 하며 부엌으로 들어간다. 여태껏 밥값은 한 푼도 안 내고 밤이나 낮이나 잠으로만 세월을 보내려는 듯한 새파란 젊은 부부가 몹시도 미웠던 모양이다. 오늘도 벌써 열한 시나 넘었는데 언제나 일어나서 아침상을 치워주려는지 시선이 그편으로 가기만 하면 욕이 나온다.
 사실 지금 열한 시 반이나 되어온다. 식물원에 꽃구경 간 이들은 새소리 밑에서 점심을 펴놓으려는 시간이다. 그러나 정애와 경식이는 아직도 깰 날이 멀다. 생지옥같이 어두운 단칸방에 낮잠과 성교로 쇠약해진 두 몸이 때문은 이불 밑에 죽은 듯이 누워있다. 그들 머리맡에는 '쓰요루[190]', '백단유[191]' 등의 임질약 유리병이 어둔 밤 고양이 눈같이 반짝거리며 섰다. 물론 방 안은 지저분하다. 벌써 언제부터 세탁해 준다던 셔츠들은 한 보퉁이에 가득히 몰려있고 함부로 떤 담뱃재들이 방바닥 전면에 뽀얗다. 벗어 던진 양말짝은 경대에 걸려서 무동 선[192] 채 밤을 새웠다. 벽에 걸린 때묻은 의복들은 밤에 나오는 귀신의 형상이다.
 새로 한 시가 넘어서야 정애가 겨우 눈을 떴다. 베개 옆에는 봉투 편지 하나가 누워있다. 동래군 동래면 경식이 아버님에게로 갈 것이다. 이것은

---

190 일본의 명정(明正)제약 주식회사에서 발매한 임질약 ツキール. 1924~27년 사이 조선의 일간지에 광고가 실렸다.
191 백단유(白檀油).
192 무동(을) 서다. 남의 어깨 위에 올라서다.

어저께 자기가 잘 때 경식이더러 쓰라고 졸라놓은 것이다.

"아이고 빌어먹을 우표도 없담…."

정애는 혼자서 중얼거린다. 졸리는 밥값과 임질의 아픔과 경식이와 말다툼하는 것이 일과인 요사이의 생활에서 정애는 일본에 유학이 가고 싶다. 그러나 경식이는 매일 곰상스러운 계획만 하고 있다. 은사를 받게 된 퇴직 교원과 같이 '아버지가 몇백 원만 주시면-' 하고 한 채의 전세는 얼마면 얻느니, 타이프라이터 강습은 얼마면 하느니, 무슨 장사는 얼마가 들겠느니 하고 있다.

정애는 물론 그런 경식이가 싫었다. 그러므로 둘 사이는 말다툼이 때때로 있다. 그러나 그 풍파가 지나기만 하면 둘은 잊은 듯이 전과 같다. 지금의 정애의 심리가 확실히 사기꾼과 같다 할 수는 없는 일이지만 하여튼 경식이가 마음에 부족할 때가 많으면서도 그의 돈으로 공부를 하려고 든다. 차소위(此所謂)[193] 개성(個性)의 눈이 못 뜬 여자의 짓이다. 그리고 경식이와의 관계도 나이가 먹어 오면 한 번의 큰 풍파가 있을 것을 예상치는 못한다. 그러므로 자기들이 장래를 위해 애인에게 사람다운 용기를 부어줄 줄도 모르고 있다. 그는 일천구백이십칠 년도의 조선 처녀다. 그러나 깨달을 때가 있을 것이다.

경식이는 덮어놓고 이백 원이니 삼백 원만 보내달라고 매일 편지를 하는 모양이다. 그래서 정애는 엊저녁에 일본 공부시켜 달라는 내용으로 다시 쓰라고 했다. 동경의 유학으로 말하면 전일에 이미 승낙까지 맡았던 터요 또한 접때[194]의 아버님의 하시는 '공부라도 하지 않고 무엇을 하고 엎드렸느냐'고 꾸지람까지 하신 이 기회를 어째서 놓치려 드느냐고 정애는 졸랐다. 그러나 경식이의 대답은 귀찮게시리 공부는 더 해 무얼 하느냐는 것이 시종이었다. '싫으면 나는 당신도 싫다'고 정애는 버텼다. 그래

---

193 바로 앞에서 이야기한 사실을 강조할 때 쓰는 말. 이야말로.
194 오래지 아니한 과거의 어느 때를 이르는 말.

서 경식이는 정애의 소원대로 쓰지 않을 수가 없었던 것이다. 쓰기는 썼으나 삼 전 우표가 없다. 그러므로 편지는 베개 옆에 누워있다. 또한 누워있을 것이다.

정애는 일어나서 편지를 들고 안으로 들어갔다.
"주인 어머니! 나 삼 전만 주어요!"
주인 여편네는 창문을 연다. "그게 무슨 잡도리야.[195]"
"나 삼 전만 주어요."
그래서 정애는 이번에도 이것이 돈 달라는 편지라는 구실로 간신히 삼 전을 얻어 들고 밖으로 나왔다. 눈곱 낀 정애의 눈앞에도 봄은 너그러지게 전개되었다. 커다란 이층집들도 만날 사람이 있는 듯이 환-한 얼굴이었다. 푸르르거리고 다라나는 자동차의 맵시는 자랑 그 물건이었다. 온갖 것이 모두가 자기보다는 생기가 있어 보였다. 이 가련한 신세를 풀어줄 이는 너라는 듯이 정애는 포스트[196]의 쇠닫이를 열었다. 그리고 경식이가 그의 아버지에게로 하는 편지를 넣었다. 아마 성공일 것이다.

69회, 1927.04.26.

사흘 나흘이나 유치장 맛을 보던 기호는 이제야 경찰서 문을 벗어난다. 처음에 끌려 들어가니 주소 성명의 몇 마디를 물어 놓고는 자기네들끼리 무어라 수군거리더니 잠깐 들어가 있으라 한다. 왜 들어가라느냐고 물었다. 이런 법은 없으리라고 말했다. 그러나 기호는 쪽사랑하는 이의 편지 답장 모양으로 이편의 의론이 더 길어질수록 저편의 대답은 점점 간단해질 뿐이니 어찌할 수 없었다.

---

195 단행본에는 "잠들이야".
196 포스트[post]. 우체통. 우편함.

"웬 잔말야?"

 그래서 차디찬 방에서 하루를 새우고 그 이튿날 저녁때야 다시 불렸다. 오늘도 왜 가느냐고 묻는 것이 중요 골자인 모양이다. 그리고 속상하게시리 때때로 농담도 펴놓으려 든다. 자기네들은 그것이 문초하는 방식 중의 하나라 하겠지만 받아 듣는 이편이야 더 큰 모욕이 없는 것 같았다. 조사해 보니 신문사 ××사는 없어졌다는데 당신은 웬 것이 신문기자냐고 이죽거리신다. 기호는 대답이 자연히 거칠어진다. 엊저녁에 망하면 망했지 내가 서울을 떠날 때까지는 목숨이 붙어있었으니 어찌 신문사가 아니라고야 할 수 있느냐고 대답했다. 대답하며 생각하니 알면서도 그러는 것이 화가 나서 모욕지 말아 달라고 화를 내뿜었다. 그 후로는 아무것도 대답하기가 싫었다. 대체 이런 법이 어디 있느냐고 화풀이만 하고 싶었다. 그래서 얼마 후의 기호는 주먹으로 경부[197]의 테이블을 치고 있는 자기였다. 기호가 이다지 화를 내보기는 생후에도 처음이다. 처음인 그만치 노처녀의 사랑 모양으로 죽을 둥 살 둥을 몰랐다. 그래서 또다시 퐁퐁 있는 방으로 들어가게 되었다. 그 이유야 물론 더 좀 조사해 보겠다는 것이다.

 어둡고 찬 방에서 사흘을 보내는 동안 기호는 '인생'과 '미움'이란 문제를 생각해 보았다. 생각이라느니 보다도 실제의 경험한 오늘의 느낌을 가만히 바라보며 사흘을 보냈다. 이것은 생후에 처음 만나는 좋은 경험이다. 전일에도 '미움'이란 학설을 가지고 일이 년을 생각한 적은 있다. 그러나 그것은 학설이다. 이다지 확실한 느낌은 못 얻었었다. '그렇다! 나는 선(善)이므로 악을 미워한다.' '미움의 참을 나는 안다!' 사흘 동안의 어두운 방이 그에게 그 같은 진리를 주었다. 기호는 오히려 고마워서 빙글거리게 되다가 오늘에야 나왔다.

 그동안에 연락선은 두 번이나 떠난 것이 있었으니 동행하는 시악시는 벌써 갔을 것이다. 여관에는 먼저 가서 미안하다는 편지가 자기를 기다리

---

197 경부(警部): 대한 제국 때에, 경찰과 감옥에 관한 일을 맡아보던 관청.

고 있을 것을 상상하며 시가지를 걷는다. 붉은 해가 서산을 넘는다.
 "선생님!"
 가는 여자의 음성이 애달픔을 말하는 표현이다. 앞에 와 서는 여자는 향녀다.
 "어떻게 되셨어요!? 선생님."
 쉽사리 얻어볼 수 없는 감격이 기호의 가슴에 또다시 찼다. 나를 위해 기다려 주었다고 추측한 까닭이다.
 "웬일이세요. 안 떠나셨어요!?"
 "아니 저는…."
 반기는 여자의 얼굴이 자기의 추측에 틀림이 없음을 말해준다.
 "저는 지금도 그 앞에 가보느라고…."
 "경찰서에요?"
 "네-."
 기호는 너무나 고마웠다.
 "어떻게 안 떠나셨어요?"
 "…."
 '동행인데 모시고 가야지요, 저는 매일 두 차례씩 경찰서 문 앞에 갔답니다' 하기에는 어쩐지 부끄러운 향녀였다.
 그래서 향녀와 기호는 다시금 동행이 되었다. 그들은 오늘 밤 연락선에 떠난다. 이 둘은 장차 몹시 친해질는지도 알 수 없다. 그리고 기호가 집안 식구들을 불러오려고 들 때쯤이면 정애는 벌써 동경에 가 있는 사람이 되었을는지도 알 수 없다. 그리고 기영이는 자기의 생활이 너무 좋고 너무나 친한 동무와 떨어지기가 싫어서 안 간다는 답장을 할는지도 알 수 없다. 그리고 어머니의 한편 발목은 잘라버려야만 하게 되는지도 알 수 없다. 그리고 수자는 광선을 만나게 될지도 모른다. 그리하여 정거장조차 없이 진행하는 이 인생의 수뢰는 내가 이 자리에서 두 팔을 벌리고 막으며 '이것이 결말이다.' 해 보인들 소용이 없는 짓이다. 그는 진행한다. 그들의 지금이 만약 불행이라 하면 내년에는 행복일는지도 알 수 없다. 내년이 그르면 후년, 후년도 그르면 죽기 전에는 언제든지 행복이 올는지도 알 수 없다. 그것이 그르면 자식 대에라도 행복은 있다. 그러나 우리는 그것을 바라고 살라는 것은 아니다. 그때의 그 행복은 즉 지금 우리의 행복이다. 이 인간은 나의 이 몸이 언제든지 죽어 없어지는 것은 아니다. 언제든지 살아있다. 살아간다. 살고 또 살고 또 살아간다. 현대는 과학까지 이것을 증명한다. 그것을 모르는 사람이면 정말 죽는 것이다. 언제든지 옳은 것과 참됨과 아리따움의 힘을 믿고 나날이 반성함으로써 생활방책을 꾸미는 사람에게는 행복이 온다. 온갖 문제는 그곳에 있다. 그것을 지키는 이에게는 언제든지 어디서든지 행복이 있다. 그것이 즉 자기 지금의 행복이다. 그것을 모르느니만치 불행한 사람은 없다. 그리하여 불행한 그들은 죽음을 두려워한다. 오늘의 이 한날을 금수와 같이 지냄으로써 만족을 찾는다. 어리석은 일이다. 그리하지들 마라!

 밤은 일천구백이십칠 년 사 월 이십 일 밤. 북으로 향하는 연락선이 지금 기지개를 편다. 갑판 한 모퉁이에는 기호와 향녀가 서 있다. 배 안과 부두에는 흰옷으로 자욱하다. 뚜- 소리를 친다. 여름이면 자라서 뛰놀 바다가 아직은 별나라 밑에 고요히 잠들어 있다. 뱃머리는 은파를 가른다. (끝)

70회, 1927.04.27.

[해제]
흰옷 입은 무리들의 가련한 동화[*]

백문임

　총 70회 분량의 영화소설 「백의인」은 초창기 영화감독이자 평론가이자 극작가 이경손(李慶孫)[1]이 쓴 것으로, 1926년 『동아일보』에서 심훈의 영화소설 「탈춤」 연재가 끝나자마자 『조선일보』에 연재되었다. 「탈춤」과 마찬가지로 거의 매회 스틸사진을 실었으나, "금(禁) 무단촬영"이라는 저작권 관련 경고문구도 없고 이 작품이 영화화될 계획이라든가 영화화되었다는 기록도 없다. 이로 미루어, 감독이었던 이경손 자신도 영화화를 염두에 두고 이 작품을 집필했던 것은 아니었던 듯하다. 「백의인」은 1931년 영창서관에서 단행본으로만 출간되었다.

---

[*] 이경손의 「영화만담(2)」(『동아일보』, 1929.01.11.)의 다음 구절에서 빌려왔다. "항상 하는 소리입니다만 흰옷 입은 무리들이 좁은 개울[川], 모진 봉우리를 이리 뛰며 저리 뛰며 사진을 만든다고 하니 생각만 해도 가련한 동화(童話)가 아닙니까."

[1] 이경손의 생몰 연도에 대해서는 다양한 기록이 있다. 노만(『한국영화사(1964, 등사본)』)과 김익두(「이경손과 그의 희곡」, 『한국언어문학』 26, 1988), 김수남(「이경손의 한국영화 운동」, 『영화연구』, 1997)은 '1903년'에 태어났다고 말하며, 이영일(「(평전, 한국영화인 열전) 이경손 편」, 『월간 영화』 1977)은 1905년생이라 말하고 있다. 또 김종원의 『한국 영화감독 사전』(국학자료원, 2004)에는 '1904~1976,' 『식민지 시대 대중예술인 사전』(강옥희 외, 소도, 2006)에는 '1905~1978,' 강성률(「식민지 지식인의 엇갈린 선택: 이경손과 전창근」, 『내일을 여는 역사』, 2017)은 '1904~1978,' 안태근(『한국영화 100년사: 일제강점기』, 2023)은 '1904~1977.04.04.'라 생몰 연도를 기록하고 있다. 『경향신문』 1977년 1월 15일자에 강신귀 특파원이 방콕의 병상에 있는 이경손을 방문하여 인터뷰한 내용이 실린 것으로 보아, 사망 연도는 1977년 이후로 보는 것이 맞겠다.

「백의인」에 대해서는 이경손 관련 에피소드로 가끔 소개될 뿐[2] 평론이나 연구논문을 통해 본격적으로 다루어진 적이 없다. 일간지에서 막 '영화소설'이라는 장르가 인기를 끌 무렵인 1927년 초 연재되어 주목을 받았을 법한데, 이경손도 회고하듯 당시 "문단의 반응은 물론 일반 독자의 반응도 없었"[3]고 현재까지도 연재 소설의 맥락에서든 영화소설의 맥락에서든 관심을 얻지 못하고 있다.

나운규와 남궁운, 김정숙의 스틸사진을 동반한 새로운 형식으로 '영화소설'의 본격적 출발을 알렸던 심훈의「탈춤」연재가 끝난 직후, 「백의인」은 당대 영화배우로는 가장 인기가 많았던 신일선 및 김정숙의 스틸사진과 함께 연재되었다. 그러나 일단 근대적 소설이라기에는 늘어지는 전개와 리듬, 영화적 장면화보다는 변사의 해설조에 가까운 묘사 등으로 독자들부터 "재미가 없다는 투서"[4]를 받았던 것으로 보인다. 이경손 자신은 "2, 3일 동안 연재하다 경찰에게 중지당하는 일이 있더라도 우리의 비극을 똑바로"[5] 그리기 위해 조선 중산계급의 몰락을 다루려는 의도가 있었다고 하지만, 기호의 가족 언저리에 여러 초점화되지 않는 에피소드가

---

2 이경손이 「백의인」을 집필하게 된 계기에 대해 이경손과 김을한은 좀 다르게 회고하고 있다. 이경손은 조선일보사에서 일하던 김을한이 어느 날 "내일부터 영화소설을 연재할 테니 얼른 구상하십쇼. 그리고 배우들도 불러다 '스틸'을 찍읍시다. 내일 아침 일찍 내 사진기자와 함께 올 테니 준비해 두십시오."라고 하여 "이튿날부터 '스틸'을 찍고 연재를 개시했"다고 하는 반면(「무성영화시대의 자전」, 『신동아』, 1964), 김을한은 추운 겨울에 돈이 없어 밥을 굶던 이경손이 "장편소설을 하나 쓰는데 장차 그것을 신문지에 팔아서 밥값을 치르겠다는 꿈같은 계획을 이야기"하길래 본인이 조선일보 연재를 주선해 주었다고 쓰고 있다. 당시 조선일보 간부들은 이경손이 "무명작가라고 하여 맹렬히 반대"했었다고 한다.(김을한, 「추풍호신(秋風好訊): 이경손의 추억」, 『경향신문』, 1949.09.15.~09.19.) 한편, 안종화는 이경손의 회고처럼 김을한의 권유로 「백의인」 연재가 시작되었으며, 당시 조선일보의 학예부장 이익상이 반대했으나 "인기 있는 영화감독의 글이니 그런 대로 독자가 있을 것이라는 을한의 주장이 관철되"(『한국영화측면비사』, 142쪽)었다고 기록한다.
3 이경손, 위의 글.
4 김을한, 위의 글.
5 이경손, 위의 글.

나열되는 이 작품을 통해 그 의도는 거의 형상화되지 않았다.

하지만 당시 '영화'를 둘러싸고 다양하게 생산되었던 글쓰기의 하나로 「백의인」에 접근할 때, 우리는 몇 가지 층위의 이야기를 해볼 수 있을 것이다. 첫째, 이경손의 '항일(抗日)' 이미지와 이 작품을 연관 짓는 일련의 담론화가 있다. 이경손은 '나운규를 데뷔시켰다, 길러냈다'고 평가받을 정도로 조선영화의 시작과 함께 등장한 사람으로서, 〈장한몽(1926)〉, 〈춘희(1928)〉 등 "1920년대 감독 가운데 나운규와 맞먹을 만큼 많은 양의 영화를 연출"[6]한 후 1929년 가을[7] 상하이로 떠났고, 1932년 '상하이 사변'이 일어나자 태국 방콕으로 이주해 거기에서 생을 마감했다.

〈그림 1〉 1931년 영창서관에서 출간된 단행본 표지

그가 조선을 떠난 계기 중 하나로 지적되는 것이 바로 「백의인」 연재인데, 그 내용이 문제가 되어 피검된 후 가까스로 석방되었다고 한다.[8] 하지

---

6 강성률, 앞의 글.
7 이경손이 상하이로 떠난 시기에 대해서도 1928년 설, 1929년 설 등이 있다. 이경손은 1928년 천진(天津)에서 관람했던 영화들을 소개하는 글(「중국영화의 현재」, 『동아일보』, 1928.12.26)을 쓰는 등 중국을 다녀온 적은 있으나, 상하이 방문은 몇 차례 실패했다고 말한다. 그러다가 마침내 정기탁이 "자기가 일하고 있는 상해 대중화영편공사의 촬영감독으로 나를 소개하였으므로 억지로나마 여행증명을 맡을 수가 있었"다며, 상하이 도착 직후 "내가 초청되었던 대중화영편공사는 흥행에 실패하고 문을 닫게 되"었다고 회고하고 있다.(「상해 임정시대의 자전」, 『신동아』, 1965.) 이경손과 비슷한 시기에 상하이에 머물렀던 이필우는 '대중화영편공사'가 29년 10월 말경 해산되었다고 말하고 있고, 조선에서 이경손의 활동이 1929년 5월말까지 일간지에 소개되었던 것으로 보아, 이경손의 상하이행은 1929년 가을이었을 것으로 추측된다. 이후 『조선일보』 1930년 5월 27일자에는 「상해에서 이경손 씨 최근의 편지」가 소개된다.
8 현재까지 확인한 바 이런 내용을 언급한 자료는 경향신문의 기사 두 개((1)강신귀 특파원, 「끝없는 장한몽: 망향 48년 태국서 투병하는 한국 최초의 항일 영화감독 이경손 씨」(1977.01.15.), (2)「여적(餘滴)」(1977.01.17.)) 뿐이다. (1)에는 이경손이 "독립운동

만 이와 관련한 공식적인 자료는 현재 발견할 수 없다. 이경손 자신은 1964년의 회고에서 어느 날 군산의 지인이 찾아와 "군산 경찰서의 중촌(中村)이란 소위"가 「백의인」이 "나쁘다"고 말하며 펄펄 뛰고 있다는 말을 전했다고만 쓰고 있고, 그 이후 체포되었다든가 하는 언급은 하지 않는다. 상하이 생활을 자세히 기록한 글에서도 관련 내용은 찾아보기 힘들고, 「백의인」 연재에 관여했던 김을한이 1949년 이경손에 대해 쓴 글[9]이나, 이영일의 평전,[10] 그리고 해방 후 주요 영화사(『한국영화전사(이영일)』, 『한국영화발달사(유현목)』, 『한국영화측면비사(안종화)』)에서도 마찬가지다. 이경손 자신은 1965년의 회고에서 "당시 이땅에서는 삼척동자까지도 상해를 그리워했으니 그것은 우선 상해가 서울보다 크고 화려했을 뿐 아니라, 거기에는 자유가 있었고, 그 꼴 보기 싫은 일본 놈들이 없었고, 게다가 우리의 임시정부가 있는 광복의 보금자리였기 때문"이라고 서술하며 마침 정기탁의 초청이 있어 상하이에 갈 수 있었다고 말하고 있다.

물론 「백의인」에는 일본인 형사와 경찰서 취조실, 고문받는 사람들을 묘사하는 장면, 그들에 대해 기호와 수자가 조소하는 장면, '백의인'이라는 민족주의적 상징에 호소하는 장면 등이 있다. 하지만 그런 부분들의 수정이나 삭제 없이 「백의인」이 그대로 1931년 영창서관에서 단행본으로 출간되었음을 염두에 둔다면, 이경손의 상하이행을 이 작품에 대한 어떤 정치적 탄압과 결부짓는 것은 무리인 것으로 보인다. 다만 블라디보스톡 – 동경 – 간도 – 경성을 좌표로 이동하(고 싶어하)는 작중인물들의 욕망은

가를 소재로 한 소설 「백의인」을 집필, 왜경의 손에 잡혀 고초를 겪었"다고 쓰여 있고 (2)에는 "1929년 왜경에 잡혀 고초를 겪게 됨으로써 그의 파란많은 일생이 시작되었다. 간신히 풀려나자 더 이상 일제의 탄압을 견딜 수 없어 상해로 망명, 독립정신을 고취하는 영화를 만들며 항일전선에 나섰다"라 기록되어 있다. 특히 (2)의 필자는 "우리 영화의 선구자로서, 또 항일투사로서 파란많은 그의 생애를 위로해줄 조국의 따뜻한 선물이라도 있었으면 좋겠다"고 글을 맺는다.

9 김을한, 앞의 글.
10 이영일, 「[평전·한국영화인 열전] 이경손 편」, 『월간 영화』, 1977.

이경손의 그것과 무관하다고 할 수는 없어 보인다. 어쨌든 상하이에 간 후 영화 〈양자강(揚子江, 1930)〉을 만들고 임시정부의 3.1절 기념행사에서 "항일극"[11]을 연출했던 이경손의 행적은 「백의인」에 대한 소문과 함께 그를 '항일 영화인'으로 담론화하는 데 일조하고 있다.[12]

둘째, 「백의인」의 연재를 시작할 무렵 이경손은 '영화소설'이라는 것을 '스틸 사진을 첨부한 연재 소설' 정도로 인식하고 있었던 것으로 보인다. 심훈의 「탈춤」에서 시도되었던 카메라 시점의 객관적 묘사는 이 작품에서 거의 운용되고 있지 않고, 서술과 대사는 너무 장황하다. 그러나 이것은 영화적 장면화 기술의 부족 때문이라기보다는 이경손이 장편 연재 '소설'을 처음 써보기 때문에 생겨난 문제가 아닐까 한다. 그는 이미 여러 편의 영화를 각색하고 감독한 경험을 갖고 있었으며, 바로 다음 해 『문예, 영화』에 게재한 영화각본 「그의 죽엄」은 체홉의 단편소설(「관리의 죽음(1883)」)을 영화화할 때 쇼트를 어떻게 구성해야 하는지에 대한 감각을 잘 보여주기 때문이다.

그래서 「백의인」에서 가장 힘이 들어간 부분은 신일선, 김정숙 등 배우들의 스틸사진이라 말해야겠다. 특히 이 작품이 연재되던 1927년은 '신일선의 해'라 말할 수 있을 정도로, 영화, 연극과 음악 무대, 라디오, 신문 등이 신일선의 얼굴과 활동으로 장식되어 있었다.

"일찍이 한 무명의 소녀로서 향토애화 〈아리랑〉 일편에 출연하여 갑자기 명성이 높아진 신일선. 망망무애(茫茫無涯)한 쓸쓸한 사막에 솟아오르는 한 줄기 오아시스와도 같이 그 천성의 순진한 성질과 요염한 자태로써 소조낙막한 조선영화계에 군림하여 전 조선의 '키네마팬'을 열광케 하던 신일선."[13]

---

11 이경손, 「상해 임정시대의 자전」, 『신동아』, 1965.
12 1964년 『신동아』의 편집자는 "원고의 첫머리에는 필자가 이 글을 고 김구 씨와 상해 임정 경무부장이던 고 김동성 씨에게 바친다는 헌정사"가 붙어 있었다고 밝히고 있다.
13 「일시 소문 높던 여성의 최근 소식(7): 영화계의 화형 신일선」, 『조선일보』, 1928.01.09.

〈아리랑(나운규, 1926)〉으로 일약 스타가 되었고 「백의인」이 연재되기 직전 이경손 감독의 〈봉황의 면류관〉에 출연했던 신일선은 1927년 한해에만 영화 〈괴인의 정체(김수로)〉, 〈야서(野鼠, 나운규)〉, 〈금붕어(나운규)〉, 〈먼동이 틀 때(심훈)〉에 출연했으며, 각종 음악회나 연극무대에서 연기를 하거나 노래를 불렀고, 신극운동단체 '백양회'와 '산유화회'의 발기인으로 활동했다. 그는 「백의인」의 뒤를 이어 연재된 최독견의 영화소설 「승방비곡」에서도 주인공 은숙 역으로 스틸 촬영을 계속했고, 라디오 방송극에도 출연했다. 이 모든 활동은 일간지를 통해 어김없이 그의 사진과 더불어 소개되었는데, 동아일보에서는 「표정 연구 : 신일선」이라는 10회짜리 기획물을 통해 "원한", "만족", "빈정거림" 등 다양한 표정을 짓는 신일선의 얼굴 사진을 싣기도 했다.[14] 1927년 당시 16세였던 신일선에 쏟아지던 스포트라이트는 그가 돌연 결혼을 하여 전라도로 내려가고 출산까지 하자 좀 잦아들었지만, 1933년 그가 컴백할 때까지 각종 평문과 기사들은 지속적으로 가십거리를 만들어내고 있었다.

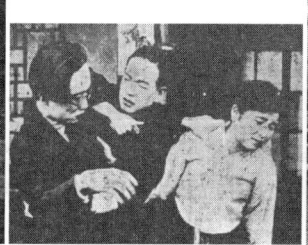

〈그림 2〉 배신한 경식(박덕양 분)을 질타하는 정애(신일선 분)

〈그림 3〉 술집에서 우연히 마주친 기호(이소연 분), 기영(김성운 분), 정애(신일선 분)

〈그림 4〉 수자 역을 맡은 김정숙

---

14 『동아일보』, 1927.02.18.~03.05. 여기에 대한 흥미로운 분석은 이화진의 『소리의 정치 : 식민지 조선의 극장과 제국의 관객』(현실문화, 2016, 194~199쪽) 참조.

「백의인」에서 신일선이 맡은 역은 "구한국 시대 문관"을 지냈던 집안의 철부지 딸로, 여학교를 다니다가 경식이란 법학도를 만나 자퇴와 가출을 하고 배우 일도 하다가 성병에 걸려 룸펜 생활을 전전하는 정애다. 한 인터뷰에서 그는 자신의 "장기"가 "철모르는 처녀의 역"이라고 답했는데[15], 〈아리랑〉부터 조선영화의 중심 '사건'이 주로 돈 많은 악한에게 빼앗기는 여성의 신체('정조')를 중심으로 구성되었다는 것을 염두에 둘 때, 신일선은 그렇게 탈취 혹은 거래되는 신체를 담지한 "철모르는" 존재로서의 페르소나를 대표한다고 할 수 있겠다. 〈아리랑〉에서부터 나운규가 계속 악한으로부터 구출해 내는 여성들 역시 대부분 신일선이 맡은 캐릭터들이었다.

수자 역의 김정숙은 이경손의 영화 중 가장 흥행에 성공했다고 알려진 〈장한몽(1926)〉에서 심순애 역을 맡았던 배우로, 「탈춤」에서는 여주인공 혜경 역을 맡아 스틸에 출연했으며 영화 〈약혼(1928)〉, 〈화륜(1931)〉 등에 출연했다. 「백의인」의 수자는 블라디보스톡과 동경과 조선을 오가는 행보 속에서 미스테리한 정열을 드러내는 여성으로, "사회단체"에 관여하는 김광순과 사귀었던 전력 때문에 형사의 취조를 받고 경성에 와서는 공장에 다니며 노동운동 조직에 관여하는 혐의로 또 감시의 대상이 된다. 그녀가 경찰서에서 모욕을 당한 후 쥐약을 구입해 자살을 시도하고 또 소생하는 과정, 옛 사랑 안진국을 만나 살림을 차린 후 일상에 매몰되는 그에게 환멸을 느끼고 "문둥병 수용소"나 "토굴"에서 사회 활동하기를 꿈꾸는 심리 등은 이 작품에서 가장 인상적인 부분이다. 어머니와 동생들을 부양하느라 지친 기호에게 수자는 영원히 가 닿을 수 없는 존재로 그려지는데, 그 저변에는 사회활동에 대한 수자의 이런 열망이 깔려있다. 이국에서 습득한 어떤 고고한 이상을 품고 있는 수자는 "철모르는 처녀"로 타락의 길을 걷는 신일선의 정애와 대조되며, (기호의 간도행이 극적으로 보여

---

15 「영화배우 순례(10): 신일선」, 『조선일보』, 1927.06.01.

주듯) 은밀하게 작품 전체의 구도를 바꾸는 역할을 한다.

주인공 기호 역의 이소연은 그림 공부를 위해 동경 유학을 갔다가 관동대지진으로 돌아와 이경손 감독의 〈봉황의 면류관(1926)〉에 출연했던 배우다. 1928년 〈혈마〉, 1934년 〈전과자〉 등에 출연했고 '토월회,' '산유화회' 등에서 신극 활동, '경성방송극협회'에서 라디오 드라마 활동을 하며 1931년에는 박승희가 조직한 '경성방송극협회'에 참여했다.

기호의 동생 기영 역을 맡은 김성운에 대해서는 알려진 정보가 없는데, 1934-36년 발매된 음반 목록과 라디오 드라마 편성표에 가끔 그 이름이 등장한다. 1935년 「총석정(이광수 작)」, 「금반지(이운방 작)」 등의 프로에는 이소연과 김성운이 같이 출연하기도 했다.

한편 경식 역의 박덕양의 이름은 1926년 조선일보의 연재 만화 「멍텅구리」의 영화화를 알리는 기사와 연작소설 「홍한녹수」(1926)에 삽입된 실연 사진, 안종화의 『한국영화측면비사』에서 발견된다. 「조선의 영화제작계: 〈멍텅구리〉를 촬영 중인 반도키네마 제성(諸星)」이라는 연재 기사에서 박덕양은 과거 4, 5년간 "키네마계"에 관심을 가져왔고 이필우와 함께 '반도 키네마'를 만들어 고문직을 맡고 있으며 앞으로 "촬영소 경영"에 헌신할 것이라 소개된다.[16]

한편, 안종화는 『한국영화측면비사』에서 "명문의 집 아들" 박덕양이 〈봉황의 면류관〉 촬영 현장에서 알게 된 신일선을 사모하다가 실연당해 1926년 12월 열차에 투신자살했다고 쓰고 있다.[17] 하지만 해당 사건을 알

---

16 「조선의 영화제작계: 〈멍텅구리〉를 촬영 중인 반도키네마 제성(諸星) (1)」, 『조선일보』, 1926.01.02.
17 안종화, 『한국영화측면비사』, 현대미학사, 1998, 107~109쪽. 신일선도 1970년의 회고록에서 박덕양의 죽음에 대해 기록하고 있는데(신일선, 「남기고 싶은 이야기들(7)」, 『중앙일보』, 1970.11.28.), 연도와 디테일이 안종화의 것과 매우 유사하다. 안종화의 책이 1962년도에 처음 출간되었던 것을 염두에 두면, 신일선이 회고록을 쓸 때 그 책을 참고로 했을 가능성이 높다. 실제로 신일선이 이 회고록에서 거론하는 여타의 에피소드들도 안종화의 『한국영화측면비사』와 비슷한 내용이 많다.

리는 신문 기사는 1929년 8월, "경성 민모(閔某)의 사위로 문벌도 상당"한 박덕양이 경원선 열차에 뛰어들었다는 정보만 다루고 있으며, 이때 신일선의 이름은 언급되지 않는다.[18] 이름 한자가 같고 안종화가 박덕양의 형인 박문양과 더불어 박덕양에 대해 상당히 구체적으로 기록하고 있어, 이 박덕양은 동일 인물로 보인다. 그러나 어쨌든 사망 시기에는 큰 차이가 있고 신일선과의 관계 문제도 확인하기 어렵다.

---

18 「청년 자살 원인은 의문. 박덕양으로 판명」, 『동아일보』, 1929.08.17.

김영팔 작, 안종화 각색, 시나리오 「싸구료 박사」[*]

『동아일보』, 1931.09.12.~10.25.

▲ 촛불

=서사(序詞)=

뭇 인생들은 성격상으로 혹은 약하거나 또는 강했던 과거를 가져온다. 그리하여 작일을 탄식하게 되며 명일을 밝히려고 버둥대는 것이 이제 이 현실 속에서 헤엄하고 지나는 백성들의 연극인 바이다. 이들의 발자국을 접사(接寫)해 보자.

명맥이 다하기 전까지는 돈과 지위에 교사스런 추파를 보내며 온갖 잔인성을 다 드러내는 자도 있으며 또는 순정에 울고 정의로써 겨뤄가는 무리도 있다. 이런 공기 속에 거미줄을 늘이고 있는 인간 부락 안에도 가장 착함 '선(善)'을 다해 바치려는 약

〈그림 1〉 9.12.
스틸 촬영 - 안병욱(安秉旭),
싸구료 박사 : 윤봉춘(尹逢春),
제공 - 고병돈(高炳敦)

해빠진 인종이 생겨나고 또한 이들은 제 평생을 운명으로 제사해 버리려 하는 것이니 이곳에 이들은 참담한 인간살이의 역사를 짓고 가는 것이다.

---

[*] '장사하는 사람이 물건을 팔 때 값이 싸다는 뜻으로 외치는 소리'인 '싸구려'가 맞는 표기이나, 이 작품의 제목이자 주인공의 이름(별명)으로 나오기 때문에 원문 표기 그대로 쓴다.

함에 「싸구료 박사」는 이들 부락을 향해 우선 제일편[1]을 밟는 것이다.

▲푸른 하늘[창공(蒼空)]
여름날 장마 뒤끝에 불시에 맑게 갠 하늘이다. 흰 구름 점이 뭉게뭉게 흩어져 있다.
(회전) 지상(地上)으로 향해서

자막

용명(溶明)

가로수 있는 언덕에 이르러 (회전 지(止))
▲구루마[2]를 곁에 놓고 앉아서 다리를 쉬는 노옹 (이동 전진)
옹의 (전신 접사)
수척해 보이는 그의 얼굴은 핏기가 하나도 없이 쭈글쭈글하게 말라빠져서 볼은 움푹 패이고 턱 밑으로 희끗한 수염 털이 많지 않게 들러붙어 있다. 이따금 몸을 움직일 적마다 이마와 목덜미 사이로 불끈 내솟는 힘줄은 한층 더 노쇠한 것을 드러낸다. 그는 종일토록 구루마에 시달려서 퍽 피로를 느끼며 더욱 하루살이의 벌이가 예산을 어겼음에 은근히 마음이 괴로워하는 모양이다. 정면을 힘없이 내려다보고 나서는 돈주머니를 끌러서 잔돈을 세어본다. 그리고 을씨년스럽게 머리를 긁적이며
▲(반신) 일어서서 주머니 끈을 다시 단단히 졸라매고
▲(근접) 구루마에 실려있는 물품을 매만져 놓은 후 채를 잡는다. 그리고 자기조차 알지 못할 일종 버릇에 가까운 한숨을 '휘-이' 내뿜으며 천천히 (용전)

---

1 제일편(第一篇): 여러 편으로 된 시문(詩文)이나 서적 중에서 첫째 편.
2 표준어는 '수레'이나, 원문의 뉘앙스를 살리기 위해 그대로 둔다.

▲ (횡(橫)반신-이동) 걷기 시작한다. (이동 중 카메라 회전)
『구루마 끝에 달린 깃발로』
=싸구료 박사=라고 먹으로 굵직하게 써서 꽂혔다. 이따금 바람결에 채일 적마다 팔팔 나부낀다.
▲ 촌가 멀리 보인다.
석양
게딱지 모양으로 옹기종기 들러붙은 마을
저녁을 아뢰는 굴뚝 연기들은 실뱀 모양으로 흘러서 하늘로 흩어진다.
▲ (횡반신-이동 속(續)) 싸구료 박사는 걸음을 멈추며 (이동 지)
앞을 유심히 바라본다.
(카메라, 박사의 반신을 벗어나서 보는 쪽으로) (회전)
가로수 있는 길바닥 그 앞에 죽은 듯이 웅성거리고 쓰러져 있는 어린애가 보인다.
▲ (반신) 싸구료 박사
그냥 모른 체하고 지나가기에는 너무나 마음이 괴로웠던지 그는 우두커니 선 채 다시 한 번 살펴본다. 늙은이의 부실한 시력인 만큼 한쪽 눈을 찌긋이[3] 하고 내려다본다.
▲ (전신) 소동(小童)
일어날 듯이 꿈지럭댄다.
▲ (반신) 싸구료 박사
그제야 겨우 안심이 되어서 구루마 채를 슬며시 놓으며 눈물이 끈적이는 눈을 손으로 비비고
▲ (근사) 곁으로 가까이 가서는 들어 깨운다.[4] – 그제야 움찔하고 벌떡 일어나 앉으며

---

3 ① 눈 따위를 슬쩍 찌그리는 모양. ② 남의 옷자락을 슬며시 잡아당기는 모양.
4 원문은 "깨인다."

▲(대사) 이상한 듯이 쳐다본다. 알록달록하게 때가 들러붙은 조그만 얼굴에는 아직도 졸음이 남아서 눈이 풀려가지고 바로 떠보지 못한다.

01회, 1931.09.12.

▲(근접) 싸구료 박사
애를 바라보매 비록 꼴은 추잡해 보일망정 마음에 퍽 귀여웠다. 빙긋이 웃으며

자막

이 녀석아 정신 좀 차려라 어서―

하고 비로소 말을 건넸다.
소동은 그제야 좀 신기가 도는 듯이 빙그레 웃으며 허리춤을 긁적인다. 흙과 때투성이로 된 꾀죄죄한 운동복 바지에다가 쿨넝한[5] 셔츠 하나만을 입은 꼴은 퍽 초췌하게 가련스러워 보인다.
그러나 얼굴만은 비록 때에 묻혔을망정 거지 애와 같이 단작스럽게[6] 깜찍스러워 보이는 상은 아니다. 둥글게 생긴 얼굴판에다 큼지막하게 또렷한 두 눈은 어느 모로 뜯어보든지 귀염성과 총명이 있어 보인다.
벌떡 일어나서 궁뎅이 닿던 쪽을 돌이켜보고는 무엇에 물린 듯이 몹시 긁적인다.
▲(지면(地面)-하체) 뭉툭한 조그만 발
곁에는 공기 놀던 바둑돌이 소복이 쌓였다.
▲(반신) 싸구료 박사

---

5 원문 그대로임.
6 단작스럽다: 하는 짓이 보기에 치사하고 다라운 데가 있다.

그의 하는 양을 물끄러미 들여다보다가

자막

| 너 집이 어덴구? |

하고 물어본다. 소동은 머리를 절레절레 흔들면서
"집이 어대 있나요- 없세요." 대답한다. 싸구료 박사는 애의 손목을 어루만지며
▲(대사) 측은해하는 얼굴
가엾은 한편으로 애의 정체를 알아보고 싶어서

자막

| 그러면 아버지도 어머니도 계시지 않구나? |

▲(대사) 소동
"네." 대답하고 쳐다보는 얼굴에는 슬픈 기색이 떠돌았다.
▲(대사) 싸구료 박사
그윽이 침울한 기분에 싸이며 '오- 너 역시 가여운 고아로구나.' 이렇게 혼자 입속으로 떠도는 탄식을 하며 눈을 슬며시 내리감는다.
▲(근사) 소동은 주먹으로 눈가에 글썽글썽한 눈물을 훔치며 앞에 소북 쌓인 바둑돌을 하나둘씩 골라서 치뜨리며 공기를 논다. 싸구료 박사는 이윽히 감고 있던 눈을 뜨며 소동의 머리를 쓰다듬는다. 그리고 창연해서 하며

자막

| 그러면 너는 어떡해서 이렇게 되었단 말이냐? |

또다시 한 번 물었다. 소동은 얼굴을 쳐들며 얼른 대답을 못 하고 주저한다. (카메라 이동 전진)
(대사) 소동의 얼굴
(이중으로) 화면 전체에 물결 사나운 파도가 뒤덮이며 소동의 얼굴은 점점 희미하게 흐려진다.

▲곡마단 내부
곡예사들이 출입하는 막(幕) 입구로서 소동이 뛰어나온다. (용전)
▲관중석 일부
손바닥들을 치며 환호한다. (용전)
▲궤짝 위로 소동은 기어 올라가서 뒤로 허리를 재어서 곡예한다.
▲'피에로'를 우습게 분장한 희연사(戱演師)가 곁에 서서 조연하고 있다. 배우들 출입하는 쪽
▲(대사) 포장 사이로 내다보는 눈
▲(접사) 허리를 재었던 소동은 몸 돌리려다가 굴러떨어진다.
▲(대사) 피에로(희연사)
당황한 표정으로 화면을 벗어난다.[7]
▲관중석
"와—"하고들 일어선다.
▲(대사) 포장 사이로 내다보던 눈. 험상스런 얼굴이 쑥 나오며 노기를 띤다.
▲소동은 달려 들어가고 '피에로'만이 홀로 떨어져서 관중석을 향해 사죄하는 의미로 굽벅거린다.
▲막 안

〈그림 2〉 9.13.
스틸 촬영 - 안병욱,
피에로 : 장암(張岩), 제공 - 고병돈

---

7 원문은 "벗어진다."

소동이 뛰어 들어오다가 깜짝 소스라쳐서 멈추며 얼굴이 해쓱하게 질린다.

02회, 1931.09.13.

▲곡마단 감독
뱀 길이만 한 가죽 채찍을 손목에 휘감아 쥐고 노려보고 서 있다가
▲(근접) 소동의 서 있는 쪽으로 어슬어슬 가까이 들어간다. 소동 공포에 싸여서 발발 떨며 어찌할 바를 모르다가
▲(대사) 구석진 곳으로 몸을 피해서 들어갈 제
▲(근사) 감독 날쌔게 달려들어서 덜미를 잡아
▲(지면) 팽개친다. 엎드러진 소동의 몸에는 가죽 채찍이 두터서[8] 휘감는다.
▲(반신) 감독 눈을 부릅뜨며 마치 주린 승냥이가 고기를 앞에 놓고 집어삼킬 듯한 형세로

자막

이년의 새끼 뉘를 망해 놓으려고…

"그러느냐." 하고 채찍을 번쩍 들어서
▲(지면) 소동의 몸을 후려갈긴다. 아픔을 견디지 못하는 어린것은 비명을 내지르며

자막『자선(字線)이 굵게 면(面)으로 홱』

살려줍쇼.

---

8 원문 그대로임.

하고 떨면서 빈다. 또 한 번 채찍이 내려진다.

▲ 포장[막(幕)] 입구
(반신) 피에로 놀란 얼굴로 나타나서 황급히

▲ (근사) 감독 곁으로 달려들어서 채찍 쥔 팔목[9]을 붙잡고 "한 번만 더 용서해 주시죠." 하며 애걸한다. 감독 한층 더 격분해서 피에로의 볼을 쥐어박으며 "너는 무슨 참견야." 소리를 꽥 지른다.

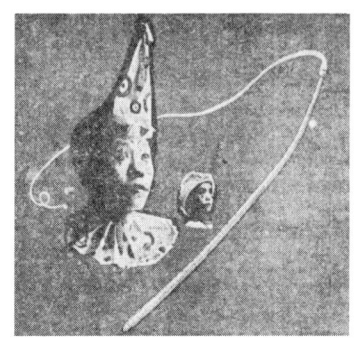

〈그림 3〉 9.15.
스틸 촬영 - 안병욱, 수남 : 정호(貞浩),
피에로 : 장암, 제공 - 고병돈

▲ (반신) 피에로와 감독
피에로 아픈 것을 참으며 다소 신경질적으로 안색이 변하며 또 한 번 용서를 빈다. 감독은 이를 악물고 또다시 달려들어서 쥐어박는다.

▲ (지면) 엎드려져 있던 소동은 이 틈을 타서 땅바닥으로 닿은 장막을 들추고 몸을 빼쳐 나간다.

▲ (장막 밖)
빠져나온 소동은 사방을 살펴보고 나서 홍녁케[10] 도망질친다. (용전)

▲ 농중조(籠中鳥)[11]
농 속을 벗어나서 날아간다.

자막

> 이렇게 마수를 벗어난 가엾은 조그만 생명은 그날그날을 거리의 룸펜으로 방황한다.

---

9 원문은 "팔호목".
10 원문 그대로임.
11 ① 새장 안의 새. ② 얽매여 자유가 없는 몸을 비유적으로 이르는 말.

▲공원 벤치
주등(柱燈)의 희물그림한 전광은 벤치 위에 꼬부리고 드러누운 조그만 얼굴에다 창백히 흘리운다. 순사 그 앞으로 지나다가 칼자루로 쿡쿡 찌른다. (용전)
▲어두운 거리 (원경)
멀-리 아득하게 걸어가는 조그만 그림자 보인다.
▲(대사) 소동의 얼굴
슬프게 이야기 끝을 막는다. (이동 후퇴)
(근사) 싸구료 박사 이윽히 무엇을 생각하고 나서 소동의 손을 꼭 쥐며

자막

| 네 이름을 무엇이라 부르노. |

▲(대사) "저-저" 하고 한동안 머뭇거리다가

자막

| 거기선 일본말로 이름을 불렀세요. |

▲(대사) 싸구료 박사
기막힌 듯이 "허- 네 본명은 모르는 게로구나." 하고 탄식을 하며 입을 뗀다.

자막

| 자- 그러면 네 이름을 새로이 하나 지어서 부르자꾸나. 옳지- 수남(壽男)이라고 하자. |

쓸쓸한 낯에도 퍽 인자스러이 웃음을 띠면서

자막

수남아―

▲ (근사) 불러본다. 수남이 고개를 번쩍 쳐들며 "네?" 대답한다. 싸구료 박사는 손목을 붙잡아 일으키면서 "자― 이제부터는 너, 나하고 함께 가서 살자꾸나. 이 할애비하고." 의향을 떠보려는 듯이 말한다. 수남이 퍽 기뻐하며 싸구료 박사한테 안긴다.

▲ (반횡(半橫)근사) 싸구료 박사는 힘없이 구루마를 잡으며 수남이를 앞장세우고 천천히 걷는다.
(회전)
석양길 점점 멀어지는 두 그림자 (용암)

03회, 1931.09.15.

자막 (용명. 암)

그날― 밤

▲ (용명) 방 안
얕은 반자[12] 구석에는 먼지 같은 거미줄이 늘어져 붙어서 한들거린다.
(카메라 회전)
빈대 피가 을크러져[13] 묻은 쿨넝한 벽 한쪽에는 허수레한 궤짝 한 개가 놓여있고 곁에는 방금 치우고 난 밥상이 보인다. (카메라 회전)
▲ (접사) 싸구료 박사와 수남
수남이는 트림을 컥 하며 만족한 듯이 웃는다. 그리고 아직 처음 들어와

---

12 지붕 밑이나 위층 바닥 밑을 편평하게 하여 치장한 각 방의 윗면.
13 을크러지다: 마구 눌리어 으스러지고 찌그러지다.

보는 방이라 모든 게 눈 서투르게 보이는 것 같이 사방을 두리번거리며 살펴본다. 싸구료 박사는 수남의 보는 양을 물끄러미 바라보며 돌연 마음이 언짢아한다. 수남이는
▲(대사) 싸구료 박사 편을 건너다보고

자막
| 할아버지는 혼자 살우? |

▲(접사) 물었다. 싸구료 박사는 돌연히 묻는 이 말에 미처 대답할 사이도 없이 슬픈 눈물이 핑 돌았다. 수남이는 이상한 듯이 "할아버지- 왜 그리 우?" 하고 달려 붙으며 수남이 눈 속에도 덩달아 알지 못할 눈물이 글썽글썽 고인다. 싸구료 박사는 민망한 듯이 "오- 아니다. 공연히 너까지 심사를 불편하게 해주었구나." 하며 눈물을 거두고 안심시킨다.
▲ 깜박이는 등잔불
▲(접사) 싸구료 박사는 어린것의 의심을 풀어주려고 평온한 얼굴을 지으며

자막
| 다른 것이 아니다. 나에게도 예전에는 이런 이야기가 있었더란다. |

하며 입을 무겁게 뗀다. 수남이는 일종 재미있는 옛이야기나 금시 들으려는 것같이 긴장하며 눈을 동그랗게 떠서 싸구료 박사의 입만 올려다본다. (화면 전체가 점점 흐려진다-)

자막
| 지금으로부터 스물한 해 전 |

▲ 무덤[묘(墓)] 앞

싸구료 박사 한 삼십여 세쯤 되어 보인다.

죽은 아내의 무덤 앞에서 어린것을 어깨에 짊어지고 슬피 부르짖으며 운다-. 기운이 시진하여 맥없이 돌아서 내려온다. 목이 메어서 진정되지 않아 터져 나오는 울음을 참을 길 없는 듯이 몇 걸음 나오다가 그냥 땅바닥에 펄썩 주저앉아서 데굴데굴 구르다시피 통곡을 한다.

▲ 소나무 가지 바람에 채여서 한들거린다. (용전)

▲ (부호가(富豪家)의 별장 뒤 문전)

흡사히 감옥의 철창살 모양으로 된 검은 문이 굳게[14] 닫혀있다. 안 후원으로 하녀들의 내왕이 보인다. 싸구료 박사 그 앞으로 와서 사방을 휘- 한 번 엿보고는

▲ (지면) 처네[15]에 둘러싼 어린애를 내려놓는다. 어린애는 할떡이며 자꾸 운다.

▲ (반신) 싸구료 박사는 일어서서 혹 누구에게 띨까 해서 초조한 모양이다. 다시 한번 들여다보고

▲ (지면) 어린애 뭉친 처네를 들춰서 그 속에 있는 사진 한 장과 종이 뭉치를 다시 매만져 놓는다.

〈그림 4〉 9.16.
스틸 촬영 - 안병욱,
제공 - 고병돈

▲ (최대사) 젊은 여자의 사진 (사진 1매)

▲ (반신) 싸구료 박사 급히 몸을 빼쳐서

▲ (근사) 담 모퉁이로 가서 몸을 숨긴다.

▲ (반신) 그는 이제야 눈물이 비 오듯 하며 담에다 머리를 틀어박고 "오-

---

14 원문은 "구지".
15 이불 밑에 덧덮는 얇고 작은 이불. 겹으로 된 것도 있고 솜을 얇게 둔 것도 있다.

이 가난한 애비를 용서해 다구." 이렇게 부르짖으며 느꼈다.
▲ (원사) 문전
하녀가 밖으로 나왔다가 어린애를 발견하고서 당황히 들어서 안고 들여다본다.
▲ (반신) 싸구료 박사
눈물을 거두고 하녀가 안고서 서 있는 문 쪽을 바라보다가 급작스레 안색이 변해지며 홱 돌아선다. (용전)
▲ (접사) 싸구료 박사와 수남
(흐려졌던 화면이 점점 또렷하게 밝아진다) 싸구료 박사는 여기까지 이야기를 마치고는 수남의 열심히 듣는 양을 유심히 바라보고 빙그레 웃는다. 수남이는 무엇을 골몰히 생각하다가

자막

> 할아버지 그러면 그때 그 아이는 지금 퍽 컸겠네.

▲ 이렇게 혼잣말하듯 묻는다. 박사는 껄껄 웃으며 "암, 그렇지." 한다.

04회, 1931.09.16.

▲ (대사) 싸구료 박사
다시 고적한 빛을 띠며

자막

> 수남아 너는 언제까지든지 이렇게 이 할아버지와 함께 사는 것이야.

▲ (접사) 하고 따져두듯 말한다. 수남이는 고개를 갸우뚱하고 "네–." 대

답한다. (용암)

(용명)
▲ 해수욕장
푸른 바다가 멀리 내다보인다. 해수욕복을 날씬하게 입은 젊은 남녀의 무리들이 바다를 향해 뛰어간다.
▲ 백사장
송낙[16] 쓴 대강이 모양으로 머리 밑을 싹 잘라버린 단발한 처녀가 껑충껑충 뛰어 백사장 한복판에 가 서며 상쾌한 듯이 두 팔을 쫙 벌리고 (카메라 쪽을 향해)
▲(반신) 경쾌해 보이는 동작으로 "어서들 와요." 하고 소리친다.
둥그스름한 얼굴에 과히 뚱뚱치 않게 생긴 고운 몸맵시는 상당한 가정에서 자라난 영양풍으로 보인다. 그리고 불룩한 유방으로부터 쫙 퍼진 흉부는 육체가 발육될 대로 되어서 건강미가 흐른다.
▲(원사)『송림을 배경으로』멀리서 또 한 젊은 여자와 청년 한 명이 뛰어온다. 여자가 발목을 삐어서 절뚝거리매 청년은 그의 손목을 이끌어 준다.
▲(반신) 단발 처녀
그것을 바라보고는 금시로 눈이 샐쭉해지며[17] 질투에 타는 표정으로 불쾌스럽게 바라본다.
▲(근사) 절뚝거리는 여자와 청년은 천천히 와서 선다.

〈그림 5〉 9.17.
스틸 촬영 - 안병욱,
청년 원용식 : 고효봉, 제공 - 고병돈

---

16 예전에 여승이 주로 쓰던, 송라를 우산 모양으로 엮어 만든 모자.
17 원문은 "샐눅해지며".

단발한 처녀 역시 두 남녀 앞으로 가서 다가서며
▲(대사) 좋지 않은 얼굴로 짜증을 내어

자막

| 언니는 무얼 하게 그렇게 걸음이 굼뜨우? |

▲(근사) 하고 핀잔을 준다. 곁에 서 있던 청년은
▲(대사) 민망한 듯이

자막

| 아— 혜순 씨는 기운이 좋으니까 그렇지만요— 혜영 씨는 가뜩이나 튼튼치 못한 약질인 데다 발목까지 삐어서…. |

▲(근사) 이렇게 변호해 주는 청년의 말에 혜순은 낯을 붉히며 "그만둬요." 하고 바다로 향해서 달음질한다.
▲(반신) 혜영
무렴해서[18] 주춤거리며
▲(원사) 바다 쪽으로 가려다가 다시 돌쳐서며 그만 사장에 주저앉는다. 혜순이는 물 밖으로 뛰어나와서 청년의 손목을 잡아끌고 바다로 들어간다. 혜영은 퍽 가냘픈 호리호리한 몸이어서 약질로 보인다. 그러나 그의 침착하고 온후해 보이는 얼굴과 몸은 혜순과는 정반대로 연연해[19] 보인다. 홀로이 모래를 툭이며[20] 바다 쪽을 본다.

---

18 무렴(無廉)하다: ① 염치가 없다. ② 염치가 없음을 느껴 마음이 부끄럽고 거북하다.
19 연연(娟娟)하다: ① 빛이 엷고 산뜻하며 곱다. ② 아름답고 어여쁘다.
20 원문 그대로임.

자막

> 해마다 여름이 돌아오면 자기의 별장지로 휴양 겸 피서 차로 내려와 있는 부호 나승호의 딸.
>
> 첫째 - 혜영(惠英), 둘째 - 혜순(惠順)

▲ 해중(海中)
(대사) 청년 『이동』
장쾌하게 헤엄하는 전신 동작

자막

> 일찍이 나승호의 문하에서 자라나며 교육을 받아온 청년이다. 그리하여 나씨의 총애[21] 속에서 그해 봄 ××전문학교를 우수한 성적으로 마친 수재이다.
>
> 청년 - 원용식(元容植)

▲(전경) 멀리 보이는 해수욕장
남녀의 무리들
▲(원경) 송림 사이로 길게 구부러진 길
싸구료 박사는 어깨에다 행상품 등을 짊어지고 수남이는 북을 울리며 앞을 서서 온다. (회전)
구부러진 길로 돌쳐서는 싸구료 박사와 수남이 (용전)
▲(등 뒤로 인물을 따라서 이동)『바다를 배경으로 하고』
사장(沙場)으로 점점 가까워간다. (용전)
▲(이동) 혜영 앉아있는 쪽으로 싸구료 박사와 수남이는 가서 딱 멈춰 서며 (이동 지) 혜영과 시선이 마주쳤다.

05회, 1931.09.17.

---

21 원문은 "총총애".

▲ (접사) 혜영

수남이 쪽을 물끄러미 바라다보더니 일어선다.

▲ (근사) 수남이는 혜영의 앞으로 가까이 가서 서며 "하나만 팔아주세요." 하고 머리를 굽실한다. 혜영은 수남의 아래위를 살펴보고는 싸구료 박사 쪽으로 시선을 돌린다.

▲ (반신) 싸구료 박사

빙그레 웃으며 역시 굽실한다.

▲ (근사) 수남이는 거듭 몇 번씩 자꾸 꾸벅이매 혜영은 미안한 듯이 바다 쪽을 돌이켜보며 용식과 혜순을 손짓해서 부른다.

▲ (근사) 바닷가

용식은 바다에서 뛰어나와 가지고 혜순을 팔짓해서 불러낸 후 달음질을 하여

▲ (근사) 혜영의 곁으로 가서 서며 수남을 들여다본다.

혜영은 용식을 쳐다보며 "퍽 귀엽죠?" 하며 다시 수남이를 보고

〈그림 6〉 9.18.
스틸 촬영 - 안병욱, 청년 원용식 : 고효봉, 수남 : 정난호, 제공 - 고병돈

자막

| 너 몇 살이냐? |

묻는다. 수남이는 혜영과 용식을 번갈아가며 쳐다본 후 또 한 번 굽실하는 동시에

| 열 살야—요. |

대답한다. 이때 그 앞으로 혜순이 나타나며 용식과 혜영 사이를 가르고

들어신다. 그리고 수남에게 "지금 어디 돈 가졌니? 이따 저리로 와." 하고 휴식소를 가리킨 후 혜영을 잡아끌며

자막

> 언니, 바다로 들어갑시다. 이럴 테면 왜 나왔소? 어서 가요.

재촉을 성화같이 하며 강제로 끌고 바다로 뛰어간다. 용식은 수남의 머리를 쓰다듬으며

▲(반신) 다정스럽게 싸구료 박사 쪽을 가리키고 "저이는 누구냐?" 묻는다. "우리 할아버지야요." 하고 수남은 대답한다. 용식은 수남에게 "이따가 저리로 오너라— 응?" 이렇게 이르고 혜영과 혜순의 뒤를 쫓아서 바다로 간다. 수남이는 그쪽을 맥없이 바라보다가

▲(원사) 싸구료 박사 쪽으로 가서 할아버지의 손목을 이끌고 사람들이 많이 모여있는 저편 쪽으로 가버린다.

▲바다 위 공중으로 열을 지어 나는 물새[수조(水鳥)]들 (용암)

자막 (용명. 암)

> 그 후로 싸구료 박사는 우연히 노독(路毒)으로 인해 늙은 몸은 병마의 침노를 받았다.

▲(용명) 방 안
싸구료 박사는 드러누워서 신음하며 있고 수남이는 다리를 주무르며 머리맡을 살펴본다.
▲(대사) 화로 위에 놓인 약탕기에서 김이 모락모락 흘러서 오른다.
▲(대사) 싸구료 박사의 얼굴
고요히 잠들어 가는 낯은 여월 대로 여위어서 창백하게 싀어 보인다.[22] 파리 두어 마리가 들러붙어 앉는다.

▲ (중접(中接)) 수남이는 몸을 굽혀서 손바닥으로 파리를 잡아 으깨버린다.

자막 (용명. 암)

양식(糧食)을 얻기 위해서

▲ (용명) 거리
(원사) 수남이는 물품 실은 조그마한 구루마를 끌고 헐떡이며 지나간다. 거리의 내왕인들— (용전)
▲ (횡으로 근사) 수남이 지나가는 쪽으로 아이들이 우 모여서 구루마를 에워싼다. 길이 막힌 수남이는 우뚝 서서 비키라고 소리친다.
▲ (접사) 아이들
놀리며 구루마를 잡아 흔들며 물건을 쿡쿡 찌른다.
▲ (반신) 수남이는 입을 악물고 분노한 표정으로 구루마 채를 놓고 들어덤비려고 움찔움찔한다.
▲ (접사) 아이들 "악—" 소리치며 달려들어서
▲ (근사) 수남에게 상앗대질[23]을 한다. 수남이 참을 수 없어서 한 놈의 아이를 쥐어박는다. 아이들 와— 하고 달려 붙어서 수남이를 때리고 차고 한다. 그리고 구루마에 실려있는 물건들을 땅바닥에 흩트려 던져놓고들 뺑소니를 친다.

06회, 1931.09.18.

▲ (접사) 수남이는 울면서 일어나며 몸에 묻은 흙을 툭툭 털고
▲ (대사—지면) 흩어진 물건을 집어서

---

22 원문 그대로임.
23 '삿대질'의 본말.

▲(근사) 구루마 위에 매만져 놓은 후 다시 끌기 시작한다. 눈에선 분한 눈물이 샘솟듯 흐른다. (용전)
▲(원사) 별장 문전 길
수남이는 아직도 흑흑 느끼며 구루마를 끌고 별장 문 앞으로 가까이 간다.
▲(근사) 문전 정면
마침 혜영이가 나오다가 그 앞으로 지나가는 수남이와 시선이 딱 마주쳤다. 수남이 걸음을 멈추며 문 앞에 서 있는 혜영 쪽을 쳐다본다.
▲(반신) 혜영은 반가이 한걸음 나서며 말을 할 듯이 바라보다가
▲(근사) 수남의 구루마 곁으로 가까이 가 서며

자막

| 오늘은 왜 너 혼자만 나왔느냐? |

하고 묻는다. 수남은 그제야 굽벅 인사를 하고 나서 "저, 할아버지는 앓으세요-." 대답하며 퍽 슬퍼하는 태도다.
▲(반신) 혜영은 가여운 듯이 수남이를 들여다보더니만 손수건에 싸서 들었던 지갑을 풀고 오십 전(은화) 한 푼을 내준다. 수남이는 싫다고 머리를 저으며

자막

| 할아버지가 함부로 누가 주는 돈일랑 받지 말라구 그랬어요- |

하고 냉연히 거절한다. 혜영은 감심한 듯이 무엇을 생각하다가 억지로 손에다 쥐여 주며 "관계치 않다- 돌아가다가 할아버지 좋아하시는 과일 같은 것을 사다 드려라- 응? 자- 괜찮아, 응? 어서-." 달래며 있을 때
▲(근사) 문전

안에서 하녀가 급히 뛰어나와서 혜영 쪽을 보고 "잠깐만 들어오세요. 대감께서 찾으세요[24]." 하고 부른다.
▲(반신) 혜영은 돌아다보며 대답하고 다시 수남에게 작별한 후 안으로 급히 들어간다. 수남이 우두커니 서서 별장 문 안을 들여다보다가 손바닥에 쥐어진 은화를 들어서 보며 돌아선다. (용암)

▲(용명) (근사) 별장 안 정원
부호 나 씨가 등(藤)의자에 기대앉아서 담배를 피우며 신문을 읽고 있다. 그 앞으로 혜영이 나타나며 "부르셨어요." 묻는다.
▲(대사) 그제야 신문을 놓으며 "오- 게 앉아라." 한다.
▲(근사) 혜영은 사뿐히 앉으며 아버지를 쳐다본다.
하녀가 다과 그릇을 조심스럽게 갖다 놓고 돌아설 제 나 부호는 하녀에게 '용식'을 부르라고 이른다. 하녀 굽히며 돌아서 간다.
▲낭하[25] 입구
마침 혜순이가 뛰어나온다. 하녀가 그 앞으로 지나다가 "아가씨, 서방님께서 방에 계셔요?" 물어본다. 혜순이는 "왜 그래" 하고 반문하매 하녀는

자막

대감께서 찾으셔요.

하고 대답한다. 혜순은 무슨 수나 생긴 듯이 "오- 그러면 내 다녀오마." 하고 낭하 안으로 다시 달려 들어간다.
▲실내 용식의 방

---

24 원문은 "차즈시뇨".
25 낭하(廊下): ① 예전에, 대문 안에 죽 벌여서 지어 주로 하인이 거처하던 방. ② 건물 안에 다니게 된 통로.

용식은 의자에 앉아서 책을 골똘히 읽고 있다.
▲낭하로 혜순은 달음질한다.
▲(접사) 도어 전
혜순은 그 앞으로 와 서며 도어를 열려다가 다시 주춤하고 두어 번 노크를 한다.
▲(실내) 용식 (반신)
책장을 넘기다가 고개를 돌이키며 귀를 기울인다.

〈그림 7〉 9.19.
스틸 촬영 - 안병욱,
원용식 : 고효봉, 제공 - 고병돈

▲(대사) 도어
노크하는 여자의 손
▲실내-용식 (대사)
"들어오시오." 한다.
▲(실내에서 도어를 향해)
문이 방긋이 열리며 혜순이 들어선다. 그리고 "저-요." 하고
▲(근사) 용식의 곁으로 바싹 가서 들러붙으며 "저- 아버지가 부르신대요." 이렇게 응석 부리듯이 동작을 가진다. 그리고 책상 서랍을 흔들며 손장난하다가 쑥 뺀다. 봉투가 놓였음에 혜순은 민첩하게 집어 든다. 용식은 별안간 당황해서
▲(반신) 얼굴빛이 해쓱해 가지고 빼앗으려 한다.

07회, 1931.09.19.

▲(근사) 혜순은 용식을 떠다 밀치고 얼른 몸을 빼어서 또 앞에 가 서며 펴 본다.
▲(반신) 용식은 불쾌한 마음에 하는 수 없이 그냥 내버려두고 의자에 다시 걸터앉으며 "그런 것은 함부로 빼서 보는 게 아니야요." 한다.

▲ (대사) 봉투

> 혜영은 올림

▲ (반신) 이것을 보고 난 혜순이는 고개를 들어 용식 쪽을 쏘아본다. 그의 눈초리는 점점 질투에 타서 뿔눅해지며[26] 금방 울음이 터져 나올 듯이 홱 돌아서며

자막

> 아버지가 불러요.

이렇게 톡 쏘듯이 한마디 던지고 봉투를 홈켜쥐어서 꾸깃꾸깃한 것을 슬며시 떨어뜨리며 히-ㅇ녁헤[27] 뛰어나간다.

▲ (반신) 용식은 기막힌 듯이 혜순이가 뛰어나간 도어 쪽을 멍하니 보다가 다소 불안을 느끼며 천천히 나간다.

▲ (접사-도어) 문턱을 나서는 용식의 얼굴은 점점 생각할수록 불쾌와 분노심이 일시에 치밀어서 이것을 억제키 어려운 듯이 입술을 꼭 깨물고 신경질적으로 고개를 홱 돌이키며 사라진다.

▲ (근사) 정원

나승호는 등의자에 비스듬히 기대어 무엇을 이윽히 생각하고 있다가 다시 허리를 펴고 앉으며

▲ (대사) 곁에 있는 딸의 쪽을 진중하게 바라보면서

자막

> 내가 서울 다녀올 동안까지에 집안을 잘 보살펴라.

---

26 원문 그대로임.
27 원문 그대로임.

▲ (근사) 하고 이를 제 용식이 종용하게[28] 와서 멈춰 선다. 나 씨는 용식 편을 바라보며 "오- 게 앉아라."

자막

> 이번에 회사의 소동으로 인해서 상경할 터인데 네게 미리 부탁해 둘 것은 이번 길에 지배인과도 상의해 두겠지만 네가 회사 일을 좀 책임져 주어야 되겠다.

하면서 용식의 태도를 은근히 살핀다. 혜영은 아버지와 용식을 번갈아서 살펴보며 있고 용식은 이윽히 생각하다가 "네- 책임지겠습니다." 한다. 나 씨는 쾌하게 웃으며 "음- 무어 그렇게 어렵게까지 생각할 게 없다." 하면서 일어선다. (용암)

▲ (용명) 싸구료 박사의 방
싸구료 박사는 일어 앉아서 아직도 돌아오지 못한 수남이가 궁금한 듯이 병으로 파리해진 얼굴에는 수심이 끼어서 초조해 있다.
▲ (접사) 대문턱 문을 열고 들어서는 다리
▲ 싸구료 박사는 대문 소리에 문득 반가운 듯이 몸을 이끌며
▲ (접사) 방문턱에 몸을 의지하고 (카메라 밖에서 방문턱을 향함) 내다보며 "오- 수남이 오느냐." 하고서 퍽 기쁜 낯으로 팔을 내민다. 그 앞으로 수남이는 달려들어 할아버지의 팔을 붙잡을 제 한 보퉁이 싸들고 둘렀던[29] 능금

〈그림 8〉 9.20.
스틸 촬영 - 안병욱,
싸구료 박사: 윤봉춘,
제공 - 고병돈

---

28 종용(從容)하다: 성격이나 태도가 차분하고 침착하다.
29 원문은 "둘랏든".

보따리가 툭 터지며 하나둘씩 마당으로 떨어져서 구른다. 수남이는 얼른 그것을 집으려고 했으나
▲(접사 지면) 능금 한 개가 떼굴떼굴 굴러서 (지면 이동) 수챗구멍으로 쏙 들어간다.
▲(반신) 수남이는 홱 일어나서 『반신』이 되며 둥그런 눈에는 일종 분한 눈물이 핑 돈다.
▲(접사) 싸구료 박사는 이 모양을 맥없이 내려다보다가는 가엾게 웃으며 "오- 관계찮다. 어서 올라오너라. 내일 꺼내서 씻어 먹자꾸나." 하며 달랜다.
▲(근사) 수남이는 하는 수 없이 방으로 들어간다.

08회, 1931.09.20.

▲방 안
싸구료 박사는 벽으로 몸을 의지해서 앉으며 덤덤하니 있다. 수남이는 팔꿈치[30]로 능금 한 개를 훔쳐서 할아버지 앞으로 내밀며 "엣서요, 잡수세요." 한다. "오- 고맙다." 하고 이것을 받아드는 싸구료 박사는 손에 쥐어진 능금을 얼빠진 사람같이 맥을 놓고 들여다보다가 어린 충심에 감격된 눈물을 흘린다.
▲(대사) 수남이는 오십 전짜리 한 푼을 꺼내서 보이며 "할아버지, 저- 바닷가에서 보던 그 여자가 주었다우."

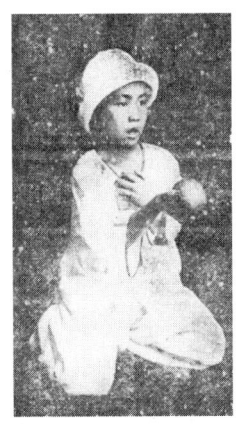

〈그림 9〉 9.22.
스틸 촬영 - 안병욱.
수남 : 정호, 제공 - 고병돈

---

30 원문은 "팔둑굼치".

▲(대사) 싸구료 박사는 눈물을 거두고 "응? 보던 그 여자가 누구란 말이냐?" 이렇게 되짚어 묻는 말에

▲(대사) 수남이는 답답한 듯이 "아유 참 할아버지두. 왜 그때 나더러 '이따가 저리로 오너라- 응?' 했죠. 그러던 여자 말예요." (용전)

▲해수욕장에서 수남이가 혜영 앞에 서 있던 씬[31]- (장경[32]) (용전)

▲별장 문전 길에서 혜영이가 수남을 만나가지고 돈을 주던 씬- (장경) (용전)[33]

▲(대사) "그래서 할아버지께 맛있는 것을 사다 드리라고 해서 주었다우" 하고 이야기 끝을 마친다. 그제야

▲(대사) 싸구료 박사는 알아들은 듯이 "오- 알겠다. 허- 참 고운 이로구나." 하면서 받아든

▲(근사) 능금을 조금 베어 물어 씹는다. 수남이는 다시 할아버지 쪽을 쳐다보고 별안간 슬픈 듯이 훌쩍훌쩍 느끼더니 홱 엎어져서 소리쳐 운다. 싸구료 박사는 또 어찌 된 영문을 몰라서 한동안 눈이 둥그래서 있다가 씹던 능금을 내려놓고 "수남아 왜 그래, 울지 말아라." 휘- 한숨을 짓는다. 처량해서 목이 메는 듯이

자막

> 오- 용서해 다구. 할애비가 몹쓸 병이 들어서 고만 너를 괴롭게 해주었구나. 자- 어서 일어나거라.

이렇게 달래어 일으키며 자기 역시 느낀다.

▲(대사) 수남이는 그제야 겨우 울음을 끊이고 "할아버지, 저 길에서" (용전)

---

31 Scene.
32 장경(場景): 그 장면의 광경.
33 원문은 "난전(難轉)"이나 '용전(溶轉)'의 오식이다.

▲ 거리에서 수남이가 아이들에게 에워싸여 가지고 얻어맞던 씬- (용전)
▲ (근접) "막 나를 때리구들 도망해 버리겠죠. 어떻게 분한지 모르겠어요." 씨근거리며 이야기를 한다.
싸구료 박사는 이윽히 듣고 나서 몸이 괴로운 듯이 슬며시 누워버린다. (용암)

자막 (용명. 암)

| 이튿날- |

▲ (용명) 나승호의 실내
나승호는 안락의자에 앉아서 서류 등속[34]을 들춰보고 있다.
▲ 현관
배달부가 나타나서 전보 한 장을 하녀에게 전하고 돌아선다.
▲ 나승호의 실내
나승호가 서류를 덮어 놓고 담배를 꺼내어 붙일 때 하녀가 들어와서 전보를 공손히 바친다. 나승호는 받아서
▲ (대사) 전문 내용

| 공장 파업 형세 |

▲ (근사) 펼쳐보고 나서는 진중스럽게 일어선다. 그리고 묵상에 잠겨서 실내를 두어 번 배회하다가 무엇을 마음으로 결정한 듯이 밖으로 나간다. (용전)
▲ 낭하 입구
나승호 무겁게 내려서며 정원 쪽을 살펴보다가 그 앞으로 지나가는 하녀에게 "용식을 불러라." 이른다.
그리고 정원 쪽으로 (카메라 회전) 천천히 걸어가서 등의자에 걸터앉으며

---

34 등속(等屬): 나열한 사물과 같은 종류의 것들을 몰아서 이르는 말.

눈을 감고 또다시 묵상에 잠긴다.

▲ 현관 앞

배달부가 자전거에서 급히 내린다.

09회, 1931.09.22.

▲ (근사) 정원

용식은 나승호의 앞으로 종용히 걸어 나오며 "부르셨습니까?" 묻는다. 나승호는 그제야 눈을 번쩍 뜨면서 "오-" 하고 몸을 바로잡아 앉는다. 하녀가 마침 들어와서 또 전보 한 장을 바친다. 나승호는 급히 전보를 들어서 본다.

▲ (최대사) 전보

전문 내용

> 공장 파업

▲ (근사) 나승호는 보던 전보를 힘없이 내려놓고 용식에게

자막

> 저녁차에 내가 상경할 터이니 준비를 해다오.

하면서 일어선다. 용식은 "네." 하고 그 앞을 떠난다.

▲ (근사) 현관

자동차 한 대가 현관에 닿자

▲ (접사) 자동차

운전수가 먼저 내려서 문을 열어 놓는다. 그 안에서 나이 한 사십 세가량 되어 보이는 신사 한 명이 내려선다.

▲ (근사) 현관 정면

마침 용식이 나오다가 신사를 맞으며 명함을 청한다. 그는 "계십니까?" 물으면서 명함 한 장을 꺼내어 전한다. 용식은 명함을 받아서
▲(대사) 명함

> 경성 ××인쇄주식회사 지배인 강철

▲(반신) 자세히 들여다보고는 안으로 들어간다.
▲(근사) 강 지배인은 초조한 듯이 서서 사방을 둘러보며 있을 때 자동차는 뒤로 물러간다.
▲(근사) 현관 정면
하녀가 나와서 강 지배인을 안내해서 들어간다. (용전)
▲응접실 문전
도어 앞에 이르러 하녀는 지배인의 모자를 받아들고 "이리로 들어가십쇼." 안내한다. 지배인은 옷깃을 여미고 조심스럽게 들어간다. 조금 지체해서 용식이 나와서 사라진다.
한참 동안 닫혀있는 문. 그 위로 (이중(二重)) 글자
보고. 밀의. (용전)

자막

> 불경기의 여파는 나승호가 일부 경영해 가는 ××인쇄회사에까지 급기야 폭풍이 일게 하고 말았으니 이는 공장 노동자들의 임금 인하와 직공 정리로 인해 일대 파업에까지 이르렀다.

▲(근사) 응접실 내
나승호는 지배인에게 세세한 보고를 받고 나서
▲(대사) 조금도 불안하나 기색이 없이 태연하게 지배인을 향해

자막

> 그러면 이 전무는 어떻게 해결책을 세우는 모양입데까?

▲(반신) 강 지배인
얼마간 주저하다가

자막

> 네— 전무는 직공들의 요구조건이 무리하다고 해서 강경히 거절합니다. 그리고 금번 회사 측에서는 선동자들을 그냥 둘 수가 없다고들 생각했습니다. 어떤 손해가 있든지….

▲(반신) 나승호는 눈을 스르르 내리감고 무엇을 한참 생각하면서 묵묵히 듣고만 앉아있다.
▲(반신) 강 지배인은 나승호의 태도를 살펴 가면서 열심히 말을 계속하며

자막

> 그러니까 한편으로 우선 직공 모집원을 내세워서 회사 측으로서는 속히 작업을 계속하도록 하고 대외상으로 신용과 위신이 실타[35]되지 않도록 할 것이 급선무올시다.

▲(반신) 나승호는 그제야 "음." 하고 눈을 뜨며 고개를 끄덕끄덕하며

자막

> 안 되오— 희생자를 내지 마시오. 좌우간 나와 함께 상경합시다.

▲(반신) 지배인은 의외로 놀라운 듯이 멍—하니 있다. (용암)

10회, 1931.09.23.

---

35 실타(失墮): 일을 잘못하여 뜻한 대로 되지 아니하거나 그르침.

자막

| 나승호의 상경 |

▲ 현관

용식과 혜영, 혜순이 늘어서 있고 그 앞으로 나승호와 강 지배인이 나와서 차에 오른다. (용전)

▲ 자동차 발동

▲ 밤거리

희미한 가로(街路)에는 드문드문 켜있는 전등 밑으로 이따금 내왕인들의 그림자만 보일 뿐이다.

자동차 한 대가 속력을 놓아 지나간다.

▲ 자동차 안

나승호는 묵묵히 앉아서 창밖을 내다보고 있으며 강 지배인은 몹시 조급한 듯이 시계를 꺼내어

▲ (대사) 시계

『9시 30분』

(이중으로 분잡한 역(驛))

▲ (대사) 보고는 상을 쯩기며[36] 운전수에게 "속력을 내게." 부탁한다.

▲ 운전대 바닥

누르는 발

▲ (이동) 『카메라 운전대에서 가로를 향해』

▲ (원사) 길모퉁이

수남이가 등불을 켜 들고서 구루마를 끌며 ㄱ자 길을 꼬부라질 순간에

〈그림 10〉 9.24.
스틸 촬영 - 안병욱,
운전수 : 천여막(千余幕),
제공 - 고병돈

---

36 원문 그대로임.

자동차의 정면 조명 광(光)이 달려들었다.
자동차 우뚝 서면서 뒤로 주춤 물려 빼다.
지나가던 사람들이 달려간다.
▲(지면-접사) 운전수가 급히 달려들며 엎어져 있는 수남을 잡아 일으킨다.
▲(근접) 자동차
나승호와 강 지배인은 당황하게 뛰어내려서 운전수 쪽을 보고 "어찌 되었나." 소리친다. (용암)

자막

| 우연한 불행— |

▲(용명) 싸구료 박사의 방
(대사) 붕대로 머리를 감은 수남이는 고요히 잠이 들어있다.
▲(근접) 나승호는 근심스레 수남의 쪽을 바라보다가 싸구료 박사에게

자막

| 하마터면 큰일을 저지를 뻔했소. 내가 마침 정거장으로 급히 나가던 길에 차의 속력을 너무 내었기 때문에…. |

▲(반신) 싸구료 박사는 처네로 몸을 두르고 앉아서 비창한[37] 듯이

자막

| 나는 병으로 드러눕게 되자 저— 어린것이 이 늙은 것을 벌어 먹이기 위해서 밖으로만 떠돌게 되어서 항상 이 마음이 놓이지 않았었습니다. 오늘도 늦도록 돌아오지 않기에…. |

---

37 비창(悲愴)하다: 마음이 몹시 상하고 슬프다.

채 말을 마치지 못하고 늙은 눈에는 눈물이 가득히 고여 흐르며 이내 목이 메어 운다.
▲(반신) 나승호는 차마 볼 수 없는 듯이 천정을 뻔히 쳐다보고 묵묵히 앉아있다.
▲(근접) 곁에 앉아있던 강 지배인은 방 안을 휘 돌아다보고는 나승호에게 향해

자막

> 우선 치료비만 주어버리면 그만인데 무엇을 그닥 근심하십니까? 과히 상한 데도 없는데….

▲(반신) 나승호는 들은 척도 않고 천정을 향한 그의 눈가에는 자비스런 눈물이 고인다. 다시 싸구료 박사를 물끄러미 건너다보고

자막

> 영감은 아무도 없시오?

▲(근접) 물었다. 싸구료 박사는 수남의 이마를 짚어보며 서 "네- 이 어린것 하나만 데리고 서로 의지해서 지냅니다." 대답한다. 나승호는
▲(대사) 다시 엄연한 태도를 지으며 곁에 앉은 강 지배인을 돌아다보고

자막

> 자- 우리는 내일 상경하기로 합시다. 그러면 먼저 편히 가 쉬시오-

하고 다시 싸구료 박사에게

자막

> 영감, 내 별장으로 얼마 동안만 와서 있기로 합시다. 조금도 어찌 생각지 말고, 자— 의향이 어떠하오—

▲(반신) 싸구료 박사는 이윽히 생각을 해보고는 승낙한다. (용암)

11회, 1931.09.24.

▲(용명) 공장 내부
텅 빈 공장 안에는 두어 사람의 수위가 지켜 서 있다. (용전)
▲(근사) 사무실 내
사무원들이 부산하게 출입하고 있다.
▲××인쇄회사 정문 전
정문은 쓸쓸히 닫혀있고 곁으로는 조그만 문으로 이따금 한두 사람씩 드나들고 있다.
(카메라 회전) 검은 판장벽. 백노지[38]에

> 직공 모집— 지원자 우대

굵직하게 써 붙어 있다.
▲사무실 내
(근사) 한 사나이 의자에 앉아서 부지런히 전화를 받고 있다가 수화기를 떼놓으며 당황하게 일어서서 곁방[39]으로 들어간다.
▲전무실
(근사) 전무는 사오 인의 사원과 더불어 무엇을 밀의하고 있다가 사람이

---

38 지금의 '하얀 갱지'를 부르는 전라도 방언.
39 원문은 "겨테ㅅ방".

들어오매 말하던 것을 뚝 끊으며 그편을 쳐다보면서

자막

| 어찌 되었소? 어떻게 내일부터라도 한편으로 일을 시작하게 되겠소? |

▲(근사) 묻는다. 그는 불안한 기색으로

자막

| 야단났습니다. 지금도 전화가 또 왔는데 회사에서 직공 모집하는 것을 저네들은 방해를 놓느라고 조금 전에도 저— 거리에 지켜 서 있다가들 모집원들을 패주고 달아났답니다. |

▲(반신) 전무는 막연해서 묵묵히 있다.
▲(반신) 그는 말을 계속해서

자막

| 그리고 저네들은 ○○대를 지어서 제1대, 2대로 분해서 희생자를 낼 각오를 하고 들어 덤비는 판이니까 좀처럼 활동하기가 어렵겠습니다. |

하면서 머리를 긁적인다.
▲(반신) 전무는 눈귀가 처지며 상기가 되어가지고
"그까짓 게 그렇게 무서워?" 소리를 꽥 지르다가 그 사나이의 주저하는 꼴을 바라보고는[40] 다시 흥분을 가라앉히면서 유순하게

---

40 원문은 "바라고는".

자막

> 저희도 끝이 있겠지. 아무렇든 직공 모집에 좀 묘한 방법을 써서 활동해 보구려— 뒤에는 경찰의 경계도 있으니까…. 그대들의 공로는 회사 측에서 잘 알고 있으니….

▲(근사) 그 사나이는 "네." 하면서 공손히 전무에게 예를 하고 밖으로 나간다.
▲회사 정문 전
그 앞으로 정복 경관 한 명이 와서 섰으며 사방을 경계한다. 자동차 한 대가 정문에 와서 닿으며
▲(근접) 자동차
차에서 강 지배인이 앞장을 서서 내리고 이어서 나승호가 나온다. (용암)

▲(용명) 어두컴컴한 방
직공 수십 명이 몰켜 앉아있는 곳에 한 직공이 헐떡이며 뛰어 들어와서 엎어진다. 와들 달려 붙으며 들여다본다.
▲(대사) 해쓱한 낯으로

자막

> 지금 또 제2대가 잡혔다. 이곳으로 ××대의 습격 있기 쉬우니 속히들 피해라.

▲흥분한 직공들의 얼굴
▲(근접) 그중에 한 사나이 획 일어서며 "자— ××대로 ××을 각오한 제3대는"

자막

> 우리가 마지막이다. 밤 ×시에 ××로 모이자.

▲ (접사)
넘어 들어오는 다리들
▲ 컴컴한 방 안
긴장해서 모여들 있던 직공들은 살살 기어서 뒤 창밖으로 뛰어들 나간다.
(카메라 중앙 벽으로 이동)
▲ (접대사) 백노지에 써 붙인 벽서
(자막 7행 약(略)) (용암)

(스틸 촬영 - 안병욱, 제공 - 고병돈)[41]

12회, 1931.09.25.

자막

> 그 후—
> 싸구료 박사와 수남은 나 씨의 주선으로 별장에서 머물게 되었고 따라서 병과 상처까지도 전쾌되어 갔다.

〈그림 11〉 9.26.
스틸 촬영 - 안병욱,
싸구료 박사 : 윤봉춘,
수남 : 정호, 제공 - 고병돈

▲ (용명) 별장 창 앞
싸구료 박사는 사다리를 놓고 그 위에 걸터앉아서 유리창을 닦고 있을 제 수남이가 물통을 들어다 놓으며 "할아버지, 내가 닦아볼까?" 하며 쳐다본다.
▲ (반신) 사다리에서 아래를 내려다보는 싸구료 박사는 빙그레 웃으며 "어-안 돼, 너는 못 하는 게야." 거절하고 곰방대를 꺼내어 담배를 붙인다.

---

41 해당 회차에는 스틸 정보만이 적혀 있고, 사진은 누락되어 있다.

▲(근사) 하녀 옥례가 수남의 서 있는 곁으로 달려와서 눈을 흡뜨고 "넌 여기서 무얼 하고 있다는 게야?" 소리를 꽥 지른다. 수남은 슬며시 골이 나는 듯이 "요런 재리[42] 년" 하고 발길로 걷어찬 후 힁 하니 달아난다. 옥례는 한층 더 골이 나서 쫓아간다.

▲(근사) 정원 나무 그늘 밑

수남은 옥례에게 붙잡혀서 주먹세례를 받았다. 그리고 등치를 밀려 뒤 후원 쪽으로 (용전)

▲(근사) 끌려가서 선다. 옥례는 등의자를 가리키며 "저것을 좀 치워, 빤들빤들하게 놀지만 말고." 억지로 일을 시키고 가버린다. 수남이는 분한 듯이 눈물을 꾸적꾸적 흘리면서 의자를 훔친다.

마침 혜영이 그 앞으로 나오다가 수남의 일하는 것을 보고 곁으로 가까이 가서 가여운 듯이

▲(반신) 사방을 휘둘러보며 "옥례야" 부른다.

▲(근사) 그리고 손수건으로 수남의 눈물을 훔쳐주며 "왜? 옥례가 너를 때리든. 오- 울지 마라." 하며 달랜다. 수남은 주먹으로 눈을 비비고 빙긋이 웃으며 쳐다본다. 그 앞으로 옥례가 와서 선다.

▲(반신) 혜영은 온유한 낯으로 "너나 이런 걸 좀 치우렴- 애만 시키지 말구."

▲(근사) 옥례는 하는 수 없이 "네." 하고 수남을 흘겨본다. 혜영은 수남에게 "너는 저기 할아버지한테 가서 심부름이나 해 드리고 놀아라, 응?" 하고 놓아준 후 가버린다.

▲(반신) 옥례는 골이 나는 듯이 수남의 다러가는[43] 쪽을 쏘아보며 입술을 악문다.

▲(근접) 난간 층대

---

42 매우 인색한 사람을 낮잡아 이르는 말.
43 원문 그대로임. '달려가다' 또는 '달아나다'의 경북 방언인 '달러가다'로 추측됨.

혜순이 나와서 서며 걸레질하고 있는 옥례 쪽을 보다가 다시 나무 그늘 밑으로 시선을 돌린다.

▲ (원사) 그늘 밑 잔디밭

수남이는 뒹굴며 재주넘는다.

▲ (근접) 난간 층대

혜순이는 뽀로통해 가지고 걸어서

▲ (근사) 옥례 곁으로 가서 서며 "얘- 너는 한가스럽게 의자만 조몰락대고[44] 있니? 그런 건 애에게 맡기고 내 일 좀 봐줘?" 옥례는 금시 좋은 기회나 탄 듯이 "큰아가씨가 저만 자꾸 시키시는 걸 어떡해요. 애만 시키면 펄펄 뛰시는걸요." 은근히 하소한다. 혜순은 나무 그늘 밑을 건너다보고 "수남아" 부른다. 수남이 뛰어와서 서매 혜순은[45] 일을 시킨다. 그리고 옥례와 함께 난간 층대 쪽으로 향해서 사라진다.

▲ (근사) 싸구료 박사는 유리창 닦던 것을 다 마치고 사다리에서 내려온다.

▲ (근사) 수남이는 땀을 흘려가면서 의자 등속을 이리저리 옮겨 놓아가며 훔치고 있을 제 용식이 그 앞으로 나온다. 물끄러미 수남을 바라보다가 등 뒤로 가만가만히 가서 두 손으로 눈을 꼭 가려주며 놀린다. 수남은 "누구요? 아저씨-" 하며 용식의 손을 잡아뗀다. 용식은 껄껄 웃고 "어, 우리 수남이가 일을 참 잘하는구나, 자- 나도 하목보세[46]." 하면서 양복 소매를 걷고 수남의 가지고 있는 걸레를 뺏어서 대신 훔쳐준다.

▲ (근사) 『별장 벽을 배경으로』

싸구료 박사는 사다리를 짚어지고 와서 벽에다 기대어 세운 후 허리가 아픈 듯이 가슴을 펴며 긴 호흡을 한다. 그리고 수남과 용식의 있는 쪽을 힐금[47] 보다가 미안한 듯이

---

44 조몰락대다: 작은 동작으로 물건 따위를 자꾸 주무르다.
45 원문은 "혜영은"이나 오식으로 보인다.
46 원문 그대로임.
47 거볍게 곁눈질하여 슬쩍 한 번 쳐다보는 모양. 원문은 "힐근".

▲(근사) 수남의 곁으로 가서 선다. 수남은 "할아버지" 하고 달려 붙는다. 용식이도 돌아서며 쳐다본다.
▲(반신) 싸구료 박사는 감사한 듯이 "미안합니다. 손수 치워주시니." 사례하며
▲(근사) 용식의 곁으로 가서 걸레를 빼앗으려 한다. 용식은 싸구료 박사를 붙잡고 "자― 좀 쉬어요." 하며 떠밀어 의자에 펄썩 주저앉히는 바람에 뒤로 넘어갈 듯해서 싸구료 박사는 놀란다. 수남이는 손뼉을 치며 웃는다. (용암)

13회, 1931.09.26.

자막 (용명. 암)

그날 밤!

▲(용명) 정원
달밤― 달빛이 창백하게 정원에 흘러있다.
싸구료 박사는 돌층대에 걸터앉아서 담배를 태운다. 그리고 빙그레 웃으며 정면을 보고 있다.
▲(근사) 잔디
혜영, 혜순, 용식, 수남 넷이서 술래잡기를 시작한다. 수남이 술래가 되어서 눈을 가리고 "꽁꽁 숨어라." 한다. 혜순은 수남의 등을 밀어버리며 "안 돼, 그렇게 하면 난 안 해. 저리로 가서 엎드려 있어야지." 성을 발끈 낸다. 수남이는 하는 수 없는 듯이
▲(근접) 할아버지 앞으로 어슬렁어슬렁 걸어가서 무르팍에다 머리를 틀어박는다.
▲(근사) 잔디

다들 숨으려고 흩어진다.

▲ (반신) 싸구료 박사는 수남의 등을 툭툭 치며 "수남아, 자 어서 가서 잡아라." 하고 일으킨다. 수남은 사방을 두리번거리며 살핀다. 그리고 어느 편으로 가야 할지 망설이고 있을 제 싸구료 박사는 다들 숨으러 간 쪽을 은근히 일러준다.

▲ (근사) 수남이는 마당 가운데로 가만가만히 나와 서며 나무 그늘 밑을 끼웃이[48] 살펴보고 나서 할아버지 쪽을 힐끔[49] 돌아다본다.

▲ (근접) 나무 그늘 밑

〈그림 12〉 9.27.
스틸 촬영 - 안병욱,
싸구료 박사 : 윤봉춘,
수남 : 정호, 제공 - 고병돈

혜순은 숨도 크게 못 쉬고 그늘 밑에 가서 웅크리고 숨어있다.

▲ (근사) 별장 구석진 모퉁이

용식이 구석에 착 달라붙어서 숨어있다. 그 앞으로 혜영이 숨으려고 돌쳐서다가 주춤하며 놀란다. 그리고 다른 곳으로 몸을 피해서 떠나려 할 때

▲ (근사) 수남이가 마침 이 구석 저 구석을 뒤져보며 "아유 어디들 숨었세요." 하고 힘이 드는 듯이 소리치며 달려온다.

▲ (근사) 혜영은 어찌할 바를 모르고 망설일 제 용식은 조용하게 "이리로 숨죠." 일러준다. 혜영은 하는 수 없이 수남의 눈에 띄지 않을 양으로 얼른 용식의 곁으로 들어섰다. 혜영은 자기의 몸이 용식의 몸과 맞닿아졌음에 일종 불안한 공포를 느끼며 "아유 들키면 어쩌나요." 하고 외면을 한다. 용식은 혜영의 가냘픈 숨결을 받으며 멍하니 장승 모양으로 꼼짝 안 하고 서 있다.

▲ (대사) 용식의 얼굴

---

48 '기웃이'보다 센 느낌을 주는 단어.
49 거볍게 곁눈질하여 슬쩍 한 번 쳐다보는 모양. '힐금'보다 센 느낌을 준다. 원문은 "힐끈".

▲(대사) 혜영의 얼굴

▲(반신) 용식과 혜영

용식은 혜영의 굽혀있는 하얀 목덜미를 열정에 타는 눈으로 내려다보며 있고 혜영은 지면만 정신없이 쏘아보고 있다. 용식이 혜영의 손목을 꼭 잡는다. 혜영은 용식을 힐끔 쳐다본다. 두 사람의 점점 흥분해 가는 얼굴과 동작

▲(근사) 나무 그늘 밑

혜순의 숨어있는 곳으로 수남이가 와락 달려든다. 혜순이는 "으악―" 소리치며 자지러져서 수남에게 붙들려 나온다.

▲(반신) 수남이와 혜순은 사방을 살펴보며 용식과 혜영을 찾는다.

▲(반신) 별장 구석

혜영은 용식의 앞을 떠나려고 몸을 움직일 제

(순간)

▲용식은 혜영의 몸을 이끌어 안았다.

포옹―

▲(근사) 별장 모퉁이 쪽을 향해 혜순과 수남은 가만가만히 걸어간다.

▲(반신) 혜영과 용식

용식의 가슴을 떨어진 혜영은 천지가 아득한 듯이 뒤로 비슬비슬 물러서며 벽에다가 몸을 의지하고 돌아선다.

▲(반신) 혜순과 수남이 달려들어 우뚝 선다.

▲(대사) 혜영은 머리를 휙 돌이켜 혜순 쪽을 쳐다보며 놀란다.

▲(반신) 용식은 불시에 소리 없이 달려든 혜순과 수남을 악연해서[50] 바라본다.

14회, 1931.09.27.

---

50 악연(愕然)하다: 몹시 놀라 정신이 아찔하다.

▲ (반신) 혜순

혜영과 용식의 행색을 쏘아보며 점점 눈초리가 날카롭게 빛난다.

▲ (근사) 수남이는 멍하니 서 있는 용식에게 "인제 아저씨가 술래요." 하고 달려 붙어서 잡아끈다. 구석 벽에 맥을 놓고 서 있던 혜영은[51] 비슬비슬 술 취한 사람 모양으로 그곳을 피해 사라진다.

혜순은 혜영의 가는 쪽을 힐끔 돌아다보고 암상스럽게 용식에게 달려있는 수남의 팔목을 잡아끌고 정원 쪽으로 가버린다. 홀로 떨어진 용식은 혜순에게 끌려가는 수남의 뒷모양을 바라보며 모든 것이 후회되는 듯이 힘없이 걷는다.

〈그림 13〉 9.29.
스틸 촬영 - 안병욱,
혜순 : 김보신(金寶信),
수남 : 정호, 제공 - 고병돈

▲ (근사) 별장 낭하 입구

혜영은 층대에 발을 올려놓으며 정원 쪽을 바라보다가 급작스레 무엇에 놀란 사람같이 뛰어 들어간다.

▲ (근사) 정원

싸구료 박사 일어서면서 곰방대의 재를 댓돌에다 톡톡 떤다. 혜순이[52] 그 앞으로 가서 수남의 손목을 탁 놓으며 별장으로 뛰어 들어간다. 싸구료 박사는 무엇을 눈치챈 듯이 수남을 보고 빙그레 웃으며 수남은 혜영과 혜순의 이야기를 한다. (용암)

▲ (용명) 혜영의 방

혜영은 맥없이 방 안으로 들어와서 펄썩 주저앉으며 방바닥에 쓰러진다.

---

51 원문은 "혜영을"이나 오식이다.
52 원문은 "혜영이"지만 오식이다.

▲(근접) 방문
혜순이 방문을 열고서 쓰러져 있는 혜영을 들여다보고는 다시 문을 확 닫아버린다.
▲용식의 방
용식은 책상 앞에 앉아서 원고용지에다 무엇을 열심히 쓰고 있다가 붓대를 쉬며 건너 벽 쪽을 맥없이 바라본다.

환상
(검은 화면이 점점 밝아지며)
별장 모퉁이 구석진 곳
혜영과 포옹하던 신
(화면이 점점 흐려지며 없어진다)
▲(반신) 용식은 다시 붓을 들어 계속해 쓴다.
▲혜순의 방
혜순은 엎드려서 '여성잡지'를 들춰보고 있다.
▲(대사) 잡지
젊은 소설 작가의 가정생활 소개 화보
혜순의 손이 나타나며 사진을 갈가리 찢어낸다. 그리고
▲혜순은 확 일어나 앉으며 책을 암상스럽게 팽개쳐 버린다.
▲(근접) 용식의 방
용식은 붓을 떼며 쓰고 난 것을 한 번 읽어본 후 여러 번 접어서 봉투 속에 넣어가지고
▲(대사) 책 틈에다 끼워 놓는다.
▲싸구료 박사의 방
수남은 고요히 잠들어 있다. 싸구료 박사는 곁에 단정히 무릎을 꿇고 앉아서 향을 태우며 정성스럽게 합장 기도를 드리고 있다.
▲혜영의 방
혜영은 수[자수(刺繡)]를 놓고 앉아 있다가 수틀을 집어치운다. 그리고

책장 서랍을 빼서 사진 한 장을 끄집어내 가지고 물끄러미 들여다본다.
▲ (대사) 용식의 사진
▲ (반신) 그리고 용식의 사진을 품에다 안으며 그윽이 사모하는 표정
▲ (대사) 시계
새벽 한점[오전 1시]
▲ (반신) 혜영은 사진을 품에 안은 책상 위에 엎드린다. (용암)

▲ (용명) ××인쇄회사
중역실 문전
강 지배인이 상을 찡기며 나오자 이어 경부(警部) 한 명이 쫓아 나온다.
▲ (근사) 사무실
사무원들이 바쁘게 드나들고 있으며 경관 두 명이 실내를 배회하고 있다.
▲ (원경) 가로(街路)
호외 돌리는[53] 배달부들
▲ 인쇄회사 정문 전
경관들이 문전을 경계하고 있다.
▲ 가로
(이동) 배달부가 호외를 뿌리며 급히 달린다. 왕래인들이 받아들고 본다.
▲ (대사) 호외

> ××인쇄공장 파업 사건 확대 확대. ××공장 동정파업 전선적으로 파업 형세

15회, 1931.09.29

---

53 원문은 "도르는".

▲ 가로 지면

(이동) 바쁘게 뛰어가는 배달부의 다리- (용전)

(이동) 급히 달리는 자동차 바퀴[차륜(車輪)]- (용전)

(이동) 급히 구르는 인력거

(자막) (용명. 암)

> 직공들의 ××
> 동정파업의 봉화
> 기자와 경관들의 활약
> 자본과 자본의 알늑[54]
> 이리하여 사건은 익익 확대되어 갔으며 따라서 서울의 거리는 소연해졌다.

▲ (용명) 중역실

수석 의자에 나승호를 위시하여 칠팔 인의 중역들이 둘러앉아서 긴장해 있다. 그리고 나 씨만 바라본다.

▲ (반신) 나승호

좌우에 늘어앉은 중역들을 둘러보며 무겁게 입을 뗀다.

자막

> 여러분- 별다른 대책이 있거든 말해 보시오. 앞으로 사건을 더 확대시켜선 될 수 없소.

▲ (접사) 중역 2, 3인

한 사람이 선뜻 일어서며 좌중을 향해

---

54 표준어는 '알력'(수레바퀴가 삐걱거린다는 뜻으로, 서로 의견이 맞지 아니하여 사이가 안 좋거나 충돌하는 것을 이르는 말).

자막

> 그러나 우리로 사장의 의사대로만 쫓을 수가 없습니다. 만일 공장 측의 요구를 받자면 동업자들의 입장을 깊이 생각해야 될 줄 압니다. 어차피 지금까지에 회사로서 받은 손해도 막대했으려니와 또는 사의 위신상으로도 우습게 해결 지을 수가 없을 줄 압니다.

▲ (반신) 나승호는 엄숙한 태도를 지으며

자막

> 아니오. 이번 사건으로 인해 동업자에게까지 파업의 영향이 미치게 하는 것은 못 할 일이오. 위신이고 무엇이고 생각지 말고 앞으로 형세가 더 위험해지기 전에 공장 측의 요구를 따릅시다.

▲ (접사) 중역 2, 3인
또 한 사람이 일어서며

자막

> 이미 경찰의 간섭을 받아왔고 또한 수모자[55]들도 검속되었은즉 할 수 없이 저희도 처음 요구를 철회할 듯싶습니다.

▲ (반신) 나승호는 홱 일어서며 흥분한 동작으로

자막

> 여러분, 우리는 미련하게 강경을 위주했다는 안 되오. 회사의 손해는 앞으로 시간문제올시다.

▲ (근사) 강 지배인이 당황하게 들어와서 전보 한 장을 전한다. 나 씨는

---

55 수모자(首謀者): 나쁜 일을 꾀하는 사람 가운데 우두머리.

받아서 본다.

▲(대사) 전문

```
××인쇄공장 재차 동정파업
```

▲잠시 동안 묵상에 잠겨있던 나승호는 최후로 뜻을 결한 듯이 좌중을 쏘아보며

자막

> 나는 단연히 결정했소. 파업자들의 유족을 생각합시다. 저들의 요구를 받겠소. 그리고 우리의 일에 (약(略)) 앞으로 희생자를 또 낸다면 그것은 큰 죄악이올시다. 만일 여러분의 의사가 나의 결한 바를 쫓아주지 못한다면 경영에 관한 일체를 나는 내놓겠소.

〈그림 14〉 9.30.
스틸 촬영 - 안병욱,
나승호 : 김영찬(金英燦),
제공 - 고병돈

▲(근사) 중역 일동은 긴장해서 나승호의 일거일동을 주목하고 있다. 나승호는 강 지배인을 향해서 "공장 측의 대표를 만나게 하시오."이른다. 강 지배인은 밖으로 나가고 중역들은 의자에서 일어들 선다.

▲사무실

강 지배인이 나타나서 전화를 건다.

▲(접사) 테이블 앞

검정 중절모에 연경[56]을 쓴 사나이가 앉아서 수첩을 꺼내어 들며 강 지배인 쪽으로 귀를 기울인다.

▲중역실

나승호가 다시 의자에 앉자 중역들 중에서 한 사람이 나서서

▲(반신) 좌우를 돌아보며 분개한 듯이

---

56 연경(煙鏡): 알의 빛깔이 검거나 누런색으로 된 색안경.

자막

> 회사로서 저들의 요구를 받고자 함을 나는 절대 반대합니다.

하고 나 씨의 주장을 강경히 반대 표시한다.

16회, 1931.09.30.

▲(근사) 나승호는 엄숙한 태도로 묵묵히 앉아있고 중역 일동은 '절대 반대'에 찬동하는 듯이 기세를 보여서 실내의 공기는 자못 살기를 띠고 있다.
▲사무실
강 지배인은 전화를 마치고 천천히 밖으로 나간다.
▲(접사) 연경 쓴 사나이
필기를 마친 후 수첩을 접어 넣으며 깊이 간수한다. (용암)

▲(용명) 별장 정원
혜영은 정원으로 걸어 나와서 벤치에 앉는다. 그 앞으로 수남이가 물통을 들고 지나다가 혜영을 물끄러미 들여다보면서 웃는다.
마침 혜순이가 혜영 앞으로 가까이 나오다가 수남을 쿡 찌르며 "넌 저리로 가서 심부름이나 해." 소리를 꽥 지르고 혜영 곁으로 수선스럽게 앉는다. 수남은 달아난다. 혜영은 모든 게 귀찮은 듯이 벤치에 몸을 비스듬히 의지하며 공중을 쳐다본다.
▲망망한 푸른 하늘
▲(반신) 혜순은 야릇하게 눈살을 찌푸리고 있다가 새삼스레 화평한 기색을 지으며

자막

> 언니— 용식 씨가 언니를 퍽 사랑한답디다.

비꼬듯 한마디를 던진다. 그리고 억지로 웃으며 곁눈으로 힐끔힐끔 혜영 쪽을 살펴본다.
▲(대사) 혜영은 돌연히 튀어나오는 혜순의 말에 어찌 응대를 해야 좋을지 몰라서 주저하며 뻔히 쳐다본다.
▲(반신) 혜순은 손가락을 뱌비작거리며[57] 또 무슨 말을 할 듯이 옴질옴질 하다가 불시로 얼굴을 붉히며

자막

> 내 언니 편지를 보았소, 용식 씨 방에서….

말하며 스스로 혼자 흥분한다.
▲(근사) 혜영은 '자기와 용식 사이를 물적 증거까지 들어서 꼬집어 내는' 혜순을 기막힌 듯이 바라보다가 시름없이 엎드려 고민한다. 혜순은 샐쭉해서 "언니도 참 못났소— 그까짓 말에 무얼 기색까지 변한단 말요." 하고 확 일어선다.
▲(근사) 싸구료 박사
마침 빗자루를 둘러메고 나오다가 우뚝 서서 혜영과 혜순 쪽을 끼웃하고 건너다본다.
▲(근사) 벤치
혜영은 느껴 운다. 혜순이 고개를 돌려 혜영이 느끼는 것을 쏘아보며 그곳을 사라진다. 싸구료 박사. 자기 앞으로 가까이 오는 혜순

〈그림 15〉 10.1.
스틸 촬영 - 안병욱,
혜영 : 이정옥(李貞玉),
혜순 : 김보신

---

57 뱌비작거리다: 두 물체를 맞대어 잇따라 가볍게 문지르다.

의 시선을 피하여 돌아선다. 혜순은 암상이 나서 그 앞으로 지나다가 "할아범은 무얼 보았어? 가서 일이나 봐요-." 이렇게 성미 풀이의 한마디를 던지고 가버린다. 싸구료 박사는 이유 없는 꾸지람에 어안이 벙벙한 듯이 혜순의 뒤태를 뻔히 바라보다가 다시 벤치 쪽으로 고개를 돌린다.

▲(근접) 낭하 입구
용식이 책 한 권을 들고 정원으로 나온다.
▲별장 안 =낭하=
혜순은 달음질을 하여 낭하 창구 앞으로 가서 정원을 내다본다.
▲(카메라 혜순의 등 뒤에서) =창밖으로 정원을 향함=
용식이 벤치 앞으로 가서 앉으며 혜영을 들여다본다. 그리고 책을 펼친다.
▲(대사) 책
책 사이에 봉투 한 장이 끼어있다.
▲(반신) 창 앞
정원 벤치 쪽을 내다보던 혜순은 점점 눈귀가 처지며 질투와 시기로 흥분해 간다.
▲(근사) 벤치
혜영은 그제야 몸을 일며 용식을 힐금 쳐다보고는 또다시 엎드린다. 용식은 불안스러운 듯이 덤덤하니 앉은 채 혜영을 바라본다.
▲(근접) 낭하
혜순은 돌아서서 무엇을 이윽히 생각하더니 하녀를 부른다.
▲(근사) 방문 전
옥례가 "네-." 대답하고 급히 뛰어나와서
▲(근사) 혜순 앞으로 가서 선다. 혜순은 옥례에게 "서방님께 전화 왔습니다고 여쭤-." 정원을 가리키며 이르매 하녀 밖으로 나간다.

17회, 1931.10.01.

▲ (근사) 벤치
혜영과 용식 앞으로 옥례가 나오며

자막

| 서방님께 전화 왔습니다. |

하고 돌아선다. 용식은 들었던 책을 벤치에 놓으며 "혜영 씨, 여기 책을 놓아두었으니 들춰보세요." 혜영에게 퉁기고[58] 가버린다.
▲ (근사) 낭하
혜순은 창 앞에 서서 벤치로서 용식의 그림자가 사라짐을 보고 낭하로 나온다.
▲ (근접) 도어 앞
용식은 부리나케 들어간다.
▲ (근접) 낭하 입구
혜순이 정원을 향하여 급히 나온다.
▲ 전화실
용식은 들어서며 수화기를 떼어서 잡는다.
▲ 정원
혜순은 혜영의 앉아있는 벤치 쪽으로 가까이 간다.
▲ 전화실
용식은 갑갑한 듯이 종을 잡아 누른다.
▲ 벤치 (근접)
혜순은 엎드려 있는 혜영 곁으로 살짝 앉는다.
▲ 전화실
용식은 화가 나는 듯이 수화기를 도로 걸어버리고 나온다.

---

58 퉁기다: 모르는 사실을 깨달아 알도록 암시를 주다.

▲ (근사) 벤치
혜순은 혜영 곁에 놓인 책을 살그머니 들추며
▲ (대사) 책
틈에 끼어있는 봉투를 잡아 뺀다.
▲ (근사) 그리고 태연스럽게 혜영의 어깨를 툭툭 치면서 "언니는 무얼 그렇게 근심을 하고 있소?" 가장 위로하는 듯이 묻는다. 혜영은 그제야 고개를 들어서 혜순을 돌아보며 비로소 미소를 띤다.
▲ 낭하 (근사)
용식이 나오다가 옥례와 마주친다. 용식은 옥례를 붙잡고 "어디서 전화가 왔더냐?" 물으매 옥례는 고개를 살래살래 흔들면서 "전 모르겠어요. 작은아가씨께서 여쭈라고 그랬어요." 하며 달아난다.
▲ (근사) 벤치
혜순은 책 틈에서 빼낸 봉투를 살그머니 허리춤에다 감추고 얼른 혜영 앞을 떠난다. 혜영은 용식의 놓고 간 책을 그제야 들어서 펴본다.
▲ (근사) 낭하 입구
용식은 무엇을 깊이 생각하며 천천히 나온다. 혜순이 나타나서 용식의 앞을 탁 가로막으며 붙잡는다. 그러고
▲ (반신) 혜순은 용식의 가슴에 안길 듯이 바싹 대어들며 그의 눈초리는 요염하게 빛난다.
▲ (대사) 용식은 혜순의 얼굴을 묵묵히 내려다 보며 은근히 불쾌한 듯이 외면을 한다.
▲ (반신) 혜순은[59] 용식을 잡아끌며 "내 할 말이 있으니 저리로 좀 가세요- 네?" 하고 조른다.
▲ (근사) 용식은 뜰로 내려서며 벤치 쪽 혜영을

〈그림 16〉 10.2.
스틸 촬영 - 안병욱,
혜순 : 김보신, 용식 : 고효봉,
제공 - 고병돈

---

59 원문은 "현순은"이나 오식이다.

힐금 바라본다. 혜순이는 용식의 시선 가는 곳을 짐작하고 불쾌한 듯이 잠깐 미간을 찡기며 후원 쪽으로 잡아끌고 가버린다.

▲(근사[60]) 벤치

혜영은 용식의 책을 집어 들고 일어나서

▲(원사) 별장 안으로 들어간다.

▲(근사) 별장 후원

싸구료 박사와 수남이는 까막잡기[61]를 하고 있다. 싸구료 박사, 수건으로 눈을 동여매고 수남을 잡으러 비틀거리며 헤맨다. 수남은 손뼉을 치며 놀린다.

▲별장 모퉁이

수남은 손뼉을 울리매 싸구료 박사는 비틀거리며 수남이 서 있는 쪽으로 더듬어 간다. 수남이 살짝 피하자 혜순과 용식이 나타난다. 싸구료 박사는 혜순을 꽉 붙잡다가 깜짝 놀라서 얼른 수건을 벗으며 황송한 듯이 혜순에게 굽실거린다. 수남은 깔깔 웃으며 달아난다.

혜순과 용식도 역시 웃으며 싸구료 박사 곁으로 다가선다.

▲(대사) 혜순은 금시로 정색하며 싸구료 박사에게 이른다.

자막

오늘 밤차나 내일 아침은 내려오실 듯하니 깨끗이 치우—

▲(반신) 싸구료 박사는 굽실하고 돌아서서 비를 잡는다.

18회, 1931.10.02.

---

60 원문은 "사근(寫近)"이나 '근사(近寫)'의 오식이다.
61 원문은 "감악잡기".

▲(근사) 용식과 혜순, 어깨를 나란히 하여 무엇을 이야기하며 별장 뒤 낭하 입구 쪽으로 향해서 간다.
▲(원사) 수남이는 멀리서 할아버지의 동정을 살피고 있다가 혜순과 용식이 사라짐을 본 후 두 주먹을 불끈 쥐고 달음질을 하여
▲(근사) 싸구료 박사 곁으로 가서 선다. 싸구료 박사는 빙그레 웃으며 물통을 들어서 수남에게 메어주고 "에이 고놈- 어서 가서 치우자." 하며 이끌고 간다.
▲(근사) 별장 낭하 입구
혜순은 안 들어가려는 용식의 팔을 억지로 잡아끈다. 용식은 무참한 듯이 "놓으세요, 내 들어갈 테니-." 뿌리치며 불쾌한 표정을 보이고 먼저 들어가 버린다. (용암)

자막

그날 밤

▲(용명) 혜순의 방
(대사) 혜순의 통통한 팔목[62] - 시계
▲(근사) 혜순은 머리를 다듬으며 경대를 들여다본다. 그리고 서랍을 빼서
▲(대사) 수두룩한(7, 8개) 베니[63]를 이리저리 들추며 그중에서 한 개를 골라 집는다.
▲(대사) 경대
거울 속으로 비치는 혜순의 얼굴
혜순은 입술에다 베니를 올리고 한참 동안 자기의 얼굴을 경대 속으로 들여다보다가 스스로 만족한 듯이 생긋이 웃는다.

---

62 원문은 "팔호목".
63 베니 [紅]. ① 잇꽃의 꽃잎 따위로 만든 적색 안료. ② 주홍색. ③ 연지.

▲(근접) 혜순은 경대를 구석으로 밀어놓고 일어나서 옷깃을 여미며 자기의 몸맵시를 이리저리 훑어본다. 그리고 몇 번
▲(근사) 방 안을 걸으며 전체 몸동작을 체조식으로 움직여 보다가 펄썩 주저앉는다.
▲(근사) 용식의 방
용식은 책상 앞에 앉아서 읽던 책을 덮어 놓으며 시계를 쳐다본다.
▲(근사) 정원 나무 뒤 수풀
혜영은 낮에 용식에게 받았던 책을 끼고서 사뿐히 그 앞으로 와 앉는다.
▲(근사) 혜순의 방
혜순은 허리춤에 감춰두었던 편지를 꺼내어 펴본다.
▲(근사) 나무 뒤 수풀
혜영은 책을 가슴에 안으며 무엇을 동경하듯이 검푸른 창공을 쳐다보며 총총한 별을 센다.
▲(근사) 혜순의 방
혜순은 보던 편지를 암상스럽게 갈가리 찢어버린다. 그리고 다시 한 번 경대를 통해 얼굴과 몸을 비춰보고는 몸을 매만지며 밖으로 나간다.
▲(근사) 용식의 방
용식이 일어나서 주저하듯이 서성대다가 책을 탁자에 세워놓고 천천히 나온다.
▲낭하
조용히 걸어가는 용식의 뒷모양
▲나무 뒤 수풀 (혜영의 앉은 등 뒤로서 낭하 입구 쪽을 향해 카메라를 놓음)
용식 나와 서서 사면을 휘 한 번 살펴보고는 정원 쪽으로 향한다.
▲(대사) 혜영은 을씨년스럽게 먼 하늘을 맥없이 쳐다보다가 갑자기 슬픈 기색을 띠며 나무 등에 기대어 쓰러진다.
▲(원사) 정원

어스름한 정원 벤치에 돌아앉은 여자의 그림자
용식은 벤치 쪽으로 (카메라 용식의 등 뒤로) 종용히 발을 떼어놓다가 우뚝 걸음을 멈추며
▲ (반신) =정면=
벤치 쪽을 바라본다. 그리고 금시 달려가서 껴안아 볼 듯이 정열적으로 정신에 흥분을 받으며 "혜영 씨" 부른다.
▲ (원사) 벤치
혜순은 벤치에 몸을 엎드린다.
▲ (근사) 벤치
용식은 그 앞으로 가까이 가서 "혜영 씨-" 부른다. 그리고 용기를 낸 듯이 그의 등 뒤로 달려들어 포옹-
▲ (근접) 용식은 깜짝 놀라며 일으켜 안았던 혜순의 몸을 탁 놓았다. 혜순은 자기의 몸을 용식이 가슴에다 의지해서 안기며 그를 꽉 껴안는다. 용식이 어찌할 바를 모르고 당황하게 혜순의 팔을 잡아떼려 한다.
▲ (근사) 나무 뒤 수풀
혜영은 실심한 듯이 일어선다.
▲ 벤치
(반신) 혜순은 용식의 목에다 팔을 걸치고 늘어지며 쳐다본다. 그리고 쏘아보는 눈초리는 점점 요염하게 빛나며 자기의 얼굴을 용식의 입술에다 가까이 이끌어 댄다.

〈그림 17〉 10.3.
스틸 촬영 - 안병욱,
제공 - 고병돈

19회, 1931.10.03.

▲ (대사) 용식이 어찌할 바를 몰라서 당황해하는 얼굴

▲(대사) 혜순은 윗몸을 바르르 떤다. 그리고 쳐다보던 눈을 내리감으며 용식의 가슴에다 머리를 댄다.
▲(반신) 용식은 혜순의 팔을 잡아떼려 하며 혹 사람의 눈에 띄지나 않을까 하는 초조심에 안색까지 변해진다. 그리고 울렁거리는 가슴을 겨우 억제하는 듯이 "혜순 씨- 놓으세요- 누가 봅니다. 아- 실수했습니다." 울 듯이 말한다.
▲(반신) "네?" 혜순은 원망스러운 듯이 용식을 쏘아보며

자막

용식 씨-

▲(대사) 용식은 악연해서 혜순을 내려다보며 "혜순 씨, 용서하십시오-." 그리고 고개를 돌린다.
▲(반신) 혜순은 금시 눈물이 터져 나올 듯한 것을 참는 듯이 아랫입술을 꼭 깨물고 용식을 쳐다본다. 그리고 자기의 마음을 하소하는 듯이 애연해 보이는 얼굴을 가리며

자막

용식 씨- 저의 마음을 그렇게 몰라주세요?

하며 답답하고 원망스러운 듯이 흑흑 느껴 운다.
▲(근사) 나무 뒤 수풀
혜영은 땅을 굽어보고 수심에 가득 싸인 사람 모양으로 종용히 정원 쪽으로 걸어간다.
▲벤치
(반신) 혜순은 다시 용식을 쳐다보며

자막

| 저와 결혼해주세요― 네? |

하고 용식의 답을 기다리는 눈가에는 마치 어린아이가 사랑하는 어머니 품 앞에 매달려서 울며 조르듯이 눈물이 글썽글썽 고여있다.
▲(대사) 용식은 뜻밖에 혜순의 입에서 떨어지는 결혼 강청에 대해 무슨 말로 거절해 버려야 좋을지 몰라서 매우 난처해한다.
▲별장 벽
(근사) 혜영 힘없이 걸어 나오다가 정원 벤치 쪽을 힐끔 바라보고 걸음을 멈춰 선다.
▲벤치
(근사) 혜순은 용식의 어깨에다 팔을 걸친 채 바싹바싹 들어 덤빈다. 용식은 뒤로 몸을 빼며 "놓으십시오. 누가 보면 안 됩니다."
▲(반신) 혜영은 혜순과 용식 쪽을 바라보더니 정신이 아득한 듯이 뒤로 쓰러질 듯하게 돌아선다.
▲(근사) 용식은 무심코 혜순의 팔을 뿌리치고 홱 일어서다가 혜영의 서 있는 것을 발견하고 놀란다. 혜순의 시선도 혜영 쪽으로 갔다.
▲(근사) 혜영은 엎어질 듯이 걸음을 빨리하여 별장 뒤로 가버린다.
▲(근사) 용식이 기막힌 듯이 넋을 잃고 서서 혜영의 사라지는 쪽을 바라보다가 불쾌한 듯이 벤치 앞을 떠난다.
▲(대사) 혜순은 원망스럽고 분한 듯이 용식의 가는 뒷모양을 노려보며 입술을 악문다. 점점 눈가에는 분노에 맺힌 눈물이 흐르며 고개를 푹 숙이고 느껴 운다.
▲별장 뒤
(근사) 용식이 나타나며 좌우를 살펴본다.
▲별장 정문 전
컴컴한 문전에서 자동차의 헤드라이트의 광이 빛난다. 그 앞으로 사람들

의 쫓아 나가는 그림자들 (용전)

▲ 현관

자동차가 슬며시 현관 앞에 들이닿는다.

▲ 별장 뒤

(반신) 용식이 사면을 끼웃하고 살피다가 당황하게 돌쳐서며 사라진다.

▲ 현관

싸구료 박사와 하녀들이 늘어서 있다. 차의 문이 열리자 나승호가 내려선다. 그 앞으로 용식이 달려와서 식구들과 함께 나 씨를 맞아 들어간다.

(스틸 촬영 - 안병욱, 혜순 : 김보신, 용식 : 고효봉, 제공 - 고병돈)[64]

20회, 1931.10.04.

자막 (용명. 암)

> 자기의 단독 의사로만은 용이하게 해결되지 않고 더욱 중역들과의 감정 충돌로 인해 사태가 더욱 험악하게 되어감에 나 씨는 분연히 불쾌스러운 의자를 떠났다.

▲ 실내

나승호는 퍽 피로한 안색으로 앞에 늘어서 있는 식구들을 바라본다. 그리고 가인(家人)들에게 그간 집안 소식을 묻는다. 하녀 옥례가 조심스럽게 찻그릇을 갖다 놓고 돌아설 제 혜순이 뛰어 들어와서 "아버지 내려오셨어요." 하며 곁에 앉는다.

▲ (반신) 나 씨는 담배를 한 개 꺼내어 붙이며 실내를 살펴본다. 그리고 혜영이 눈에 띄지 않음을 괴이하게 여기는 듯이

---

64 해당 회차에는 스틸 정보만이 적혀 있고, 사진은 누락되어 있다.

자막

| 네 형은 어디 갔느냐? |

혜순에게 묻는다.
(카메라 혜순에게로 회전)
혜순은 좌우를 돌아보고 "몰라요." 대답한다.
▲(근사) 나승호는 이상한 듯이 "혜영이를 불러라." 식구들에게 이른다.
용식과 옥례가 "네." 대답하고 밖으로 나간다.
▲혜영의 방 도어 전
옥례가 달려와서 문을 열고 들여다보다가 다시 돌아서며
▲낭하
이 방 저 방을 들여다보고 혜영을 찾는다.
▲낭하 입구
옥례가 내려서자 싸구료 박사와 마주쳤다. 옥례는 당황하게

자막

| 큰아가씨를 찾으시는데요, 어디 계신지 모르죠? |

▲(근사) 싸구료 박사는 불안한 기색으로 "왜? 안 계서?" 되짚어 물으며 정원 쪽으로 간다.
▲실내
나승호 앞으로 옥례가 들어와서 "암만 찾아보아도 안 계신데요." 한다.
용식이 역시 의심스러운 듯이 쫓아 들어와서 하녀에게 묻는다. 나승호는 놀라운 듯이 담배를 끄며
▲(반신) "어서들 좀 나가서 찾아보아라." 이르며 용식과 혜순 쪽을 건너다본다.

▲ (근사) 옥례가 "네." 하고 또다시 찾으러 나간다.

▲ 정원

싸구료 박사는 구석구석이 혜영을 찾아보며 문밖으로 나간다.

▲ 바위에 부딪혀서 헤어지는[65] 물결 (용전[66])

▲ 멀리 바다를 배경(背景) 해서 조그마한 그림자 모양으로 서 있는 혜영

▲ 해안통

싸구료 박사는 사면을 둘러보며 혜영을 찾는다.

▲ 바위

혜영은 엎어져서 울고 있다.

▲ 망망한 바다의 물결

달빛이 흘러서 은파(銀波)를 지운다.

▲ (대사) 바위에 쓰러져 있는 혜영의 얼굴에는 슬픔이 가득 차서 눈물이 두 줄기로 곱게 흘러있다.

▲ 싸구료 박사는 우툴두툴한 바위를 밟으며 혜영의 쓰러져 있는 쪽으로 급히 간다.

▲ (근사) 싸구료 박사는 혜영의 쓰러져 있는 바위로 올라서며 숨결이 가쁜 듯이 헐떡인다. 그리고 이상한 듯이 들여다보고

▲ (반신) 다시 눈을 비비며 자세히 들여다본다.

▲ (대사) 혜영은 눈물이 글썽하게 고인 눈으로 싸구료 박사를 힐금 쳐다보고 다시 고요히 눈을 감는다.

▲ (반신) 싸구료 박사는 한편으로 놀랍기도 하고 괴이쩍은 듯이 혜영을 내려다보며 "아가씨 일어나십시오. 이게 웬일이십니까?" 한다.

▲ (근사) 혜영은 일어나려고도 하지 않고 쓰러진 채 더욱 느껴 운다. 싸구료 박사는 하는 수 없이 혜영 앞으로 앉으며 염려스러운 듯이 "어서 일어

---

65 원문은 "헤여지는"으로, '헤여지다'는 '헤어지다'의 북한어이다.
66 원문은 "징전(澄轉)"이나, '용전(溶轉)'의 오식이다.

나세요." 하며 우연히
▲ (대사) 혜영이 쥐고 있는 사진으로 시선이 갔다.
▲ (대사) 싸구료 박사는 의아해서 눈을 찌긋이 뜨고 똑똑히 내려다본다.
▲ (최대사) 이십여 년 전에 세상을 떠난 아내의 사진이다.
▲ (대사) 싸구료 박사는 점점 눈이 우묵하게 패이며 마치 실신한 사람 모양으로 정신없이 내려다보고 있다.

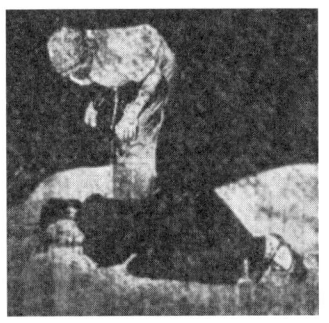

〈그림 18〉 10.6.
스틸 촬영 - 안병욱,
싸구료 박사 : 윤봉춘,
혜영 : 이정옥, 제공 - 고병돈

21회, 1931.10.06.

▲ (반신) 혜영은 아직도 눈물이 마르지 않은 눈을 살며시 떠서 싸구료 박사의 거동을 이상하게 살펴본다.
▲ (반신) 싸구료 박사는 멍하니 아무 말도 못 하고 있다가 그제야 정신이 도는 듯이 혜영을 들여다보며 "어째서 이 밤중에 여기까지 나와 계십니까? 어서 들어가시죠."

자막

> 지금 대감께서 내려오셨는데 큰아가씨를 찾으십니다.

▲ (반신) 혜영은 그제야 겨우 몸을 일어 앉으며

자막

> 난 집에 들어가고 싶지 않아요….

하고 다시 느껴 운다.
▲(근사) 싸구료 박사는 자기 역시 창연해하며 "그게 무슨 말씀입니까. 들어가셔야지." 혜영을 위로하며 들여다본다.
▲(대사) 혜영은 슬픈 얼굴로 싸구료 박사를 유심히 건너다본다.
▲(근사) 싸구료 박사는 이윽히 무엇을 생각하고 나더니 혜영이 쥐고 있는 사진을 가리키며 "저것은 누구의 사진입니까?" 묻는다.
혜영은 처량한 듯이 망망한 바다를 내다보며 혼자 말하듯이

자막

| 우리 어머니…. |

▲(대사) 싸구료 박사는 점점 놀라는 듯이 혜영을 유심히 살펴보며 "그러면 아가씨의 어머니께서는요?"
▲(대사) 혜영이 머뭇거리다가 손수건을 꺼내어 눈물을 훔치며

자막

| 난 어머니의 얼굴도 모르고 또 아버지도 없이 자라난 몸이오— |

하고 슬프게 느껴 운다.
▲(근사) 싸구료 박사는 천만뜻밖에 이십여 년 전에 어린애와 함께 뭉쳐서 버렸던 아내의 사진을 발견했고 또한 남의 손에서 곱게 자라난 자기 딸인 것을 확실히 알게 되었을 때 마음으론 미칠 것같이 반갑고 감사했으나 짐짓 태연한 기색을 가지며 긴 한숨을 내쉰다. 그리고 자기 모르게 혜영의 손을 꼭 쥐었다.
▲(대사) 혜영은 싸구료 박사의 하는 양을 이상하게 살피며 이야기를 한다. (용암)

(이십 년 전)
▲ (용명) 실내
나승호가 의자에 앉아서 한 육칠 세쯤 된 사나이 애를 앞에 세우고 재롱을 본다.
마침 유모인 듯한 중년 부인 한 명이 포대기에 둘러싼 어린애를 안고 들어와서 무엇이라고 고한다. 나승호는 받아서 안으며 처네[67]를 들추고 물끄러미 들여다본다.
▲ (대사) 처네에 둘러싼 어린애와 사진 한 장
▲ (반신) 나승호는 한동안 묵묵히 앉아있다가 고개를 끄덕끄덕하면서[68] "자— 우리 집에서 기르기로 합시다, 좋소."
▲ (근사) 여자는 다시 어린애를 안고 나간다.
▲ (근사) 나승호는 사나이 애를 번쩍 들어 안으며

자막

| 용식아— 이젠 네 누이가 하나 생겼구나. |

하면서 인자하고 평화스럽게 껄껄 웃는다. (용전)
(버드나무에 이중으로)

| 이십여 년의 세월은 흘렀다. |

▲ (용명)
(근사) 혜영은 이야기를 간단히 마치고 머리를 숙인다.
싸구료 박사는 혜영의 어깨에다 팔을 얹으며 마치 미친 사람같이 혼자

---

67 원문은 "체네"이나 '처네'의 오식으로 보인다.
68 원문은 "그덕그덕하며서".

입속으로 중얼대듯 "오- 용서하여라- 에미가 여태껏 살아서 있었던들 얼마나 기뻐했으랴." 부르짖는다.

▲(반신) 혜영은 들릴락말락하게 귓결을 스치는 부르짖는 말에 놀라운 듯이 싸구료 박사를 힐끗 쳐다보며 "왜 그러우?" 하며 잡아 흔든다.

▲(반신) 싸구료 박사는 문득 꿈에서 깨어난 사람 모양으로 다시 태연한 듯이 "어- 아니올시다. 나도 고독한 늙은 몸이 되어서 정신없이 아가씨의 말을 듣다가 고만…" 하며 정색을 하려 하나 자기 모르게 눈물이 흘러서 떨어진다.

▲(근사) 싸구료 박사는 얼른 외면을 하고 눈물을 씻는다. 그리고 "어서 들어가시죠." 독촉하매 혜영은 하는 수 없이 일어선다. (용암)

22회, 1931.10.07.

자막 (용명. 암)

> 긴- 세월-
> 남의 품에서 양육을 받아 그만큼이나 성장해 온 자식을 바라보매 그윽이 감격치 않을 수는 없었으나 오직 아버지의 권리로서 딸이라고 불러볼 용기까지는 없었다.

▲(용명) 나승호의 실내
(근사) 나승호는 의자에 비스듬히 기대어 앉아서 피곤한 듯한 눈을 내리감고 한동안 무엇을 생각하다가 다시 눈을 번쩍 뜨며 용식을 힘있게 바라본다. 용식은 긴장한 얼굴로 나승호의 입만 쳐다보고 앉아있다.
▲(반신) 나 씨는 그제야 입을 무겁게

〈그림 19〉 10.8.
스틸 촬영 - 일월(日月)사진관,
나승호 : 김영찬, 용식 : 고효봉,
제공 - 고병돈

떼며

자막

> 저번에도 너에게 부탁을 해 두었겠다? 지금 파업 형세는 대단히 험악하게 되어서 용이하게 해결될 것 같지도 않고— 도저히 전도를 낙관할 수 없게 되었다.

▲(대사) 나 씨는 찻잔을 들어서 한 모금에 마신다. 그리고 다시 용식 편을 바라보며 말을 잇는다.

자막

> 지금 나는 인형이 되고 말았다. 나의 단독 의사로만은 어찌할 수 없게 되었어…. 너는 모르리라만 ××한 간섭이 가로막혀 있다.

▲(반신) 비분한 듯이 눈을 내리감으며 말을 계속한다.

자막

> 용식아— 너는 이제부터 공장 옷을 입어라. 청년으로서의 기개를 죽이고 서재에만 들어박혀서 사회의 공기를 모르는 책상물림을 언제까지나 면치 못하면 안 돼— 가련한 저들의 가족을 위해 선두에 서라….

▲(대사) 용식은 감동된 듯이 힘있게 점점 빛나는 시선을 나 씨에게 쏟으며 있다.

▲(반신) 나승호는 몸을 바로잡아 앉으며 용식의 표정을 힐끔 살펴본 후 만족한 듯이 은근한 미소를 띤다. 그리고 다시 용식을 향해

자막

> 나는 영영 회사가 폐쇄된다 할지라도 관계치 않다. 그러나… 회사가 있어야 너희가 살고 너희들이 있어야 회사가 있을 것이란 항상 잊어선 안 돼—

▲(근사) 나승호는 말을 마치고 담배를 꺼내어 붙인다. 마침 혜순이가 촐랑거리고 뛰어 들어오다가 실내의 엄숙한 공기에 위압된 듯이 멍하니 서서 부친과 용식의 동정을 자주 살피고 있다. 나 씨는 용식에게 "또 부를 테니 나가서 일 보렴." 이르매 용식은 조용히 밖으로 나간다. 혜순은 용식이 앉았던 의자에 펄썩 주저앉는다
▲(반신) 나승호는 빙긋이 웃으며 "오- 마침 잘 들어왔다."

자막

> 이 여름을 지나고 올라들 가면 속히 네 형의 결혼식을 거행할 테다.

▲(대사) 혜순은 눈이 동그래지며 의심스러운 듯이

자막

> 누구하고요?

▲(반신) 나승호는 껄껄 웃으며 "왜- 궁금하냐."

자막

> 용식이하고 말이다. 아직은 나 홀로만 내정하고 있는 바니까….

▲(반신) 나 씨는 혜순의 기색을 살피며 "이런 기쁜 소식을 허허 네가 먼저 알게 되었구나." 하며 유쾌한 표정을 띤다.
▲(대사) 혜순은 뜻밖에 듣는 말에 놀란 안색을 보이지 않으려고 애를 쓰나 은근히 질투에 못 이겨서 고민하는 것이 드러난다.
▲(근사) 혜순이 외면을 하고 얼른 일어나서 밖으로 나가매 나 씨는 무엇을 짐작한 듯이 혜순의 나가는 뒤 태도를 물끄러미 쏘아본다. (용암)

23회, 1931.10.08.

자막 (용명. 암)

| 어느 날 밤 |

▲ (용명) 도어 전
문이 방긋이 열리며 싸구료 박사의 얼굴이 나타나서 사면을 살펴본다.
▲ 낭하
고요하게 사람의 자취 끊기고 희미한 전광[전등(電燈)]만이 흘러서 적막해 보인다.
▲ 실내 = 수남의 방
(대사) 깊이 잠들어 있는 수남의 얼굴
▲ 싸구료 박사는 조심스럽게 나서며 가만히 문을 닫는다. 그리고 낭하 쪽으로 (용전) 조용히 걸으며 (카메라 등 뒤에서 이동) 좌우를 기웃기웃 하면서 돌아본다.
▲ 도어 전[69]
『하부(下部)』문이 열리며 침의(寢衣) 끈이 늘어지고 몽툭하게 긴 슬리퍼 신은 발이 나타난다.
▲ 혜영의 방 문전
싸구료 박사 문 앞에 머물러 서며 주저한다.
▲ 층대
층대를 내려서는 슬리퍼 신은 발
▲ 혜영의 방 문전
싸구료 박사 무엇을 결심한 듯이 동작을 가지며 문을 가만히 열고서 방 안을 향해 들여다본다.
▲ (근사) 혜영이 홀로 깊이 잠들어 있다.
▲ 싸구료 박사 다시 고요히 문을 닫으며 방문을 향해 머리를 숙이고 합장

---

69 원문은 "또안전"이나 오식이다.

기도를 한다.
▲층대
너덧 층대를 밟고 내려서는 침의 걸친 하체
▲도어 전
(대사) 싸구료 박사는 깜짝 놀라서 돌아다본다.
▲낭하 벽 앞으로 나승호 나타나서 천천히 걸어오다가 문득 머물러 서며 정면을 본다.
▲(반신) 싸구료 박사는 나승호 쪽을 바라보고 조금 주저한다.
▲(◎신) 나승호는 이상한 듯이 정면을 바라보다가
▲(근사) 싸구료 박사 곁으로 가까이 지나치며 "왜 이렇게 늦도록 자지 않고 있는가?" 말하고 사라진다. 싸구료 박사는 황송한 듯이 굽실하고 나 씨의 가는 편으로 돌이켜본다.
▲낭하 벽
괴상한 검은 그림자

〈그림 20〉 10.9.
스틸 촬영 - 일월사진관,
싸구료 박사 : 윤봉춘,
나승호 : 김영찬, 제공 - 고병돈

▲층대
(접사) 검은 그림자가 층대로 올라갈 듯이 움직인다.
▲낭하
(근사) 싸구료 박사는 힘없이 걸어간다.
▲변소간 문전
나승호는 침의를 여미고 나선다.
▲낭하 벽 구석진 곳
복면한 괴인이 우뚝 서 있다.
▲낭하
나승호는 천천히 걸으며 층대 가까이 간다.

▲수남의 방 문전
싸구료 박사는 좌우를 한 번 휘- 살펴보고 나서 들어간다.
▲층대 밑
복면한 괴인이 급히 몸을 피한다.
▲(접사) 층대
나승호의 올라서는 발, 슬리퍼가 벗어져서 구른다.
▲층대 밑
(접사) 동그라지는 괴인의 몸
▲(대사) 나승호는 주춤하며 다소 놀란 듯이 좌우를 돌아보고 귀를 기울인다.
▲낭하
고양이가 울면서 살랑살랑 걸어온다.
▲(반신) 나승호는 낭하 쪽을 내려보다가 안심한 듯이 걸음을 떼어놓는다.
▲낭하
별안간 고양이가 살같이[70] 달린다.
▲(중원(中遠)) 낭하
복면한 괴인이 낭하로 달음질을 해 뛰어간다.
▲낭하 입구 창문 앞
(근접) 괴인이 급히 밖으로 나간다.

24회, 1931.10.09.

▲(용명) 낭하 마룻바닥
(접사) 검은 발자국

---

70 쏜 화살과 같이 매우 빠르게.

(이동 카메라 천천히 달린다)
▲우뚝 서 있는 괴인의 전신

자막 (용명. 암)

| 돌연 괴이한 흑의(黑衣)의 사나이가 나타나기 비롯한 이후로….

▲혜영의 병실
(근사) 침대에 혜영이 누워있고 곁에 옥례가 근심스러운 빛을 띠고 앉아 있다.
▲(대사) 잠들어 있는 혜영의 얼굴
▲현관
자동차 한 대가 닿자 문이 열리며 용식과 의사가 급히 내린다. 그 앞으로 싸구료 박사가 나타나서 마중한다.
▲(접사) 자동차
운전수 차의 문을 닫으며 현관 쪽으로 유심히 시선을 보낸다.
▲현관
의사와 용식의 들어가는 뒷모양
▲(대사) 운전수 담배 한 개를 꺼내어 붙이며 야릇한 웃음을 띤다. 그리고
▲(근사) 천천히 운전대에 오르며 차를 물려 뺀다.
▲혜영의 병실
(근사) 의사는 혜영을 진찰한다. 용식은 혜영과 의사 편을 살피고 있으며 옥례는 밖으로 나간다.
▲혜영의 병실 문전
(근사) 싸구료 박사는 근심에 싸여서 도어 앞에 있다가 마침 방 안에서 나오는 옥례를 반기며 "좀 어떠신구?" 묻는다. 옥례는 대답하지 않고 가버린다.

▲ (근사) 병실
의사는 진찰을 마치고 의자에 앉는다. 나승호가 앞장을 서고 이어서 옥례와 싸구료 박사가 쫓아 들어온다.
▲ (근사) 나승호는 의사 곁으로 가서 앉으며 염려스러운 듯이 묻는다.
▲ (대사) 의사는 무엇을 한동안 생각하듯이 고개를 끼웃하고 있다가 좌우를 돌아보고 나서 조용하게

자막

위험치는 않으나 음식물에서 중독이….

▲ (근사) 채 말을 마치지 못하고 좌우에 사람들을 꺼리는 듯이 주저한다. 나승호는 묵묵히 더 묻지 않는다.
▲ (반신) 싸구료 박사는 나 씨와 의사 편을 자로[71] 살피며 귀를 기울인다.
▲ (근사) 나승호와 의사는 밖으로 나가고 옥례는 침대 곁으로 가까이 가서 앉는다.
▲ 현관 앞 뜰
자동차 놓인 앞에 혜순과 운전수가 나란히 붙어 서서 무엇을 이야기한다.
▲ (원사) 낭하
의사는 나승호에게 병인에 관한 말을 비밀스럽게 하고 있다.
▲ 현관 정면
(근사) 싸구료 박사가 힘없이 걸어 나와서 운전수를 부른다.
▲ (근접) 자동차 앞
혜순이 깜짝 놀라며 슬며시 그곳을 피해버리고 운전수 민첩하게 올라앉으며
▲ (근사) 차는 현관에 들이대어 놓는다.

---

71 '자주'의 옛말.

▲(근접) 의사가 차에 오르자 용식이 문을 닫으며 공손히 예한다. 자동차 움직인다.

▲(근사) 나승호의 실내

▲나승호 힘없이 의자에 앉아서 서류 등속을 들춰볼 제 혜순이 들어와서 곁에 앉으며 무엇을 말할 듯이 머뭇거린다. 나 씨는 들춰보던 서류를 집어치우고 혜순을 바라본다.

▲(반신) 혜순은 생긋 웃으며 "저- 아버지, 수남이네."

〈그림 21〉 10.10.
스틸 촬영 - 일월사진관,
나승호 : 김영찬, 혜순 : 김보신,
제공 - 고병돈

자막

할아범 말야요, 좀 이상해 보여요….

▲(반신) 열심히 부친의 태도를 살피며 또 말을 이어서

자막

요전 날에도 밤이 퍽 깊었는데 언니 방 앞에서 수상한 꼴을 보았어요ㅡ

▲(대사) 나승호는 알아들었다는 듯이 고개를 끄덕끄덕

▲(근사) 하고 벌떡 일어서며 실내를 배회한다. 혜순은 살며시 일어서 그 밖으로 나간다. (용암)

25회, 1931.10.10

자막 (용명. 암)

> 그날 밤—

▲(용명) 병실
침대 곁에 앉아서 혜영의 병을 간호하고 있던 옥례는 꼬박꼬박 졸고 있다.
▲(근사) 낭하
싸구료 박사는 조심스럽게 걸어와서 병실 문 앞에 머물러서며
▲(반신) 좌우를 살펴본다. 그리고 가만히 문을 열고서 병실을 들여다본 후 다시 문을 닫으며 묵도한다.
▲(근사) 나승호의 실내
나 씨는 침의를 걸친 채 안락의자에 몸을 비스듬히 기대어 졸고 있다.
▲(근사) 낭하
싸구료 박사는 아래 윗방을 고루 열어서 살펴본다.
▲낭하 입구 문전
흑의의 사나이 들어서며 (카메라 괴인을 쫓아서 이동) 벽 쪽으로 살살 붙어서 간다.
▲층대
날쌔게 뛰어 올라가는 괴인
▲응접실 문전
(근사) 괴인은 서슴지 않고 뛰어 들어간다.
▲층대 (카메라 아래로 향함)
싸구료 박사 층대로 올라온다.
▲실내
(대사) 마룻바닥
화병이 떨어지며 두 조각에 난다. (순간)
▲(대사) 탁자

괴인의 몸이 스치며 탁자에 놓인 물건이 들이[72] 흔들린다.

▲ 나승호의 실내

(대사) 졸고 있던 나승호 눈을 번쩍 뜨며 곁 응접실로 귀를 기울인다.

▲ 응접실 문전

(근사) 싸구료 박사 도어 앞에 가까이 이르자 불시에 괴인이 뛰어나온다. 싸구료 박사 "억-" 하고 펄썩 주저앉자 (카메라 회전) 괴인은 살같이 달려서 층대 아래로 뛰어 내려간다.

▲ 낭하 입구 문전

(근접) 민첩하게 뛰어나가는 괴인

▲ 나승호의 실내

(반신) 나승호는 몸을 바로잡아 앉으며 실내를 휘 한 번 살피고 나서 밖을 향해 또다시 귀를 기울인다.

▲ 응접실 문전

싸구료 박사는 몹시 놀란 듯이 사지를 부들부들 떨면서 가까스로 일어난다. 그리고 층대 쪽을 두려운 듯이 돌아다보면서 응접실로 들어선다.

▲ 응접실 안

싸구료 박사는 침침한 실내로 들어서며 더듬거린다. 그리고 깨진 화병 조각이 발끝에 차여서 재그럭 소리 나매 움찔하고 놀란다.

〈그림 22〉 10.11.
스틸 촬영 - 일월사진관,
싸구료 박사 : 윤봉춘,
제공 - 고병돈

▲ (대사) 바닥

흩어져 있는 서류

▲ (근사) 싸구료 박사는 더듬거리며 늘비하게 흩어져 있는 서류를 집어 들고 차곡차곡 갠다.

---

72 세차게 마구.

▲나승호의 실내

(근사) 나승호는 의자에서 벌떡 일어나며 곁에 응접실 문을 홱 열고서 전등을 켠다.

▲(근접) 싸구료 박사는 주워 모은 서류를 탁 놓으며 깜짝 놀라서 소스라뜨린다[73].

▲(반신) 문턱

나승호는 괴이한 듯이 싸구료 박사의 거동을 쏘아보고 있다.

▲(근사) 싸구료 박사는 당황스럽게 흩어진 서류를 집어 들고서

▲(근접) 나승호의 앞으로 가까이 가 서며 "큰일 났습니다. 방금 웬 시꺼먼 놈이 들어왔습죠." 몸을 벌벌 떨면서 괴인의 출현을 고해바친다.

▲(반신) 나승호는 아무 말도 묻지 않고 돌아서려 할 제

▲(반신) 싸구료 박사는 민망한 듯이 묻는다.

자막

저— 경찰서로 전화라도 걸랍쇼?

▲(반신) 나승호는 머리를 저으며 "집안에 병자도 있고 하니 요란히 말게." 이른다.

▲(근사) 그리고 천천히 자기 방으로 돌아서 나간다.

26회, 1931.10.11.

▲(용명) 차고 전

(근접) 운전수 자동차 놓인 앞에 돌아서서 조그마한 보따리 하나를 뭉치

---

73 소스라뜨리다: 깜짝 놀라 몸을 갑자기 솟구치듯 움직이다.

고 있다가 별안간 놀라며 돌아다본다.
▲(근사) 정원
혜순이 나타나서 생긋 웃으며
▲(근사) 자동차 앞으로 달려든다. 운전수는 그제야 안심한 듯이 뭉치고 있는 보따리를 민첩하게
▲(최대사) 운전대 앉는 궤 밑으로 들어 떼린다.
▲(반신) 운전수 주머니에서 무엇을 꺼내어 전하려는 듯이 우물쭈물하다가 사면을 살피고 주춤한다. 그리고 혜순의 눈치만 본다.
▲(대사) 혜순이 역시 그에게 무슨 할 말이 있는 듯이 조금 주저하다가 좌우를 돌아보고 나서
▲(반신) 운전수 앞으로 바싹 대어들며 은근스럽게 귓속말[74]을 한다. 운전수 연성 고개를 끄덕이며 듣다가 돌연 미간을 찡기고 난처한 듯이 혜순을 향해 머리를 설레설레 젓는다.
▲(접사) 자동차 뒤
예비 '타이어'에 걸터앉아 있는 수남
▲(대사) 혜순은 애교 있게 한쪽 눈을 째긋이 뜨고 마치 애원하듯이 쳐다본다.
▲(근사) 운전수는 머리를 긁적긁적하며 담배를 꺼내어 붙여 물고 돌아선다.
▲(반신) 혜순 허리춤에서 조그마한 지폐 뭉치를 꺼내어
▲(대사) 운전수 손에다 꼭 쥐여 준다.
▲(근접) 자동차 뒤
수남이 무엇을 엿듣는 듯이 눈이 동그래서 귀를 기울이고 있다가 '타이어'에서 성큼 뛰어내린다.

〈그림 23〉 10.13.
스틸 촬영 - 일월사진관,
수남 : 정호, 제공 - 고병돈

---

74 원문은 "귀속말"('귓속말'의 북한어).

▲(근사) 운전수 움찔 놀라며 혜순에게 받은 돈을 약삭빨리 집어넣고 돌아다본다. 그리고 차 뒤로 달려가서 수남을 잡아끌고 나오며 "요런- 어린 게 깍쟁이같이 어른들의 눈치나 살살 보고 다니고 뭘 엿듣고 있어?" 소리를 꽥 지르고 쥐어박는다. 혜순이도 암상이 나서 매섭게 쏘아본다.
▲(대사) 수남이는 억울한 듯이 비죽거리고 운다.
▲(근사) 정원
마침 싸구료 박사 나오다 수남의 울음소리를 듣고 걸음을 멈추며 차고 쪽을 유심히 바라보다가 "수남아" 부른다.
▲(근사) 혜순과 운전수는 슬그머니 각자 헤어지고 수남은 눈물을 씻으며
▲(근접) 싸구료 박사에게로 달려가서 안긴다.
▲(근접) 낭하 입구
옥례가 나타나며 정원을 향해 "수남아" 부르며

자막

> 대감께서 부르셔요.

싸구료 박사에게 눈짓을 하고 들어간다.
▲(근사) 싸구료 박사는 수남을 달래어 떼어놓고 급히 들어간다.

자막

> 괴인의 출현이 있는 이후로 싸구료 박사에게 대한 나 씨의 의혹은 날이 거듭할수록 깊어 갔으매.

▲(근사) 나승호의 실내
나승호 침울한 기색으로 실내를 거닐다가
▲(반신) 심통한 듯이 싸구료 박사에게 무거운 시선을 던지며 "미안한 노릇일세. 후일 또 그대를 만날 기회가 있을 것이니까-." 한다.

▲ (반신) 싸구료 박사는 황공스러운 듯이 구부리고 앉아서 덤덤하니 있다.
▲ (근사) 나승호는 창밖을 물끄러미 내다보다가 안락의자에 몸을 비스듬히 기대어 앉으며

자막

> 당분간 이 집을 떠나주게. 그리해 줄 수 있겠지―?

엄숙한 태도로 이렇게 잘라 말하듯이 채친다[75].
▲ (대사) 싸구료 박사 오직 "네." 대답 한마디로 머리를 들어서 쳐다보는 두 눈가에는 그윽이 슬픈 눈물이 고여서 흐른다.
▲ (근접) 싸구료 박사는 힘없이 일어서며 나 씨는 은근히 외면을 한다. (용암)

27회, 1931.10.13.

▲ (용명) 싸구료 박사의 방
싸구료 박사는 보자기를 펴놓고 헌 의복 등속을 주섬주섬 모아서 묶는다. 수남이 곁에 앉아서 이상한 듯이 쳐다보며 묻는다.

자막

> 할아버지 왜 그렇게 꼭[76] 묶어요?

▲ (근사) 싸구료 박사는 을씨년스런 웃음을 띠고 수남의 머리를 쓰다듬으며

---

75 채치다: 일을 재촉하여 다그치다.
76 원문은 "꽁".

자막

| 허- 이제부턴 우리 둘이 이 집을 떠나서 다른 곳으로 가서 살아야 한다- |

수남이는 마음에 좀 서운한 듯이 눈이 샐룩해지며 덤덤하니 있다. 싸구료 박사는 이것을 물끄러미 들여다보고 있다가 창연한 듯이 긴 한숨을 휘- 내쉬며 "왜? 넌 언제까지나 여기서만 살고 싶으냐." 하며 빙긋이 웃는다. 수남은 벌떡 일어서며 "아뇨- 난 할아버지하고 딴 데 가서 살게 되는 게 좋아. 하- 여기 있으면 자동차 아저씨하고 깍쟁이 년이 보기 싫어요." 싸구료 박사는 "쉬" 하고 수남의 입을 막으며 눈짓한다.
▲ 혜영의 병실
옥례가 침대 곁에 앉아서 큰일이나 벌어진 것 같이 수선을 떨며 혜영에게 말한다.
"대감께서 무슨 일이 생겼는지 수남이네를 내보내시겠죠."
▲ (대사) 혜영은 눈이 둥그레지며 "뭐? 수남이를 내보내다니?" 이유 모를 일에 의아해한다.
▲ (반신) 옥례는 고개를 살레살레 저으며 "저도 모르죠." 대답한다.
▲ (대사) 혜영은 서운한 듯이 쓸쓸한 표정을 띠며 눈을 슬며시 내리감고 돌아눕는다.
▲ 병실 문전
싸구료 박사는 수남의 손목을 이끌고 도어 앞에 서서 문을 열고 들여다볼 듯이 망설이다가
▲ (근사) 돌아선다. 수남이는 병실 쪽을 자꾸 돌아다보며 차마 발길이 떨어지지 않는 듯이 할아버지에게 끌려간다. (용전)
▲ 별장 문전
(근사) 싸구료 박사와 수남이 나오다가 마침

〈그림 24〉 10.14.
스틸 촬영 - 일월사진관,
싸구료 박사: 윤봉춘,
수남: 정호, 제공 - 고병돈

들어가는 용식과 마주친다. 용식이 싸구료 박사의 거동을 살펴보고 "웬일이오." 물으며 눈이 휘둥그레진다.
▲(반신) 싸구료 박사는 비창한 듯이 부탁을 한다.

자막

| 혜영 아씨께 뵙지 못하고 떠난다고 잘 말씀해 주십시오- |

▲(대사) 용식은 섭섭한 듯이 바라보다가 머리를 숙인다.
▲(근사) 싸구료 박사는 힘없이 돌아서며 눈물을 씻는다.
▲(대사) 수남은 용식을 쳐다보며 "아저씨- 안녕히 계세요." 인사를 마치고
▲(근사) 훌쩍훌쩍 울면서 돌아선다. 용식은 멍하니 서 있다가 돌아서 가는 수남을 껴안으며 "오- 수남아 울지 말고 할아버지 모시고 잘 가거라-." 이르며 은근히 눈물을 머금는다. (용암)

▲(용명) 병실
혜영은 침대에서 일어나 앉아있다. 용식이 들어와서 혜영의 곁으로 가 앉으며 병세를 묻는다. 그리고 수남의 이야기를 꺼낸다.
"수남이네가 떠나면서 혜영 씨를 뵙지 못했다고 전갈하는데 마음에 퍽 안되었더군요."
▲(대사) 혜영은 그윽이 슬픈 빛을 띠고 회상에 잠긴다. (용암)
(용명)
◇ 바다에서 혜영이 모친의 사진을 들고서 슬피 울던 장면
◇ 싸구료 박사, 혜영을 들여다보고 자기의 딸인 줄 알면서 신원[77]한 듯이 부르짖는 장면 (용암)
▲(용명)

---

77 신원(伸冤): 가슴에 맺힌 원한을 풀어 버림.

(대사) 혜영은 얼빠진 사람같이 벽을 쳐다보고 있다가 괴로운 듯이 호흡을 한다.
▲(근사) 용식은 염려스러운 듯이 혜영을 누이고 일어설 제 옥례가 우유병을 들고서 조용히 들어온다. (용암)

▲(용명) 길[가로(街路)]
혜순과 운전수는 어깨를 나란히 하고 무엇을 재미있게 이야기하며 걸어온다. 마침 그 앞으로 싸구료 박사와 수남이 지나가다가 서로 마주쳤다.

28회, 1931.10.14.

▲(반신) 싸구료 박사는 반가운 듯이 걸음을 멈추며 인사를 한다.
▲(근접) 『카메라 회전』
혜순과 운전수는 힐금 돌아다볼 뿐으로 모른 척하고 걸음을 빨리한다.
▲(대사) 수남은 골이 나는 듯이 입술을 악물고 혜순의 가는 꼴을 쏘아보다가 "할아버지 어서 갑시다." 하고
▲(근사) 싸구료 박사를 떠다 밀친다. 멍하니 서 있던 싸구료 박사는 뒤로 주춤하며 수남과 함께 돌아서 간다. (용암)

자막 (용명. 암)

수일이 지나서—

▲(용명) 정원
혜영이 옥례에게 몸을 의지해서 힘이 드는 듯이 걸어 나온다.
▲벤치 (근접)
혜영이 벤치에 몸을 기대어 앉다가 살이 배기는 듯이 상을 쭝기매 옥례는

깔깔 웃으며 혜영을 부축한다.
▲ 별장 문전
(근사) 싸구료 박사와 수남은 구루마를 끌고 별장 문턱에 이르러 걸음을 멈춰 서며 그리운 듯이 쳐다본다. 수남은
▲ (근접) 별장 문턱으로 달려 들어가서 안을 끼웃하고 들여다보다가 돌아선다.
▲ 정원 벤치
(근사) 옥례는 문전을 힐금 내다보다가 수남을 발견하고 수선스럽게 혜영에게 고한다.
▲ (근사) 별장 문전
싸구료 박사는 "수남아 어서 가자." 부르며 구루마를 끈다.
▲ 정원 벤치
(근사) 혜영은 반기며 별장 문밖을 내다보다가 옥례에게 의지해 일어나서 문밖으로 쫓아 나간다. (용전)
▲ 별장 문전
혜영이 옥례의 부축을 받아서 문전에 나왔을 때는 수남의 그림자 보이지 않았다.
▲ (대사) 혜영은 섭섭한 듯이 돌아선다. (용암)

자막

> 그날 밤―

▲ (용명) 병실
(대사) 혜영이 깊이 잠들어 있다.
▲ (최대사) 벽에 걸린 시계. 침이 열두 점에 가까이 닿는다.
(카메라 회하(回下)) 흑의 입은 괴인이 좌우를 두리번거리다가 민첩하게 사라진다.

▲실내 벽 모퉁이
돌쳐서는 괴인의 전신
▲용식의 방
(근접) 용식이 책상 앞에 구부리고 앉아서 책을 읽다가 고개를 번쩍 들며 밖을 향해 귀를 기울인다.
▲마룻바닥
(접대사) 『카메라 이동』 괴인의 발. 달린다.
▲용식의 방
(근사) 용식이 벌떡 일어서며
▲(접사) 도어
도어를 열고 나간다.
▲벽 모퉁이
용식은 벽으로 바싹 붙어 서서 낭하를 살피고 있다.
▲낭하
괴인은 혜영의 방문 앞으로 가까이 달려간다.
▲(근사) 용식은 괴인을 발견하고 그의 동정을 살피며 머뭇머뭇거리다가 날쌔게 『카메라 회전』 괴인의 뒤를 밟아 쫓아간다.
▲(대사) 괴인은 놀라며 홱 돌아보더니 『카메라 진(進)-이동』 급히 달아난다.
▲층대
괴인이 쫓겨 올라간다.
▲응접실 문전
괴인 문을 박차고 뛰어 들어간다.
▲층대 『카메라 아래로 향함』
용식이 쫓아 올라온다.
▲응접실 안

〈그림 25〉 10.15.
스틸 촬영 - 일월사진관,
괴인 : 장철병(張鐵兵),
제공 - 고병돈

(근사) 괴인은 방 안으로 들어와서 당황하게 쩔쩔매다가 창 앞으로 가서
▲(접사) 창문을 열어젖힌다.
▲응접실 문전
용식이 민첩하게 쫓아 들어간다.

29회, 1931.10.15.

▲정원
『카메라 정원에서 위층 창구(窓口)로 향함』 괴인이 뛰어내린다.
▲응접실 문전
용식이 급히 나와서 『카메라 회전』 층대로 뛰어 내려간다.
▲정원 지면
괴인은 털썩 주저앉아서 발목[78]을 상한 듯이 잘 일어서지 못하고 뭉그적대고 있다.
▲현관
용식이 달려 나온다.

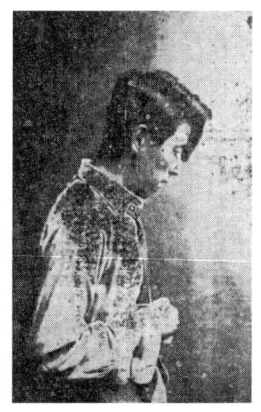

〈그림 26〉 10.16.
스틸 촬영 - 일월사진관,
용식: 고효봉, 제공 - 고병돈

▲(근사) 괴인은 황급히 뭉그적대고 있다가 급한 듯이 벌떡 일어설 제 용식이 약삭빠르게 달려들어 껴안는다. 괴인은 당황해서 힘을 다해 뿌리치고 용식을 발길로 걷어찬다.
▲(지면) 발길에 차여 뒹구는 용식
▲(근사) 차고 전
괴인은 차고 안으로 뛰어 들어가서 자동차를 운전해 가지고

---

78 원문은 "발호목".

▲(근사) 별장 문

안으로 걸려있는 쇠고리를 잡아 제친 후 민첩하게 차에 오른다.

▲(근접)『지면』용식은 몹시 차여서 아픈 듯이 이리저리 뒹굴다가[79] 최후의 용기를 내어 일어서 쫓는다.

▲(근사) 자동차는 정문을 넘어서며 속력을 낸다. 용식이 두 주먹을 불끈 쥐고 추격한다.

『카메라 진 이동』 용식이 막 자동차 꽁무니에 붙은 '예비 타이어'를 붙잡고 매달리려 할 제

▲(지면을 얼러서 차륜)

차바퀴가 돌을 받으며 멈춰 선다. (순간)

▲(접사) 운전대

괴인은 어찌할 바를 모르고 망설이며 다시 발동을 시켜 보다가 골이 나는 듯이 홱 뛰어내린다.

▲(근사) 용식은 차 뒤로 몸을 숨겨 있다가 민속하게[80] 내달으며 괴인을 붙잡는다. 괴인은 용식을 뿌리치고 달아나려다 다리를 붙잡혀서 동그라진다.

▲(지면) 서로 껴안고 데굴데굴 구르는 용식과 괴인

▲(대사) 괴인의 팔에 목덜미를 눌려서 고민하는 용식의 얼굴

▲(근접) 괴인은 용식을 깔고 앉아서 무지스럽게 쥐어박는다.

▲(하체 접사) 용식의 발길이 괴인의 아랫배를 내어 지른다.

▲(지면) 땅바닥에 나가떨어지는 괴인

▲(근사) 용식이 벌떡 일어서며 괴인에게 달려들다가 역시 발길에 차여서 자빠진다. 괴인은 용식의 넘어진 기회를 타고 절뚝거리며 달아난다. 용식이 역시 일어서 쫓는다.

---

79 원문은 "둥글다가".
80 민속(敏速)하다: 행동이나 일의 처리 따위가 날쌔고 빠르다.

▲ 가로(街路)

괴인은 쫓기고 용식은 달려간다.

▲ 별장 담 모퉁이

괴인이 쫓겨와서 갈팡질팡하다가 날쌔게 담을 뛰어넘는다. 용식이 쫓아와서 주저하다가 고만 담을 넘지 못하고 정문 쪽으로 달려서 간다.

▲ 별장 안

담으로 넘어 들어온 괴인은 차고 쪽으로 달아난다.

▲ 별장 정문

용식이 뛰어 들어와 서며 헐떡인다. 그리고 사면을 두리번거리며 괴인의 행방을 찾다가 차고 쪽으로 달려간다.

▲ 차고 뒤

괴인 차고 모퉁이에 바싹 들러붙어 서 있다가 그 앞으로 나타나는 용식에게 달려 붙으며 목을 잡아 누른다. 용식은 죽을힘을 다해 괴인의 팔뚝을 깨물어서 걷어찬다. 괴인은 용식의 목을 탁 놓으며 뒤로 비슬비슬 자빠질 듯하다가 또다시 대어들 제 용식은 힘껏 가슴을 내지른다. 괴인은 창고 널빤지에 등을 비비고 자빠졌다가 여전히 기운 좋게 달려 붙으려 한다. 용식은 힘차게 연거푸 가슴과 면상을 쥐어박으매 컥 하고 떨어진다. 버둥거리고 나자빠진 괴인은 또다시 일지 못하고 노그라진다[81].

▲ (대사) 용식은 별장을 향해 "옥례야" 소리쳐 부른다.

▲ (근사) 그리고 괴인에게 가로타고[82] 앉아서 복면을 홱 벗겨낸다.

30회, 1931.10.16.

---

81 노그라지다: ① 지쳐서 맥이 빠지고 축 늘어지다. ② 어떤 일에 마음이 쏠려 정신을 못 차리게 되다.
82 가로타다: 몸을 모로 하고 타다.

▲(대사) 용식은 의외인 듯이 경악해서 들여다본다.

▲(대사) 입술이 터져서 피투성이로 된 운전수의 얼굴

▲(근사) 용식이 일어서며 흐트러진 머리를 쓰다듬고 갈가리 찢어진 옷을 여민다.

▲(원경) 별장

아래층 창으로 전등불이 홱 켜지며 밖으로 비쳐 나온다.

▲(근접) 자빠져 있는 운전수는 고통스러운 듯이 꾸물댄다.

▲(근접) 별장 아래층 창

창문이 드윽 열리며 옥례의 얼굴이 나타나서 내다보다가 경풍한 듯이 입을 딱 벌리며 "에구머니" 소리를 내지른다. (이중으로 글자 화면을 뒤덮는다)

▲(근사) 용식이 꾸물대는 운전수를 목덜미를 잡아서 일으킨다. (용암)

자막 (용명. 암)

> 이튿날—

▲(용명) 실내

나승호는 열화에 뜨인 듯이 담배만 수없이 태우며 있고 그 앞으로 운전수가 무릎을 꿇고 앉아있다. 곁에 용식이 서서 있다.

▲(대사) 나승호는 분노에 격한 얼굴로 운전수를 내려다보며

"엣— 못난 놈—."

자막

> 만일 좋지 못한 소문이 밖으로 전파될 때는 너의 전정[83]은 어찌 될 것이며 또한 나의 집안 면목은 무엇이란 말이냐.

---

83 전정(前程): 앞으로 가야 할 길.

▲(근사) 엄숙하게 꾸짖는다. 운전수는 감히 머리를 들지 못하고 몸을 푹 숙인다.
▲(반신) 나승호는 격노한 흥분을 가라앉히고 다소 온후한 얼굴을 지으며

〈그림 27〉 10.20.
스틸 촬영 - 일월사진관, 제공 - 고병돈

자막

> 앞으로 더 두려운 불행을 빚어내기 전에 어떤 비밀이 있든지 나에게 전부 이야기해다오.

▲(대사) 나승호는 타이르듯 말을 마치고 온후하게 자백시키려는 듯이 쏘아본다.
▲(반신) 운전수는 나승호를 잠시 쳐다보다가 푹 엎드리며 입을 뗀다. (용암[84])

=자백=
▲(용명) 운전대
(근사) 운전수 비스듬히 기대어 낮잠이 들어있다.
그 앞으로 혜순이 살랑살랑 걸어 나와서 운전수를 쿡 찌른다.
▲(근접) 운전수 깜짝 놀라 깨어서 혜순을 쳐다본다. 혜순은 운전수 귀에다 입을 대고 "이리 좀 와- 의논할 게 있으니" 은근스럽게 말하고 생긋 웃으며 달아난다. 운전수 헤-하며 차에서 내린다. (용전)
▲(근접) 벤치
둘이 나란히 앉아서 혜순은 운전수 어깨에다 팔을 걸치고 애교 있게 웃으며

---

84 원문은 "용명(溶明)"이나, 맥락상 '용암(溶暗)'이 맞겠다.

자막

> 저— 내 청 하나 꼭 들어줄 테야?

물으며 어리광 부리듯 쳐다본다. 운전수는 이상한 듯이 빙그레 웃으며 "뭐예요? 아가씨의 청이면 듣죠." 대답한다. 혜순이 "정말야?" 채쳐 물으며 의미심장하게 고개를 갸웃하고 쳐다보다가 곁으로 바싹 대어든다. 운전수는 혜순이 자기에게 붙어 앉는 것이 기쁜 듯이 빙글빙글 웃는다. 혜순이 지폐 한 뭉치를 꺼내어 쥐여준다. 운전수 눈이 둥그래서 쳐다보매 혜순이 운전수에게 얼른 귓속해 준다. 운전수는 한동안 고개를 끄덕이며 듣다가 놀라운 듯이

자막

> 네—? 혜영 아가씨하고 서방님 사이를….

하고 다못 두려운 표정이다.
▲ (대사) 혜영은 "쉬—" 하며 "그리만 해두면…."
▲ (근접) 상당한 보수가 있겠다는 듯이 눈치를 보이며 쏘아본다. 그리고 운전수에게 안길 듯이 몸을 기대어 문지르며 조른다. 운전수 무엇을 생각함이었는지 쾌히 승낙한다 (용암)

자막 (용명. 암)

> 어느 날—

▲ (용명) 주방
하녀 옥례가 찻그릇을 탁자에 올려놓고 사라진다.
▲ (교개) 탁자

(최대사) 찻그릇. 검은 손이 나타나서 조그마한 병을 기울이려 한다.

31회, 1931.10.20

▲ (근사) 주방 문턱
옥례가 과자함을 끼고서 부리나케 들어올 제
▲ (최대사) 탁자
찻그릇을 향해 조그마한 병을 기울이던 검은 손이 홱 사라진다.
▲ (근접) 옥례는 선반에서 예반[85]을 내려놓고 과자를 풀어 담는다.
▲ (근접) 문 뒤
괴인은 문짝 뒤에 가 몸을 피하여 착 달라붙어 있다.
▲ (근사) 옥례 쟁반을 들고 탁자 앞으로 와서 찻그릇을 마저 집는다. (용전)
▲ 혜영의 방
옥례 들어와서 차 예반을 혜영 앞에다 사뿐히 밀어놓고 나감에 혜영이 집어서 마신다. (용암)

▲ (용명) 실내
(반신) 운전수는 여기까지 이야기를 마치고 고개를 푹 숙인다.
▲ (근사) 나승호는 두려운 범행의 고백을 듣고 나서 기막히는 듯이 홱 일어서며 "네- 이놈."

자막

그 후엔 어찌해서 또 집안을 소란케 했더냐?

85　예반(禮盤): 나무나 쇠붙이 따위를 둥글고 납작하게 만들어 칠한 그릇.

엄엄하게 꾸짖으며 내려다본다. 운전수는 감히 머리를 들지 못하고 오직 처분만 바라는 듯이 복죄[86]하고 있다.

자막

> 혜순의 일시 애욕에 타는 질투로 인해 용식과 혜영 사이를 저해하려 한 것이 급기야 두려운 ××범행에까지 이르렀던 것임을 알게 되었을 때….

▲ (근사) 나승호는 노기를 띠고 "에익 고얀 놈 같으니." 실내가 울리도록 호령을 내린다. (용암)
▲ (교개) (최대사) 냄비에서 김이 샘솟듯 끓어 올라온다.
▲ (대사) 조그마한 옹솥[87]
손이 나타나서 뚜껑을 연다.
▲ 마당
(근접) 수남이 화로 곁에 옹크리고[88] 앉아서 냄비 뚜껑을 열어보다가 뜨거운 김이 얼굴에 부닥치매 벌떡 일어서며 얼굴을 비비고 쩔쩔맨다. 그리고 배가 고픈 듯이 "할아버지 다 끓었소. 어서 먹읍시다." 성화같이 독촉한다.
▲ (반신) 싸구료 박사는 빙그레 웃으며 "오냐– 조금만 기다려라." 하며
▲ (대사) 툇마루
뚝배기 속에 엎어놓은 찬밥 덩이를 꺼내어
▲ (근사) 옹솥에 가져다 넣는다. 그리고 손가락에 들러붙은 밥알을 소중한 듯이 쪽쪽 빨아서 떼어먹는다.
▲ (근접) 수남이 싸구료 박사의 곁으로 달려 붙으며 "할아버지, 참 별장 아주머니의 병이 다 나았을까?" 불시에 생각난 듯이 똥긴다.

---

86 복죄(伏罪/服罪): 죄를 순순히 인정함.
87 옹기로 만든 솥.
88 옹크리다: 몸 따위를 움츠러들이다. '옹그리다'보다 거센 느낌을 준다.

▲(반사(半寫)) 싸구료 박사 역시 수남의 말에 그윽이 그립고 궁금한 듯이 먼 하늘을 쳐다보며 수심에 잠긴다.
(이중으로) 혜영의 얼굴
잠깐 아련히 나타났다가 즉시 사라진다. (용암)

▲(용명) 나승호의 실내
(근사) 나승호는 혜영과 혜순을 앞에 앉히고 은근히 그들의 표정을 살펴본다.
혜순은 얼굴을 가리고 테이블에 엎드려 버린다.
▲(대사) 나승호 무엇을 이윽히 생각하고 나더니 무겁게 입을 떼며 "혜영아" 부른다.
▲(대사) 혜영이 불안스러운 듯이 머리를 든다.
▲(대사) 나승호는 눈을 스르르 내리감으며 "내가 오히려 너를 대할 낯이 없다. 이 애비의 낯을 보아 저 미거하고[89] 철없는…."

〈그림 28〉 10.21.
스틸 촬영 - 일월사진관,
혜영 : 이정옥, 혜순 : 김보신,
나승호 : 김영찬, 제공 - 고병돈

자막

> 혜순의 죄를 용서해 주어라….

▲(대사) 혜영은 슬프게 눈물을 머금으며 "아버지- 무슨 말씀을 하세요-."

자막

> 용서하고 안 하고가 어디 있겠어요- 모든 게 저의 불찰입니다.

32회, 1931.10.21

---

89 미거(未擧)하다: 철이 없고 사리에 어둡다.

▲ (근접) 혜순이 테이블에 엎드린 채 격렬히 느껴 운다.
▲ (근사) 나승호는 혜영과 혜순을 물끄러미 바라보다가 슬며시 일어서며 밖으로 나간다.
▲ (근접) 혜순이 고개를 쳐들며 혜영을 바라본다. 혜영은 온후한 낯으로 혜순을 껴안으며 들여다본다.
▲ (대사) 혜순이 눈물을 흘리며 "언니-" 부르다가 고만
▲ (근사) 혜영이 가슴에 얼굴을 파묻으며 자기의 잘못을 뉘우치고 사죄하는 듯이 느껴 운다.
▲ 도어 전
나승호는 도어 앞에 서서 실내를 향해 귀를 기울이고 동정을 살피며 있다.
▲ 실내
(근사) 혜영은 혜순을 꼭 안으며 "자- 울지 말아요- 지나간 모든 잘못은 한 꿈으로 돌려버리고- 자꾸 울기만 하면 내 미안하지 않아?" 다정하게 위로한다. 혜순이 울음을 그치고[90]
▲ (대사) 눈물 고인 낯으로 혜영을 쳐다보는 입가에는 방그레 웃음을 띤다.
▲ 도어 전
나승호는 그윽이 만족한 듯이 웃으며 방 안으로 다시 들어간다. (용암)

자막 (용명. 암)

수일 후-

▲ (용명) 가로
싸구료 박사는 구루마를 끌고 수남은 앞장을 서서 징을 울리며 걷는다.
▲ 거리에 군데군데 모여서 보는 사람들
▲ (반신) 『정면 이동』

---

90 원문은 "끈히고".

수남이 흥이 나는 듯이 외친다. (이중으로 글자 한 구절씩 화면을 덮어 나온다)

싸구료. 막 싸구료. 싸구료 박사가 또 나왔습니다.

▲(대사) 싱글싱글 웃으며 외치는 수남의 얼굴

▲(근사) 거리에 사람들이 모여들며 싸구료 박사와 수남을 에워싼다.

▲(근접) 수남이 분주하게 돈을 받아서 자루에 집어넣는다. (용전)

▲(접사) 구르는 구루마 바퀴 (용전)

▲(근사) 별장 문전

싸구료 박사와 수남이 정문 가까이 와서 구루마 채를 내려놓고 별장 문을 쳐다본다.

▲쓸쓸하게 닫혀있는 별장 문 (정면으로)

▲(근접) 싸구료 박사는 문틈으로 끼웃거리며 별장 안을 들여다본다.

▲쓸쓸해 보이는 별장 현관

▲(전경(全景)) 별장

창과 문들은 덧문이 닫혀서[91] 을씨년스러워 보이고 정원에는 사람의 자취 끊어져 있다.

〈그림 29〉 10.22.
스틸 촬영 - 일월사진관.
싸구료 박사 : 윤봉춘,
수남 : 정호, 제공 - 고병돈

▲(근사) 수남이는 눈이 둥그레서 "할아버지, 웬일이우? 문들이 닫혀있으니…." 묻는다. 싸구료 박사 역시 섭섭한 듯이 "글쎄다. 서울로들 올라가신 게로구먼- 자, 저 뒷문께로 가서 보자꾸나." 하며 구루마 채를 잡는다.

▲별장 뒤 문전

옥례가 마침 나오다가 걸음을 멈추며 반색을 한다.

그 앞으로 싸구료 박사와 수남이와 구루마를 놓으며 역시 반가워한다.

▲(근접) 옥례, 싸구료 박사 앞으로 대어들며 "어쩌면 그렇게 한 번도 안

---

91 원문은 "다처저서".

오신단 말요. 큰아가씨께서는 늘 궁금해하십디다." 원망하듯이 말한다.
싸구료 박사는 우선 궁금한 혜영의 안부를 묻는다.
▲(대사) 옥례는 머리를 매만지면서 "어제 밤차에들 부랴부랴 올라가셨는데."

자막

| 혜영 아가씨의 혼인을 곧 하시게 됐다우…. |

▲(대사) 싸구료 박사는 반가워하며 더 자세히 알고 싶은 듯이 "혼인은 언제쯤 하시게 되며 신랑은 누구인구?" 조급하게 묻는다.
▲(대사) 옥례는 깔깔 웃으며 "그렇게두 궁금하시우?"

자막

| 혼인날은 낼, 모레, 글피구요…. 신랑은 용식이 서방님야요― |

▲(대사) 싸구료 박사는 "오" 알았다는 듯이 고개를 끄덕이며 기뻐한다. 그러나 은근히 슬픈 기색이 떠돈다.

33회, 1931.10.22.

▲(근사) 수남이 어리둥절하고 싸구료 박사와 옥례를 쳐다보고 있다.
▲(반신) 옥례는 싸구료 박사의 표정을 바라보고 있다가 마음에 퍽 우스운 듯이 깔깔대며 "뭘 그리 생각하시우?"

자막

> 참 그러잖아도 급작스레 올라가시게 돼서 혜영 아가씨가 수남 할아버지를 꼭 한 번 만났으면 자꾸 그러셨다우―

"그래서 나더러 좀 찾아보라시는 걸 내가 알 수 있어야죠―." 간들거리며 말한다.

▲(근사) 싸구료 박사는 오직 슬픔에 잠겨서 아무런 대꾸도 없이 수남의 머리만 쓰다듬으며 멍하니 서 있다.

▲(대사) 옥례 역시 마음이 슬퍼진 것 같이 고개를 갸웃이 숙이며 "그래서 올라가시게 되던 전날 밤까지도 수남 할아버지 계시던 방을 자꾸 들여다보시며 어찌 언짢아하시는죠[92] 마음에 퍽 안됐겠죠―." 은근히 눈물을 머금으며 말한다.

▲(대사) 싸구료 박사는 짐짓 태연한 얼굴을 지으며

자막

> 옥례는 언제쯤 올라갈 텐구?

▲(반신) 옥례 "나요? 모레엔 올라가야죠. 혼인 일이 있으니까요. 내일쯤 사람이 내려오면 맡겨놓고 가야죠―." 그리고 무엇을 깜빡 잊었던 것 같이 "에구머니 어서 들어가 봐야지." 수선스럽게 행주치마에 손을 비비며
▲(근사) 뛰어 들어가려다가 다시 돌아서며

자막

> 그럼 수남 할아버지 혼인날 올라오시우 퍽 반가워하시리다― 저― 승동 야소당[93]이라나 거기서 하신다우―

---

92 원문 그대로임.

단단히 부탁하듯이 이르며 들어가 버린다.
▲ (근사) 수남이 좋은 듯이 펄덕펄덕 뛰며 "할아버지 우리 혼인 구경 갑시다." 하며 매달린다. 싸구료 박사, 옥례 들어가는 쪽을 멀거니 바라보다가 기신[94]이 하나도 없이 돌아서며 "암– 구경 가야지." 하며 수남을 물끄러미 들여다본다.
▲ (대사) 싸구료 박사의 눈가에는 눈물이 글썽글썽 고여서 흐른다. (용전)
▲ 별장 문전
싸구료 박사와 수남이 구루마를 힘없이 끌고 가는 뒷모양 (용암)

(용명)
▲ 서울 나승호의 집 문전
(근사) 가인들이 분잡하게 드나들고 있다.
▲ (접사) 나란히 놓여있는 한 쌍의 신발
▲ (접사) 상자에 담겨있는 신부의 옷
▲ (중사(重寫)) 옷함[95]. 구식으로 차려놓은 신연상[96]. 화환
『이중 삼중으로 화면에 포개서 나옴』 (용전)
▲ 대청마루
(근사) 바쁘게 차리느라고 왔다 갔다 하는 여자들
▲ 안마당[정(庭)]
(근사) 나승호 조선 의복으로 기쁜 빛을 띠고 집안을 두루 살피며 있다.
(용암)

---

93 '야소(耶蘇)'는 기독교 '예수'의 음역어로, "야소당"은 '예배당'의 의미다.
94 기신(氣神): 기력과 정신을 아울러 이르는 말.
95 옷함(옷函): 옷을 넣어 두기 위하여 만든 상자.
96 신연(新延)상: 신연(도나 군의 장교와 이속들이 새로 부임하는 감사나 수령을 그 집에 가서 맞아 옴)을 위한 상(床)의 의미가 아닐까 한다.

▲ (용명) 거리

(근접) 『카메라 이동』

싸구료 박사와 수남이 신문지로 싼 뭉치 하나씩을 끼고서 걸어온다. 수남은 흥이 나는 듯이 어깨를 으쓱으쓱하고 걸으며 "할아버지 이번에 올라가거든 떡 좀 많이 얻어 가지고 옵시다. 종이를 좀 많이 가지고 가야지." 하고 싱끗 웃는다.

싸구료 박사 어이가 없는 듯이 빙그레 웃으며 "암 그렇지." 대답하고 뭉치를 치켜 끼매[97] 신문지가 툭 터지며 와수수 풀어진다.

▲ (지면 대사) 흩어진 고물상 헌 양복들

▲ (근사[98]) 싸구료 박사 주섬주섬 집어서 뭉쳐 싸나 종이가 작아서 자꾸 터진다. 수남은 곁에서 우스워 죽겠는 듯이 간간대소[99]한다. (용암)

▲ (용명) 나승호의 집

혜순의 방

(근사) 혜순이 신부의 예복을 얌전스럽게 개키고 앉아있다.

▲ 혜영의 방

혜영이 경대 앞에 앉아서 단장을 하고 있다. 옥례 들어와서 곁에 살짝 앉으며 "아가씨 저 올라왔습니다. 아- 참 오늘부터는 새아씨라고 여쭤야겠군요-." 놀리듯 해해[100] 웃는다. 혜영은 힐금 돌아다보며[101]

▲ (대사) 옥례 은근스럽게

---

97 원문은 "칰혀끼이매".
98 원문은 "근상(近商)"이나 오식이다.
99 간간대소(衎衎大笑): 얼굴에 기쁜 표정을 지으며 크게 소리 내어 웃음.
100 ① 입을 조금 벌리고 자꾸 힘없이 싱겁게 웃는 소리. 또는 그 모양. ② 입을 조금 벌리고 자꾸 경망스럽게 웃는 소리. 또는 그 모양.
101 이하 내용이 유실 혹은 누락된 것으로 보인다.

자막

> 저— 아가씨— 올라오신 지 사흘짼가 돼서 수남이네가 찾아왔겠죠— 그래서 오늘이 혼인날이란 것까지도 알고 갔어요—

▲ (대사) 혜영은 반가운 듯이 "그래 잘들 있든?" 물으며 새삼스럽게 수심에 싸인다.
▲ (근사) 옥례는 수선스럽게 "에구 나가봐야지." 하며 뛰어나간다. 혜영은 다시 화장을 계속한다.
▲ 혜순의 방
(근접) 혜순이 신랑의 예복을 손질하다가 방바닥에 푹 엎드린다.
▲ 기차 객실
싸구료 박사는 얼맞지[102] 않는 헌 양복을 입고 앉아서 정신없이 창밖을 내다보며 있고 곁에는 수남이가 피곤한 듯이 싸구료 박사에게 의지하여 졸고 있다.

34회, 1931.10.23.

▲ 나승호의 집 문전
사람들이 분주하게 드나들며 이따금 자동차도 내왕한다.
▲ 한강 철교 난간
(원사) 지렁이같이 달리는 기차
▲ ×동 예배당
결혼식장 문전
사람들이 바삐 들어간다.

---

102 얼맞다: 일정한 기준, 조건 정도 따위에 지나치게 넘치거나 모자라지 아니한 데가 있다.

▲경성역 개찰구

(근접) 사람들 틈에 끼어서 나오는 싸구료 박사와 수남 (용전)

종로통을 달리는 전차

▲결혼식장 문전

(근사) 자동차 한 대가 닿자 신랑 신부가 조심스럽게 내린다. 사람들이 몰려나와서 이리 밀고 저리 밀며 수선들 댄다.

▲은방(銀房)점[103]

싸구료 박사는 조그마한 상자 한 개를 들고서 수남과 함께 나온다. (용전)

▲식장 문전

싸구료 박사와 수남은 식장 문전에 이르러 멈춰 선다.

▲(접사) 세워 있는 간판

```
     원용식 군과 나혜영 양의 결혼식장 입구
```

▲(대사) 싸구료 박사는 눈을 찌긋이 뜨고서 들여다본다.

(용전-카메라 천천히 이동)

▲싸구료 박사, 수남의 손목을 이끌고 창턱 앞으로 가서 장내를 끼웃이 들여다본다.

▲(중원(中遠))『창을 얼러서- 싸구료 박사의 눈에 보이는 신랑과 신부』 혜영과 용식이 나란히 서 있다.

▲(근사) 방금 주례가 끝나고 결혼반지가 교환된다.

▲(접대사) 십자가와 성화(聖畫)『카메라 이동』

수태[104]를 띠고 나란히 서 있는 혜영과 용식의 찬란한 성장

(이중으로) 사람들의 축복하는 박수

▲(대사) 싸구료 박사 그윽이 감동해[105] 우는 얼굴

---

103 금, 은 따위로 장식품 따위를 만들어 파는 가게.
104 수태(羞態): 부끄러워 하는 태도.
105 원문은 "감해".

▲ (근사) 싸구료 박사는 수남의 손목을 잡고 미칠 듯이 눈물을 흘리며 정문으로 달려간다.
▲ 식장 내
사람들 틈에 싸여서 머리를 숙이고 조심스럽게 걸어 나오는 혜영과 용식
▲ 피아노를 집는 여자의 손
▲ 구석에 쓸쓸히 서 있는 혜순
▲ (마룻바닥) 몰려나오는 손님들의 발
▲ (전경(全景)) 폐쇄되어 있는 ××인쇄공장
▲ (근접) 싸구료 박사는 꾸역꾸역 터져 나오는 사람들에게 대어들며 미치광인 모양으로 "이것 보십시오. 이것 좀 색시에 전해 주십시오. 네? 이것 좀." 눈물을 흘리며 상자를 내민다. 사람들은 다 떠밀려 다투어 가며 나온다.
싸구료 박사와 수남은 사람 틈바구니에 끼어서 이리 밀리고 저리 밀리다가 상자를 떨어트린다.
▲ (지면 접사) 사람들 발에 밟혀서 으깨진다.
▲ (근사) 용식과 혜영, 호위인들에게 싸여서 자동차에 오른다.
▲ (반신) 싸구료 박사 눈물을 흘리며 신랑 신부의 차를 바라본다. 사람들이 그 앞으로 홱 밀리자 싸구료 박사는 넘어진 듯이 비슬비슬 쏠린다.
▲ (접사) 자동차 움직인다.
▲ 자동차 안 (창밖을 얼러서)
(대사[106]) 혜영 무심코 내다보다가 싸구료 박사를 발견하고 반가운 듯이 내다본다. (점점 멀어짐) (용전)
▲ 식장 문밖으로 사라지는 자동차. 뒤를 이어서 사오 대의 자동차가 연달아 나간다.
▲ (근사) 걸어서 쫓아가는 손님들

---

106 원문은 "대군(大軍)"이나 오식이다.

▲(반신) 싸구료 박사는 으깨서 조각난 상자를 집어 들고 수남을 껴안는다. 수남이도 눈물을 흘리며 할아버지 부르며 꼭 껴안는다.
▲(대사) 싸구료 박사는 눈물을 거두고 자동차 사라진 쪽을 힘없이 바라다본다.

자막 (용명. 암)

> 자식의 행복을 위해 아버지와 딸이란 인연을 영겁에 사라[107] 버리고— 오직 한 쌍의 행복을 싣고 달아난 차륜이 평탄해지이다, 빌었다—

(용전)
▲(대사) 울리는 종
▲(접사) 달리는 차륜 (용전)
▲석양 언덕
보따리를 짊어지고 언덕을 넘어서는 싸구료 박사와 수남 (교폐) (완(完))

〈그림 30〉 10.25.

독자 제씨에게
사정상 후반에 전개시켜야 할 공장 사건은 약(略)했습니다.
앞으로 영화 작품에 있어서는 내용에 변동이 있을 것을 삼가 말해둡니다.
(필자로서)

35회, 1931.10.25.

---

107 사르다: ① 불에 태워 없애다. ② 어떤 것을 남김없이 없애 버리다.

[해제]
엑스(X)키네마의 여행

최우정

〈싸구료 박사〉는 엑스(X)키네마[1]의 세 번째 영화로 기획되었다. 1930년 8월 엑스키네마는 새 프로젝트에 맞추어 조직을 개편하고 "신흥영화 운동의 일꾼"이 될 배우 모집에 나선다.[2] 1931년 6월에는 함경도 지방으로 로케이션 촬영을 다녀온다.[3] 같은 해 8월 사측은 "일층 내용을 충실히 하기 위하여" 제일영화흥업사 등과의 합자 체제로 전환한다.[4] "앞으로 영화작품에 있어서는 내용에 변동이 있을 것"(35회)이라는 김영팔의 전언은, 적어도 10월 25일까지 영화화 계획이 유효했음을 알려준다. 그러나 이후의 기사에서 〈싸구료 박사〉와 엑스키네마의 흔적은 더 이상 발견되지 않는다.

1931년 7월 중순 개봉을 목표로 했으나[5] 결국 스크린에 영사되지 못한

---

1 엑스키네마는 1930년 4월 이우, 안종화(安鍾和), 김영팔(金永八), 안석영 등에 의해 설립된 영화제작사다. 첫 영화로는 안석영 각본의 〈노래하는 시절〉(1930.09)이, 다음 작품으로는 간도참변을 우회해서 다룬 〈큰 무덤〉(1931.02)이 개봉했다.
2 「엑스키네마 제2, 3회 작품: 〈출발〉과 〈싸구료 박사〉」, 『매일신보』, 1930.08.20.
3 제작진으로는 안종화(감독), 이재명(지휘), 심창렬(진행), 태홍아(촬영)가 참여했다. 출연진으로는 윤봉춘, 함춘하, 하소양, 김연실이 동행했다(「엑스키네마 3회작 〈싸구료 박사〉」, 『동아일보』, 1931.06.26).
4 「엑스키네마사 연예부 신 조직」, 『조선일보』, 1931.08.13.
5 「엑스키네마 3회작 〈싸구료 박사〉」, 『동아일보』, 1931.06.26.

이 영화를, 우리는 시나리오 「싸구료 박사」와 30장의 스틸을 통해 만나 볼 수 있다. 「싸구료 박사」는 1931년 9월 12일부터 10월 25일까지 『동아일보』에 35회에 걸쳐 연재되었다. 주인공 싸구료 박사와 수남은 궁핍한 도붓장수(이리저리 돌아다니며 물건을 파는 사람)다. 둘은 한때 제지회사 사장 나승호의 별장에 얹혀 살다가, 결국 그 집에서 쫓겨나 기약 없는 방랑을 떠나게 된다. 뒤늦게 찾은 딸 혜영의 결혼식 날, 박사는 작은 선물이라도 전하려 하지만 그것조차 인파에 휩쓸려 부서져 버리고 만다.

① 시내 엑스키네마에서 [⋯] 김영팔 씨의 **희극** 〈싸구료 박사〉를 안종화 씨의 감독[⋯]으로 촬영하기로 되었다는데 **희극**이 이번에 동 키네마의 첫 시험인 만큼 일반의 기대가 크리라 하며[6]

② 이 영화의 원작은 아직도 조선영화계에서 보지 못하던 풍자적 **희극** 스토리로서 [⋯] 일반 팬의 기대에 맞으리라 한다.[7] (강조는 인용자)

이처럼 '비극'적인 이야기가 공히 "희극(喜劇)"으로 광고되었다는 점은 흥미롭다. 왜 〈싸구료 박사〉가 당시 '조선영화계에서 본 적 없던 희극'인지는 접어두고, 시나리오의 무엇이 독자의 웃음을 이끌어 내는지 떠올려 보자. 간단히 말하면 「싸구료 박사」의 희극성은 수남의 캐릭터성에 크게 의존한다. '동그란 얼굴에 똘망한 눈매'를 지닌 수남은 "어느 모로 뜯어보든지 귀염성과 총명이 있어 보"(2회)이는 아이다. 극에는 재주 넘기나 잡기 놀이처럼 그의 소년다운 몸놀림을 전경화하는 장면들이 배치되어 있다. 잔치 떡을 얻어 올 생각에 "어깨를 으쓱으쓱" 하며 "종이를 좀 많이"(34회) 챙겨 가자는 식의 천진난만함은, 싸구료 박사가 드러내는 쇠약함과 대비를 이루기도 한다. 요컨대 수남의 순수성이 돋보이는 대목들은 빈곤, 파업, 흉계가 혼재된 내러티브의 무게를 경감시킨다.

---

6 「엑스키네마 제2회 작품 〈출발〉을 촬영」, 『중외일보』, 1930.08.15.
7 앞의 기사, 『동아일보』, 1931.06.26.

그런데 순진무구한 수남이가 마치 탐정처럼 그려지는 순간이 있다. 「싸구료 박사」에서 자동차는 두 주인공이 나 부호의 집에 들고(수남의 교통사고) 나가게(싸구료 박사의 누명) 만드는 서사적 장치다. 타이어에 몸을 얹은 채 혜순과 운전수의 밀담에 귀 기울이는 수남의 모습은 꼬마 탐정을 연상시킨다(〈그림 1〉). 곧바로 '어린 게 깍쟁이같이 어른들의 눈치나 살살 보며 뭘 엿듣느냐'는 운전수에게 쥐어 박히고 글썽이게 되지만 말이다. 반면 강인한 신체 능력을 바탕으로 영웅적인 면모를 과시하는 '어른'도 있다. 자동차를 몰고 도망치는 범인을 맨몸으로 추격해낸 용식(〈그림 4〉)은 나 부호의 사위이자 그의 기업을 물려받을 상속자(子)로 거듭난다.

〈그림 1-4〉 괴인 소동은 24회부터 32회까지 9회분에 걸쳐 전개된다. 이는 추리소설 및 탐정 영화의 요소를 차용한 것이면서, 자동차 활극이라는 시청각적 스펙터클을 구현하기 위한 매개다. (27회, 11회, 29회, 30회)

영화 〈설리반의 여행〉(Sullivan's Travels, 1941)에서 주인공 설리반은 가난한 사람들을 위해 진지한 사회 고발물을 만들겠다고 결심한다. 하지만 그는 강제 수용소의 죄수들(그리고 걸인으로 전락한 자신)에게 영화적 즐거움이 되는 코미디의 힘을 목격한다.[8] 어쩌면 10여 년 전 현실에서 엑스키

---

8 해당 장면에는 디즈니 동물 캐릭터들의 슬랩스틱이 푸티지로 삽입된다. 원래 감독 프레스턴 스터지스(Preston Sturges)가 찰리 채플린(Charlie Chaplin)의 영화를 인용하고 싶어 했으나 그가 반대했다는 사실은 널리 알려져 있다.

네마 동인들도 이와 비슷한 경험을 했던 게 아닐까. 다시 말해 〈싸구료 박사〉가 희극이(어야 했)던 이유는 1920년대부터 조선 극장가를 풍미하던 할리우드 코미디의 영향과 긴밀하게 닿아있다. 박선영에 따르면, 한국 최초의 코미디영화는 4컷 연재만화 「멍텅구리」 시리즈를 각색한 〈멍텅구리 헛물켜기〉(이필우, 1926)다. 해당 만화의 인기가 연극 〈멍텅구리 연애생활〉과 영화화로 이어졌듯,[9] 근대 대중문화계에서 매체들의 경계란 실로 인접하고 유동적인 것이었다.

엑스키네마는 1930년 영화제작사로 출범했으나, 이듬해 내부에는 영화 작업과 극예술 활동이 병존하게 된다.[10] 1931년 8월부터 엑스키네마의 배우진은 영화에 출연하는 실연부와 연행예술에 집중하는 연예부로 나뉜다. 또한 관련 기사에서 대개 후자가 부각되는 경향으로 미루어 볼 때, 공연 활동의 비중이 점차 커졌던 것으로 짐작된다. '엑스키네마 연예부원 60여 인이 8월 31일부터 9월 4일까지 용산의 개성좌에서 시연회를 열고, 이후 촬영대 실연부와 합동해서 전선 순회공연을 떠날 예정'[11]이라는 보도를 참조하자면, 〈싸구료 박사〉의 제작 무산과 해당 순회공연은 어떤 방식으로든 연관되지 않을까 한다. 엑스키네마의 구성원 상당수가 전국 각지를 돌아다니던 사이, '활동사진'과 〈싸구료 박사〉의 존재감은 조금씩 옅어졌을지도 모른다. 설리반이 만들고자 했던 영화의 제목[12]을

---

9 박선영, 『코미디언 전성시대: 한국 코미디영화의 역사와 정치미학』, 소명출판, 2018, 111~119쪽 참조.

10 김영팔과 안종화는 1930년 10월 조선영화사의 배우 연구생을 영화반 및 극반으로 나누어 모집한 이력이 있다(『조선일보』, 1930.10.18). 조선영화사 창립에는 최남주도 가담했는데(『동아일보』, 1929.04.24), 한상언은 '최남주가 〈싸구료 박사〉에 투자하기로 되어 있었다'고 언급한다(한상언, 「안석영의 영화소설 〈노래하는 시절〉 연구」, 『근대서지』 16, 근대서지학회, 2017, 320쪽).

11 「엑스키네마 연예부 시연회」, 『조선일보』, 1931.08.30.

12 〈오 형제여, 어디에 있는가?〉(O Brother, Where Art Thou?). 〈설리반의 여행〉과 스터지스에 대한 경의를 담아, 2000년 코엔 형제(Joel and Ethan Coen)는 동명의 영화를 발표했다.

빌려, 90여 년이 흐른 지금에야 물음을 던져본다. 오 엑스키네마여, 어디로 갔는가?[13]

---

13 김영팔(1902~?)은 1940년대 만주 신경방송국에서 근무했던 것으로 확인된다(문경연·최혜실, 「일제말기 김영팔의 만주활동과 연극 〈김동한〉의 협화적 기획」, 『민족문학사연구』 38, 민족문학사연구소, 2008). 안종화(1902~1966)는 현존 최고(最古)의 무성영화 〈청춘의 십자로〉(1934)와 한국 최초의 16mm 컬러영화 〈춘향전〉(1958) 등 총 14편의 작품을 연출했다.

소설 「춘풍(春風)」

『조선일보』 1935.02.10.~04.14.*

석영(夕影) 작(作), 화(畫).

"자 - 드서요."

그 여자는 뽀-얀 은잔에 술을 찰랑찰랑하게 부어 두 손으로 받들어 태식의 앞으로 내밀었다. 술잔 든 그 여자의 갤죽갤죽한 손가락이 술잔 밑에서 옥잠화같이 빛났다. 그 손이 조금 바르르 떨리더니만 잔의 술이 넘쳐서 잔대¹에 흘렀다.

〈그림 1〉 2.20.

"글쎄요. 술을 못한다고 했는데 그러십니다그려. 못 먹습니다."

태식은 타는 듯한 그 여자의 얼굴을 바라보며 민망해하는 낯으로 말을 했다.

"왜 못 잡수세요. 제가 들은 바가 있는데요. 아주 호주가²시라는 말씀을 들었어요. 저를 너무 괄시를 하시는군요. 자 - 드십시오. 아이 팔 아파!"

그 여자는 양미간에 가는 줄을 그었다가 흐리면서 애가 타는 듯이 상 너머로 몸을 기울이면서 술잔이 거의 태식의 턱 밑에 닿을 듯이 가져갔다.

태식은 아까에 처음 이 여자를 만났을 때 -만난 것도 의외지만- 그의 차림차림이 그를 몰라보도록 옛날과는 전연 다르게 변한 데도 놀란 바나,

---

* 연재본을 옮기되, 인쇄상태가 좋지 않은 부분은 『신문연재소설전집 1』(깊은샘 자료실 편, 도서출판 깊은샘, 1987)에 영인된 것을 참조했다.

1 잔대(盞臺): 술잔을 받치는 데 쓰는 그릇.

2 호주가(好酒家): 술을 몹시 좋아하는 사람.

그렇게 그 수작까지도 딴전이 된 것을 볼 때 다시금 놀라지 않을 수 없었다. 꽤 놀아본 여자의 말씨요 수작이로구나 했다.

그러나 놀아먹던 여자라 친다면 옛날을 회상하고 옛날의 그 여자를 지금의 이 여자에게서 애써 찾아볼 것이 아니라 보통 이런 유의 여자를 대함과 같이 그대로 응수 응대하면 그만일 것이나, 지금까지 가지고 있던 옛날 이 여자에게서 받은 그 어떤 인상이 이 여자를 의외로 만나자 다시금 떠오를 때 무엇이 이 여자를 이렇도록 만들었는지 몰라도 –대개 상상할 수 있으나– 가엾어 보였다. 그야 이 여자로서는 이렇게 된 지금의 자기 자신을 어떻게 생각하는지는 모르지만 옛날의 사소하나마 그 의리를 생각하더라도 딱한 일이었다.

그렇지만 지금에 있어서는 그와 자기와는 평범할 뿐인 사이가 되고 만 것이요 그러니 아무런 책임감을 느끼지 않아도 좋은 터이매, 그를 만나자 자기 앞에 전개된 이 여자의 몇 가지의 수작을 보더라도 자기만이 진실된 생각을 갖는다는 것도 우스운 일 같았다. 그래서 그는 이 여자가 앞으로 자기에게 어떻게 할 것인가나 보자 했다. 그는 그 여자의 권하는 술잔을 받았다. 받을 때 그 여자의 손길이 자기의 손을 스치고 갔다. 보드라운 촉감이 태식의 전 신경을 달렸다. 그는 신경 과민한 자기를 맘속으로 웃었다.

"요새 심장이 약해서 술을 절금[3]했는데 이걸 먹어 괜찮을까요."

안 해도 좋은 말이었지만 굳이 사양하다 받는 것이 계면쩍어서 한 말이다. 그것이 술 먹는 이들의 상투어인지 모르나 그 여자는 그 사나이의 마음을 엿본 거나 같이 그 여자의 시선이 이상하게도 태식의 얼굴 위로 달렸다. 그리고 만족한다는 웃음을 띠어 보였다.

"참 오래간만에 선생님을 뵈옵니다. 길에선 먼빛으로 뵈옵기도 하고 극장 같은 데서도 뵈온 일이 있으나 선생님은 원래 여자를 바로 보시는

---

3   절금(切禁): 엄하게 금지함.

양반이 아니시니까 그렇기도 하시겠지만 혹시 곁눈으로라도 보실까, 보시면 알은체라도 하실까 하고 맘을 졸인 때도 있었어요. 그게 저들 여자들의 빙충맞은 짓이지요. 제가 예전 같으면 이런 말씀을 대담하게 선생님 앞에서 하겠어요…. 자! 또 드세요. 술맛이 어떠신지요. 이게 정종에 백학[4]이라는데요. 백학은 그리 좋은 술은 아닌가 봐요. 과히 나쁘진 않습니까.”

그 여자는 수태[5]를 부리느라고 한 편 손을 뺨 한쪽에 갖다 붙이면서 고개를 숙인 채 또다시 애가 타서 한다.

“자— 안주를 드세요. 벼락 안주라 맛은 없으시겠지만 과히 웃지는 마세요. 자— 어서 드세요. 술 잘 잡숫는 분은 안주를 잘 안 드신다는데요. 그러면 몸이 축나기 쉽대요.”

태식은 그저 소리 없이 웃을 뿐이다. 그가 우두커니 앉아서 그 여자의 하는 양만 바라보다가 또 그 여자가 아까와 같이 서두르려는 눈치이므로 태식은 선뜻 술잔을 들어 술을 훌떡 들이마시고 은젓가락을 집어 김치쪽을 냉큼 입으로 들어들였다.[6]

“네— 술 먹는 사람은 안주를 잘 안 하는 사람이 많지요. 그렇지만 저는 그리 큰 술꾼은 아닌데요.”

태식의 말은 조금 식은 말이었다. 그 여자는 자기가 한 말을 뉘우치는 듯이 몸을 뒤로 조금 물리자 그의 눈이 가볍게 감겼다가 열렸다. 그의 긴— 속눈썹이 들리자 전등불에 그 여자의 눈동자가 휘황하게 빛났다. 그리고 그의 붉은 입술이 물결쳤다.

그 여자에게 정적이 머무를 때 태식은 옛날 그 병아리같이 에푸수수하던[7] 그 여자가 이렇듯이 변했는가 했다. 낙지의 흡반[8]과 같은 매력을 가진

---

4 白鶴(はくつる): 일본의 술 브랜드명.
5 수태(羞態): 부끄러워하는 태도.
6 원문은 "드릿듸럿다".
7 에푸수수: ① 정돈되지 아니하여 어수선하고 엉성한 모양. ② 물건이 속이 차지 아니

여자라 했다.

01회, 1935.02.10.

자기 앞에 나보란 듯이 동그마니 앉아 있는 그 여자의 영상은 날개만 있으면 푸르르 날 듯이 청초해 보이면서도 마주 대하는 사람의 눈을 어지럽게 하는 평범치 않은 미를 가지고 있는 것 같았다. 이 여자 때문에 애를 태운 사나이도 있었으려니- 했다.

〈그림 2〉 2.13.

태식은 이 여자에게서 얼른 시선을 옮겨 방 안을 살피기 시작했다. 그는 그 여자를 찬찬히 바라보다가 자기의 그 꼴을 자기가 내려다보니 우스웠던 것이다. 그보다도 자기의 시선이 그 여자의 시선과 마주쳤던 것이다. 그리고 그때 그 여자의 의미를 알 수 없는 그 미소가 태식의 얼굴에 혈조(血潮)를 일으키게 한 것이었다.

그는 이 벽에서 저 벽으로, 천정에서 방바닥으로 시선을 옮겨 보았다. 그러나 그의 눈에는 그림, 영화배우의 사진, 수로 놓은 풍경화, 거울, 전등, 축음기, 경대, 방석 등 모든 물체가 그의 시선을 거쳐 갔으나 그것들을 유의해 보지 못했다.

그 여자는 수줍어하는 태식의 마음을 들여다보았는지 또는 그것이 자기의 마음을 설레게 했는지 그도 귀밑까지 붉어졌다. 아직도 그 여자의 입술에 미소가 넘쳤다. 그 여자는 다시금 술주전자를 들어서 잔에 따랐다. 쪼르르- 하는 술 붓는 소리가 고요한 방안에 반향되어 그들에게 들렸

한 모양.
8 흡반(吸盤): 다른 동물이나 물체에 달라붙기 위한 기관.

다. 그들은 이 조그만 음향의 파동이 신비스러울 만치 그들의 신경에까지 미치는 듯했다.

"자— 좀 더 드세요. 많이 권하지는 않겠습니다. 대작해 드릴 이가 없어서 심심하시겠지만 좀 취해가서요. 제가 어렸을 때 술 먹는 이들을 보면 욕을 하고 싶었지만 술이라는 게 그렇게도 나쁜 것만은 아닌 것도 같아요. 옛날 영웅이나 시인, 묵객[9]은 이 술을 고독한 때, 시절을 못 만난 때에 다시 없는 벗으로 알았다는 말을 들었어요. 저도 어떤 때는 한 잔쯤은 마셔도 어떨까 했으나 여자가 입에 술을 대다가는 큰일 나게요. 저 아는 여자도 술을 먹으면 탈선하는 것을 보았어요. 사내 양반들은 너무 하는 것은 몰라도 점잖게 주정하는 이들을 보면 거기서 사나이의 좋은 일면(一面)을 볼 수가 있다는 말을 들은 듯해요."

그 여자는 제 말의 뒤를 씻으려는 듯이 손등으로 입을 가리고 웃는다. 태식은 그 여자의 하는 양이 자기의 성격으로는 맞지 않겠지만 무엇이 그리 탐탁했던지 이번에는 군소리 없이 술을 넙죽 받아 마셨다.

술을 먹게 되면 먹고 말면 마는 태식으로도 술기운이 돌자 오늘의 이 밤은 취하고 싶었다. 이 여자와의 해후(邂逅)의 정보다도 그의 차고 맛없는 생활로부터 기우(奇遇)[10]의 향긋한 이 시간이 그의 지나간 청춘의 타고 남은 정열을 일으켰음인지 그의 잠자고 있는 정서의 한 끈을 잡아끎인지 그에게 적지 않은 심경의 별다른 충동을 주었다.

이 여자가 아니라도 술에 취했을 때는 아무라도 붙잡고 오래오래 잠겨 두었던 정회를 쏟아 놓고도 싶은 때가 있었던 터로, 오늘 이 밤 같은 때 이 아름다운 여자의 비단결 같은 손목을 덥석 잡고서라도 덮어놓고 지껄여 보고도 싶었으나, 모든 게 달라진 지금에 이 여자에게 터럭 끝만치라도 실태(失態)[11]를 보일까봐 그는 몇 잔 술을 더 받아 마시고서 그만 사양

---

9 묵객(墨客): 먹을 가지고 글씨를 쓰거나 그림을 그리는 사람.
10 기우(奇遇): 기이한 인연.
11 실태(失態): 본디의 면목을 잃음. 또는 그런 모양.

했다.

그러니 밥이 들어왔다. 그것도 한 공기쯤 먹고서 담배를 피워 물었다. 담배를 피워 물자 차가 들어왔다. 차가 들어오자 그 여자는 축음기를 틀었다.

축음기는 전기축음기였다. 소리를 크게 작게 맘대로 조절할 수 있는 축음기였다. 태식은 -돈푼이나 별은 게로구나.- 했다. -어떻게 별었을 구-.

태식이도 지금의 여자들이 돈을 벌 수 있는 여러 가지 길을 짐작할 수도 있었으나 이런 사물을 직접 대하는 때는 누구나 마찬가지로 쓸데없이 궁금증이 나는 것이다.

그 여자는 기다란 치마를 일으켜 세웠다. 그 긴- 치맛자락에서 고전미를 발견할 수가 있었다. 깡둥 한[12] 시체 여자의 다리 본위의 치마보담도 그래도 그윽한 정조를 가져온 것이라 했다. 하느르르한 옷에 싸인 호리호리하면서도 풍염한[13] 듯한 몸뚱이가 일어선 것이다. 그 여자는 축음기에 레코드판을 끼우고서 조절기를 만지고는 고요히 앉았다. 술이 거나한 그의 눈에는 이 광경이 황홀해 보일 뿐이다.

레코드는 하바네라가 먼저 올랐다. 남국의 애수를 짜내는 멜로디였다. 다음으로 몇 가지 명곡이 지나가고 미국의 폴 화이트먼[14]의 오케스트라의 재즈가 걸렸다. 그 여자의 현재 생활을 그의 얼굴의 화장에서, 옷자락에서도, 그의 기거하는 방에서 볼 수 있지만 그의 좋아하는 이 레코드 몇 장에서도 알 수 있는 것이라 하겠다.

02회, 1935.02.13.

---

12 깡둥하다: 겉에 입는 옷이 매우 짧다.
13 풍염(豐艶)하다: 생김새가 살지고 아름답다. 또는 풍성하고 아름답다.
14 Paul Whiteman(1890~1967): 미국의 악단 지휘자이자 영화배우. '킹 오브 재즈'라는 별명을 얻었다.

"더 들으실까요."

그 여자는 태식의 눈에 피곤한 빛을 보았던지 축음기를 닫으면서 물었다.

"그만 두시지요. 너무 오래 실례를 했습니다. 그만 가지요."

태식은 그 여자와 더 좀 앉아서 이야기를 하고 싶은 것이 있었지만 스스러워진[15] 여자와 단둘이 마주 오래 앉았기가 거북하고 더 오래 앉았으면 그 여자가 속으로 어찌 생각할지 몰라서 그만 자리에서 일어섰다.

〈그림 3〉 2.14.

"왜 어느새 가세요. 약주도 잘 안 잡수시고…. 어디 편치 않으세요."

그 여자는 서운해하는 낯빛으로 맥이 풀린 듯이 태식의 앞으로 걸어와 서면서 속삭였다.

"아니요. 술이 들어가서 몸이 홱 풀리는군요. 그리고 어디 시간 약속도 있고 해서…. 다음날 또 오지요." "잘 놀고 갑니다."

태식은 방 미닫이를 밀고 나가면서 쓸쓸해진 그 여자의 얼굴을 유심히 보는 듯하더니 마루 끝에 가서 구두에 발을 꿰었다. 그 여자도 고무신을 끌고서 태식의 뒤를 따라 대문까지 나갔다.

"너무 섭섭해요. 오랜만에 의외로 만나 뵈옵게 되어서 참 반가웠어요. 선생님을 뵈오니 돌아가신 어머니 생각이 나서 울고 싶었어요. 이야기가 긴-데요. 좀 더 앉으셔서 노셨더면…."

그 여자의 음성은 떨렸다.

"네- 나도 오래 앉아 서로 이야기나 하고도 싶었으나 딱 만나고 보니 반가웠을 뿐이요. 이야기가 나오지 않는군요. 다시 또 만나지요."

"그럼 언제나 만나 뵈올까요. 어느 날이고 제가 선생님께 전화를 걸까

---

15 스스럽다: ① 서로 사귀는 정분이 두텁지 않아 조심스럽다. ② 수줍고 부끄러운 느낌이 있다.

요. 괜히 바쁘실텐데 성가시지 않으시겠어요."

"아-니요. 바쁘긴요. 전화 받을 틈이 없겠습니까? 거세요."

"네- 그럼 안녕히 가세요. 괜히 시간만 허비하셔서."

태식은 돌쳐섰다. 그가 몇 발자죽 걸어가다가 돌쳐보았을 때 대문에서 이편을 바라보고 웃고 서 있는 그 여자가 어렴풋이 보였다.

×

태식은 낙원동에서 빠져나와서 종로통 길로 걸어간다. 안개에 싸인 밤거리에 전등불들이 흐리멍덩하게 켜있었다. 봄의 훈풍(薰風)에 따라 길로 나왔는지 인도에는 메질[16] 듯이 사람들이 오고 가고 했다. 자동차의 헤드라이트들이 교차되면서 분주히 달리고 전차에는 꽉꽉 사람들이 차있었다.

가게마다의 라디오 소리, 카페에서 흘러나오는 레코드 소리. 이 소란한 거리를 걸어가는 태식은 도시의 밤길이 새삼스럽게 즐거운 거리임을 느꼈다. 모두가 생에서 빚어진 환희의 물결이요 소리인 거나 같이 그의 마음을 기쁘게 했다. 그의 우울한 생애에 검은 구름이 걷힌 것 같이 그의 머리는 거뜬했다.

사실 그 여자의 행방을 늘- 맘으로 찾았었고 거칠고 캄캄한 생애에 그 여자가 등불같이 나타났을 때 그는 그 여자가 몹시 변한 데 놀랐으나 오히려 그런 여자만이 지금의 자기의 생활을 이해할 수 있으려니 했을 때 그 여자에게서 어떤 암시를 보지 않았다 하더라도 그는 오늘이란 이 밤만이 있었던 것도 기쁘게 생각되었다. 그러나 그는 조그마하나마 그 기쁨을 안고서 쓸쓸한 숙소(宿所)의 좁은 방안을 기어들기는 싫었다. 그리고 내일이고 언제고 그 여자의 정체를 알게 될 때 만약 자기가 어렴풋이 짐작하고 있는 그것이라면 요만한 기쁨도 그만 스러지는 것이거니 하니 다시금 머리가 수그러졌다.

---

16 '미어질'의 함경북도 방언.

그렇지만 아까의 그 여자의 모든 황홀한 환영들은 그리 쉽게 머리에서 사라질 수가 없었다. 인생행로에 아주 짧은[17] 환희가 그 나머지 생애에 파급되는 것이 크다면 오늘의 그 여자와 만난 그 짧은 시간에서 받은 정신에 미친 아름다운 손길이 태식의- 적어도 며칠 만이라도 그의 심경을 지배할지 모른다.
　태식은 종로 네거리까지 와서는 망설였다. 아직도 잘 시간은 먼데 사직골 막바지 오막살이 쓸쓸한 숙소에서 몸을 곤두▨기는 아까운 봄의 향기가 흙에서 치받치는 밤이다. 어디를 갈까- 하고 두리번거릴 때 그의 어깨를 탁 치고 소리치는 것이 있었다.

03회, 1935.02.14.

"여보게 태식이."
　태식은 홱 돌아보았다. 밤이었으나 사방에서 난사된 전등 불빛에 자기를 부른 사람의 얼굴을 알아볼 수가 있었다.
　"여- 이게 명환군 아닌가. 이건 참 뜻밖일세. 잘 있었나."
　두 사람은 손을 쥐었다.
　"멀리 보니 돌아선 뒷모양이 암만해도 자네 같아서 부리나케 쫓아왔네. 아무 일 없었나. 그래 자네 취직을 했다고. 일은 재미있는 일인가."
　"그저 오죽지 않은 밥벌이지. 그런데 자네는 일시 발복[18]을 했다네그려. 그래 땅은 얼마에나 팔았나. 그게 다- 재수지."
　"그건 어디서 들었나. 여보게 재수가 무슨 재순가. 돈이 눈이 멀어서 내게도 차례가 온 게지. 큰돈은 아니라도 조금 생겼네. 생겨야 빚 갚고

17　'짧은'의 방언.
18　발복(發福): 운이 틔어서 복이 닥침. 또는 그 복.

남는 게 있어야지."

　명환은 너털웃음을 웃었다.

　"여보게 벌써부터 윙을 떨긴가[19] 그래. 이제 돈이 생겼으니 자네가 늘 '돈만 생기면 사업, 사업'하던 그 사업을 해보겠네그려. 어디 나도 좀 한 다리 끼워볼 수 있겠나."

〈그림 4〉 2.15.

　태식이도 너털웃음을 웃었다. 명환이는 태식의 어깨를 탁 쳤다.

　"이 사람 나를 놀리나. 없던 놈이 몇 푼 생겼기로 벌써부터 마음까지 돈에 젖은 줄 아나. 그저 월급쟁이가 편하니. 돈, 그 돈이라는 게 없을 때는 긴한 돈, 좋은 돈이지만 생기고 보면 귀찮고 무서운 걸세."

　"여보게 그럼 그 귀찮고 무서운 돈이거든 나를 주게. 너무 무서워서 자네 집엔 열두 대문에 하늘로 문 난 데다가 철망을 쳤겠네그려. 그러지 말고 돈 생긴 김에 자네가 원하던 그 사업을 좀 해보게. 돈도 싸두기만 하면 썩든지 쥐가 물어 가는 거야."

　"이건 심한 농담일세그려. 어쨌든 자네를 만나니 반가워이. 이렇게 길에서 이야기도 무엇하니 어디 조용한 데 가서 술이나 한잔 나누면서 옛날 회포나 풀어보세나. 내 한턱내는 셈으로."

　"이 사람아 한턱이면 한턱이지 내는 셈은 무엔가. 돈을 보더니 말부터 달라졌네그려."

　"이 사람! 꽤 웃기네."

　두 사람은 소리를 높여 웃었다. 그리고 태식은 명환이를 따라서 아까 오던 길을 돌쳐서서 내려갔다.

　그들은 조선××관으로 들어섰다. 들어서니 현관 보이가 나와서 굽실하고 맞으며 슬리퍼를 늘어놓았다. 두 사람은 그것을 발에 꿰고 얼음판 같

19　원문 그대로임.

은 복도로 안내 보이를 따라서 들어갔다.

이미 그들이 슬리퍼를 신을 때 현관 보이와 안내 보이와의 사이에 군호가 오고 가고 해서 이들의 중량이 눈 저울에 달려 명환의 흠질한[20] 차림 때문에 태식이도 은근한 방 색동 보료에 앉을 수가 있었다.

사탕 두 알씩 놓은 차가 두 잔이 들어오고 담배가 들어왔다.

"누구를 부를까. 자네 아는 기생 있나."

명환이가 도임하자 수청 기생부터 재촉하듯이 방에 들어와서 앉자마자 태식에게 물었다.

"글쎄 내가 어디 요릿집을 많이 다녀 보았어야 내 아는 기생 아씨가 있지. 자네가 아는 것 있으면 부르게그려."

"이거 왜 이러나. 낸들 아는 게 있나. 그동안 그 땅 좀 팔아 보느라고 서울을 왔다갔다하는 바람에 몇 번 요릿집이라고 구경한 게지. 그래 아무거나 불러볼까. 요새 유행가도 한다는, 꽤 불리는 것이 있느니 그 누구더라."

명환은 태식의 동의도 들을 새 없이 손뼉을 쳐서 보이를 불렀다.

"저- 그 어느 권번이더라. 채영화 있나 물어보고 또- 저- 그 짝이라는 김문자라고 있나 물어보고 오게."

보이가 나가려다 다시 돌쳐섰다.

"있으면 둘 다- 부르랍쇼."

"글쎄- 시간이 조금 늦어서 다 있을라구. 없으면 그 애들이 간 요릿집에 전화를 걸어서 따오기라도 하지. 그리고 그 애들이 오는 그동안 다른 방에 있는 기생 좀 따오고 초기록[21]도 좀 갖다주게. 그리고 상은 술상으로 두 사람이 먹을 만치 얌전하게만 해오고 술은… 태식 군, 술은 정종을 할까. 그래 정종으로 하고…."

---

20 원문 그대로임.
21 원문 그대로임.

보이는 또다시 굽실하고 나갔다.

태식은 명환이가 채영화를 부르라는데 그 이름이 어디서인지 듣던 이름 같아서 실없는 일인 줄 알면서도 그 기억을 찾아내려 했다. 태식이가 취직을 하자 얼마 안 되어 망년 연회가 있었을 그때 왔던 기생의 이름인 듯하다고 했다.

한 시간이 될락 말락 해서 방문이 활짝 열리며 보이가 인도하는 기생이 화장을 갓 한 듯한 얼굴에 미소를 띠고 들어와서 사뿐히 절을 했다. 태식은 그 기생이 자기가 생각하던 그 기생이다 했다.

04회, 1935.02.15.

채영화가 들어오자 태식은 쭉 뻗었던 다리를 거둬들이고서 양복 저고리 단추를 끼우고 몸을 바로 고쳤다. 태식이가 이렇게 쑥스러울 만치 기생을 보자 얌전을 떠는 것이 꾸미는 것이 아니라 기생을 다뤄보지 못한 관계도 있겠고 누구의 앞에서나 체모를 차려 자기의 인격을 닦으려는 학생 시대로부터의 습관이며 또한 기생 같은 여자의 앞에서일지라도 자기의 위신을 지키려는 것이다. 이런 마음과 행동이 태식에게서는 영원히 고쳐지지 않을 것인지도 모른다.

명환이는 영화가 들어오자마자 자리에서 벌떡 일어나 영화에게 왈칵 덤벼들어서 손목을 잡아끌어다가 태식과 자기 사이에 앉히려 했다. 영화는 발에 밟히는 치맛자락을 걷어 올리면서 하늘거리는 몸이 명환에게 끌려 평풍[22]을 (조선 요릿집에서는 사철 평풍을 쳐둔다.) 쾅 울리며 태식의 몸에 덜컥 실렸다.

"에구머니 이를 어째."

---

22 원문 그대로임. 병풍.

영화는 가느다란 비명을 질렀다. 태식은 민망해서 영화를 슬그머니 밀쳤다.

"실례했습니다. 용서하세요."

영화는 활활 타는 듯한[23] 얼굴을 제 무릎 사이에 파묻고 터지려는 웃음을 참는 모양이다.

〈그림 5〉 2.16.

태식은 아까의 술기운도 있으려니와 덩달아서 얼굴이 벌게 가지고 영화의 말에 대답 삼아 입안으로 중얼중얼했다. 명환이는 너털웃음을 웃고 영화의 손을 잡자 싫어서 그러는지 부끄러워 그러는지 명환의 손아귀에서 손을 슬그머니 뺀다. 그리고 태식을 곁눈으로 핼금[24] 쳐다보며 새빨갛게 칠한 입을 방싯한다.

"참 저번 퍽 곤하셨지요. 제 이름을 기억하시겠어요."

"무얼요 곤하긴요. 당신이… 당신 이름을 그때 술이 취해서 곧 잊었었구려. 그런 것을 저 양반이 아까 튕기기에[25] 당신이 오자 맞혀냈는걸요."

영화는 먹으로 그린 눈썹에 물결을 지으며 얼굴에 조금 싸늘한 빛을 띠다가 태식을 쳐다보며 웃는 낯을 진다.

"저는 천한 계집이지요마는 좀 친해주세요."

"글쎄요. 내가 어디 그럴 자격이 있나요."

"선생님 같으신 분이 자격을 찾으시면 저희들은 어쩌게요. 저 같은 것들이 감히 선생님 같으신 분을 바로 뵈옵기도 황송한데요."

영화는 야속하다는 듯이 새침해지더니 허리춤에서 분갑을 꺼내어 분솜(파우더)으로 코를 닦는다.

---

23 원문은 "닷는듯한".
24 핼금: 가볍게 곁눈질하여 살짝 한 번 쳐다보는 모양.
25 원문은 "뙹기기에". '스스로 깨달아 알도록 귀띔하다'는 뜻의 북한어 '튕기다'에서 파생된 '튕기기에'로 추측된다.

"허허 두 분이 이미 그렇지 않은 사이였군그래. 태식 군이 꽤 내흉[26]한 사람이야. 아는 기생 없다는 때와는 아주 딴판일세그려. 어디 두 분이 노시는 것 좀 보세. 태식 군은 원체 여자가 좋아하게 생겼으니까 우리 같은 사람하고는 거리가 천만리 만만리란 말이야."

태식은 혼자 웃어젖혔다. 이때 또 방문이 열리자 김문자가 껌을 씹어가며 상긋거리고[27] 들어왔다. 명환이와는 숙친한 사이인지 먼저 영화에게 고개를 까딱해 보이더니만 명환의 무릎에 손을 얹고 그 옆에 주저앉는다.

"안녕하셨어요. 왜 그렇게 만나 뵈옵기가 드문드문해요. 그동안 퍽 바쁘셨지요."

"그래 오랜만에 만난 사람에게 인사가 그래야 하나. 우리야 바쁠 것 있나. 자네가 연애하기에 바쁘다는 말은 들었지. 이번에는 또 어느 화상하고 좋아지내나."

"아이 선생님두. 기생에게도 연애가 있는 줄 아세요. 돈이 제일이지요. 선생님은 아주 태곳적 양반일세. 영화 언니, 그렇지 않우. 호호호."

명환이도 따라 웃었다. 영화는 그저 상그레-할 뿐 무슨 생각에 잠긴 듯했다. 태식이도 웃는지 마는지 떠들어 젖히는 두 사람을 쓸쓸히 바라볼 뿐이다.

이때 상이 들어왔다. 상이 들어오자 제각기 자리를 잡았다. 언제 약속이나 한 듯이 영화는 태식의 옆자리에 앉고 문자는 명환의 옆자리에 앉게 되었다.

기생은 옆의 사나이들 무릎에 흰 보를 덮어주고 술잔에 술을 따르며 한편으로는 제 손으로 집어 먹어도 좋은 거리의 안주를 술 먹는 사람의 식성도 물어보지 않고 가추가추[28] 양접시에 갖다 놓아준다.

"자네하고 이렇게 술잔을 같이 들어보기는 참 오래간만일세."

---

26 '내숭'의 원말.
27 상긋거리다: 눈과 입을 귀엽게 움직이며 소리 없이 가볍게 자꾸 웃다.
28 '가지가지'의 경남 방언.

명환이가 먼저 입을 열었다.

"그렇지. 아마 삼 년 만이나 될걸."

태식이도 동감이라는 뜻을 표했다.

"자― 오늘 밤을 새워도 좋으이. 무어 내일은 일요일인데 자네도 늦잠을 자도 좋을테니까 힘껏 해보세."

"글쎄 내가 자네 술을 따라갈 수 있겠나."

"벌써부터 사양인가."

두 사람은 웃으며 술잔을 들어 제각기 훌떡 들이마셨다.

05회, 1935.02.16.

태식이와 명환이는 중학교 시대의 동창이요 동경 시대에도 한 집에서 자취를 한 일이 있고 서울서도 룸펜으로 얼마 동안 같이 돌아다닌 일이 있었다.

명환의 나진(羅津) 고향 집은 그가 중학생 시대에는 어렵지 않게 살았

〈그림 6〉 2.17.

으나 명환의 아버지가 돌아가자 이럭저럭 가세가 기울어지고 아무짝에도 쓰지 못할 땅 몇 정보가 남았을 뿐이었다. 그 땅도 그 아버지가 살았을 때 빚 대신 남에게 울고 겨자 먹기로 빼앗은 것이니 명환이도 자기 아버지 말마따나 남 주기 싫으니 지니고 있다는 것이다. 명환이가 겨우 중학교를 마치고는 명환[29]의 열렬한 권고로 고학을 하러 동경을 가서 ×대학 전문과에 들어갔으나 참을성 없는 그는 그만 중도에 튀어나와 그 나머지

29　문맥상 '태식' 혹은 다른 인물의 오기인 것으로 보인다.

논두렁을 팔아서 서울에서 빙빙 돌고, 태식이만은 고학으로 학교를 마치고 나왔던 것이다.
 그래서 명환이와 태식이가 서울서 만나게 되어 두 사람이 취직 문제로 방황했었다. 그리▨▨ 고향으로 가버렸다. 그때는 나진이 개항이 되는 때라 나진의 황무지의 땅값이 불시에 폭등하게 되니 명환의 집에서 남 주기 싫으니 지니고 있다던 땅이 이 항구의 제일 긴요하게 될 땅이 되어 큰 값을 받고 팔게 되자 명환은 금시에 거부가 된 것이다. 그래서 명환은 어깨춤이 나서 뛰는 판에 태식과 마주 앉았으면 '돈만 있어 보게, 이러저러한 사업을 한다'고 기염을 토하던 그 기도(企圖)도 내동댕이를 친 것이다.
 오늘 밤에 태식을 우연히 만나게 되어서 만난 것이지, 학생 시대에 한 이불 속에서 한솥밥으로 지내던 때에 정신적으로 큰 힘이 되던 태식을 찾아보지 않았다. 이것이 태식의 맘을 쓰리게 한 일이다. 그러나 태식으로서는 그를 원망치도 않았다. 누구나 돈만 생기면 마음이 변하게 되는 것이요, 그보담도 자기로서도 그를 지기지우로 여긴 것이 아니고 그저 그가 조선 청년으로 한 사람의 지혜 있는 사람이 되기를 바란 것이다. 그에게서 의리라든가 일후에 어떤 깊은 관계를 맺자는 것이 아니었으니 그 사람은 그저 그렇게 되어 버린 것이거니 했을 뿐이다. 그렇지만 자기가 그에게 나진이 개항이 되어서 땅값이 폭등하리라는 말을 하자 어느 틈엔지 자기에게 일언반구도 없이 뺑소니를 친 것이 얄미웠다. 명환이는 그 뒤로 나진에서 서울을 안방 건넌방 사이같이 다녔지만 태식을 한 번도 찾은 일이 없었다.
 태식이도 그가 왔다 갔다는 말을 친구에게 종종 듣지만 명환이는 오기 무섭게 요릿집 방문부터 했다. 그러는 중에 서울에 신여성 첩을 두고 김문자와도 관계를 맺었고 채영화는 눈독을 들인 지 오래다. 그러나 영화는 명환이가 금붙이고 돈이고 악을 쓰다시피 손에 쥐여 주었으나 굳이 사양했다. 돈 빛만 보아도 허겁지겁 달려드는 요새 기생들로서 이런 일이 그들 사이에 이야깃거리가 되고 이 기회에 문자 같은 기생은 그의 겨드랑

밑을 파고드는 것이었다. 미운 끝에 정이 든다는 격인데 명환이는 영화에게서 귀염을 못 받으니 싫어하던 문자를 수청 들린 것이다. 그러나 그의 마음에는 채영화가 떠나지 않았다.

– 깍쟁이 같은 년이 철이 없어서 그렇지. 나이만 더 먹고 만전수전을 다– 겪어봐–. 후회막심하리라–. 돈을 싫다고… 제–기–.

▨으로 친 일이 있었다.

그뿐 아니라 영화가 요릿집에 불려 왔다가도 사무실에서 어떤 손님인 것을 알아보고는 명환이라면 그대로 타고 온 인력거를 집으로 몰든지, 사무실에서 보이가 속이고 명환의 방에 슬쩍 들여보내려 해도 문틈으로 들여다보고 명환이면 그만 줄달음질 치는 것이다.

오늘도 문틈으로 들여다보니 명환이가 밉상머리스럽게 버티고 앉아 있어 그만 돌아가려다가 지난 양력 섣달에 어느 연회 석상에서 보고 그 연회에 손님들 중에 제일 빛나던 그요, 그를 보자 공연히 마음이 뒤숭숭해지고 요릿집만 오면 그가 혹시 이 요릿집에 오지 않았을까 어디서 언제나 다시 만나 볼꼬 하고서 맘을 졸이던 태식이가 앉아 있으므로 어떻게 저 꼴자[30]와 어울렸는가 의아해하면서도 뛰어든 것이었다.

영화는 이런 곳에 오는 풍류랑 중에서 태식과 같이 의젓하고 품위가 있어 보이는 사나이는 못 보았다 했다. 미남이면서도 어딘지 심각해 보이는 데가 있고 수수한 그의 차림차림이 맘에 들었다. 그리고 지난번 연회 때 옆에 손님에게 물어보아 –기생들의 항다반[31] 하는 짓이나– 홀아비라는 데에 맘이 더 끌렸던 것이다. – 자기는 기생이라는 것을 한탄하면서도….

06회, 1935.02.17.

---

30 '궐자(厥者. '그'를 낮잡아 이르는 말)'로 추측된다.
31 항다반(恒茶飯): 항상 있는 차와 밥이라는 뜻으로, 항상 있어 이상하거나 신통할 것이 없음을 이르는 말.

영옥은 태식이를 보내고 방으로 들어왔다.

영옥의 가슴 속은 금세 횡-하니 텅 빈 것 같았다. 그의 지난날이 꿈결 같다면 오늘에 태식이와 만나서 마주 앉아 있게 되었던 것도 꿈같았다. 그를 길에서 먼빛으로 보았을 때 쫓아가서 만나고도 싶었으나 여자라는 그 이름이 그의 발길을 멈추게 한 것이었다. 오늘도 그 사나이가 먼저 알은체를 안 했던들 또 언제나 마찬가지로 설면하게[32] 만나서 설면하게 발길을 나누었는지 모른다.

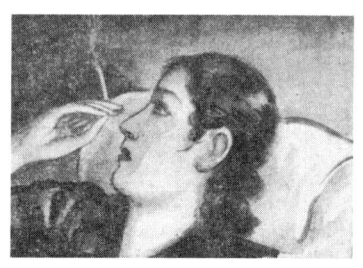

〈그림 7〉 2.19.

그는 퍽 변해 보였다. 옛날에 그 앳된 얼굴과 음성이 아주 변했다. 그러나 풍상을 겪은 듯한 그 얼굴이며 행동이 오히려 옛날보다도 호락호락해 보이지 않으면서도 아무나 휘어잡을 수 있는 인력을 가지고 있는 듯했다. 그의 말은 몹시 삼가는 듯하면서도 어느 말 같은 것은 탁 털어놓는 듯이 자유분방한 말재주가 있는 듯했고 간간이 웃어 보일 때마다 말할 수 없이 그의 얼굴에 우아한 빛이 떠돌았다.

영옥이는 태식이와 마주 앉았을 때 그는 걷잡을 수 없이 울렁거리는 가슴을 어찌할 수가 없었다. 그러나 여자 앞에서의 예의가 밝고 인자하면서도 엄숙한 그에게 무겁게 눌렸는 듯한 자기를 깨달았을 때 그 사나이의 눈에 비친 현재의 자기가 어떻게 보였을까 하는 불안이 있다.

! 그는 갈수록 빛날 사람이요 나는 갈수록 허물어지는 사람이다. - 하고 영옥은 탄식을 했다.

그는 거울 앞으로 갔다. 자기를 그 사나이에 견주어 본다면 얼마나 깨끗지 못한 존재인가. 거울을 보는 자기의 등 뒤에서 태식이의 비웃는 얼굴이 뚜렷이 나타나는 듯했다. 그는 두 손으로 얼굴을 싸고서 주저앉아

---

32 설면하다: ① 자주 만나지 못하여 낯이 좀 설다. ② 사이가 정답지 아니하다.

느껴 운다. 울다가 −어머니− 하고 그만 엎드려져 소리까지 내어 운다.

이때에 차집[33]이 들어왔다. 찻잔을 거두어 들며 눈이 둥그래서 엎드려져 우는 영옥의 등덜미를 내려다보고 외쳤다.

"아씨 왜 그러세요. 무슨 일이 났어요."

이 집에 온 지 반년이 넘어도 이런 일은 처음 보았던 것이다.

영옥은 일어 앉아서 눈물에 젖은 얼굴을 소매 속에서 손수건을 꺼내어 닦았다.

"아−니"

단조로운 음성이었으나 듣는 사람의 마음을 서운하게 한다.

"난 무슨 큰일이 났거나 어디가 편찮으신 줄 알았어요."

하고 차집이 나가자 영옥은 자리를 펴고 자리옷을 갈아입고서 드러누워 담배를 피워 물었다.

그는 옛일을 생각하지 않을 수 없었다. 태식이를 만나자 잠자던 옛 마음으로 돌아온 것이다.

어렸을 때 집안은 그리 넉넉지 않았으나 영옥은 무남독녀로 그의 아버지와 어머니의 넘치는 사랑을 받아 가면서 고이 자라났다. 영옥이가 보통학교를 졸업하고 상급학교에 입학해 놓았을 때 자기 아버지는 그만 묵은 해소병으로 돌아갔다. 가장을 잃은 그의 집안은 살길이 망연했다. 그야 논이라고 몇 마지기는 있지만 겨우 일 년 양식만 되니 맨 쌀만 씹어 먹고 살 수는 없었다. 그래서 건넌방 아랫방에 학생을 쳤다.

이때 맨 먼저 들어온 사람이 태식이다. 이때는 영옥이가 나이 어려 사물을 분간치 못하던 때라 늘− 이 태식의 방에서 놀기도 하고 복습도 했다. 이때에도 태식은 언제나 자기의 오빠같이 어른같이 점잖게 대하면서

---

33 차집: 예전에, 부유한 집에서 음식 장만 따위의 잡일을 맡아보던 여자. 보통의 계집 하인보다 높다.

도 진심으로 귀여워하는 듯했다. 그리고 태식의 평소의 언사 행동이 영옥의 어머니의 믿음을 사고 어린 영옥의 마음에도 감격한 때가 많았다.

07회, 1935.02.19.

태식과 영옥이의 나이는 다섯 해가 틀리나 태식은 영옥이를 부를 때는 간혹 씨 자를 붙였다. 그래서 영옥이는 속으로 웃었다. 그의 어머니는
"망측해라. 영옥 씨가 무에유, 그저 동생 같은 어린애를. 버릇 없어지라구." 하며 웃었다.

〈그림 8〉 2.20.

"그럼 주인 마님께서는 아들 같은 저를 보시고 하우를 하시는 건 그리 좋은가요."

태식이가 받으면

"그야 남의 집 귀한 도령님에게 어떻게 따라지게[34] 해라를 붙이누."

"그건 안될 말씀이지요. 이 아가씨는 이 댁에 천둥인[35]가요." 하고 웃은 일도 있었다.

"영옥 씨" 하고서 태식이는 책을 들고 글을 읽는 영옥이를 불렀다.

"네?" 영옥이는 물끄러미 태식을 쳐다본다.

"공부를 해가지고 무엇이 되고 싶소."

영옥이는 금시로 부끄러워졌는지 얼른 대답을 안 한다.

"잘되어야 하오. 이 댁에는 아드님도 안 계시고 하니 어머니께 대한 짐

---

[34] 원문 그대로임.
[35] 천둥이: '천더기(남에게 천대를 받는 사람이나 물건)'의 전라남도 방언.

이 무겁소. 그러나 여자가 공부를 하고 나도 쓰일 데가 많아야지…." 하고 태식이가 한탄을 한다. 마루 끝에 앉아서 담배를 피우던 영옥이의 어머니는 "그러게 말이요." 하고 한숨을 휘- 내쉬면 영옥이의 눈초리에 눈물이 고이는 것이다.

　학생들을 쳐서 근근이 끼니를 잇고 간신히 영옥이의 학비를 대는 동안 이럭저럭 이태가 지나갔다. 이때는 태식이가 고등보통학교를 졸업하는 봄이다. 영옥이 어머니는 태식이가 졸업하기 전부터 섭섭해서 친아들이나 놓칠 것 같이 야단이었다.

　"그래 졸업을 하면 서울서 돈벌이를 할 테요, 전문학교를 들어갈 테요."
　"글쎄요. 중학교쯤 졸업해 가지고는 돈벌이도 어렵고, 더 배우자니 제 집안 형편이 그렇지도 못하고 큰 걱정입니다."
　"그럴 터이지. 그러나 공부 더할 돈 없으면 단 한 푼이라도 버는 게 낫지 않겠소. 아무거라도 붙잡히거든 벌이를 하우. 그러면 다른 데 갈 것 없이 우리 집에 그대로 눌러 있지. 이제 말이지 당신이 없으면 내가 얼마나 적적할지 몰루. 내 집에서 밥 사 먹는 손이라지만 어디 손이라고만 할 수 있소. 사실 아들이 있었다 해도 당신 같이 나에게 할 아들이 어디 있겠소. 정말이지 내가 돈이나 있으면 저런 좋은 사람의 학비를 대어주련만."
　"네- 고맙습니다. 저도 더 공부할 수 없으면 뭐든지 해서 돈을 벌렵니다. 또 더 공부를 하려면 돈이 없는 사람이니 학비가 나올 구멍을 뚫어 보아야 할테니까요. 아무래도 한두 달은 더 있게 되겠지요. 저도 댁 따님을 어떻게든지 훌륭한 사람이 되도록 힘써보려 했습니다마는 제 한 몸도 추스를 수 없는 것이 뒷퉁그러진[36] 말씀입니다. 그러나 사실 제 친누이나 다름없이 마음으로 생각해 왔습니다."
　"암 그렇구 말구. 그러니까 내가 당신을 놓기가 싫단 말이지. 어쩌겠소, 되는 대로 되는 게지."

36　원문 그대로임.

그들이 모여 앉았으면 이런 이야기 저런 이야기가 길었다.

태식의 졸업 전날 영옥이의 모녀는 태식을 앞장세우고 창경원을 들어갔다. 아무렇든 태식이는 졸업만 하면 갈 사람이니 섭섭한 정과 그의 졸업을 축하하는 정과 겹겹이 쌓인 정으로 태식이와 같이 창경원이라도 가서 울적한 심회를 풀어보자는 것이다. 태식이도 부모를 일찍이 여의고 삼촌의 손에 길러져 왔고 그의 힘으로 공부를 해왔던 터에 남의 어머니요 남의 따님이지만 함께 거닐어 보는 것이 마음에 즐거운 일 같다고 하여 찬동하고 나선 것이었다. 영옥이는 요사이 늘 새침해서 무엇을 생각하고 있었다. 창경원을 가느라고 전차를 탔을 때도, 창경원을 들어와서도, 입을 꼭 다물고 자기 어머니나 태식이가 묻는 말에나 겨우 대답을 하곤 했다. 태식이도 영옥의 마음을 살폈던지 그의 마음도 울적한 듯이 고개가 수그러지는 것이었다.

08회[37], 1935.02.20.

영옥은 창경원을 한 바퀴를 돌아도 그저 다소곳하니 아무 말이 없었다. 영옥이로서는 처음으로 사람을 여의게 되는 슬픔을 깨닫게 되고 또한 이성에 대해 눈뜨기 시작한 것이다. 작년만 해도 태식이를 그저 남이거니, 남 중에서는 오래 친했으니 정다운 사이거니, 그리고 태식은 자기를 동생같이 귀여워하거니, 자기는 오빠와 같이 태식을 믿거니 하다가도 아무래도 그는 남인데 소용이 있나 했을 뿐이다. 그러나 영옥은 너무도 영리해서 그러함인지 요사이로 태식을 보는 눈이 달라졌다. 태식이의 앞에 있으면 마음이 설레게 된 것이다.

태식이도 차차로 영옥이의 자태가 달라지는 것 또는 수태를 부리게 된

---

37   원문엔 "(7)"이라고 되어 있으나 오식이다.

것 그리고 자기를 보는 그의 눈이 신비스러워지는 것을 깨달았던지 태식은 자기 자신을 경계하는 모양이었다.

영옥이는 태식이를 한 번이고 유심히 바라보고도 무슨 큰 죄나 진 것 같이 얼굴이 홧홧 달았다.[38] 더

〈그림 9〉 2.21.

구나 그런 때마다 태식의 태도가 정중해지는 때는 그만 가슴이 덜컥 내려앉았다. 그리고 요즈막 와서는 태식이가 농담인지는 모르나 자기에게 씨(氏) 자를 붙이는 것이 속으로 몹시 우스웠고 한편으로는 자기를 멀리하자는 방패막이가 아닌가 하여 맘속으로 조그만 불안과 공포가 일어나기도 했다.

그런데 그는 졸업만 하면 집을 떠난다. 집을 떠나는 것보담도 그는 늘-멀리 가야, 멀리 가서 배워야- 하던 터로 이번에 졸업만 하면 언제 다시 볼지 모르는 것이다. 학교를 오고 가는 길에서 보든지 어디서 보든지 태식이와 같이 준수하게 생기고 씩씩하고 점잖은 그 또래의 사나이는 없다고 했다. 그뿐 아니라 좀처럼 남을 거들떠보지 않던 자기 어머니가 그를 놓기 싫어하는 것을 보아서도 어머님의 눈에도 꼭 든 모양이다. 이런 태식과 여의게 되는 것, 이것이 그의 어린 마음에 슬픔의 씨를 뿌리게 되는 것이다.

그렇다고 영옥이가 태식에게 대해서 아기자기한 꿈을 꾸기에는 너무도 일렀다. 그저 막연히 그에게 마음이 끌렸을 뿐이다. 그래서 공연히 마음이 탈 뿐이다. 말하자면 사랑이 움트기 시작한 것이다. 영옥의 어린 가슴속에는 여러 가지 생각이 많았다. 그러나 먼저 부끄럼과 슬픔이 앞을 서서 태식 앞에서 말이 안 나왔다. 오늘도 공연히 눈물이 날 듯 날 듯해서

---

38 원문은 "닷다".

손수건에 코를 풀고 풀고 했다. 영옥의 어린 마음에는 '태식의 학교 졸업'이라는 것으로 가득 찼을 뿐이었다.

◇

영옥의 어머니가 다리가 아프다고 해서 온실 가까운 너른 잔디밭에 일행은 앉았다. 이들은 한참이나 일본 **무스메**[39]들이 줄 넘는 것을 무심히 바라보았다.

"저만 때 저렇게 뛰어야 발육이 잘될 게야. 영옥 씨 그렇지 않우."

태식이가 침묵을 깨트렸다. 영옥은 태식이가 들띄워 놓고 묻는 말에 그저 쓸쓸히 웃을 뿐이다.

"말 같은 계집애들이 남들 보는데 넓적다리를 드러내놓고 저게 뭐야. 난 태식이 말이면 다 옳은 줄 알았더니 그 말은 안 되었군그래."

영옥이의 어머니가 혀를 차자 태식이도 웃고 영옥이도 웃었다. 두 사람의 웃으며 마주치는 눈은 -노인이 되어서- 하는 듯했다.

"그게 좋지 않습니까? 맘대로 뛰는 게요."

태식이가 먼 산을 바라보고 말하니 영옥의 어머니는 너무 핀잔을 준 듯해서 민망해하는 낯빛이었다.

"날더러 저렇게 뛰라면 기운 없어 못 뛰겠네. 그렇지 나도 젊었으면 모르지만!"

이번에는 영옥이와 태식이가 소리까지 내서 웃었다.

이들은 잔디밭에서 일어섰다. 창경원을 나오려다가 태식이가 주머니를 털어서 식당에서 우동(일본 국수) 한 그릇씩을 먹고서 나왔다.

영옥이는 그날 밤 도무지 잠을 이루지 못하고 자리 속에서 뒤치락거렸다. 나이 아직 어리다 하지만 인간과 인간 사이의 **별리(別離)의 그 전날 밤**이라는 것이 얼마나마 아픈 그날 밤인지 비로소 영옥이가 느끼게 된 것이다. 건넌방에 태식이도 퉁탕거리는 것이 번거로워하는 모양이었다.

---

39 무스메(むすめ[娘]): ① 딸. ② (젊은) 미혼 여성, 아가씨.

태식의 졸업날 아침이었다. 이날 태식의 아침상에는 소고기와 태식이가 좋아하는 생선 토막이 올랐다. 그리고 영옥이의 어머니와 영옥이는 새 옷을 갈아입고서 태식의 졸업식장에 참예하기로 되었다. 태식의 부형 대신 -어머니와 누이 대신으로-.

09회, 1935.02.21.

×고등보통학교 어귀에는 솔문[40]을 세우고 교정 복판에 교기를 꽂은 높다란 기둥을 세우고는 그 기둥을 중심으로 하고서 갈래갈래로 만국기를 달아놓고 그 밑에 학생들이 새까맣게 웅실거리고[41] 있었다. 영옥의 어머니는 이것부터 장하다고 했다.

〈그림 10〉 2.22.

이 두 모녀가 한쪽 팔에 뻘건 헝겊을 두른 학생의 인도로 교정을 뚫고 식장으로 들어갈 때 여러 학생들이 수군거리는 것 같아서 영옥이는 고개를 들지 못했다. 어머니의 재촉으로 너무 일찍 왔던지 회장에는 학부형 같은 내빈 오륙 명하고 이 두 모녀뿐이 먼저 와 있었다.

"어머니께서 늦으면 앉을 데 없다고 하시더니 너무 일찍 왔어요. 남이 웃겠네."

영옥이는 서먹서먹해서 한 말이다.

"그러면 어떠냐. 조금 산산해서 기침이 나니까 안 됐긴 하구먼." 하고 딴은 기침이 시작이다. 영옥이는 미리 옆에 끼고 왔던 보자기에서 어머니

---

40 솔문(門): 경축하거나 환영하는 뜻으로 나무나 대로 기둥을 세우고 푸른 솔잎으로 싸서 만든 문.
41 웅실거리다: 많은 사람이 무리 지어 물결처럼 자꾸 움직이다.

의 덧저고리를 꺼내어 입혔다. 어머니는 만족한 낯빛이었다.

정각이 되니 그 넓은 강당 좌우 옆에 내빈이 가득 들어차고 가운데는 학생들이 정중하게 착석했다. 학생들이 착석하자마자 이 두 모녀는 태식이를 찾았다. 영옥의 어머니는 유표하게[42] 두리번거리고 찾아도 못 찾아냈으나 영옥이가 먼저 찾아내어 어머니에게 튕겨 주었다. 그제서야 그의 어머니는 고개를 끄덱끄덱하고 웃는다. 태식이도 이편을 보고 머리를 조으는 듯했다.

유랑한 군악 소리로 학생들의 영광스러운 졸업식이 개회되었다. 교장의 개회사와 졸업생 상황 보고와 몇 가지 순서가 지나간 후 교주의 훈사, 내빈의 축사, 학부형 대표의 축사가 지나고 학생 대표의 답사가 있게 되었다. 영옥이 어머니는 그들의 말에 못 알아들을 문자가 많았으나 다-옳은 소리라고 생각하는지 말마디마다 혼자 머리를 끄덕이고 있었다. 영옥이는 어머니의 하는 양이 좀 우스웠지만 참고서 그들의 말을 하나도 흘리려 하지 않았다.

그러자 태식이가 학생 대표로 답사를 하게 되어 그는 연단 앞으로 뚜벅뚜벅 걸어 나가 연단 앞을 향해 예를 하고 돌아서서 일반에게 또 예를 하고는 슬쩍 모로 서서 답사를 하기 시작했다. 영옥의 모녀는 눈이 번쩍 뜨였다.

오늘날의 영옥이로는 그 답사에 대한 것을 다- 잊었지만 그때의 태식의 답사는 실로 비장한 것이라 했다. 학생들도 울고 교주, 교장, 교원, 내빈들도 울었다. 태식의 얼굴에는 조금도 슬픈 기색이 보이지 않았지만 그의 답사에는 모두들 감격하고 비창해한 것이다. 영옥이는 손수건을 얼굴에서 뗄 수가 없었다. 가뜩이나 지향 없는 맘을 억지로 누르고 있던 그로서 막은 물보를 터뜨린 것 같이 그의 슬픔이 터진 것이다. 영옥의

---

42 '여럿 가운데 두드러진 느낌이 있다'는 뜻의 북한어 '유표(有表)하다'에서 파생된 것으로 추측된다.

어머니는 계집애가 남의 졸업식에 와서 그러는 것이 창피한 일이라고 영옥이를 흔들기까지 하면서 자기도 흐득이는[43] 것이었다. 졸업식가가 끝나서야 영옥이는 몸을 바로 고치고 앉았다.

폐회가 되자 다과회가 있어서 내빈과 학부형들이 식당으로 몰려간다. 영옥이의 모녀는 그대로 돌쳐서서 나오려 할 때 어느 틈엔지 태식이가 쫓아 와서 이들을 굳이 다과회에까지 참석하게 했다.

저녁때 태식이가 똘똘 만 흰 종이를 가지고 들어왔다. 영옥은 그것을 빼앗아 들고 펴 보았다. 금무늬로 테를 두른 졸업장이다. 영옥은 기뻐서 그 종이에서 눈을 떼지 않았다.

"이것 때문에 오 년을 다녔구려. 이것이 있어야 나는 고등보통학교라도 다녔네- 하는 것이란 말이요. 앞으로 이따위가 몇 장이 더 있어야 할 터인데."

태식은 농담같이 떠들었다. 영옥이가 늘- 보아도 그가 큰 소리로 떠드는 것을 못 보았던 터로 그도 기쁜 모양이구나 했다.

태식에게 졸업장을 넘기는 영옥의 손은 떨렸다. 그리고 그의 눈에 눈물이 핑- 돌았다.

"영옥이 왜 어디가 편치 않소?"

태식은 눈이 둥그레서 영옥이를 바라보고 속삭였다.

"아녜요."

영옥의 쓸쓸한 그 대답에 태식은 머리를 숙이는 것이다.

태식은 책상 서랍에 졸업장을 집어넣고 다시 모자를 쓰고 일어섰다.

"영옥이, 오늘 저녁때 졸업생끼리 모여서 놀기로 해서 갈 터인데 저녁은 차리지 마시우."

"네-."

---

43 '숨이 막힐 정도로 심하게 자꾸 흐느끼다'는 뜻의 북한어 '흐득거리다'에서 파생된 것으로 추측된다.

태식이가 나가고 영옥은 졸업식 구경에 뼈쳐서[44] 고단하다고 드러누워 자는 어머니의 우묵히 파진 눈자위와 볼을 우두커니 내려다보고는 그만 수심에 잠기고 만다.

10회, 1935.02.22.

그 뒤로 태식은 무엇엔지 퍽 초조한 모양이었다. 그리고 아침 일찍이 나가서는 밤이 되어서 들어오는 날이 많았다. 어느 날 태식은 온종일 드러누워서 앓는 모양이었다. 영옥이는 요새 태식의 하는 양이 마음에 언짢아서 고요히 방문을 열고 들어갔다. 영옥이가 들어옴을 보고 태식은 일어나 앉는다.

"드러누우세요. 퍽 편치 않으신 모양인데 약을 지어 올까요."

영옥은 앉으며 에푸수수해진 태식을 바라보고 속삭였다.

"아니요. 뭐 아파서 그런 것이 아니고 그저 몸이 찌뿌드드-해서 좀 드러누운 게지요."

태식의 눈은 영옥이에게 감사하는 듯 빛났다.

밖에서는 나무에 물을 올리려는지 이른 봄비가 내리고 있었다. 어슴푸레한 방안에 탁상시계가 재깍재깍 소리를 내고 있었다.

영옥은 태식의 요사이 행동이 무슨 까닭임을 짐작을 하고 그의 울가망[45]인 낯을 바라보니 마음이 답답했다.

〈그림 11〉 2.23.

---

44 '뼈치다('피곤하다'의 방언)'에서 파생된 것으로 추측된다.
45 울가망: 근심스럽거나 답답하여 기분이 나지 않음. 또는 그런 상태.

애를 써가며 자기의 앞길을 개척하려고 적수공권[46]으로 발버둥이를 치는 것이 가엾어 보였다.

"어떻게 상급학교에 가실 준비가 되었어요."

때가 때라 이런 말은 그에게 더 고통이 되리라 했지만 아직 나이 어린 영옥이로서도 그를 도울 일이 있으면 도와보았으면 좋겠다고 한 성의에서 또는 그의 장래를 축복하는 맘에서 나온 말이다.

"글쎄 아직 준비고 무에고 말할 때가 못 되었는데, 정— 안되면 그대로 떠나 볼까 하는데요."

"그대로라니요. 맨손으로 될 수 있으시겠어요. 떠나신다는 말씀은…."

영옥은 뜻대로 안 되면 어떤 결심이라도 할 태식인 줄 알지만 맨몸으로 떠난다는 것에 깜짝 놀랐고 그 떠난다는 그 말이 마음에 꽉 찔렀다.

"맨손이면 맨손대로 해보는 게지요. 간다는 데는 동경이 될지 경도가 될지 모르나 남이라고 고학을 했을라구… 같이 갈 동무도 있고 하니까 처음에는 조금 견디기 어렵겠으나 얼마 있어서 무엇에든지 익어나면 될 줄 아는데요."

"설마 사람 있는 곳에 사람이 굶어 죽겠습니까마는 낯선 곳에서 얼마나 큰 고생이 되시겠어요."

"사나이가 고생도 해보아야지요. 어떻게 앉아서 손만 혹혹 불고 앉았을 수야 있나요."

"그렇기도 하지요마는…." 영옥의 말끝은 흐려졌다.

영옥은 이미 그 몸뿐 아니라 그 마음까지도 성장(成長)했다. 태식은 그의 말에 대답을 하면서도 이제는 홑볼[47] 여자가 아니라 함을 느꼈는지 눈이 둥그래진다. 얼음 밑에서 봄빛이 터져 나오듯이 영옥이도 이제는 마음까지 핀 것이다.

---

46 적수공권(赤手空拳): 맨손과 맨주먹이라는 뜻으로, 아무것도 가진 것이 없음을 이르는 말.
47 홑보다: 대수롭지 아니하게 보다.

아직도 밖에서 비가 내린다. 언제까지고 그치지 않고 올 것 같은 빗발이 태식의 방 영창에 뿌려지고 했다. 옆에 기와집 의사에 집에서는 피아노 소리가 희미하게 들려왔다. 어떤 곡조인지 몹시도 애끊는 멜로디였다.

두 사람은 오랫동안 침묵했다. 영옥은 고개를 숙이고 있었다. 그의 무릎에 눈물이 한 방울 두 방울 – 영옥은 흐득이기 시작했다. 태식은 맥없이 앉아 눈물 떳는[48] 처자(處子)의 마음을 들여다 보았는지 그도 머리를 수그렸다.

"오빠–."

영옥이의 울음 섞인 말에 태식은 감았던 눈을 번쩍 떴다.

"그러면 언제 가세요."

"글쎄요. 아무래도 일주일 안에는 가야 하겠는데요."

"그러면 여비는 어떻게 변통되었어요."

"아직– 저– 누구에게 부탁은 했지만 되겠지요. 꼭 준다고 그랬으니까요."

태식의 말이 끝나자 영옥은 바시시 일어나서 방문을 열고 나갔다. 조금 있다가 영옥은 애수의 빛이 사라진 양명한[49] 낯빛으로 들어와 앉는다.

"저– 어찌 알지 마세요. 혹시 노하실는지 모르지만… 남이 준다는 것을 꼭 믿을 수가 있나요. 얼마 안 되는 거예요. 가시는 여비에 보태실까 하고…."

영옥은 손에 쥐었던 똘똘 만 지전을 태식의 앞에 넌지시 밀어 놓고 몸을 돌리며 고개를 숙인다.

11회, 1935.02.23.

---

48 원문 그대로임.
49 양명(亮明)하다: 환하게 밝다.

영옥이가 돈을 내놓으니 태식은 눈이 둥그레졌다. 그는 방바닥에 똘똘 말려서 놓인 돈과 영옥을 번갈아 볼 뿐이다. 영옥은 태식의 거동을 보고는 너무도 의외로만 생각하고 자기의 뜻을 몰라주는 것 같아서 섭섭했지만 자기에게서 그만한 돈이 나오리라는

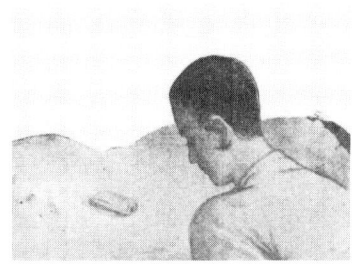

〈그림 12〉 2.24.

것이 놀라우리라 하고서 그는 웃으며 머리를 돌이켰다.

"그건 제가 아버지[50] 계실 때부터 푼푼이 저금한 돈이에요. 오늘 아침에 우편국에 가서 찾았어요. 한 오십 원쯤 될 것 같아요."

"네- 그러나 이건 안 될 일이요. 댁의 형편이 어떻다고 이것을 이렇게…."

"아니에요. 집에서는 모르시는 돈이에요. 또 아신대도 어머니께서는 좋아하실걸요."

"이건 도무지 안 될 일이요. 내가 큰 죄를 짓는 셈이나 마찬가지니까. 자- 도로 넣으시오. 넣어 두었다가 더 급한 일에 쓰시우. 이건 안 될 말이나 어머님도 너무 노쇠하셔서 혹시 병환이라도 나시든지 하시면…."

"그렇지 않습니다. 저의 정성을 너무 모르시는 것 같아요. 여비로 쓰시든지 여비가 생기면 용돈으로라도 쓰십시오. 객지에 계시면 꼼짝만 해도 돈이라던데요."

태식은 더 사양할 수가 없는 모양이었다. 그래서 그는 방바닥에 놓인 돈을 손에 들었다. 들고는 물끄러미 본다. 그의 얼굴이 잠깐 어두워졌다가 곧 웃으며 입을 열었다.

"잘- 알겠어요. 영옥이- 다만 감사할 뿐이요. 영옥이 같은 후원자 여신(女神)이 내 뒤에 있고서야 내가 성공 못하겠소. 암 성공해야지요."

---

50 '아버지'의 방언.

태식은 돈을 쥔 주먹을 부르르 떨고서 외쳤다. 그의 눈에는 눈물이 글썽글썽했다. 감격의 눈물이었을 것이다. 영옥이는 태식의 하는 양을 보고서 그 앞에 푹 엎어져 느껴 운다. 밖에서는 낙수 소리가 더 요란하다.
　"영옥이."
　태식은 그의 이름을 부르며 영옥이를 일으켜 앉혔다. 그리고 영옥의 손을 잡았다. 영옥은 부끄러워할 처지에도 그것을 잊어버린 모양이다. 태식이도 영옥의 손을 잡은 것은 그의 아름다운 맘씨에 감격한 데 지나지 않은 행동이었을 것이다.
　"그동안 댁에 너무 폐를 끼쳐서 어머니께 죄송하고 당신에게 미안해요."
　태식의 음성은 떨렸다.
　"천만에요. 너무 누추한 집에 계시게 하고 식사도 좋지 않게 해 드려서요. 그리고 오빠를 너무 괴롭게 해드린 일이 많아서요…."
　"아니요. 나중에 그 은혜를 갚아야지요."
　그들에게 침묵이 찾아왔다. 아직 낮인데도 날은 점점 어두워져 가는 것이 비는 좀처럼 그칠 것 같지 않다.
　"오빠." 영옥은 태식을 불렀다.
　"네!"
　"가시면 편지 자주 하세요."
　"하구 말구. 편지하거든 답장 잘하시오."
　"네-."
　그들은 다시금 침묵했다.
　△
　태식이가 떠나는 날이다. 태식은 방에서 짐을 꾸리고 영옥은 그것을 거들어 주고 있었다. 짐을 꾸리자 아랫방 학생들이 제작기 들고 가겠다고 승강이를 하다가 한 학생이 들고 나가게 되었다.
　"안녕히 계십시오."
　영옥이 어머니에게 태식은 떠나는 마지막 인사를 했다. 영옥이 어머니는 치맛자락을 올려다가 눈을 씻었다.

"이렇게 섭섭히 가드람. 아무쪼록 몸 성히 있도록 해. 내가 그동안 죽지 않으면 또 보는 게구 죽으면 못 보는 게구. 정거장에 나가 보겠지만 기침이 나서 못 나가보니 너무 섭섭하구먼."

"나가시기는 어디를 나가세요. 자- 갑니다."

영옥이 어머니는 대문 밖까지 따라 나왔다. 영옥이는 태식의 뒤를 따라 정거장에까지 나가게 되었다. 정거장에 일행이 당도했을 때 아침이라 그런지 정거장은 꽤 분비었다[51]. 태식이는 두리번거리고 누구를 찾는 모양이었다. 조금 있다가 태식이보담 나이 한 두어 살쯤 적은 듯한, 학생 양복 입고 캡 쓴 사나이 하나가 오자 태식이가 반기며 그를 끌고 표 파는 구멍으로 가더니 또다시 짐을 부치러 갔다.

영옥이는 어느 틈엔지 입장권을 샀다. 영옥이 집 아랫방에 들어있는 학생들은 개찰구 앞에서 전별을 하고 돌아가고 태식이와 그의 동무와 영옥이가 구름다리를 타고 내려가서 남행 차 앞으로 달려갔다.

12회, 1935.02.24.

태식은 그 동무와 같이 삼등차에 자리를 잡고서 차에서 내려왔다.

"그러면 어머님 모시고 잘 있수. 내, 가는 길로 편지할게요."

"네- 꼭 편지하세요."

"그리고 나 있던 방에는 다른 학생을 말해 두었는데 개학하면 댁으로 갈 것이니까요. 그래도 아무나 두실 수 없으니 좀 내 눈에 얌전하게 보인 사람을 천거하는 것이오. 그 사람이 가면 내 말을 할걸요."

"네-."

---

51 분비다: '붐비다'의 방언.

태식과 영옥이의 대화는 짤막했지만 그들의 얼굴에 비창한 빛이 떠돌았다.

차가 떠난다. 태식은 차 승강대에서 영옥이에게 예를 했다. 영옥이도 떠나는 그에게 예를 했다. 차는 멀어 간다. 태식은 손을 들어 젓는다.[52] 영옥이도 손을 저었다.

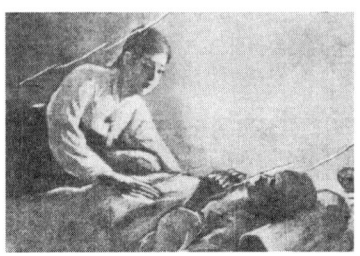

〈그림 13〉 2.26.

차는 정거장 구내를 나갔다. 영옥이는 물끄러미 아침 햇빛에 빛나는 차가 지나간 철로를 바라보고 있었다. 멀리멀리 한없이 누워있는 그 레일이 몹시도 쓸쓸해 보였다.

태식이가 간 뒤에 그는 하관(下關)[53]에서 엽서로 현해탄을 무사히 넘었다 하고 두어 줄로 영옥이와 그의 어머니의 안부를 물었다. 그리고 동경 가서는 봉투로 편지를 했다. 자취하는 학생에게 부쳐 있게 되고 영옥이가 준 돈이 퍽 긴하게 쓰여지는 것이라고 하고 하관서부터 동경까지의 보고 느낀 감상을 간단히 기록했다.

영옥은 답장을 써서 부쳤다. 쓸까 말까 하고 망설인 생각이 많았지만 그것은 하나도 쓰지 못하고 그저 잘 갔으니 기쁘다는 사연, 그리고는 다만 자기를 잊지 않도록 여자로서 조금도 탈선되지 않은 사연으로 썼다. 영옥은 퍽 주의주도한 것이 이것은 자기 어머니의 성질을 받아서 그런지 모르나 그는 남유달리 숙성한 데도 있다.

또 편지가 왔다. 태식이가 대학에 입학했다는 것과 시험에 합격된 축하로 박혔다는 사진을 보냈다. 대학 모자를 쓴 그는 여기에 있을 때보담 훨씬 점잖아 보였다.

---

52 원문은 "전다".
53 시모노세키.

세월은 갔다. 여름이 지나고 가을이 왔다. 시름시름 앓던 영옥이의 어머니는 가을철에 들어서자 버쩍 병이 더쳤다.⁵⁴ 늘- 해소로 해서 괴로워하던 그가 남편을 잃자 근심으로 지내고 식모가 허드렛일은 한다지만 일일이 영옥이의 어머니의 손이 가고 입이 가지 않으면 안 되는 일이 많았다. 이래저래 찌들고 쇠한 그는 조고만 데도 상심이 되고 상심만 되면 병이 더해졌다. 결국 그는 자리보전하고 눕게 된 것이다. 이러고 보니 영옥이가 학교를 다닌다는 것이 큰 문제였다. 지금 형편으로는 자기가 어머니 대신 일을 하지 않으면 안 될 것이요, 어머니의 약탕 심부름도 손수 해야 하겠고 그리고 큰 문제는 약값이다. 그동안 의사의 약방문도 없이 증세만 말하고 약국에 맡겨 지어 오는 약이 밤낮 그 턱이다. 의사도 불러 오고 하자니 그는 전당포 출입까지 하게 된 것이다. 그러나 그러나 그것도 한정이 있는 것이다.
　그래도 이러는 중에 기를 쓰고 학교를 다녀왔다.
　늦가을이 되었다. 어느 날 밤 그의 어머니는 기어코 죽고 말았다.
　영옥이는 그만 정신이 아뜩했다. 집안이 전과 같지 않으니, 어머니가 병환이 대단하다는 말을 들었을 것인데도 일가라고는 하나도 얼씬하지 않았다. 다만 영옥이의 외삼촌이 시골서 와서 하루를 있다 갔을 뿐. 영옥은 그래도 외삼촌이 미더웠다. 어머니의 친오라버니요, 그도 어려운 중에 오면은 누님 자시라고 엿이랑 도야지랑 가져오고 했다. 우선 영옥은 이 외삼촌에게 전보를 쳤다. 그래서 이 외삼촌과 돌아간 영옥이 아버지의 친구인 복덕방 영감하고 의논해서 영옥이 아버지 친구들, 영옥이 학교의 학생 일동의 부의로 그럭저럭 장례 준비는 되었다.
　태식에게도 전보를 칠까 하다가 그가 만약 그전 맘을 그대로 가지고 있다면 놀랄 것이요, 이 큰일을 혼자 당한 자기와 또 자기의 장래를 위해 근심하겠는 고로, 일을 치러놓고 또 앞길을 잡아 놓은 뒤에 편지를 하리라

54　더치다: ① 낫거나 나아가던 병세가 다시 더하여지다. ② 병 따위를 덧나게 하다.

했다. 이 영옥이의 제반 범절이 나이 많은 어른 같아서 그의 외삼촌도 은근히 놀랐고 그의 아버지 친구들 사이에도 이야기가 되었었다.
 발인 날이 되었다. 차일을 친 육방망이 상여[55]가 요령 소리와 함께 영옥이의 집 골목을 나서게 되었다.

13회, 1935.02.26.

상여의 뒤를 따르는 사람은 안상제[56]인 영옥이와 복제인 영옥이의 외삼촌과 아랫방 학생 두 사람 그리고 복덕방 영감뿐이었다. 영옥은 삿갓가마[57]를 타고 그 나머지는 상여 뒤를 따라 걸어간다. 동리집 여편네들은 가엾이 된 영옥이의 신세를 생

〈그림 14〉 2.27.

각함인지 문밖에서 또는 문 안에서 이 상여를 바라보고 지껄이고들 있었다. 상여는 큰길을 나와 남대문통으로, 용산으로 요령 소리와 함께 꺼불거리고 간다.
 상여가 이태원으로 들어서자 산길을 접어들었다. 이 동안 상두꾼들의 술 투정도 몇 번 있었으니 이 가엾은 여 상제를 동정했는지 그렇게 악다구니 판을 벌이지는 않았다. 영옥은 삿갓가마에 들어앉았으니 아무런 생도 나지 않고 정신 빠진 사람같이 쫠쫠 흐르는 눈물을 씻으려고도 아니하였다.
 이미 복덕방 영감이 삯을 주어 보낸 일꾼은 벌써 개토[58]를 다-해놓고

---

55 육방망이 상여: 방망이 여섯 개를 가로 꿰어 열두 사람이 메게 된 상여.
56 안상제(안상제, 安喪制): 여자 상제.
57 삿갓가마: 예전에, 초상 중에 상제가 타던 가마. 가마의 가장자리에 흰 휘장을 두르고 위에 큰 삿갓을 씌웠다.

이 흙의 주인을 기다리고 있었다. 상여는 산 위지만 평평한 땅을 골라 내려놓았다. 그리고 상여에서 땅바닥에 운구했다.

영옥은 사방을 둘러보았다. 북으로는 올망졸망한 산기슭이 보이고 그 뒤로 삼각산이 하늘에 높이 솟아 있었다. 이것들이 봄 아지랑이에 희미하게 나타나 있었다. 남으로는 관악산이 무슨 큰 짐승같이 드러누워 있고 그 앞으로 와서는 한강이 흐르고 있다.

어머니는 당신의 누우실 곳이 어딘지나 아시고 돌아가셨나-. 영옥은 다시금 설움이 복받쳤다. 지금까지 소리를 내어 울지 못하던 그 울음을 울기 시작했다. 그의 외삼촌도 킥킥거리고 느끼는 것이다. 복덕방 영감도 소맷자락으로 눈을 씻고 학생들은 돌아섰다.

영구는 땅으로 들어간다. 맞춤도 맞춤같이 관은 무덤에 개토한 장광[59]에 꼭 맞았다.

관 위에 명정[60]을 덮자 그 위에는 붉은 흙이 덮이기 시작한다. 영옥의 울음은 더 높아졌다.

흙이 덮이자 일꾼들은 그 위를 발로 밟아 다진다. 다진 위에는 회를 개어 덮은 후 흙손질을 했다. 영옥의 외삼촌은 손가락으로 그 위에 한문으로 글씨를 쓴다. **김해김씨, 경혜지구**라고 썼다. 그 글씨 위에 탄말(석탄가루)을 뿌려 글씨를 메우고는 다시 흙을 덮는다. 일꾼들은 이다음 일은 상제가 안 보는 법이니 어서 가라고 재촉이다.

흙을 덮어 관을 묻으니 영옥의 설움은 어디로 갔는지 다만 사람이라는 게 죽으면 그만이라는 생각이 나고 자기의 어머니와는 아주 아무 관계가 없는 것이 되고 만 것을 깨닫게 되었다. 그래서 그는 울어도 울어도 다시 오지 않을 어머님임을 깨달았다.

---

58 개토(開土): 집을 짓거나 뫼를 쓰기 위하여 땅을 파기 시작함.
59 장광(長廣): 길이와 넓이를 아울러 이르는 말.
60 명정(銘旌): 죽은 사람의 관직과 성씨 따위를 적은 기. 일정한 크기의 긴 천에 보통 다홍 바탕에 흰 글씨로 쓰며, 장사 지낼 때 상여 앞에서 들고 간 뒤에 널 위에 펴 묻는다.

슬픔이 지나가니 그에게는 암담한 앞길만이 보였다.

-어떻게 하나-

그는 어머니의 죽음보다도 자기의 앞길이 더 중대한 일인 것을 깨달았다.

외삼촌은 이번에도 공동묘지를 쓰게 되었으니 영옥이 아버지와 합장을 못 했다고 중언부언 한탄이다. 영옥이는 이왕 온 길이니 아버지 분상[61]에도 가보자고 하여 외삼촌과 같이 산기슭을 더 올라갔다. 그래서 그 분상 앞에서 두 사람이 절을 하고 내려왔을 때는 벌써 어머니의 분상이 바가지 엎어놓은 것 같이 다-덮여 있었다. 잔디를 그 위에 덮는 것을 보고서 영옥이는 삿갓가마를 다시 타고 학생 두 사람은 영옥이 외삼촌이 돈을 주어 전차를 타게 하고는 그는 영옥이의 삿갓가마를 따라 들어왔다.

집에 들어오니 집 안은 휑뎅그렁-하고 방 안에는 어머니가 입고 나들이 나가시던 덧저고리가 기둥에 매달려 있었다. 담뱃대, 타구, 한 번 신어 보신 버선 짝.

아- 나는 **고아**로구나-

영옥은 상복을 벗지도 않고 그대로 엎드려 운다. 외삼촌이 말려도 운다. 그는 울 대로 울고 났다 일어 앉으니 이미 전등이 들어왔다.

식모가 밥상을 들이니 영옥은 그대로 보고만 있다가 내보냈다.

자기 앞에 나타나는 이 앞날의 자기를 보았다.

-이제 내가 어떻게 될 것인가-

누구는 어찌 되고 누구는 또 어찌 되고. 어제까지도 그 애들과 자기는 절벽이 가린 것 같았으나 자기도 멀지 않은 앞날에 그런 참경[62]에 들지 않게 될까 영옥은 온밤 동안 잠을 이루지 못하고 새웠다.

14회, 1935.02.27.

---

61 분상(墳床): '무덤'의 북한어.
62 참경(慘景): 끔찍하고 비참한 광경.

그 이튿날 아침 영옥의 외삼촌이
안방으로 건너왔다.

"어느 때는 안 그랬느냐마는 이젠
큰일 났구나. 네가 서울서 자라나고
학교를 다니던 아이니 시골 내 집에
가서 오줌동이를 이고 다닐 수도 없
고 어쨌든 공부는 계속해야 할 것

〈그림 15〉 2.28.

아니냐. 내 생각에는 이 집을 팔아 가지고 전당 잡힌 집문서를 도로 찾으
면 몇 푼 남겠으니 그것으로 학교 기숙사에 들어가서 한 해라도 공부를
더 하려무나. 내 일도 바쁘다마는 내가 나머지 처리를 해주마. 어떠냐,
네 생각에는…."

영옥의 외삼촌은 시골서 찌들었지만 통량이 넓고 글자나 볼 줄 앎으로
그의 찌든 모양과는 딴판으로 그 의사가 넓었다.

"네- 아저씨 하라시는 대로 하지요. 학교도 몇 해 안 남았으니 계속해
야 하겠어요."

"그래라."

이래서 외삼촌은 복덕방 영감을 찾았다. 복덕방 영감은 집이 헐어서
얼른 팔릴지 모르나 영옥의 아버지와 전일의 친분을 생각하더라도 무슨
방법으로라든지 팔아 주겠다고 장담을 했다.

그래서 여러 날이 걸려서 집을 팔게 되자 집문서를 찾아 넘기게 되니
그 나머지 몇백 원과 세간들을 팔아서 들고 영옥은 학교의 주임 선생과
교장을 찾아보고 해서 기숙사에 들게 되었다. 사실은 학교를 졸업할 때까
지는 모자라는 돈이었으나 학교 당국에서도 평소에 영옥이를 참-하게
알아 왔고 교장 같은 이는 모범 학생이라 하고 교무주임도 딸같이 사랑해
왔던 터인 고로 교장과 교무주임이 영옥의 집안일로 해서 걱정한 일도
있었다. 그래서 정 학비가 모자라면 교장이 사재를 기울여 보겠다고 교무
주임과 의논한 결과 승낙한 것이다.

영옥이는 이들에게 마음으로 감사했다. 그래서 그는 열심히 공부를 해 온다.

태식에게는 기숙사에 들어오게 된 날 자기 집을 마지막 들르러 왔을 때 편지를 써서 부쳤다. 어머님이 병환으로 돌아가시게 된 것과 자기가 기숙사에 들어가 있게 된 것을 쓰고, 기숙사에 들어가면 학교에서 사나이 편지를 받지 않고 또 그것으로 해서 학생 신분으로 밖의 사나이에게서 편지가 무어냐고 어떤 처분이 있을지 모르니 복덕방 영감에게로 편지를 보내도록 하도록 썼다.

그 뒤로는 일요일마다 밖에 나오는 때면 복덕방 영감을 찾았다. 복덕방 영감도 영옥이를 자기 딸같이 귀여워하여 태식에게서 오는 편지는 누가 알세라 하고서 몸에 지니고 있다가 내주고 했다.[63] 그 영감도 영옥의 나이로 보든지 그들의 평소의 행동을 보든지 태식과 영옥의 사이가 깨끗한 사이요, 영옥 어머니가 아들같이 귀여워하던 태식인 줄 알았었던 고로 그들 사이를 조금 의심치 않았다. 영옥이도 복덕방 영감에게 편지 내용을 속이지 않고 이야기하고 한 것이다.

편지를 통해 알게 된 태식의 동경 생활은 순조로 되어 나가는 모양이었다. 영옥이는 태식이가 전에도 자기의 설궁[64]을 하지 않는 사람으로 편지를 볼 때마다 염려가 떠나지 않았으나 지금까지 학교를 다니게 되는 것을 보면 과히 고생은 되지 않는 것이라고 스스로 안위를 하는 것이다.

세월은 또 흘러갔다. 기숙사 앞뜰에 수양버들이 나날이 푸르러 갔다.

영옥이는 나이가 한 살이라도 더할수록 옛 추억을 버릴 수는 없었다. 태식의 환영이 언제고 그에게서 떠날 수가 없었다. 더구나 고독한 신세가 된 그는 한 사람이라도 믿고 그리워할 수 있게 된 것이 다행이라 했다. 그러나 태식이를 어느 때까지라도 믿을 수 있을까 했다. 그것이 쓸데없이

---

63   이 부분은 16회차의 정오(正誤) 공지에 따라 바로잡았다.
64   설궁(說窮): 살림의 구차한 형편을 남에게 말함.

영옥의 좁은 가슴을 때리는 일이다. 그렇지만 작년 이맘때 그를 보내던 그 기억이 새로워지는 것이다.

그는 어느 일요일에 그 복덕방 영감을 찾아갔다. 가보니 복덕방 자리에는 구멍가게가 되고 만 것이다. 불과 이 주일 동안에 변하고 만 것이다. 그래서 그 건너편 쪽 이발소를 기웃기웃하다가 마침 문을 열고 나오는 이발소 사람에게 복덕방 영감의 거처를 물었다. 열흘 전에 시골 자기 아들이 데려가서 복덕방도 문을 닫게 되었다는 것이다.

이제는 태식의 편지를 받아볼 도리가 없게 되었다. 그동안에 편지가 왔으면 어디서 뒹구나, 뒹굴다가 뉘 손에든지 들어가서 뜯어 보았으면 어쩌나 하고 맘을 조였다. 수신인이 없으면 도로 갔겠지 하고 안심했다. 그러나 앞으로 태식이와 서신이 끊기게 되었으니 어찌하면 좋을까 했다. 그는 길에서 엽서를 사서 엽서 파는 집의 붓을 빌려 편지를 썼다. 사연은 복덕방 영감이 시골로 갔다는 것과 이제는 일 년 동안을, 아니 그 뒤로도 태식이가 주소가 변경이 된다면 편지 내왕을 못 하리라는 내용이었다.

15회, 1935.02.28.

그 뒤로 영옥은 태식과 편지 내왕이 끊기자 마음의 고독과 불안이 있었으나 살아 있으면 만날 때가 있으리라 하고서 늘- 마음을 가라앉히기에 애를 썼다.

빠른 것이 세월이었다. 영옥이도 학교를 졸업하게 되었다.

교장이나 교무주임이 영옥의 고독한 신세를 생각하고 영옥이가 졸업을 하면 취직을 하더라도 제 몸 하나 감당할 만한 수입이 될 데가 없을 것이요, 감독자도 없이 혼자 직업여성이 되어 생활 전선에서 부대끼는 동안 그는 여자요 여자로는 외모가 번듯하여 그 무슨 유혹의 손이 미쳐 어떤 비경에 떨어질 줄 모르니, 믿을 만한 데가 있으면 혼인을 시켜 보자고 해서 이미 그들이 내정하고 있다가 졸업식이 끝난 그 이튿날 영옥이를 불렀다.

영옥이는 교장실 의자에 앉게 되었다. 교장이 앉은 옆자리에 교무주임도 걸터앉아 있었다.

"내가 부른 것은 다른 일이 아니고 영옥이의 앞일에 대해서 의논하고자 하여 부른 것인데… 영옥이는 의탁할 곳도 없고 아직 세상에 대한 체험이

〈그림 16〉 3.1.

없는 만큼 학교를 나가게 되는 날부터 여러 가지 난관이 닥쳐올 것이니까. 여- 영옥이는 취직을 하겠다고 하나 취직이 그렇게 쉬운 것도 아니요 또 된다 하더라도 그리 탐탁하지 못할 것이란 말야. 그뿐인가. 원체 이 세상이 괴악한 세상이 되어서 아녀자로 위험이 다닥칠 때도 많고 하니 내 생각으로는 영옥이 나이로는 좀 이른 듯하지만- 그렇지, 나이는 그래도 우리가 보기에는 영옥이가 퍽 점잖게 보이고 모든 범절이 훌륭하니까 결혼을 해보는 게 어떨까 하고 그래서 그 뜻을 물어보려는 것인데…."

교장은 아직도 그 연설조의 말이 그치려면 멀었으나 결혼이란 말에 영옥이의 금시 변하는 낯을 보고 말을 뚝 끊었다. 이번에는 교무주임이 꼬리를 단다.

"그렇구 말굽쇼. 영옥이- 사실 내가 슬하에 아무것도 없는 사람으로 이제 말이지 영옥이를 친딸같이 알았고 또 영옥이의 전정[65]에 대해서 여러 가지로 생각해 왔는데 교장선생께서도 늘- 영옥이 말씀을 하시기에 교장선생을 모시고 의논해서 어디 참한 곳을 곧 보아 두었단 말이지. 그래서 졸업식만 끝나면 곧 영옥이와 의논해 보려던 것인데, 교장선생 말씀마따나 부모가 없는 여자가 직업여성이 된다는 것은 참 위험하니까 섶을

---

65 전정(前程): 앞으로 가야 할 길.

지고 불로 뛰어드느니 진작 합당한 데가 있으면 출가를 해서 남의 부모지만 시부모를 모시고 지내는 것이 앞으로 영옥의 신상에 좋을 것 같아…. 그야 우리 학교에 그런 제도가 있고 또 경비가 남는 것이 있다면 영옥이를 동경 같은 데 유학을 시켜서 장래 우리 학교의 교원으로 채용했으면 영옥이 자신이나 학교에도 득이겠지만, 아직 그런 예산이라든지 제도가 없으니까 하는 수가 없단 말이야. 우리 학교도 정리를 한 뒤 요새 겨우 피어나서 내년부터서야 모든 새 계획대로 해 가지고 조선서 일류학교가 되겠으나 지금 같아서는 사실 그게 어렵다 말이지. 그러니까 결혼을 하고 교장 선생님이나 내나 친부형같이 알고 학교에 놀러 와도 좋지 그래. 이건 우스운 말이지만."

교무주임은 자기 말의 뒤꼬리가 어린애 가지고 한 말 같았다고 후회했는지 꼬리에 꼬리를 더 달았다. 교장선생은 웃으며 또 입을 열었.

"어떤가? 교무주임 말씀이 결코 생각 없이 하신 말씀이 아니고 사실 어디 친부형이라도 이 교무주임 선생같이 남의 자녀를 생각해 주는 이가 없을 게로군. 이 선생께서 몇 사람쯤 – 이 말은 폐가 있으나 중매를 하셔서 결혼한 사람이 지금 참 옥동자를 낳고 아주 화락하게들 지낸단 말야. 영옥이 생각해 봐. 부끄러워서 대답이 잘 안 나오겠지만 오히려 친부모 앞보담 선생 앞에서는 서슴지 않아도 좋으니까 어디 영옥이 생각에는 어떤구."

영옥이는 이 두 사람이 말에 열을 낼수록 고개가 점점 수그러졌다. 교무주임이 조금 갑갑한 모양이었다.

"여봐 영옥이, 무얼 시체 여자가 그렇게 부끄럼을 타나. 그야 영옥이가 그런 점이 더 영옥이로서 좋은 점이지만 전정에 대한 중대 문제를 이야기하는데 그렇게 부끄러워만 하면 어쩌누. 자– 이야기해 보지 그래, 어서."

영옥이는 이 마당에 가부간 대답이 없을 수 없었다. 그래서 겨우 반쯤 얼굴을 들었다.

"저 같은 것을 두 분 선생께서 지금까지 도와서 길러주시고 또 제 앞일을 위하셔서 그처럼 너무도 근심해 주시는 데는 무어라고 여쭤야 할지 모르겠어요."

"옳지 옳지! 그야 그건 우리의 본무니까."

교장은 벌죽한 귀를 만지면서 초조해서 대들 듯이 허리를 구부렸다.

16회, 1935.03.01.

"그렇지요마는 그런 말씀은 오늘 처음 듣는 말씀이고 또 저는 그런 생각을 해본 일도 없구 해서 좀 생각할 여유를 주셔야 하겠어요. 그야 두 분 선생님의 은혜를 영원히 잊을 수야 있겠습니까."

교장과 교무주임은 그 말에 조금, 불안한 기색이었으나 그 기색을 그만 지워

〈그림 17〉 3.2.

버렸다. 이번에는 자기의 차례가 왔다는 듯이 교무주임이 입을 열었다.

"그래 그렇지. 사실 너무도 이편에서 단도직입적인 줄 아나 워낙 급하니까 급히 서두는 게지. 에- 그럼 오늘 밤에 좀 생각을 깊이 해보지. 그래서 내일 좀 시원하게 말해. 말하면 상대방이 어떤 곳이라는 것도 말해줄 테니까. 그렇지요 교장 선생님, 내일 회답하도록 여유를 주지요. 사실 이 당장에야 대답할 수 있겠습니까-. 그래 내일 회답을 해야 돼!"

교무주임은 교장의 동의를 얻어 가면서 열심히 말하고는 말의 뒤끝을 꽉 눌러보았다.

영옥은 그 말이 뚝 떨어지자 사뿐 일어섰다. "네-." 하고는 예를 차례 내로 해 보이고 나갔다.

영옥은 새로운 큰 문제로 그만 실심[66]이 되었지만 졸업생 일동의 사은회에 참여하지 않을 수는 없었다. 사은회 회장은 기숙사 식당이었다. 여

자들의 놀음이라 회장을 사뜻하게[67] 꾸며 놓았다. 학반에서 책상을 몰아다 놓고 그 위에 흰 보를 펴 놓고는 듬성듬성 화분을 놓았다. 교장과 교원들의 걸상은 특별히 사무실에서 빌려 왔고 전등에는 오색실로 늘였으며 축음기와 풍금을 갖다 놓았다. 다과회가 끝나면 한바탕 놀아보자는 뜻이 드러났다.

 졸업생 중 사오 명은 차 끓이고 하는 등 설비와 심부름하는 임원까지도 정해 놓았으며 여흥 부장은 졸업생 중에 은희라는 왈패가 맡았다. 그리고 사은회 사회자는 졸업반 중에서 나이 먹고 돋보기안경 쓴 애늙은이라는 경숙이가 맡았으며 영옥이는 사은사를 하게 되었다. 오늘 이 밤이 말하자면 자기들의 은사와 마지막 이 학교에서 만나는 것이요, 이들의 제복을 벗고 나서의 자유로운 사람의 첫날이니 이들의 그 숨김 없는 태도가 제각기 여러 가지로 드러나는 밤이다.

 교원들은 해마다 이런 사은회에서 망신도 해보고 재미도 보고 해서 한편으로는 쓸데없는 불안과 또 한편으로는 여자들의 놀음놀이에 흥미를 가지고 있어서 교장 이하로 착석하게 되었다. 어떤 젊은 교원 하나는 머리를 새로 깎고 오기도 하고 어느 교원은 새 넥타이를 하고 오는 둥 이제는 교원과 학생 사이보담 여자와 남자와의 사이에 체면을 생각한 모양도 같았다. 모두가 백묵 가루가 콧등에나 잔등에 묻은 때와는 달라서 점잖은 속에도 양명한 기색을 띠었다. 교장만은 언제나 허리의 혁대와 와이셔츠가 내다보이는 양복이었다.

 졸업생의 안내로 교원들이 착석하자 졸업생들도 착석했다. 그래서 돋보기안경 쓴 애늙은이 경숙이가 나섰다. 먼저 기침을 콩콩 하고 안경 속으로 가느다란 눈을 가물거리면서 입을 열었다. 졸업생 일동은 서로 눈짓을 하며 킥킥거리고 웃었다. 경숙이는 연탁[68]을 두 손으로 짚다가 조금

---

66 실심(失心): 근심 걱정으로 맥이 빠지고 마음이 산란하여짐.
67 사뜻하게: 깨끗하고 말쑥하게.
68 연탁(演卓): 연단에 놓는 책상.

어색하던지 다시 한 손은 옆구리에 꾸그려[69] 붙였다.

"에-"

그가 말머리를 내자 졸업생들이 또 웃었다.

"에- 웃지 마시기 바랍니다…."

웃지 말라면서 사회자 자신도 픽 웃는다. 모두들 또 웃었다.

"에- 오늘은 문자 그대로 사은회올시다. 사은회! 사은회! 그 문자만도 얼마나 우리를 감격케 하는 문자입니까…."

모두들 또 와- 하고 웃었다.

"이 사은회야말로 우리 졸업생들로서는 없지 못할 것이요 또 없어서는 안 될 것입니다. 에- 생아자도 부모얘요 양아자도 부모얘라는 옛말과 같이 우리의 부모가 우리를 낳아서 길렀다고 해서 부모지만 또 우리를 가르치서 지덕을 함양케 하신 선생님도 또한 부모나 다름없습니다. 우리가 에- 사 년 동안 이 선생님들의 지도와 편달로 그마마한[70] 이 우주에 대한 지식을 얻게 되고 사람으로서도 자기의 나아갈 길을 보게 된 이것이 오로지 우리 학교 교장 선생님 이하로 여-러 선생님의 은덕이올시다. 우리가 이것을 잊어서는 안 됩니다. 이 은혜를 잊어서는 안 됩니다, 안 돼요."

하고 경숙이가 테이블을 주먹으로 치며 외마디 소리를 지를 때 그의 눈이 모들뜨기[71]가 되었다. 모두들 와르르 웃음소리가 터져 나오다가 웃음을 먹느라고 야단이다. 경숙은 열에 떠서 제 주먹으로 테이블을 쳤으나 몹시 아팠던지 입으로 혹혹 불고는 뒤로 가져다가 비빈다. 이제 또 모두들 와- 하고 웃음을 터뜨렸다.

17회, 1935.03.02.

69　꾸그려: '꾸부려'의 경기 방언.
70　그마마한: 그 정도만 한.
71　모들뜨기: 두 눈동자가 안쪽으로 치우친 눈. 또는 그런 눈을 가진 사람.

경숙은 또 말을 계속했다.

"그런고로 오늘 이 사은회는 교장 선생님과 또 여러 선생님들을 모시고 기쁜 시간을 가져보자는 것이요. 자- 이제는 순서를 따라 진행하겠지만 이 변변치 않은 좌석에 아무 준비도 없이 여러 선생님들을 오십시사고 해서 죄송합니다."

〈그림 18〉 3.3.

이리하여 사은회의 순서를 밟게 되었다. 졸업반에서 노래 잘하는 카나리아라는 별명을 가진 여자가 사은가를 하고, 또 한 여자가 나와서 풍금으로 비곡을 타고, 그다음으로 영옥이가 사은사를 하게 되었다.

아래위를 하-얗게 차린 영옥이가 자리에서 일어서서 연단 옆으로 가서 섰다. 전등 빛에 그의 자태가 휘황하게 빛났다. 그는 예를 하고 얼굴을 반듯이 가지고 입을 열었다. 모든 사람의 시선은 영옥이에게로 쏘았다.

"제가 이런 자리에서 외람하게 말씀을 여쭙게 됨은 너무나 당돌합니다마는 저희들을 가르치시고 길러주신 여러 선생님의 은혜를 생각할 때 감격한 나머지 몇 말씀 드리려고 합니다.

저희들이 이 빈약한 준비로 형식에 지나지 못하는 것 같은 이 사은회에 선생님들을 모시게 된 것은 퍽 부끄럽습니다마는 저희들의 정성과 저희들의 자라는 힘대로 한 것입니다. 그런고로 여러 선생님께서도 깊이 용서해 주시기를 바랍니다. 옥은 갈아야 빛이 나고 쇠는 달궈야 강하다는 것과 같이 사람도 지식으로 달구고 덕으로써 갈아야 값이 있는 것입니다. 우리들을 빛나게 하시려고 값이 있게 하시려고 애쓰시며 가르치신 우리 선생님들의 은혜는 바다로나 무엇으로나 아무리 크고 깊은 것을 갖다가라도 비유할 수 없는 큰 것입니다. 그러면 선생님들께서 우리를 빛이 나라, 값이 있어라 하고 가르치신 것은 즉 자기 한 몸만을 위해 주신 것뿐 아니라 우리들이 가정에 사회에 나가서 그 가정 그 사회를 위해 일을 하고 그 가정 그 사회를 빛나게 하라고 하심에 우리를 교육하신 뜻이 있는 것입니다.

자— 우리는 이제 가정에 대해서나 사회에 대해서나 체험이 없는 천둥벌거숭이들입니다. 이 천둥벌거숭이를 내보내시는 선생님들의 그 염려는 오히려 우리들의 부모보담도 더하실 것입니다. 여기에는 선생님께서 가르치신 길이 있습니다. 이 길을 잊을까 하고 근심하시는 줄 압니다. 우리가 지금 이 좌석에서 그 은혜를 보답하려는 것은 너무나 우스운 일입니다. 이 모임은 다만 은사들의 앞을 떠나는 고별의 시간에 지나지 않습니다. 그런고로 우리들이 그 큰 은혜를 보답한다는 것은 내일부터 우리가 어떻게 하느냐에 있습니다. 즉 우리들이 가정에 사회에 나가 일을 하는데 달린 것입니다. 여러 선생님께서 우리들을 가르치시며 기르실 때 여러 가지 괴로우신 일이 많으셨겠지만 우리들이 참사람이 되기를 바라시고 사랑하시고 지도하심에 대해 졸업생 일동을 대표하여 감사를 드리는 것입니다."

영옥은 조금 말을 쉬었을 때 여러 사람은 박수를 했다.

"선생, 저희들은 갑니다. 저희들이 가게 되오니 정든 학교의 모든 것이 떠나기가 슬픕니다. 이 기숙사 뜰에 수양버들 그것은 겨울을 빼놓고는 늘— 푸를 것입니다. 우리들이 심은 운동장의 포플러, 아카시아, 향나무, 진달래, 또는 우리들의 손길에 길든 운동장의 목마, 그네. 모든 것이 눈에 걸리고 맘에 걸립니다.

시간마다 백묵과 출석부를 들고 반에 들어오시는 선생님들이 눈에 선— 합니다. 수학여행, 원족[72], 학예회. 이것들도 기억이 새롭습니다. 여러분 졸업생 중에는 상급학교를 가실 분도 계시겠지만 많이는 가정에나 사회에 나아갈 것입니다. 이분들은 이 학교의 그 모든 것을 잃은 겁니다.[73] 늙어

---

72 원족(遠足): ① 휴식을 취하기 위해서 야외에 나갔다 오는 일. ② 소풍.
73 원문은 "일흔것니다".

죽을 때까지 그 기억을 부둥켜안고 옛 시절을 그리워하고 슬퍼할지 모릅니다. 여러분 중에는 시골 계신 분이 많은 것입니다. 더구나 쓸쓸한 곳에 계신 분은 이 학생 시대의 꿈을 눈만 감으면 꿀 것입니다. 동무들, 우리는 이 학교를 떠나야만 하게 되었습니다. 비록 상급학교를 가시는 분이라도 이 **여고보**[74] 시대는 한때입니다. 꿈 많고 순진하고 다사로운 그 시절은 한때입니다. 우리는 그 아름다운 시절을 영원히 잃어버리는 것입니다. 맑고 깨끗하고, 어질고, 신비스러운 것만 생각하던 때 그것을 잃어버리는 것입니다. 인생으로서 제일 좋은 시절은 이미 간 것입니다. 여러분은 결혼을 할 것입니다 – 결혼을 안 하고 다른 일에 나아갈 분도 계시겠지만 – 결혼만 하면 아이를 낳을 것입니다. 그래서 그때는 어머니가 되는 것입니다. 그러면 처녀 시절의 우리, 결혼한 후의 우리, 어머니로서의 우리는 다 – 다른 우리일 것입니다. 사실 여자의 일생은 비참 그것입니다. 그러나 결혼에는 사랑이 있는 결혼, 이해가 있는 결혼이 아니면 더욱 비참할 것입니다. 여자의 일생은 죽기 위해 사는 것 같습니다. 말씀이 좀 탈선된 듯합니다마는 끝으로 여러 선생님들께 모든 것을 감사할 따름입니다."

18회, 1935.03.03.

영옥의 사은사에 졸업생들은 흑흑 느껴 우는 것이다. 교원들도 더러는 눈물을 씻는 사람도 있었으나 교무주임만은 영옥의 뒷말에 불쾌한 듯이 얼굴을 찌푸렸다. 영옥이 자신도 울면서 말한 것이다. 영옥이는 일동에게 예를 하고 소매 속에서 손수건을 꺼내 얼굴을 씻으며 자리로 와서 앉았다.

졸업생들뿐 아니라 교원들도 영옥이의 열변에 감격한 모양이다. 평소에 입을 잘 떼지 않던 영옥이로서 그렇게 구변이 좋고 음성이 이상하게도

---

74 여고보(女高普): '여자 고등 보통학교'를 줄여 이르는 말.

힘이 있는 것에 그들은 놀란 모양이었다.

  - 영옥은 말도 잘해 - 사람을 울려. 이것은 졸업생 중에 한 여자가 한 말이다. - 어허 - 의외로군 - 이것은 교원 중에서 그 누가 한 말이다.

  이번에는 교장이 훈시를 할 차례다. 교장은 기-다랗게 늘어놓았다. 물론 졸업생들도 좋은 말이라 했으나 오륜삼강을 내세우고 여필종부니 공자와 맹자의 이야기[75]를 한참 늘어놓아서 교원 중에서도 하품을 하여 졸업생들이 웃자 그 선생이 무안했는지 얼굴이 벌개지고 교무주임의 눈총이 이상하게 쏘앗던 것이다.

  다과가 나오고 여흥이 시작되었다. 교무주임의 '학도야 학도야 청년 학도야' 노래도 우스웠거니와 여선생의 '닭소리' 흉내도 우스웠다. 밤늦게야 여흥이 끝나 사은회가 파하자 모두들 헤어졌다.

  영옥은 자리에 드르누워서 교장과 교무주임이 이야기한 결혼문제로 잠을 못 이루고 곰곰 생각했다. 사실 오늘 이 밤까지는 이 기숙사에서 잘 수도 있고 하지만 내일부터는 발붙일 곳도 없는 자기다. 바람에 날려온 씨앗이라도 떨어지면 뿌리를 박고는 곧이 뻗을 곳이 있

〈그림 19〉 3.5.

지만 자기는 이제부터 우습게 되는 신세다. 나는 새도 보금자리가 있고 길 버러지도 굴이 있다지만 자기는 이 기숙사를 나가면 갈 곳이 없는 가련한 인간이다.

  그리고 보니 아까의 그 결혼문제에 용하게 되면 기구한 목숨을 이을 수는 있으나 아직 자기는 결혼에 대해 생각도 해보지 않았고 또는 아무리 세상에 드문 사나이라 하더라도 생전 보도듣도 못한 사람에게 시집을 가겠다고 응답을 한다는 것이 너무나 우습고 더러운 일 같았다. 교장과 교

---

75 원문은 "이유기"이나 오식으로 보인다.

무주임의 자기에 대한 호의는 저버릴 수가 없는 것이라 하더라도 그들의 호의를 저버리기 어려워서 일생을 망칠 수는 없었다. 흥하든 망하든 자기 의사대로 살아가는 것이 오히려 사람다울 것이다.

지금까지 학교에서 배운 것이 이런 사물을 판단하기 위해 배운 것이니 그것을 가르친 이들이 자기를 불합리한 곳으로 쓸어 넣으려는 것이 우스웠다. 그야 교장의 물질적 원조에 대한 그 은혜는 언제고 갚아야 하겠지만 그것 때문에 거기에 대해 선뜻 응답을 한다면 돈과 정조와 바꾸는 것이나 그리 차이가 없을 것이다.

그뿐인가. 태식이가 있다. 지금은 서신 왕복이 끊긴 때라 해도 그가 학교만 마치고 나오면 그가 자기를 찾을 것이요 자기도 그를 찾을 것이다. 그런고로 그가 맘이 변한다는 것을 그때 가서 알 일이지만 그래도 그는 가서 자기를 저버리지 않을 터이니 그를 위하거나 자기를 위하거나 어떤 고초를 겪더라도 그때를 기다려 보는 것이 좋을 것 같았다.

그러나 자기와 그와의 사랑에 대한 언약이 없었고 다만 피차에 눈치로만 어찌 생각하고 있거니— 하고만 짐작하고 있던 것이 비록 자기가 태식이를 연연불망[76]한다 치더라도 태식의 마음을 알 수가 없었다. 그는 지금 스스로 실망낙담했다. 그래서 그는 흐득이기 시작했다.

그러다가 언뜻 그는 전일에 태식에게서 온 편지 중에 한 구절을 생각했다. 그 편지는 태식이가 자기에게 한 편지 중에 제일 길게 쓴 편지였다. 유창하게 내려간 문장이 자기를 울리기도 하였거니와 그 편지의 사연이 매우 신비스러웠다. 그것은 편지가 아니라 신문잡지에 나는 감상문 같기도 한데 내용은 이것이라고 확답을 할 수 없으나 자연, 인간, 연애 문제 등— 여기에 대해서 그가 사색하고 번민하는 그 어느 부분만을 추려서 쓴 것 같이 편지도 아닌 시와 같은, 그러나 영옥의 마음을 설레게 하고 울리게 한 편지였다. 울면서도 그 편지를 가슴에 품게 하고 즐겁게 한

76　연연불망(戀戀不忘): 그리워서 잊지 못함.

그 어느 한 구절이 있었다.

19회, 1935.03.05.

― 사람은 신앙이 없으면 못 삽니다. 옛날에는 바위를 믿고 나무를 믿고 큰 짐승을 믿고 ― 이런 우상숭배는 그들의 신앙을 찾자는 것입니다. 해를 믿고 신(神)을 믿고 한 것은 사람의 진화를 따라서 신앙의 대상이 된 것입니다. 지금 사람들은 과학을

〈그림 20〉 3.6.

믿는다고 합니다. 그렇지만 나는 이 과학의 힘도 사람에게서 생긴 줄 압니다. 그러니 사람은 사람을 믿는 데 큰 창조가 있을지 모릅니다. 제 자신을 믿고 그리고 또 한 가지 사람에게서 위대한 신앙을 얻어야 하겠습니다. 그것은 사랑입니다. 사랑을 믿는 데 있다고 생각합니다.

나는 늘― 영옥 씨를 생각지 않는 날이 없습니다. 그 생각한다는 것이 영옥 씨를 사랑하는 것인지도 모릅니다. 그러니 영옥 씨가 나에게 큰 힘을 용솟음치게 하는 대상 ― 즉 신앙의 과녁이 되는지도 모릅니다. 나는 이 우주 만물 중에서 나의 우상을 다시 말하면 신앙을 당신에게서[77] 찾은 것입니다. 영옥 씨는 나의 가장 존귀한 우상이외다. 당신이 있음으로 나에게서 어떤 것이든지 창조될 수 있을 것입니다. 당신을 생각하면 생각할수록 힘이 자라는 것입니다. 이 외로운 사람에게는 외로운 당신이어야만 마음만이라도 의탁할 수 있으니까요!…

시실 이 몇 구절이 영옥이로 하여금 번뇌[78]하게 하고 앞길에 대한 희미

---

77 원문은 "당신신에게서"이나 오식으로 보인다.

하나마 소망을 부치게 한 것이다. 영옥은 늘- 이 구절을 외웠었다. 그러나 외우면 외울수록 사나이의 깊숙한 그 말이 어느 때는 너무나 막연하게도 생각되었다. 반신반의로 지나온 그는 새삼스럽게 확실히 그가 자기를 사랑하는 것이라는 것을 깨달았다. 아무래도 어려운 듯한 그 구절이 생각해 볼수록 문리[79]가 났고 지금과 같이 어려운 문제가 가로 놓였을 때 자기도 그를 믿어야 하겠다는 것을 깨달은 것이다. 그래서 그는 그 어떤 것을 결정했다.

밤은 지나갔다. 아침이 되자 영옥이는 다른 학생들과 같이 짐을 꾸렸다. 짐을 꾸리고는 아홉 시가 되자 교장실로 갔다. 교장은 어젯밤에 곤했는지 아직 출근을 하지 않아서 그는 교원실에 교무주임을 찾았다. 언제나 일찍 오는 그는 오늘은 노는 날인데도 일찍 혼자 와 있었다.

"어- 영옥이로군. 그래 곤하지."

"아니요. 선생님께서 곤하셨겠어요."

"그래 잘 생각해 보았나?"

"…."

"거기 앉지. 자- 앉아."

교무주임은 앉지 않는 영옥이를 부득부득 앉혔다. 그는 금시로 기색이 달라진다.

"어- 그런데 영옥이 연설은 잘 들었지. 그래 어제 교장 선생님하고 내가 이야기한 것에 대한 반박인가 했지만 어쨌든 영옥이가 말재주까지 있는 데는 누구나 감탄할 일이야. 무어 사랑이 없는 결혼은 어떻다고… 영옥이가 벌써부터 연애에 대한 연구가 깊었었구먼."

하고 그는 껄껄 웃었다. 영옥은 귀밑까지 붉어졌다.

"그래 사랑이 없는 결혼은 안하기로 결정했나. 너무 심하지 않은가. 면

---

78 번노: '번뇌'의 원래 말.
79 문리(文理): 글의 뜻을 깨달아 아는 힘.

박을 주어도 그렇게 면박을 주어서야 되나. 이편의 성의를 그렇게 박차서야. 그렇지 그야 연설이니까. 연설엔 무슨 소리를 못 하겠나. 그렇더라도 영옥이로서는 그렇게 못하는 법이야. 교장선생의 은혜를 생각해도 그렇진 못해. 나는 어찌 갔든지. 아 그래 어느 선생이 연애에 대해서 그렇게 철저하게 가르쳤나. 선생은 학생들의 앞길을 지도한다고 했으니 누군가? 어디서 그런 것을 배웠어 응."

그는 숨이 벅차서 영옥이를 노려보며 나즉나즉한 소리나 납덩이를 내던지듯이 영옥이를 몹시 때리는 소리다. 영옥이는 고개를 푹 숙이고 느껴 운다.

"어서 말해. 누구야. 그동안 누구하고 연애를 했나. 내가 보기에는 그런 것은 없었지만 사람의 일을 알 수 있나. 만일 그렇다면 그런 부정한 학생에게는 졸업장이 쓸 데 있나. 다시 취소를 하든지 해야지."

영옥이는 이런 마당에 가만히 있을 수 없었다.

"선생님."[80]

"왜."

"어젯밤 제가 사은회에서 말씀한 것은 결코, 그런 말이 아니었어요. 조선의 여자 전체를 두고 한 말이에요. 제가 두 분 선생님의 은혜를 생각하더라도 그렇도록 말씀할 리가 있습니까."

"그렇겠지. 나도 그럴 리야 있으랴 했어. 그야 이해 없는 사람끼리 살 수야 있겠나? 그렇지만 요새 여자들이 자유만을 찾다가 큰 낭패를 보는 수가 있고 또 저들끼리 만났다는 게 파탄이 더 많으니까. 암 이상으로야 좋지. 그러나 조선에서는 너무 일러. 아직도 깨이지 않은 이곳에서 될 말인가. 나라고 아들딸 낳고 지금까지 살아왔을까 생각해 보란 말이야. 그래 어제 우리가 말한 것은 어떻게 생각했누. 오늘 대답하겠다고 여유를 달라고 했으니[81] 그래 그대로 해보려나."

---

80   원문은 "어생님"이나 오식이다.

영옥은 교무주임의 하는 양이 자기만큼이나 밤을 새워 가며 생각한 듯이 짜고 드는 데는 맘이 떨렸다.

20회, 1935.03.06.

영옥이 자신도 어젯밤 사은사에서 뒷말은 안 해도 좋을 뻔하지 않았나 했고 그 생각을 하고 혼자 얼굴을 붉히기도 했지만 교무주임이 그렇듯이 고깝게 들으리라고는 의외의 일이었다. 원래 교무주임이 비꼬아 말하기를 좋아하지만 딸같은 자기에게도 그런 말씨를 쓰는 데는 이런 이도 벗틀[82] 때와는 딴판으로 평범하구나 했다. 그러나 그의 말에 대답할 도리가 없었다. **싫다**고 하면 그의 말이 어떻게 나올까. 자기의 약점을 잡으려고 애쓰는 그에게 아무 대답도 없이 잠자코 있으면 자기 맘대로 처리를 해도 좋다는 의미로 알고 자기 명령대로 복종하리라고 믿을 테니 이때를 놓치면 안 된다고 그는 떨리는 맘을 단단히 잡았다.

"그런데요."

"그래."

"이렇게 말씀하면 선생님께서 어찌 생각하실지 모릅니다마는 어디 그런 중대한 일을 어떻게 하룻밤에 결정할 수가 있습니까. 그리고 저는 어떻게 하든지 공부를 더 하고 싶어요. 그래서 저 혼자 살아가고 싶어요."

"무엇? 독신으로 지내겠단 말이지."

교무주임은 벌떡 일어섰다. 그는 전신에 경련이 일어난 모양이다.

"네-."

"네-라니. 철딱서니 없는 애로군그래. 무엇으로 공부를 하느냐 말야. 고학을 한단 말이지. 여자가 이 무서운 세상에서 고학을 한다고 하다가

---

81 원문은 "아니 했으니"이나 문맥상 '했으니'가 맞겠다.

82 원문 그대로임.

큰일나려구. 독신으로 지내려면 무슨 수로 생활을 할 터야. 아! 수도원으로 들어갈 작정인가. 그게 다- 무슨 못난 소린가. 그러면 결혼은 못 하겠단 말이지! 교장 선생님과 내가 주선하는 결혼은 못 하겠단 말이지. 영옥이가 그럴 수야 있나. 모든 것을 생각해 봐. 아비 어미 없는 건 할 수가 없단 말야. 예-이….”

교무주임은 화가 날 대로 나서 겅정겅정 뛰지는 않지만 입에 거품이 흐르기까지 했다. 영옥은 교무주임이 이리하는 것을 그르다고는 안 했다. 자기의 전정을 살피고 애써주는 것은 감사하지만 왜 사람이면 사람끼리 그 속을 살피지 못하는 것인가 하고 맘으로 한탄했다. 그렇지만 점잖던 그의 입으로 아비와 어미를 쳐드는 데는 야속도 했다.

"네- 저는 어미와 아비가 없으니 시집을 가도 시집에서 대우를 못 받을 것이니까요. 오히려 선생님의 체면만 깨뜨리지요. 선생님들의 말씀은 감사합니다마는 결혼은 안 하렵니다.”

영옥은 여러 가지로 설움이 복받쳐서 소리까지 내 운다. 교무주임은 자기도 흥분해서 함부로 떠든 것을 후회했던지 그는 도로 주저앉아서 화를 죽이느라고 한숨을 휘 내쉬었다.

“그럼 맘대로 해 봐!”
하고 그는 도는 의자를 몸으로 밀어서 외면을 했다.

“저는 가겠어요. 안녕히 계십시오.”

영옥은 우는 채로 교원실 방문을 나섰다. 교무주임은 후다닥 뛰어나와서 기나긴 복도로 울고 가는 영옥이의 뒷모양을 보고서 주먹으로 자기의 눈의 눈물을 닦았다.

영옥은 기숙사에서 봇짐을 들고 나섰다. 동창생이 영옥이가 나가는 것을 보고 모두들 쪼르르 나왔다.

“너 어디 가니.”

“영옥아! 가는 데가 어디냐.”

여러 동창들은 영옥의 모든 사정을 앎으로 모두들 울며 영옥이의 주위를 에워쌌다.

"가지 무얼 하겠니. 졸업한 것이 기숙사에 더 있으면 무얼 하고 또 있자면 있을 수도 있니. 잘들 있거라. 나는 간다."

영옥이는 눈물을 씻으며 억지로 웃음을 짓고 말했다. 동창생들은 울면서 영옥이의 가는 뒷모양을 물끄러미 바라보고 돌아섰다.

이때 같은 졸업생에 인숙이란 아이가 가방을 들고 영옥이를 쫓아 나왔다.

"얘 너 어디로 가는 거냐."

"가는 대로 가지."

"가는 대로라니. 계집애가 이대로 나가면 어딜 가겠니."

"글쎄 낸들 어떻게 하니."

"그럼 나와 같이 가 있을래."

"너의 시골에 말이냐."

"아니야, 나도 서울에 있고 싶어. 직업을 얻으면 시골은 안 갈 테야. 그런 사정이 있어서 그래요. 그래서 서울에 내 외가에 가 있을 텐데 너도 같이 가 있다가 우리 앞일을 같이 의논해 보면 어때."

〈그림 21〉 3.7.

"글쎄. 알지도 못하는 남의 집에 어떻게 가서 있니."

"괜찮아. 내가 있으니까. 자-가자, 응."

"그래 그렇지만 남에게 폐를 끼치면!"

이래서 영옥과 인숙은 여러 해 정든 학교의 교문을 나서게 되었다. 교무주임은 교원실로 올라가는 돌층계에 우두커니 서서 나가는 이들을 바라보다가 슬리퍼 신은 채로 웃즐거리고[83] 부리나케 쫓아 나온다.

21회, 1935.03.07.

---

83 원문 그대로임.

"영옥이."

영옥이는 자기를 부르는 소리에 홱 돌아보니 교무주임이 서 있다. 그는 가슴에서 덜컥 내려앉는 것이 있었으나 태연한 기색을 꾸몄다.

"무턱대고 어디를 가는 모양이야."

"…."

"그래 정말 갈 텐가. 가면 어디로 가나."

교무주임은 비창한 기색이다.

"인숙의 외가에 가서 좀 있겠어요."

"인숙의 외가라니. 남의 집에 무슨 턱으로 가 있나."

"아니에요. 저하고 있으면 아무 상관 없어요. 그 집에는 외할머니 한 분뿐이니까요. 늘- 적적하다고 하셨는데요."

인숙이가 말을 가로챘다.

"그렇다면 모르지만. 그러면 영옥이 잘 가 있어. 참 안됐군. 이렇게 쓸쓸히 가게 되니. 그러면 장차 어찌 살겠는가."

"살길을 개척하면 되겠지요. 아까는 선생님께 너무 버릇없이 해서 종종합니다.[84]"

"나도 좀 흥분이 되어서 너무 심했어. 종종 학교에들 와야 해."

"네- 그러면 교장 선생님께 잘 말씀드려 주세요."

"그러지. 그런데 이건 너무 약소하지만 돈 한 푼 없이 남의 집에 가 있자면 답답한 데가 많을 테니 받아두었다가 용돈으로라도 써."

교무주임은 미리 준비를 했던지 십 원짜리 두 장을 영옥이에게 내밀었다. 영옥이는 눈이 둥그레진다.

"아니에요. 천만에요. 선생님 댁의 형편도 잘 아는데요. 이렇게 많은 돈을… 그만두세요."

"진말 말고 어서 받아. 정으로 받으라구. 선생이래서 엄한 것으로만 알

---

[84] 원문 그대로임.

아서는 안 돼. 분필 가루를 마시고 사는 사람도 인정이라는 것이 있을 테니까."

"그러면 받겠습니다. 너무도 신세만 져서…."

"자- 그럼 가지."

"네-."

〈그림 22〉 3.8.

영옥이가 인사도 할 새 없이 돌아서는 교무주임은 흑하고 느끼더니 고개를 폭 숙이고 돌쳐서 간다. 영옥은 그의 태도에 감격했다.

-정말 나를 위해 주시는 이로구나.- 하고는 그에게 큰 죄나 진 것 같아서 마음이 괴롭다.

영옥은 교문을 나서서는 돌아다보고 돌아다보고 했다. 다사로운 꿈터를 영원히 떠나는 것이다 하니 인생의 모-든 일이 헛된 것도 같았다. 나는 무엇을 위해 배웠누, 무엇을 위해 살아가는 것인구 했다. 그러나 모두들 살려고 애쓰는 것을 보아서는 거기에 무슨 큰 뜻이 있지 않으면 안 되는 것이라 했다. 살아보자. 배워보자. 태식을 사랑하자-. 그의 마음은 봄들같이 명랑해지는 것이다.

영옥은 인숙이를 따라 인숙의 외가를 온 지도 여러 날이 되었다. 인숙이와 마주 앉아 앞일에 대해 의논도 해보고 초조했으나 초조한 품이 인숙이는 영옥이만 못했다. 인숙은 자기의 시골 계모가 흑작[85]을 놀아서 상급학교를 못 가는 것이 고통이었지 생활에 대해서는 어디로 뒹굴거나 걱정이 없는 처지였다. 그러나 영옥이는 초조할 대로 초조해서 얼굴이 못되고 잠을 늘 이루지 못했다.

어느 날 이 집에는 조그만 소포 하나가 배달되었다. 이것은 동경에 유

---

85 흑작: [북한어] 남을 속이거나 남의 일을 훼방 놓기 위하여 교활한 수단을 씀. 또는 그 수단.

학하고 있는 이 집 아들과 딸에게서 온 것이다. 아들은 조도전대학[86]을 다니고 딸은 음악 학교를 다닌다. 이들이 봄방학이 되었으면 조선에 올 것이나 그들은 이곳의 봄보담 동경의 봄을 즐겨하여 여름 외에는 오지를 않았다.

인숙의 외조모는 동경에서 소포가 왔다는 바람에 인숙이를 재촉하여 끌러보자고 했다. 그것은 사진이다. 먼저 인숙의 외조모와 인숙이가 머리를 맞대고 사진을 들여다보며 얼굴이 나아졌느니, 웃고 박혔느니, 딸의 옆에 선 사나이가 인물이 좋으니 하고 기뻐서 지껄이다가 그 노파는 눈물이 글썽글썽해지는 것이다.

아랫목에 웅숭그리고 앉은 영옥은 이것이 부러웠다. 누구는 어머님이 계셔 사진만 보고도 저렇듯이 좋아들 하는데 자기의 어머니가 살아 계셨다면 학교를 졸업을 하고 돌아오는 딸을 보시고 얼마나 기뻐하셨을 것인가 했다.

"영옥아 너두 좀 보렴. 우리 외가 아저씨하고 아주머니 사진이야. 아주 멋지게 박혔어. 좀 보아요."

하고 인숙은 영옥의 앞으로 사진을 밀어 놓는다. 영옥이는 남의 사나이 사진을 노인 앞에서 보기가 부끄러웠으나 인숙의 청이니 보기로 했다. 그러나 그는 이 사진을 보자 그만 깜짝 놀랐다.

22회, 1935.03.08.

사진에는 주인 아들이 오른편에 서고 가운데 그 누이가 섰으며 그 옆에 태식이가 서서 박힌 것이다. 영옥은 태식을 보자 반가웠고 이어서 그는 회의를 갖게 되었다. 화려한 양장을 하고 가운데 서 있는 그 여자의 매력

---

86 早稻田[와세다]대학.

있는 자태와 그 몸을 태식이에게 기울인 듯한 것이며 그 여자의 얼굴에는 말할 수 없는 유열(愉悅)[87]의 빛이 떠돈 것이다. 그뿐인가. 태식의 그 훤─한 얼굴이며 그 빛나는 눈─ 이것을 그 여자도 발견했다면 그 여자는 그의 사나이답고 그 속에 꺼는[88] 힘이 있음을 느꼈을 것이다.

〈그림 23〉 3.9.

"할머니, 그 옆에 사나이가 아주머니하고도 친한 모양이지요."

"그렇길래 사진까지 같이 박힌 거겠지. 망측하게 남의 사나이하고 사진을 박혔누. 생기기는 곧잘 생겼다. 그 사람이 뉘 집 아들인구."

옆에서 인숙이와 그 외조모와 이런 대화가 있을 때 영옥은 가슴이 덜렁 내려앉았다. 그는 사진을 뚫어지도록 보고 또 보고 했다. 그는 그만 사진을 방바닥에 밀어 놓았다.

─ 내가 망상을 했구나.─

영옥은 맘속으로 한탄했다. 자기와 그 여자와 비교해 본다면 모든 것이 천양의 차가 있는 것 같고 또는 태식과 자기와는 멀리 떨어져 있어 이제쯤은 그에게서 기억이 사라졌을 것이라 하니 지금까지 순정만을 가지고 있던 그로서는 낙망이 된 것이다.

─ 내가 못났다. 어리석었다.─

그는 그가 가 있는 동경에 가서 고학이라도 하려고 여비와 다만 한두 달이라도 지낼 돈을 벌려고 교장과 교무주임이 역설하던 결혼문제도 박차고 나온 것이 아닌가.

역경에 선 그는 조그만 데라도 억측으로 곡해를 하게 된 것이다. 순진

---

87 유열(愉悅): 유쾌하고 기쁨.
88 원문 그대로임.

한 그는 그 사진으로 해서 마음의 큰 변통을 일으켰다. 그는 태식의 마음이라도 떠보려고 편지를 하려 했으나 답장이 어떻게 올지 모르고 편지로 잊었던 옛 기억을 일으켜 줄 수도 없는 일이요, 변화한 데서 지내는 그에게 요 좁은 서울 바닥에서 물 밖을 나온 붕어 새끼같이 팔딱거리는 자기의 존재가 하상[89] 무어냐 했다.

  그는 그 이튿날부터 아침에 나가서는 저녁때까지 지향 없이 길로 헤매었다. 그는 자기같이 이리해서 미치는 사람이 있는가 했다.

  어느 날 그는 ××병원의 간호부 모집 광고를 보고 병원으로 들어가서 시험을 치른 결과 먼저 그 외모가 '패스'가 되었으나 고등보통학교만을 졸업하고 간호부로서의 지식이 없으므로 임시 견습으로 있으면 몇 달 뒤에 정간호부로 승격시켜주마 하고서 채용하자 간호부가 되었다. 월급은 먹고 십오 원이었으나 남의 집에 부쳐있는 것보담 나으리라 하여 선뜻 간호부 복색을 한 것이다. 그러나 이 병원 원장의 아우가 영옥이에게 이상한 눈치를 보이고 치근대므로 영옥이는 두 달 만에 그만 이곳에서 나왔다.

  백화점 점원, 전화 교환수. 이렇게 직업을 바꾸었다. 그러나 모든 데 실망한 그는 그런 직업도 너무나 갑갑하고 귀찮고 생활도 되지 않으며 의미가 없어 보였다. 그렇게 그는 모든 데 염증이 난 만큼 여성으로서 세상에 대한 증오의 불길이 일기 시작하자 그는 혼자 허튼 웃음을 웃어도 보았다.

  - 내가 무엇을 지키는 것이냐. -

  그는 자포자기했다. 그래서 그는 다른 세계를 넘겨다보았다. 먼저 그는 일터에서 돌아오면 영화관을 갔다. 서양 영화의 장면 장면에는 화려하고 자유스러운 세계도 있었다. 사나이들을 희롱하는 여성, 변태 여성의 야릇한 미로 세상 사람을 현혹케 하는 여성 - 그는 무릎을 탁 치고 - 그렇다, 여성으로서 깨끗이 살려도 못 사는 세상이라면 또 딴 길이 있는 세상

---

89 하상(何嘗): 근본부터 캐어 본다면.

이다.-했다. 그의 입술에는 새빨간[90] 연지가 올랐다. 머리를 지졌다. 걸음을 꾸몄다.

그리하여 영옥이에게는 영옥이가 둘이 있었다. 하나는 옛날부터 걸어온 길을 걷는 영옥이, 또 하나는 해탈된 육체의 길을 걸어가는 영옥이니, 어느 때나 이 두 가지 영옥이가 영옥이 그 안에서 싸우는 것이다. 사실 발길을 이 세계에서 저 세계로 떼어 놓으려 할 때 그는 두려웠다. 슬펐다. 지금까지 쌓아온 순정의 탑을 제 손으로 헐고 짓밟을 때 그는 자기의 더러운 육체를 발견했다. 또한 그 더러운 육체에서 피는 애욕의 꽃을 발견했다. 그것이 사실 무서운 것이었으나 이미 한고비를 넘어선 그는 앞길 평탄한 길로만 보였다. 그리고 자기는 이대로 걸어가다가는 촉루(髑髏)[91]의 집으로 들어갈 뿐이라는 것이다.

이것은 태식이가 시킨 것이 아니다. 자기 자신인 것도 아니다. 그의 처녀기의 사랑스러운 착각(錯覺)이, 고독이, 빈궁이, 원한이, 유혹이 시킨 일이다.

23회, 1935.03.09.

여성이 타락하기 시작만 하면 그 궤도는 똑같은 한 궤도다. 다만 세태가 변할수록 그 계단(階段)이 빨라지는 외에는 다른 바가 없다.

영옥이도 그들의 흐름 위에 몸을 띄우고 말았다. 더구나 영옥의 미모가 그로 하여금 쏜살같이 그 항로를 빨리하

〈그림 24〉 3.10.

---

90 원문은 "샛밝안은".
91 촉루(髑髏): 살이 전부 썩은 죽은 사람의 머리뼈.

게 한 것이다. 불과 사오 년에 그는 몇 세기를 한꺼번에 지내 버린 것 같이 그의 모든 것이 돌변하고 말았다. 한 번 웃던 웃음, 한 번 우는 울음에 사나이를 맘대로 흔들 수 있다고까지 자신을 가지게 된 만큼 영옥은 겁이 없이 당돌하고 가림없이 노골화된 정욕의 세계에 패를 차고 나선 것이다.

그러나 이 요염한 암흑가의 여왕은 시들어 가는 청춘을 멈추게 할 수는 없었다. 그래서 이제는 나머지 젊은 시절을, 좀 달리 말하자면 남이 다— 하는 한 가정의 주부(主婦)로서 지내고도 싶었다. 그는 온 남성을 믿지 않았으며 다— 자기 손끝에 놓을 수 있는 것이라고 비웃기도 했지만 이 세상이 되어가는 품이 일종 연극 같다면 가정생활이란 짤막한 연극의 주인공도 되고 싶었다. 그래서 그가 '봉천'[92] 어느 댄스홀에 있을 때 사귄 사나이를 끌고 서울에 와서 살림을 차린 것이다. 그러나 가정생활도 참연극이었던지 그 남편 되는 김종호라는 사람이 금은 밀수입자의 혐의자로 경찰서에서 형사들이 몰려왔던 그 전날 밤에 도망을 해버린 것이다. 영옥이가 증인 겸 피의자로 경찰서 출입을 몇 번 하고는 요즘은 아무 일 없이 그 사나이가 사준 집과 돈과 자기가 모았던 돈과 해서 그날그날을 지내온 지 석 달이나 되었다.

이 동안 동경에서 나온 태식이를 길에서 먼빛으로 보고 꼭 태식인 줄 알았으나 피했고 또 그와 마주쳤을 때는 고개를 푹 숙이고 모른 체했다. 이러는 사이에 그에게는 옛 맘이 소스라쳐 일어나기 시작했다. 옛날 자기 집에 유숙했던 학생이었고 지금 어떤 회사에 다닌다는 이병철이라는 사람을 우연히 길에서 만나게 되어 태식의 말이 나자 태식이는 고학으로 대학을 마치고 서울에 와 있으며 아직도 독신이라는 말을 듣고는 자기의 어리석었던 옛일이 후회되어 참회와 비탄으로 그날그날을 지나왔지만 그를 만나면 추루[93]한 자기를 그에게 바로 보이기가 싫었다.

---

92 봉천(奉天): 중국 심양(瀋陽)의 옛 이름.
93 추루(麤陋): 거칠고 촌스러움 혹은 추루(醜陋): 지저분하고 더러움.

그러던 것이 오늘은 태식이가 아는 체를 했고 또 그가 몹시 자기를 만나보고도 싶었던 모양이요 그리고 자기의 지난 일을 다– 안 모양이었다. 참 반가웠고 즐거웠다. 그가 자기와 같이 어깨를 나란히 하여 길을 걸어서 자기의 집에 와서는 밥상을 같이 했고 이야기도 했고 한 것이 그동안 이 세상이나 자기나 그나 퍽 변한 것이지만 그를 마주 대하고 앉으니 또한 옛날의 그때나 조금도 다를 수 없이 즐겁고 가슴이 뛰는 것이다. 그러나 그가 훌쩍 가자 옛날 자기와 지금의 자기를 비추어 보고 그와 자기와의 지금의 처지를 갈라보니 그만 또다시 낙담 실망이 된 것이다.

그렇지만 영옥은 태식을 다시 만나게 되자 찰나이나 옛날로 돌아간 영옥이가 되지 않을 수 없었다. 그는 울고 추억하고 명상을 하고 있다가 탈선된 생활을 하면서도 깊이 간수했던 태식의 대학 입학 기념사진을 옷장 밑바닥에서 꺼내어 보았다. 그때나 지금이나 보면 볼수록 믿음성스러운 사나이였다.

– 전화를 하면 받겠다고. 그러면 또다시 만나리라. –

그는 하룻밤 사이가 너무나 길었다. 그는 태식을 다시 만날 일과 만나면 어찌어찌하겠다는 생각으로 밤 두 시에나 잠이 들었다.

◇

태식과 명환이는 술이 어지간히 취했다. 영화는 태식의 곁을 떠나지 않고 태식에게 술을 따랐다. 따르면서도 귓속으로 – 술을 너무 자시지 마세요. – 하거나 눈짓으로 술잔을 멈추게 했다. 태식은 그의 맘씨를 아름답게 생각했던지 고개를 끄덕끄덕하면서도 명환이와 술잔을 번쩍번쩍 들었다.

영화는 애가 타서 하는 모양이나 태식의 머릿속에는 영옥이의 환영이 오락가락했고 명환의 수선에 그저 엄벙덤벙했다. 영화는 조금 야속하다는 듯이 그 큼직한 눈을 힐끔거리는 것이다.

24회, 1935.03.10.

태식이와 명환이는 술이 취해 상 앞에서 뒤로 물러앉았다. 명환이가 문자에게 육자배기를 청하여 영화가 장구로 장단을 치고 문자가 노래했다. 다음으로 영화에게 명환이가 유행가를 청했다. 태식은 요새 유행가에 대해 흥미를 가지지 않았으나 영화가 조선에서 유명하다는 레코드 가수라는 바람에 들어보고도 싶었다.

〈그림 25〉 3.12.

영화가 유행 가수로 한참 드날리는 판에 새로이 평양에서 나온 전향란이라는 가수의 인기가 비등되어 영화는 늘- 남모르는 번민이 있었다. 그래서 기생을 그만두고 가수로서만 살아볼까 했으나 자기 집안의 형편이라든지 레코드 회사에서 생기는 수입으로는 도저히 이 생활을 버릴 수는 없었던 것이다.

"무엇을 할까요."

영화가 아무 앞에서나 자기의 남다른 특색을 보이기 위해 하던 그 노래도 태식의 앞에서는 목소리가 잘 나오지 않는 모양이다.

"아무거나 해. 우리가 어디 음악을 알아야 어떤 것이 좋은지 알지. 저- 그 요새 새로 나온 판에 넣은 그것도 좋더군."

명환의 말이다. 영화는 태식을 힐끔 쳐다보고 고개를 한들거리며 웃는다.

"잘 못해도 흉보지 마세요."

"흉은 무슨 흉이요. 내가 못 하는 것을 하는 사람에게."

태식이가 말하고 웃는다. 영화는 노래를 시작했다.

　　봄바람이 불어오오 버들가지 푸르렀소
　　울-너머 휘파람이 내마음을 둘러가오

　　먼 데 산에 아지랑이 나를 보고 손짓하오

개울가에 소가 우오 쓸쓸해서 우나 보오

집 앞으로 누가 가오 발소리에 귀가 가오
기다릴 이 없건마는 내 속 맘이 타는구료

저 꽃들이 지오리다 좋은 봄은 갔다오오
귀밑머리 당홍치마 내 일생에 한때라오

영화는 노래를 마쳤다. 명환이는 손뼉을 쳤다. 문자도 따라 쳤다. 태식은 고개를 숙이고 있는 채로 싱그레 웃었다.

"음성이 좋으시구료. 유행가를 부르기에는 아까운 음성인데요."

태식이의 감탄한 듯한 어조에 영화는 마음이 좋은 모양이다.

"무얼요. 목소리가 거시지요."

"아니."

"그런데요. 회사에서는 곡조도 그렇지만 음성을 **가쓰다로**[94]의 목청같이 내라고 해서요. 레코드에 취입을 하고 난 뒤에는 남의 목청에 입만 버린 것 같아요."

"그 말이 참 그럴듯하오. 영화— 말도 잘하는구료. 그렇지. 남의 목청에 입만 버린 것 같다는 것이 암— 사람마다 개성이 다르듯이 음성도 달라야 하지요. 독특해야지요."

영화는 그만 뛸 것같이 기쁘면서도 그 맘을 눌렀다.

"너무 히야까시[95] 마세요. 무안해요." 하고 그는 태식의 손을 남모르게 꼭— 쥐었다.

"허어— 태식 군이 영화에게 잔뜩 반했군. 그럼 내가 정말 오쟁이를 지는[96] 셈인가."

---

94 일본의 게이샤 가수 고타카 카츠타로(小唄勝太郎: 1904~1974)를 말하는 듯하다.
95 히야까시(ひやかし): 놀림. 놀리는 사람.

명환이가 불쑥 큰소리로 떠들고는 껄껄 웃었다. 이러자 영화는 제 몸을 태식에게 실리는 듯하면서 고개를 숙였다. 그 붉은 입술이 물결쳤다.

"여보게 자네 동경서 무슨 때면 단벌로 내어놓던 노래 하나 하게. 영화— 제 노래만 주고 서방님의 노래는 받지 않나. 왜 그런 밑지는 장사만 하나."

명환이가 이 말을 내어놓자 영화와 문자가 들입다 졸라서 태식이가 노래를 하게 되었다. 노래는 자기가 지었고 곡조만 남의 곡조를 붙여 이런 좌석 같은 데서 목침돌림[97]할 때 행셋거리[98]로 내어놓던 노래였다.

그는 기침을 해서 목을 골랐다. 장난삼아 하는 노래나 스테이지에 서는 정말 음악가 뻔으로 발성법을 쓰느라고 목을 비꼬고 하는 버릇이 있었다. 이것이 남들을 웃기는 것이다. 그는 예술에 대해서는 정중한 태도를 가져야 한다고 웃음에 말 비젓하게[99] 한 일도 있었다. 그는 음악가는 아니나 그 음성이 좋았고 그의 취미는 음악에 더 있었던 것이다. 가난한 것이 그를 이 음악의 길로 들어가지 못하게 함인지 모른다.

그는 노래를 시작했다.

25회, 1935.03.12.

> 푸른 들을 달리고
> 산을 넘고 강을 건너
> 밀밭을 거쳐 가면
> — 그곳이 내 고향이다
> 아직도 옛꿈이 서리어 있으리라

---

96 오쟁이(를) 지다: 자기 계집이 다른 사내와 정을 통하다.
97 목침돌림: 여럿이 모인 사리에서 목침을 돌려, 차례가 된 사람이 옛이야기나 노래를 하며 즐김. 또는 그런 놀이.
98 행셋거리: 어떤 역할이나 구실을 행하기에 좋은 재료나 소재.
99 비젓하다: '비슷하다'의 방언.

아름드리 백양나무 늘어진 가지
봄바람에 흔들리며 어머님의 자장노래 외우리니
고향아- 그리운 내 고향아
지금도 그 해 그 달이 비취는가
푸른 들을 달리고
산을 넘고 강을 건너
밀밭을 거쳐 가면
- 그곳이 고향이니
아직도 옛 빛이 드리워 있으리라
금잔디밭 흰말을 달리던 곳에
그 아기의 뿌려주던 꽃잎이 시들지 않았으리니
고향아- 그리운 나의 고향아
지금도 그 해 그 달이 비취는가
아- 내 고향 내 고향의 옛꿈이여

 태식이가 노래를 끝마치자 모두들 그 씩씩하고 유랑한 음성에 놀랐다. 영화는 넋을 잃고 그의 노래를 들었다. 듣고 나서는 보이를 부르더니 가야금을 가져오래서 줄을 고르고는 그 큰 눈을 굴려서 태식을 힐끔 보았다. 그리고는 춘향가를 시작했다. 태식은 노래에 재주가 있는 사람은 어느 노래나 잘 넘기는 것이라 했다. 영화의 노래는 혼을 통해, 전신의 피를 통해 나오는 것 같이 듣는 사람의 가슴을 찌르는 맛이 있었다. 태식은 이 좋은 노래가 이 요릿집 구석에서, 이 좋은 가수가 이 사람 저 사람의 요리상 앞에서 썩는구나 했다. 그는 공연한 의분으로 얼굴이 더욱 벌게지기도 했다.
 영화는 노래를 마치고 가야금을 구석 벽에 세우고 돌아섰다. 돌아서는 바람에 영화의 긴- 치맛자락이 스치자, 스르렁- 하고 가야금이 울었다.
 방 안은 침묵했다. 이들의 넋과 넋에는 무엇이 오고 가는지 그들은 제각기 제 환상에 떠돌고 있는지 모른다. 이들은 새로 두 시가 넘어서 일어섰다. 현관에 나왔을 때 영화는 태식의 손을 쥐었다.

"언제 또 뵐 수 있을까요. 저의 집에 좀 오셨으면… 바로 관철동 ×상점 뒤에요. ○○번지에요."

"가지요. 그러나 정작 가면 딴다는데."

"천만에요. 내일이 일요일이니 오실 수 있겠군요. 오세요 네? 낮에, 한 두 시쯤 해서요. 말씀드릴 것도 있는데요."

태식은 고개를 끄덕여 보였다. 그리고 돌아서려니 영화는 태식의 손을 놓기 싫은 모양이다.

"그럼 안녕히 가세요."

영화는 웃어 보이며 이들이 가는 뒷모양을 바라보고 섰다가 사무실로 들어갔다.

태식은 명환이가 태워준 자동차로 집에를 왔다. 그는 양복도 벗지 않고 자리 위에 쓰러졌다.

오늘에 된 모든 일이 우습기도 하고 신기한 일이었다. 영옥이를 만나 그의 집에 간 것과 명환이를 만나 요릿집을 가서 영화라는 기생의 이상한 눈치를 본 것과 어쨌든 영화는 차치하고 영옥이를 만난 것이 기뻤으며 공연히 맘이 군성거리는[100] 일이다.

〈그림 26〉 3.13.

그는 참으로 변했다. 몇 해가 안 되는 그동안 전혀 성격까지도 그렇게 변한 데는 놀랄 일이다. 자기는 그 여자가 아니었다면 동경을 갔을지 안 갔을지 몰랐던 만큼 그를 은인으로 생각하고 지금까지도 그를 그리워하고 어느 기회이든지 그 은혜를 갚아 보려고 별러오던 터로 오늘날 만나고 보니 모두가 황홀하고 신린해서 아무런 이야기도 못하고 만 것이다.

---

100 군성거리는: 울렁거리는.

그러나 옛날 일을 생각하면 자기의 눈에도 눈물이 핑 돌 만큼 애처롭고 아름다운 꿈이었다.
　- 그 순진한 영옥이가 어찌해서 그렇게 윤락을 했을까. - 그렇지, 아버지가 죽고, 집안이 가난해지고, 어머니가 죽고, 나이 어린 여자로 혼자서 살아가려다가. -
　그렇다. 그는 그렇게 될 수밖에 없으리라 했다. 자기는 사나이로서도 얼마나 많은 난관을 돌파했는가. 더구나 영옥이는 여자로서 여러 가지 곤경과 난관이 많았을 것이다. 그중에 얼마는 싸워서 이겼을 것이다. 그러나 모든 것을 이기다가도 한 가지만 꺾여 들어가는 데 여자의 타락이 있는 것이다. 가엾은 일이었다. 자기로서 이제라도 방관할 수 없는 큰 책임이 있는 것 같았다.

26회, 1935.03.13.

　태식은 술기운이 우럭우럭[101] 오르는 터에 천 갈래 만 갈래의 갈피를 잡을 수 없는 생각으로 잠을 못 이루다가 새벽녘에나 코를 골았다.
　영옥은 오정 때나 되어서 집을 나왔다. 태식에게 전화를 걸려고 싸전[102]으로 들어갔다. 태식이 일터에 전화를 거니 오늘은 일요일이 되어서 출근치 않는다고 해서 그는 웃었다. 숙직하는 사람에게 태식의 주소를 물어가지고 전차를 타고 태식의 집을 찾아갔다.
　그는 사직골 막바지를 더듬었다. 점점 집들이 작아지는 골목을 들어서서 요리조리 휘어 번지를 헤여나갔다. 그는 짜부러진 초가집 앞에서 발을 멈추었다. 그는 닫힌 문을 밀쳐 보았다. 삐걱하고 문이 열렸다. 그는 기침소리를 내고는 문 안에 들어섰다. 마침 수챗구멍 앞에서 어린애 기저귀인

101　우럭우럭: 술기운이 얼굴에 나타나는 모양.
102　싸전(廛): 쌀과 그 밖의 곡식을 파는 가게.

지 빨던 노르끼-한 젊은 여자가 놀라는 듯한 눈으로 이편을 향했다.
"누구세요."
"박 선생님 계세요."
"박 선생요? 네- 계세요. 아직까지 주무시는데요."
영옥은 그가 잔다는 말에 조금 망설였다. 그러나 그대로 갈 수는 없던지 마당으로 들어섰다. 그 주인집 여자는 태식의 자는 방 앞으로 갔다.
"선생님 누가 오셨어요."
그 여자가 몇 번인가 소리를 치자 미닫이가 열리더니 태식의 흐트러진 머리가 나타났다.
"누가 오셨나요."
"저예요."
"네- 난 누구시라고. 이거 안되었군요. 잠깐 마루에 앉아 계시지요."
태식은 다시 미닫이를 닫고 이불을 개키고는 영옥이를 불러들였다.
"이렇게 오실 줄은 몰랐군요. 어제 친구를 만나서 좀 늦도록 돌아다녔더니… 그런데 어떻게 저 있는 데를 아셨습니까."
"계신 데에 전화를 해 보았지요. 저는 오늘이 일요일인 것을 깜빡 잊었어요."
"네- 어제는 참 실례했습니다. 어쨌든 누추한 곳이지만 잘 오셨습니다. 지나신 이야기도 좀 듣고 싶고."
"네- 저도 선생님께 드릴 말씀도 있고 오늘 별일이 없으시면 저하고 소풍이나 하실까요."
"글쎄요. 그것도 좋습니다. 어디로요."
"어쨌든 나가세요."
"그러지요."
태식은 영옥이를 방에 남겨 놓고는 수건을 들고 그는 밖으로 나갔다. 영옥은 태식의 거처하는 방이 너무도 협착하고 개켜 놓은 이불과 요도 깨끗지 못한 것을 보고 가슴이 뭉클했다. - 저런 훌륭한 이가 이런 방에서 – 하고 탄식했다.

얼마 뒤에 태식은 세수를 하고 아침밥을 먹고 들어왔다. 영옥이더러 먼저 나가라 하고서 그는 옷을 갈아입고 영옥이와 집을 나갔다. 이들은 큰길로 나와서 택시를 탔다. 영옥이의 주장으로 신흥사로 가게 된 것이다.

"참 반가웠습니다."

"네– 참."

이들은 다시 입을 열지 못했다. 그들의 가슴을 밀치고 올라오는 감회 때문이다.

이들을 태운 차는 동대문 밖을 나가자 길을 휘어서 비낀 길로 올라가서는 신흥사 너른 마당에 닿았다. 태식이가 찻돈을 내려 하니 영옥이가 잽쌀스럽게 먼저 냈다.

이들은 산길을 오르기 시작했다. 길옆에는 산이화도 피고 살구꽃도 피었다. 벌써부터 밥집에서는 노랫가락이 들려왔다.

"절이 이렇게 번화하게 되었군요. 어디 절 같습니까."

〈그림 27〉 3.14.

"그래요. 이제는 절 맛은 없어요."

"그거라고 안 변하겠습니까. 경치는 좋군요."

"네– 이곳이 번화한 것 같기도 하지만 그래도 조용해요."

이들은 바라보기 좋고 은근한 집으로 들어가서 자리를 잡았다.

"선생님 참 꿈 같지요."

"그래요. 꿈 같습니다. 이렇게 지내다가 늙고 죽는 것이지요. 저도 오십까지만 산다면 반을 넘어 산 셈입니다. 그동안 무엇 해놓은 게 있어야지요. 영옥 씨 뵙기가 부끄럽습니다."

"천만의 말씀을 하세요. 왜 오십까지예요. 육십이 넘어 칠십은 사셔야지요. 선생님 같으신 분이 오십만 사시면 저 같은 건 지금이라도 죽어야 하게요."

"그게 무슨 말씀입니까. 영옥 씨가 무슨 큰 죄를 졌기에 지금 돌아가신다고 하십니까. 모든 것을 냉정히 생각해 보십시오. 그게 제일입니다. 사람마다 과거를 돌아보면 죽고 싶을 만치 마음이 아픈 것입니다. 그러나 그러한 체험이 앞으로 큰 득이 될 수도 있으니까요."

27회, 1935.03.14.

"네- 고맙습니다. 그러나 저는 선생님을 만나 뵙자 저의 큰 죄를 깨달았어요. 길을 잘못 걸어 온 것이에요. 제 맘이 약했던 탓이지요. 그런데 선생님께서 제 과거를 아셨다면 저를 어떻게 생각하셨는지 어제는 반가운 맘에 기뻐서 이것저것을 깨닫지 못했으나 사실 선생님을 이렇게 뵙는다는 것도… 그래요 감히 이렇게 뵐 수도 없는 제가… 선생님, 제가 어떤 여자라는 것을 아셨어요?"

"네- 그전에 댁에 유숙하던 이병철 군을 만나서 대강 들었습니다."

"그러면 저를 이렇게까지 만나주시니…."

"천만에요. 저는 영옥 씨에게 대한 큰 의무가 있는 사람입니다. 영옥 씨 형편이 그러셨다는 것을 알았다면 제가 공부고 뭐고 집어치우고 나왔을 것인데…. 영옥 씨 저를 얼마나 우스운 사람으로 아셨겠습니까? 사실 영옥 씨의 힘이 아니었다면 어떻게 동경의 땅을 밟아 보았겠습니까. 대학이라는 소위 최고등학부를 졸업했겠습니까. 영옥 씨는 저의 큰 은인입니다. 니의 부모가 나를 낳은 은인이라면 영옥 씨는 나를 세상에 서게 한 은인입니다. 그것을 어떻게 잊었겠습

〈그림 28〉 3.15.

니까. 언제나 영옥 씨를 생각하고는 두 주먹을 불끈 쥐고 이를 갈아붙이고는 공부를 했습니다. 그렇게 되었지마는 공부를 하느라고 영옥 씨를 그토록 비운에 떨어지게 하고 나는 겨우 남의 회사의 존재 없는 하급 월급쟁이밖에 못 되었으니 참으로 뵐 낯이 없습니다. 처음에는 큰 뜻을 가졌지요. 그러나 그것은 한 개의 어린 공상이었습니다. 현실은 그렇지 않습니다그려. 내가 하늘의 별을 따는 포부가 있다 하기로 그것을 알아줄 사람이 어디 있겠습니까. 영옥 씨도 깨끗하게 살려고 하셨겠지만 이 세상이 그 깨끗한 것을 알아주는 세상입니까. 영옥 씨 그렇지 않습니까? 저는 영옥 씨의 과거를 남에게 들었으니 자세히는 몰라도 결코 비난치 않습니다. 당신이나 나나 혈혈단신 외로운 사람들입니다. 당신이 나를 믿고 내가 당신을 믿고 있으면 그만입니다. 세상이 뭐라 해도 좋습니다."

태식은 흥분이 되어서 음성을 높였다. 영옥은 감격을 했는지 자기의 심경이 흔들렸던지 흐득이기 시작했다.

"네- 고맙습니다. 선생님."

그는 태식의 무릎 위에다 엎어졌다.

"제가 제 과거를 선생님께 아뢴다 해도 용서하시겠어요. 선생님. 네?"

"용서고 뭐고 어디 있겠습니까. 울지 마십시오. 모든 일이 기쁘게만 생각하면 기쁜 것이고 슬프게만 생각하면 슬픈 것입니다. 자- 그만 우시지요. 내 맘도 비창해집니다."

이때 중들이 밥상을 들고 오자 영옥은 몸을 일어 돌아앉아서 눈물을 씻었다.

이들은 밥상을 물리고는 신흥사 뒤 산골짜기로 갔다. 맑은 물이 골짜구니[103]를 타서 흐른다. 돌돌 흐르는 물소리가 한적한 골짜기를 더욱 고요하게 느끼게 하는 것 같다. 이들은 새 속잎 난 잔디밭 위에 앉았다. 저-멀리 종달새가 하늘에서 울고 떨어졌다. 제 풀로 나서 제 풀로 핀 꽃들이

---

103 원문은 "돌작운이"이나 '골짜기'의 방언인 '골짜구니'로 추측된다.

봄 낮의 이 골짜기를 더욱 명랑하게 빛내고 있다. 이들은 멀거니 흐르는 물을 내려다보고 있다.

"선생님." 영옥이가 입을 열었다.

"네-."

태식은 영옥의 나직한 목소리에 신경에 가벼운 촉감을 느끼면서 대답했다.

"어머님께서 돌아가시기 전 며칠을 두고 선생님 말씀을 하셨어요."

"뭐라고 하셨어요. 아- 참 너무 일찍 돌아가셨어요. 고생만 하시다가."

"네- 그래요. 선생님이 만리타향에서 어떻게 맨손으로 지내느냐고 고생이 되시겠다고요."

"참 그분은 인정이 많으신 분이시니까요. 더욱이 저는 어머님께 대한 말씀을 뭐라고 말씀해야 좋을지 모르겠습니다. 나를 퍽도 귀여워하시더니- 참 영옥 씨, 제가 동경을 간 뒤에 편지로는 대강 알았지만 어떻게 되었는지 지난 이야기나 하십시오. 이야기하시는 당신은 맘이 아픈 일이겠으나 듣고 싶습니다그려."

"그까짓 우스운 이야기는 들어 뭘 하세요. 그저 아무짝에도 쓰지 못할 더러운 여자가 되었다고만 생각하시면 그만이지요."

"아니요. 자- 들려주십시오."

태식은 그의 손을 잡았다. 영옥은 옛일을 이야기하기 시작했다.

28회, 1935.03.15.

영옥은 태식이가 동경을 간 뒤 자기 어머니가 돌아가자 집을 팔고 학교 기숙사에 와 있게 된 것, 그리고 학교 교장과 교무주임이 자기의 장래를 위해 결혼을 시키려는 것을 태식이가 있는 동경을 갈 준비를 하느라고 거절하고 학교 문을 나서서 동창생의 호의로 남의 집에 유하게 되자 동경으로부터 그 집에 온 사진에서 그 집 딸과 어깨를 붙이고 서 있는 태식을 보자 여기서 처녀의 얕은 감정에서 생긴 일시 착각으로부터 그만 길을 달리 들게 되었다는 이야기를 했다.

"그럼 모든 원인은 제게 있었습니다그려."

〈그림 29〉 3.16.

"천만의 말씀을 하세요. 제가 너무도 세상 물정을 몰라서 그렇지요. 또, 처녀 때의 심리는 퍽-묘-하게 되는 때가 있어요. 사진에 선생님하고 그 여자하고 그 이상 더 친밀한 모양으로 박혀졌다기로 그것이 어떻겠습니까마는- 바른대로 말씀하자면 선생님께서 저를 사랑하신단 말씀도 없었고 또 선생님을 위해 기다려 달라는 말씀도 없었으면 그때 깊이 생각할 일인데 저 혼자 선생님 모르게 선생님을 그리워했어요. 그래서 교장이나 교무주임이 결혼하라고 하는 것을 박차고 나온 것도 그 까닭이었습니다. 어느 때인가 선생님의 편지 속에 저를 사랑한다는 뜻이 있는 듯한 그 구절이… 그래요, 처녀의 맘은 누구나 모릅니다. 퍽 단순하지요. 그렇지만 조그만 일에 오해하기 쉽고 조그만 데 기뻐하고 슬퍼하고 합니다. 그리고 여자란 원래 눈물이 많지요. 눈물이 많은 대신에 쓸데없이 토라지기도 잘합니다그려. 참 처녀 때의 사람을 그리워하는 그 마음- 하- 가슴에서 불이 활활 이는 것 같아요. 괴롭더군요. 저는 선생님을 사랑했습니다. 그것이 짝사랑이라 할 수 있지요. 그것을 그 사진이 말해준 것입니다. 그래서 제가 가진 우주(宇宙)를 잃었다고 하고서 그냥 막 달아나 버린 것입니다."

"그러셨을 것입니다. 그러실 테지요. 네- 그것이 짝사랑이 아니었습니다. 저도 당신을 그리워했던 것입니다. 한 사람의 그 조그만 착각 때문에 온 세상을 망치게 할 수도 있으니까요. 그때라도 편지가 왕래를 하게 되었다면 혹 달리 생각이 드실 수도 있었는지 모르지요. 그래서요."

태식이는 그 뒷이야기를 재촉했다. 영옥은 그 뒤로 간호부, 백화점 점원- 이렇게 직업여성으로 지내면서도 오해와 곡해를 하지 않을 일임을 깨닫고 월급에서 생활비를 제하고는 돈을 모아서 동경을 갈 준비를 하려 했으나 비참하기 짝이 없는 그 월급으로는 밥 먹고 살기에도 어려웠던 것, 또는 같은 남점원과 우스운 기회에 정조를 깨트렸다는 이야기를 했다.

"그때 그 일은 참 제가 뜻하지 않은 일이었어요. 왜 그랬던지 그런 유희 기분이 생겼었어요. 그 사나이가 어딘지 정욕적으로 끄는, 말하자면 챠밍한 데가 있었어요. 처녀로서 그런 기분이 생겼다고 하면 천성이 어떻다고 할 사람도 있겠으나 너무도 우울하고 심신이 모두 피로하고 모든 게 절망이 되니 야릇하게도 향락적 기분을 맛보고 싶었던 것입니다. 물론 그 사나이가 제게 그런 맹렬한 충동을 여러 번 준 까닭이지요. 정조를 죽음과 바꾼다는 것은 옛날이야기 같아요. 그것도 한 생리적 관계의 하나인 것 같아요. 그러나 처녀의 정조가 깨어진 뒤의 여자는 다- 그럴 것입니다마는 그만 딴사람이 된 것 같았어요. 그전의 저와 그 뒤의 저는 아주 다른 저인 것이었습니다. 그런 향락적 기분이 그만 저를 사로잡고 말았습니다. 그게 다- 세상에 대해, 인생에 대해, 그 생활이라는 데 대해 환멸을 느낀 까닭이지요. 깨끗하게 살겠다 살겠다 해도 살 수 없는데 어떻게 해요. 그렇다고 자살할 용기는 없지요. 자살할 필요가 없을 것 같았어요. 이렇게나 저렇게나 살아보다가 죽는 것이라 했습니다.

이런 생각도 그 사나이가 아내가 있었고 그는 그런 장난을 습관같이 하는 사람, 말하자면 그렇게 유린을 많이 하는 사나이임을 알게 된 까닭입니다. 나이도 젊은 사람이 돈도 있다는데 백화점 점원으로 있으면서 나 외에도 여러 애를 탈을 냈답니다. 돈 있는 집 아들들은 항용 그런 무서운 유희를 거침없이 하더군요. 이것이 저의 탈선하기 시작한 동기였습니다."

"그깃도 엉옥 씨기 그때 너무도 순진해서 그에게 유혹을 받은 것입니다. 타락을 하게 된 것입니다. 그런 유희가 사실 큰 비극을 짜내는 것입니다. 모파상의 『여자의 한평생』에도 그렇습니다. 사나이들의 악희지요.

죄악입니다. 사나이들의 큰 죄악이지요."

29회, 1935.03.16.

그다음으로 백화점을 나와서 진고개 어느 카페에 있었던 것과 어느 바에 있었던 일 그리고 **봉천**으로 가서 **댄스홀**에서 댄서로 있다가 김종호라는 사람을 만나서 서울에 살림을 차리고 살다가 그 사나이가 금은 밀수입 혐의자의 한 사람으로 붙들리게 되자 그 전날 밤에 어디로인지 부지거처가 되었다는 것을 이야기했다.

"사실 그 생활을 하다가는 언제 죽는지 모르게 시들어져 죽을 것 같아서 생목숨은 끊기 어렵고 하니 돈푼이나 있고 사람만 좋으면 아무나 하고든지 살림을 하고 싶었습니다. 그러던 것이 살림을 하고 보니 눈먼 사람끼리 사는 것 같았어요. 서로 이해가 있다든가 정분이 두텁다든가 보담도 그저 물질적으로의 부부 생활을 한 것입니다. 며칠이 지나지 않아서 여기서도 싫증이 났어요. 그저 되는 대로 고생만 되지 않게 살아보자고 하면 맘이 괴롭더군요. 제일 깨끗해야 할 청춘 시절을 그 모양으로 지냈습니다. 선생님, 이런 여자가 선생님과 이렇게 같이 앉아있는 것도 선생님의 인격에 큰 영향이 있을 것 같아요. 그러나 선생님을 뵈오니 몸은 버렸지만 옛날 그때의 저의 맘으로 돌아왔습니다. 선생님, 어떻게 했으면 좋을까요. 앞길이 캄캄합니다. 저는 선생님이 저를 옛날과 같이 생각해 주시지 않을 것도 알아요. 그러나 선생님을 만나보고서 사실 선생님이 장차 어떻게 처리하실지 두렵습니다. 저를 가엾다고 하실 줄은 압니다. 그러나 깨끗하신 선생님께 제 몸을 의탁할 수는 없어요. 사실 선생님을 만나뵈온 것이 비극입니다. 어떻게 하면 좋습니까. 네- 선생님."

영옥은 슬픔이 복받쳤다. 눈물이 쫠쫠 흐르는 영옥의 애원하는 듯한 얼굴을 태식이가 볼 때 그도 눈물이 흘렀다. 그만 태식은 영옥이를 부둥 껴안았다.

"염려 마십시오. 제가 이 세상에 있는 동안에는 슬퍼 마십시오. 저는 결코 영옥 씨를 나무라고 싶지 않습니다. 나는 영옥 씨의 정조를 바라는 것이 아닙니다. 영옥 씨의 옛날 그 맘을 바라는 것입니다. 지나간 일은 그것은 지금의 영옥 씨의 일이 아닙니다. 다─잊으십시오. 추억하지 마십시오. 앞으로 다시 서서 꿋꿋한 걸음걸이로 나가면 그만입니다. 나는 영옥 씨를 사랑했습니다. 지금이라고 그 맘이 변할 리가 있겠습니까."

"고맙습니다, 선생님. 고맙습니다. 이런 더러운 저를 그렇게까지 생각해 주시는 것은…."

영옥이는 감격한 까닭에 소리까지 내어 우는 것이다.

얼마 뒤에 이들은 일어섰다. 영옥은 태식의 양복에 묻은 잔디가 붙은 것을 떼주었다.

이들은 밥집을 향해 걸어온다. 이들이 밥집을 들어가는 어귀에까지 왔을 때 앞길로 기생 둘이 손목을 서로 잡고서 흔들며 올라온다.

태식은 이들을 보자 걸음을 멈췄다. 한 기생은 영화였던 것이다.

어제저녁에 영화가 자기 집에 오라

〈그림 30〉 3.17.

고 해서 태식이가 어물어물 대답은 했지만 기생이 아무에게나 하는 수작이거니 했고 영옥이가 집에 오자 그 약속쯤은 잊어버렸던 것이다. 영화도 태식에게 대답까지 받아 놓았으나 건달이 아니면 올지 모르겠고 태식이란 위인이 기생집 같은 데에 얼굴을 드러낼 사람 같지 않았으나 사람은 신실해 보이니 자기가 대답을 해놓은 것이라 혹 올지도 몰라서 기다려 보이도 오지 않자 단골손님이 찾아와서 절로 나온 것이다.

영화가 먼저 사뜻하게 띄는 영옥이를 보자 그 옆의 사나이를 보니 태식이었다. 깜짝 놀랐다. 그러나 그 옆에 낯선 여자가 있기 때문에 눈을 내리깔고 지나가 버렸다.

　태식이가 무어라, 말을 건네려 했으나 영옥이가 옆에 있는 것을 생각하고 그대로 돌아섰다. 영옥이는 이 두 사람의 하는 양을 이상하게 보았다.

"그 여자들이 기생이지요."

"네-."

"아세요."

태식은 영옥이가 눈치가 퍽 빠른 여자로구나 하면서 조금 대답하기 곤란함을 느꼈다.

"어제 친구에게 끌려서 요릿집을 갔더니 거기서 만난 기생입니다."

"네- 그래요. 한 기생은 어디서 본 듯해요. 네- 알겠어요. 유행가 광고 같은 데에서 본 그 사진의 여자 같아요."

"네- 유행 가수랍니다."

"미인이로군요."

"네- 그저 기생 되기 똑 알맞은 미인이지요."

태식은 조금 어색해지는 것을 가려보려고 너털웃음을 웃었다.

30회, 1935.03.17.

　영화는 태식을 본 뒤로 자기가 찾고 있던 그 사람 같아서 마음이 설레었다. 기생으로서 요릿집 출입하는 사나이에게 맘이 사로잡힌다는 것은 자기 스스로도 웃을 일이나 태식의 위인이 그만 나쎄[104]의 젊은 사나이로 인격이 높아

〈그림 31〉 3.19.

---

104 나쎄: 그만한 나이를 속되게 이르는 말.

보이고 그의 생김생김이 번듯한 것이라든지 자기가 이때까지 보아온 사나이 중에 드물게 보는 사나이 같았다. 그래서 첫 번 그를 보고서 공연히 마음이 번거로웠다.

영화는 여느 기생과 달라서 그는 비록 기생의 탈을 썼으나 유식했다. 그는 학교 출신으로 자기 어머니가 근본 신분이 남의 첩이라 방종하던 그는 늙었던 까닭인지 사나이에게 박차여[105] 이래저래 몽둥그린 재산으로 살아왔으나 어느 건달에게 속아 떨어져서 파산을 하자 하는 수 없이 영화를 기생으로 박은 것이다.

첩의 딸로 자라난 영화는 남다른 설움이 있었다. 그것은 사람마다 그에게 대한 취급이 다른 것과 자기 아버지 되는 위인이 자기를 "어느 놈의 딸"인지 모른다고 부인해 버리고 해서 아비 없는 딸이라는 그 울분이 컸었다. 그래서 자기도 기생 되기를 쾌히 승낙한 것이다. 기생이 되어서 여러 사나이에게 앙갚음을 해본다는 것이 기생으로 나오고 보니 생활에 몰려서 시간비를 누구보다도 많이 따보려는 데만 열중했었다. 그래서 이 사나이 저 사나이에게 희롱을 당하면서 살아오자니 자연히 이 생활에 환멸을 느꼈다.

그래서 허욕 덩어리인 자기 어머니라 하더라도 단 한 분이니 어느 사나이든지 얌전만 하고 월급쟁이라도 수입이 굶지만 않을 정도면 살림이라도 해서 다만 하루라도 숙녀라는 이름을 듣고 살아보고 싶어서 그런 듯한 사람이면 이 사람 저 사람 맘도 떠보고 맘도 줘 보았으나 기생은 한 개의 술안주나 다름없이 알지 않으면 정욕을 채우려고 덤벼드는 것이다. 여기서도 그는 환멸을 느꼈다.

그런 까닭에 이 태식이도 그런 사람이 아닐까? 하면서 그런 세계에 처음 발을 들여놓아서 그런지 그는 믿을 만하다 했다. 그래서 두 번째 만나서는 간짓이 탔다. 그러나 지금 절간에서 태식을 만났을 때 그가 약속을

---

105 원문은 "박채여".

지키지 않은 데에 야속했다는 것보담도 때가 쏙 빠진 시체 여성과 같이 나온 것을 보니 이도 또한 자기가 본 사나이에 버스러지는[106] 태식은 아니었다.

그는 태식을 보니 반가웠다. 그러나 자기가 이룩해 보려던 전당이 여지없이 무너진 것을 깨달았다. 그것은 영옥의 인물을 보든지 아무래도 그는 영옥에게서 표현되는 여러 가지 점이 자기와 같은 기생의 몸으로 견줄 수 없는 데가 있는 것 같기 때문이다. 태식은 자기를 멸시할 것이다. 그는 태식과 눈이 마주치자 얼른 눈을 내리깔고 그대로 얼굴이 벌-게 가지고 지나간 것도 그 까닭이다.

영화는 발끝을 내려다 보면서 얼마를 걸어갔다. - 그의 애인인가? 그렇지 않으면 그런 누이가 있었던가. - 그는 될 수 있는 대로 그 여자가 태식의 애인이 아니라고 부정하려 했다. 그러나 그러는 자기가 어리석어 보였다. 무엇 때문에 내가 두 번쯤 본 사나이를 위해 마음을 번거롭게 하는가? 했다.

그렇지만 그는 맥이 풀려 다리가 헛놓였다. - 그 여자는 그의 애인이다. 누이는 아닐 것이다. 그만한 풍채, 그만한 학식, 재주(이것은 첫 번 그를 만났을 때 연회에서 누구에게서 들은 것이다)를 가진 사나이에게 그만한 애인쯤은 으레 있을 것이다. 그 외에도 그 사나이를 에워싸고 도는 여자가 한둘은 아닐 것이다. 우선 자기도 그 사나이를 에워싼 여자의 그 하나가 되지 않았는가. 그렇다면 자기와 같은 미천한 기생에게 그 사나이가 군림할 것은 아니다.

우스운 일이었다. 지나가는 바람을 잡으려던 자기가 우스웠다. 그러나 태식의 그 그림자는 완전히 자기의 마음에서 사라질 것 같지 않았다. 그는 나를 사랑해 주든 말든 나만이라도 그의 환영을 부둥켜안고 있으면 그만이다 했다. 다만 한 사람이라도 자기 마음의 주인을 얻으면 그만인

---

106 버스러지는: 어떤 범위 안에 들지 못하고 빗나가는.

것도 같았다. 또 지금 그 여자를 보았다고 아주 실망할 것은 아니라 했다.
– 만날 날이 있겠지.

그러나 그를 만나기 위해서는 한 번 수단을 써보는 것도 좋을 것 같았다. 그때 형편을 보아서 누구에게나 잃어버릴 사나이라면 자기가 그를 정복한 뒤에 놓아주는 것도 유쾌한 일인지도 모를 것이라 했다.

31회, 1935.03.19.

영화는 흐르는 물에 손을 씻고 수건을 빨아서는 짜고 또 빨아서 짜고 했다.

산다는 것이 뭔지 이 사람에게 이리 끌리고 저 사람에게 저리 끌려서 그들의 향락을 위해 생을 바치고서 구복[107]을 채우느라고 그날그날을 지내는 자기는 장차 어떻게 될 것인가 했다.

〈그림 32〉 3.20.

기생이란– 이런 생애를 가진 여자는 스물다섯만 넘으면 늙은이로 취급을 받는다. 그래서 누구는 이놈의 등도 치고 저놈의 등도 쳐서 집칸이나 장만하고 논두렁이나 장만하여 한 많은 여생을 살아보려는 축도 있지만 그러자면 흡혈귀(吸血鬼)가 되어야 한다. 영화는 아무리 거리의 죽음을 당해도[108] 그건 못할 것 같았다. 늙은 사람, 젊은 사람, 못난 놈, 잘난 놈 두루 닥치는 대로 얼러맞추어 등골을 뽑아야 할 테니 그렇게 지랄 발광을 해서 살려고 애를 쓸 필요는 없다. 그러나 하루를 살더라도 맘을

---

107 구복(口腹): 먹고 살기 위하여 음식물을 섭취하는 입과 배.
108 원문은 "해도당"이나 오식으로 보인다.

의탁할 곳이 있어야 한다.

  그는 길을 나설 때마다 인력거 위에서 보는 세상이 땅에서 보는 세상과 다름을 보았다. 자기가 인력거 위에서 내려다보면 다－우스꽝스러워 보여도 땅 위에서 인력거를 타고 가는 자기들 기생을 쳐다볼 때는 가엾기 짝이 없었다. 분 바른－색, 수의를 입은 촉루와 같았다. 그 촉루가 아름다우면 무얼 하느냐, 그것이 노래를 하면 무얼 하느냐. 아무것도 아니었다. 이놈도 좋다고, 저놈도 좋다고 덤벼드는 것은 그것은 촉루에 붙은 고깃점을 본 까마귀 떼 같았다. 그중에서도 자기를 그 불행 중에서 건져줄 사람을 구해 보았다. 어느 때는 그 사람도 그럴듯했고 이 사람도 그럴듯했으나 결국 똑같은 자기의 고깃점을 떼어 가는 까마귀였다.

  그러다가 태식을 보았다. 이 태식은 그 까마귀 중에 학과 같이 보였던 것이다. 그러나 학은 학을 차고 가는 셈이 되지 않았는가 했다. 까마귀의 밥이 학의 밥도 되는 수가 있나 했다. 슬픈 일이었다. 태식이 외에도 앞으로 그러한 인물을 몇이고 볼 것이다. 이들에게도 모두 다 그의 맘을 두드려 보다가 그 맘에서 내쫓기고 쫓기고 해서 그만 속절없이 일생을 보내 버리는 것인가? 했다.

  이렇게 영화가 명상에 잠겼을 때 같이 왔던 기생이 흐르는 물을 보고 하는 소리인지 사자수(泗泚水)[109] 노래를 부른다.

    －사자수, 나리는 물에 석양이 빗기고
    버들꽃 내리는데 낙화암에 난다

  영화는 이 노래와 함께 눈물을 흘리고 석양에 아득해지는 수풀을 바라보다가 그 여자가 사자수의 끝 절에 삼천궁녀가 백마강에 빠지는 구절에 와서 그는 벌떡 일어섰다.

---

109 사자수(泗泚水): '백마강'의 삼국시대 이름.

"기생년이 사자수 노래는 다- 뭐냐. 난봉가[110]나 하지."

영화는 신경질적으로 소리를 꽥 질렀다.

"언니두, 기생년은 그런 노래를 왜 못 불루. 별안간 웬일이요, 소리를 버럭 지르게. 난 깜짝 놀랐수! 아이, 언니가 눈물을 흘리네." 하고 그 기생은 흑흑 느껴 우는 영화의 앞으로 왔다. "언니 설운 일이 있수? 왜 울어요."

"기생의 설움이지."

영화는 물에 빤 수건으로 눈을 씻고 오던 길을 내려가니 그 기생도 불안한 기색으로 따라 내려간다.

영화가 내려가다가 먼빛으로 태식이와 영옥이가 어깨를 나란히 하여 절간을 나가는 모양을 보았다. 영화는 가던 걸음을 멈추고 그림 같은 이 풍광을 바라보고 섰다. 그들은 한참 걸어 내려가더니 옆으로 휘어들어가서는 보이지 않다가는 또다시 나타났다. 이번에는 바위 뒤로 숨겨졌다. 얼마 뒤에 자동차의 뿡- 하는 경적 소리가 나고 엔진이 도는 소리가 났다.

그들은 자동차를 타고 가는구나 했다. 어디로 갈고-. 물론 그들은 즐거운 밤을 가질 것이다.

영화는 공연히 맘이 달았다. 그에게는 바지직하고 타오르는 질투가 있었다. 그는 윗니로 아랫입술을 물어서는 튀겼다. - 계교를 써보자. - 하고 속으로 뇌었다.

32회, 1935.03.20.

태식과 영옥이가 절을 나와서 자동차를 타고 시내로 들어왔다. 영옥이가 태식을 부득부득 자기 집으로 끌려 했으나 태식은 자기 친구(명환)와

---

110 원문은 "남봉가"이나 오식으로 보인다.

만나 무슨 의논할 일이 있다고 해서 헤어졌다.

영옥은 집에 들어왔으나 한편으로 태식이와 오늘 지낸 일, 장차로 그가 자기를 버리지 않을 것을 믿게 되어 즐거웠으나 그 반면으로 지난 일이 생각이 되어 공연히 태식에 대한 죄송한 마음, 자기의 현재 남편의 앞으로의 관계, 그 모든 생각으로 마음이 산란하니 집 안에 있기가 답답해서 저녁상을 물리고는 창경원 야앵(夜櫻)[111] 구경차로 나섰다.

전차마다 만원이 되어 자동차를 탈까 하다가 태식의 지내는 형편을 생각하고 마음에 황송한 것 같아서 전차 속에서 기름을 찧는 사람 틈에 끼어 창경원을 갔다. 창경원 안은 서울 사람이 다— 끌어온 것같이 숨이 가쁘도록 사람의 떼가 이리 몰리고 저리 몰리고 했다.

〈그림 33〉 3.21.

연예장에는 반나체의 여자들이 레뷰[112]를 하고 있었다. 거기에 자기의 옛날 생활의 일면이 보이는 것 같아서 연못가로 왔다. 연못 가운데는 탑을 세우고 전기 장치를 했다. 이 연못가에도 사람들이 모여 섰다. 연못물 위에 어른거리는 물빛에 모두들 경이를 가진 모양이다.

영옥이가 또 이곳을 떠나려고 몸을 돌쳤을 때 마주친 사람이 있었다. 두 사람의 시선이 부딪쳤을 때 그는 놀랐다. 아까 절간에서 태식이에게 이상한 눈치를 보이던 그 기생이었다.

영화는 영옥이의 구둣발에 밟힌 버선의 흙을 터느라고 허리를 굽히면서 차디찬 웃음을 영옥이에게 던졌다. 영옥은 그 웃음을 그렇게 별다른

---

111 밤에 벚꽃을 구경하며 노는 일. 주로 공원에서 벚꽃이 피는 기간에 실시한다.
112 프랑스어 revue. 흥행을 목적으로 노래, 춤 따위를 곁들여 풍자적인 볼거리를 위주로 꾸민 연극. 19세기 프랑스 파리에서, 연말에 일 년 동안 일어난 일들을 풍자적으로 연출한 것에서 유래한다.

의미로는 보지 않고 그도 웃어 보였다.

"실례했어요."

"뭐 괜찮아요."

이들은 길을 갈리면서 서로 돌아보았다. 영화의 눈에는 영옥이의 맵시에 얄궂은 생각을 먹었는지 그는 매서운 눈초리로 쏘아보는 것이다. 영옥은 그만 그의 눈을 피해 머리를 돌렸다.

영옥은 전등 물빛이 엷게 비치는 좀 조용한 곳의 의자에 걸터앉았다. -그이와 저 기생과는 어떤 관계가 있는고 했다. 설마 그런 이가 기생하고- 했으나 그만 자기의 양심을 찌르는 일 같아서- 나와 그 여자와 분간이 될 수 있는가 하고는 얼굴을 찌푸렸다.

그는 마음이 괴로우니 몸도 괴로운 것 같아서 의자에서 일어섰다. -지금 그이는 무엇을 하고 있을고- 영옥은 자연히 그와 떨어져 있으니 그가 궁금했다. -몸이 성해야 할 텐데, 튼튼해야 할 텐데, 그는 고생을 많이 해서… 이렇게 근심이 되었다. 이것이 아내 되는 사람들의 남편에게 대한 현숙한 마음이리라 했다. 그렇게 생각을 하니 그는 용솟음치는 기쁨이 있었다. 그래서 혼자 상그레- 웃었다.

영옥이가 너른 잔디밭 옆을 돌아서려 할 때 또 영화를 만났다. 이번에는 영화가 먼저 다정히 웃는 낯이다. 영옥이도 웃어주었다. 곧 그들의 입에서는 말이 나올 것 같았다. 아닌 게 아니라 영화가 먼저 말을 붙였다.

"참 누구신지요. 어디서 많이 뵌 것 같은데요. 아까도 절에서 뵌 분 아니세요."

영옥은 남 보기에 차림차림이 영락없는 기생으로 보이는 그와 마주 서서 수작을 하기에는 무엇하지만 또 달리 생각을 하면 그렇지도 않은 것 같아서 응대했다.

"네- 그래요. 강영옥이에요."

"네- 나는 채순봉이에요."

영화는 기생의 이름인 영화라는 글자를 내던졌다.

"실례 말씀이지만 퍽 아름다우신 분이에요."

"천만에요. 영옥 씨가 참 미인이신데요. 아주 현대적 미인이야요. 저같이 못난 것이 어디 있나요."

이들은 소리 높여 웃었다.

"들어오신 지 오래되셨어요."

"한 삼십 분 될걸요. 들어오신 지 오래되셨어요."

"저도 조금 전에 들어왔어요. 그래도 다리가 아프군요. 어디 가 앉아 보실까요."

영화는 영옥을 끌어서 식당으로 가려 했으나 영옥이가 번화한 곳이 싫다고 해서 조금 더 걸어서 납작한 소나무 밑에 앉게 되었다.

33회, 1935.03.21.[113]

〈그림 34〉 3.23.

영화는 영옥이와 같이 앉자 분이 나서 얼굴이 홧홧 단다. 자기와 어떤 언약이라도 있던 사람을 영옥이가 가로챈 것은 아니나 그는 무엇엔지 크게 패배를[114] 당한 듯한 분노가 치민 것이다. 영옥은 장차 이 여자의 말이 어떻게 나올까 하고 기다렸으나 영화의 숨결이 높아진 듯한 그의 가슴을 보니 일층 그에게 흥미를 가지면서도 그와 잘못 수작을 붙였나보다 했다.

---

113 내용상 33회와 35회가 자연스럽게 연결되는 것으로 볼 때 다음 회차의 "35회"는 "34회"의 오식으로 보이나, 일단 원문 표기를 따른다. (한편, 1987년 영인본에는 편집자가 "34면분은 분실!!"이라 쓴 손글씨 메모가 삽입되어 있다.)

114 원문은 "패북을"이나 오식으로 보인다.

"영옥 씨께서는 원래 댁이 서울이신가요."

"네-."

"저도 서울이에요. 그야 원고향은 딴 곳이지만 서울서 나고 서울서 자랐으니 서울이지요."

"네- 말씀을 듣고 나도 그렇게 알았어요."

그런 평범한 말이 오고 가고 한 뒤에 영화는 정말 알고 싶은 것을 떠보려고 목소리를 가다듬어서 입을 열었다.

"실례 말씀이지만 아까 절에 같이 나오신 분은 누구신가요. 많이 뵌 듯한데요. 참 점잖으시더군요."

알고도 묻는 영화의 마음속을 깊이 알 수는 없으나 그 수작이 조금 엉뚱한 데에 대답을 피하려 했지만 일종의 우월감에서인지 용기를 내었다.

"박태식 씨라는 분이에요."

"네 박태식 씨요. 이렇게 또 말씀하면 참 실례인데 그분과 어떻게 되세요! 두 분 얼굴이 어딘지 비슷하신 데 있는 듯해서 남매간이신가 했지요."

영옥은 뭐라 대답을 할지 몰랐다. 그러나 영화의 넘겨짚는 말임은 그도 알아차렸으므로 그에게 수그러질 수는 없었다.

"저와 어렸을 때부터 친한 이에요. 그건 왜 물으세요."

영옥이가 뒤끝을 바짝 재쳤으나[115] 영화는 뒤로 물러나지 않는다.

"그럼 어렸을 때부터 친하시다면 옛날에는 소꿉동무요 지금은 애인이시겠군요. 어쩌면 그렇게 행복하세요. 참 부럽습니다."

영옥은 그를 힐끔 쳐다보고는 서글픈 웃음을 웃으며 고개를 숙인다.

"영옥 씨는 어느 학교를 마치셨나요."

"학교를 마친 데는 없어요. 너무 캐시는군요. 꼭 심문받는 것 가태이[116]."

"네- 그러면 그건 제가 너무 죄송합니다. 저 같은 여자가 그런 것까지

---

115 재치다: '빨리 몰아치거나 재촉하다'는 뜻의 '재우치다'의 북한어에서 파생된 것으로 보인다.

116 원문 그대로임.

여쭤봐서… 댁은 어디신가요. 좀 찾아가 뵙게요. 그건 괜찮겠지요.”

"괜찮지요. 그런데 집이 누추해서요. ××동 ××번지예요.”

"네- 그러세요. 저의 집과 과히 멀지 않군요. 자- 또 걸어 보실까요.”

영화는 자기의 할 바를 다-한 듯이 일어섰다.

"네- 그런데 저는 곧 나가야 하겠어요.”

"그럼 저도 나가지요. 혼자는 심심해요.”

영화는 혼자 상그레- 웃었다.

영옥이가 창경원을 나가서 전차를 타자 영화도 탔다. 전차에서 영옥이가 내리자 영화도 따라서 내렸다. 영옥은 영화가 줄기차게 따라오는 데에 진땀이 날 지경이나 그렇다고 피할 수도 없었다. -저만하면 기생으로서 할 만하겠다 했다. 영화는 영옥이와 시선이 마주치면 아무 의미가 없는 듯 그러나 의미가 있으면 깊은 듯한 웃음을 웃었다. -웃고 사람 죽일 기생이로군.- 영옥은 태식이도 저 기생과 여러 번 만나면 저 웃음에 끌리지나 않을까 하여 영화가 미운 생각도 들었다. 그래서 그가 웃으면 못 본 체하고서 얼굴을 돌렸다.

영옥이가 낙원동을 들어서서 인사동으로 통하는 어귀에서 영화는 영옥이에게 인사를 했다.

"안녕히 가세요. 오늘 실례 많았습니다. 저 때문에 귀찮으셨을 건데요.”

그는 또 웃는다.

"천만에요. 자- 그럼 또 뵙겠어요.”

영옥은 홱 돌아서서 경운동 쪽으로 올라간다. 영화는 영옥이의 뒷모양을 바라보고 섰다가 ××관이란 요릿집으로 권번에 전화를 걸려고 들어갔다.

집에 들어와 자리에 누운 영옥은 창경원행이 불길한 미래에의 첫길 같아서 후회가 되었다. 영화가 태식과 자기의 관계에 대해서 그렇게 대담하게 (기생이지만) 캐는 데는 태식과의 어느 정도까지의 밀접한 사이인 것도 같고, 절에서 자기가 그 기생에 대한 이야기를 꺼낼 때 태식이가 어름

오름[117] 하는 것을 보아서도 태식이도 그를 과히 싫어하는 모양은 아닌 듯하니 그야 사나이가 혹시 오입 삼아 기생집 출입도 할 수 있으나 그 기생의 태도라든지 말씨라든지 그 빛나는 눈초리를 보더라도 공부낫치나[118] 하던 여자 같으므로 태식의 심금(心琴)의 어느 줄 하나쯤은 넉넉히 튕겨볼 여자 같았다.

35회, 1935.03.23.

 태식은 그 뒤로 이틀에 한 번, 사흘에 한 번씩은 영옥이를 찾았다. 영옥의 집에 갈 때마다 영옥은 그를 칙사나 대접하듯이 했다. 이것이 태식의 맘을 괴롭게 했다. 어떻게 해서 생긴 돈이든지 사람이 먹고산다는 데야 분간할 것도 없겠지만 영옥이의 떳떳하지 않은 생활 방법에서 생긴 돈으로 사는 그에게 폐를 끼친다는 것은 양심에 거리끼었고 또 자기의 자존심을 이지러지게 하는 듯해서 그의 대접이 반갑지가 않았다.

〈그림 35〉 3.24.

 영옥은 태식에게 전화를 해서 불러가는 때도 있었다. 이런 때는 태식이가 짜증도 났으나 자기의 은인이요 고독한 그요 또는 영옥의 매력이 그를 사로잡아 가는 것이다.
 어느 때는 영옥이가 태식에게 술도 권하여 취하게 하고는 보내지 않으려 하는 때도 있었다.
 "늦었어요. 그리고 혼자 쓸쓸하지 않으세요. 여기서 주무시고 가세요.

---

117 원문 그대로임.
118 원문 그대로임.

저는 건넌방에서 자겠어요."

"천만에요. 가서 자야지요. 남이 알더라도 영옥 씨께 불명예니까요. 주인이 안방을 내놓아서야 되나요."

"그럼 건넌방에서 주무실까요. 건넌방에 자리를 펴지요."

"아니올시다. 가야지요." 하고 태식이가 일어서면 그는 태식이의 손을 끌어서 주저앉히고 앉히고 했다.

그러나 태식은 영옥이에게서 옛날 영옥이를 찾을 수 없으매 그는 영옥이의 이번 행동이 도리어 마음을 써늘하게 하는 것이다. 그러면서도 한편으로 그의 고혹적(蠱惑的)인 표정과 행동 또는 그의 몸의 율동 같은 것이 태식의 마음을 어지럽게 하는 것이다.

어느 날 태식이가 일터에서 곧 나와 영옥이의 집을 들어서서 마루로 올라 방으로 들어갔을 때 영옥은 잠이 들어 있었다. 침의만을 입었는지 이리저리 침의가 휘말린 사이로 드러난 그의 살결이 태식의 가슴을 두방망이질[119]을 하게 했다. 태식이가 기침을 크게 하고 영옥이를 부르면 태식이가 온 줄을 아는지 모르는지 잠꼬대 비젓하게 몸을 뒤치면서 침의 자락을 헤트려 그의 분향에 젖은 육체를 노골적으로 드러낸다. 이러다가도 깜짝 놀라서 일어 앉으면 침의 앞을 여미고 얼굴이 발개서 웃고 하는 것이다.

태식이로서 이런 황홀한 광경을 볼 때 그는 몸을 떨지 않을 수 없었다. 그러나 그것이 자기의 본능이면서도 그를 누르고 일어서는 것이 있었다. 그것은 과거의 그 순진하던 때 그때의 일이 그의 정욕의 눈을 감게 한 것이다. ―나는 영옥이의 어머니를 생각하더라도, 옛날의 영옥이를 생각하더라도 지금의 영옥이를 그렇게 취급할 수가 없다.― 했다.

그러나 영옥의 이런 행동은 점점 더 농후하게 드러났다. 어느 때는 태식의 목을 얼싸안고 매달리기도 했다. 그때의 그의 눈, 입술은 태식에게

---

119 원문은 "두방이질".

서 의미 모를 그 무엇인가를 요구하는 것 같았다. 그것이 어느 때는 비참하다고 할 만치 애소하는 듯한 것이다. 이런 때 태식의 낯빛이 엄숙해지면 그는 태식에게 매달린 채로 태식의 가슴에 머리를 틀어박고 흐득이며 우는 것이다.

이런 것이 태식이로서는 큰 번민이 된다. 번민이 되면서도 그의 등 뒤에서 –아무래도 좋지 않은가?– 하는 듯한 자기의 영혼의 소리가 들리는 것 같았다. –너도 인간이면은– 이것은 영옥이가 할 소리지만 태식의 영혼도 이 소리를 하는 것이다.

정염에 타는 영옥은 한 꾀를 생각했다.

"선생님… 집에 와 계시지요. 지금 계신 데는 너무 멀고 또 불편하신 것이 많으실 것 같은데 저의 집 건넌방에 와 계세요. 그러면 저도 마음에 든든하고 외롭지 않고요. 오세요."

"글쎄요. 늘– 와서 이렇게 폐를 끼쳐드리는 것도 미안한데 한술 더 뜨는 셈이게요. 밥값을 제대로 받으신다면 모르지요."

"네– 그것 좋군요. 그럼 밥값을 내셔도 좋아요. 혹 순사가 알면 여관 문패 안 붙이고 여관 노릇한다고 야단치게. 좋아요. 오세요." 하고 웃으며 졸라댔다. 그래서 태식은 그저 고개만 끄덕여서 영옥이는 그 끄덕이는 고개가 '노–'인지 '예스'인지 어리뻥뻥하여

"그럼 언제부터 와 계시겠어요." 하고 또 안타깝게 굴면은

"저 집이 너무 구차한 집이니 한 달은 채워주고 나와야지요." 하고 태식이가 웃자

"그럼 그렇게 하세요."

이래서 며칠 뒤에 태식이가 오게 되는 것이다.

36회, 1935.03.24.

영화는 오정이 지나서야 일어났다. 거울 앞에 앉아 화장을 하면서 명환에게 부탁한 것이 어찌나 될까 하여 맘을 졸였다. 자기에게 홀딱 반해서 성가시게 구는 그가 태식이를 만나게 해달라고 했을 때 사나이의 위신을 생각했던지 낯빛이 거칠어지는 듯하면서 응낙한 것이 혹시 그의 맘이 바로 꽂히면 모르되 신지무의[120]하게 넘겨버리지나 않을까 했다.

그래도 그들은 친구 사이다. 한 개의 기생을 가지고 딴생각을 먹고 그만 청이야 안 들어주랴 했다. 항용 그런 풍류랑[121]이 의외로 의리가 있고 활달한 맘씨를 가진 사람이 많다. 더구나 그들은 중학 시대부터 친구라니까 설마 딴청을 하랴 했다. 그야 명환이가 자기 때문에 돈도 쓰고 맘도 써 왔지만 그것 때문에 맘을 적게 쓰지는 않으리라 했다. 그것은 저번 날 저녁에 자기가 태식에게 이상한 눈치를 보여도 그렇게 불쾌한 생각을 가지지 않은 모양인 까닭이다.

영화는 화장을 끝마치고 거울에 비친 자기를 바라보았다. 영옥이가 지금 여기에 있으면 이 거울에 두 얼굴을 비쳐 보고도 싶었다. 자기도 영옥이만은 못지않은 귀여운 얼굴이었다. 그러나 그와 자기의 얼굴과는 같은 귀여운 얼굴이면서도 다- 다른 특징의 미(美)를

〈그림 36〉 3.26.

가지고 있는 것 같았다. 만약 어느 사나이라도 이 두 인물을 놓고 볼 때 둘 중에 어느 것 하나라도 놓치기 싫어할 것이다. 그러나 자기에게 있어서는 기생이란 그것이 자기의 미의 가치를 떨어지게 하는 것인지 모른다. 아무나 주울 수 있는 미다. 그러나 영옥은 손길이 닿지 않는 곳에 있는 미, 이것의 차이밖에 없으리라 했다.

---

120 신지무의(信之無疑): 조금도 의심하지 아니하고 믿음.
121 풍류랑(風流郎): 풍치가 있고 멋진 젊은 남자.

그렇지만 영화의 눈에 비친 영옥을 찰나의 인상으로만 보아도 그의 과거의 생활을 의심할 만했다. 아무래도 그를 숙녀라고 부르기에는 의심되는 점이 많았다. -아무튼 그도 여자요 나도 여자인데.- 하고서 쓰게 웃었다. 그리고 나서는 거울 앞에서 떠나서 화투로 꽃을 따고 있다. 이런 유의 여자면 일종 습관같이 하는 일이나 화투짝으로 운을 떠보는 것이다. 재물, 무엇무엇, 그리고 정랑[122]에 대한 정분이라든가 하는 등 자기를 내맡긴 운명에게서 그 조그만 화투짝을 통해 그 몇 가지의 자기로서 최대의 행운을 낚시질하려 했다.

그러나 그 모든 게 맞지 않았다. 그래서 화투짝을 밀어 놓고 축음기에 자기의 노래를 끼웠다. 그것도 듣기 싫었다. 그래서 그는 번듯이 드러누워 명상에 잠겼다.

- 오겠지. -

그는 명환이가 태식이를 꼭 데리고 오리라 했다. 오면 이리이리 하리라 했다. 그대로 들어맞기만 하면 재미있으리라고 혼자 어깨를 으쓱하고 웃었다. 또 그와 더불어 누릴 몇 시간 뒤의 그 즐거운 광경이 활동사진같이 획- 지나갈 때 그는 눈을 감고 또 웃었다.

네 시 반이 지났다. 이제나저제나 하고 그들이 오기를 기다렸다. 담배를 피워서는 반도 채 안 탔는데 끄고 또 새로 붙이고는 끄고, 끄고 했다. 기생은 맘도 없고 무엇도 없고 하다더니 지금의 자기를 비춰 보면 기생도 그리운 사나이에게 향하는 맘에는 순정이 있다고 했다. 그는 마루로 나가 대청의 기둥을 얼싸안고 대문에 귀를 기울였다.

-너 왜- 요새는 정신 빠진 애 같으냐?

그의 어머니가 건넌방에서 내다보고 하는 소리다.

"뭐 어때서 그래요. 어머니는 이제부터 가만히 계세요."

"저년 봐, 날 보고 가만 있으라니 내가 발광을 했더냐. 미친년 공연히

---

122 정랑(情郎): 여자가 남편 이외에 정을 둔 남자.

중동이 떠가지고.[123]"

"중동이 떴다니요. 내 맘까지 팔아 자시려오."

자기 어머니의 말에는 당치도 않은 말 같았으나 자기 어머니 꼴이 보기 싫어서 한 말이다.

"이년아 몸이 기생이면 맘도 기생이지! 기생년의 팔자가 오죽 좋아서." 하며 혀를 찬다. 영화가 그만 화가 버럭 났다.

"팔자요 팔자요. 딸년 기생 박아 어린놈들하고 약주 잡숫고 하는 그 어머니 팔자가 좋소. 좋아요. 참 좋소이다."

"이년 뭐 어째! 어린놈들하고 어째- 요 재릴할[124] 년." 하며 그의 어머니가 담뱃대를 번쩍 들고 내달으려 할 때 인력거가 왔다.

"아씨 계세요."

"어디요."

영화가 외쳤다.

37회, 1935.03.26.

인력거꾼은 마루 끝으로 와서 봉투를 영화에게 주었다. 겉봉에는 "영화 보소"라고 연필로 썼다. 영화가 겉봉을 뜯고 그 안에 종이쪽을 펴 보았.

-태평하시오. 댁으로 가려 했으나 이 편이 나을 듯해서 인력거를 보내니 곧 오시오. -명환- 이라고 쓰여 있었다.

〈그림 37〉 3.27.

영화는 방으로 들어가서 거울 앞에 앉아 파우더로 얼굴을 매만진 후

---

123 원문 그대로임.
124 원문 그대로임.

옷을 갈아입고 나갔다. 그의 어머니는 죽은 듯이 아무 소리를 안 하고 방문을 닫고 누워버린다. 영화가 인력거를 타고 낙원동을 내려온다. 그의 가슴은 뛰었다. 자기의 계획을 실연해 보리라는 일종의 엽기심[125]에 그가 즐거웠던 것이다.

요릿집을 들어서서 사무실을 들러 보이의 인도로 명환의 방으로 들어갔다. 태식이가 와 있었다. 영화는 태식이를 보자 얼굴이 붉어졌다.

"어- 영화가 술이 취했나, 호호베니[126]를 많이 발랐나. 아침 해 같군." 하며 명환이가 껄껄 웃었다.

"괜히 놀리셔. 기생이기로 대낮에 술을 먹을까요. 선생님두 좀 놀리지 마세요."

"그럼 박 선생을 뵈니까 마음이 달라진 게로군. 사나이를 보고 얼굴이 붉어지는 게 그게 이상한 조화란 말이야."

명환이가 또 떠들고 웃었다.

"옛- 그 사람 괜한 사람을 쳐들고 찧고 까부네그려. 참 저번엔 실례했수. 영화 씨 낮에 보니 더 좋으신 얼굴이구료." 하며 태식이도 웃자 영화가 태식의 그 말을 기다렸던 듯이 태식의 옆으로 갔다.

"으레 그렇지요. 실례될 것 무엇 있나요. 제 얼굴이 좋긴 무에 좋겠습니까. 그저 시들어 갈 뿐이지요. 어디 기생에게도 좋은 얼굴, 좋은 것이 있나요. 선생 같으신 분은 저희들을 보시면 그저 꿈지럭거릴 줄 아는 동물, 아니, 괴물로 아실걸요. 저희들도 저희를 그렇게 아는데요. 선생님 요새 좋으시겠더군요, 때는 봄이요, 선생님을 따르는 어여쁜 아씨가 계시구요. 참 저번에 뵐 때 어떻게 좋아 보였는지요. 그분도 안녕하신가요."

태식은 이런 때 웃어야 할지 화를 내야 할지 몰랐다.

"영화 씨도 사람을 꽤 놀리네. 아무런 것도 아닌 것을!"

---

125 엽기심(獵奇心): 비정상적이고 괴이한 사건이나 사물을 남달리 좋아하는 마음.
126 ほほべに[頰紅]: 볼연지.

"무얼 아무것도 아니에요. 저는 다 짐작이 있어 그러는데요. 호호호."
하고 영화가 소리쳐 웃어대자 명환이는 눈이 둥그레졌다.

"아니 아씨라니, 태식 군 언제 그런 로맨스를 꾸몄나. 그래 태식 군이 정직한 줄 알았더니 앞뒤가 달러이그려.[127] 그야 연애는 비밀이 제일이니까."

이때 문자가 껌을 씹으며 또 들어왔다.

"선생님들 안녕하셨어요. 언니는 언제 왔소."

"조금 전에 왔어. 넌 더 예뻐졌구나. 큰일 낼 아이다. 저렇게 예뻐만 지다가는…."

"언니는 나만 보면 그래. 언니야말로 좋겠수. 박 선생을 뵈어서 기쁘시겠수. 소문이 대단해요. 언니가 요새 바람이 났다구."

"무슨 바람이 났다구."

"누구하고 정분이 나서 갈팡질팡한다구요."

"실없는 애 같으니. 괜히 제가 만들어 하는 소리지."

"그러지 않아도 죽으면 지옥을 갈 것이 그런 거짓말을 하면 지옥에 지옥을 가게요. 좋거든 그저 좋다구 그래요."

여기에는 모두들 웃었다. 이런 류의 난센스와 같은 이들의 대화에 꽃이 피자 상이 들어왔다.

"태식 군 오늘은 술이 우리를 이기나 우리가 술을 이기나 담판 씨름으로 해 보세. 우리가 무슨 큰 위인이 될 사람들인가. 그저 이 술로 울분을 잊어버리세그려."

명환이가 양복 웃통을 벗어서 문자에게 넘기며 큰 소리로 말했다.

"글쎄 요새 좀 몸이 쇠약해져서 많이 먹지는 못해. 왜 자네도 내 주량을 잘 알면서 그러나."

태식은 어쩐지 기분이 가라앉아서 흥이 날 것 같지 않았다. 그러나 태

---

[127] 원문 그대로임.

식은 영화와 명환이가 짜고 덤비는 것 같이 무턱대고 술을 권하는 바람에 주는 대로 받아 마셨다. 영화도 마셨다. 모두들 대취했다. 문자도 오늘은 맘이 상하는 일이 있다고 하여 그도 술을 마셨다. 오후 다섯 시 반부터 시작한 술이 자정이 지나 새로 한 시가 되었다. 태식은 곯아떨어져서 코를 골고 영화는 노래를 부르고 있었다.

명환이가 자동차 두 대를 불렀다. 그래서 쓰러진 태식을 부축하여 뒤차에다 영화를 안동해서[128] 태우고 자기는 문자를 앞차에 태워 가지고 큰길로 달리기 시작했다. 이제 영화가 꾸민 연극을 연출하기 위해 출발하는 것이다. 태식은 술김에 들었다 나갔다 하는 정신으로도 지금 가는 곳이 어디인가를 영화에게 물어보고 싶었으나 혀끝이 돌지 않아서 입을 열지 못했다.

38회, 1935.03.27.

영옥은 태식이가 자기 집에 와 있게 되었으나 그가 담담하게 구는 데는 원망스러웠다. 그이가 자기의 과거를 생각하고 자기와 한자리에 앉아있는 것까지도 기피를 하고 싶었지만 옛날의 그 의리 때문에 겉으로 정답게 굴어 주는 것이나 아닌가 했다. 영옥이로서는 사나이의 품이 그리웠고 더구나 태식이로 해서 전생을 그르쳤다고 할 만한 자기로서 그와 한 울안에 있으면서도 자기 혼자 애를 태우고 있는 것은 우습기도 하고 야속도 했다. ─저렇게 감각이 둔한 사람이었던가 하기도 했고 혹시 그가 맘속으로라도 생각하는 딴 여자가 있었던가 하기도 했다.

그러나 그는 자기에게 대하는 수작을 보면 그를 이해하는 여자가 아니고는 제 혼자 맘만 태우다가 나가떨어지지 않으며 제 가슴을 짓찧고 울고

---

128 안동(眼同)하다: 사람을 데리고 함께 가거나 물건을 지니고 가다.

불고할 수밖에 없으리니 자기도 마를 대로 말라서 시들어 죽지 않을까 했다. 그러나 영옥이로서는 태식을 한 개의 애욕의 완롱물[129]로 삼을 수 없었다. -그는 위대하게 될 사람이다. 큰 사업을 위해서는 여자를 멀리하려는 것이리라.- 했다. 맘으로 섬기고 맘으로 믿고 맘으로 사랑하자 했다. 그래서 그에게는 남에게 말할 수 없는 울분이 있던 것이다.

〈그림 38〉 3.28.

그러나 그는 늘- 태식이가 일터에서 돌아올 그 시간이면 대문에만 귀가 가서 있었다. 태식이도 이런 것을 알았는지 늘- 시간이 되면 오고 했다.

그러던 그가 오늘은 저녁때가 지나도 오지 않고 자정이 되어도 오지 않는다. 그는 늦게 들어올 날이면 꼭 집에 들러서 늦게 들어오겠다는 말을 하고 영옥이가 정해준 시간 안에 들어오고 했다. 그런데 오늘은 웬일인지 자정이 넘어 한시가 되어도 들어오지 않는다. 이제나저제나 하고 태식을 기다리던 영옥은 의심이 버쩍 들었다. -요릿집에서 영화와 더불어- 하고 생각하자 그는 이마에서 진땀이 났다. 그 기생이 태식과 어떤 관계가 전부터 있지 않았는가 하고 그는 공연히 분해서 살이 떨렸.

이렇게 혼자 마음을 볶아치다가 그런 이가 설마 그런 기생에게 빠지지는 않겠지- 하고 자리에 드러누웠다. 드러누우니 눈꺼풀이 무거워서 잠을 청하였다. 잠을 청하려니 잠은 오지 않아 그는 일어서서 전등불을 끄고 드러누웠다.

바깥은 몹시 조용했다. 부엌 옆에 수통에서 떨어지는 물방울 소리에 영옥이가 잠이 들려 할 때 대문이 삐걱하는 소리가 나서 그는 발딱 일어나 앉아서 귀를 그편으로 기울였다. 그러나 그 뒤로는 아무 소리가 나지

---

129 완롱물(玩弄物): ① 재미로 가지고 노는 물건. ② 놀림의 대상이 되는 것.

않았다. 고양이가 대문 틈을 뻐개고[130] 들어온 것이거니 했다. 아닌 게 아니라 봄고양이의 까르릉 하며 야-옹 하는 소리가 들렸다.

영옥은 가슴이 탔다. 사람 기다리기가 이렇게 어려운가 했다. 그 남편을 기다리는 아내들의 그 맘이 이러리라 했다. 그런 줄 모르고 사나이들은 다른 곳에서 환락으로 밤을 새우지 않았던가 했다. 자기도 과거에 그런 사나이들과 더불어 밤을 새우지 않았던가 하여 맘이 아팠다.

그는 또다시 잠을 청해보려고 애를 부둥부둥 쓸 때 마당에서 인기척이 들리는 듯하여 눈을 반짝 떴다. 그리고 공연히 가슴에는 두방망이질이 일어났다. 또 그 고양이에게 속은 것이라 하고서 눈을 또 감았다. 눈을 감자 이번에는 마루 위에 사람이 올라서는 듯이 웃쩍[131]하고 소리가 나서 눈을 크게 떴다. 다시 고요해지고 부엌에서 고양이의 하는 짓인지 그릇들을 달그락거리는 소리가 났다. 그래서 이번에도 고양이 짓이라 했다.

그러나 다시금 마루 위에서 사람의 발소리가 나는 듯했다. 그래서 영옥은 슬그머니 무서운 생각이 나서 이불로 얼굴을 뒤집어씌웠다. 그러나 숨이 답답하여 이불을 벗겼다. 이번에는 건넌방 유리창을 흘러나와서 영옥이 방 미닫이에 비친 전등 불빛을 그 무슨 시꺼먼 그림자가 가리면서 휙 지나갔다. 이번에는 영옥이로서 확실히 사람이 마루에 있음을 깨닫게 되자 그는 그만 겁결에 "누구요." 하고서 소리를 질렀다. 그러나 아무 소리가 없다. 그래서 그는 다시금 "박 선생이세요." 하고서 떨리는 소리로 부르짖었다.

"흥! 박 선생이 누구야. 나야. 내가 왔어." 하면서 그 시꺼먼 그림자는 방문을 스르르- 열고 나타났다.

39회, 1935.03.28.

---

130 뻐개다: 크고 딴딴한 물건을 두 쪽으로 가르다.
131 원문 그대로임.

"아!"

영옥은 벌떡 일어나며 외마디 소리를 질렀다. 그 사람은 아무 소리 없이 천장에 매달린 전등의 불을 켰다.

"놀라겠지. 미안하군. 자는데 이렇게 와서."

〈그림 39〉 3.29.

그 사람은 방바닥에 주저앉으며 모자를 벗어서 그 초췌한 얼굴을 영옥의 앞으로 향했다. 영옥은 놀란 그 얼굴 그대로 이 사람을 바라볼 뿐이다.

"그래 잘 있었어? 얼굴이 좋아졌구먼. 나는 이렇게 꼴이 말이 아닌데! 그동안 혼자 적적도 했으리라 했지만."

영옥은 파-랗게 질려서 그 사람의 무서운 시선을 피하려고 고개를 딴 곳으로 돌렸다.

"나는 영옥이를 돌보려고 이런 모험까지 하는데 오랜만에 만났으니 그래 나에게 말하고 싶은 것도 없나."

영옥은 이런 때에도 잠자코 있을 수가 없어서 바르르 떨리는 입술을 간신히 열었다.

"사실 깜짝 놀랐어요. 이렇게 나다니시다가 큰일나려고…."

"큰일- 큰일난 지는 언젠데. 모든 것을 각오했어. 가면 어디를 가나. 가야 고 안에서 뺑뺑 돌뿐이지. 그러니 큰일 나는 것은 그저 시일 문제 아니겠소. 지금이라도 내가 자수를 하면 그만이겠지만 일을 당하기 전에 영옥이를 좀 보기나 하려고 온 것이요. 그동안 어떻게 당신이 보고 싶던지. 정이란 게 더러운 것이야. 참 더러운 것이야. 어느날이고 당신을 잊은 날이 없었다우! 사실 당신과 나와 만나게 된 것은 우습게 만난 것이지만 그동안 정이 들어서 그리고 당신을 혼자 두는 것이 무섭구 해서 당신은 아무래도 나만 없어지면 내가 다시 올 때까지 참고 기다릴 사람이 아닐 것 같애. 그것이 분하구려. 당신은 인물이 좋아서 그 탓으로 나를 한 개의 노예로 만들었지. 당신 생각에는 당신이 나의 노예같이 생각할지 모르나 그건 틀린 생각이야. 내가 노예지, 당신의 노예야. 그래 내가 만약 어찌 된다면 당신은 어찌할 테유. 나를 기다리겠소."

영옥은 험악해지는 이 사람의 태도와 말씨에 전신이 떨렸다.

"…"

"왜 말이 없어. 어떻게 할 테야. 그래 이 김종호란 놈은 누구 때문에 협잡꾼이 되었는데. 생각해 봐 모든 게 뉘 때문인가 생각해 봐."

"다— 나도 알아요."

영옥은 떨리는 음성으로 간신히 응대했다.

"알면 아는 보람이 있어야지 어쩔 테야."

"그때 당해 봐야 하지요."

"그때 당해 봐야 한다니 그때란 언제야. 내가 죽으면 그 뒤에 말이지. 그까짓 해골은 찾아 뭘 하나. 웬 수작이야. 응 저 건넌방 툇마루에 전에 없던 고무장화가 뉘 게야. 그 단장은. 그래 그동안을 못 참아서—. 그야 원체 그렇게 놀아먹던 것을 건져 놓았으니까 제 버릇 개 주랴마는 너무해. 그건 뉘 거야, 말해봐."

점점 가까이 다가앉으면서 폭행을 할 듯이 대드는 종호에게는 아무 소리도 안 하는 것이 도리어 큰 위험을 방지할 것 같아서 고개를 숙이고 잠자코 있었다.

"아! 누구야 그자가 누구야."

잠자코 있으려도 이렇게 육박을 하는 데는 하는 수 없었다.

"오라버니예요."

"오라버니라니 어떻게 된 오라버니야."

"사촌…"

"난 못 들은 것인데. 이쨌든 그건 나중에 알 요량하고 오늘은 내가 내 집에서 좀 눈을 붙이고 가야 하겠어." 하고서 그는 깃을 올린 봄외투를 벗고 양복을 벗으려 한다.

"큰일나요. 혹시 지금도 당신의 뒤를 따르는 사람이 있다면 큰일나요. 여기서 주무시다니요."

영옥은 어찌할 바를 몰랐다. 공포와 절망이 한데 섞여서 그를 울게까지 했다.

"어디를 가나 마찬가지지. 설마 지금까지도 이 근처에서 망들을 볼까. 여러 날 잠을 못 자고 맘을 졸이고 다니기 때문에 몹시 피곤하구먼." 하고 그는 하품을 길게 하고서 넥타이를 풀기 시작했다.

"왜 저렇게 새파래서 울고 야단야. 일을 당하면 내가 당할 걸 자기더러 당하랬나. 조금도 염려는 말어."

"그래도!"

"그래도가 뭐야. 남편이 왔으면 반겨하는 게 아니라 내가 잡혀갔더면 춤을 출 뻔했군 그래. 그렇지만 암만해도 너는 내 손아귀에서 벗어나지는 못하리라. 두고 봐!"

이때 대문이 삐걱했다. 종호는 금세 얼굴빛이 변했다. 영옥이도 놀랐다.

40회, 1935.03.29.

종호는 떨리는 손으로 전등불을 껐다. 그의 타는 듯한 눈빛이 어두운 속에서 번쩍이는 듯했다. 영옥은 숨을 죽이고 바깥으로 귀를 기울였다. 대문 소리가 난 뒤로 한 십 분 동안 그들은 아무 말이 없이 침묵했다. 다만 위기에 부닥친 때의 전율로 해서 그들이 목내이(木乃伊)[132]와 같이 되고 말았다. 다시 대문 닫는 소리가 나고 빗장을 지르는 소리가 났다.

"좀 나가 봐. 그것이 안 되었으면 누구냐고 소리를 질러봐."

종호는 떨리는 음성으로 나직이 영옥이에게 말했다.

---

132 목내이(木乃伊): 썩지 않고 마른 상태로 오랫동안 원형에 가까운 모습을 그대로 보존하고 있는 인간이나 동물의 시체.

종호의 지금의 심리가 그렇다고 하겠거니와 그 말을 들으니 종호가 비겁한 사나이라는 것을 알자 영옥은 그가 슬그머니 미웠다. 같이 공모를 한 사람들은 다- 붙들렸는데 자기만 무사해 보려고 독 안에 든 쥐같이 헤매고 다니는 그가 가엾기도 했

〈그림 40〉 3.30.

으나 아까 어떠한 각오까지 했다는 위인이 사나이답게 배짱을 부려보지 못하는 것이 우습고도 미웠다. 그러나 이 마당에 있어서 그의 조그만 부탁을 물리치기에는 너무도 박정한 듯해서 방문을 열고 떨리는 다리로 마루로 나가려 할 때 밖에서 사나이의 탁한 기침 소리가 들리더니 행랑 방문을 닫는 소리가 났다.

"아범이 나갔다 들어오는 게로군요."

영옥은 다시 방으로 들어가면서 전등불을 켰다. 전등불을 켜는 영옥의 팔과 젖가슴을 힐긋 보던 종호는 덤벼들어서 영옥을 부둥켜안았다. 영옥은 그를 밀쳤다. 그러나 그의 무쇠 같은 팔은 끊을 수가 없었다.

"왜 이래요."

"왜 이래라니. 내가 못 할 짓을 하는 것인가."

종호는 영옥의 입으로 자기의 길죽길죽하게 수염이 자란 입을 가져갔다. 영옥은 그의 가슴을 죽을힘을 다해서 밀쳤다. 종호는 그만 몸을 비쓸하며[133] 그의 얼굴이 더욱 거칠어졌다.

"정말 이러기야. 네가 나를 이렇게 대접하기냐." 하면서 미쳐 날뛰려 한다.

"싫어요. 난 싫어요."

영옥은 종호의 입을 가리면서 그에게서 몸을 빼치려 했다. 분이 치미

---

133 비쓸하다: 쓰러질 듯이 이리저리 몹시 비틀거리며 걷다.

종호는 그를 낚아챘다. 영옥은 벽에다가 머리를 부딪히며 "에크." 하고 이불 위로 나가 자빠졌다.

종호는 거칠어진 숨결이 더욱 거칠어지며 "이년! 내가 싫다고. 배은망덕하는 계집 같으니라구." 하며 야수와 같이 날뛰려 하니 이 꼴을 본 영옥은 벽에 부딪힌 머리를 비비면서 밖으로 뛰어나가려 했다. 그러나 종호는 그를 또 붙잡아 낚아채자 그는 또다시 방바닥에 모로 쓰러졌다. 영옥은 몸을 일려 했다. 그러나 넓적한 종호의 발이 그▨▨▨를 누르기 때문에
[1행 삭제]

두 손으로 그의 발을 밀쳤으나 불가항력이었다.

종호는 ▨▨▨▨▨ 불을 껐다. 캄캄한 방안에서 다만 영옥의 흐득이며 우는 소리가 고요한 밤에 수통의 낙수 소리와 함께 들릴 뿐이다. 아랫방에 차집이 깨어 눈을 비비고 다시 잠이 들 때는 이 집안이 평온무사한 듯한 때이다.

◇

태식과 명환이는 ××정 너른 마당에서 기다리는 자동차를 타고 새벽 도시의 아스팔트로 달렸다. 태식은 아직도 술이 덜 깨어 눈을 감고 한옆으로 쓰러졌으나 그는 중얼댔다.

"내가 자네한테 꼼박 속았네그려. 그게 무슨 짓인가. 기분이 나빠이. 몹시 불쾌해. 그게, 그게 엣."

"무얼 그러나, 사나이 자식이. 사실 나는 자네 병정을 선 셈일세. 이런 친구가 또 있겠나. 내가 사람이 좋은 탓이지. 그 계집은 돈 가지고도 안 되는 계집이라네. 자네는 참 염복가[134]야. 영광일세. 그 기생도 영광이지만 자네도 영광이란 말야. 내일 한턱이나 내게."

"미친 사람. 턱이 무슨 턱인가. 나는 고민일세."

"고민이라니."

---

134 염복가(艶福家): 염복(아름다운 여자가 잘 따르는 복)이 많은 사람.

"글쎄 나는 고민야."

명환이는 껄껄대고 웃었다.

명환은 여관 들어가는 골목 앞에서 찻삯을 주고서 자동차를 내리고 태식은 낙원동으로 들어가서 영옥의 집 들어가는 골목 앞에서 내렸다. 태식은 아직도 술이 덜 깨어 헛놓이는 다리로 골목을 들어가고 있다. 악몽에서 깨어난 그는 울음이 나올 것도 같았다.

41회, 1935.03.30.

태식은 영옥의 집에 와서 대문을 밀어[135] 보았으나 빗장이 질려 있어 열어 달라고 하려다가 그만 돌쳐섰다. 잠을 자고 있을 사람들을 깨우기도 미안하고 어쩐지 그 집을 들어가기가 싫었다. 영옥이가 졸라서 어쩌는 수 없이 와 있으나 맘이 늘- 불

〈그림 41〉 3.31.

편하고 남들의 이야깃거리에 오를 것 같았으며 영옥이가 자기에게 안타깝게 굴수록 마음이 괴로웠던 것이다. 또한 간밤에 영화와 지낸 일로 해서 그를 만나보기에도 계면쩍었다.

그는 수면 부족으로 몸이 피로했으나 어디든지 광활한 곳으로 나가고 싶었다. 이 좁고 더러운 도시에서 복작거리고 사는 인간들의 꼴이 보기 싫었다. 해가 뜨기만 하면 또한 그것들이 갈팡질팡하고 헤매는 꼴들이 나타날 것이니 한때라도 이들을 보지 않고 정말이지 아무것도 없는 평야에서 달리고 뒹굴고도 싶었다.

---

135 원문은 "밀듸려".

그는 뱃속이 출출하여 인사동으로 가서 설렁탕을 사 먹고 일터에 숙직하는 사람에게 일이 있어 못 들어가니 과장에게 말해 달라고 전화로 부탁을 하고서 그는 새벽 전차를 탔다. 그는 마차나 수레 같은 게 많이 지나가는 대로를 윙윙-하고 달려가는 전차에 동그마니 앉았다. 그는 동대문에서 전차를 내려서 청량리 차를 갈아탔다. 청량리에서 내렸을 때는 동녘에서 커-다란 해가 솟아올랐다.

그는 동으로, 동으로 걸어간다. 잠을 잔 길에 먼지가 그의 발이 놓이는 대로 풀썩풀썩 일어난다. 길가에 닭들이 헤트려 있고 개가 기지개를 켜고 있기도 했다.

그는 얼마를 걸었던지 철로 둑에 다다랐다. 이때는 해가 꽤 높이 솟아 있었다. 그는 길게 끝없이 누워있는 레일을 바라보고 서 있다. 공연히 그는 애상적 기분이 떠올랐다. 기차를 타고 이 레일 위로 어디로든지 달리고 싶었다. 그는 이 레일을 보자 옛날 생각이 났다.

어려서 보통학교를 졸업을 하고 서울로 공부를 하러 올 때 여비를 아껴 발로 걸어오던 생각이 났다. 자기가 걸어오는 동안 지나오고 지나가고 한 기차가 몇이나 되었던가. 차창에서 내다보는 승객들이 전야[136]의 봄빛을 즐거운 낯으로 바라들 보던 광경, 또는 자기와 같이 졸업한 아이들이 서울을 오느라고 기차를 타고서 자기의 옆을 지나갈 때 차창 밖으로 손짓을 하고 뭐라 떠들던 기억. 그때 그는 어린 마음에 부럽다는 것은 아니었으나 눈물이 핑 돌았었다. 기차가 지나간 뒤의 검은 연기가 자기의 몸을 싸고 뒤로 스러질 때 그는 그 조그만 주먹을 쥐고 혼자 외친 것이 있었다.

"위대하게 되자. 천하에 제일 가는 사람이 되자."

그는 그 어떤 사람이 되어야 천하에 제일 되는 사람이 되겠느냐 하는 것은 몰랐어도 공부만 잘하면 제일 가는 사람이 된다고 했다. 그래서 그

---

136 전야(田野): ① 논밭으로 이루어진 들. ② 시골이나 농촌을 이르는 말. 혹은 전야(全野): 온 들판.

는 혼자서 어린 머리에 충혈이 되도록 흥분해 가지고 두 주먹을 쥐고는 달음박질을 했다.

"아- 그것은 옛날 일이다. 다시 돌아오지 못할 어렸을 때의 아름답던 일이다."

그는 옛날 일이 그리워 눈을 딱 감고서 철로 위에 우둑이 서 있었다.

이때 마침 먼 곳에서 기차의 기적소리가 뛰- 하고 났다. 그는 멀리서 닥쳐오는 기차의 그 맹녕한[137] 대가리를 바라보고 있었다. 어렸을 때는 저 기차를 두 팔을 벌려서 막아보고도 싶던 그 생각이 나자 그는 픽 웃고 철로 둑에서 내려왔다. 어렸을 때의 그 천진하던 그도 지금은 세파에 젖어서 인간성을 내어버리다시피 돼 자기를 돌아다볼 때 그는 자신이 미웠다.

기차는 그가 앉은 등 뒤로 달려가고 있다. 그는 그 괴물을 돌아다보았다. -모든 것이 지나가는 것이다. 나도 이 세상을 지나가는 것이다.- 했다. 그는 다시 일어서서 그 철로 위를 걸어가고 있다. 그의 머리는 술이 깬 뒤라서 그렇다는 것보담도 그는 그동안 생(生)에 취해 살아왔다가 깬 뒤의 그는 머리가 무거워졌다.

-나는 무엇을 하려고 살아왔는가, 영옥은 무엇 때문에 생각했는가. 다만 그 은혜라는 것. 그렇다, 그 은혜라는 것이 무엇인가. 만약 그 여자가 오십 원이라는 돈을 나에게 주지 않아서 동경 유학을 못 했을 것이라 하면 무엇이 되었을까. 또 대학을 졸업한 자기의 조선에서의 존재는 무엇인가… 다- 마찬가지다. 별수 없는 거렁뱅이다. 태식은 갈피를 잃은 생각이 머릿속으로 들고나고 했다.

그는 다음으로 간밤에 영화와 지낸 생각을 하자 그만 모자를 벗어서 철로 위로 팽개치고는 머리를 쥐어뜯었다. -못난 놈! 더러운 놈.- 하고서 부르짖었다.

42회, 1935.03.31.

---

137 원문 그대로임.

동경에서 죽을힘을 다-해 공부라고 하고 와서 몇 푼 안 되는 월급에 목을 매게 되고 한다는 일이 타락한 여자의 상대밖에 안 된 자기가 얼마나 가련한 존재인가. 그가 대학을 졸업을 하고 돌아오면- 하고서 맘먹었던 것은 결국 서울에 발을 붙이게 될 때는 모두가 헛꿈이었다. 그래서 지금은 한 개의 양복 세민[138]인 월급쟁이로 우울한 생애를 갖게 된 것이 아닌가.

이런 위인이 요릿집에 가서 기생을 덥일고[139] 놀고 어쩌고 하는 것이다. -그게 다 무엇이었느냐. 또 영옥이의 은혜를 갚는다고.- 그의 장래를 떠맡겠다고 장담은 무엇을 가지고 무엇을 믿고 한 헛소리인가. 결국 옛날의 영옥이와 지금의 성격 파산까지 한 그 영옥이와 혼동해 보고서 여기서 그의 환락의 대상이 되겠다는 말이었던가. 태식은 자기 자신에 향해 지나간 과거와 현재의 생활 기타를 가지고 육박하고 질책하고 그리고 참회하고 했다.

그는 철로 위에 비명이나 지를 듯이 입을 벌리고 자빠져 있는 모자를 집어서 흙을 털고는 머리에 얹었다. 그리고 그는 철로 둑을 내려 논둑으로 밭고랑으로 걸어간다. 그는 가면서 옆에 눕고 앞에 누워 자기를 떠나지 않는 그림자를 보았다. 가엾은 그 그림자가 꾸불꾸불하고 움직이며 자기의 발에 밟히고 피하는 것을 보면서 그는 눈물을 흘린다.

그는 또 눈물 젖은 얼굴을 쳐들어 하늘을 쳐다보았다. 무한대한 이 우주 가운데 극히 작은 자기의 한 몸을 뒤스를[140] 수 없는 이 천지도 결국 우스운 존재 같았다. 누구나 자기의 박행을 생각할 때는 그런 생각을 가지듯이 태식이도 그런 감정을 체득했다.

그는 한정 없이 걸었다. 걸어서 걸어서 숲 사이로 들어섰다. 숲 사이로

---

138 세민(細民): 수입이 적어 몹시 가난한 사람.
139 원문 그대로임.
140 뒤스르다: ① 몸을 이리저리 뒤척이다. ② 일이나 물건을 가다듬느라고 이리저리 바꾸거나 뒤적거리다.

들어가자 머리 위로 푸르르 나는 것이 있었다. 새들이 운다. 제풀로 나서 자란 나무들의 꽃들이 눈이 부시게 피어 있다. 태식은 발끝으로 풀포기를 차고 돌을 차고 걸어갔다. 그의 맘은 휑뎅그렁하게 비었다. 새로운 사색(思索)이 찾아들기 전에 그의 마음은 아무것도 없었다. 다만 그는 이 자연과 합치되어 자연 속의 한 자연으로밖에 자기의 존재를 인식할 수가 없었다.

그는 무엇인지 기쁘다. 그것은 자연의 신비에서 받은 기쁨이었다. 그것이 태식의 신경에 파고든- 젖어 들어간 법열(法悅)이었다.

태식은 노래를 한다. 그 노래는 저편에 이편에 어디엔지 반응이 되어 자기의 귀에 들어왔다. 아무도 들을 사람이 없는 이 수림 속에서 자기의 노래를 들을 때 그는 어느 신(神)과 공통되는 그런 느낌을 받았다. 그는 주먹을 휘두르고 팔을 벌리고 서서 모-든 나무 나무들을 향해 노래를 하는 것이다. 그들은 고요히 태식의 노래를 듣고 있는 듯했다.

어디서 나는지 모르는 물소리가 그의 노래에 호응하는[141] 듯이 퀄퀄 흐르고 있었다. 태식은 노래를 그치고 그 물소리 나는 곳을 향해 찾아갔다. 그곳에는 뼛속까지 씻어줄 듯한 맑은 물이 흐르고 있었다. 그는 이 흐르는 물을 물끄러미 내려다보

〈그림 42〉 4.2.

가 세수를 하고는 발을 벗어 그 물에 담갔다.

"아-" 하고 그는 숨을 내뿜는 소리를 했다.

그는 시상(詩想)이 떠올랐지만 그 시상을 확실히 잡지 못할 만치 이 유폐된 자연- 그러나 저들 혼자서 성장하고 있는 이 자연에서 받은 감격이 깊던 때문이다. 그는 누구나 이런 곳에 어쩌다 한 번씩이라도 와서 심신

---

141 원문은 "호용"이나 오식으로 보인다.

을 씻을 필요가 있다고 생각했다. 이 자연은 인간들에게 얼마나한 창조력과 새로운 계시(啓示)를 주는 것인지-

43회, 1935.04.02.

태식은 자기의 생활에 대해 아무런 계획이 없었음을 깨달았다. 대학만 마치고 조선에만 건너서면 자기의 뜻대로 일이 되려니 했지만 자기가 이 땅에 발을 디디고 보니 어리석었음을 깨달았고 자기 자신이 지금과 같이 월급쟁이로만 지나다가는 아무것도 건지는 것이 없이

〈그림 43〉 4.3.

나이만 먹으면 등치를 밀려서 그야말로 머릿속도 비고 생활로도 거렁뱅이가 되리라 했다. 그렇게 폐물이 되기 전에 자기는 자기 스스로 서 보고 싶었다. 이러는 때는 막연하더라도 계획이 서야 한다. 그러나 계획을 세운다 하나 돈이 없으면 아무리 위대한 사업이 될 수 있는 것이라 해도 싱거운 공상에 지나지 않는다.

그는 동경에 있을 때부터 이 땅에 발을 디디기만 하면 문화 사업을 하자고 했다. 그래서 명환이와 동경에서 길을 걸을 때나 자리 속에 들기만 하면 거기에 대한 이야기가 끊일 줄 몰랐다. 그러나 언제나 끝에 가서는 돈타령이었다. 문화가 없는 곳에 사람들의 번영이 없고 그들의 미래가 없는 것이라 하고서 이러이러한 기관을 세우고 이러이러한 방법으로 문화 사업을 해보자고 했으나 돈 문제에 가서는 우울한 낯을 서로 보이고 한 때가 많았던 것이다.

그러나 이 땅에 발을 디디자부터 먼저 그에게 던진 것은 생활고였다. 그래서 직업을 얻으려고 방황하는 동안 그것을 다시금 생각할 여지가 없

었다. 그러다가 직업을 얻어 생활이 얼마간 안정되려 하고 또한 명환이를 만나자 다시금 옛날의 그 꿈이 생각났으며 더구나 명환이가 금시발복[142]이 되었으니 그는 명환이를 가까이해서 옛날의 그 계획을 세워보려 한 것이었으나 명환이는 변하여 그는 방탕한 생활을 하는 모양이니 여기에 또 실망을 한 것이다.

그랬던 것이 지금 이 고요한 수림 사이를 지나와서 맑은 물에 발을 담그고 있을 때 그는 자연 속에서 그 무엇이 시킨 것인지 그에게 가르친 바가 있었다. —그렇다. 명환이를 붙들고서 나도 이 사회에서 활갯짓을 해보자.— 했다. 그는 만약 명환이가 자기의 의사와 맞아서 팔을 뽐내고 나선다면, 하고서 여러 가지 앞일을 그려 보았다. —그러면 꼭 된다. 되면 나도 사람의 구실을 할 수 있다.— 하고서 혼자 무릎을 치고 통쾌하게 웃었다.

그 기관의 창립자 축연에는 그 누구누구 사회에서 명망 있다는 이들을 한자리에 모으고 자기가 일어서서 자기의 포부를 말하리라 했다. 또한 그들에게 영화와 같은 기생들을 하나씩 맡겨 그들의 즐거이 노는 양을 보리라 했다. 태식은 이런 어린애 같은 생각을 해보는 것이다.

그리고 아무러한 사회적 보상도 없이 천대를 받아 가면서도 꾸준히 일해온 불우의 이 땅의 문화의 역군들을 무슨 방법으로든지 표창을 하고 이들이 대활보로 걸어 나갈 탄탄한 대로를 열어주겠다 했다. 그리고 누구보담도 이들을 이 사회에서 가장 높은 자리에 앉힐 그런 방법도 강구해야 하겠다고 했다. 이러는 데는 먼저 이 땅의 사람들에게 이 사람들이 자기들에게 어떤 큰 것을 끼치는 것인지를 깨닫게 해야 하겠다고 했다.

태식은 이런 공상에 취하여 자기 눈앞에는 『몬테크리스토(암굴왕(巖窟王)』[143]라는 소설 속의 그 어느 부분과 같은 환상을 그려 보았다. 그는 혼

---

142 금시발복(今時發福). 어떤 일을 한 뒤에 이내 복이 돌아와 부귀를 누리게 됨. 원문은 "발목"이라 되어 있으나 오식이다.
143 알렉상드르 뒤마의 소설 『몽테크리스토 백작(Le Comte de Monte-Cristo, 1845)』을 말한다.

자도 취하고 감격하여 피가 뛰는 듯했다.

  그는 오늘 이 길로 명환이를 만나리라 했다. 그래서 발을 말리고 양말을 신고는 서울을 향해 들어온다. 그는 아까 넘어가던 철로 둑에 올라섰다. -그렇다. 나는 무수한 기차가 달릴 레일이 되자. 내 몸이 닳고 끊어질 때까지 이 땅에 문화를 위해 일하는 그 사람들을 위해 나머지 생을 바치자 했다.

  그는 어렸을 때와 같이 두 주먹을 쥐고는 철로 위로 달음질친다. 그는 자기의 뒤에서 무수한 사람의 달음질치며 따라오는 발자취 소리가 들리는 듯했다. 그의 눈에 비치는 하늘에는 무수한 사람들의 웃는 얼굴이, 그리고 자기를 향해 두 팔을 벌리고 맞이하는 사람들의 환영이 떠오른 듯했다. 그는 새 어린아이가 되어 아주 해탈한 벌거벗은 맘으로 미래를 향해 달음질치는 것 같았다.

44회, 1935.04.03.[144]

  종호가 간 뒤 영옥은 자리에 누운 대로 낮이 되어도 일어나지 않았다. 악몽(惡夢)의 끝은 결국 영옥에게 암담한 미래를 가져왔다. 태식이와의 장래에 대한 즐거운 꿈도 여지없이 깨지고 만 것이다. 또한 그것이 자기의 잘못된 생각인지도 몰랐다. 호적에 올랐거나 오르지 않았거나 엄연히 부부의 형식을 갖추었고 그런 것이 그 남편이 비록 못된 짓을 하여 **영어**[145]의 몸이 된다기로 그와 아주 말쑥이 관계가 끊어질 것으로 생각했던

---

[144] 45회 연재분(4월 4일자)은 현재 지면이 유실된 상태이다. 통상 이 작품은 석간 3면에 실렸는데 45회 연재분이 실려야 할 4월 4일자 『조선일보』 석간에는 45회분을 찾아볼 수 없다. 내용상 44회와 46회가 자연스럽게 연결되어 45회를 46회로 오식하고 실제로는 빠진 것이 없는 것으로 생각되기도 한다. (한편, 1987년 영인본에는 편집자가 "45면분은 분실!!"이라 쓴 손글씨 메모가 삽입되어 있다.)

[145] 원문은 "령오"이나 문맥상 '영어(囹圄: 죄인을 가두어 두는 곳)'로 생각된다.

가. 그 사람은 자기의 환경이 불리할수록 자기에게 대한 애착이 심히 가는 모양이니 그가 감옥을 간다 하더라도 다녀 나오는 때는 몸을 망쳤다고 해서 울분한 생각에도 자기에게 한층 더 덤벼들 것이다.

사실 그는 자기에게 대해서 모든 데 극진히 한 것은 사실이요 또는 그가 금은 밀수입까지 한 것은 그의 말마따나 자기 때문에 있었는지도 모른다. 사실은 인간적으로 생각한다면 가엾은 일이요 자기로서 얼마라도 동정해야만 하는 일이다. 그러나 영옥 자신은 그에게 조그만치라도 애정이 있는 것은 아니다. 일종의 직업과 같이 먹기 위해 좀 안정된 생활을 하기 위해 한 노릇이 지금은 발목이 잡혀서 꼼짝달싹 못하게 되지 않았는가. 이 몸으로 태식을 생각하고 태식에게 몸과 맘을 맡기다니 어리석은 일이었다. 태식이도 자기의 과거를 미루어 보아 지금과 같이 덤덤하게 구는 것인지도 모른다.

그렇게 생각하니 자기는 영원한 고아요, 집시의 딸과 같은 고독과 비운에 떨어진 여자다. 그야 이 세상에 맘에 없는 부부 생활을 하는 사람이 많을 것이다. 그렇지만 자기로서는 어떤 영화가 있든지 태식이를 보고 나서는 참고 살 수가 없다. 그렇지만 추루한 자기로서는 자기 몸을 태식에게 맡기기에는 죄악이 되는 일이다. 그 깨끗하기 이를 데 없는 태식에게 문둥병자의 옷을 입히는 것이나 마찬가지가 아니냐. ―그건 못한다. 못하는 일이다.― 영옥은 이렇게 생각하고 혼자 중얼대다가는 엎드려 흐득이고, 흐득이고 했다. 지금의 고통과 답답한 맘으로는 바깥으로 뛰어나가고 싶었으나 차집을 보기에도 부끄럽고 세상이 비웃을 것 같아서 그대로 드러누워 맘을 앓고 있다.

체경 앞에 놓은 어항에서 금붕어 은붕어가 먹은 것을 토하고 토한 것을 먹으며 지느러미를 놀려 헤엄치고 있다. 영옥은 그것을 보니 더욱 답답했다. 그래서 그는 일어나서 세수를 하고 밥을 먹고 옷을 갈아입었다. 어디든지 발 내키는 대로 쏘다녀 보자는 것이다.

그리고 태식의 일이 궁금해서 전화라도 해보고자 했다. 그래서 그가 막- 마루로 나오려 할 때 밖에서 여자의 기침 소리가 들리더니 안을 향해 기웃거리는 분 바른 여자의 얼굴이 비쳤다. 영옥이가 이것을 보자 그만 가슴이 덜컥했다. 영화였다.

"안녕하셨어요."

"에그, 난 누구시라고."

영화는 영옥이를 보자 그대로 걸어서 마루 끝에 와 섰다.

"실례입니다. 이렇게 남의 댁에 통기도 없이 막 들어와서요. 왜 어디를 나가시는 길인가요."

"네- 갑갑해서요. 그런데 어떻게 집을 찾으셨어요."

"왜요, 퍽 찾기 쉬운데요. 댁이 퍽 좋습니다그려."

"무얼요. 그저 그렇지요. 올라오세요."

영옥은 마음에 없는 소리나 자기의 집을 찾아온 사람이니 하는 소리다. 영화는 그 소리를 기다린 듯이 냉큼 마루로 올라오자 영옥이가 그를 방으로 인도했다.

"방이 누추하지만 좀 앉으세요."

"천만에요. 누추하시다니요."

영옥이가 방석을 내어서 영화에게 깔게 하고 담배를 내놓았다.

"바쁘시지요. 요새 봄이고 해서요."

영화는 영옥이의 그 소리에 얼굴이 조금 찌푸려지는 듯하더니 다시 화평한 기색을 지었다.

〈그림 44〉 4.5.

"네- 좀 바쁩니다. 사실, 저들로서는 영옥 씨가 부러워요. 팔자를 그렇게 타고난 걸 어쩌나요."

영옥이도 이 소리에 눈청이 야릇해지려다가 웃었다. 영화도 웃었다.

"댁에 식구가 몇 분이나 되시나요. 집이 이만큼 크면 여러분이 되시겠군요."

영옥은 그의 말이 또 무엇을 떠보려는 수작인가 했다.

"저와 차집하고, 바깥방 사람들하고 그래요."

"그럼 적적하시겠네. 저- 건넌방에는 차집이 있나요. 네- 참 조용하셔서 좋습니다. 저희 집은 식구가 많아서 애들하고 참 귀찮아 죽겠어요."

영화는 거짓말을 살짝 하고는 담배를 붙여 물었다.

46회, 1935.04.05.

"네- 그러세요. 그럼 영화 씨가 살림을 맡으셨나요."

"제가 벌어서 먹이지요. 귀찮아 죽겠어요. 달리 살아볼까 해도 나 홀몸이면 모르지마는…. 영옥 씨는 용하셔. 어떻게 이런 큰 집을 지니고 사시는지요. 재산이 많으신 것 같아요."

"재산이 무슨 재산이에요. 그저 억지로 꾸려가지요."

"재산이 없으시면 어떻게 이만큼 사시겠습니까. 아마 누구나 도와주시는 분이 계시겠지요. 양친이 다- 계신가요."

"도와주는 이는 있습니다마는 아버지 어머니는 일찍 돌아가셨어요."

"네- 그러세요. 저는 어머님이 계십니다마는 그래도 아버님이 계셔야 하겠더군요. 계셨다면 기생 노릇은 안 했을 텐데요."

"그렇지요. 저는 어머님도 안 계시니까, 더- 안됐어요."

영옥이가 마루로 나가서 차집을 불러서 무어라 귓속말로 이르고는 들어왔다.

"오늘 같은 날은 낮에도 틈이 없으실 텐데 이렇게 찾아 주시니 고맙습니다. 우리 점심이나 먹고 노시다 가시지요."

영옥은 영화가 찾아온 뜻을 짐작하고 태식과 그와의 관계를 알아보려 했다.

"무얼요. 집에 가서 먹지요. 공연히 폐를 끼쳐서야…"

"천만에요. 만나 뵈니 반갑습니다그려. 오래 사귄 사이는 아니지만 영화 씨를 보니 맘이 기쁘군요. 여자로 태어난다면 영화 씨만큼 인물이 좋아야 할 게야. 이야기하시는 얼굴을 바라보니 그만 홀렸어요. 어쩌면 그렇게 표정이 좋으십니까."

〈그림 45〉 4.6.

영화는 이 말에 깔깔 웃고 담뱃불을 재떨이에 껐다.

"괜히 놀리시는군요. 나는 영옥 씨에게 깜빡 홀렸는데요. 그러니까 박 선생과 같으신 분을 친하시지."

영화는 또 웃었다.

"그건 누가 할 말인지 모르겠네. 어쩌면 사람을 그렇게 흔드세요. 박 선생과는 내 친오빠나 다름없이 신성한 사이인데요. 그래도 영화 씨는 박 선생과 터놓고 지내실 수가 있지만!"

영옥은 자기 말이 빗나간 것 같아서 말을 뚝 끊고서 웃었다.

"탁 터놓고 지내다니요. 그야 그 사이가 신성하면 탁 터놓고 지낼 수 있지만요…. 영옥 씨, 사실 고백하자면 나는 박 선생을 흠모했어요. 그렇지만 영옥 씨가 계신 것을 알고 그만 단념할 수밖에요."

영화는 말을 마치며 영옥의 눈치를 힐끗 보았다. 영옥은 그 말에 얼굴이 붉어지는 듯하더니 웃어 보인다.

"네- 그러세요. 기왕 흠모를 하시면 단념하실 것은 무엇 있나요. 저 때문이라면 어폐가 있습니다. 박 선생과 같이 자라났을 뿐이지요. 별 관계는 없는데요. 그분과 같이 산보 한 번 한 것만 보시고 그렇게 아신다면 큰일인데요. 박 선생의 명예에 관계가 있어요."

"박 선생의 명예에 관계가 있다면 제가 그분을 흠모한다는 것을 말씀하시면 모르지만 영옥 씨 같은 분과 사랑하시는 사이라면 오히려 누구나 부러워할 것인데요. 우선 저부터 부러워해요. 행복하시겠어요. 다- 같은 사람으로 그렇게 다른 것이 많담!"

영화는 또 깔깔 웃었다.

"영화 씨도 꽤 실없으신 분일세."

영옥이도 웃었다.

"저도 대강은 짐작합니다. 박 선생이 댁에 계신 것도 아는데요. 그분의 친구 되시는 분에게 들어서 알아요. 그리고 그분과 영옥 씨와의 로맨스도 대강은 들었어요. 퍽 로맨틱하더군요. 좋아요. 사람이 한때는 그런 일도 있어야 산 맛이 있지요."

"온- 저런 그런 것을 누가 말했을까. 누가 그래요. 누가요. 큰일 나겠네. 세상도 실없는 세상이야."

영옥이가 얼굴이 붉어지며 고개를 숙였다. 영화는 일어섰다.

"댁 구경 좀 하겠어요. 조선집으로는 꽤 새 맛이 있는데요."

영화는 방을 나와 마루에 서서 보꾹[146]도 쳐다보고 걸어놓은 사진들도 보다가 건넌방 문을 턱- 열었다. 영옥이는 영화가 건넌방 문을 여는 데는 쫓아 나왔다.

"아무도 안 계실 것 같아서 열었어요. 이 방이 바로 박 선생이 계신 방이지요. 퍽 얌전히 꾸미셨군요."

영옥은 영화의 하는 양이 너무도 불쾌했으나 제멋대로 하라고 내버려두자 했다.

영화는 방으로 들어와 벽에 걸린 베토벤 상을 보고는 모나리자의 초상화 앞에 앉았다.

"박 선생은 모나리자와 같은 여자를 좋아하시는 게로군요. 꼭 영옥 씨가 웃으시는 입이 이 모나리자의 웃는 입 같애." 하고 자기 뒤에 있는 영옥을 힐끔 돌쳐보고 웃었다.

47회, 1935.04.06.

---

146 보꾹: 지붕의 안쪽.

"웬 닷다가[147] 모나리자예요. 사람을 퍽도 웃기네."

"그건 모르는 말이에요. 만약 영옥 씨 같은 분이 외국에 태어났더면 미인 투표에 특선이 되었는지 알아요. 이곳에서는 그보담 더 큰 것도 그렇지만 저런 인물도 그대로 썩는단 말이에요." 하고 영화는 일어서서 영옥의 손목을 잡고 이 방을 나와서 안방으로 갔다.

"영옥 씨, 영옥 씨도 박 선생을 사랑하시지요. 바른대로 말씀해 주세요. 저는 기생입니다. 아무나 가지고 놀 수 있는 장난감입니다. 그러니까 박 선생도 저를 그런 것으로 아십니다. 더구나 그렇게 점잖은 이로서는 맘으로는 가엾이 여기지만 그것은 일종 인간으로서 동정에 그치는 일이에요. 저도 그런 분을 애써 사랑하려는 것은 아닙니다. 기생에게도 사랑이 있겠습니까. 어느 때는 유희 기분에서 하는 짓이지요. 그래서 영옥 씨와 그분과의 지나간 이야기를 들어도 두 분의 행복을 빌지 않으면 안 될 일이에요. 영옥 씨, 제가 불행한 처지에 있는 만큼 영옥 씨를 한껏 행복하시게 하고 싶습니다. 이렇게 제가 댁까지 와서 이런 실례를 하는 것도 제가 그분을 조금이라도 흠모했던 까닭입니다. 제가 그분에게 배척을 받는다고 영옥 씨의 행복을 깨뜨릴 수는 없는 일이에요. 영옥 씨 당신이 박 선생을 사랑하시지요. 박 선생도 영옥 씨를 사랑하시지요. 말씀하세요. 그래야 제가 속이 시원하겠습니다. 말씀해 주세요, 영옥 씨."

영화는 영옥의 손을 쥐고 애걸하듯이 재촉했다. 그의 눈에는 눈물이 핑– 돌았다. 영옥은 이 단순치 않은 질문에 뭐라 대답할 수가 없었다. 또는 자기의 과거와 영화의 현재를 생각하며 영화의 심정을 살피고 어젯밤에 종호와의 지낸 일을 생각하면 오히려 영화에게 그 말마따나 자기에게 돌아오는 행복이 있다면 양보하고도 싶었다. 그러나 자기가 태식이를 잃는다 해도 그의 명예를 위하든지 그의 사회적 체면을 생각해도 기생에게는 보낼 수 없었다. 물론 태식이도 영화를 진정으로 사랑치 않으리라

---

147 원문 그대로임.

했다. 그렇다고 태식은 자기를 그렇게 열렬히 사랑하는 것도 아니었다.
 "영화 씨― 당신은 박 선생을 어떤 분으로 생각하시는지는 모르나 제 생각에는 그분은 이미 여자와의 사랑하는 것이고 연애고 다― 잊어버리려는 분 같아요. 그분은 늘― 딴 데 생각을 두고 계신 분이에요. 여자들과 아기자기하게 놀구 어쩌구 하는 것을 싫어하시는 분이에요. 그분은 좀 괴벽하시다면 괴벽하신 분이고 성자와 같다면 성자와 같으신 분이에요. 여자 앞에서는 조금도 주변이 없으신 분이에요. 행랑아범 보고도 아무개 씨라는 씨 자를 붙이고 차집 보고도 일찍 주무십시오 어쩌구 하는 분이에요. 이런 분을 모르는 이는 쑥스럽다고 하겠지만 그런 분이 참 인간인지도 모르겠어요. 예수를 믿으셨더면 목사나 그 이상 무엇이 되셨을 분이에요. 그분은 집안에서도 여인들이 더구나 제 앞에서도 발을 내놓고 씻지 못하시는 분이에요. 너무하시는 일 같지만 잡념이라고는 조금도 없으신 분이에요. 잡념이 없는 이가 어떻게 요새 여자를 기쁘게 하겠습니까. 그분은 무엇인가 꼭 한 가지만 생각하시고 계신 분입니다. 그런 분이길래 맨손으로 대학까지 마쳤지요. 참 감격할 분이에요. 영화 씨 당신이 그분을 흠모하고 내가 그분을 흠모한다 해도 그분은 우리 둘 중에 그 하나도 사랑을 주고받고 하는 분이 아닙니다. 그분의 말씀 중에는 요새 세상에 돈 없고 시간 없고 한 사람이 연애가 다― 뭐냐고 하시는 분이에요. 옳은 말씀이지요. 대개 여자를 쫓아다니는 사람 쳐놓고는 세상을 모르고 자라난 애부랑자들이 많으니까요. 여자들이 여기에 속아서 타락하는 수가 좀 많습니까. 영화 씨, 박 선생은 여자를 모르는 이입니다. 정말 모르는 것은 아니겠지요. 자기의 이 사회에 대한 의무를 이행하느라고 자기의 행락(行樂)을 물리친 것입니다. 그런고로 만약 그분을 사랑하는 여자가 있다면 그는 그분의 일을 힘써 도울지언정 그의 정을 사려고 해서는 안 될 것입니다. 영화 씨, 지도 그분을 사랑합니다. 그러나 우리는 그분을 위해서 괴롭게 해서는 안 될 것입니다. 그리고 내가 그분을 사랑하고 당신이 그분을 사랑한다기로 피차에 간섭할 필요가 없습니다. 그리고 양보할 필요도 없습니다. 그분이 어느 편이고 맘을 더 기울이고 안 기울이고가 있어야 말이지요. 영화 씨, 그렇지만 당신이나 내게는 슬픈 일입니다."

영옥은 눈물이 글썽해서 영화를 바라보았다. 영화도 눈물 어린 눈으로 영옥을 바라보았다.

"그러면 우리는 어떻게 해야 좋을까요." 하고 영화가 영옥이를 껴안는다.

"그래도 삽시다. 그분의 성취를 축원하면서 그대로 살아갑시다요. 반드시 그분은 위대하게 되실 것입니다. 우리는 그분의 영광스러운 날을 보고 죽읍시다."

〈그림 46〉 4.7.

두 여자는 부둥켜안은 채로 느껴 운다.

48회, 1935.04.07.

이때 차집이 점심상을 들고 들어와서 그들이 상을 받았다. 그들은 상을 물리자 자기들의 지난 이야기를 했다. 영옥의 이야기에 영화가 감격했다. 저녁때가 되어서 그는 돌아갔다.

태식은 명환을 찾아가자 다행히 명환이가 집에 있어서 명환이에게 자기의 의사를 말하고 그의 의향을 떠보았다.

"여보게, 우리도 사업을 좀 해보세. 돈은 써야 빛이 나는 것일세. 돈을 좀 쓰게. 이건 투기사업도 아니니까 손해를 본다 해도 남는 것이 있을 것이 아닌가. 술만 먹고 지낼 것이 아니라 무슨 기관이라도 세우고 거기다가 우리의 생을 맡기면 그래도 세상에 난 보람이 있을 것일세. 우선 자네가 돈을 내어놓으면 주(株)를 모으기가 쉽겠네. 남이 내어놓기만 기다리고 있다면 도저히 실현되기가 어려울 것일세. 아까 내가 말한 그 사업을 좀 해보세. 옛날부터 우리가 꾸던 꿈을 실현해 보자는 말이야. 그 일이 자네 하기에 달린 것일세. 자네 의향은 어떤가."

"글쎄 내 생각에는 잘될 것 같아 보이지 않네. 옛날에는 그저 기분에 띄워서 그랬거니와 지금은 그때와도 다르고 세

〈그림 47〉 4.9.

상이 너무도 강박해져서 아무리 좋은 사업이라도 주판이 맞지 않을 일에 손을 내밀 사람이 있겠나. 나야 한 번 돈을 들여놓았다가 그대로 없어진다 해도 아무 일 없지만 애는 애대로 쓰고 아무 효과가 안 난다면 안하니만 같지 않은 일일세. 다시 생각을 해보게. 모두들 무어무어 한다고 돈만 풀 쑤듯 쒀버린 일이 좀- 많았나. 내가 자네 의사를 존중하지 않는 것은 아닐세. 다- 좋은 말이지만 섣불리 덤벼들었다가는 세상의 조소를 살 테니까 그런 중대한 일을 지금 당장에 쾌히 응낙할 수는 없는 일 아닌가."

"자네 말도 옳은 말일세마는 겁부터 집어먹으면 될 일도 안 되네. 오늘 당장에 나서란 말은 아닐세. 며칠을 두고라도 생각을 해보게. 그래도 우리가 세상에 나서 무엇을 배웠다면 세상 사람에게 끼치는 바가 있어야 하지 않겠나. 무엇을 배웠다는 사람들이 모두 물러앉으면 그건 안 배웠더니만 못한 일 아닌가. 깊이 생각해 보게."

"그렇지. 생각해 보지. 나도 생각하겠지만 날마다 만나서 거기에 대해 우리가 연구를 해보세. 생산이 없으면 무슨 사업이고 장난에 지나지 않으니까 첫째 거기에 대해서 깊이 생각해 보아야 하겠네. 한편으로는 사업도 되고 또 한편으로는 돈벌이도 되고 해야 종업원들의 월급이라도 월급답게 지불할 수가 있을 것이 아닌가."

"옳아이. 그래야 되겠지."

태식은 오늘에는 여기 그치기로 했다. 그래서 그는 명환이에게서 나와서 영옥이가 기다렸으리라 하여 영옥의 집으로 왔다.

"어제는 웬일이세요. 퍽 기다렸는데요."

영옥은 맘은 아팠지만 평소의 기색대로 꾸며 보였다.

"참 실례했습니다. 어느 친구를 만나 붙잡혀 다니기 때문에 그만 밖에서 잤습니다. 그동안 아무 일 없었지요."

"네- 아무 일 없었어요."

태식은 저녁을 먹고 몸이 피곤하여 자리를 펴고 드러누워 잠이 들었다. 영옥은 명상[148] 앞으로는 종호와는 다시 살기가 싫고 태식은 아무래도 자기와 동거할 생각은 먹지 않는 모양이니 지금의 마음의 고통으로는 자살이라도 해야 하겠으나 그것도 못난 것 같았다. 늙어 죽을 때까지 사는 것이 사람이라면 자기도 아무런 의미 없는 생활이라도 늙어 죽을 때까지 살아보아야 하겠다고 했다. 길에서 거적때기를 쓰고 몸이 썩어가는 비렁뱅이들도 그들의 맘에는 사는 것보담도 죽는 것이 단 것으로 알겠지만 기왕 받은 목숨을 제 손으로 끊지는 못하는 모양이다. 그리고 보면 이렇게 사나 저렇게 사나 다- 한 가지 같았다. 무엇이 깨끗하고 무엇이 더럽다는 것일까. 결국 뒤바꿔 생각하면 그게 그것이었다. -가자.-

나를 낳은 고향이라도 받아주는 이 없으면 내 고향이 아니다. 산천이 수려하고 어쩌구 한 금수강산이 어떻다 하더라도 나를 반기는 이 없으면 일망무제한 사막에 다를 것 없다.

49회, 1935.04.09.

밤이 깊어지니 영옥은 어젯밤의 기억이 소스라쳐 실없이 공포를 느꼈다. 새벽에 종호가 나갈 때도 오늘 또 오겠다고 말은 안 했으나 좀 이야기할 일이 있으니 또 좀 만나야 하겠다고 했으므로 오늘 밤에도 올지 모른

---

148 원문 그대로임.

다. 그렇다고 누가 열라고 하든지 대문을 열어주지 말라고[149] 행랑사람에게 이를 수도 없고 오늘이나 내일이나 그렇지 않으면 그 안에라도 붙잡혀 갔을는지도 모르는 그를 그렇게까지 박정하게 할 수는 없었다.

  ―오면 오는 게지.

  그는 종호의 신세를 생각해 보고 가엾음을 깨달았다.

  그러나 태식이가 건넌방에서 자고 있으니 어제 종호가 건넌방 툇마루에 태식의 신을 보고 뭐라 한 것을 보아서는 그가 오면 무슨 변이 날지 모르는 일이다. 또 종호가 어디서 듣고 한 말인지도 모르겠고 변이 나면 왜자―할 것이니 그것이 걱정이다. 그래서 맘이 떨리고 손에 진땀이 나서 그는 자리에서 일어나 뜰로 걸어보려고 마루로 나갔다. 태식의 코 고는 소리가 요란했다. 영옥이가 마루에서 신을 신고 막 뜰로 내려갔을 때 대문 소리가 나더니 또 그 어젯밤 검은 그림자가 나타났다. 영옥의 가슴이 덜렁했으나 굳이 맘을 가라앉혔다.

  "어떻게 또… 누가 보지 않았을까요." 그의 말소리는 떨렸다.

  "봐도 하는 수 없지. 기왕 당할 일인데 언제 당하고 상관있나. 자― 좀 방으로 들어가지."

  종호는 영옥의 손목을 잡고 방으로 끌고 들어갔다.

  "내일 아침에는 자수를 해야 하겠어. 그러면 한 삼사 년은 못 볼 테니까 그동안 영옥이가 지낼 일이 걱정이 되어서…." 하며 종호는 품속에서 신문지로 싼 뭉치를 꺼냈다.

  "이것을 가지면 일 년은 살겠지. 그 뒤에 견딜 수 없으면 자유행동을 취해도 괜찮고 또 나를 생각해 준다면 나를 기다려 보아도 괜찮겠지. 그야 내가 무리하게 수절하라는 것은 아니오. 영옥이와 살았던 의리 있으니까 그렇지. 영옥이가 맘에 없는 부부 생활을 한 것도 알지만 나만은 영옥이를 그렇게 알지 않았어. 내기 그렇지 않다고 영옥이를 강제로 이래라저

---

149 원문은 "말고"이나 맥락상 '말라고'가 맞겠다.

래라할 수 없으니까. 앞일은 맘대로 해요."

영옥은 말이 없이 고개를 숙이고 있다. 종호의 말에 감격을 했는지 그는 흐득인다.

"그렇지. 사람과 사람 사이에 이별이 있다 해도 이런 이별은 좀 언짢은 이별이 아니겠소. 내가 슬프다 하면 당신을 잃을 것이 슬퍼. 자 – 이것을 어디다 깊숙이 넣우. 어서."

〈그림 48〉 4.10.

종호는 돈뭉치를 들어서 영옥의 손에 쥐여 주었다.

"너무 미안해서요…."

"미안은 무슨 미안이오. 어서 넣어 두."

영옥은 일어서서 다락문을 열고 올라갔다. 종호는 비스듬히 팔을 뒤로 괴이고 앉아서 명상에 잠겼다. 영옥이가 다락에서 내려오자 종호는 낯빛이 조금 변했다.

"여보."

"네."

"저 방에 있는 사람이 오빠라지."

영옥은 종호의 묻는 말에 등에 찬 땀이 솟는다.

"네 – 오빠예요."

"어떻게 되는 오빠라고 했지."

"외사촌요."

"외사촌. 옳지. 어젯밤에도 외사촌이라 했겠다. 그래 외사촌 오빠."

"왜 그러세요."

"글쎄 아무 일도 아니야. 내가 없어지자 외사촌 오빠가 와 있게 되었으니 말이야."

"집안이 적적해서 오라고 했지요."

"그럴 테지, 그건 그럴 것이지. 그럼 그 오빠는 무얼 하는 사람인구."
"××회사에 다녀요."
"착실한가."
"네—."
"그럼 다행이로군. 나이는 몇 살."
"스물아홉이에요."
"퍽 좋은 때로군. 만약 오빠가 아니요 남이라 했더면 영옥이하고 연애하기 좋은 때로군. 허허허."

종호는 너털웃음을 웃었다.

"그건 괜한 말씀이에요. 오빠하고 연애라니요."
"글쎄 가령 오빠뻘이 안된다면 말이지. 인물은 똑똑한가."
"…"
"말이 없으니 나쁘다는 말인가 좋다는 말인가. 암만 오빠뻘이 된다 하더라도 인물이 괜찮기에 데려다 두었겠지. 사실 날마다 볼 사람이 인물이 추하면 여자 맘에 좋지 않을 게라."

종호는 또 너털웃음을 웃었다.

"지금 자나."
"자나 봐요."
"자지 않았더면 상우례[150]라도 하는 건데. 내일이면 세상과는 인연을 끊겠지만 세상에 아는 사람이 하나 더 느는 것도 좋지. 어디 좀 가볼까, 남 자는 데 실례지만!" 하고서 종호는 일어서서 안방 문을 열고 나섰다.

50회, 1935.04.10.

---

150 상우례(相遇禮): 신랑이나 신부가 처가나 시가의 친척과 정식으로 처음 만나보는 예식.

종호가 방을 나가자 영옥은 얼굴이 파랗게 질렸다.

"여보세요. 남 자는 것을 어떻게 하려고 그래요."

이 말에 종호는 코웃음을 치고는 건넌방 앞으로 가서 미닫이를 열어젖혔다.

"여봐요. 아서요."

"무엇을 아서란 말이야. 내가 누구를 죽일 줄 아나."

종호는 방에서 흘러나오는 전등불을 등에다 지고 작열된 눈동자를 번쩍하고서 영옥을 노려보고는 다시 돌쳐서서 드러누워 자다가 문을 열어젖히는 소리, 이들의 두런두런하는 소리에 번쩍 깨어 일어 앉은 태식이를 노려보았다.

영옥은 어느 틈엔지 종호의 앞을 가로막고 서서 발발 떨며 태식에게 눈짓을 해 보였다.

"오빠 어찌 알지 마시오. 이이는 그때 말씀한 내 남편이에요. 주무시는데 이렇게 되어서!"

종호는 앞을 가리고 선 영옥을 옆으로 밀치니 영옥은 쓰러졌다.

"흥 오빠라구. 내가 요 일전 밤에 길에서 바깥 아범을 만났을 때 듣고서 그동안 어찌 되었다는 것을 짐작했으나 어제 올 때까지도 설마 그동안에 어쨌으랴 했고 어젯밤에는 보지 않던 사나이의 신과 단장을 보고 분이 났지만 이 방에는 아무도 없고 해서 그 정체를 모르고는 타낼[151] 수가 없으니까 잠자코 갔으나 내가 만주벌에서 주린 고양이같이 쏘다니던 저를 건져주니까 저를 위해 이 모양까지 된 나를 배반하고. 아 그래 내가 잡혀간 것이라고 다행으로 알고서 내 집에다 딴 사내놈을 데려다 놓고 흥청거리는 게야. 오빠? 야 이놈이 네 오빠냐?"

종호는 입에 거품이 솟아오르며 떠들다가는 웬 영문인지도 모르고 눈이 둥그레 앉아 있는 태식의 가슴을 발길로 찼다. 태식은 종호에게 얻어

---

151 타내다: 남의 잘못이나 결함을 드러내어 탓할.

맞자 벽에 쿵-하고 머리를 부딪고는 쓰러졌다. 영옥이가 종호에게 덤벼들어서 재쳐[152] 나가려는 발길을 쥐고 늘어지고서 제치며 쓰러지자 여자의 약한 힘에도 쿵 하고 의걸이[153]를 치며 떨어진다. 이틈을 타서 태식이가 일어났다. 그는 잽쌀스럽게 종호의

〈그림 49〉 4.11.

다리 밑에 목이 눌려 버둥기는 영옥이를 빼내고는 종호의 멱살을 잡아서 일으켰다.

"뉘에 남편이고 간에 이런 무례한 사람이 어디 있어. 오빠가 되니까 오빠라는 게지. 이 미친 사람 같으니. 정- 해볼 테면 해보려무나." 하고 고함을 지르자 종호는 주먹으로 태식의 턱밑을 치받쳤다. 태식은 고개가 뒤로 꺾였다가 다시 바로잡을 때는 입에서 피가 흘렀다. 그러나 종호의 목을 움켜쥔 손은 놓지 않았다.

영옥이가 점점 싸움이 어우러져 가는 것을 보고서 태식의 팔을 잡아당겼다.

"놓으세요. 제가 대신 당하지요. 놓으세요. 모든 것은 제 죄에요."

영옥이가 울고 부르짖는 바람에 태식은 종호의 목을 쥔 손을 놓았다. 놓자마자 종호는 영옥을 방바닥에 낚아채고는 태식에게 덤벼들었다. 영옥이가 이 꼴을 보고 덤벼들다가 종호의 곧은 발길에 차여 나가자빠졌다. 그만 졸도가 된 것이다.

태식과 종호는 싸움이 어우러져서 뒤치락엎치락하고 벽에 부딪고 나가자빠지고 덤비고 난투가 시작되었다. 밖에는 차집이 떨고 있고 행랑 사람들이 쫓아 나왔다.

---

152 원문은 "잽처"이나 '재쳐(이내 몰아쳐)'의 오식으로 보인다.
153 의(衣)걸이: 위는 옷을 걸 수 있고, 아래는 반닫이로 된 장.

이때 대문이 활짝 열리는 소리가 나더니 양복 입은 장정 세 사람이 뛰어 들어왔다. 그들은 구둣발로 미닫이가 나가자빠진 방 속으로 와짝[154] 뛰어 들어갔다. 이 바람에 태식을 깔고 앉아서 태식의 얼굴을 움켜쥐려던 종호는 깜짝 놀라서 일어났다.

"누가 김종호야." 양복쟁이 한 사람이 외쳤다.

"이 사람일세. 얼굴이 바로 그건데."

또 한 사람의 말이 끝나자 남은 한 사람이 어느 틈엔지 종호의 손목에 수갑을 채우고 포승으로 묶기 시작했다. 그다음으로 태식에게 대강 조사를 하고 혼도된 채로 그들이 싸우는 바람에 얼굴과 손 같은 데 상처가 난 영옥을 차집을 시켜 물을 먹여 깨워 가지고 대강 물을 것을 물은 후 태식과 영옥이 두 사람은 이 집을 떠나지 말고 부를 때 오라 하고 오지 않으면 구금을 한다고 땅땅 어르고 난 뒤에 종호를 데리고 나갔다.

왁자-하던 이 집은 그만 쓸쓸해졌다. 먼 데서 닭 우는 소리가 나고 물지게 소리가 어둠이 얄팍해 가는 거리에서 났다.

51회[155], 1935.04.11.

이튿날 태식이와 영옥이도 경찰서에 불려들어가고 태식과 영옥과의 관계 때문에 차집도 불려들어갔다가 나왔다. 태식과 영옥은 서에서 나오는 길로 백화점 식당에서 점심을 먹었다.

"선생님 어디고 거닐어 보실까요. 이야기할 것도 있고 하니요."

"그러지요. 가시지요. 어디로 가실까요."

그들은 의논한 결과 한강 다리의 새로 하는 역사 광경도 볼 겸 한강으

---

154 와짝: ① 기운이나 기세가 갑자기 커지는 모양. ② 여럿이 달라붙어 일 따위를 단숨에 해치우는 모양
155 51회부터 마지막 회까지 원문의 회차 표기에 오류가 있어 바로잡았다.

로 가보자고 해서 전차를 탔다. 전차에서 손잡이를 잡고 서 있는 영옥은 시름없이 앞일에 대해 생각하고 있다. 태식이와도 만나자 곧 이별해야 되는 그 얄궂은 운명을 저주했다. 이 맑은 하늘, 깨끗한 흙, 낯익은 사람들을 버리고 간다. 그리워서 찾아왔던 고토를 서러워서 떠난다. 태식과 전차를 타고 길을 걷고 이 땅의 강을 보고 초목을 보는 것도 오늘이 마지막이다. 영옥은 울 것 같았다. 목줄띠[156]를 올라왔다 내려가는 울음이 몇 번 거듭하자 그는 쓸쓸히 혼자 웃었다.

-이 땅에서 내가 무엇을 받았는가. 그리웠던 것이 무엇이었던가. 모두가 우스운 노릇이다.-

영옥은 묵묵히 서 있는 태식을 곁눈으로 쳐다보았다. 희끄무레하게 생긴 그는 더욱 빛나 보였다. 그러나 그는 그 어떠한 한 되는 일을 생각하자 미워 보였다.

-무엇을 하라고 무엇이 되겠다고 이 땅에서 무슨 위인이나 될 것 같은가. 당신도 어리석소. 지조를 지키고 무엇을 지키고 혼자 애쓰면 무얼 하겠소. 딱하오.

그는 맘으로 비웃어도 보았다. 그러나 아니 할 말이라고 곧 후회했다.

태식은 자기도 무슨 생각이 떠돌았는지 -아하- 하고 긴 숨을 가볍게 내쉬었다.

"영옥 씨 다리 아프시지요." 그는 나직이 말했다.

"괜찮아요."

"오늘 시달리셔서 고달프실 텐데."

"아니에요."

그들은 또 묵묵했다. 전차가 한강 종점에 닿자 이들은 버스를 타고 한강을 넘었다. 그래서 검은 들로 들어가는 신작로로 들어섰다.

"선생님."

---

156 목줄띠: 목에 있는 힘줄.

"네."
"저는 며칠 뒤에 어디를 좀 가겠어요."
"어디를요."

태식은 영옥의 비창한 말소리에 마음이 써늘해지면서 물었다.

〈그림 50〉 4.12.

"조금 먼 데예요."
"어디인가요."
"상해로요."
"상해는 왜요."
"여기 있으면 마음이 괴로워서 못 살겠어요. 그래서 한두 달쯤 있다 오겠어요."
"그런 것도 좋으실 것 같습니다마는 혼자 어떻게 가세요."
"가면 혼자 가지요. 제 생각에는 선생님을 모시고 가고 싶었지만 선생님은 이곳에서 무슨 일이고 하셔야겠고요. 뭐 곧 다녀오겠어요. 제 울을 벗어나서 오래 있을 수 있나요."
"글쎄 기왕 영옥 씨가 가신다면 저도 갔으면 좋겠습니다마는 여기서 조금 해볼 일이 있으니까요. 영옥 씨도 조금 기다려 보셨으면 좋겠는데요."
"있을 수 없어요. 하루를 더 있으면 하루를 더 못 살겠어요."
"정 그러시다면-. 그러나 그곳에서 어떻게 그동안이라도 사시게요."
"그만한 것은 있어요. 그저 바람을 쐬고 나면 맘이라도 시원하겠기에 가려는 것이요."
"네- 그러시다면 안심이 됩니다마는 그러나 모든 것이 비극입니다. 비극이지요."
"그래요. 비극이에요. 우리는 이 비극을 맡은 배우입니다. 이 연극을 누가 보고 있을까요. 세상이겠지요. 아니 작희(作戱)를 잘하는 조물주겠지요. 그는 재미있어서 우리에게 그 역을 맡겼겠지요. 그런데 연극이 잘

되었는지 모릅니다. 잘 되었다면 조물주의 총애를 받는 가엾은 물건들이지요. 선생님 우리는 영원히 잊지 않을 것이면서도 이렇게 쓸쓸히 지내야 할까요. 네- 하는 수 없지요. 그건 우리들도 어떻게 하는 수 없는 일이겠지요. 저는 선생님을 사랑했습니다. 존경했지요. 그런 까닭에 제게 떨어진 소득은 마음에 창흔입니다. 선생님 이 세상에서는 선생님 같은 분은 한 분도 없으리라고 했어요. 제일 존귀하게 생각하고 그리워했어요. 그것만 해도 저는 영광이올시다. 그러나 선생님 영화 씨를 사랑해 주십시오. 가엾은 여자입니다. 정말 사랑해 주세요. 어제 낮에 그가 왔기에 들은 바가 있습니다. 선생님이 남과 사랑하시는 것을 보고 싶습니다."

52회, 1935.04.12.

영옥으로서는 태식을 더할 나위 없이 사랑하여 몸까지 버린 끝에 태식의 태도가 생각했던 것과는 다르게 밍밍했고 또 자기의 처지가 태식에게 탁 터놓고 담판이라도 할 수 없게 되어 결국 이 땅을 떠나게 되니 화도 나고 섧기도 하고 모든 게 원망스럽기도 하고 밉기도 해서 태식에게 비웃적거려[157] 본 것이다. 그러나 태식이에게 무슨 죄가 있으랴. 그리고 남과 같이 뽐내어 보고 살아보지 못하는 그이라 하니 스스로 뉘우쳐 곁눈으로 태식의 낯빛을 살폈다. 그는 괴로운 낯빛이었다. 언제나 그 무거운 입이 움직일 듯하다가는 다시금 굳게 닫히며 머리를 숙인다.

"그 말씀에 노하셨는가봐. 농담인데요."

"아니올시다. 제 죄가 큽니다. 다- 용서해 주십시오. 나같이 못난 놈이 이 세상에 또 있겠습니까. 제 주제에 기생하고 어쩌고저쩌고하다니요. 양심에 크게 어그러진 일이지요."

---

157 비웃적거리다: 남을 비웃는 태도로 자꾸 빈정거리다.

태식은 영화가 영옥을 찾아갔었을 때 무슨 말이고 주절댔는가 해서 영옥의 그 말에 얼굴이 화끈했으며 마음이 아팠던 것이다. 더구나 ××정에서의 그날 밤의 된 일이 눈에 환하게 떠오르자 발광을 할 만큼 마음이 떨렸던 것이다.

"천만의 말씀이세요. 저는 선생님께는 한 가지라도 선생님 양심에 거리끼신 일을 하신 것이 없다고 생각해요. 그렇게 믿습니다. 영화도 제가 몸이 달아서 하는 모양이더군요. 그건 저와 마찬가지지요. 저도 사실 그와 조금도 다를 수 없는 여자니까요. 다─ 미친 것들이지요. 선생님의 인격을 몰랐던 것이지요. 선생님 제가 가더라도 잊지는 말아 주세요. 이 세상에는 저와 같은 여자도 있었거니 또는 선생님의 미래를 축복하는 여자가 있거니만 생각해 주세요. 그리고 멀리 있으면서도 선생님이 무슨 일에든지 성취하셨다는 소식을 들으면 혼자 기뻐하겠습니다. 저는 이 세상에서 바라는 건 제 몸에 대해서는 아무것도 없습니다. 단지 그것 하나뿐이에요. 선생님 이렇게 말씀하고 보니 옛날 생각이 납니다. 우리 집에 선생님이 계실 때는 어린 맘에 믿고 바라면서도 내 자신이 그 믿고 바란 것이 무엇인 줄을 몰랐습니다그려. 그때는 선생님만 뵈면 가슴이 두근거렸어요. 그리고 한집에 있으면서도 자리를 조금 떠나기만 해도 왜 그런지 애처로웠습니다. 그러다가 선생님이 훌쩍 동경으로 떠나신 뒤부터는 나에게 있어서 그 무엇인가 지중하고 존귀한 것을 잃은 것 같고 온 세상이 쓸쓸했어요. 선생님 지금도 눈에 선─합니다. 선생님이 경성역을 떠나실 때 기차가 떠나간 뒤의 텅 빈 플랫폼에 서서 레일을 바라볼 때, 그때의 섭섭하고 슬프던 마음. 저는 날개라도 있으면 그 기차를 따라서 쫓아 날고 싶었어요. 그래서 나도 저 레일 위로 저 기차를 타고 동경으로 동경으로, 하다가 못 가고 말았습니다. 선생님 아무래도 제가 상해를 가려면 그 기차를 타고 현해탄을 넘어서 가야 하지 않겠습니까. 그 평생의 소원이던 그 기차를 탑니다그려. 선생님, 이게 운명이지요. 그게 무슨 까닭일까요. 아─." 하고 영옥은 손수건으로 얼굴을 가렸다. 영옥의 그 말을 들으며 걸어가던 태식의 눈에서도 눈물이 쫠쫠 흘렀다.

이들은 눈물을 거두고 거두고 해도 끊길 줄 모르는 눈물이 흐르고 흐르고 한다. 이들은 길을 외져 들어가 언덕 으슥한 송림 사이로 갔다. 그들은 풀밭에 앉아서 흐득인다.

"네– 선생님. 우리는 왜 이다지도 박행한 사람들입니까. 우리가 무슨 죄를 지었기에 이렇게도 불행합니까. 고생 끝에 낙이 온다는 말도 거짓말이에요. 낙만 아는 사람의 말이에요. 태곳적 샌님들의 말이에요. 선생님, 선생님, 우리에게는 언제나 즐거운 날이 옵니까? 선생님!"

영옥은 손수건으로 싼 얼굴을 태식의 가슴으로 가져갔다.

"영옥 씨 너무 슬퍼하지 마십시오. 영옥 씨가 우시면 저는 창자가 끊어집니다. 우시지 마시고 그 대신 저를 함부로 욕을 하십시오. 죽어버리라고 명령하십시오. 영옥 씨가 말씀하시면 이 길로 저 물에라도 텀벙 빠지겠습니다. 울지 마십시오. 영옥 씨!"

태식이가 영옥이더러 울음을 그치라 하면서도 그의 얼굴에는 눈물이 촽촽 흐르고 있다.

늦은 봄 석양의 나무 그림자가 이들의 몸에 얼숭덜숭 반점을 그려주었다. 어디서 나는지 먼 데서 "한강 물은 쉬지 않고 흐른다."라는 남녀 합창의 노랫소리가 들려왔다. 이들에게는 슬픈 노래였다.

53회, 1935.04.13.

이들은 먼 밭으로 노래 부르던 축[158] 같은 남녀 학생의 떼가 오는 것을 보고서 일어나서 송림 사이를 나와 한강 다리로 나갔다.

"선생님, 저는 기왕 여기를 나온 길이니 어머님 산소에를 다녀가겠어

---

158 축: 일정한 특성에 따라 나누어지는 부류.

요. 먼저 집에 가 계세요."

"아 참 저도 언제고 한 번 댁 어머님 산소에를 가본다는 게 그만 잊었습니다그려. 저도 가지요. 여인네가 묘지에 혼자 가시기도 안되었으니요."

이들은 전차를 타고 용산 병영 앞에서 내려서 이태원 가는 길로 들어섰다. 한참 가서는 꼬불꼬불한 비탈길로 올라서 묘지에 다다랐다. 묘지에는 민들레, 할미꽃이 듬성듬성 피어 있었다. 무덤마다 떼가 파랗고 사태가 난 무덤에는 벌써 긴 풀이 나고 있었다.

영옥은 어머님 무덤 앞에서 절을 했다. 태식이도 절을 했다. 영옥은 그 앞에서 통곡을 하고 태식이도 킹킹거리고 운다. 영옥이가 얼마를 울었는지 태식이가 그의 어깨를 흔들어 일으켜서 겨우 울음을 그쳤다. 이미 해는 서편 하늘을 미끄러져 떨어졌다. 까마귀 떼들이 몰려온다.

〈그림 51〉 4.14.

영옥과 태식은 다시 이 묘지를 벗어나서 오던 길로 걸어서는 전차를 타고 시내에 들어왔을 때는 이미 밤이었다.

◇

영옥이가 상해로 떠나는 날이다. 아침 차를 타려고 영옥은 태식과 함께 경성역을 나왔다.

영옥은 사뜻하게 양장을 하였다. 행장도 간단하여 그는 외지로 굴러다니던 경험을 말하는 듯했다. -아무래도 이 땅의 분위기에는 어울리지 않는 이채라.-고 태식은 영옥의 미묘한 자태를 보고 느껴진 바다.

태식이가 먼저 앞서서 찻간으로 들어가서 자리를 잡아주었다.

"여기 좀 앉으세요."

"네-."

태식은 영옥의 안타깝게 구는 바람에 그가 가리키는 자리에 앉았다.

"제가 가서 편지할까요. 여기서 지내시기 재미없으면 오세요. 제가 어떻게 하든지 선생님의 뒷배를 봐 드릴게요. 오세요. 제 생각 같아서는 지금이라도 같이 가셨으면 좋을 겐데요. 선생님을 남겨 놓고 어떻게-."

영옥은 손수건을 꺼내어 눈을 씻었다.

"고맙습니다. 네- 이곳에서 아무 것도 안되면 가겠습니다. 그러나 제가 잘되면 영옥 씨가 오셔야 합니다. 오십시오. 한집에서 못 살아도 정신적으로- 그렇지요. 맘으로라도 서로 믿고 살지요."

"그건 안 돼요. 김종호란 이가 저기를 다녀 나오면 어떻게 할지 모르겠어요. 선생님이 오세요. 한 번 바람도 쏘이실 겸 다녀라도 오실 작정을 하시고라도!"

"네- 그렇게 하지요. 그럼 편지로 또 말씀하지요."

이때 밖에서 호각 소리가 났다.

"자- 그럼 안녕히 가십시오."

태식이가 주먹으로 눈을 부볐다.

"네- 안녕히."

영옥이가 또 손수건으로 입을 가렸다.

태식이가 차에서 내리자 기차는 움직이기 시작했다. 영옥은 차창으로 느껴 울며 태식을 내다보고 흰 손을 들어 힘없이 움직였다. 태식은 모자를 벗어들고 서글픈 웃음을 띠고 섰다. 차는 멀어졌다. 영옥은 얼굴을 내밀고 울면서 이편을 바라보는 것이다. 태식은 모자를 든 손을 높이 들었다. 차는 더욱 멀어 갔다. 영옥의 얼굴은 달아나는 뱀의 반점같이 반짝였다.

차가 보이지 않고 아침 해에 두 줄의 레일이 번쩍였다. 태식이가 지금 서 있는 그 자리가 옛날 자기가 동경으로 갈 때 영옥이가 서서 있던 자리라는 것을 태식은 알 리가 없을 것이다. 그러나 자기가 떠날 때 영옥이의 맘도 자기의 지금의 맘과 같이 형언할 수 없는 우울과 적막을 느꼈으리라 했다.

태식은 정거장을 나왔다. 그렇게 소란하던 시가의 모-든 잡음과 소음도 귀에 들어오지 않았다. 그는 아무 정신 없이 길을 걸었다. 얼마를 걷다가 그는 걸음을 빨리하여 명환의 집을 향해 가고 있다. 그의 머리끝까지 치밀어 올라오는 정열과 울분이 그로 하여금 사업의 길로 달음질치게 한 것이다.

"*작자(作者)의 말*" *미숙한 이 작품을 끝내고 생각하오니 독자 제씨께 죄송할 뿐입니다. 다음 기회에 모든 부끄러운 점을 씻을까 하옵고 붓을 놓습니다. (끝)*

54회, 1935.04.14.

감독 박기채 수기(手記), 「춘풍(春風)」

『조선중앙일보』, 1935.09.17.~10.08.

영화시대사 제1회 작품

원작·각색 : 안석영, 촬영 : 양세웅

태식(泰植), 성환(成煥), 종호(鐘浩), 영옥(瑛玉), 명화(明花), 문자(文子), 교장, 교무주임, 담임선생, 영옥 어머니, 인숙(仁淑), 하숙 학생, 기타 인물 다수

▲

봄 유원지

잔잔한 연못물을 타고 노는 오리떼들이 퐁당 하고 떨어지는 돌에 놀라 저마다 소리를 지르며 꼬리를 젓고 혀여 간다.[1]

자기 집에서 오랫동안 유숙하던 태식이가 전문학교를 졸업하고 동경으로 유학하게 되었다고 해서, 더욱이 어린

〈그림 1〉 9.17.

처녀인 영옥의 따뜻한 마음에서 우러난 정리로, 가난한 그들이 호화롭게 놀 형편은 못되나 따뜻한 봄날에 태식과 더불어 새 풀밭이라도 걸어보자

---

1 원문 그대로임.

고 하여 영옥이 어머니도 따라나선 것이다.

―어머니도 어린애 같으셔.―

그의 어머니가 연못에 돌을 던지니 영옥이가 한 소리다. 태식이는 웃었다.

이들은 동물원 편으로 들어섰다. 공작은 꼬리를 펴서 여러 사람의 눈을 현황케 하고 있다. 영옥이 어머니는 태식의 어깨에 손을 얹고 공작을 보며 외친다.

―자네 간다는 데도 저런 공작이 있겠지.―

―아이고 어머니도 참. 거기는 저보다 더 훌륭한 것이 있을 텐데요.―

―그 애두. 내가 그곳 일을 어찌 안단 말이냐.―

이 두 모녀는 태식이가 간다는 곳이면 무엇이든지 훌륭한 것이 있으리라고 생각했으니 그것은 태식이는 지금도 훌륭한 사람이 되어가고 있는 것이라고 본 까닭이다.

이들은 원숭이, 코끼리, 호랑이, 사자, 하마 등등 보고 웃고 놀라고 깨닫고 생각하고 하는 잔디밭에 앉았다.

(형편상 이상의 처소가 변경되는 때는 따라서 이상의 장면까지 각본이 달리 변할는지도 모른다.)

영옥이가 들고 온 점심 보자기를 펴자 이들은 따스한 봄볕 아래 새 생명이 돌아오는 흙 위에서 점심을 먹었다. 이들에게 있어서 일 년에 한 번씩 오는 그 짜른² 봄이나마 태식이가 동경을 간다는 바람에 이 인상 깊은 즐거운 이 봄날을 이런 곳에서 보내게 될 수 있었음이 그들의 마음을, 더구나 영옥의 마음을 기쁘게 한 것이요, 또한 서운하게 한 것이다. 영옥의 어머니― 죽을 날이 가까워 오는 늙은 과부의 그 마음은 더욱 쓸쓸했지만….

이들은 반나절 동안 이 유원지에서 해를 보냈다. 그러는 중에 영옥의 기슴은 바지직바지지 태우면서도 앞날이 허전허전하게 하는 것이 있어

---

2 '짧은'의 북한어.

웬셈인지 우울한 것이 그 자신도 무슨 까닭인지 몰랐으나 다만 태식이가 자기 집을 떠나고 이 서울을 떠나고 조선을 그리고 이곳에는 영옥이 자신이 새로운 천지에 눈이 뜨이는 때 이 봄에 떠난다는 것이 퍽이나 애처로웠던 것이다. 그러나 무엇을 가지고 태식의 마음을 꺾어볼 수 있으랴. 태식은- 그렇지, 오빠는 위인이 된다. 이 위인의 걸음을 막지는 못한다. 무슨 수로든지 그의 한쪽 팔 아니 손가락 하나라도 되어보자. 이것이 가련한 영옥이의 마음의 속삭임이다.

01회, 1935.09.17.

-언제 떠나세요.-

영옥은 울 듯한 심정을 누르고 속삭였다.

-내일이라도 가지요.

태식은 영옥이가 어리거니- 하고만 생각하던 것과는 달리 요사이의 그의 태도가 달라짐을 깨달았다. 그래서- 벌

〈그림 2〉 9.18.

써 이성(理性)이 버쩍 자랐다고 했다. 지금의 영옥이 말도 심상치 않게 태식의 가슴을 찌르는 듯했다.

-5년 동안의 긴-세월을 하루 같이 지내 온 일을 생각하니 어머님이나 영옥 씨에게 무엇이라 사례의 말씀을 해야 좋을지요.-

-그런 말씀은 저나 어머님이 드릴 말씀이야요. 그동안 고생만 되셔서….

이들의 을씨년스러운 속삭임이 있은 뒤 이들은 집으로 향했다.

◇

봄비 내리는 날 영옥의 집 오동나무 이파리에 어린 빗방울. 봄날의 궂

은 비가 영창을 두드리는데 태식의 방에는 영옥과 태식이가 마주 앉았다. 영옥은 고개를 숙이며 젖가슴에서 무엇인가 꺼내어 방바닥에 놓았다. 그리고 영옥은 떨리는 입술을 열었다.

－아버지께서 살아계실 때부터 우편국에 저금해 온 돈이니 아무 염려 마시고 여비에 보태쓰세요.－

태식은 놀랐다. 그는 감격할 수밖에 없었다.

－영옥 씨가 이렇도록 하시는데 받지요. 반드시 성공해 보이지요.－

태식은 감격한 나머지 무의식중에 영옥의 손을 잡았다. 영옥은 자기의 손에 태식의 손이 와 닿는 것도 깨닫지 못했다. 그것은 그의 슬픔이 그것보담 컸던 까닭이다.

－가시거든 편지나 자주 하세요.

태식의 눈에도 눈물이 고였다.

－하구말구요. 영옥 씨도 졸업을 하시면 동경으로 오셨으면 좋겠는데요.－

눈물 어린 영옥의 입초리에 웃음이 돈다.

◇

태식이가 떠나는 전날이라 태식이가 짐을 꾸릴 때 아랫방 학생도 거들고 있다. 그 학생들에게 정표를 주고 한옆에서 영옥은 태식의 졸업장을 보고 눈물을 떨어뜨린다. 태식은 영옥에게 탁상시계를 준다.

－이것은 변변치 않지만 기념으로 가지고 쓰시오.

그날 밤 떠나는 사람을 위해 이 집에는 가난한 잔치가 벌어졌다. 영옥이, 영옥이 어머니, 태식이, 아랫방 학생들. 이렇게 둘러앉아서 입에도 대보지 못하던 술, 그 술잔을 들고 축배를 한다.

－태식 형님 성공을 위하여 축배를 올립니다.

한 학생이 외치자 영옥이도 무의식중에 술잔을 입에 갖다 대었다.

태식은 떠났다. 동경서 태식이가 엽서를 띄웠다.

"그사이 어머님도 안녕하시며 나는 염려해 주시는 덕택으로 무사히 동경에 발을 디뎠습니다. 자리를 잡는 대로 동경 이야기를 써서 보내리다. 영옥 씨 몸 성히 계시오."

　-박태식은-

　영옥은 이 편지를 보고 우는지 웃는지 태식이가 쓰던 책상을 향해 앉았다. 얼마 만에 그는 그 책상에 어프러진다.[3]

02회, 1935.09.18.

　늦은 가을이다.

　여러 해의 그 해소가 이상히도 뜸-하다가 불시에 가을철에 들어서 더치게 된 영옥 어머니는 자리보전하고 눕게 되었다. 남편도 간 지 오래요, 외딸을 키우려고 학생을 쳐서 근근이 살아가며 영옥이 바라지를 하느라고 찌들은 위에 병마가 덮쳐 그는 꼬부랑 노파가 아직 되지 않은 터에 아주 그만 몸이 쇠할 대로 쇠해버렸다.

〈그림 3〉 9.19.
[스틸 인물] 이경선(李慶善), 문예봉(文藝峯), 복혜숙(卜惠淑), 이익(李翼), 이설영(李雪影)

　영옥은 학교를 다니면서 어머니의 약심부름을 하고 밥을 짓고 하던 것이 원체 어머니의 병환이 위중하니 학교를 가지 못하고 약탕기로 온종일 울며 지냈다. 이제는 전당을 잡혀야 약을 지을 수 있다. 그것도 이제는 하는 수가 없게 되었다. 외상약도 이제는 약국집 영감이 영옥이 집 형편을 아니 받을 길이 없어서 주지 않는다.

　영옥이는 심상치 않은 어머니의 푸른 얼굴, 푹 꺼진 눈꺼풀 사이로 숨

3　어프러지다: '엎드러지다'의 방언.

어버리는 눈자위를 보고 가슴이 덜컥 내려앉았다. 영옥이는 어머니를 붙들고 운다.
　아랫방 학생들이 영옥의 우는 소리에 자다가 튀어나온다.
　-이 일을 어찌해요. 어머니가 큰일 났어요.
　영옥이가 슬피 부르짖으며 마루로 나올 때는 아랫방 학생은 길로 뛰어나갔다. 깊은 밤 병원의 문을 두드렸으나 죽은 듯이 고요했다. 그래서 이 병원 저 병원의 문을 두드려 겨우 의사를 끌고 온다. 또 한 학생은 영옥의 학교 담임선생을 끌고 온다. 그러나 때는 늦었다.
　쓸쓸히 가난하게 살아오던 영옥의 어머니다. 또한 쓸쓸히 가고 말았다.
　삿갓가마 속의 영옥은 흑흑 느껴 운다. 이 어여쁜 고아의 그 마음이 오죽이나 아프랴.
　×
　영옥은 명민한 처녀였다. 그래서 학교에서 늘- 우수한 성적을 계속했고 학생끼리도 잘 친했고 선생들도 그를 귀여워했다. 그래서 학교 교원과 교장의 호의로 영옥은 학교 기숙사에 있게 되고 막막한 졸업 후의 앞길을 바라보고 늘 불안에 싸여있었다.
　그동안 태식의 소식은 들을 길이 없었다. 그것은 영옥이가 기숙사로 온 뒤로 바깥 남자와 서신을 통치 못하게 되는 까닭이다.
　그 다사로운 꿈을 실은 봄이 또 왔다. 실버들이 기숙사의 마당에서 춤을 출 때 영옥의 마음 속의 환상은 오로지 태식 한 사람뿐이었다. 자기도 -내가 누구를 사랑하는 것인가.- 하고 순진했던 자기의 마음속에 이상하고 새로운 영롱한 싹이 틈을 깨달았다. 깨닫자 그는 가슴속이 설렜다.
　봄도 갔다. 여름도 가고 가을도 가고 겨울도 가고. 그리고 또 봄이 왔다.
　그는 졸업할 날을 맞이했다. 졸업을 하면- 하고 갈 곳 없는 영옥은 남몰래 속이 타고 그리고 자기의 신세를 탄식도 했다.

03회, 1935.09.19.

영옥은 학교를 다니는 동안 한 번도 유쾌한 날이 없었다. 테니스도 하고 농구도 하고 경기를 할 때도 흥이 없고 맥이 풀렸다. 하나는 앞길을 생각 안 할 수 없는 것, 또 하나는 태식이가 동경에서 나오면 그보담도 그 번화한 곳에서 와서 자기를 만나보려 할지? 반

〈그림 4〉 9.21.

드시 그는 성공하리라. 성공하면 자기와 같은 미미한 존재가 태식의 눈에 보일 리가 있으랴.

영옥은 자기를 돌아다보고 스스로 낙망했다. 그리고 태식은 자기가 걸어 나갈 길만 보고 가는 사람이어서 한 개 여자의 좁은 가슴속의 불길을 보기나 하랴. 영옥은 태식에게 대해서 스스로 절망했으나 그럴수록 안타까운 심정은 어찌할 수가 없었다.

그래서 그는 혼자 나무 그늘에서 쓸쓸히 시간을 보낸 때도 있었다. 이 일은 다만 한방에서 기숙하고 있는 인숙이만이 이해를 해주는 일이다. 그래서 이렇게 수심에 싸일 때면 인숙이가 위무를 하곤 했다.

졸업할 날이 며칠 안 남은 그날 급사 아이가 영옥이를 교무주임이 부른다고 전갈을 했다. 교무주임은 영옥이를 불러다 놓고 그의 전정에 대한 것과 교장선생도 영옥의 전정을 위해 근심한다는 것들을 죽- 늘어놓고 앞으로 영옥이는 어찌할 테야- 하고 엄격한 태도로 물었다. 아직 아무런 생각도 없습니다마는- 영옥은 더 대답을 못했다. 물론 교무주임도 영옥의 결심이 있었던 것을 아는지라,

"공부를 더 하는 것이야 좋지마는 무슨 수로 더할 테야."

"아니에요. 제힘으로 어떻게든지 해야지요."

"글쎄 여자가, 더구나 혼자 몸으로 안될 말야. 영옥이가 무슨 힘으로… 다른 게 아니라 교장선생님 소개로 적당한 곳이 있으니 결혼을 하는 것이 어때?"

영옥은 의외로 이런 말을 들을 때 가슴이 덜렁했다.

"다- 이 말도 영옥을 생각해서 하는 말이야. 교장선생의 호의도 있고 하니 응낙을 해보도록 해-."

영옥은 그만 눈앞이 캄캄했지만 용기를 냈다.

"저를 그토록 돌봐주시는 은혜는 감사합니다. 그러나 처음 듣는 말씀이니 잘 생각해 봐야 하겠어요."

"그러면 충분히 생각해서 대답하도록 할까."

영옥은 교무주임의 이 말에 예를 공손히 하고 나갔다.

◇

밤-

사은회가 있다. 여러 가지 순서를 가지고 기숙사 식당에서 사은회가 열린다.

이날 밤 사은회장엔 교장 이하 여러 교원과 졸업반 학생들이 참석했다. 해마다 있는 사은회지만 교원들에게는 해마다 새로운 흥미를 자아내는 일이었다. 젊은 선생은 칼라, 넥타이를 새 빛을 내고 다만 교장선생의 혁대가 내다보이는 짜른 양복바지, 교무주임의 고무칼라-는 그저 그 모양이었다.

모들뜨기 경숙이가 사회자라, 이 여자가 연단에 올라서자 일동이 일어서서 교가를 부르고 경숙이의 익살맞은 개회사로 사은회가 열린다.

04회, 1935.09.21.

"에- 웃지 마십시오. 오늘은 문자 그대로 사은회올시다. 에- 생아자도 부모요, 양아자도 부모니,"

모들뜨기 경숙이의 새된[4] 소리에 일동은 크게 웃었다.

"우리로 하여금 지덕을 함양케 하시려고 애써주신 우리 선생님들의 앞을 떠나게 되는 오늘에 있어서 우리들은 선생님의 은혜를 잊어서는 안 될 것입니다. 잊어서는 안 돼요-."

경숙이가 신이 나서 주먹으로 테이블을 치다가 주먹이 아파서 입으로 호호 부니 만장이 폭소했다.

김해라 양의 '시냇물'이란 독창이 있고 다음으로 영옥이가 사은사를 하는 차례가 왔다. 오늘의 영옥은 이상하게도 빛났다. 모두들 영옥에게 긴장된 시선을 모았다. 영옥은 고요히 걸어나가 연단 옆에서 예를 하고 자그마한 소리로 기침을 하여 목을 가다듬었다.

"선생님 저희들이 정든 학교와 은사의 앞을 떠나게 되올 때 슬픔이 복받칩니다. 이 기숙사의 수양버들, 우리들이 심어놓은 운동장의 포플러, 아카시아, 진달래, 그리고 사시장철 향기로운 향나무⋯ 또 우리의 손길에 길든 목마, 그네. 모든 것이 마음에 걸리고 눈에 걸립니다. 그리고 이 학교를 떠날 때 우리들의 꿈 많고 정 많고 순진하고 그 아름다운

〈그림 5〉
'교문 전 3인' 문예봉, 강춘희(康椿禧)

시절도 영원히 가버리는 것입니다. 그러면 여러분은 사회에 나아가서 일을 하시고 또, 가정에 들어가서 일을 하실 것입니다."

일동은 흑흑 느껴 운다.

"그러나 우리들은 결혼이라는 문제에 있어서는 조선과 같이 이해 없는 결혼으로써 일생을 망치는 그것을 깊이 생각하지 않으면 안 될 것입니다-."

영옥의 말은 조금 탈선된 듯했으나 학생 일동은 눈물을 거두고 또렷한 눈으로 영옥을 바라보지만 교장과 교무주임은 이 말에 불쾌해서 이맛살을 찌푸린다.

---

4 새되다: 목소리가 높고 날카롭다.

"-끝으로 여러 선생님들의 은혜를 영원히 잊어서는 안 됩니다. 그리고 우리가 어디 있든지 모교를 늘- 그리워하고 사랑하고 선생님들을 늘- 맘으로 존경해야 하겠습니다!"

영옥이는 눈물을 손수건으로 씻으면서 연단을 떠나 자리에 와 앉았다. 선생, 학생 모두들 눈물을 씻었다.

다음으로 졸업생 중에서 '꽃동산'이라는 노래를 이부합창을 하고서 교장의 훈사와 성애순의 피아노 독주가 있고 사은가가 있고서 다음 여흥으로 들어갔다. 교무주임의 '학도야 학도야 청년학도야' 노래는 만장을 몹시 웃겼고 다과회가 있은 후 사은회가 폐회되었다.

영옥이가 텅-빈 사은회장에 혼자 쓸쓸히 머물러 있을 때 담임선생이 쫓아왔다.

05회, 1935.09.22.

담임선생은 영옥이에게 말한다.
-근심 말아. 나는 영옥이를 양해하니까 교무주임께 잘 말씀하지.
-선생님 고맙습니다.
◇
밤 – 기숙사 방안 –

영옥이에게 있어서는 오늘 밤이란 이 밤은 슬픈 밤이다. 내일 아침에는 교장선생과 교무주임의 후의를 저버리지 않으려면 그분들의 뜻대로 응하여야 하고 낯도 모르는 사나이, 그야 어찌 되나 살려면 살 수 있겠으나 앞길의 희망을 끊고 모든 이상을 내동댕이치고 바야흐로 청춘의 꽃이 필 때 찬 서리를 맞아야 한다. 희망을 끊고 이상을 저버린다는 것은 목숨을 버리는 것보담 아깝고 아픈 노릇이다.

그렇다. 은혜는 은혜로 갚는 것이지 결코 자기의 앞날을 은혜라는 그

제단 앞에 바칠 수는 없다. 자리 속에서 철철 흐르는 눈물을 걷잡을 수 없고 터지는 울음을 참을 수 없어 입술을 깨물고 일어 앉았다. 인숙은 잔다. 어린 아이같이 아무 악의가 없는 천사와 같은 얼굴로 꿈속의 즐거운 일을 보는 듯이 미소하는 듯했다. 팔자 좋은 아이로

〈그림 6〉 9.26.

구나 하고 영옥은 한숨을 짓고 책상 앞으로 숨소리를 죽이고 갔다.

속치마 속에서 열쇠를 꺼내어 서랍을 열고는 그 속 맨 밑바닥에 감추어 두었던 태식의 사진을 꺼냈다. 그 사진의 태식은 왜 그다지 이상에 불타는 눈동자를 가졌는지. 그의 굳이 다문 입 - 그렇다, 그 입으로 나오는 천금 같고 성자(聖者)의 소리 같은 그 말로 영옥은 이성(理性)의 눈이 일찍 뜨인 것이다. 그는 또 편지를 내어보았다.

- 참사랑은 위대한 새것을 창조합니다. 나는 이 위대한 힘을 당신에게서 찾으려 합니다.

영옥은 그만 그 편지로 얼굴을 싸고 느껴 운다. 사진과 편지를 다시 보려 했을 때 눈물로 해서 보이지 않았다.

영옥은 밖으로 나왔다. 아직도 추위가 물러가지 않은 바깥은 달빛이 명랑히 비치고 있었다. 달도 찼다. 세상도 찼다.

아침-

교무주임실에서 영옥은 울면서 교무주임에게 호소하듯이 부르짖었다.
- 선생님들의 말씀을 결코 거역하는 것이 아니에요.
- 그러면 그만둬. 맘대로 해봐.

담배를 빨고 돌아앉는 교무주임은 화가 났다. 자기의 그 깊은 뜻을 받아주지 않는 것이 괘씸한 듯이, 은혜를 몰라주는 듯하여 경련까지 일어나는 듯이, 홱 의자를 돌려 등을 보이고 앉았다.

교무주임실에서 나오는 영옥은 얼굴을 두 손으로 싸고 느끼며 기나긴 복도로 빗슬빗슬 달음질해 기숙사로 갔다.
　◇
　-얘 영옥아, 가는 데가 어디냐.
　-저 애가 어쩌자고 나서나.
　-가엾어라. 저 애가 나가면 어디로 간담.
　영옥은 봇짐을 싸 들고 나선 것이다. 졸업을 했고 교무주임 선생에게 말씀할 사정도 아니니 그는 깨끗이 이곳을 떠난다는 것이다. 이런 청춘기에 들어선 나 적은 젊은 여인들의 솔직하고 단순한 그 마음은 자기도 모르고 아무도 모르는 일인 것같이 영옥은 수정(水晶)길 같은 길만을 몽상할 뿐이었다.
　-얘들아 잘 있거라, 나는 간다. 너무도 폐를 끼친 일이 많다. 용서해요 응?
　영옥은 봇짐을 들고 여러 아이들 틈으로 나간다.

06회, 1935.09.26.

　인숙이가 쫓아 나왔다.
　-얘 네가 가는 데가 어디냐. 나와 같이 우리 외가로 가자.
　영옥은 고개를 저으며 쓸쓸히 웃는다. 인숙은 애가 탔다.
　-얘 아무도 없으니 걱정 말고 가요. 외할머니 한 분뿐인데.
　영옥은 인숙의 정리로 끄는 그 마음을 알고 또는 나오기는 나왔으나 사실 갈 곳이 없으니 인숙이를 따라가기로 했다.
　이때 교무주임이 마당까지 쫓아 나왔다.
　"아- 지금 어디로 가나."
　영옥은 고개를 숙였다. 인숙이가 내달았다.

"저의 외가로 가요."

교무주임은 비창한 얼굴로 고개를 끄덕이며 해진 지갑을 꺼내어 돈을 들었다.

"그러면 영옥이 좋을 대로 해. 자 - 이것은 약소하지만."

교무주임은 영옥에게 돈을 주었으나 영옥은 굳이 사양했다. 그러나 교무주임은 굳이 받으라고 하며 인숙이도 강권하니 감격하여 받았다. 그의 얼굴에서 흐르는 눈물이 그 깨끗한 맘으로 사례하는 빛을 보이는 것이다.

〈그림 7〉 9.27.

교무주임은 돌아서서 가는 영옥의 뒷모양을 우두커니 바라보고는 주먹으로 눈을 비비며 돌아서 간다.

◉

영옥은 인숙의 집에 온 지도 여러 날이 되었다. 그들은 즐겁게 지냈다. 그리고 영옥은 인숙의 정성껏 굴어주는 그 마음과 인숙의 외조모도 인숙이에게 대한 것과 조금도 차별이 없었고 해서 을씨년스러운 날은 별로 없었다.

◇

어떤 날 이 집에는 동경서 온 조그만 소포가 떨어졌다. 그것은 동경에 있는 이 집 주인 아들과 딸이 보낸 사진이다. 인숙이와 외조모가 이 사진을 끌러 보았다.

"이 사람은 누구냐. 잘두 생겼구나."

인숙의 외조모가 웃으며 하는 소리다.

"몰라요." 하며 인숙은 그 사진을 영옥의 앞에 놓았다.

"영옥아, 우리 외아저씨하고 외아주머니 사진이야."

영옥은 그저 호기심으로 그것을 보았다. 영옥은 놀랐다. 그 사진에는 주인 아들이란 사람과 그 가운데 주인 딸이라는, 말하자면 잘생긴 데다가 양장을 한 여자가 있고 그 여자는 한편 쪽 사나이에게 몸을 의지한 듯이 있다. 그 옆의 사나이가 태식이었다. 영옥은 한편으로 반가웠으며 얼굴이 홧홧 달만치 흥분했다. 태식 씨가 변했으나 변하지 않으려 해도 그곳에서는 변하게 할 것이라 했다.

그날 밤부터 영옥은 그 순진한 마음에 조그만 회오리바람이 일기 시작했다. 요 조그만 회의(懷疑)와 착각이 이런 처녀심을 동요시키는 데는 큰 에너지를 가지고 있었다.

그는 잠을 이루지 못했다. 그 여자와 태식 씨와 어떤 관계가 있을구. 그렇지는 않겠지. 설마 그 양반이 그러리라고. 그러나 모를 일이다. 그 여자는 누구나 보면 끌 수 있는 매력을 가지고 있다. 이렇게 생각하고 보니 영옥이 자신은 그 여자를 상상만 하더라도 자기는 도저히 믿지 못할 여러 가지 앞선 것이 있는 듯했다. 영옥이는 스스로 절망하고 만 것이다.

07회, 1935.09.27.

"우리 아주머니 예쁘게 생겼지. 이이도 퍽 사나이답게 생겼어."

인숙의 이 말 한마디가 영옥을 얼마나 실망케 했는지 모른다. 막연한 일을 믿기 쉽고 또 이 믿음이 깨지면 어찌할 줄 모르는 나어린 처녀 시절에, 더구나 사고무친[5]한 영옥이가 왜 그런지 믿어지던 태식이가 박힌 조그만 사진 한 장에 벌어진 - 생각도 못하던 사실을 판단하게 되었을 때 그는 인간의 꿈을 결코 인간이 뜻대로 꾸어볼 수 없는 것이라 했다.

▲

영옥은 인숙의 외가에서도 턱없이 폐만 끼칠 수가 없었고 또 자기 큰 뜻인 동경 유학(고학이라도)을 해보자고 직업을 얻자 했다. 직업을 얻어

---

5 사고무친(四顧無親): 의지할 만한 사람이 아무도 없음.

서 먹고 남는 것이 있으면 그것을 모아 여비라도 만들어서 죽으나 사나 가보고 싶은 곳을 가보리라 했다.

그는 구직을 하러 헤매었다. 여기서 처음으로 세상과 부닥치는 첫걸음이다.

그는 어느 병원 벽에 '간호부 견습 모집' 광고 종이 조각을 보고 들어섰다. 영옥의 인물 그리고 그의 명민한 눈은 두말할 것 없이 기다리던 사람처럼 병원 문에 들어서자 간호부 복색을 하게 되었다. 그러나 이 병원 안에서는 물론 사나이의 주장이었다. 그 어느 사나이의 손은 순진하고 아름다운 영옥의 몸을 더듬었다. 그래서 영옥은 처음 당하는 이 모욕을 분개하여 이 병원을 뛰어나왔다. 그래서 그의 티 없는 깨끗한 몸뚱이를 그대로 가질 수 있었다.

▲

그는 전화 교환수가 되었다. 그러나 이것은 영옥의 마음에 그리 탐탁지 않은 것이었다.

▲

그는 백화점으로 갔다. 상품도 아름다워야 하지만 숍걸[6]도 아름다워야 백화점의 구격[7]이 맞을 것이다. 아닌 게 아니라 영옥의 그림자가 백화점 상품 진열장 유리에 어른거리자 들고나고 하는 고객의 눈에는 이것이 진실로 고가인 상품인 거나 같이 탐스러워 보였던 모양이다.

종호라는 사나이의 그 정성된 맘씨에 영옥의 마음은 조금씩 흔들렸다. 그러나 맘을 늘- 가다듬었다. 엘리베이터를 종호가 매일 한 번씩 타는 것도 영옥이 때문이었다. 또 그가 영옥이에게서 물건을 사는 것도 영옥이를 만나고 이야기를 하고 싶었던 까닭이요, 그 물건을 영옥이에게 선물로 주어 호의를 사자는 것이었다.

---

6 shop girl. 여점원.
7 구격(具格): 격식을 갖춤. 또는 격식에 맞음.

이 광경이 그늘 속에서 번쩍이는 감독 나리의 눈자위 속에 들어갔다. 그래서 영옥은 부정한 여자라는 백화점 규칙 몇 조에 어그러져 쫓겨났다. 그러면 영옥은 어디로 갈 수 있을까. 어여쁜 고아인 영옥은 세상에 나오자 인간으로 참 우울한 심정을 갖게 되

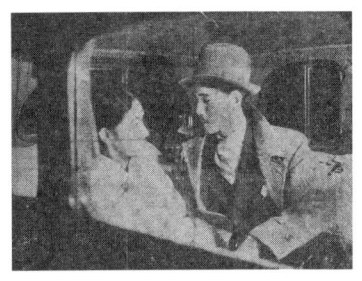

〈그림 8〉 9.28.

었다. 그는 자포자기했다. 이런 여자를 맞이하는 곳이 또 있다. 그것은 카페다.

영옥은 카페에 들어가자 외인 남자와 만나는 것이 부끄러운 그때의 그 특이한 매력이 사라지기 전에 이 카페의 퀸이 된 것이다. 종호도 물론 이 카페를 다니지 않을 수 없었다. 그래서 어느 날 밤 술이 취한 영옥은 정체도 모르는 종호를 자동차에 쓰러진 채로 어디로인지 드라이브를 하게 되었다.

08회, 1935.09.28.

그 이튿날 아침. ××장(莊) 앞 시냇물이 울고 있는 영옥의 얼굴을 싣고 얼른거리고 있다.

이미 각오한 일이나 될 수 있는 대로 죽을힘을 다해서라도 그런 작희에 몸을 바치치 말라 했으나 술과 그리고 사나이의 마술 같은 후림새에 떨어진 영옥

〈그림 9〉 10.1.

은 죽을 때까지, 아니 단 한 사람 지극히 존경하고 사모하는 위대한 사나이에게 바치자 하던 그 백옥같은 몸을 종호의 제단에 소리 없이 바친 것

이 분했다. 슬픈 일이었다.

"스미레[8]상(영옥) 용서하시우. 그러나 나같이 스미레상을 사랑하는 사람이 있을라구."

"왜 말이 없어. 좀 웃어보구려."

영옥은 종호의 말에 대답 같았으나 그것도 아닌 것 같이, 뉘게다 말하는 것인지 가만히 부르짖었다.

"서울을 떠나겠어요"

종호는 이 말에 영옥의 손을 덥석 쥐었다.

"정말이요? 그러면 되었소. 나도 봉천으로 갈테니까 거기서 얼마 동안이고 같이 살아 봅시다그려."

△

이런 일이 있은 지도 삼 년이 지나갔다. 시냇물이 그동안 세 번이나 얼었다 풀렸고, 냇가의 이름 모르는 조그만 꽃이 세 번이나 피었다 지고 했다. 수양버들도 푸르렀다가 낙엽이 지고.

무슨 까닭에 이것들이 죽었다가는 소생하고 꽃이 피고 잎이 무성하고는 낙엽이 지는 것이냐.

봄이다. 동경에서 돌아온 태식은 그렇게 원대한 포부를 가지고 죽음을 가지고 싸우던 대학 졸업장도 이 땅에 돌아오면 빛이 없는 것이었다. 그래서 그는 와서 몇 달을 쫓아다니다가 겨우 몇십 원의 일자리를 얻어 '여관'을 위해 사는 젊은 사람이 되었다.

그러나 옛날의 정회(情懷)가 이 땅의 흙을 밟게 되고 더구나 봄이 오니 새록새록이 마음 밑바닥까지 파고들었다. 영옥이, 영옥의 어머니, 아랫방에 있던 학생들 –

이곳의 구름은 어찌 저리 좋은가. 하늘은 어찌 저리 푸른가. 산은 어찌 저리 선이 아름다운가. 맑은 물을 보아라! 고운 꽃을 보아라. 새소리를

---

8   스미레(すみれ[菫]): 제비꽃. 혹은 짙은 보랏빛.

들으라.

　태식은 사무만 마치면 봄의 냇가로, 들로, 옛날 영옥의 집 문으로 헤매었다. 가버린 날의 태식은 확실히 행복했던 것을 깨달았다. 영옥이여-그대는 어디 있는가? 태식의 눈에서 눈물이 흐르도록 그는 옛 추억에 사로잡히고 말았다.

　어느 날 태식은 옛날 영옥의 집 문전에서 눈을 감고 서서 옛날 이 집에서 흘러나오는 영옥의 노랫소리, 웃음소리, 그리고 자기의 음성을 찾아보려 했다.

　이때 봉천에서 종호와 같이 돌아와서 사는 영옥도 봄날에 옛집의 그 모습을 보러 왔었다.

　그러나 영옥은 태식의 뒷모습을 보고 깜짝 놀랐으나 자기의 지금의 하잘것없이 된 몸뚱이를 생각할 때 그만 눈물이 철철 흘러 담에 착 붙어서서 울면서 멀리 가는 태식을 바라볼 뿐이었다.

09회, 1935.10.01.

　태식은 옛집을 보았을 때 다만 애수에 마음이 젖었을 뿐이다. 영옥이를 찾지 못한 태식은 서울도 쓸쓸하고 봄도 을씨년스러웠다. 또한 모든 일이 손에 잡히지 않았다.

　그렇지만 그는 큰 뜻을 먹은 것이 있었다. 그것만은 자기가 불우하게

〈그림 10〉 10.2.

지낼수록 마음속 한구석에서 무럭무럭 자랐다. 문화사업이었다. 먼저 조선 사람은 어느 정도의 문화 수준에 올라야만 된다는 것이다. 무어니 무어니 떠들어도 문화가 서지 못한 사람들, 문화가 없는 곳에 영생(永生)이

없다는 것이다. 그리고 개인의 욕망으로는 제가 젠체하고 버티는 무리가 미워서 자기도 버젓하게 살아보고도 싶었다. 그리고 문화에 공로자를 표창하고 그들에게 생활다운 생활을 주고 그들로 하여금 사회의 중추가 되게 하여 이 땅에 찬란한 문화를 빛내보자는 뜻이었다.

그러면 많은 돈이 있어야 한다. 여기서 태식의 마음은 우울해질 뿐이다. 태식은 영옥의 옛날 집에서 걸음을 옮겨 아스팔트 포도로 걸어가고 있다.

이때 중학 시대와 동경 시대의 학우이던 성환이를 만난다. 성환과 태식은 동경서 같이 고학을 하다가 성환은 자기 집 가세가 말할 수 없이 되고 자기 아버지가 돌아가고 하여 동경 유학을 중도에 폐하고서 고향에 돌아왔다가, 자기 아버지가 내버려 두었던 땅이 금시에 값이 올라, 성환이는 금시발복이 되었다.

"이 사람아, 벌써 얼마 만인가."

이들은 어느 찻집으로 들어갔다.

태식은 동경서 둘이 만나면 하던 말이 생각났다. 태식이가 먼저 '조선의 문화사업을 할 사람이야 많겠지만 그러나 우리의 힘이 꼭 필요할 것일세.' 하면 '그럼 우리의 힘이라야지.' 하던 성환이었다.

"동경서 자네 말은 들었지. 하여간 잘되었네. 우리도 어서 기를 좀 펴고 하고 싶던 사업이나 해보세." 태식이가 성환의 손을 쥐며 말했다.

"글쎄 해야지. 그러나 좀 신중히 생각해 봐야 하겠네."

"이 사람아, 왜 힘이 없는 말을 하는가."

"그건 차차 이야기하기로 하고 자— 오늘 저녁에는 오랜만에 만났으니 술이나 한잔 먹세."

이들은 택시를 달려 요릿집으로 갔다.

"박 선생, 왜 그동안 한 번도 뵈올 수가 없었어요."

기생 명화가 태식의 옆에 바특이 앉아서 야릇한 눈찌로 태식을 쳐다보며 속삭였다. 태식은 얼굴이 벌-게 가지고 웃을 뿐이다.

"언제부터 아셨기에 인사가 그리 다정한가."

성환이가 튀겨보는 말이다.

"저번에 박 선생 계신 회사의 연회 때 뵈었는데요… 뭐."

명화가 성환이에게 눈을 흘겨 보이자 성환이 건들 웃음을 웃는다. 문자도 웃었다.

술상이 들어오자 성환이가 서둔다.

"이 사람아, 사업은 사업이고 놀 때는 놀아야 하네. 자― 오늘 저녁만은 다― 잊어버리고 유쾌히 놀세."

명화는 태식에게 술을 따르고 문자는 성환에게 술을 따른다.

10회, 1935.10.02.

명화는 태식을 한번 보자 요릿집에 노름을 올 때마다 태식의 그림자를 찾았다. 그러나 태식은 보이지 않았다. 태식은 자기가 찾고 있는 사나이 중에 하나였던 듯했고 점잖고 믿음성이 있는 사나이라 했다. 그래서 그는 공연히 맘이 탔다.

오늘 밤에 명화는 울고 싶도록 즐거웠다. 태식과 성환은 얼근하게 취했다. 명화는 남이 볼 새라 넌지시 태식의 손을 꼭― 쥐었다.

"박 선생님, 일요일은 틈이 계시겠지요. 한번 저의 집을 찾아주세요. 기다리겠어요. 오세요 꼭."

"네― 고맙습니다."

태식은 점잖게 대답했다. 명화는 가야금을 끼고 앉았다. 줄을 고르고 목을 가다듬고는 '춘향가'를 부르기 시작했다. 성환이는 태식을 보고 생긋 웃었다.

밤은 깊었다. 두 사람이 요릿집에서 나왔다.

백화점에서 물건을 사 들고 나오는 영옥. 그는 집으로 돌아가는 길에 예배당 앞을 지나게 되었다.

그 교회당 문 앞에는 간판이 서 있었다. 인숙이가 결혼하는 날이었다. 영옥이가 예배당 문 앞에서 망설이고 있을 때 신부 신랑이 식을 마치고 나와서 자동차에 오르려 한다. 영옥은 멀리 인숙이와 눈이 마주치자 몸을 돌이켰다. 자동차에 오르려 하던 인숙이가 영옥이를 발견하자 면사보를 늘인 채로 영옥이 앞으로 달려왔다.

"영옥아, 이것이 웬일이냐."

고개 숙인 영옥이는 눈물을 흘리고 잠자코 서서 있다.

이때 들러리들이 쫓아와서 인숙이를 끌어간다. 인숙은 영옥이를 자동차에 같이 타자고 하나 영옥은 고개를 설레설레 흔들었다. 신부 신랑을 실은 자동차는 멀리 갔다. 영옥은 멀거니 서서 달려가는 자동차 뒤를 바라보다가 시름없이 돌아서 간다.

거리 어디서 그는 명상(瞑想)에 잠겼다.

결혼식장에서 예물(반지)을 교환하는 신랑 신부. 환희에 찬 두 사람.

그러다가 예물(반지)을 교환하는 태식과 자기(영옥). 환희에 찬 두 사람. 이렇게도 생각해 보았다. 영옥이는 슬픔이 복받쳤다.

그는 옛날 학교의 문전에 다다랐다. 뛰고 노는 학생들. 포플러는 길길이 자랐고 향나무의 빛은 옛날과 같았다. 목마, 그네. 다― 옛날과 같았다. 영옥은 학교 교정에서 뛰고 놀던 옛날 자기의 환영을 그려보았다. 그러나 이제 그 꿈은 자기로서는 생각도 못할 순진한 때의 꿈이었다. 그는 더할 수 없이 타락한 자기의 몸을 훑어보았다. 미웠다. 진실로 자기가 미웠다.

그는 달음질치듯이 집으로 왔다. 그는 방바닥에 엎드려 허덕였다. 그리고 책상 서랍에서 학생 시대의 사진을 꺼내어 조각조각 찢었다. 맨 마지막에 태식의 사진이 손에 잡혔다.

11회, 1935.10.03.

영옥은 태식의 사진만은 찢을 수가 없었다. 자기의 몸이 파멸이 되었더라도 설사 죽는 날까지라도 잊어버릴 수 없는 위대한 마음의 우상(偶像)을 깨트릴 수는 없었다. 다만 사진을 보는 눈에서는 굵다란 눈물이 비 오듯 할 뿐이다.

◇

전차 정류장에서 전차가 떠났다. 떠나면 뒤를 이어 온 전차가 머물렀다가 또 떠난다.

영옥은 정류장 안전대에 오도카니 서 있었다.

이때 오는 전차가 떠나갔을 때 이전 차 안에 있던 태식이가 영옥을 발견하자 그만 달아나는 전차에서 뛰어내렸다.

"영옥 씨가 아니십니까."

"박 선생님-."

두 사람은 하도 의외여서 벙벙히 바라보고만 있었을 때 태식이가 먼저 입을 열었다.

"웬일이십니까."

영옥은 그만 그 말에 머리 위에 하늘이 무너지는 것같이 머리를 푹 숙였다.

"영옥 씨 바쁘지 않으시면."

영옥은 태식을 바로 쳐다보지도 못하고 고개만 흔들어 바쁘지 않다는 것을 표시했다.

◇

이들은 절간으로 나갔다. 오랫동안 뒤 냇절가[9] 풀밭 위에서 두 사람은 지나간 이야기를 주고받았다. 탄식도 하고 울기도 하고 했다.

"선생님, 이 이상 더 물어주지 마세요."

이들은 비탈길을 내려오고 있었다.

---

9 원문 그대로임.

"낙심 마십시오. 나는 그때나 지금이나 영옥 씨를 생각하는 것은 마찬가지입니다."

"용서하세요."

"용서고 무에고가 있겠습니까. 염려 마십시오. 우리가 살아가려면 서로 이해가 있어야지요."

〈그림 11〉 10.4.

이때 명화와 문자도 손님에게 끌려 사랑 노름으로 달고서 이 절에 나왔다. 마침 이 두 여자가 소풍하러 절 뒤로 올라오던 차였다.

이 두 여자와 태식이와 영옥이가 비탈길에서 마주쳤다. 명화가 태식에게 인사를 하려다가 멈칫한다. 태식이도 멈칫했다. 그리고는 명화와 영옥의 눈이 마주치자 그들의 눈은 야릇하게 빛났다. 명화는 상기가 된 듯이 고개를 푹 숙이고 문자의 손목을 끌고 간다.

영옥이와 태식이 절로 내려왔을 때 영옥은 "아까 그분이 아시는 분이에요?" 하고 떠본다.

"연회에서 두어 번 만난 기생입니다."

태식은 태연히 대답했다. 영옥은 무엇을 생각하는 듯했다.

"선생님 지금 하숙에 계세요?"

"여관이올시다."

"선생님, 제 집에 빈방이 있으니 집으로 오세요."

태식은 망설였다. "글쎄요."

"괜찮아요. 아무도 없어요. 저 혼자 있어요."

"그러면 가 있지요. 그 대신 밥값은 싸게 해주셔야 합니다."

두 사람은 소리까지 내서 웃었다.

이때 명화는 흐르는 물에 손수건을 빨아서는 짜고 또 그 수건을 빨아서는 짜고 했다. 웬일인지 그의 눈에는 눈물이 고여 있었다.

문자는 흐르는 물을 보더니만 노래를 한다.

　　　　－ 사자수 내리는 물에 석양이 빗기고 버들꽃 날려 낙화암에 진다 －

　명화는 이 노래를 듣고 벌떡 일어섰다. 그리고 부르짖었다.
　"기생년이 사자수 노래가 다 – 무엇이냐. 난봉가나 부르지." 하고 흑흑 느껴 운다.

12회, 1935.10.04.

　문자는 명화가 우니 그 앞으로 쫓아갔다.
　"언니 무슨 서러운 일이 있수?" 문자도 눈물이 글썽글썽했다.
　"문자야 왜 우리는 기생이 되었니."
　문자도 느껴 운다. "언니, 너무 울지 말아요." 하며 문자는 제 손수건으로 명화의 얼굴을 씻겨준다.
　냇물은 이들의 발밑으로 흐르고 있다.
　◇
　영옥의 집. 태식이가 회사를 가느라고 건넌방을 나온다.
　"다녀오겠습니다."
　태식이가 구두를 신고 마당에 내려섰다.
　"일찍 들어오세요."
　태식이는 영옥을 돌아보며 나간다.
　영옥은 한숨을 가볍게 쉬었다. 그리고 그는 형언할 수 없는 기쁨에 찼다.
　영옥이는 요 찰나만이라도 남편과 아내, 가정, 더욱이 태식이와 더불어 그런 그윽한 느낌을 얻을 수 있는 것 같았다. 그러나 자기는 남편이 있고 태식은 뜻밖에 자기에게 대해 열정을 기울이지 않는 것이니 이것이 그의 마음을 괴롭게 하는 것이다.

태식은 회사에 남보다 일찍 갔다. 또 회사에서 나올 때는 남보다 늦었다. 이것은 윗자리에 앉은 사람에게 곱게 보이려는 것이 아니다. 다만 그는 어느 일에든지 그 책임감을 갖는 것과 성실과 파고드는 그런 성격도 가졌던 까닭이다. 그러나 그는 자기의 지금 일이 자기가 생각하는 방면과 다른 것을 느꼈다. 그리고 앞으로 발전할 길이 끊어진 것 같았다. 그래서 그는 동경서부터 성환이와 꿈을 꾸던 사업을 해보자는 이상을 잃지 않았다.

　성환이가 태식을 찾아서 회사 앞으로 올 때 마침 태식이가 가방을 끼고 나오는 차다.

　"늦어서 미안하니. 기다렸지. 오늘은 여러 가지 할 이야기도 있고 하니 어디 조용한 데로 가세."

　이 말에 태식은 힘을 얻은 듯했다.

　"가지. 우리가 이렇게 엄벙덤벙하고 지날 때가 아닐세."

　사실 오늘 성환이가 태식이를 만나러 온 것은 명화가 태식이를 만나게 해달라는 부탁으로 태식이를 요릿집으로 데리고 가려는 것이다.

◇

　"우리도 남과 같은 사업을 해야지."

　태식은 오늘의 기분도 좋고 해서 술을 많이 마셨다. 명화는 왜 그런지 혼자 즐거워한다.

　태식은 술이 취했더라도 성환이가 한다는 이야기를 기다리고 있었다. 그러나 명화와 성환의 하는 태도는 야릇

〈그림 12〉 10.5.

했다. 그것은 명화와[10] 자기와 오늘 무슨 이상한 장난을 시키도록 하자는 계획이 드러나는 것이다.

10　원문은 "하화와"이나 오식이다.

"자- 우리 기분도 좋고 하니 드라이브라도 좀 해볼까." 하며 성환은 명화를 보고 씽긋 웃었다.

태식은 그들을 흘겨보며 침울한 기색으로 앉았다. 명화가 그에게 다가앉는다.

"제 맘을 그렇게도 몰라주세요?"

태식은 그를 슬그머니 밀었다.

"성환 선생께 말씀해서 오늘 밤도 이렇게…."

태식은 노하였다. 그는 성환이를 노려보았다.

"자네 이야기란 이것인가."

"사업이란 이것인가."

"나는 자네가 이럴 줄은 몰랐네." 하고 그는 방 밖으로 걸어 나갔다.

13회, 1935.10.05.

-영옥의 집-

대청 한구석에 놓인 태식의 밥상-. 영옥은 태식을 자리 속에서 눈을 뜨고 기다리며 대문 소리만 나기를 기다린다.

자정이 넘고 한시가 넘었으나 태식은 들어오지 않는다.

고양이란 놈이 대문을 삐걱하고 들어왔다. 영옥은 태식인가 하여 일어 앉는다.

또 대문 소리가 났다. 인기척이 들렸다. 영옥은 태식이거니 했다. 그러나 또 조용했다. 그리다가 마루로 벅썩 올라서는 사람의 발자취가 들려왔다. 영옥은 몸을 떨었다. 시커먼 그림자가 미닫이에 비취었다. 영옥은 '으악' 소리를 지르려다가 그만 옹송그리고 앉았을 뿐이다.

안동현, 봉천으로 다니면서 금은 밀수입했던 사건이 탄로되어 그의 일파들은 경찰서에 검거되고 혼자 피해 다니던 종호였다. 그는 방문을 열고 들어와 전등불을 켰다.

"웬일이에요."

영옥은 그를 보자 가슴이 덜컥 내려앉는 바람에 부르짖은 소리다.

"저건 뉘 거야. 고약한 계집! 저게 뉘 장화야. 고새를 못 참아서… 내가 잡혀 간 줄만 알고."

"아니에요. 저건 우리의 사촌 오빠 것이에요. 집이 하-도 적적해서 와 계시라고 했어요."

〈그림 13〉 10.6.

종호, 영옥을 무섭게 본다. 그의 눈에는 정욕이 불타 보였다. 전율하는 영옥. 종호는 미닫이문을 닫고 전등불을 껐다.

◇

태식은 요릿집에서 나와서 온밤을 길로 헤매며 새웠다.

동녘에서 해가 솟는다. 태식은 동쪽으로 동쪽으로 갔다. 동대문을 나서서 철도 둑까지 왔다.

기차가 온다.

태식은 어렸을 때 생각을 해보았다. 보통학교를 졸업하고 서울로 와서 중학교에 들려고 올 때 자기의 동창들은 기차를 타고 자기는 걸어왔다. 그때 이와 같은 철로 둑길로 올 때 기차가 자기의 옆을 지나갔다. 그때 기차 창에서는 자기의 동창들이 손짓을 하며 내다보았다.

그때 두 주먹을 쥐며 달려가면서 외친 말이었다.

"오냐, 나도 서울을 가서 배워 가지고."

이런 일이 얼마나 오래전 일이었던가.

태식은 그때의 일을 생각하고는 철로 둑 위에서 중절모자를 벗어서 팽개치며 부르짖었다.

"나는 오늘까지 무엇을 했단 말이냐."

그는 눈물이 솟았다. 기차는 멀리멀리 갔다.

그는 발에 걸리는 모자를 집어쓰고서 철로 둑을 내려서며 숲새 길로 들어섰다.

숲새에서 흐르는 물소리가 들려왔다. 새가 날고 노래하고 했다. 어디서인지 사나이의 노랫소리가 들려왔다.

태식은 흐르는 물에 발을 씻었다. 오랜만에 대하는 자연은 자기를 어린아이 때로 불러오는 것이다.

그는 숲 사이에서 난 성자(聖者), 아니 신인 것 같은 느낌을 얻었다.

그렇다 신은 창조의 힘이다

그는 산꼭대기를 올라섰다. 마침 유쾌했다. 가슴이 커졌다. 마음이 높아졌다.

14회, 1935.10.06.

잠을 못 자고 홧김에 길로 헤매어 다니던 태식이가 그래도 회사에는 제시간에 갔다.

이날 태식이가 회사에서 파해서 나왔을 때 성환이는 태식이가 파하는 시간을 맞추어 온다는 것이 길에서 태식이를 만났다. 그들은 길에 섰다.

"어젯밤엔 참 내 잘못일세. 모든 것을 용서하게."

성환의 얼굴에는 참회하는 빛이 떠돌았다. 그리고 그의 말하는 입이 떨렸다. 다시 그는 태식의 손을 굳게 쥐었다.

"자 – 나도 깨달았네." 하며 – "우리의 사업을 위해 힘 있게 출발하세."

태식이도 그의 손을 굳게 쥐었다. 두 사람 눈이 빛났다.

(이 장면은 형편에 따라 실내로 변할 것 같습니다.)

○

영옥의 집엔 명화가 찾아왔다. 명화와 영옥은 저희들과 태식의 관계를 고백했다.

"영옥 씨, 용서해 주세요. 저의 마음이 괴로운 끝에 죄를 졌어요."

명화가 영옥의 손을 쥐고 말한다.

"저와 태식 씨와는 결백한 사이입니다."

〈그림 14〉 10.8.

영옥이는 비창한 낯빛으로 말을 계속한다.

"나도 태식 씨를 사랑합니다. 그러나 우리는 그분의 성공을 위해 쓸쓸히 살아갑니다. 그분은 여성과의 사랑 때문에 살아갈 그런 단순한 분은 아니에요. 사업을 위해 살아가실 큰 분이에요."

영옥과 명화는 서로 껴안고 운다.

◇

이날 밤에는 태식이가 일찍 들어와 잤다.

종호가 밤이 이슥하여 또 왔다.

"이렇게 다니시면 신변이 위태한데요."

영옥이가 울면서 종호에게 말했다.

"내가 금은 밀수입을 할 때부터 언제든지 당할 일로 각오했어. 이게 다- 누구 때문인데…. 이것을 가지고 살아가지. 나를 기다리려면 기다리고. 영옥이 알아서 해[11]." 하며 지전 뭉치를 영옥이에게 내어주고 태식이가 자는 건넌방으로 와서 태식을 일으켜 뺨을 쳤다. 이래서 싸움이 어우러지려 할 때 대문이 활짝 열리며 형사들이 들어왔다. 종호가 잡혀간다.

◇

태식과 영옥은 전차를 타고 한강으로 나갔다. 그들은 자기들의 앞날을 이야기했다.

---

11 원문은 "알어서서해"이나 오식이다.

"모두가 운명인데요. 저는 멀리 가겠어요. 선생님, 명화를 사랑해 주세요. 저보담 모든 게 나은 여자예요."

"그러면 가시지요. 영옥 씨가 다시 오실 때는 반드시 남다른 사업을 해 놓지요."

"저는 언제라도 선생님의 성공을 축원하고 있겠습니다."

이들은 오는 길에 영옥의 어머니 무덤을 찾았다. 영옥은 목을 놓아 우는 것이다.

영옥이가 떠나는 날이다. 태식에게 향해 경성역에서 "뜻대로 안 되시면 꼭 오세요." 한마디를 남겨 놓고 울고 떠났다. 영옥은 기차를 타고 배를 타고 했다. 배 위에서 점점 멀어지는 정든 땅을 바라볼 때 인생도 설운 것이지만 흙도 섧고 물도 섧고 하늘도 섧고 온천지가 쓸쓸함을 깨달았다. 쓸쓸한 소위 인간의 품에서 나서 쓸쓸히 살아오고 또 쓸쓸한 곳을 향해 가며 쓸쓸히 이 인생의 길을 마칠 생각을 하니 섧기도 하고 우습기도 했다.

◇

태식은 영옥이가 간 뒤 성환이를 앞장 내세워 주식회사 발기를 하게 되었다. 그래서 태식은 손수 문패를 달고 있다.

'주식회사 영화사(映畫社) 창립사무소'

이리하여 며칠 있으면 발기총회가 열린다. 물론 태식은 영옥이에게 이런 편지가 있을 것이요, 명화도 발이 넓은 직업을 가진 지라 날마다 이 소문을 듣고 있을 것이다.

(금월 26일쯤 시내에서 상영) (끝)

15회, 1935.10.08.

[해제]

영화의 시대에 분 봄바람

이만강

1. 삽화가 안석영과 「춘풍」

「춘풍」은 안석영(본명 안석주)이 1935년 2월 10일부터 같은 해 4월 14일까지 총 55회 분량으로 조선일보에 연재한 소설이다. 이후에 〈무정〉 등으로 주목받는 영화감독 박기채는 이 「춘풍」을 원작으로 하여 그의 데뷔작인 영화 〈춘풍〉을 연출한다.[1]

「춘풍」에서 무엇보다 눈길을 끄는 것은 안석영 자신이 직접 그린 삽화다.[2] 안석영은 1922년 나도향의 소설 「환희」로 삽화가로서의 활동을 시

---

[1] 현재 확인할 수 있는 '춘풍'의 버전은 아래와 같다.

작품 및 작가	발표 시기 및 매체	영화제작 관련
(1)원작소설 「춘풍」 -안석영 작, 화	『조선일보』, 1935.02.10.~1935.04.14.	영화제작 전
(2)영화소설 「춘풍」 -박기채 수기(手記)	『조선중앙일보』, 1935.09.17.~10.08. 15회에 걸쳐 연재	영화제작 중
(3)시나리오 〈춘풍〉 -안석영 각색, 박기채 윤색	『영화시대』 제5권 9호 1935년 10월 호에 일부 게재	영화제작 중

특히 김상민은 이 논문에서 박기채 수기 「춘풍」을 영화소설로 분류하고 있어 관련 논의를 참고할 수 있다. 김상민, 「1930년대 중반, 소설과 영화소설의 매체적 경계와 변화 : 영화 〈춘풍〉(1935) 관련 텍스트 연구」, 『민족문학사연구』 87, 민족문학사연구소, 2025, 282쪽.
위 판본들 중 안석영의 소설 「춘풍」과 박기채 수기(手記) 「춘풍」이 본 책에 실려있고 본 해제의 1절에서는 주로 소설 「춘풍」과 관련된 내용을 다룬다.

[2] 안석영은 이전에 소설 삽화가로 유명했지만 자신이 쓴 글에 자신이 직접 삽화를 그린

작한다. 이후 그는 이광수의 「재생」, 최독견의 「승방비곡」 등 대중들의 인기를 끌었던 소설의 삽화를 맡으며, 특정 신문사에 머무르지 않고 『매일신보』, 『동아일보』, 『조선일보』, 『시대일보』 등 다양한 주요 일간지에서 삽화를 그린다.[3]

공성수는 안석영 삽화의 특징으로 조각난 신체의 묘사가 많다는 점을 지적한다. 1910년대 초중반의 신소설이나 번안소설의 삽화에서는 인물의 얼굴이나 신체의 일부가 따로 나타나는 경우가 거의 없었다. 식민지 조선에 영화가 소개되기 전 신소설과 번안소설은 영화보다는 연극과 관계를 맺고 있었으리라 짐작해 볼 수 있는데 카메라를 이용해 프레임을 자유롭게 조작하는 영화와는 달리 연극은 무대에서 배우의 전체 모습을 보여줄 수밖에 없다. 이런 연극의 특성으로 인해 (연극과 관계를 맺고 있었던) 신소설이나 번안소설의 삽화는 얼굴이나 신체 일부보다는 신체 전체를 대상으로 삼았다.

그러나 1920년대 안석영의 삽화에서는 클로즈업된 얼굴들이 자주 등장한다. 온몸으로 인물의 심리와 성격을 보여주었던 신소설과 번안소설의 삽화와는 달리 "캐릭터를 반영하는 구체적인 재현의 공간으로서의 '얼굴'"이 1920년대 안석영의 삽화에서 발견된다. 공성수는 이것이 안석영의 삽화가 수용한 영화 미학의 영향을 간접적으로 보여주는 것이라 주장한다.[4] 나아가 1930년대에 이르면 안석영은 「노래하는 시절」, 「출발」 등의 시나리오를 쓰며 영화 작업에 몰두하는데 공성수의 주장을 반증하듯

경우는 「춘풍」이 처음이다. 참고로 안석영은 자신의 첫 영화 시나리오 「노래하는 시절」에는 삽화를 그리지 않고 스틸을 실었다.
3   안석영은 여러 일간지 중 1927년부터 『조선일보』 학예부에서 근무하여 1930년 〈노래하는 시절〉의 시나리오를 『조선일보』 지면에 연재하기도 한다. 이후 안석영은 1931년 조선일보의 학예부장과 예술부장이 된다. 한상언, 「안석영의 영화소설 〈노래하는 시절〉 연구」, 『근대서지』 16(1), 근대서지학회, 2017, 328쪽. 이에 따르면 안석영은 다양한 일간지에서 활동했지만 『조선일보』와 비교적 깊은 관계를 맺고 있었던 것으로 보인다.
4   공성수, 『소설과 삽화의 예술사』, 소명출판, 2021, 163~184쪽.

영화 미학에서 영향을 받은 것으로 보이는 안석영의 '얼굴' 삽화들은 「춘풍」에서도 발견된다.

〈그림 1〉 02.14.
태식을 돌아보는 영옥

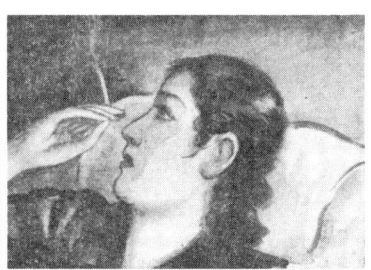

〈그림 2〉 02.19.
홀로 누워 담배를 피는 영옥

「춘풍」의 삽화는 무엇보다 영옥을 대상으로 하는 것이 많다. 영옥이 단독으로 등장하는 삽화도 상당히 많고 다른 인물들과 함께 등장하는 것까지 치면 영옥은 거의 대부분의 삽화에 등장한다. 이는「춘풍」이 태식의 입장에서 서술되지만, 소설의 실질적인 주인공은 영옥임을 의미하는 것 같다. 사실「춘풍」은 서사적으로도 영옥의 주체적인 면이 돋보이는 이야기이다. 영옥은 당장 생계가 막막한 상황 속에서도 교장과 교무주임의 결혼 주선에 대해 "그러나 결혼에는 사랑이 있는 결혼, 이해가 있는 결혼이 아니면 더욱 비참할 것입니다. 여자의 일생은 죽기 위하여 사는 것 같습니다"라며 거절하고,[5] '흥하든 망하든 자기 의사대로 살아가는 것이 오히려 사람다울 것'이라고 생각하기도 한다.[6] 또한 작품의 결말 부분에서 영옥은 태식과도, 종호와도 헤어져 혼자서 상해로 떠나는 것을 선택한다. 소설의 시작 부분에서는 태식이 영옥을 남겨두고 떠나는데 결말에 이르면 정반대로 영옥이 태식을 남겨두고 떠나는 구도로 마무리되는 것이다.

---

5 「춘풍」 18회.
6 「춘풍」 19회.

영옥의 삽화는 그녀의 심리를 드러내는 데에 힘을 쏟고 있다. 〈그림 1〉에서는 오랜만에 우연히 만나게 된 태식을 보내며 아쉬워하는 영옥의 감정을 느껴볼 수 있다. 〈그림 2〉에서는 얼굴에 진 음영과 피어오르는 담배 연기를 통해 태식과 재회했지만 별다른 사건 없이 돌아온 영옥의 "가슴 속이 금세 휑-하니 텅 빈 것 같"[7]은 감정이 제시된다.

〈그림 3〉 02.22. 　　　　　　　〈그림 4〉 03.24.
태식의 졸업장을 받아 보는 영옥　　잠옷만을 입고 잠이 들어 있는 영옥

또한 삽화는 영옥의 변화를 효과적으로 보여주기도 한다. 영옥은 구김 없던 유년 시절을 보내다가 어머니의 죽음과 사랑했던 태식과의 단절을 계기로 "아무짝에도 쓰지 못할 더러운 여자"[8]가 된다. 〈그림 3〉과 〈그림 4〉는 이 같은 영옥의 상황 변화를 단적으로 보여준다. 〈그림 3〉에서는 순수하고 앳된 학생 시절 영옥을 볼 수 있는 반면, 〈그림 4〉에서는 태식을 유혹하는 영옥을 확인할 수 있다. 영옥은 잠옷만을 입고 잠을 자다 태식이 부르면 잠꼬대 비슷하게 몸을 뒤척여 분향에 젖은 육체를 노골적으로 드러낸다. 그러다 깜짝 놀라 잠옷 앞을 여미고 얼굴이 발개서 웃기도 한다. 태식은 이런 영옥을 보며 옛날의 모습을 찾을 수 없어 마음이 써늘해지기도 하지만, 영옥의 고혹적인 표정과 행동의 매력이 그를 사로잡고 그의 마음을 어지럽게 만들기도 한다.[9] 〈그림 3〉과 〈그림 4〉의 이미

---

7 「춘풍」 7회.
8 「춘풍」 28회.

지를 함께 보았을 때 서사적 차원의 영옥의 변화는 시각적으로 더욱 선명하게 제시된다.

공성수는 또한 1920년대 안석영 삽화의 특징으로 사실주의적 재현 미술에서 벗어난 비구상의 그림, 상징적·비일상적 재현을 지적한다.[10] 그러나 이 같은 안석영 삽화의 특징은 「춘풍」의 삽화에는 나타나지 않는다. 이 역시 안석영이 1930년대 영화에 깊이 관여하게 되면서 일어난 변화로 보인다. 안석영은 이전의 소설과는 다른 영화라는 새로운 시각 매체를 접하면서 인물의 전체상(像)보다는 얼굴에 주목했을 뿐만 아니라, 「춘풍」에서는 당시 영화 기술로 재현하기 어려웠던 추상적이고 상징적인 이미지들을 배제하고 있는 듯하다. 이는 이전 시대 스타일로의 회귀나 퇴행이 아니라 안석영에게 미친 영화 미학의 영향을 짐작게 하는 근거로 생각해 볼 수 있겠다.[11]

2. '영화시대'와 '춘풍'

'춘풍'은 소설이 완결된 이후 잡지 『영화시대』의 출판사인 '영화시대사(社)'의 제1회 작으로 영화화된다.[12·13] 『영화시대』는 1931년 박루월이 창

---

9 「춘풍」 36회.
10 공성수, 앞의 책, 166~174쪽.
11 공성수는 이기영의 소설 「홍수」(1930), 이광수의 소설 「그 여자의 일생」(1934)에서의 안석영 삽화를 예로 들어 안석영의 후기 삽화가 초기 삽화에 비해 더 서사적이고 극적으로 연출된 장면이 많아졌다고 주장한다. 인물의 배치와 구도, 화면의 앵글과 미장센의 연출, 빛과 어둠의 대비를 통한 극적 효과 등이 안석영의 후기 소설 삽화에 나타나는데 이는 시나리오나 영화소설의 경험을 통해 익힌 장면과 상황에 대한 안석영의 연출력이 소설 삽화에 활용된 것이라고 설명한다. 공성수, 「한국 근대 소설 삽화가 연구 (1) -석영 안석주의 예술 이력과 삽화를 중심으로-」, 『국제어문』 96(0), 국제어문학회, 2023, 506쪽.
12 다음의 내용은 이화진, 「영화를 읽는 시대의 도래, 『영화시대』(1931~1949)-한국 근대 영화잡지와 토착적 영화 문화」, 『한국극예술연구』 63, 한국극예술학회, 2019, 15~50쪽을 참조해 정리한 것임.

간한 잡지로 영화에 대한 진지한 정보와 지식을 원하는 엘리트 중심의 독자들이 아닌 대중의 요구를 반영한 통속적인 읽을거리들을 제공했던 것을 특징으로 한다. 박루월은 영화소설을 쓰고 잡지를 펴내며 영화감독을 꿈꾸고 있었고, 그가 감독은 아니지만 처음으로 영화 제작을 경험하고 배급에까지 관여한 것이 무성영화 〈춘풍〉(박기채, 1935)이다.

〈춘풍〉의 제작단을 살펴보면 실로 대단하다. 우선 〈춘풍〉은 소설가, 화가, 배우 후에는 영화감독으로도 활약하게 되는 "전방위적 문화예술가" 안석영의 소설을 원작으로 하고 있고, 수년간 일본 교토의 동아키네마에서 활동했던 박기채와 양세웅이 귀국 후 처음으로 참여한 작품이기도 하다. 또한 〈춘풍〉은 〈임자 없는 나룻배〉(이규환, 1932)로 데뷔해 큰 주목을 받았고, 최초의 발성영화인 〈춘향전〉(이명우, 1935)에 출연해 연이어 인기를 얻은 문예봉의 세 번째 작품이다. 이들이 후에 조선 영화계에 미친 영향을 생각해 본다면 이들의 〈춘풍〉에서의 만남은 대배우와 대감독의 신인 시절을 돌이켜 보는 것과 같은 느낌을 주기도 한다.

영화시대사는 〈춘풍〉의 개봉을 맞아 8월호부터 10월호까지 대대적인 홍보를 벌였다. 1935년 9월호는 '〈춘풍〉의 특집호'로 문예봉의 화보가 실렸고, 영화 제작에 임하는 안석영, 박기채, 양세웅의 각오와 그에 대한

---

13 본 책에 실린 안석영의 소설 「춘풍」과 감독 박기채 수기(手記) 「춘풍」의 차이점은 다음과 같다.
안석영 소설의 삽화가 박기채 수기에서는 촬영 스틸로 바뀌었다. 소설은 어른이 된 태식과 영옥의 만남으로 시작하지만 박기채 수기는 스토리를 연대기적으로 구성하고 '처녀편'과 '인생편'으로 나누었다. 소설에서의 기생 영화와 친구 명환은 박기채 수기에서 명화와 성환으로 이름이 바뀌고 그 비중이 줄어 그만큼 영옥과 태식의 로맨스가 부각 된다.
결말에 이르러 소설에서는 영옥이 기차를 타고 상해로 떠나지만 박기채 수기에서 영옥은 기차와 배를 갈아타고 떠난다. 특히 박기채 수기는 영옥이 배에서 느끼는 감상을 서술하고 배의 난간에 기대어 있는 영옥의 모습을 담은 스틸(〈그림 14〉 10.8.)을 실어 이를 강조한다.
한편, 소설의 결말에서 태식의 구체적인 행보는 제시되지 않는 대신 그가 문화사업에 대한 의지를 갖고 있다는 점이 모호하게 서술된다. 이에 비해 박기채 수기에서 태식은 손수 "주식회사 영화사(映畫社) 창립사무소"라는 문패를 달고 있는 것으로 돼 있다.

홍효민, 장혁주, 유치진, 이효석, 백석 등의 문학인의 격려와 기대를 소개하기도 했다. 10월호에는 시나리오와 주제가 악보를 수록했고, 영화 〈춘풍〉 브로마이드 이벤트 등을 진행했다.

이후 영화 〈춘풍〉은 11월 30일 개봉하여 대중들의 관심을 얻는 데에 성공한다. 1935년 12월 4일 자 동아일보의 〈춘풍〉 광고[14]에는 '연일초만원사례'라는 글귀가 있고, 같은 날 조선일보에는 "한모(韓慕)(18)가 조선영화로 그 극장에서 인기를 끌고 있는 춘풍의 관람초대권을 가지고 입장하려다가 그것이 위조물인 것이 탄로된 데 발이 잡혀(후략)"라는 내용의 기사[15]가 실려있다. 위조 초대권을 가지고 입장을 시도할 정도로 당시 대중들에게 〈춘풍〉의 인기는 대단했던 것 같다. 심훈 역시 조선일보의 기사[16]에서 〈춘풍〉의 극장 앞 풍경을 "개관하기 한 시간 전부터 극장 앞에 사람 바다를 이루는 성황"이었다고 적는다. 또한 12월에는 '춘풍의 밤'이라는 행사가 개최되는데 1935년 12월 3일 자 조선일보에 따르면 "금년도 조선 영화계에 적잖은 수확을 얻은 것이라 하여 일반에게 호평을 받고 있는데 이에 그들(안석영, 박기채, 양세웅)의 공을 사하는 의미에서" 행사를 연다고 밝힌다.[17]

이처럼 대중적으로는 큰 성공을 거둔 〈춘풍〉은 그러나 평단에서는 복합적인 평가를 받는다. 우선 서광제는 영화 〈춘풍〉에 대해 주로 스토리의 측면에서 혹평을 가한다.[18] 심훈의 경우 스토리가 평범하고 영화의 템포

---

14 「춘풍 처녀편 인생편 십사권」, 『동아일보』, 1935.12.04.
15 「위조초대권을 극장앞에서 발매」, 『조선일보』, 1935.12.04.
16 「박기채씨 제일회 작품 「춘풍」을 보고서」, 『조선일보』, 1935.12.07.
17 기사에서 발기인으로 다음의 인물들을 소개한다. 이기세, 현철, 김복진, 박팔양, 서항석, 김을한, 조용만, 김기진, 이태준, 최승일, 이석훈, 함대훈, 이원조, 유치진, 홍종인, 최독견, 김기림, 이창용, 심훈. 「영진(映盡) 『춘풍의 밤』 제작자를 위로」, 『조선일보』, 1935.12.03.
18 "스토리와는 아무 관계가 없는 마치 중학교 졸업생 앨범에서 얼토당토 않은 파고다공원이 나오고 한강철교를 박은 사진이 나오듯이 풍경 장면이 많이 나온 것을 보고 앉았을 것이다." 「영화 [춘풍]을 보고 (1)」, 『동아일보』, 1935.12.05. "영화 〈춘풍〉의

가 느리다는 등의 결점이 없는 것은 아니나 카메라 웍에 억지로 부자연한 재주를 부리지 않았고, "첫 장면부터 1권 가량의 야외촬영은 물 건너 영화의 가장 높은 수준과 비교해도 손색이 없을 만치 좋았다."라며 호평한다.[19] 서광제 역시 "이 〈춘풍〉을 누구를 작가로 불러야 좋은가? (중략) 나는 단연코 작자를 촬영자 양세웅이라고 부를 수밖에 없다. (중략) 각색자나 감독자가 그에게 모든 점으로 보아 뒤지고 말았다."라며 촬영에 대해서는 좋은 평가를 내린다.[20·21]

한편 최남주는 〈춘풍〉 개봉 후 6개월 정도의 시간이 지난 후 한 기사[22]에서 〈춘풍〉을 통해 안석영은 조선 영화에 대한 숨길 수 없는 열성을 드러냈고, 박기채는 조선 영화의 새 수준을 세웠다고 평가한다. 최남주는 광주의 부호 최원택의 손자로 청소년 시절부터 연극 활동에 참여하는 등 문화 활동에 관심이 많은 인물이었다. 이후 그는 점차 관심을 영화에로 집중하여 1937년 오영석, 이기세, 이필우, 박기채 등과 함께 조선영화주식회사를 창립하고 1939년 〈무정〉을 제작한다. 〈무정〉은 조선영화주식회사의 제1회 작품이자 감독 박기채의 두 번째 작품이다. 최남주의 〈춘풍〉에 대한 호의적인 평가는 앞으로 〈무정〉으로 이어질 최남주와 박기채의 인연을 예감하게 하는 듯하다.

스토리가 영화적으로 그것이 되었느냐 안되었느냐고 우리가 볼 적에 나는 조금도 주저 없이 영화적으로 스토리가 구성되지 않았다는 것을 여기에 단언한다." 「영화 [춘풍]을 보고 (2)」, 『동아일보』, 1935.12.06.
19 「박기채씨 제일회 작품 「춘풍」을 보고서」, 『조선일보』, 1935.12.07.
20 「영화 [춘풍]을 보고 (3)」, 『동아일보』, 1935.12.08.
21 박기채와 서광제는 후에 문학과 영화의 관계에 대해 각각의 논생을 전개하기도 한다. 백문임 외, 『조선영화란 하오』, 창비, 2016, 414~416, 422~448쪽 참조.
22 「조선영화시대도래 제이계단으로 오르는 조선영화 (2)」, 『조선일보』, 1936.05.03.

안종화 외,
연작 단편 시나리오 「여인부락」

『동아일보』, 1937.08.15.~09.30.

⟨순서⟩

[1] 「칠성대」 - 안종화	01-05회
[2] 「백란기」 - 김유영	06-10회
[3] 「기생 편: 수야」 - 박기채	11-15회
[4] 「여급 편: 박쥐」 - 이규환	16-20회
[5] 「여학생 일기」 - 서광제	21-25회
[6] 「여배우 편: 방가로 촌의 비극」 - 김혁	26-30회
[7] 「유한매담 편: 청미」 - 안석영	31-35회

[1] 안종화, 「칠성대(七星臺)」, 1937.08.15.~08.21.

새벽-.
검은 구름이 몰려드는 하늘.
가끔 뇌성이 일어난다.

석축동구(石築洞口).
어스레하게 보일까 말까 하다.
나뭇가지에 주렁주렁 달린 포편(布片)[1]이 바람결에 요란히 흔들린다.

---

1 옷감 조각. 천.

당(堂)에서 은은히 들려오는 쇠북 소리.

암석 밑으로 흐르는 혈천(穴泉).
다기를 받쳐놓고 물을 받는다.
작두방네는 양치를 하다 말고 곁에 여인을 쿡 찌르며 낮은 음성으로 말을 건넨다.
"여보 상술네―."
"왜 또 성가시리 이래."
"그러지 말고― 응?"
작두방은 한쪽 눈을 찌긋이 뜨고서 나이에 어울리지 않는 어린 티를 만들어 보인다.
상술 모의 들고 있는 촛불이 이렁거려 두 여인의 표정을 확실히 찾아볼 수는 없다.

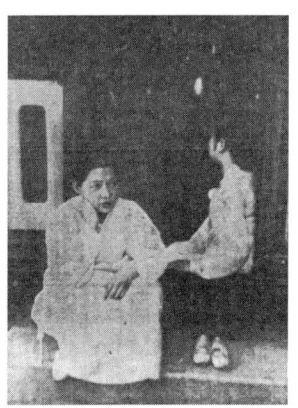

〈그림 1〉 8.15.
스틸 - 상술 모 : 복혜숙(卜惠淑),
작두방네 : 오엽(吳葉),
촬영 - 극동무선사진부
이재진(李載珍)

그러나 삼십의 고개를 넘어선 작두방네의 이들이들한 가슴팍이와 풍염한² 얼굴은 어딘지 모르게 정욕적 매력을 느끼게 한다.
"상술네가 알다시피 내가 무엇 때문에 이런 노릇을 해 먹고 살려 하겠소―."
"누가 모른다기에…."
"그러기에 말이지. 내 이주사³ 나으릴 꼭 한번…."
"―흥."
"혼자 사는 년이 먹을 것 있으면 고만이겠지만두― 그래도 자식이라도 있어야 안 하우."
"아이구 타령 좀 고만두어."
"그러니 중이 제 머릴 어찌 깎소―."

---

2 풍염(豊艶)하다: 생김새가 살지고 아름답다. 또는 풍성하고 아름답다.
3 주사(主事): 사무를 주장하는 사람.

상술 모는 하늘을 힐끗 쳐다보더니만 "에- 그 한줄기 하겠군." 하면서 딴전을 부린다.

"상술 엄마가 내 심정을 알겠수-. 고만두지."

"왜 그동안 임자도- 많았지."

하고 상술 모는 다기에 고인 물을 말끄러미 들여다보면서 싱긋 웃어 버린다.

"에그 그깐 놈의 임자들. 흥 소용이 있었나 뭐-."

촛불이 탁 꺼지며 뇌성과 바람 소리가 크게 일어난다.

당문[칠성당]이 찌긋- 열리더니만 협수룩한 사나이의 얼굴 하나가 쑥- 나타났다가 사라진다.

상술 모는 얼른 다기를 집어서 작두방네에게 주며 눈짓한다.

"직이가 들으면 어떡하려구 그래-. 어서 들어가우."

"이 노릇 안 해먹으면 고만이지 뭘 그래-."

"어서. 큰소릴랑 탕탕 말구."

"난 자식 하나만 얻어 가지면 고만이오. 더 바라선 무얼 해."

"그럼 남의 발원 해주지 말고 오늘부팀이라도 작두방네의 자식 발원이나 하구려."

그 말에 작두방네는 한동안 새침해 있다가 문득 생각이 난 듯이

"참 올봄에 가져가신 돈은 언제나 치러주시겠소."

하고 채치는[4] 말에 상술 모는 망단[5]해서 대답지를 못한다.

"하하하하. 어려워하지 마시우. 내가 상술네 성님 사정을 알다시피 어

---

4 일을 재촉하여 다그치는.
5 망단(望斷): ① 어떤 바라던 일이 실패함. ② 이러지도 저러지도 못하여 처지가 딱함.

린것들의 입학시킨 비용으로 가져다 쓰신 돈을 어떻게 없으신 성세[6]에 독촉하겠소-."

"너무 염의[7]가 없어."

"그런 섭섭한 소릴랑 마시구-. 가져오셔도 내 안 받아요."

상술 모는 그 말에 그윽이 고마워하는 빛을 보이며

"나한테 고맙게 해주는 아우님의 심정을 내 모를 리가 있나." 하고 슬쩍 비위를 얼러맞춰 주며 머리를 긁적거린다.

"그럼 저- 성님" 하고 작두방네는 기회를 탄 듯이 상술 모 앞으로 바싹 다가서며 귓속말로 속살거려 똥긴다[8]. 연성 끄덕여 대답하는 상술 모의 입이 떡 벌어진다.

"그래 알겠어. 응- 염려 말우."

작두방은 귓속을 마치고 나서 그윽이 만족한 빛을 띠며 상술네와 함께 당으로 들어간다.

복희가(福姬家) 내정(內庭). (아침)

복희는 창백한 안색으로 남편의 밥상머리에 앉아서 부채질을 부지런히 하고 있다. 남편은 식사를 하다 말고 힐끗 마당을 바라보더니만 빙그레 웃는다.

조그마한 복슬강아지 한 마리가 몽기작거리며 마당으로 들어와서 댓돌 밑에 쭈그리고 앉는다. 그리고 팥알 같은 눈알을 굴리며 밥상을 말끄러미 쳐다보고 있다.

01회, 1937.08.15.

---

6 "형세(形勢: 살림살이의 형편)"의 방언.
7 염의: 廉義(염치와 의리를 아울러 이르는 말) 혹은 念意(무엇을 하고자 하는 생각).
8 똥기다: 모르는 사실을 깨달아 알도록 암시를 주다.

"요놈이 뉘 집 강아진구."
"옆집 상술네예요!"
남편은 귀여운 듯이 몽기작거리고 있는 놈의 덜미를 덥석 잡아서 올려놓는다.
"에그 더러워. 물 것 있어요. 고게 그래 뵈두 벼룩투성이겠지-."
"얼마나 있을라구."
"짐승을 너무 귀애하면 손이 논다는데. 그러지 마시우."
"온- 별소리가 다 많군-."

〈그림 2〉 8.18.
스틸 - 상술 모 : 복혜숙,
동리 여인 : 오엽,
촬영 - 극동무선사진부 이재진

아내는 남편의 밥상 밑으로 기어드는 강아지를 냉큼 집어서 동댕이치자 깨갱거리고 나가버린다.
"그게 무슨 짓이람, 어린 것을."
"당신이 그래서 자식이 귀하신가 보오."
"당치않은 소리-."
"우기실 게 아니라 기한다는[9] 것은 좀 피하시구려."
"그런 것 기할 생각도 말고 병원에나 가볼 생각을 좀 해-."
"싫어."
"어째 싫어?"
"글쎄 싫다도 그리우. 난 죽어도 병원엔 안 갈 테에요."
"그런 건 부끄럽게 생각하는 것이 아니라니깐 그래. 남이라구 병원에 들을 갈라구."
"남들은 병원엘 안 가구두 정성으로 자식들만 잘 낳습디다-. 우리 친정 사촌 오라버니댁 보시구려. 시집온 지 아홉 해만에도 아들만 잘 낳았으니-."

---

9 기하다(忌하다): 꺼리거나 피하다.

남편은 기막힌 듯이 껄껄 웃으며 상을 밀어놓는다.
"두고 보셔요. 작두방네에게 자식 발원의 정성을 들여 달랬으니깐-."
"글쎄 정성이 나쁘다는 것이 아니라 자궁의 탈로 수태 못하는 것을 어떻게 작두방네 기도만으로 되느냐 말이지. 생각을 좀 해봐-."
"이 동리에서들 모두 그의 치성으로 효험을 보았다는 걸요."
"남의 정신에들 사는군. 난 모르겠다. 이담에 후횐 말어."
남편은 짜증이 나는 듯이 한마디 던지고 벌떡 일어선다.

산길. [당 부근 석로(石路)]
칠성상대(七星上臺) 석표(石標)가 서 있다.
쓰르라미 소리가 수림 사이로 요란히 울려 나온다.
작두방네는 부지런히 내려오며 상술 모에게 부탁을 단단히 한다.
"어련하실 것은 아니지만!"
"염려 마우. 우리 상술이란 놈을 잠깐 시키면 될 수 있지."
"내가 좀 죄는 되지만…."
"아따 제-."
"개가 혼자 사는 년이 죄 될 건 어디 있누. 그렇지 않수, 상술네 성님…."
하고 작두방은 자기의 설렁거려지는 맘을 누르려고 웃어 버린다.
오거리 골목.
"호박이 싸구려. 호박이 싸-. 막 팔아 제끼는구려-."
외치는 장사치의 구루마를 동리 여인들의 한 떼가 에워싸고서 웅성거린다.
"오이는 어찌 귀한지 살 수가 있어야지. 웬 호박들만 퍼졌누-."
"동풍이 불어서 오이는 씨가 났구려. 그 대신에 호박이 막 싸구려." 하고서 호박 장사는 단가조[10]로 뽑는다. 그중에 아이 없는 한 여인이 낄낄거

---

10 단가(短歌)의 조(調): 단가란 판소리를 부르기 전에 목을 풀기 위해 부르는 짤막한 노

리고 웃다가 마침 그 앞으로 지나가는 상술네와 마주쳤다.

"어딜 갔다 오시우."

"난 누구라구. 과천집네요."

"그런데 저 작두방을 요즘 만나시우."

"막- 헤어졌는데 왜 그러셔."

"우리 집 애 명다릴[11] 좀 걸려구 그러는데-."

"오늘은 집에 있을걸-."

상술 모는 자기에게 긴치 않은 일이란 듯이 비쭉 웃으며 돌아선다. 옆으로 자전거 한 대가 지나가며 혀 짧은 소리로 "에- 아이스케-키" 하고 가련스러이 외친다.

일각 대문.

마침 복희가 갸수통[12]을 들고 대문으로 나오려다 반색을 한다.

"이제야 내려오시우."

상술 모는 헐떡이며 복희 앞으로 달려들어 한 팔로 문설주를 잡고 더운 숨결을 돌린다.

"…아침이 늦으셨나 보구려?"

"오늘도 당에 올랐습디까요."

"그러면요- 작두방이 어떻게 기도를 정성껏 드려주는지 모르겠어-."

"좀 들어오셔요."

내정(內庭).

상술네는 마루에 걸터앉고 복희는 설거지하고는 그릇들을 대강 한편으로 걷어치우며 말한다.

02회, 1937.08.18.

래를 가리킨다.
11 명다리(命다리): 토속 신앙에서 신이나 부처를 모신 상 앞의 천장 가까운 곳에 매다는 모시나 무명. 원(願)을 드리는 사람의 생년월일을 써 둔다.
12 현대 국어 '개수통'의 옛말. 19세기 문헌에서부터 나타난다.

"글쎄 아침에도 집의 서방님은 나더러 병원엔 가볼 생각 않고 쓸데없는 짓만 한다구 짜증을 내고 나가버리시는군요. 어떡하면 좋아요- 내 참."

"그러시면 안 되지-. 자식 발원의 정성이란 두 분의 마음이 같으셔야만 되는 법이올시다. 더구나 손수 못하시고 남을 시키는 일에 한 분이라도 무엇하면 그건 기하는 노릇이니까."

〈그림 3〉 8.19.
스틸 - 남편 : 김인규(金寅圭),
그의 아내 : 현순영(玄舜英),
촬영 - 극동무선사진부 이재진

"그러기에 속이 상해서 죽겠어요-."

"그런데 이거 보슈. 작두방이 그러는데 정성이 끝나는 날로 남성일[13] 한 머리 구해두었다가 물에 띄우랍니다."

마침 소년 한 명이 급히 달려 들어오며 복희에게 깍듯이 인사를 한다.

"안녕합쇼."

"어째 올라왔어?"

"저 이상께서요, 이따 두 점쯤 해서 문 잠그시고 종로로 나오시라구요."

"왜 그러시던?"

"모르겠어요. 아마 화신상회엘 가신다나 보죠-."

소년은 그 말만 전하고 나가버린다. 상술네는 싱글싱글 웃으며

"수 나셨구려."

"글쎄요. 아직 월급도 멀었구 돈이 없으실 텐데…."

"-흥 알겠군. 하하하하."

상술네는 짐작이 간다는 듯이 간드러지게 웃으며 복희의 눈치를 살핀다.

동대문 부인병원 뮤전.

---

13 "남성이('남생이'의 방언)를".

복희는 남편에게 속아서 끌려왔던 것이 참을 수 없이 분하여 병원 문전을 나서자마자 샐룩한 눈가엔 찬 기운이 떠돌았다.

"고렇게 사람을 속여서 망신을 시켜요."

"자기를 위함이지 누가 속여."

"몰라요."

팩 쏘고 돌아서는 복희는 자기가 세상에 나온 이후로 오직 그 남편밖에는 보이지 못할 비밀을 남에게 검사당한 수모적 불쾌심 때문에 어디 가서 죽어버리고라도 싶을 만큼 분한 생각이 들었다. 복희는 눈가에 가랑가랑 고인 눈물을 얼른 닦으며 자기 뒤를 어슬렁거리고 쫓아오는 남편을 원망스러운 듯이 돌아다보았다.

"속이 시원하시겠소."

"허허. 사람도 참. 그러지 말고 의사 말대로 며칠만 입원해 보아."

"어쩌구 어째요. 갈수록 양양이라더니만-. 내 참."

"무식하게 고집하지 말구."

"난 싫어요-. 흥 유식한 여자를 왜 못나섯소[14]-."

복희는 전차 안전지대 쪽으로 걸음을 빨리 떼어놓는다.

복희가 내정. (오후)

"하하하하."

"글쎄 수술인지 무언지 다 하라는구려-."

하며 복희는 걱정스러운 ▨▨으로 상술 모를 바라본다.

"하하하하. 글쎄 수술이란 칼로 째고 저미고 하는 것인데- 그걸 어떡하시려우. 그놈의 ▨식[15] 의원들이란 인백정들이야 ▨그 흥해-."

상술 모는 복희의 걱정스러워하는 얼굴을 바라보며 혀를 끌끌 찬다.

---

14 원문 그대로임.

15 문맥상 '신식'으로 추측된다.

"-어떡하누 그럼."

"글쎄 도섭스런[16] 생각 마시우. 옛날엔 어떻게들 자식을 낳고 살았겠수. 두말 말아요. 인제 정성을 들이고 나면 삼신이 다 점지할 테니-."

"그리나 되었으면 작히나 좋겠어요."

"에그 무섭지. 아- 그 곽선집네 동생 보죠. 병원에 가서 칼로 째다가 죽지 않았소."

"…."

"너무 근심 마시구 저녁에 들어오시건 싫다고 그러시우."

"아- 무얼 싫다고 그러시란 말이오."

하고 소리치며 작두방이 달려 들어오는 서슬에 상술 모와 복희는 영문 모르게 일어서졌다.

상술 모는 작두방의 겨드랑살을 꼬집으며 "이 마누란 사람을 가끔질 놀래 주어. 왜 또 왔수. 뭐 얻어먹을 게 있다구-." 하며 낄낄거리고 웃는다.

"나야 무엇을 얻어먹을 게 있어 왔든지간에 상술네 성님은 왜 여기 와 계슈."

"아따 제 유성기말뺀[17]으로 남의 걱정하다가 이남박[17] 머리 되겠네-."

"그럼 상술네 성님부텀 그리 되시우그래. 하하하하."

복희도 덩달아 웃으며 작두방에게 부채를 집어준다.

"그동안 얼마나 애를 써주셨소-."

"천만의 말씀입니다. 이왕이면 댁의 자손 발원하는 정성을 소홀히 하겠습니까."

대답하고 작두방은 부채질을 해가면서 적삼을 풀어헤치자 이들이들한 젖가슴이 두툼하게 내솟는다.

03회, 1937.08.19.

---

16 주책없이 능청맞고 수선스럽게 변덕을 부리는 태도가 있는.
17 안쪽에 여러 줄로 고랑이 지게 돌려 파서 만든 함지박. 쌀 따위를 씻어 일 때에 돌과 모래를 가라앉게 한다.

상술 모는 작두방의 무릎을 쿡 찌르며 눈짓을 한다.

"병원엘 갔다 오셨는데 애기를 배시려건 수술을 하라신다는구려-."

"저런- 망칙스럽게-."

"하니 걱정이 안 되시겠수."

"그럼 하셔야지."

"이 마누라도 큰일 날 소릴 하네."

하며 상술 모는 작두방의 얼굴을 바라보고 눈을 흘긴다.

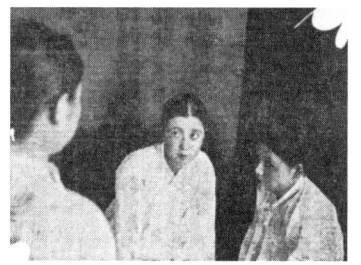

〈그림 4〉 8.20.
스틸 - 아내 : 현순영,
상술 어머니 : 복혜숙,
작두방네 : 오엽,
촬영 - 극동무선사진부 이재진

"큰일은 왜 큰일이람. 요즘 신식 여편네들은 부끄럼 없이 병원엘 잘들 다니구먼- 그래서 자식도 잘들 뱁디다."

상술 모는 싱긋 웃으며 "마누라가 한마디 꼬는군-." 하고 복희의 기색을 살피니 그는 미안해하는 눈치다.

"남은 일껏 정성을 들여 주는데 그런 소릴 해서 안됐수."

"아닙니다. 정성은 정성이구 병은 병이지요-. 그러니 병원엘 가시는 것두 미상불 해로우실 거야 없으시지."

상술 모는 얼른 말을 가로막으며

"이런 제-. 임자가 아직도 이 아씨 속을 모르는군. 세상없어도 병원에 가는 것은 싫다는 거야."

복희는 민망한 듯이 작두방의 곁으로 다가앉으며 은근히 말한다.

"그러니 말이오. 어쩌면 좋을구. 집의 서방님은 자꾸 우겨는 대시고…. 어떻게 안 가고도 좋을 도리가 없을까-."

부채질을 활활- 해가며 무엇을 이윽히 생각하고 있던 작두방은 눈을 지긋하고 대답한다.

"도리야 있구 말구요-."

"그럼 어떻게?"
"내 이 댁 나으릴 조용히 뵙구 한번 써볼 수단이 있지-."
상술 모는 대강 짐작이 가건만도 짐짓 못 알아듣는 척하고
"아니 이 댁 서방님이 누구시기에 그렇게 어수룩하게도 임자말에 넘어가시겠소." 한다.
작두방은 자신이 있다는 듯이 머리를 끄덕이며 웃는다.
"내가 다 할 수단이 있지. 아무리 고집이 억세신 남자 어른이라도 우리 같은 여인네 수단에 안 넘어가진 못하시리다."
작두방의 눈치만 살펴보고 있던 복희는 그제야 적이 안심되는 듯이 허리를 펴며
"그럼 좀 수단껏 말씀을 드려서 정성만으로도 될 수 있게 해주시구려- 지성이면 감천이라구 설마 하니…."
"-그러면 저- 상술네 성님." 하고 작두방은 하려던 말을 딱 멈추며 상술 모를 건너다본다.
동리에서 젊은 사나이들의 부는 피리 소리가 들려온다.

오거리 골목. (저녁)
어린아이들의 한 떼가 몰켜 와자지껄하고 있다.
복희의 남편이 부리나케 걸어서 골목 어귀에 이르자 아이들 틈바구니로부터 상술이가 톡 뛰어나오며 "아저씨-" 부르고 달려든다.
복희의 남편은 어린것의 손목을 잡는다.
"오- 상술이냐."
"아저씨 이리 오셔요 네."
"오- 왜?"
"나하구 가셔요. 저기서 오시래요."
복희 남편은 영문 모르고 상술에게 끌려 골목 어귀를 돌아선다.
굴뚝에선 저녁연기가 새어 오르고 멀리서 두부 장사의 외치는 소리가

들려온다.

　작두방의 집 방.
　복희의 남편은 영문 모르고 우두커니 벽에 기대어 앉아서 부채질만 하고 있다. 작두방이 조그마한 술상 하나를 들고 들어오면서
　"변변치는 않지만 술이나 한잔 올려야지 머- 다른 건 드릴 게 있어야죠-."
　하고 게슴츠레한 눈에 웃음을 머금고 복희 남편을 야릇하게 쏘아본다.
　"난 못 마시는데-."
　"이건 썩 좋은 약소주가 되어서 한잔하시면 여름에 좋으십니다. 김천서 특별히 고은 과하주[18]인데…."
　"그래두-."
　"더우실 텐데 와이셔츠도 좀 끄르시고 그러세요. 어쩐 영문을 모르시니깐…. 내 우스워 죽겠네. 하하하…."
　작두방은 잠자리 날개같이 고은 왜사[19] 적삼을 입어서 풍염한 가슴과 등어리가 내비친다.
　"아시다시피 혼자 사는 년이 돼서 살림이 그저 이렇게 망칙합니다."
　복희의 남편은 얼른 일어나고 싶건만 좌우간 하회[20]나 알아보리라 작정하고 덤덤하니 궐련 한 개를 꺼내어 붙인다.
　작두방은 술을 한 잔 부어 놓고
　"좀 뵈오려고 한 것은 저- 아씨께 부탁을 받아서 여쭤야 할 일이 있기 때문에…. 아이 천천히 말씀드리지."
　"어서 하시오."
　"에그- 퍽두 성민 조급하시네. 어서 술이나 드셔요."

18　과하주(過夏酒): 소주와 약주를 섞어서 빚은 술. 여름에 많이 마신다.
19　왜사(倭紗): 발이 잘고 고운 사의 하나.
20　하회(下回): 어떤 일이 있은 다음에 벌어지는 일의 형태나 결과.

작두방은 이글이글한 눈초리를 건네며 부채질을 해주다가 "아이 옷 젖으신 것 좀 보아."
하고 슬며시 복희 남편의 어깨에다 손을 댄다.

04회, 1937.08.20.

복희가 내정.
"지금쯤은 필시 이 댁 서방님께서 작두방의 말씨 좋은 수단에 연성 고개만 끄덕끄덕하시구 넘어가셨겠군." 하고 상술 모는 히죽히죽 웃는다.
"글쎄요- 원체 성미가 깔깔하셔서-."
"남자 어른들이란 아무리 깔깔하셔도 여자들 얕은 꾀엔 으레껏 넘어가는 법이에요."
"하하하. 상술 엄마는 경험이 계신 게군요-."
"그럼- 우리집 영감 보시우. 고렇게 망난이건만두 내가 다 이렇구저렇구 비위를 슬쩍 맞춰주면 그럴싸하니 내 말은 무엇이나 듣는 걸 보시구려."
"우리 집 이는 그렇지 않으세요."
"그러기에 인젠 들어오시건 팩팩 쏘지 마시고 모두 당신 말씀이 옳소, 해놓고 수단을 베풀어 보시란 말이지. 사내들이란 제 비위만 거스르지 않고 아무런 짓을 하더라도 모두 옳다고만 해두면 제물에 입이 헤- 해지고 고집이 꺾이고 마는걸."
"난 성미가 그렇지 못해서 밤낮 서로 다투기만 하죠."
"그건 못 쓰는 짓이외다. 그래선 바깥어른의 성미만 더 길러드리게 되는 것이죠-."
"그럼-."
"남편에게 좀 쌀쌀히 구는 것도 약이 될 때는 있지만 그것도 계제를 봐야지요. 사내란 지가 아쉬울 때는 공연히 얼레발[21]을 치고 어름거리는 것이니까 그런 때 좀 쌀쌀히 굴어보죠. 신식 사람들 모양으로 연앤가 하는 맛이 날테니."
"연애를 다 아시는구려."
"하하— 그걸 모르면 멍텅구리게—."
상술 모와 복희는 잔즈러지게 웃는다.
검은 구름이 덮여오는 하늘. 이따금 뇌성이 은은히 울린다.

"암만해도 쏟아지겠군. 어쩐지 내 무덥더라니—."
"올해는 늦장마가 돼서 더위가 대단했어요—."

밖에서 호외 배달부들의 방울 소리가 달랑거리고 난다.

벽에 걸린 시계.
장침이 7시 30분에서 천천히 돌아서 9시에 닿는다.
"어쩐 일이실까. 여태껏 돌아오시지 않으니—."
복희는 남편의 돌아올 시간이 너무 늦어지매 이제는 불안한 기색이 돌았다.
상술 모는 대강 짐작이 가건만두 태연히 시침을 떼고 있다.
"혹 비를 만나시게 되면 어쩌나—."
말이 떨어지자마자 복희의 남편이 들어온다. 상술 모는 슬며시 일어나서 밖으로 나간다.
"어째 그렇게 늦으셨소?"
복희는 남편의 옷을 받아 걸며 묻는다.
복희의 남편은 옷을 훌훌 벗어 동댕이치며 불쾌한 감정을 누르느라고

---

21 "엉너리(남의 환심을 사려고 어벌쩡하게 넘기는 짓)"의 방언.

덤덤하니 있다. 그는 작두방네의 그 음탕하고 괘씸스런 행동에 분개하고 그 집을 한달음에 뛰어나왔으나 아직도 불쾌한 감정이 가라앉지 않고 몸이 읏슥해진다. 그리고 이것저것을 분별치 못하는 아내가 밉다느니 보다도 혼자 약은 척은 하면서도 매사에 어둡고 미욱한 고집불통의 그 무교양함이 한없이 가여워 보였다.

〈그림 5〉 8.21.
스틸 - 아내 : 현순영,
촬영 - 극동무선사진부 이재진

"진짓상 드릴까요."
"싫어."
"잡수셨소?"
"글쎄- 싫어."
"왜- 화가 나셨소."
"-흥."

복희는 이런 경우에 남편의 비위를 거슬러서는 안 될 것이로구나 하고 아까 상술네에게서 들은 말이 문득 머리에 떠돌았다.

"제가 잘못함이 있더라도 참으시구."
"어째?"
"화가 나시더라도 참으시구-."
"무얼 참으란 말이야-."
"제가 이제부턴 당신 말씀을 잘 순종할게요- 네."

복희의 남편은 아니 웃으랴 아니 웃을 수가 없었다.

"그럼 나 하라는 대로 해-."
"병원에 가는 것 하나만요. 네 그것 하나만-."
"안돼- 칠성당에 정성 들이던 것도 좀 쉬고 내일부턴 병원엘 다닐 생각을 해-."

복희는 그 말에 가련한 얼굴빛으로 남편을 바라다볼 뿐이다.

"작두방은 다시 우리 집에 발을 못 붙이게 하라우— 공연히 속아서 헐떡거리지 말고. 정성을 팔아먹는 음탕한 기집이란 것만 알아두란 말이지."

복희는 남편의 말뜻을 알아챈 듯이 다소곳하고 있을 뿐이다.

비가 쏟아지며 번개와 뇌성이 일어난다.

> 차회(次回) 김유영 씨

05회, 1937.08.21.

[2] 김유영, 「백란기(白蘭記)」, 1937.08.22.~08.28.

> — 짧은 변 —
> 신여성을 그린다는 이 「백란기」는 참된 의미에서 보는 **오리지날 시나리오**가 아니올시다. 그저 통일성이 없는 일종의 **스케치**니까 전체의 기교 조절과 이 **테마**[22]의 흐름이 분명치 못할 것이고 다만 군데군데로 과도기에 있는 신여성이 이상하는 생활(?)— 심리와 성격을 가볍게 **터치**한 데에 지나지 못함을 미리 말해둡니다. — 필자

S=교외의 녹지=

녹지의 평선(平線)을 네 사람의 젊은이가 아득한 저편에서 걸어온다. 잡초 사이에 간혹 낀 꽃들은 미풍에 흔들리며 늦은 봄임을 애수(哀愁)하

---

22   원문은 "데아"이나 오식으로 추측된다.

는 듯하고 저- 오후의 창공에는 우웃빛 나는 구름 덩이가 이곳저곳에 뜨고 있어 하늘의 미장(美裝)[23]으로는 극치인 듯하다.

처음엔 무슨 소리인지 모를 만큼 약간 들리던 말소리, 또 콧노래, 휘파람 소리가 분명히 들림에 따라 네 젊은이도 가까워진다.

뒤에 조금 떨어져서 따라오던 백란은 좀 장거리 하이킹에 지친 듯이

〈그림 6〉 8.22.
스틸 - 백란 : 황정미(黃正美),
주민 : 이경선(李慶善),
애라 : 복혜숙, 양명 : 김인규,
촬영 - 극동무선사진부 이재진

앞서가는 애라(愛羅)와 그의 애인 양명(洋明)에게 "애라 언니, 어딜 자꾸만 가슈. 난 좀 쉬어야겠어요."

백란의 옆에서 별로 말없이 걸어오는 주민(朱民)을 흘끈 뜻있게 뒤로 돌아본 다음-

"에그 구두끈이 끊어져서 그런 게로군. 재수가 없으려나 보다."

이 말이 끝나기도 전에 양명은 좋은 기회라는 듯이 한편을 손가락질하며

"애라 씨, 주민 군이 어련히 백란 씨를 데리고 오겠소. 허니 우린 먼저 저- 언덕에 가서 놀 자리나 골라놓읍시다그려."

이 말에 애라는 못 이긴 듯이 꽃 한 송이 꺾어 손아귀에 넣고 주물러버리며 감정이 미지근한 듯이 주민과 백란을 곁눈질해 보고 양명을 따라 저- 편으로 사라져 버린다.

주민은 윗 양복을 벗어 풀밭 위에 선듯 깔고 두 사람 사이에 간격을 두고 앉는다. 얼마 동안 이상한 분위기 속에서 말이 없는 두 젊은이를 대변하는 듯이 종달새 두어 마리의 재즐거리는 소리만이 곱고 맑게 들린다.

백란은 구두를 벗어 끊어진 구두끈을 이어 매며 주민의 행동만 부끄러

---

23 아름답게 차리고 꾸밈.

운 듯이 엿보는 기색이다.

　주민은 작은 돌 하나 무의식중에 집어 그들 앞에 잠든 듯이 있는 고요한 물결의 호수에다 던지니 풍당- 몇 겹의 원형을 지우는 파문[대사(大寫)]을 일으킨다.

　"그래 백란 씨- 뭘 보고 나 같은 사람이 좋단 말이요?"

　"…."

　"첫째 돈이 있나요. 그렇다고 일정한 직업이나 있으면 몰라도- **씩씩한 모던 보이**도 못되구…. 나 역 애라와는 다른 경향을 가진 데서 백란 씨가 좋긴 합니다."

　"정말이세요!"

　주민의 정열만을 산다는 듯이 백란은 더 길게 말도 못하고는 두 손을 합쳐 곱게 비비며 보들띤다.[24]

　"그러나 생활의 안정이 없는 연애 시절이나 결혼기는 오래 가지 못하는 법입니다. 애정 그것만으로써 한평생 좋아하는 사람끼리 지낼 수 있을 것 같습니까."

　"있고말고요. 우리 동창생 하나는 어떤 부호의 첩으로 들어가서 눈물로 세월을 보낸대요. 애정이 없으니까 그것도 그렇지요."

　"…."

　"그리고 옆집 구여성들은 양식이 뭔지, 넥타이를 어떻게 매는지, 손님이 오면 차 한 잔 대접할 줄 아나요. 아무튼 이상적 가정은 인텔리층 그리고 애정 있는 데서…."

　"그걸 모르는 아내가 낫다고 역설하는 내 동무들이 많은데요." 하고 주민은 다소 염이 난 듯이 두 손으로 머리 뒤를 깍지하고 누우며 사색에 잠긴다.

　"아이 이야기나 좀 하세요…. 참 그저께 신문에 낸 주선생의 시는 참

24　원문 그대로임.

좋았어요. 그래서 자꾸만 읽었다나요. 그러니까 짐짓이 그 정서 속으로 감돌아 들어가겠지요."

이 말에 선듯 고개를 돌려 백란을 쳐다보는 주민- 석양의 가냘픈 햇빛이 백란의 옆 볼을 스치니 그의 미모는 더한층 아름다워 보였다. 이에 주민의 흥분은 백란의 '손덜미'를 스치고 또한 스치다가 불끈 쥐게 했다. 따라 백란의 눈도 감기며 얼굴이 고요히 호수면으로 향해 수그러진다.

×

아담한 꽃 한 송이 하나에 범나비 한 마리 사뿐 앉으며 나래를 팔락인다.

×

두 사람의 얼굴 [대사] 나란히 대일 듯 말 듯 하며 앞으로 무슨 새로운 희망이 가득 차 보인다.

06회, 1937.08.22.

× --- ×

먼- 하늘은 석양이 빗길 때라 순백의 구름이 별달리 아롱져 있고 구름 사이로 줄기져 흐르는 햇발은 벌판 집 초 덤불과 꿈꾸는 호심(湖心)을 고대로 고이고이 잠들게 하려는 듯-

주민과 백란은 수양버들을 남실거리다가 기어 오는 산들바람을 마시곤 또한 기쁜 한숨으로 하- 내밀며 상긋이 웃는다.

〈그림 7〉 8.24.
스틸 - 백란 : 황정미, 주민 : 이경선, 촬영 - 극동무선사진부 이재진

그리하여 말이 없는 가운데 그들의 표정과 동작을 달콤한 정열과 정열이 서로 속삭이는 듯하다.

은연히 정적을 나직이 부수는 애라의 명랑한 곡조의 콧노래가 들리기 시작하니 백란은 연애 시절의 휘장을 결혼 시절의 휘장으로 갈기 위함인지 기름진 입술을 조급히 오물거리며

"선생님 저-"하고는 부끄럼을 이기지 못해 아무 말이 없이 두 손으로 얼굴을 가리며 고개를 숙인다.

"네 알았습니다. 백란 씨의 마음은 작년 봄 동경에서 돌아올 때부터 잘 안다고 여러 번 말했지요. 내 마음도 어느 정도까지 알았을 테지. 자 요전에 하신 편지- 그대로 하기로 굳게 약속하지요."

주민은 비로소 현안을 해결시켰다. 콧노래 한참 그치다가 조금 이상한 음조[25]로 또다시 크게 들린다.

×

범나비도 귀[耳]가 있는가 콧노래에 놀라듯이 애처로이 꽃송이에서 바르르 떨며 떠나 멀리 나른다.

×

주민은 버들가지를 휘잡으며 일어서고 백란은 주민의 윗 양복을 들어서 입힐까 말까 애라 편을 몰래 보며 어쩔 줄 모른다. 주민은 윗 양복을 넌지시 받아 입고 조금도 부끄럼 없이 백란을 삿붓 안으며 언덕에서 내려오는 애라에게 암시로써 둘의 장래를 일러주는 듯하다.

이것을 이미 먼-곳에 본 애라는 코를 싱긋하고 야릇한 비웃음 속에 날카로운 질투를 가지며

"흥- 참 좋으시군. 그러나 아무것도 없이 뭣으로 그 기분을 연장시키려오."

-[말의 O.L.]-

---

25 원문은 "읍조"이나 오식으로 보인다.

S=주민의 실내

이그러진 책상이 보인다 [대사]. 몇 권의 문학잡지와 전집과 시집, 그리고 잡지사, 신문사에서 온 편지가 좀 산란히 놓였고 또 곱게 장정한 책 하나 보이는데『주민시집(朱民詩集)』이라고 쓰여있는 것이 어렴풋이 있다. 손이 들어와서 펼쳐온 원고지에 무엇을 쓰고 있다. [카메라 팬하여] 극히 빈약한 장치를 가진 방안. [말소리만][26]

"흐- 참 좋으시군. 그러나 아무것도 없이 뭣으로 그 기분을 연장시키려오." [또다시 카메라 주민의 반신(半身)으로 팬] 원고를 돌아앉아서 쓰고 있다가 손으로 머리를 긁으며 천정을 쳐다본다.

"글쎄 예술이니 시인이니 하다간 사람이 다 죽겠수. 인젠 잡힐 것 없다우…." 연이어

어린애의 울음소리가 말소리와 같이 띠때띠때 쌍나팔을 수수하게 부는 것 같이 소연하다.[27] 주민은 귀찮은 듯이 쓰던 원고지를 박박 찢으며 날카로운 울분의 신경을 이기지 못하고

"글쎄 여보, 웬만큼 해둬요, 뭘 좀 쓰려니까-. 오늘까지 써 주지 않으면 담 달엔 못나…."

삼 년 전의 미모는 구석구석이 사라지고 오직 초라한 맵시, 영양성이 부족한 얼굴의 백란은 비슷이 누워서 어린애에게 젖을 먹이며

"얘가 왜 이리 울어. 아이 속상해. 밤낮 쓰면 뭘 해요. 그까진 몇 푼 돼야지! 여유 참 청황씨시여. 아침 할 쌀도 없는 줄 알기나 하슈."

"그럼 없다고 말해야지. 그저 돈만 생기면 화장품 사기, 극장 출입, 동무들 끌고 데파-트[28]에 가서 양식 자시기, 찻집 출입. 그래 이걸 어떻게 감당한담."

---

26 이 작품에는 이렇게 다음 장면에 대한 설명이 앞 문장 뒤에 붙는 경우들이 있다. 영화적 전환을 염두에 두고 일부러 이렇게 처리한 것이라 생각되어 그대로 따른다.
27 소연(騷然)하다: 떠들썩하게 야단법석이다.
28 デパート(Depart). 백화점을 말한다.

"아니 당신은 찻집에 안 다닙디다. 찻값만 당신이 쓰는 게 하루 얼만 줄 아세요. 말 말아요."

"내야 싯줄[29]이라도 고요히 빚어내려고 가는 거지, 그래 당신처럼 옹게 종게 쏠려 앉아서 참새처럼 뭐 누가 양행[30]갔느니, 양복장 뭐 뭐 몇백 원 어치 샀느니, 나도 하나 샀으면 하고 재재거리려고 가는 거야."

백란은 다소 미안한 기색을 가지다가 새삼스레 생각난 듯이

"다 듣기 싫어요. 하루 이틀 아니고 이런 살림이 삼 년이 넘지 않았어요. 그래도 내가 몇 달 전까지 회사 다니며 수입이 있을 때는 이러진 않았지요? 정말 무슨 수가 있어야지 못 살겠어요."

떠들썩하던 방안은 침울한 적막이 가득 차 있다. 이때 주민의 누이동생이 들어와서 무슨 말을 할듯할듯한다. 주민은 벌써 알아채고

"또 집세 받으러 왔지-. 넌 어서 시장하지만 학교에 가렴. 내가 벤또를 일찍이 갖다 줄게 응."

07회, 1937.08.24.

"오빠! 학교는 그만두고 어디 취직이나 할 수 있으면 좋겠어요."

이 말을 억지로 하는 주민의 누이동생은 그만 고개를 푹 숙이고 방울 같은 눈물이 염줄[31]처럼 흐른다. 백란이도 다소 측은한 얼굴빛을 가지다가 주민을 다시 보며

"여보! 잘 생각했지요. 나같이 이런 고생 하려면 숫제 공부 안 하는 게 낫지 뭘 그래요. 근심한다고 말 안 했지만 오늘은 갈래도 못 가게 되었다

---

29 시(詩)줄: ① 운율적으로 배열되어 있는 시의 행. ② 변변하지 못한 몇 편의 시를 비유적으로 이르는 말.
30 양행(洋行): 서양으로 감.
31 '염주(念珠)'의 방언.

오. 수업료가 밀려서 정학 처분을 시켰답니다."

사설이 몹시 긴- 백란의 말 가운데 '수업료 까닭에 정학' 말 구절에서 예기는 했으나 그래도 의외인 듯이 주민은 약간 놀랐다가 괴로운 듯이 벌떡 일어난다. 그리고 옷을 입으며 별다른 결심을 가진다.

"어딜 가요. 편찮으신데 아무것도 안 자시구."

백란은 밤낮 달달 볶던 남편이라도 안타까운 심정이 남아있어서 일어서면서 묻는다. 철없는 어린애 또다시 '응아' 울기 시작한다.

"여보 기-껏하면 고료 먼저 달라는 교섭이죠. 아서요. 제발 그것보다 내가 애라 언니한테나 돈 말을 좀 해볼 테에요."

"그건 안되오. 내가 가면 몰라도 외려 불난 집에 풍석[32]치기지-."

이 말을 하는 주민은 한참 동안 벽에 기대서 어쩌면 좋을까 주저한다. 벽에는 하이네, 베토벤의 초상화가 쓸쓸하게 붙어있다. 예술가의 빈곤을 그 그림이 말하는 양.

"그럼 가보시우. 별장에 있답디다. 아마 지금 가면 으슥해서나 도착될 걸요. 참 차비도 없으니 또 어쩌나-." 백란은 또다시 근심을 한다. 주민은 아무 말이 없이 무거운 몸, 피로한 안색으로 밖에 나간다. [O.L.]

S =동무집 문전=

주민이 모자를 쓰며 외려 미안한 듯이 나오고 뒤따라 그의 동무 텁설한[33] 머리를 쓰다듬으며 나온다.

"주군 미안하이. 요샌 그림도 안팔리구. 그런데 자네도 너무 결백한 게 탈이야. 당초에 그렇게 조르던 애라와 결혼했으면 좋을 걸 그랬지!"

"에이 이 사람, 새삼스러이."

"자- 하여튼 나와 가보세, 차비는 내게 있으니. 지금 애라는 양명 군이

---

32 풍석(風席): 타작마당에서 곡식에 섞인 티끌이나 쭉정이, 검부러기 따위를 날려 없애려고 바람을 일으키는 데 쓰는 돗자리.

33 원문 그대로임.

외입만 한다고 약혼 해소를 했다네…."

그다지 가고 싶지 않은 주민을 그의 동무는 도수장[34]에 끌고 가는 황소처럼 억지로 끌고 간다. 아스팔트 위를 걸어가는 주민과 그의 동무의 발 [접사로 이동] —천천히 와이프아웃[35]—

S =정야(靜夜)의 사장(沙場)=

—[전 화면과 똑같은 포즈로 카메라 와이프인이 되니 이동으로]— 주민과 애라의 발이 터벅터벅 사장 위에서 걸어간다. 두 사람의 그윽한 그림자도 고요히 따라—. [또 O.L.] 달빛이 하도 곱게 비친 모래의 편선[36] 위에 주민과 애라는 말이 없이 앉는다.

〈그림 8〉 8.26.
스틸 - 주민 : 이경선, 애라 : 복혜숙, 촬영
- 극동무선사진부 이재진

먼—곳 강 옆 언덕에는 애라의 집 별장인 듯 오똑 서있다. 그리고 암녹색의 숲이 또한 별장보다 나즉이 행렬져 있고 허공을 자그시 깨무는 물소리, 귀뚜라미 소리는 가을밤임을 솔직히 말한다.

파—란 달빛은 정적의 그 밤에 싸인 두 사람의 등어리를 웃듯이 어루만진다. 주민은 될 수만 있으면 애라의 옆에서 간격을 멀리하며 아무 말이 없다. 다만 그의 안색은 **에미없는** 어린애 같은 고독과 극미(極微)의 애수가 숨겨 있을 따름이다. 이런 주민을 옆눈질해 보던 애라는 살짝이 몸을 모래에 비비고 두 다리를 쪽— 펴 밀고는

"주선생, 아까 동무 되시는 분께 말씀 들었어요. 그런 것쯤이야 얼마든

---

34 도수장(屠獸場): 도살장. 도축장.
35 wipe-out. 영화나 텔레비전에서, 장면을 바꿀 때에 한 장면이 화면에서 지워지듯이 사라지는 일.
36 편선(蹁躚): 빙 돌아서 가는 모양.

지 문제없지 않아요. 벌써부터 제게 말씀 안 한 게 외려 섭섭하답니다."

"…."

"부인께서는 소문을 들으면 빈곤한 결혼생활에 진절머리가 난다고 그런다죠." 이 말에 주민은 입장이 곤란한 듯이 입을 머뭇머뭇하다가

"그렇지 않아요. 그럴 리 없습니다."

"아유, 선생도. 아 요전 잡지에도 그렇게 **가십**이 났던 걸요 그래."

이러는 데야 더 부인하기 싫다는 듯이 주민은 가졌던 손수건을 배배 꼬며 고개를 쳐들고 깊은 사색에 잠긴다.

애라는 백란이 까닭에 실연의 형림(荊林)[37]을 아직까지 기어 나오지 못한 것이 새삼스레 분했고 주민을 몇 해 만에 이런 분위기 속에서 가지게 됨을 기화로— **바시시 바시시** 모래를 잘룩잘룩한 고운 손가락에다 세레주며[38],

"주선생 아무래도 조선을 떠나야겠어요." 불현듯이 떨려 나오는 애라의 말에 주민은 이상히 바늘축같은 얼굴빛이 떠돌며 애라를 말없이 내려다본다.

말을 하려던 애라는 그의 천생의 명랑하고 주저가 없는 성격까지도 그만 침묵의 중 앞에로—

08회, 1937.08.26.

벌써 애라의 말 중에는 뼈가 있다는 것을 예감한 주민은 될 수 있으면 회피하기 위해

"가시고 싶으면 가시지요. 왜 뜻대로 안 될 게 있나요…. 그런데 막차로

---

37 가시나무 숲.
38 원문 그대로임.

문안에 들어가야 하겠습니다." 이런 주민의 싸늘한 말에 애라는 반발심이 생겨서 입을 악물고 주민을 가슴츠레 노려본다.

"끝까지 그러시겠어요. 전 아무래도 선생을 잊어버리지 못하겠습니다. 백란이, 아니 참, 부인되신 분의 행복을 위해서라도 선생에게 가는 애정을 잊으려고 애썼어요. 그러나…." 애라는 이어서 말도 못 하고 거의 울다시피 하소한다. 사실 주민은 당초부터 끌리는 것이 백란이보다 애라였다. 그러나 정숙한 아내로서 백란이가 낫겠다는 점에서 애라를 차버리게 된 것이다. 그러므로 고요한 달밤- 자연의 환경에서 지웃이[39] 잠든 이 사장에서 애라를, 언제인가 그리워했던 모습을 바라볼 때의 감정 금시에 혼선을 일으킬 것 같다.

몸이 괴로워하는 주민의 얼굴[대사]- 달빛이 구름으로 하여 가려지기도 한다. [이중으로 환상(幻想)]

　　　　－ × －

그의 얼굴에는 '아버지'하고 우는 어린 자식과 몹시 초라한 맵시로 어린애를 달래는 백란의 호젓한 얼굴빛이, 그리고 누이동생- 이런 가여운 인간들의 애상이 나타나서

　　　　－ × －

피로한 주민에게 불안과 고민을 전선의 육탄처럼 폭사시킨다. 이런 사색에서 헤매는 줄 모르는 애라는 여전히 딴전을 부리며 주민에게 품었던 심정을 말한다.

"정말 선생님, 제아무리 여유 있는 사람이라도 애정이 없는 곳엔 아무것도 없다는 걸 요새 와서 알았어요. 그래서 선생이 없이는-."

"저로서는 그런 애라 씨의 꿈같은 말을 포용할 하등의 값이 없는 사람이올시다. 아내도 있고 또한 양명 군도 있지 않아요-."

"흥 양명이요. 돈만 가지면 그만이 아니에요. 그런 외입쟁이를 누가 알

39　원문 그대로임.

기나 하나요."

 이런 말을 서로 이야기하는 중에 주민은 그동안의 피로의 여음(餘音)[40]이 본시에 가지고 있는 불치병을 여지없이 휘두르기 시작했다. 그래서 열이 나고 기침을 하고 정신을 못 차리다가는 푹 엎드려 쓰러진다. 애라는 주민을 거의 부둥켜안으며 어쩔 줄 모른다. 해쓱한 주민의 얼굴 얼굴…. 애라의 초조한 얼굴 얼굴-. 교교히 비치던 달빛이 구름 속으로 기어서 가만히 가만히 들어간다.

 (그러므로 자연(自然)은 암흑)

×

 새벽의 하늘 아롱진 구름 사이에서 가만히 가만히 기어 나오는 햇발-정환하게 터질듯한 천공- 참새들의 재즐거리는 소리 멀리서 들려온다.

S. 애라의 별실(별장)

×

 침대 위에 주민이 누워있다. 애라는 근심스러운 듯이 간호를 하고 있다. 주민이 눈을 겨우 뜨고 의아한 표정으로 사방을 휘둘러 본다. 옆에 앉았던 애라를 보고 뜻하지 않는 얼굴빛으로-

 "애라 씨, 여기가 대체 어딥니까?"

 "저의 별장이에요. 정신을 못 차리기 때문에 댁엘 못 가셨어요."

 "…." 아무 말이 없던 주민이 점점 피폐해 가는 자기의 몸을 힘없이 휘둘러보고 애라의 만류도 듣지 않고 일어나서 나직한 의자에 앉는다.

 "저- 양명 씨가 새벽에 왔는데요. 선생댁에 들렀더니 뭐 집에서 퍽 걱정을 하며 가보라고 해서 궁금해서 왔다나-."

 애라의 말이 끝나기도 전에 양명은 그리 좋은 기색을 하지 않으며 문을

---

40 소리가 그치거나 거의 사라진 뒤에도 아직 남아있는 음향.

열고 하녀의 인도로 들어온다.

"양명 군, 이거 오래간만일세. 애라 씨에게 말을 들었지만 그사이 그래 집에선 끼니나 이었던가….[41]"

주민은 제일 궁금한 것이 집안 일이었다.

"응 자네도 거기까지 걱정을 할 줄 아나. 하긴 그렇지 흥. 자네 부인이 가여우이, 가여워. 무슨 고생인가. 참 뭐 어디 병이 더하다고. 그거 안됐군ㅡ."

〈그림 9〉 8.27.
스틸 - 하녀 : 복정자(卜貞子), 주민 : 이경선,
양명 : 김인규, 애라 : 복혜숙,
촬영 - 극동무선사진부 이재진

양명이가 애라와 주민을 번갈아 보며 말하는 태도에 주민은 대단한 불쾌를 가졌다. 그러나 우정이 있고 인격과 교양이 높음을 지키기 위해 억지로 참으며

"하여튼 미안하이. 내 병을 늘 그런 거니 나을 리가 있나만…."

"왜 낫지, 나아. 애라 씨의 지성스런 간호에는 만병통치일 께니까."

애라는 벌써 양명의 얼맞지[42] 않은 질투와 성격의 결함을 발로함에 참다 참다 못해 벌떡 일어서며 말을 한다.

"그래 양명 씨는 겨우 이 말 하기 위해서 왔단 말이요. 너무 심하군요. 주선생의 병 위문이 그거란 말이요."

양명은 태연자약 - 애라의 말을 못 들은 체하며 사방을 휘둘러보다가 책상 위에 있는 편지를 보고 정색을 한다. 애라도 그곳으로 시선이 가더니 편지를 집어서 양명에게 선듯 주며

"이런 편진 그만 하세요. 안 봐도 알아요. 속없는 그런 능청스런 거짓부렁은 웬만큼 써두세요." 양명이가 받지 않는 편지를 애라의 손이 발발

41　원문은 "니윗든가…."이다.
42　얼맞다: 일정한 기준, 조건 정도 따위에 지나치게 넘치거나 모자라지 아니한 데가 있다.

떨며 쥐고 있는 편지 [대사].

09회, 1937.08.27.

S =주민의 실내=

지극히 여윈 주민의 떨리는 손에는 서류라고 쓰여있는 편지 봉투와 백원짜리 소절수(小切手)[43] - 그리고 편지를 들고 있다. 편지[하사(下寫)][44]가 살짝이 펴지니 사연이 또렷하게 보인다.

> = 주민 선생! 저의 집에서 댁으로 들어가신 지가 어느덧 십여 일이 넘었습니다. 그러나 그동안 일체 소식이 없기로 궁금함을 마지않습니다. 다만 보면 미워서 소름이 끼치는 양명 씨가 몇 번 들렀는데 선생의 병세를 제가 물어도 잘 대답하지 않고 내외분이 의가 좋다 하시니 반갑다고 해두어야 하겠습니다.
> 저의 적성[45]의 표적으로만 아시어 동봉한 소절수를 가지고 과일이라도 사다 자시면 저로서 얼마나 기쁠는지요. 그리고 그것은 보셨는지요. 전번에 댁으로 들어가실 적에 몰래 선생 포켓에다가 약간의 돈을 넣어 두었습니다. 혹 분실이나 하지 않았는지 의심되어 한 번 물어두는 것입니다.
> 저는 아무래도 선생의 곁을 떠나야 하겠고 더욱이 양명 씨 까닭에도 조선을 멀리해야 하겠습니다. 그날 밤의 정서 모래밭 위에서 선생을 괴롭게 했지만 제게는 최후의 애소(哀訴)를 가졌던 밤이랍니다. 길게 쓰면 뭘 해요. 돈보다도 정으로만 살 수 있는 부락(部落)이 그립습니다. 병환이나 나으셔서 길이 안녕하시고 좋은 시(詩) 많이 내놓으소서. 멀리 가는 제가 그거나 읽고 마음의 낙원쯤 찾으리다. … 애라 올림 =

---

43 은행에 당좌 예금을 가진 사람이 소지인에게 일정한 금액을 줄 것을 은행 등에 위탁하는 유가 증권.
44 "대사(大寫)"의 오식이 아닐까 한다.
45 적성(赤誠): 마음에서 우러나오는 참된 정성.

이 편지를 주민은 다 읽고 시진한 얼굴에 흐르는 땀을 힘없이 닦는다. 백란은 그 편지를 최대의 관심으로 곁눈질하며 앉았고 노리갯감을 가지고 철없이 놀고 있는 어린애는 세상이 어떻게 돌아가는지 모른다.
　주민은 생각다 생각다 못해 의심스러운 듯이 누웠던 몸을 반쯤 일으키며
　"내 양복 속에 무슨 돈이 들었습디까. 혹 보았소, 여보!"
　"봤어요…."
　"왜 그럼 내게 말을 안했수. 에 화나. 그래 얼마나 돼요."
　"얼마나요. 뭘 얼마나 돼요. 뻔연히 아시면서 괜히 민망하니까 딴전을 부려요. 그렇게 시치미를 딱 떼면 누가 모르는 줄 아세요. 병만 심하지 않아도 벌써 큰일 났지요. 나기만 해요."
　"여보 내가 어떻게 안담. 아니 그럼 내가 돈을 가지고도 시침을 떼고 이런 고생을 했단 말이요."
　"그건 보통 돈이 아니거든요. 그렇지 않아요 뭘."
　"이런 억울한 일이 있나. 아니 애라 씨가 얼만지 모르나 내게 주는 돈을 거절하고 왔는데 그것도 다 당신 까닭이어. 뜻밖에 애라 씨가 이상 조건에서 호의를 표시하는 듯하기에 집에선 뻔연히 굶는 줄 알아도 빈손으로 왔어!"
　"흥 당신도 인젠 맘보까지 능청맞아졌군요. 양명 씨에게 다 들었어요. 그분이 거짓말할라구. 애라가 좋건 마음대로 하세요. 나도 이런 속에 살기 싫어요." 이 말을 들은 주민은 본시에도 신경질인데- 치받치는 화를 이기지 못해 벌떡 일어나며 백란을 금시에 뜯어 먹을듯한 표정이었다. 그러다가 너무도 억울한 백란의 해석에는 어이가 없었다.
　"그래 이게 공부깨나 한 소위 신여성이람. 옆집 '봉이네' 좀 못 봤어- 내가 잘못이지!"
　"그건 무식한 개성이 없는 여자니까 남편이 무슨 짓을 하든 **보비위**[46]나 할 줄 알지요. 돈 없는 곳에 서로 좋으면 다 소용이 있어요. 게다가 애라

와…. 아이 분해."

"아니 그러려거든⁴⁷ 진작 당신 친정인지 뭔지 그로 가-. 볶여서 어디 살겠소." 여태껏 가라는 소리를 들어보지 못했던 백란은 화증이 벌컥 나서 **이거리**⁴⁸ 속에 두었던 지폐 몇 장을 꺼내어 주민 앞에 놓으며 "자 엣수. 뭐 내가 그까짓 더러운 돈을 쓸 줄 아슈" 하며 그만 백란은 울음보가 터지기 시작했다. 한참 울다가 지금까지 삼 년 동안 굶주리며 고생하던 것이 새삼스레 분한 듯이

"가라구요. 누가 못 갈 줄 알우."

"보기 싫어. 저렇게 사설은! 어서 가요, 갈 테면…." 주민이도 앞뒤를 생각할 여지가 없이 격분했고, 백란도 그러하여 소위 여자의 히스테릭한 자존심이 발로되었다. 그래서 그만 문밖으로 나가 버렸다!

S =가리(街里)의 뒷골목=

백란은 침침한 밤거리를 호젓이 거닐며 친정으로 갈까 말까 빠르던 걸음이 천천-해진다.

고요히 졸고 있는 가등⁴⁹ 옆에까지 간 백란은 거의 흥분이 진정된 표정이다. 먼 곳- 가가⁵⁰는 문이 닫히니 밤도 이슥한 모양이다. 문 닫는 가가 여인은 끊일 줄 모르고 우는 어린애를 업고, 들석들석하며 달랜다. 백란은 어린애의 울음소리에 갑자기 이상한 마음이 되풀이되는 얼굴빛이다.

그의 머리에는 어린애(세 살 된 아들)가 '엄마 엄마' 하고 자기를 애끗

---

46 보비위(補脾胃): 남의 비위를 잘 맞추어 줌. 또는 그런 비위.
47 원문은 "그럴나건".
48 '의걸이(위는 옷을 걸 수 있고 아래는 반닫이로 된 장)'가 아닐까 한다.
49 가등(街燈): '가로등'의 준말.
50 '가게'의 본딧말.

이[51] 부르는 것이 환상되었다. 왔다 갔다 하는 백란의 발. 은은히 야경인의 딱따기 치는 소리 들린다. 백란의 얼굴은 무엇보다 어머니로서 자식에게 애정이 용솟음치기 시작하여 다시 발을 옮겨 오던 길로 돌아선다. 나왔던 집으로 돌아가는 백란의 뒷모양 멀-리 까맣게 사라진다.[52]

〈그림 10〉 8.28.
스틸 - 어린애 : 김정식(金貞植),
백란 : 황정미,
촬영 - 극동무선사진부 이재진

| 차회는 박기채 씨 |

10회, 1937.08.28.

[3] 박기채, 「기생 편: 수야(愁夜)」, 1937.08.29.~09.03.

| 석양으로부터 그날 밤 새벽까지의 일-
한 기생의 안타까운 심정의 일면(一面)을 그려보려고 합니다. (작자) |

○등장인물

금주 (기생 - 본명 진숙) 23세

영삼 (그의 애인) 31세

백만수 (금주의 패트런[53]) 43세

---

51 원문 그대로임. '애끓게'의 의미가 아닐까 한다.
52 원문 10회의 마지막 부분에 전회분의 정오(訂誤)가 게재되어 있어 반영해 두었다.
53 patron. 작가들이 창작 활동을 할 수 있도록 경제적으로 지원해 주는 사람. 중세 시대에는 영주나 귀족이 이 역할을 주로 담당했다.

금주 모(母) 50세

S =황혼의 수평선=

○연잎[蓮]인 양 오므라들고… 펴고….
○그 작은 파도 위에 황혼의 무수한 금 활살[54]이 폭사되기 시작한다.
○강둑의 유람선 탄교 지붕에 '수상안전'이란 측후신호의 깃발이 황혼의 날빛에 잘리면서도 버틴다는 듯… 펄펄펄럭….

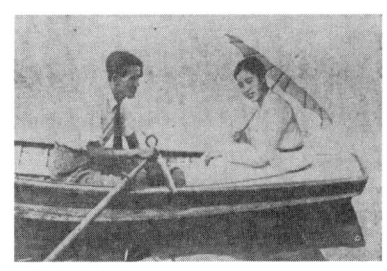

〈그림 11〉
스틸 - 금주 : 신일선(申一仙),
영삼 : 김일해(金一海),
촬영 - 극동무선사진부 이재진

○수면 위에는 장쾌한 폭음과 한가지로 한 척의 모터보트가 위세 좋게 잔잔한 파도를 차고 지나간다.
○그 보트가 지나간 수면은 갑자기 해협의 천막 모양으로 퍼덕인다.
○퍼덕이는 수면의 파도 곁을 따라 - 영삼이와 금주가 탄 작은 보트는 그 여파에 밀려 기울어질 듯 기울어질 듯한다.
"에구머니…."
○금주는 폈던 파라솔을 걷을 새도 없이 보트의 좌우를 걷잡으며 놀란다.
○그러나 곧 그의 입모습에는 장미와 같은 웃음.
금주의 태도를 힐끗 쳐다본 영삼이는 태연자약히 바른편 노를 저어 왼편으로 돌리면서
"원 뒤집히기야 할라구…."
"아이 그래도 그 쌍놈의 배가…."
"아무리 그렇기로서니 내가 있는 데야…."
"그럼 이렇게 흔들어 놓을까 봐…."

---

54 '화살'의 방언.

○이번엔 금주 자신이 몸을 좌우로 흔들어 보트를 소란케 한다.
"어 어 그만… 어어…."
○영삼이는 돌연한 금주의 역습에 이렇게 우스운 경아[55]의 형용을 한다.
"에헴, 아무렴 내가 있는데야 **굿냥**[56] 놀랠라구. 호호…."
○하고 금주는 점잔을 빼며 갚는다.
두 사람은 서로 웃음을 터뜨린다.
○보트는 두 사람의 행복한 웃음을 실은 채 영삼의 놋길을 따라 천천히 흐른다.
○금주는 행복에 취해 노를 맞추어 노래를 부른다.
영삼이는 무심코 금주의 얼굴을 쳐다보고 있다가 새삼스레 말을 한다.
"금주, 당신은 어린애 낳고 싶지 않우…."
"싫어요. 누가 당신더러 금주라고 부르렀댔어요."
"앗참 진숙 씨…."
○아름다운 꽃 속에 순이 웃는 듯 잠깐 동안 아무 말이 없더니 파라솔로 얼굴을 가린 채 말을 하는 금주.
"사내애를 좋아해요?… 계집애를 좋아해요?…"
"나는 계집애를 더 좋아해…."
○무심코 대답을 한 영삼이는 얼굴을 붉힌다.
○맑은 수면에 빛나는 황혼의 낙조-
○영삼이와 금주를 실은 보트는 낙조의 수면 위를 멀리 흘러간다.
○금주는 무심히 팔뚝 시계[57]를 보며 말을 한다.
"여보, 오늘 밤에는 꼭 좀 오세요. 내 할 말 있으니 응…."
"글쎄… 먼저 같이 또 속일라구…."
"아녜요. 다시는 그렇게 안 할께요…."

---

55 경아(驚訝): 놀랄 정도로 의아하게 여김.
56 원문 그대로임.
57 원문 그대로임. 표준어는 '손목시계'이다.

○금주는 웃는 얼굴로 얼른 사과는 했으나- 그 순간- 양심에 무슨 고민이 있는 빛이 보인다.
○그러나 금주는 영삼에게 기색을 보이지 않으려고 곧 얼굴을 고치며 말을 한다.
"내 말 하나 물을게. 꼭 대답해요, 응….."
"별안간 무슨 말이야…."
"할까… 말까… 가령 말이에요. 당신이 나하고 알기 전에 어떤 여자를 알았다가- 말이에요. 할 수 없는 사정으로 지금껏 해결을 못하고 있다면- 말이에요. 나를 속이시겠어요? 말을 해 주시겠어요?… 호… 호…."
○영삼이는 금주에게 돌연히 무슨 역습이나 당한 것처럼 머뭇머뭇하고 있다가 빙긋이 웃으며
"그런 말은 곧 좀 대답하기 어려운데…."
"아이 나는 싫어. 어서 대답해요…."
○금주는 몸을 비비 꼬며 안타깝게 영삼의 대답을 기다린다.
"글쎄…."
○영삼이는 빙글빙글 웃고 말았다.
○이러는 동안에 한쪽 노가 빠져서 떠내려간다.
○한 쌍의 사랑을 실은 모터보트가 영삼과 금주가 탄 보트 옆을 지나 낙조의 수면을 헤치며 질주를 한다.
○그 여파에 영삼과 금주가 탄 보트는 뒤흔들린다.

11회, 1937.08.29.

○금주는 무슨 사나운 꿈을 깬 듯이- 가볍게 놀랜다.
"아이 저 봐요, 어떻게 해…."
○영삼이도 그제야 "응-." 하고 떠내려가는 노를 보았다. 그러나 곧 걱정

없다는 듯이 힘있게 한쪽 노를 저어 떠내려가는 노를 쫓아간다.
"늦었지? 그만 들어가야 할 걸…."
○영삼이는 금주 환경을 아니 생각할 수 없었다.
○금주는 영삼에게 무슨 이야기를 할듯할듯하다가 기회를 잃어버린 듯이 가벼운 한숨을 지으며 화제를 돌려 말을 한다.

〈그림 12〉 8.31.
스틸 - 정보는 판독 불가이나
'금주 : 신일선'으로 추정됨.

"저녁 몇 시에 오세요…."
"글쎄…."
○하고 영삼이는 무엇엔가 우수의 빛을 보인다.
○금주는 영삼의 그런 낯빛을 곧 읽을 수가 있다는 듯이
"또 우리 집 딱장대[58] 어머니 때문에 그래요?…"
"…."
○금주는 정말로 울고 싶은 마음이었다. 자기가 진정으로 사랑하는 사람이기 때문에 어머니조차 귀찮았다.
○영삼이는 수심이 가득 찬 낯을 보이는 금주를 도리어 위로한다.
"열두 시에…."
○영삼의 말을 들은 금주의 낯에는 새로운 희망의 빛이 보인다.
"그러면 열두 시에 꼭 와요, 응…. 오늘 밤에는 꼭 할 말이 있으니…."

S = 요정(料亭)의 밤
○요정의 밤도 깊어 간다.
○이방 저방에서 장구 소리와 함께 흘러나오는 한이 깊은 전라도 소리와

---

58 ① 성질이 온순한 맛이 없이 딱딱한 사람. ② 성질이 사납고 굳센 사람.

흥에 겨운 서도소리- 댄스를 마치는 레코드 소리와 정서적 향기가 다분한 가야금 소리-

○매일 밤 요정에서 살다시피 한 백만수는 오늘 밤에도 여러 **병정**들과 같이 금주와 2, 3 기생을 데려다 놓고 벌써 취흥이 올랐다.

○한 사나이가 백만수에게 술을 권하며 말을 한다.

"영감! 금주 가야금 소리나 한번 들읍시다."

"응…. 그도 좋지-."

○금주는 귀찮다는 듯이 "아이 싫어요. 밤도 늦었는데…."

○금주는 사양을 해 보았으나 곧 그의 청에 응하지 않을 수 없었다.

○금주가 뜯는 가야금 소리-. 어디인가 정열적이면서도 한편 애수를 가득히 띤 소리다.

"어, 수고했네-. 여전하군…."

"아이 천만에요…." 하고 금주는 변소에 나가는 것처럼 하고 일어서서 나간다.

○한적한 난간으로 몸을 빼쳐 나온 금주. 가벼운 한품[59]을 지으며 그대로 주저앉아서- 오늘 밤 영삼에게 지금까지 속여왔던 자기의 비밀을 말할까 말까 하고 묵상을 한다.

○묵은 이불솜 같은 구름장을 헤치고 나오는 교교한 달빛은 또다시 오동나무 잎에 숨어버린다.

○금주는 청초밭에서 처량히 흘러나오는 벌레 소리에 귀를 기울이면서 영삼이를 생각하고는 빙그레 웃었다가 다시 백만수를 생각할 때는 그 고운 얼굴이 무겁게 변해진다. 금주는 아무것도 생각지 않으려는 듯이 스스로 고개를 흔들면서 무심코 팔뚝 시계를 본다.

○열한 시를 가리키고 있는 시계의 대사- [大寫]

○이때 백만수가 가까이 오며

---

59 원문 그대로임.

"왜 여기 와 있어?…"
"아니에요. 몸이 좀 괴로워서 그랬어요…."
○하고 금주는 옷을 떨며 일어섰다.
○백만수는 금주의 어깨에다가 손을 얹으며 부드럽게 말을 한다.
"몹시 괴로워?…"
"괜찮아요. 이제 그만 가요…."
○금주는 오늘 저녁은 어쩐지 백만수의 곁에 있는 것이 괴로웠다. 금주는 속마음을 작정을 한다-. 오늘 저녁은 이 괴로운 나의 비밀을 말해서 그이에게 양해를 얻으려니- 이런 생각 저런 생각을 하면 열두 시에 영삼을 만나는 것이 몹시 괴롭기도 하며 무섭기도 하고 기쁘기도 하면서 지금부터 가슴이 두근거리기 시작한다.
금주는 가슴 안에서 콤팩트[60]를 내어 화장을 고치고 다시 가슴에 집어넣으면서 간다-. 펏싹- 하는 소리에 금주는 주춤하고 밑으로 본다. 분명히 금주의 콤팩트가 떨어졌다. 금주는 얼른 주워서 열어본다.
○거울이 깨져버린 콤팩트의 대사-[大寫]. 금주는 몹시 불안을 느낀다.

　　　×　　　×

○고양이 장난처럼 흩어진 요리상-
○취흥이 돋은 사나이들과 기생들과는 또 값싼 사랑이 전개된다.
○다이통[61]을 깨무는 백만수는 가까이 있는 한 사나이에게 무어라고 말을 한다.
○손뼉을 치는 한 사나이-
"네에-잇"
○하고 보이가 달려와서 몸을 굽실거린다.
"간조[62] 해와▨▨"

60　원문은 "콘빽"이나 휴대용 화장도구인 '콤팩트(compact)'로 추측된다.
61　'다이튼', '다이톤' 등으로 표기되었던 Dayton 담배를 말한다.
62　かんじょう(勘定). 계산, 셈.

"네에-잇"
○하고 나가려 한다.
"얘, 금주 시간일랑 사오십 시간 더 달고 다른 애들도 댓 시간씩 더 달아 주어라…."
○백만수 위세 좋게 보이에게 분부한다. *[이하 3행 판독 불가]*

12회, 1937.08.31.

○여러 기생들은 백만수에게 아양을 떤다. 그러나 금주는 아무 흥이 없이 앉았다.
○호걸같이 도량을 부린 백만수 돈의 세력은 가여운 한 마리의 백조를 무형(無形) 무성(無聲)으로 노려본다.
"금주야! 이리 와…."
○금주 할 수 없이 고개를 갸우뚱하고 일어서서 만수 옆으로 간다.
"금주 언닌 이달에도 또 첫째가 될라나 봐…."
○하고 한 기생이 금주를 부러워하며 중얼거린다.
○금주는 아무 말이 없고 백만수만이 빙긋이 웃으며
"너도 좀 새 달에는 첫째가 되어 보려니…. 하하하…."
○이때 보이가 문밖에서 허리를 굽히며 말을 한다.
"자동차 왔습니다…."

S = 가로(街路) =
○가로의 시계. 열두 시 10분 전의 대사(大寫).
○밤이면 그렇게 번화하던 서울 장안이 등화관제로 말미암아 별안간 암흑화(暗黑化)로 되어버리기 때문에 명랑한 달빛의 혜택을 받은 서울 장안은 마치 잠든 도시와 같이도 벌써 사람들의 발자취도 고요해지고 가끔

기생을 태운 인력거의 종소리와 자동차의 종소리만이 밤의 정적을 깨트 릴 뿐이다.

○열두 시가 되기 전에 금주 집에를 당도하려고 걸음을 빨리하는 영삼이. 금주 어머니가 자기에게 하던 일을 생각해 본다. 걸어가는 영삼의 걸음이 자연 힘이 풀린다.

○금주 집 문전까지 당도한 영삼이 차마 곧 들어가지 못하고 주인을 기다리고 있는 것같이 반쯤 입을 벌리고 있는 대문을 살그머니 밀어본다. 바람에 부닥쳐 대문에 달린 쇠방울이 쩔렁쩔렁한다. 영삼이 무슨 죄를 지은 듯이 깜짝 놀라며 몸을 피해 골목길로 다시 나와서 왔다 갔다 한다. 금주 방 들창에다가 가만히 귀를 기울여 보는 영삼이 무엇을 생각했던지 다시 대문으로 가서 큰마음을 먹은 듯이 팔에 힘을 들여서 대문을 민다. −쩔렁쩔렁하고 요란스러운 쇠방울 소리−

"아가냐?…"

○분명히 금주가 딱장대라고 부르는 금주 어머니 소리다.

○영삼이는 한참 동안 머뭇머뭇하다가 "저올시다."

"그− 누군고−" 하고 금주 어머니는 전등불 앞에 얼굴을 내민다.

"난 또 누구라고. 걔 말이지! 걔 오늘 밤은 날 새는 노름이라고 **일록고**[63][人力車]꾼이 왔다 갔는데…."

〈그림 13〉 9.1.
스틸−금주 : 신일선, 영삼 : 김일해,
촬영 − 극동무선사진부 이재진

○하고 영삼에게 거짓말을 꾸며대는 금주 어머니− 금주의 심정을 끝까지 묵살해 버린다.

○영삼이는 낯짝에 더운 물바가지를 잡아 쓴 듯이 무안스러웠고도 창피

---

63 원문 그대로임.

하여 가슴이 터질 것 같다.
"그런데 대체 무슨 볼일이유. 그렇게 자주 만날 일이 있으면 요리집에서 만나보시유그려…."
○영삼이는 아무런 대꾸도 못하고 얼른 대문 밖으로 나가 버린다.
○금주 어머니는 별 시러뱅이 자식을 다 본다는 듯이 혀를 척척하며 방안으로 들어간다.
○영삼이는[64] 금주가 노름을 갔으면 약속한 시간을 맞춰 돌아오려니 하고 달빛을 밟으며 골목길을 왔다 갔다 한다.

S = 가로 =
○백만수와 금주를 태운 자동차 한 대가 다옥정[65] 길목 천변가에서 정거를 한다.
금주 사뿐 내리면서 "약주도 취하시고 그랬으니 일찍 가서 주무셔요…."
"그럴 수야 있나. 내가 방에까지 데려다 주어야지…."
○하고 금주를 가득히나 생각한 듯이 무거운 몸으로 자동차 속에서 이러나킨다.[66]
○금주의 가슴은 덜컥 내려앉는다. 멍멍한 가슴을 부여잡고 그대로 백만수를 버려둔 채 집으로 급히 달려간다.
금주는 대문 앞까지 달려왔을 때는 마음이 몹시 두근거렸다.
"영삼씨가 오셨나. 오셨으면 이 일을 어찌할까…. 차라리 오늘 저녁만 안 와주셨으면…."
○두근거리는 속마음을 어쩔 줄을 모르면서 머뭇머뭇하다가 대문을 차고 들어간다.
"누구얏!…"

---

64 원문은 "영삼이나"이나 오식이다.
65 다옥정(茶屋町). 현 중구 다동의 일제강점기 명칭.
66 원문 그대로임.

"나야요!"
"인제 오니!"
○금주는 그 말에 대답도 않고 곧 어머니 옆으로 가까이 가서 나직한 목소리로-
"어머니! 저- 그이 안 왔습디까?"
"그 김버[67] 말이야. 아까 왔다 갔다."
○금주는 약간 실망을 했으나 영삼에게 이 모양을 보이는 것보다도 차라리 잘 되었다는 듯이 저윽이 안심한다.
○금주를 부르며 대문을 차고 들어오는 백만수. 마룻바닥 위에 털썩 주저앉는다.
○금주 어머니, 백의 모자를 금주 방으로 들여놓으며-
"아이구 백 주사! 어서 방으로 들어가십시다."
○방에서 옷을 갈아입는 금주. 얼굴엔 애수의 빛이 떠날 수 없었다.
○백만수는 금주 어머니의 권하는 대로 금주 방으로 들어간다.

13회, 1937.09.01.

○금주의 방안은 서울 장안의 화류계를 뒤흔드는 일류 명기의 방이니만치 땅에 떨어진 여왕(女王) 모양으로 몸은 비록 기생이로되, 으리으리한 집물[68]은 당연히 백만수로서 호언으로 할 자랑거리였다.
기생 방의 문명이란 '글라스'의 문명, 즉 경대(鏡臺)들의 문명임에는 틀림없다. 술이 얼근한 한 사람의 백만수도 세 사람, 네 사람으로 보인다.
○백만수는 웃옷을 벗고 넥타이를 풀어 던지며 다이통을 깨문다. 금주는

---

67 원문 그대로임.
68 집물(什物): 집 안이나 사무실에서 쓰는 온갖 기구.

어찌할 수 없이 웃옷과 넥타이를 주워 걸고 백만수 옆을 좀 떨어져 앉는다. 백만수는 가득히나 금주를 생각한 듯이
"시장하지 않아? 나도 좀 시장한데 뭘 좀 시키지…."
"저는 괜찮아요. 지금 몇 시라고 어디서 뭘 시켜와요. 그냥 나가시다가 잡수세요…."
○금주는 마치 바늘방석에 앉아있기나 한 듯이 몹시 초조했다.
"얘야! 지금 겨우 한신데 무얼 안된다고 그러니. 이 앞 청요릿집도 문 열었을 게다."
마루방에서 궐련을 뻑뻑 빨고 있던 그 어머니가 말을 달고 나서며 고개를 갸우뚱 내민다.
"그러면 좀 청요리라도 시켜오지! 여기 돈이 있으니…."
하고 백은 십 원짜리 한 장을 내놓는다.
"뭘 시켜올까요?" 하고 어느새 금주 어머니는 십 원짜리를 집어 들었다.
"어멈! 어멈-."
○눈을 비비고 일어난 어멈은 금주 어머니 곁으로 왔다. 금주 어머니는 어멈 귀에다 대고 나직한 목소리로
"이 앞 청요릿집에 가서 맛있는 걸로 한 이 원어치만 하고 맥주 한 서너 병만 가져오라고 하게…."
어멈은 몹시 비위에 맞지 않는다는 듯이 아무 말이 없이 나간다.

　　　　　×　　　×

○밤이 깊어 가면 으레 비뚜루 보이는 골목길의 장명등도 빛을 잃어버린 채 서 있고, 여기에는 자정이 넘으면 그 시간쯤마다 지나가옵시는 '산타클로스'도 없다.
○밤안개 내리는 골목길을 왔다 갔다 하는 영삼-. 다시 금주 집 문 앞까지 와서 반쯤 열린 대문 안을 주시해 듣는다.
오순도순하고 가늘게 흘러나오는 말소리에 귀를 기울이는 영삼이. 인적 소리에 얼른 몸을 비킨다. 다시 금주 방 들창 밑에다가 귀를 기울이는

영삼-. 그 얼굴은 점점 긴장의 빛이 보인다.
　　　　×　　×

사로잡힌 양같이 힘을 잃고 앉아있는 금주의 무릎에 머리를 비기는 백만수-. 금주는 맥주를 따르며 몸을 피하려고 말을 한다.
"어서 약주 드세요…."
"애야! 내일이 기한인데 한 칠십 원 있어야 찾겠고 찬바람도 나고 하니 옷감도 좀 들여와야 하겠는데! 너는 어쩌면 그렇게 어미의 속을 태우느냐…."
○금주 어머니는 금주에게 엉뚱한 말을 했으나 실은 백만수에게 하는 말이었다. 금주는 다소 불쾌했다.
"듣기 싫어요. 그만 가 주무세요…."
"무엇을 찾을 것인데 그래? 한 백 원만 있으면 되겠나?…"
○하고 포켓 속에서 백 원짜리 한 장을 내어 금주 손에 쥐어준다.
"괜찮아요…."
○하고 금주는 사양을 한다.
"백 주사! 미안합니다. 원… 고단하신데 어서 자리해 드려라. 주무셔야지…."
○하고 금주 어머니는 벙글벙글 웃으며 자기 방으로 들어간다.
　　　　×　　×
○들창 밑에서 귀를 기울이고 있던 영삼이는 금주의 가지각색의 비밀을 알고야 말았다.
갑자기 도깨비 탈을 뒤집어쓴 듯, 영삼의 얼굴은 험해간다. 분노에 타는 그의 얼굴-
순정에 끓던 그 평화의 얼굴은 마치 칠월의 마귀와 같은 모양으로 변해버렸다. 저주를 받고 화살을 맞은 그 사랑의 허무를 단 몇 분 동안에 맛보고 실진한 사람 모양으로 돌아서는 영삼이-.
아! 사랑의 제비도 가고 화려한 장미도 숨어버렸다. 그의 마음은 안으로 상장(喪章)을 차고야 말았다.

○힘없이 걷는 영삼이…. 무엇을 생각했던지 발을 멈추고 눈을 감은 채 묵상을 한다. 포켓에서 종이쪽을 내서 무엇인지 한참 갈겨쓴 영삼이는 들창문 틈에다가 꽂아두고 그대로 가버린다.

〈그림 14〉 9.2.
스틸 - 영삼 : 김일해,
촬영 - 극동무선사진부 이재진

○갖은 아롱을 다해 겨우 백만수를 꼬여서 보내는 금주. 문을 잠그고 마루 위에 앉아서 을고만[69] 달음질을 하는 흰 달을 본다-.

영삼씨는 지금 잠이 들었을까? 지금 하숙으로 찾아가 볼까?… 내일 일찍이 찾아가야지…. 금주는 속마음으로 이런 생각 저런 생각 하면서 가벼운 한숨을 지운다. 땡 땡 땡 세시를 치는 시계 소리가 들린다. 금주는 방으로 들어간다.

14회, 1937.09.02.

○금주는 정신적으로나 육체적으로 몹시 피곤을 느낀다. 그대로 방바닥 위에 쓰러져 멍-하니 천정을 쳐다보고 있는 금주-. 알지 못할 우수와 비애에 그의 마음은 한없이 산란했다. 눈을 감고 머리를 잘래잘래 흔들어 보는 금주-. 그러다가 문득 눈을 뜨고 일직선으로 보이는 들창을 주시한다. 창틈에 꽂힌 하-얀 종이쪽-. 금주는 기계처럼 날래게 일어서서 얼른 들창문을 열고 종이쪽을 빼서 읽는다. 어쩔 줄을 모르고 밖으로 쫓아나가는 금주-. 빗장을 걸어놓은 대문을 조심 없이 열고 골목에 나선다.

---

69 원문 그대로임.

○밤안개 낀 골목길-. 행인 하나 없는 길거리를 헤매는 금주-.
　　　　　×　　×
○정신을 잃은 사람처럼 벽에 몸을 기대고 앉아있는 금주-. 열어젖힌 들창 사이에서 달음질을 하는 달을 본다.
○문득 금주의 영혼 안엔 외로운 불이 바람처럼 회한에 피어오른다. 금주는 아직도 손에서 놓지 않은 종이쪽을 다시 한번 읽어본다.
○그 문면(文面)의 대사(大寫).

　　진숙 씨! 아니 금주 씨! 나도 역시 당신을 딴 사람이 부르듯이 금주라고 불러야만 할 때가 왔소. 원수스러운 이 들창?-
　　이 들창은 당신과 나 사이의 약속을 굳게도 해 주었거니와 또다시 헤어질 운명도 가져다 주었구려.
　　그렇소. 돈만 있다면야 아무래도 살 수 있는 당신의 사랑을 난들 어찌 다시 못 사리까? 잘 살우. 허위와, 가면만 파는 것이 기생의 사랑이며 행락이며 무기인 것을 지금에야 나도 잘 알았소-.
　　　　　　　　　　　　　　　　　　　　　　　두 시 반 영삼.

○넋을 잃은 사람처럼 그대로 앉아있는 금주. 다시 일어서서 들창에다가 턱을 괴고 밖을 내다보는 금주-. 마치- 그대여! 당신은 이 들창에서 곡해와 원망을 사고 갔지마는 나는 지금 그 똑같은 들창에서 우나이다. 소리 없이 우나이다- 하는 듯이 때아닌 파도에 설렘을 받은 그의 가슴엔 벌써 아름다운 풍경을- 나비같은 꿈을- 찾을 수는 없었다.
○방안을 미친 표범같이 헤매는 금주, 별안간 들창문을 사정없이 닫아버린다. 피울 줄도 모르는 담배를 피워 든 금주. 단 몇십 분 동안에 야위어 빠진 자기 얼굴이 옷장[衣欌] 거울 안에 비칠 때 몹시도 쓸쓸한 모양을 발견한다.
○한참 동안 자기 모양을 들여다보고 있는 금주. 마치 착상(着想)에 미친 철학자 모양으로 머리를 헝클어 잡은 채 펄썩 주저앉아 버린다.

○책상 서랍 속에서 한 권의 일기장을
꺼내는 금주. 힘없이 첫 장을 뒤집는다.

　　- 나의 영원한 생명, 영삼 씨께 -
　　이토록 비애와 고민 속에 사로잡힌
　　진숙이의 생활을 드림-

〈그림 15〉 9. 3.
스틸 - 금주 : 신일선,
촬영 - 극동무선사진부 이재진

이라고 가는 철필 글씨로 쓰여 있다. 이
글이 쓰여 있는 첫 장을 힘없이 찢어서 손에 구겨 든 채 금주는 다시 몇
장을 번지고 펜을 달린다.

　　- 슬픔. 너는 형용할 수도 없구나. 너는 언제나 나를 떠나려느냐. 너는 내
　게 뿌리박은 못[釘] 같구나.
　　나는 본시 행복을 싫어하고 살아야 할 사람이던가….
　　왜 나는 괴로움을 참으면서 이런 슬픔이 오기 전에 그에에게 이야기를
　못했던고-
　　나는 진정으로 그이를 사랑하고 존경했기 때문이다.
　　아- 나의 진정을, 이 괴로웠던 나의 마음을 다시는 그이가 알 배가 없구
　나-
　　그래도 그이만은 나의 이런 괴로움을 잘 이해할 수 있고 나를 구원해 주
　려니- 하고 믿었다.
　　그러나 이제는 그이조차 영영 가고야 말았다.
　　이런 나의 일기를… 순정을 바치려던 그이조차-
　　아- 슬픔은 영원한 나의 낭군이던가?…

○여기까지 쓴 금주 펜을 멈추고 묵상을 한다. 금주의 양 뺨에는 구슬 같
은 눈물이 흘러내린다. 금주는 실신한 사람처럼 펜을 내던지고 불끈 일어
서서 밖에 있는 맥주병을 가지고 오더니 한 컵 두 컵 세 컵 한숨에 마시고

다시 맥주병 마개를 뽑는다.

○붉은 장밋빛이 나는 금주의 얼굴은 차차 정신이 흐려간다. 그는 지금껏 자기가 무엇을 바라고 있었던가도 잊을 것 같다. 금주는 이제는 슬픔도 모른다. 다만 정신이 몽롱한 가운데 끝없는 곡해의 길을 걸어가는 영삼의 그림자가 눈앞에 보이는 것 같이 영삼의 환상을 더듬어 본다. 다시 정신을 차리는 금주. 방 한편 구석에 놓여있는 가야금을 가져다가 무릎 위에 놓고 마음껏 한 곡조를 뜯어보는 금주. 별안간 가야금 줄을 가위로 덥석 잘라버린다.

술이 취해 정신이 몽롱해진 금주. 불끈 일어서서 밖으로 나간다.

×　×

○먼동이 터오는 새벽길을 한없이 걸어가는 금주-. 금주는 지금 자기도 모르는 행방의 길을 자꾸만 걸어간다.　　　　　　　　　　　(끝)

차회는 이규환 씨

15회, 1937.09.03.

[4] 이규환, 「여급 편: 박쥐」, 1937.09.05.~09.10.

※오전 세 시를 가리키는 시침. 재깍재깍 소리를 내는 초침은 쉬지 않고 돌아간다. 이 소리는 마치 길고도 짧은 거친 인생행로에 시들어 가는 허무한 인간의 고달픈 탄식의 토막토막과도 비슷하게 들린다.

※카페=아까다마[70]의 아래층 위층은 지금 요란한 듯하면서도 고요하

70　적옥(赤玉)을 뜻하는 '아카다마(あかだま)'로 추측된다.

다. 여름날 저녁때 내리퍼붓는 소나비같이 쏟아져 넘치던 맥주잔들의 거품도 테이블 위 군데군데에 미끄러져 흘러내릴 뿐 생도야지 목따는 소리로 장단도 없이 불러내던 유행가의 가지가지도 한고비가 넘어섰는지 다만 희미한 전등 밑으로 도깨비같이 어른거리는 중심 잃은 몇 개의 몸뚱이들이 때때로 꿈틀거린다.

※이 가운데…. **하나꼬**는 피곤한 몸을 움직이면서 한편 구석에 놓인 테이블 옆으로 와서 앉더니 반쯤 졸리는 듯 또는 걱정되는 일이 있는듯한 시선을 돌려 군데군데 벌어진 가지가지의 광경을 본다.

※**테이블 A**
사다꼬가 두 사람의 사나이 틈에 끼어 앉았다. 그중 한 궐자[71]가 사다꼬를 슬쩍 쳐다보고는 옆에 있는 친구에게 말한다.
"여보게 철원에 있는 우리 금광을 자네도 알지?"
그 친구라는 궐자 능청맞게 대답한다.
"응 알고말고─. 그런데 왜 그리나." 하면서 가늘게 눈을 뜬다.
"그 광산이 말이야, 이십만 원에 팔렸는데 그 돈으로 무슨 장사를 해야만 좋을지…. 자네 어디 좀 생각해 봐주게."
궐자는 말끝을 마치면서 또 한 번 사다꼬를 슬쩍 보고는 다시 이편을 향하면서 담뱃갑을 집는다.
"장사라고 별로 택할 게 없지마는 똑똑한 **박쥐**나 몇 마리 구해놓고 마시는 장사나 했으면 좋겠데."
이쪽저쪽으로 머리를 돌리던 사다꼬가 이 말에 나앉으며
"박쥐라니 어떻게 하시는 말씀인가요."
궐자─ 빙긋이 웃더니 단가조로 부른다.
"오늘은 이리 붙고 내일은 저리 붙어 해 있을 때는 잠자고 어두우면

---

71 궐자(厥者): '그'를 낮잡아 이르는 말.

나타나니 그 이름이 박쥐로다…. 허허허허."

궐자- 미역이주둥이[72] 같은 아가리를 벌리고 웃어젖힌다. 사다꼬 어이 없는 듯이 물끄러미 쳐다보더니 한 마디 쏘아붙인다.

"응- 알겠어요. 이런 데 와서 있는 우리네 여급 노릇 하는 여자들을 박쥐로 본단 말이지. 흥 왜 정신 못 차리고 이리슈. 우리더러 박쥐라고 말하는 당신네들은 박쥐를 따라다니는 새끼박쥔 줄은 모르시는구려."

제물에 신이 나서 웃어대던 그 궐자- 웃음을 뚝 그치면서

"뭣이 어째. 우리가 박쥐라구…?"

사다꼬, 비웃는 얼굴을 지으며 쏜다.

"우리들은 살기 위해, 먹기 위해 이 노릇을 해요. 말하자면 우리들의 직업이요마는 당신네들은 다만 계집에 홀리고 술에 끌려서 우리들을 따라다니지 않아요?- 그러니 우리들은 살기 위해 나오는 박쥐라고 볼 수 있다면, 당신네들은 죽기 위해 나오는 박쥐라고 볼 수 있지요."

말을 마치는 사다꼬 유쾌한 듯이 웃는다. 이때 한편 구석에서 부르는 소리가 들린다.

"사다꼬상."

사다꼬, 두 궐자를 번갈아 보면서 일어선다. 두 궐자, 괘씸하다는 듯이 사다꼬를 노려본다-.

※이 거동을 보는 하나꼬의 얼굴은 서글픈 빛이 돌면서 다른 곳으로 시선을 돌린다.

※테이블 B

유리꼬를 둘러싸고 앉아서 지절대는, 콧물 훌쩍거리는 두 친구의 주고

---

72 원문 그대로임. [용례] "그리 안해도 넓적한 입을 흡사히 미역이주둥이 모양으로 너흘거립니다."(이용구, 창작동화「장미와 꾀꼬리의 설음 (1)」,『동아일보』, 1928.05.01.)

받는 말이 들린다.

"집에서는 자꾸만 장가를 들라고 성화를 대지마는 어디 마땅한 여자가 있더라구."

"아따 여보게, 유리꼬상하고 결혼하지 뭘 그래-."

※하나꼬, 다시 시선을 돌린다.

※테이블 C

이상야릇하게 생긴 양복을 입은 서방님 한 분이 **애미꼬**의 팔을 주무른다. 옆에 앉았던 병정 한 분이 술잔을 내밀면서 **애미꼬**를 향해

"이 어른은 내년에 미국으로 유학을 가시기 때문에 요새 영어 공부하시기에 바쁘시단 말야."

그 궐자 퍽도 만족한 듯이 무릎을 치며

"오-케, 오-케."

〈그림 16〉 9.5.
스틸 - 수영 : 김인규, 하나꼬 : 현순영,
촬영 - 극동무선사진부 이재진

애미꼬 눈살을 찌푸리면서

"발음이 퍽 좋구먼요. 꼭 서양 사람 말소리 같네."

※**하나꼬**, 이런 광경을 바라보다가 시진한 듯이 눈을 감는다.

그의 머릿속에는 붕대로 팔을 동여맨 인식의 모양이 떠오른다. 그는 다시 눈을 뜬다.

"어떡하면 좋은가."

다시 눈을 감는다. 이때-

※하나꼬의 어깨를 잡는 사나이의 손.

16회, 1937.09.05.

※하나꼬 깜짝 놀라며 얼굴을 든다. 그의 옆에 다가서는 '수영'의 얼굴은 박쥐를 노리는 박쥐의 날카로운 기운이 돈다. 수영은 번개같이 손을 움직이더니 한 장의 쪽지를 하나꼬의 손에 쥐어주고 음응하게[73] 씽긋 웃으면서 아래층으로 내려간다. 하나꼬 아무 흥미 없는 듯이 그것을 펴본다.

"꼭 의논할 일이 있으니 금일 오후 1시에 탑골공원으로 오시오."

하나꼬, 보기를 마치더니 손바닥에 넣고 비벼 버린다. 그리고 중얼거린다.

"언제나 박쥐의 신세를 면하누-."

힘없이 걷는 하나꼬의 그림자 아래층으로 사라진다.

※밤은 얼마나 깊어가는지 거진 새벽이 가까워가는 모양이라. 오색이 찬란한 박쥐 떼들의 그림자도 어느덧 보이지 않는데 웃-[74]변소 오줌 누는 그릇에다가 머리를 거꾸로 박고 쿨쿨거리는 취객 한 사람을 안고 씨름을 하는 보이의 어지러운 모양이 보일 뿐이다.

※하나꼬의 집

사랑채 비슷하게 생긴 집에다 대문을 들어서자 방 하나는 행랑인 듯하고 그리고는 안으로 들어서면 방 하나가 있을 뿐-

이것이 하나꼬가 지휘하는 방이라. 팅부인[75] 부엌에는 조그마한 물독 한 개와 단나무[76] 서너 단이 보이고 툇마루에는 풍로 한 개와 약탕관 한 개, 사발 대접 얼러서 십여 개가 질서 없이 놓여있고 방문 앞에는 우동 사발이 놓였는데 국물만 짜 먹었는지 퍼진 국수 한가운데 젓가락 두 개가 거꾸로 박혀있을 뿐. 툇마루 쪽에서 마당을 가로질러 변소 옆 기둥에 붙

---

73 음응하다: '응큼하다'의 방언으로, 겉으로는 아닌 척 하면서 속으로는 응큼하게 다른 꿍꿍이속을 챙기는 것을 말한다.
74 원문 그대로임.
75 원문 그대로임. '텅 비인'이 아닐까 한다.
76 단으로 묶은 땔나무.

들어 매인 빨랫줄에는 하나꼬의 사루마다[77]인 듯한 것이 두세 개 걸쳐있어 불같이 내려쪼이는 폭양에 죽은 듯이 매달려 있다. 마루 위에 하나꼬의 뾰족한 구두가 놓여있을 제는 하나꼬는 아직 일어나지 않은 듯하다. 얼마 있다가 부엌에서 쥐 한 마리가 나오더니 마루로 올라가서 먹다 남은 우동 그릇에 주둥이를 들이밀고 핥는다. 조금 있다가 대문 소리가 삐걱하고 들린다. 허름한 중국 사람 하나가 들어서서 방문 편을 향해 입을 연다.

"우동 값 받으러 왔습니다."

이 소리에 우동을 핥던 쥐는 질겁을 하고 달아난다. 이윽고 방문이 바시시 열리면서 엎크러진[78] 하나꼬의 머리가 나온다. 그는 아직도 잠이 모자라는 듯한 눈을 뜨고 히스테릭한 목소리로 "왜 이 야단이야."

중국 사람 불퉁한[79] 소리로 받는다.

"우동 값 주시오."

하나꼬 귀찮다는 듯이 몸을 굽혀 경대 서랍에서 십 전짜리 두 개를 꺼내더니 던진다. 중국 사람 아무 말 없이 돈을 집으며 우동 그릇을 들고 나가 버린다.

하나꼬는 언제나 하는 버릇으로 몇 시나 되었는지 팔목을 들고 본다. 그러나 시계는 없다. 그는 일어나 경대를 안고 마루로 나와 앉아서 경대 속에 비치는 자기의 얼굴을 본다.

※그 얼굴--

이미 삼십이 가까워 가는 한고비 넘어서는 살결-. 뭇 사나이의 정욕에 시달리고 남은 윤택 없는 살결-. 화장품으로 숨겨오는 팥죽 윗건더기 같은[80] 검푸른 살결-. 그는 가볍게 한숨을 쉰다. 그리고는 머리를 들 때 그

---

77 사루마타(猿股·申股). 팬츠, 잠방이.
78 원문 그대로임.
79 퉁명스럽고 무뚝뚝한.
80 원문은 "팟죽웃건데기같은".

의 눈에 보인 것은 벽에 붙여놓은 서양 어느 여배우의 사진이다. 하나꼬 발딱 일어서서 그 사진을 잡아 뜯는다. 그리고 중얼거린다.

"경칠 년 같으니라구."

한 마디 중얼거리면서 경대를 다가놓고 빗질을 시작한다.

〈그림 17〉 9.7.
스틸 - 하나꼬 : 현순영,
촬영 - 극동무선사진부 이재진

이럴 때 사다꼬가 달랑거리고 들어온다. 하나꼬 이상한 듯이 쳐다보면서

"너 오늘 웬일이냐…. 박쥐가 밝을 때 나오는 수도 있니?"

사다꼬, 해쭉 웃으며

"언니 그런 게 아니라 어디 놀러 갔다 오는 길이라우."

하나꼬 알았다는 듯이 고개를 끄덕이면서

"또 어느 얼간을 녹이고 오는구나. 그래 몇 장이나 긁었니."

사다꼬 담배 한 개를 붙여 물고 나서 신통찮은 어조로

"어머니는 앓아 드러누우셨지- 쌀 나무는 없지- 구두도 한 켤레 맞춰야지-. 그래 어쩔 수 있습디까. 생각다 못해 어젯밤에 금광 팔았다고 떠들던 얼간을 녹였다우. 그런데 작자가 밤새도록 사람을 귀찮게 굴고서 단 석 장을 주는구려."

사다꼬 말을 마치고 담배 연기를 뿜는다. 하나꼬 아무 말 없이 빗질만 한다. 사다꼬 다시 입을 연다.

"아이 참 언니-, 인식 씨는 아직도 퇴원하지 않으셨다지-. 약값 대기에 언니도 큰 걱정이겠수."

하나꼬 대답 없이 고개만 끄덕인다. 사다꼬 방안을 한번 들여다보고 나서

"죄다 전당으로 나갔구려. 아이 딱해-. 그런데 병원에서 병신은 안 되겠답디까."

하나꼬 비로소 입을 연다.

"아직도 몇 달은 더 치료해야만 병신을 면하겠다는데 이것저것 다 잡히고 나니 이제는 약값 구할 도리가 없단다."

17회, 1937.09.07.

사다꼬 얼굴을 찌푸리면서

"언니가 지독하게 반했나 보오. 그 사람이 무에 볼 것이 있다고 가로늦게[81] 반해서 야단이란 말유."

하나꼬 아무 대답 없다. 사다꼬 다시 입을 연다.

"사내들이란 제 욕심만 채우려는 동물이고 여자를 이용만 하려 드는 위선자라고 그렇게 떠들던 언니가 웬일인지 난 모르겠소…."

하나꼬 돌아앉으며 괴로운 얼굴을 짓더니

"내가 몇 해를 속아서 오는 동안에 사내라면 이에 신물이 날 듯했지만은 언제나 내 소원은 오랫동안 밟아오던 지긋지긋한 생활을 벗어나려던 것이란다. 그래서 나도 한 남자와 몸을 맞대고 늙어보고 싶던 차에 인식 씨를 만나게 된 것이지-."

사다꼬 어이없는 듯이 웃으면서

"그래 언니는 인식 씨를 꼭 믿고 같이 늙을 줄 알고 이 야단이유."

하나꼬 믿는다는 듯이 고개를 끄덕이며

"인식 씨는 내가 구하던 사람과 비슷한 데가 있으니 얼마쯤은 믿을 수 있지."

사다꼬 담배 꽁지를 마당으로 집어 던진다.

※마당에 떨어진 담배 꽁지- 몰신몰신 하고 연기를 낸다.

※사다꼬 이윽히 내려다보더니 머리를 돌리면서

---

81 "뒤늦게"의 방언.

"언제던가 언니가 내버린 담배 꽁지를 보고 나더러 말한 일이 있지 않우? 우리 같은 여자를 내버리는 사내들도 담배 꽁지 버리듯 빨아먹고는 던져 버린다구."

하나꼬 힘없이 웃으면서

"그렇지만 늑대 백 마리 속에 양 한 마리쯤이야 없을라구. 사내도 사내 나름일 게다."

※이때 정오의 사이렌이 길-게 울려온다.

사다꼬 일어서면서

〈그림 18〉 9.8.
스틸 - 수영 : 김인규,
하나꼬 : 현순영.
촬영 - 극동무선사진부 이재진

"그러면 언니가 그렇게 인식 씨를 믿는다면 인식 씨 치료비를 구하기 위해서 또 한 번 다른 사내 품에 안기는 일이 있다더라도 이해 있는 인식 씨는 언니의 한 짓을 용서해 주겠구려."

하나꼬 잠깐 주저하더니

"글쎄- 그런 인식 씨라고 나는 믿어온단다."

사다꼬 치마를 떨면서

"하하하하 언니가 정말 미쳤구려. 어쨌든 금방 치료비가 있어야 하겠는데 언니에겐 돈은 없으니 인식 씨의 마음을 알아볼 날이 오지 않았수?"

하나꼬 멍-하니 앉았다가

"글쎄 그날이 왔는가 봐-. 그러나 너는 나를 미쳤다고 하지마는 너도 몇 해를 더 지나 보면 알 수 있을 게다. 내가 미쳤다느니보담 여자로서 타고 나온 사람의 마음이 나를 미치게 하는 게지…."

사다꼬 입을 빗죽하고 나간다. 하나꼬 일어나 방으로 들어와서 책상 위에 놓인 인식의 사진을 들고 본다. 인식이가 자동차 운전수로 있을 때 박인 사진인 듯하다. 하나꼬 사진을 다시 책상 위에 놓고 얼마 동안 멍-하니 섰다가 벽에 걸린 옷을 갈아입는다.

×　　　×
※오후 한 시를 가리키는 시계-
※달려가는 전차 안…
많은 사람들 가운데 하나꼬도 끼어 앉았다. 차가 정거할 때마다 오르는 사람들 중에 한 사람 혹은 두 사람씩은 지난날 하나코와 이상한 곳에서 한두 번씩은 인연을 맺었던 사나이들이다.
※긴 상은- 슬쩍 보고는 빙긋 웃고….
※사이 상은- 눈을 찡긋하고….
※복 상은- 모진 눈초리로 쏘아보고….
※이 상은- 슬그머니 서면서 팔꿈치로 툭 치고….
하나꼬는 이런 시선들을 피하려고 애를 쓴다.

※탑골공원 앞 정류장
차가 멈춘다. 하나꼬 앞에 어린애를 안고 내리는 젊은 부부가 있다. 하나꼬 그것을 본다. 그는 정신없이 바라보다가 지나가는 자전거에 부딪쳐 쓰러질 뻔한다. 자전거 탄 사람이 슬쩍 보더니 화를 내면서 한마디 중얼거린다.
"박쥐는 밤에나 나올 일이지, 대낮에 나오면 위태한 줄 모르나? 제-기랄 것."
그리고 달려간다. 하나꼬[82] 아무 말 없이 걷는다.

※탑골공원-
하나꼬 들어와 이리저리 살핀다. 수영은 아직 보이지 않는다. 그는 멈추고 서서 무엇을 생각한다. 그의 머릿속에는…
※인식의 엄연한 얼굴이 지나간다.

82　원문은 "달려간다는하나꼬"이나 오식이다.

※하나꼬 몸을 움짓하더니 다시 돌아서서 거리 있는 편을 향하고 걷는다.

※하나꼬 걸어오다가 문 있는 편에서 다시 발을 멈춘다. 그의 머릿속에는 다시

※팔이 부러진 인식의 모양이 지나간다.

※하나꼬 괴로운 얼굴빛을 짓더니 다시 돌아서서 거북비 있는 곳을 향해 걷는다.

※힘없이 앉아있는 하나꼬는 지금 여러 가지 광경을 본다.

※당사주책[83]을 벌여 놓고 앉아서 사람의 운명을 예언해 주고 나머지 생명을 이어가려는, 뼈와 껍데기만 남은 늙은이들

※땀에 젖은 등을 구부리고 앉아서 생활의 방도를 찾으려고 공상에 잠긴 스무 살 내외의 젊은이들

※이 세상에서 누리지 못하는 복락을 후세에는 누릴 수 있다고 핏대 올리며 떠드는 전도꾼들

18회, 1937.09.08.

※원앙새같이 어깨를 겨누고 히죽거리며 지나가는 모던 보이, 모던 걸! 펄펄 뛰며 돌아다니는 천진난만한 어린아이들

※푸드덕하고 날아가는 새들. 어슬렁어슬렁 냄새 맡으며 지나가는 몇 마리의 개. 앵- 하고 날아와서 사람의 살결을 빠는 파리 떼들-

※하나꼬는 이 모든 광경을 흥미 있게 보고 있다. 그는 일어나 수영의 그림자를 찾다가 철망 쳐놓은 곳으로 가서 무슨 꽃인지 알 수 없는 꽃송이를 들여다본다.

※그의 시선은 먼저 활짝 핀 꽃송이를 보다가

---

83 당사주책(唐四柱册): 중국에서 들여온, 사주점을 칠 때 보는 책. 그림으로 점괘를 보게 되어 있다.

※그 옆에 달려 있는 시든 꽃을 본다.

※그의 머릿속에는 금방 무수한 환영이 지나간다.

※말라서 쪼그라진 꽃 위로- 사다꼬, 유리꼬, 애미꼬, 그리고 자기 얼굴이 얼른거리고는 누구누구 할 것 없이 박쥐라는 별명에서 살아가는 동무들이 꼬리를 물고 지나간다. 그의 머리는 어지러워진다.

이럴 때 남자의 목소리가 들린다.

"하나꼬 상-, 미안하구려."

하나꼬 눈을 뜬다. 수영이가 와 서 있다. 하나꼬 말없이 본다. 수영은 어물어물하면서 주위를 살피더니 하나꼬의 귀에다 입을 대고 무슨 말인지 소군소군한다. 그리고는 하나꼬의 손목을 만진다. 그러나 하나꼬는 말없이 섰다.

이럴 때 어린애를 업은 여자 거지 한 사람이 다가오면서 우는 소리로 "시골서 왔는데 남편은 노동일을 하다가 다리를 상해 누워있습니다. 적선하십시오."

말을 마치고 손을 내민다. 이 처참한 광경을 보던 하나꼬, 지갑을 열고 5전짜리 한 푼을 꺼내준다. 수영은 애가 타는 듯이 또 한 번 소군소군하고 나서

"그리구 내일이라도 우리 삼방[84]으로 피서나 갑시다그려."

그러나 하나꼬는 수영의 이 말을 들은 듯 만 듯 아까 남겨놓고 간 여자 거지의 말소리를 되짚어[85] 생각하다가 또다시 인식의 팔 부러진 모양을 번개같이 생각한다. 수영은 하나꼬의 앞으로 바싹 붙어 서더니

"무슨 생각을 이렇게 길게 한담. 우리 어디로 갈까. 어디가 제일 조용한지…"

---

84 삼방(三防): 함경남도 안변군에 있는 명승지. 예전에, 남북 간의 중요한 통로를 이루어 세 군데에 통행인을 검사하는 관방(關防)이 설치되어 있었던 데서 비롯한 이름이다. 약수로 유명하다.

85 원문은 "뒤집허".

하나꼬, 힘없는 대답으로 "우리집으로 가죠-."

수영은 유리한 듯이 웃는다. 거리에는 소방대 자동차가 지나가는지 요란한 소리가 길-게 들려온다. 하나꼬 이 소리에 머리를 번쩍 든다.

※**하나꼬의 집**

방문은 닫혀있다. 대문간 방에 앉아있던 중년 마누라가 들어오는 동네 늙은이를 보고 안방을 가리키면서 손을 젓는다. 들어오던 늙은이 입을 비쭉하고 고개를 끄덕이면서 나간다.

집안은 고요하다. 얼마 있다가 골목으로 지나가면서 외는 소리.

"달고 시원하고 맛나는 아이스케-키- 막 파는구려."

이 소리가 맞은편 골목으로 사라지자- 하나꼬의 집 대문을 열고 들어서는 사나이가 있다. 붕대로 팔을 감고 야윈 얼굴로 들어오는 인식-

※인식은 들어서면서 행랑 마누라를 보고

"어디 갔나요?"

행랑 마누라 어쩔 줄을 모르는 동작으로

"글쎄요- 저도 지금 막 들어와서 자세 모르겠어요."

인식은 아무 말 없이 마루 위로 올라선다. 그의 눈에는 한편 구석에 놓인 낯선 사내 구두 한 켤레가 보인다. 인식은 방문을 향하고 딱 선다.

※그의 얼굴은 차차 새파랗게 질려온다.

조금 있다가 그는 번개같이 달려들어 방문을 열어젖힌다. 그리고 노려본다.

※방 안에 있던 하나꼬와 수영이- 벌떡 일어나더니 산란한 모양 그대로….

"아이고머니."

하고 소리친다. 인식은 맹수와 같은 기세로 달려들더니 벌벌 떨고 있는 하나꼬의 뺨을 죽어라 하고 갈긴다. 이 틈에 수영은 쥐새끼같이 빨리 달아난다. 인식은 달아나는 수영을 볼 틈이 없이 하나꼬의 머리를 잡고 때

린다. 경대가 부서진다. 하나꼬는 이마에 피를 흘리고 쓰러져 운다. 인식은 불이 돋는 눈초리로 내려다보며

"애끼 더러운 년! 그래 나는 병원에서 고생을 하고 있는데 너는 그 틈에 이런 짓을 해야 옳…단 말이냐. 응, 이 죽일 년아."

〈그림 19〉 9.9.
스틸 - 수영 : 김인규, 인식 : 김일해,
촬영 - 극동무선사진부 이재진

인식은 또 한 번 발길질을 한다. 엎드러졌던 하나꼬는 슬픈 듯 억울한 듯 간신히 머리를 들어 인식의 눈을 피하면서

"그동안 있는 것은 모두 전당을 잡히고 여러 곳에 빚을 내기 때문에 당신 치료비가 없어서 어쩔 수 없이 못 할 짓인 줄 알면서도 저지른 일이니 한 번만 용서해 주시구려."

하나꼬 말을 마치고 인식의 얼굴을 쳐다본다.

※무서운 인식의 눈. 구슬 같은 땀을 흘리고 노리는 무서운 얼굴. 눈, 눈, 피가 끓는 눈. 인식은 잡아 삼킬 듯이 노려보면서 입을 연다.

"그러기에 너같이 오랫동안 더러운 생활에 젖어온 년과는 언약을 맺지 않고 싶었지만 네가 그렇게까지 딴 세상을 동경하기 때문에 얼마나 믿는 마음에서 가엾게 생각이 들어 평생을 같이하기로 결심했던 것이… 그래 몇 날이 못 가서 이 꼴이란 말이냐. 네가 내 치료비 때문에 고기를 팔았다고 하지마는 너는 지금까지 이런 속임으로 뭇 사내들을 속여온 것에 틀림없을 게다."

19회, 1937.09.09.

하나꼬의 두 눈에서 쉴 새 없이 눈물이 흐른다.

"그러면 당신은… 순간의 죄를 빌려 가지고 진정으로 사랑하는 사람의 생명을 구하고 싶은, 원한이 사무친 내 마음을 이해할 수 없단 말씀인가요."

인식은 어이없다는 듯이

"이년아, 이해도 분수가 있지. 제 계집이 고기를 파는데 이해하고 있을 못난 놈이 어디 있단 말이냐."

하나꼬 두 손으로 제 머리를 쥐어뜯는다.

"나는! 나는… 오랫동안 어둔 세상에서 살아오다가 당신을 만났기 때문에 당신 생명을 구하는 것은 바로 내 생명을 구하는 것이나 다름없다고 생각이 들어서 이런 일을 저질렀으니 내 본마음으로 한 짓이 아니라고 생각하시고 이번만 용서해 주세요."

인식은 생각할수록 질투와 분노를 참을 수 없다는 듯이 달려들어 하나꼬의 옷을 함부로 찢는다.

"이년아- 내가 병원에 누워있으면서도 늘 너의 행동을 염려하다가 참을 수 없이 나와본 거다. 이래도 너는 진정한 사랑을 구한다느니 밝은 세상을 동경한다고 입을 버릴 테냐."

하나꼬 아무 말 없이 어깨만 들먹인다. 인식은 탄식하는 듯이 긴- 한숨을 쉬면서

"안될 일이다. 너같이 술잔을 들고 아양을 부리면서 오늘은 이놈, 내일은 저놈의 품에 안기면서도 주둥이로는 그 생활을 벗어나고 싶다는 **박쥐** 같은 년들은 언제나 그 길에서 한평생을 지낼 뿐일 수밖에 없을 게다-. 계집의 정조라는 것은 한 번만 탈선하면 비지보다도 값싼 것이니까."

인식은 말을 마치고 빠른 걸음으로 뛰어나간다. 하나꼬 느껴 운다. 그러나 그 울음소리는 차츰차츰 적어지다가 들리지 않는다. 그는 죽은 듯이 엎드려 있다. 집안은 고요한데… 행랑방 마누라가 슬그머니 나와서 안방 문을 향해 기웃거릴 뿐-. 건너편 골목에서는

"시원하고 달고 맛있는 아이스케-키-"

하고 외는 소리가 또 한 번 들려온다.

※그날 밤이다. 하늘에는 검은 구름이 떠돈다.

카페=아까다마의 아래층 위층은 또다시 유행가 소리가 춤을 추고 맥주 거품이 발광을 친다. 한편 구석에서 부르는 소리

"하나꼬 상-."

그러나 수영의 목을 안고 얼굴을 비비면서 미친 듯이 아양을 떠는 하나꼬는 얼마나 술을 마셨는지 물귀신같은 꼴을 하고 있다.

"하나꼬 상-, 까이[86]요-."

맥주잔을 들고 춤을 추던 하나꼬 얼풋이[87] 들었는지 탁 풀어진 눈을 돌리면서 소리를 지른다.

"가만히 좀 기다리래라. 박쥐 같은 년들인데 어련히 옮겨붙을라고 생지랄들이람."

수영은 어떤 영문을 모르고 하나꼬의 거동만 보고 앉았다. 하나꼬는 다시 한 잔을 따러서 벌컥벌컥 들이켜더니 실성한 사람처럼 중얼거린다.

"우리 같은 년은 언제든지 딴 세상에는 발을 옮기지 못한다지…. 오늘은 이놈, 내일은 저놈의 품으로 옮아 다니면서 고기와 돈을 바꾼다지."

하나꼬 다시 풀어진 눈을 뜨면서 수영을 물끄러미 노려보다가 별안간-

"하하하하하하하."

하고 웃어댄다. 그리고 일어서서 수영을 가리키며

"박쥐 박쥐! 너이들도 박쥐다. 오늘은 이 계집, 내일은 제 계집. 하하하하."

하나꼬 비틀거리면서 아래층을 향해

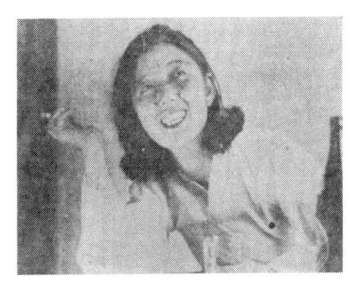

〈그림 20〉 9.10.
스틸 - 하나꼬 : 현순영,
촬영 - 극동무선사진부 이재진

---

86 범죄자들의 은어로, '여자', '처녀', '애인'을 이르는 말.
87 "어렴풋이"의 북한어.

걷는다. 여러 사람들 일제히 하나꼬의 거동을 바라본다-. 아래층으로 사라진 하나꼬의 미친 듯이 외치는 소리만 들려온다.

"하하하하 우리는 박쥐다. 하하하하 박쥐-. 박쥐다. 박쥐다."

그러나 **아까다마**의 공기는 의연히 분 냄새와 술기운에 젖어가고 장단 없는 유행가 소리는 높아간다. 캄캄하던 하늘은 기어코 비를 내린다. 폭우가 쏟아진다. 거리에 달린 전등에는 빗방울이 맺혀서 굴러떨어진다.

-박쥐들의 눈물일까?

　　　　×　　　×　　　×

※이튿날 새벽이다.

한강- 인도교에서 얼마쯤 떨어져 있는 언덕 밑-

죽은 지 몇 시간이 지난 듯한 여자의 시체가 떴다. 그것은 하나꼬다. 박쥐의 신세를 비관하고 세상과 더불어 싸우다가 영원히 떠나간 하나꼬의 영혼이 머물렀던 고깃덩이라는 보금자리의 허물어진 그림자.

※건너편 철교 위로 지나가는 기차의 우렁찬 소리가 새벽 공기를 헤치고 달려간다.

※강물은 말없이 흐른다.

※강 건너 어느 공장에서 구슬프고도 장엄한 사이렌이 운다.

※사파[88]의 티끌은 일기 시작하고 살기 위해 움직이는 만물의 비명은 차츰차츰 들려온다.

※둥실 뜬 하나꼬의 시체 위로 이름 모를 새들이 뺑뺑 돌다가는 안개 자욱한 강 언덕으로 날아간다.(끝)

차회는 서광제 씨

20회, 1937.09.10.

88　사파(娑婆): 괴로움이 많은 인간 세계. 사바.

[5] 서광제, 「여학생 일기」, 1937.09.11.~09.16.

> **인물**
> 혜경 (여고보 4년생)
> 경숙 (혜경의 한 반 동무)
> 혜경 모
> …… 기타 ……

"혜경이집 대청"

삼복이 가까운 여름 더위에 하기 방학을 틈타서 해수욕을 가려는 혜경이는 가방에다 옷을 부지런히 넣고 있고 경숙이는 그것을 도와주고 있고 혈색이 좋고 살기[89]가 있는 혜경이 어머니는 적삼을 풀어 헤치고 부채질을 하며 잔소리를 하고 앉았다.

"며칠 있다 올 걸 무슨 옷을 그렇게 많이 가지고 가니."

"무슨 옷이 많아요. 별안간에 비를 만날지도 모르니까 비옷을 넣느라고 그렇지."

어머니는 아무래도 못마땅하다는 듯이 연해 입을 비쭉거리며 부채질을 해 가며

"시집가는 애 같구나…. 옷이란 옷은 죄 가지고 가니…."

벽에 걸린 시계를 쳐다본다. 혜경이는 얼굴이 좀 빨개지고 경숙이도 무색해서 고개를 숙이고 픽 웃어 버린다.

"아이 참 어머니도. 못할 말 없나

〈그림 21〉 9.11.
스틸 - 혜경 : 김연실(金蓮實),
경숙 : 황정미,
촬영 - 극동무선사진부 이재진

---

89 몸에 살이 붙은 정도.

봐….”

 그래도 넣을 것을 다 집어넣고 또 가지고 갈 것이 있나 하고 건넌방으로 들어간다. 어머니는 벽에 걸린 시계를 또 한 번 쳐다보더니
 "애 기차 놓칠라. 얼른 나가 봐라."
 경숙이가 참다못해 말대답을 한다.
 "아이구 아주머니도. 인제도 두 시간이나 남았는데 뭘 그러세요."
 어머니는 그게 무슨 말이냐는 듯이
 "두 시간이 뭐 기냐. 정거장에 얼른 나가서 남보다 먼저 자리를 잡아야지…."
 혜경이가 건넌방에서 책 몇 권을 들고 나오면서 깔깔대고 웃는다.
 "어머닌 암말도 마세요. 남 창피만 하게."
 어머니는 좀 화가 나신 모양이다.
 "저년은 내 말이면 핀잔을 주고 창피 창피 하니 그런 고얀 년이 세상에 어디 있어. 아이참 세상도…. 공부하라고 학교에 보냈더니 어미 핀잔주는 것 먼저 배웠구나."
 성이 좀 나신 어머니를 풀게 해드리노라고 혜경이는 어머니의 앞에 가서 바짝 앉는다.
 "어머니는 내가 어디만 간다고 하면 괜히 화를 내우. 수학여행 갈 적마다 울고 싸우더니 오늘도 또 그러는구려…."
 좀 더 혜경이는 아양을 떨며
 "며칠 안 있다 올 테니 그리지 마세요. 저기 경숙이도 있는데…. 이번 여름만 지내면 내년 봄에 학교를 졸업하지 않아요. 그럼 아무 데도 안 내보내고 가둬둔다면서 뭘 그리░░…."
 혜경이 어미니는 자기 딸이나마 나날이 자라는 그 몸맵시를 보고 한편으로는 기쁘기도 하고 한편으로는 시집을 보낼 생각을 하니 걱정이 들기도 했다. 어머니의 두 눈에는 눈물이 벌써 글썽글썽하다.
 "요년 봐. 시집가기도 전에 아양 먼저 배우지 않았나."

그래도 좋아서 빙그레 웃으며 주머니에서 돈을 꺼내준다.

"너무 커다란 계집애가 여기저기 돌아다니지 말고 석왕사에 가서 물이나 먹고 오너라."

옆에 앉은 경숙이를 보고

"경숙이는 얌전한 애니까 꼭 혜경이하고 같이 다니다가 오너라 응!"

경숙이는 "네" 하고 대답한다.

혜경이는 어머니가 주는 돈을 핸드백 속에다 집어넣고 더 앉아있으면 어머니 잔소리만 나올까 봐서 경숙이에게 눈짓을 하고 얼른 나가자고 한다.

"그럼 어머니 다녀오겠어요."

경숙이도 따라서 "아주머니 다녀올께 안녕히 계세요."

어머니도 일어나며 "나도 정거장에 나가랴!"

혜경이는 이 말을 듣고 깔깔대고 웃으며 문밖으로 뛰어나간다.

"조년 봐. 또 창피하다지! 에잇!"

혜경이와 경숙이는 새장에서 튀어나온 참새 새끼 모양으로 정거장을 향해 쏜살같이 달아났다.

21회, 1937.09.11.

"원산행 삼등 객차"

승객이 와글와글한 삼등 객차 안으로 혜경이와 경숙이가 사람을 비집고 들어온다. 어디 빈자리가 없나 하고 혜경이의 큰 눈은 이쪽저쪽으로 왔다 갔다 한다. 경숙이는 맨 앞에 빈자리가 있을까 하고 그쪽을 비집고 간다. 조금 비집고 가니 헙수룩하게 생긴 갓 쓴 시골 영감님이 앉은 곳에 빈자리가 하나 있다. 혜경이는 누가 뺏을까 봐 얼른 거기다 가방을 내려놓고 아까 들어오던 쪽에서 자리를 찾고 있는 경숙이를 이리 오라고 손짓을 해 부른다.

경숙이는 혜경이가 부르니까 헹녀케[90] 그쪽으로 간다. 가서 보니 자리를 잡아놓았다는 것이 담뱃대를 물고 앉았는 시골 영감님 옆이라 좀 못마땅한 듯이 "자리가 여기밖에 없니?"

혜경이는 애써 자리를 잡아났는데 경숙이가 핀잔 비슷한 소리를 하니까 "왜 어때 그러니. 그럼 다른데 어디 네가 잡아보렴…."

혜경이가 실쭉하니까 경숙이가 좀 무안해서 입짓으로 시골 영감님을 가리킨다.

이렇게 둘이 이야기를 하고 있을 때 시골 농부 두 사람이 무슨 커다란 짐을 들고 혜경이 옆에 자리가 비어있는 것을 보고 그 중 한 사람이 "여기 자리가 비었는데…. 앉아도 괜찮소."

혜경이와 경숙이는 자리가 못마땅하여 지금 서로 부루퉁하고 있는데 그나마 자리를 뺏으려 하니까 아무 대답도 하지 않고 둘이 똑같이 자리에 가서 풀썩 주저앉아 버린다.

농부 두 사람은 무색해서 저쪽으로 자리를 찾으러 간다.

경숙이가 앙큼스럽게 영감님을 한참 쳐다보더니 "영감님 어디까지 가세요."

담배만 피고 있던 영감님은 누구더러 그러나 하고 어리둥절해 앉아있다. 경숙이는 답답하고 짜증이 나서 "아… 영감님 어디 가시느냐 말예요…."

영감님은 담뱃대를 입에서 빼고 쓴 연기를 혜경이와 경숙이의 앞으로 훅 뿜으며

"원산까지 가우…."

이 말을 들은 경숙이와 혜경이는 서로 고개를 맞대고 원산까지 쓴 담배 연기를 맡을 생각을 하니 가벼운 한숨이 나오며 두 어깨가 축 늘어진다. 혜경이가 경숙이를 좀 위로해 주는 것 같이 가는 소리로 "아이구 이걸 어떡하니?"

---

90 원문 그대로임.

경숙이는 아까와는 딴판으로 지금 생각하니 여기저기 선 사람들이 많은데 농군들에게 자리만 안 뺏긴 것이 다행해서

"얘, 선 사람들도 많은데 뭘 그러니. 그냥 앉아서 책이나 보자…."

영감님은 여학생들이 앞에 앉았건 안 앉았건 흙 묻은 버선발을 쭉 내밀고

〈그림 22〉 9.12.
스틸-혜경: 김연실, 경숙: 황정미,
촬영-극동무선사진부 이재진

담배만 여전히 피우고 앉았다. 꼴이 추저분하게 생기고 게다가 쓴 담배만 피우니까 혜경이들이 앉을 자리가 남아있었나 보다. 경숙이는 이따 정 피곤하면 자리에 와 앉더라도 기차도 움직이기 시작했으니까 담배 연기를 피할 겸 바람을 쐬려고 혜경이의 소매를 끌고 객실 문밖으로 나간다. 문밖에 나서서 달음질치는 기차 속에서 바깥을 내다보니 딴 세상과 같다. 그들은 벌써 어느샌가 얼굴에 웃음을 띠고들 있다.

"얘 혜경아 지금 너 이 기차에서 뛰어내릴 수 있겠니…."

경숙이의 별안간에 묻는 이 말에 혜경이는 눈이 동그래지며

"얜 미쳤니[91]…. 무슨 먹고 살 콩이 나서 지나가는 기차에서 뛰어내리니?"

경숙이는 깔깔대고 웃으며

"글쎄 말이야. 하도 시원해서 그래봤다. 근데 그이가 낼 원산으로 꼭 올까?"

혜경이는 경숙의 묻는 말이 좀 얄미워서

"아이구 하루를 못 봐도 못 살겠니. 약혼까지 해놨다면서!"

기차는 줄달음친다. 기차 연선[92] 소나무 그늘에 매 놓은 황소는 엄매를 찾고 운다. 혜경이와 경숙이는 다 각각 다른 공상에 잠겨서 움직이는 들

---

91 원문은 "맷첫내".
92 연선(沿線): 선로를 따라서 있는 땅.

과 산을 보고 있다.

22회, 1937.09.12.

"원산 해변"
더위를 피하려 젊은 남녀들은 해변가에 나와 물과 장난하고 있다.
여러 사람들이 해수욕을 하는 데서 좀 떨어져 혜경이와 경숙이는 보통 옷을 입은 채 모래밭에 앉아서 놀고 있다.
"얘 혜경아, 너 아이·엘·와이 아니?"
혜경이는 뱅그래 웃으며 요새 변으로 경숙이가 그전과 달라지는 것이 이상해서
"그게 다짜고짜 무슨 소리냐. 네가 요새 암만해도 이상해지더라. K씨인가 누군가 너하고 약혼 한 사람과 사귄 후부터는 매일 같이 오던 우리 집도 생각나면 오고, 이번에 여기 온 것도 나도 오고 싶어서 왔겠지만 모두 네 연극이 아니냐…. 아이·엘·와이 커녕은 엘·아이·비가 뭔지 아니?"
경숙이는 세상이 모두 제 세상 같아서 재미가 나서
"아이·엘·와이는 아이·러브·유 옷대가리 석 잔데 엘·아이·비는 뭐냐?"
혜경이는 조금 빈정거리는 것 같이
"얘 연애깨나 한다는 애가 아이·엘·와이만 알아서 되겠니. 러브·이즈·베스트의 옷대가리 석 자도 알아 둬야지…."
경숙이는 퍽도 재미가 나서 깔깔대고 웃으며
"넌 나보다 더하구니. 그런 걸 다 아는 애가 연애라면 질색을 하니?"
혜경이는 바닷속에서 인어(人魚)와 같이 텀벙거리고 노는 젊은 남녀들을 보고 자기만이 이 세상에서 버림을 받은 거와 같아서 별안간 서운한 생각이 들었다.

"난 여태껏 나이 열여덟에[93] 아이·러브·유를 불러본 적도 없고 러브·이즈·베스트를 나에게서 찾은 사람도 없단다. 더구나 아버지도 안 계시고 어머니 한 분이니 내가 어떤 남자를 사귀는 것이 어머니에게 큰 죄나 짓는 것 같아서…."

경숙이는 급자기 혜경이를 동정하는 거와 같이 또 한편으로는 자기가 애인을 가졌다는 것이 별다른 세상에 자기 혼자만이 사는 거와 같아서 조그만한 우월감이 떠올랐다.

"내 하나 소개해주련. 그이 동무들 멋쟁이가 많더라."

혜경이는 운동하다 진 거와 같이 또는 시험 보다 낙제한 거와 같이 기분이 나쁘고도 이상하다.

더구나 경숙이가 그의 약혼한 남자가 서울서 낮차에 내려온다 해서 연해 팔뚝 시계를 일 분이 멀다 하고 보는 꼴이 매우 눈에 거칠고도 얄밉고 한 변으로 시기심이 생겼다. 이럴 때 웬만큼 사랑하는 남자가 자기에게 있었더라면 경숙이가 보는 눈앞에서 껴안고 키스를 해대고[94] 싶은 맘이 들었다. 혜경이는 지금의 심경을 오늘 밤에 일기에 써두려고 그려둔다. 그의 머리에는 번개와 같이 학교에 가고 올 적에 길에서 만나던 남학생들의 이 얼굴 저 얼굴들이 떠오른다. 어느 남학생의 얼굴은 염치없이 웃기도 하고 어느 학생은 앞에서 맞닥뜨리면 얌전한 체하고 고개를 숙이고 가다가도 채 발이 돌아서기도 전에 뒷모양을 돌아다보는 학생도 있다.

어느 학생은 짓궂이 집 근처까지 쫓아오기도 한다. 아무리 세상 남자를 다 그려봐도 오늘날까지 자기와 말을 변변히 건넨 사람이 없다. 혜경이는 공상에서 깨어 바다를 건너다보았다. 별안간에 물속에 뛰어 들어가 아무 남자들이나 상관없이 같이 텀벙거리고 헤엄치고 싶었다.

혜경이는 옷을 벗고 물속으로 뛰어 들어가려고 한다. 이때에 저쪽에서

---

93   원문은 "예레딜에".
94   원문은 "해베고".

전문학교 학생이 여행 가방을 들고 오며 "경숙 씨 경숙 씨." 부른다. 경숙이와 혜경이가 모두 돌아다본다.

혜경이는 옷을 벗다가 부리나케 다시 입는다. 경숙이는 그 학생의 앞으로 뛰어간다.

"아주 신용가신데. 시간을 잘 지키시고…."

〈그림 23〉 9.14.
스틸 - 혜경 : 김연실,
경숙 : 황정미, 경숙의 약혼자 : 김일해,
촬영 - 극동무선사진부 이재진

그 남학생은 빙그레 웃으며

"아- 그럼 경숙 씨가 오라는데 시간을 어기겠어요…. 하하…."

그 학생과 경숙이는 서로 웃는다.

"혜경이 혼자 두기가 안돼서 정거장에도 못 갔어요."

"왜 같이 나오시죠."

"개가 싫대요."

두 사람이 얼마 말을 하다 보니 혜경이가 없다. 저짝을 보니 자꾸 달아난다. 경숙이 쫓아가며 "애 혜경아, 어디 가니?"

혜경이가 달음질치며 돌아다보며 말한다.

"나 지금 차로 석왕사에나 갈 테야…."

혜경이는 정거장 쪽으로 다라나고 경숙이와 그 학생은 잠시 동안 혜경의 달아나는 뒷모양을 보다가 해변가로 걸어가며 사랑하는 사람만이 속삭일 수 있는 말을 속삭이며 물가에 가서 옷을 둘이 벗고 물속으로 텀벙 들어가 헤엄을 친다.

23회, 1937.09.14.

"석왕사"

석왕사 역에서 혜경이가 나온다. 역 앞에는 동구(洞口)로 들어가는 버스가 놓여있다. 기차에서 내린 여러 승객과 함께 혜경이도 올라탄다.

피서객을 담뿍 실은 버스는 사과밭 울타리를 끼고돌며 하늘을 찌를 듯 쭉쭉 뻗쳐있는 노송(老松) 사이를 지나 어느덧 동구에 와 선다.

자동차 정류소 앞에는 여관집 인객[95]들이 쭉 늘어서서 대문짝만한 여관 명함을 내들고 이 손님들을 제 여관으로 끈다.

혜경이는 여관에 들어갈 생각은 않고 버스에서 바로 내리자 과자가게에 들어가 물 받아먹는 곱부[96]를 하나 산다.

양쪽에 노송이 즐비하게 서 있는 약수터 길을 향해 혜경은 걸어간다.

얼마를 걸어가니 조그만 다리가 있다. 아주 맑고도 맑은 못이 이름 모를 산새 소리에 맞춰 잔잔히 흘러 내려간다.

혜경이는 한참 동안 다리 난간에 앉아서 내려다보고 있다. 피서객들은 쉬지 않고 오르락내리락한다.

혜경이는 다시 걷기를 시작한다.

절을 향해 달음질치는 자동차는 정신없이 걸어가는 혜경이를 놀라게 한다. 길가에 보기 좋게 늘어져 있는 아카시아 잎을 따 들고 한잎 두잎씩 따가지고 바람에 홀홀 날려본다.

약수터에는 대낮이라 사람이 그리 없다. 혜경이는 약수를 세 곱부나 연달아 마신다. 바로 앞에 개울에 내려와 구두와 양말을 벗고 시원스럽게 흘러 내려가는 물에다 발을 풍덩 담그고 바위에 가 앉는다.

소매를 걷고 세수를 한다. 저쪽에서 약수를 먹으러 오는 피서객의 한 떼가 우- 올라온다.

혜경이는 깜짝 놀라서 얼른 손수건으로 얼굴을 닦고 물에서 발을 꺼내

---

95 인객(引客): 접객업소가 서비스업소 따위에서 손님을 끄는 일.
96 コップ. 컵.

씻고 신을 신는다. 다시 아까 올라왔던 길을 내려간다. 다리를 건너지 않고 왼쪽으로 꼬부라져 감천정(甘泉亭)으로 들어간다. 베이비 골프[97]장에는 여러 사람들이 재미나게 골프를 친다. 혜경이가 철망 밖에서 정신없이 보고 서 있으니까 골프를 치던 사람들이 혜경이 쪽을 본다. 혜경이는 무색하여 다시 동구로 나온다. 원산에 있으면 경숙이와 약혼한 사람이 노는 것이 심사가 나서 석왕사에 왔더니 심심하긴 짝이 없는 듯….

혜경이는 갔던 길을 또 가고 오던 길로 또 온다. 혜경이는 시장한 생각이 났는지 S 여관으로 들어간다.

점심을 먹고 앉았는 혜경이.

밥을 다 먹고 나서 약수터로 또 올라간다. 약수를 먹고 다시 동구로 내려올 때 마치 원산서 네 시에 오는 손님을 받아 가지고 버스가 닿는다.

아까 먼저 차보다 손님이 더 많이 내린다. 경숙이가 손님 사이에 끼어 내린다. 혜경이는 그만 반가워서 뛰어가다가 발을 딱 멈춘다. 경숙의 바로 뒤에 전문학교 학생이 둘이 따라 내리는 까닭이다. 경숙이는 버스에서 내려서 사방을 휘휘 돌아본다. 경숙이와 같이 온 줄 알았던 남학생 둘은 제멋대로 먼저 약수를 향해 간다. 그때야 혜경이는 경숙이와 같이 온 학생들이 아닌 것을 알고 경숙이에게 뛰어가며 부른다.

"경숙아, 나 여기 있다."

경숙이는 사면을 돌아다보다가 혜경이를 발견하고 뛰어온다.

"얘 혜경아, 나는 너 혼자 떨어져 있는 게 불쌍한 생각이 나서 널 데리러 왔다. 그이 동무들도 많이 왔는데 모두 널 소개해달라고 그러더라. 저녁차에 같이 가자. 응?"

혜경이는 어쨌든 경숙이가 왔으니까 반가워서 어쩔 줄을 모른다.

"그래. 난 너하고 그 사람이 같이 노는 것을 보고 괜히 심사가 나서 여기 왔더니 심심해 죽을 뻔했다. 어서 약수나 먹으러 가자."

---

[97] baby golf. 실내나 정원 따위에 만든 약식 골프장에서 하는 골프.

경숙이와 혜경이는 약수를 향해 걸어가다가 길옆 잔디에 가 앉아 쉰다. 그때 남학생 둘이 그 옆에 와서 어물쩍거리다[98] 지나간다. 경숙이와 혜경이는 시치미[99]를 떼고 앉았다.

"애 혜경아, 너의 애인 될 사람도 저만큼 스타일은 좋아야지. 호호호⋯."

"아이고 망할 계집애 같으니. 별 소릴 다 하는구나⋯. 그런데 그이 친구 몇이나 왔든."

〈그림 24〉 9.15.
스틸 - 혜경 : 김연실, 경숙 : 황정미,
남학생 : 이명(李明), 정유영(鄭幽英),
촬영 - 극동무선사진부 이재진

"둘이 왔는데 그중 한 사람은 ×전문학교 다니는데 바스켓볼 선수래⋯. 아주 키가 늘씬하고 이로오토코[100]야. 호호호⋯."

"그런데 원산 가는 차 언제 있니?"

"한 시간 있으면 있으니 얼른 약수나 한 곱부 먹고 가자! 왜 소개 안 해줄 걸⋯."

혜경이와 경숙이는 무슨 큰 희망에 불타는 것과 같이 활기 있게 약수를 향해 걸어간다.

얼마 후 그들은 원산행 차에 몸을 담고 있었다.

24회, 1937.09.15.

"혜경이의 방"

밤 열두 시가 지난 시계.

---

98 원문은 "어물쩡거리다".
99 원문은 "새침이".
100 いろおとこ, 色男, 여자에게 인기가 있는 미남자.

아랫목[101]에는 혜경이의 어머니가 곤히 잠자고 있다.

혜경이는 윗목 한 편 책상 앞에서 지나간 여름 방학의 일기를 쓰고 앉았다.

철필에다 잉크를 찍어 가지고 일기를 쓴다.

"나도 인제 남자에게 편지할 때가 생겼으니 행복이라 할까? 왜 어머니는 나를 시집을 안 보내려고 하나. 다른 동무의 집을 가보면 성장한 딸들을 얼른 치우려고 애들을 쓰는데…."

〈그림 25〉 9.16.
스틸 - 혜경 : 김연실.
촬영 - 극동무선사진부 이재진

혜경이는 일기를 쓰다 중지하고 곤히 잠자고 계신 어머니를 물끄러미 내려다본다. 잠자는 어머니의 얼굴에는 일찍이 남편을 여의고 오직 외딸인 혜경을 과부 손 하나로 기르느라고 고생한 흔적이 역력히 드러난다. 육십 고비가 가까운 것 같다.

혜경이는 다시 일기를 계속한다.

"어머니 옳습니다. 어머니 옳습니다. 아들 겸 딸로 생각하고 언제나 혜경이는 내 생전에는 내 앞을 떠나지 않으려니… 생각하시는 어머니를, 어찌 제가 늙으신 어머니 한 분을 버리고 다른데 시집을 가겠습니까!!"

일기를 쓰는 혜경의 두 눈에는 눈물이 글썽했다. 또 한 번 잠자는 어머니를 보다 한참 생각하다 일기를 계속한다.

"부모가 오래도록 사시는 것을 바라는 것은 자식 된 도리겠지요. 더구나 나는 아버지도 안 계시고 어머니 한 분만 모시고 계시니…. 어머니가 지금부터 십 년을 더 사신다면 나는 서른이 가까워지는군요…. 아이고 무서워…. 그때 날 데려갈 사람이 있을라고….

지금 M 씨는 나보고 내년 봄에 졸업을 한 뒤에 결혼을 하자고 하지만

---

101 원문은 "아룸묵".

십 년 후에 만나자고 하면 날 보고 미친년이라고 하지 않을까? 그러나 어머니는 동내 여편네들이 와서 '혜경이 시집은 안 보내우.' 하면 어머니의 얼굴에는 금방 핏기가 돌며 화를 내시며 '아직 스물도 못 된 계집애를 어따 보낸단 말요. 행여 그런 소리는 걔 듣는 데 다시 마슈.' 하신다.

어머니가 나를 낳으셨으니 잘 아실 터인데 내가 아마 병신인가 보지? 그래 남에게 시집을 보낼 수가 없어서 그러시는가 보군?

아니다. 내가 왜 병신이냐? 어머니가 나를 내놓기가 싫어서 그러시는 게지….

경숙이가 어느 날 그러는데 과붓집 데릴사위는 바보도 안 한다는데 M 씨가 꿈엔들 데릴사위로 올 생각을 할까?"

잠자는 어머니의 얼굴을 또 본다. 일기를 계속한다.

"어머니, 어떻게 했으면 좋겠습니까? 아니다. 이것은 어머니에게 물어서는 안 될 문제다. 어쨌든 내년 봄에 학교를 졸업하고 나서 단판을 해야 할 문제다. 설마 자기 딸의 행복을 짓밟아 없앨 부모가 있을라고…. 더구나 착하신 우리 어머님께서…. 적당한 혼처가 없어서 그러시겠지…. 학교를 나온 신여성은 제가 남편을 골라야 한다고 삼청동 아주머니가 늘 말씀하셨으니까 나한테 맘대로 하라고 암말도 안 하시는 거겠지…. 그러고 보면 어머니 문제는 아무 문제가 없어…. 그이한테 편지나 써야 하겠다."

일기를 덮어두고 편지지를 꺼내 한 장 쓰고 찢고 두 장 쓰고 찢고 몇 번 그러다가 시계를 쳐다보니 밤 두 시다.

혜경이는 고단한 듯이 하품을 하며 자리에 그냥 드러누울까 하다가 다시 책상 앞에 앉아 일기책을 도로 펴놓고 또 쓴다.

"M 씨, 고단해서 미안합니다. 편지는 내일 쓰겠습니다. 그러면 안녕히 주무세요. 저도 자겠어요."(끝)

25회, 1937.09.16.

[6] 김혁(金赫), 「여배우 편: 방가로[102]촌의 비극」, 1937.09.17.~09.23.

> 인물
> 배은숙, 윤건, 최경수, 기타

×봄

경성역으로 향해 질주하는 자동차 안에는 폐병 정양차로 떠나는 윤건이와 그의 애인 은숙이가 타고 있다.

"은숙이, 아무래도 살 것 같지가 않어."

"또 그런 말씀을… 마음을 편히 가져야 한다고 의사가 그러지 않아요."

윤건의 얼굴을 엿보는 은숙의 눈물 어린 눈동자.

창밖을 물끄러미 보고 있는 윤건의 해말쑥한[103] 얼굴.

차창에 부딪히는 비.

때아닌 봄비가 유난히도 퍼붓는다. 비바람에 흔들리는 가로수.

젖빛깔[104]을 머금고 있는 가등. 헤드라이트에 비치는 전차선로. [이동풍경(移動風景)]

이윽고 자동차는 역 앞까지 다다랐다.

벽에 붙은 시계, 여덟 시를 가리키고 있다.

×화장실[105]

어두무리한 화장실엔 제1막이 끝난 뒤라 자기의 등장할 때를 기다려 쉬고 있는 남녀 배우들이 이곳저곳 떼를 지어 앉아있다.

거울을 들여다보고 표정을 지어보는 이도 있고 혹은 대본을 읽는 이도

---

102 '방갈로'가 바른 표기이나, 작품의 제목이므로 그대로 살려 표기한다.
103 살빛이 희고 말쑥한.
104 원문은 "젓빗갈".
105 현대의 분장실.

있고 혹은 이제 수염을 붙이는 이. 가지가지의 화장실다운 풍경이다.

  배우들 사이에 다음의 회화가 들려온다.

"오늘 같으면 해먹겠는걸."

"여보게 초일(初日)에 만원이 안돼서야 어떻게."

"손님이 많이 들어와야 우리에겐 아무 해덕[106] 없네."

"아따 '오-이리'[107] 봉투가 묵직해 나와도."

  이 소리에 저편 구석에서 코밑에 수염을 붙이고 있던 이가 킥킥 웃어댄다. 웃는 바람에 일껏 붙여놓은 수염이 일그러졌다.

"여보게 참 은숙이가 여태 안 오니 웬일이야."

"은숙이라니."

"이런 얼간은…."

  이 말이 끝나기 전에 날쌔게 또 한 친구가 말을 잡아챈다.

"오… 이제 알았다. 그게 흥행 극단이라구 깔보구 그러지! 그래 늑장을 부리는 거야."

"누가 그러는데 (그는 엄지손을 쑥 내보이며) 이것 때문에 실상은 들어온 거래."

"배고픈 다음에야 해내는 장비가 있나."

  이때까지 아무 말 않던 올드 미스 여배우 하나가 입을 실쭉하더니

"난 이번까지만 해주구 고만둘 테여요."

"왜…."

"내 칠팔 년이나 연극을 해 먹고 살아오지만 이런 극단은 첨 봐…. 어쩌면 우리들을 모욕해두 분수가 있지. 그래 금방 들어온 사람을 아무리 잘한다기로 다짜고짜 주역을 맡기는 데가 어디 있어."

  다른 여배우 하나.

---

106 원문 그대로임.

107 おおいり(大入り). (흥행장 등에서) 입장객이 많음.

"언니도 인호(연출가)한테 좀 잘 보여 보구려. 금방 올라설 테니…."

"애, 죽으면 죽었지 칙칙하게 그따위 짓을 해…. 내가 열 번 죽어 보렴. 어림없지…."

어떤 남배우 하나.

"또 불평이로군…."

일동은 이 말에 깔깔대고 웃는다.

〈그림 26〉 9.17.
스틸 - 윤건: 독은기(獨銀麒),
배은숙: 복혜숙,
촬영 - 극동무선사진부 이재진

이때 준비 벨이 요란히 울린다.

일동의 잡담이 칼로 베인 듯 뚝 끊어진다.

하나둘 자기의 소지품을 찾아들고 무대로 나간다.

준비 벨이 끝나자 징 소리가 난다. 막이 올라가는지 웅성웅성하던 객석도 금시로 조용해졌다.

화장실은 금세 흉갓집같이 허젓해진다.[108] 이때 은숙이는 비 맞은 옷을 수건으로 시치면서[109] 급히 들어와 사방을 휘둘러보고는 가는 한숨을 내쉬면서 거울 앞에 앉는다. 거울에 비치는 얼굴이 자기도 놀랄 만치 파리하다. 고사리 같은 손이 흩어진 머리칼을 매만진다. 동시에 산란한 마음까지도 다듬어 놓는 것 같다.

그는 어쩐 일인지 도란[110]을 들어 얼굴에 칠하기가 무슨 죄나 지는 것같이 싫다. 오늘까지 오년 동안이나 열심히 쌓아오던 연기를 연극답지 못한 연극에 쓰기엔 너무나 억울했다.

그러나 이제 와서 다시 생각한댔자 돌이켜질 문제가 아니라는 것도 잘 안다.

---

108 원문 그대로임. '호젓(후미져서 무서움을 느낄 만큼 고요)해진다'로 추측된다.
109 시치다: '씻다'의 전라도 방언.
110 ドーラン. (독일어) Dohran. 원문은 "도랑". 주로 배우들이 무대 화장용으로 쓰는 기름기 있는 분의 하나. 독일의 도란 회사 제품이 많이 쓰인 데서 유래한다.

은숙의 얼굴은 지금 희미한 전등 밑에서 점점 고와가고 있다. 이때 연출 조수가 들어온다.

"오셨군요-. 어쩐 일인가 하고 퍽 기다렸습니다. 준비되셨거든 나오십시오."

"네…. 나가지요."

× 객석
객석에서 우레 같은 박수 소리가 몰려온다.
홍진이 …… 배은숙 [신가입(新加入)]
빈틈없이 들어찬 관객.
남달리 프로그램에 쓰인 은숙의 이름을 보고 다시 보는 경수.

× 무대
무대에는 지금 진이가 등장했다.
달밤이다. 둥근 달이 중천에 뚜렷이 걸렸다. 아마도 가을인가 보다. A라는 청년이 진이의 곁으로 가차이[111] 온다.

"진이… 오늘 밤을 당신은 기억하시겠지요. 우리가 장래를 굳게 맹세하던 보름날이요. 벌써 그것이 삼 년 전이로구려. 당신은 내게 그때 이렇게 말했지요. '나는 당신에게 이미 마음을 바친 몸이오니 더 할 말 있겠어요.' 오… 진이 야속하오."

A의 어조는 그야말로 무서운 신파조다.
진이는 아무 말 없이 서 있을 뿐이다.

× 객석
수많은 관객 중에 끼어있는 경수는 다시 한번 프로그램에 쓰인 은숙의

---

111 가차이: '가까이'의 방언.

이름을 자세히 본 후 일어나 나간다.

× 객차 안
봄비를 헤치고 달아나는 열차.
차창에 흘러내리는 빗방울. 삼등 객차 안에 외로이 앉아있는 윤건.
차는 어둠 속으로 어둠 속으로 무작정 달려가고 있다.

× 휴식실
휴식실에서 편지를 쓰고 있는 경수.

"너무도 오래간만이어서 무슨 말부터 써야 좋을지 모르겠습니다. 저는 오늘 동경에서 오는 길입니다. 시간이 없어 만나 뵙지 못하고 고향으로 갑니다. 다음에 자세한 편지 하겠습니다."

최경수

배은숙 씨

26회, 1937.09.17.

× 차방[112]
돌아가는 레코드. 차이코프스키의 "비창"이 이 차방 분위기에 알맞다.
한구석 외딴곳에서 은숙의 올 때를 기다리는 경수는 초조했다.
벽에 걸린 시계를 쳐다보고 자기의 손목시계와 맞춘다.
시계는 열한 시에서 십 분을 넘어섰다.
담배 연기가 나갈 곳을 잃고 구름같이 뭉켜 돈다.
문이 삐끄시[113] 열리며 은숙이가 나타난다. 경수는 담뱃불을 재떨이에

---

112 차방(茶房): 찻집. 다방.

재빠르게 문대어[114] 끄며 반가이 일어나 은숙을 맞는다.

은숙은 의자에 앉으면서

"늦어서 미안합니다. 지방공연 문제로 회의가 있어서요."

"바쁘신데 오시라고 해서 도리어 미안합니다. 주소를 몰라 극장으로 했습니다. 동경 시절과는 아주 달라지셨는데요."

"그때가 벌써 언제입니까…."

두 사람은 서로 오래간만이라 서먹서먹한 모양이다. 그러나 몹시 반가웠다.

경수는 손을 들어 보이를 부른다.

"무엇을 드시겠어요."

"홋드 코히[115]요."

"얘! 홋드 코히하고 칼피스[116] 하나…."

"그런데 요즘까지도 칼피스세요. 그것만은 변치 않으셨군요…."

"글쎄요. 변치 않은 게 그것뿐일까요."

경수는 말끝을 웃음으로 흐려버린다. 은숙이도 가벼운 웃음으로 띠운다.

"그날 전 편지를 받고선 누구신가 한참 생각했었어요."

"저도 처음엔 의아했었어요. 이름은 같은데… 무대 얼굴은 잘 모르겠더군요."

"그날 바로 동경서 오시는 길이세요."

"네…. 끝날 때까지 기다렸다 뵙고 가려고 했으나 바쁜 일이 있었답니다. 우연의 힘이란 무서운 것이에요. 그날두 실상은 차 시간이 남구 해서 들어갔었지요…."

"그걸 보셨다니… 창피합니다."

---

113 '슬며시'의 방언.
114 원문은 "문대격".
115 ホット コーヒー. 핫 커피(hot coffee).
116 カルピス(카루피스). 일본의 유산균 음료.

"천만에요."

두 사람의 기분은 중학생 시절같이 명랑해진다.

그들은 웃고 또 이어 웃는다. 보이가 날라 온 칼피스와 코히가 편을 갈라 놓인다.

스트로를 통한 흑백의 두 선과 눈이 삼각형을 지었다.

똑같이 스트로를 떼는 입이 또 웃는다.

"왜 자꾸 웃으세요."

"누가 할 말입니까…."

"경수 씨도 참 성격이 변하셨군요."

"칼피스를 먹는 것만이 그대로 있지요."

"무서운 주의시군요…. 호호호…."

은숙은 오늘 밤같이 명랑한 날이 없을 만치 유쾌했다.

"아마 같이 한 자리에서 차를 나눠 마신 지도 오 년이 되는군요."

"그렇게 되는군요."

"서울에 오시자 그 극단에 가입하셨나요."

은숙은 무슨 말을 할 듯 주춤하더니,

"본래는 연극이 아니지요. 음악 공부였었지요."

"소위 전향하셨군요."

"호…."

(웃음소리의 O·L)

× 석왕사

희미한 등불 밑에서 반쯤 드러누워 편지를 쓰고 있는 윤건의 머리맡에는 쓰다가 구겨버린 편지지가 너저분하게 흩어져 있다.

옆방에서 여자의 웃는 소리가 자지러지게 들려온다.

윤건은 쓰던 펜을 내던지고 문을 열어젖힌다. 밤은 깊었다. 부엉이 소리가 멀리서 들려온다.

너무나 정숙한 밤이다. 구름 속에 묻힌 조각달이 죽어가는 어린애 숨결 같은 빛을 땅 위에 던진다. 뒷산으로 뻗친 길이 희미하게 S 자를 그렸다.
이름조차 모를 새가 저편 나뭇가지에서 처량히도 울고 있다.
윤건이는 울고 있는 새를 쫓아 풀숲을 헤치고 "가치이 가치이"[117] 간다. 울던 새소리가 별안간 그친다. 걸어가던 윤건이도 동시에 멈칫 선다.
새는 다른 나뭇가지로 옮겨가 또 울기 시작한다.
"왜 내가 보는 데선 못 울겠니…."
쓸쓸히 웃는 윤건의 얼굴은 유령같이 해맑다. 그는 풀숲을 가고 싶은 대로 무작정하고 헤매다 한기가 나고 피곤을 참지 못해 방으로 돌아오긴 했으나 잠이 올 리 만무하다. 등잔불이 심지가 다 닳았는지 얄밉게 끔벅거린다. 윤건은 안타까운 듯 훅 불어 꺼 버린다.

× 녹색 평원지

명랑한 날이다. 진달래꽃이 한창 좋은 빛을 마음껏 자랑한다.
긴 구름 한 점이 창공에 아롱댄다. 녹원을 소요하는 경수와 은숙의 스텝조차 가볍다.
"무엇을 그렇게 생각하십니까…."
경수가 묻는 말에 은숙은 급자기 태연해 보이려고 애쓴다. 그러나 그의 얼굴에는 고민의 빛이 남아있으니, 어쩌랴.
"미안했어요."
"천만에요. 그렇게 말씀하시면 오히려 제가 부끄럽습니다. 조금도 무엇 하게 생각지 마세요. 바로 말하자면 은숙 씨 개인을 위해 내놓는다는 것보다도

〈그림 27〉 9.18.
스틸 - 최경수 : 이금룡(李錦龍),
배은숙 : 복혜숙
촬영 - 극동무선사진부 이재진

---

117 원문 그대로임.

조선의 문화를 위해서 바치는 작은 정성이라고 생각하고 싶습니다."
 은숙은 이 말을 들을 때 자신의 괴로움의 도를 헤아릴 수 없을 만치 쓰리고 아팠다.
 은숙은 몇 번이나 속으로 감사히 생각했다. 그러나 한 편 생각하면 무서운 죄를 지은 것이었다. 실상은 어제도 경수에게서 백 원을 받아 모조리 윤건이에게 보내 주었던 것이다.
 두 사람은 풀밭에 나란히 앉았다. 오월의 태양이 가볍게 내리쪼인다. 종달새 노래가 이따금 바람을 타고 들어온다.
 두 사람은 침묵 가운데 한동안 제각기 생각에 잠겨있다.
 멀−리 둑을 넘어서는 초동의 아리랑타령이 한참 흥겹다. 나비 한 쌍이 꽃과 꽃에서 부접[118]을 못한다.
 두 사람의 눈과 눈은 어느덧 나비와 나비를 좇아 똑같은 각도로 움직인다.

27회, 1937.09.18.

 × 우편국 앞
 윤건에게 약값을 부쳐주고 우편국에서 나온 은숙은 그 길로 공중전화실로 돌아간다.
 번호를 돌리는 은숙의 손.
 그 손에는 전에 없던 다이아 반지가 번쩍이고 있다.
 "여보세요, 경수 씨세요? 네 저예요. 오늘 좀 늦을 것 같아요. 네? 원 농담도. 그런 게 아니라요. 네, 다시 그 단체에 복귀하기로 했어요. 모−두 선생님 덕인 줄 알아요. 네? 물론 말은 있었지만…. 오늘부터 각본 낭

---

118 부접(附接): 가까이 접근함.

독이 있어 가야 해요. 아이구 참… 내… 속히 가도록 하지요."

× 경수 집

전화를 받고 있는 경수.

"하여튼 곧 오세요. 될 수 있는 대로 속히 오셔야 해요. 웬일인지 안 계시면 서운해요. 허… 농담은 왜요. 그렇게 생각하시니까 그렇지요. 누 가요? 천만에요. 설사 그렇게 안대도 상관없지 않아요. 그것쯤은 젊은이 에게 있을 수 있는 문제가 아니에요. 삼자가 무슨 상관이에요. 그야 그렇 지만요…. 허… 될 수 있는 대로 속히 오십시오. 저녁까지 준비해 놓고 있겠습니다. 네 그럼 그렇게 하지요. 네네…."

수화기를 놓는 경수는 자못 만족스런 모양이다.

그는 창문을 닫자 커튼을 친다. 오렌지빛 저녁 해가 살며시 숨어든다.[119]

경수는 자기 혼자만이 행복한 것 같았다.

테이블 위에 놓인 은숙의 사진. 오늘 저녁만은 웬일인지 더 곱게 보였다. 의자에 앉아 담배를 붙이는 동안까지 그의 귀에는 아직도 은숙의 고운 말소리가 쟁쟁하다.

그는 문득 생각난 듯이 책갈피에서 사진 한 장을 꺼낸다.

그것은 동경서 학교에 통학할 때 상야(上野)[120] 공원에서 찍은 제복 은숙 이었다.

조경전(早慶戰)[121]을 보러 가던 때의 은숙과 경수.

음악회의 석상의 은숙과 경수.

〈그림 28〉 9.21.
스틸 - 배은숙 : 복혜숙, 윤건 : 독은기,
촬영 - 극동무선사진부 이재진

---

119 원문 그대로임.
120 일본 지명. 우에노.
121 와세다(早稲田)대학과 게이오(慶應)대학의 스포츠 대항전.

보트를 타고 노는 두 사람.
아파트 문전에서 서로 악수하고 헤어지는 두 사람.
경수는 동경 시절의 은숙이가 다시 그리웠다.
이때 전화벨 소리가 요란히 난다.
경수는 빨리 수화기를 든다. (여보세요 삼일 약방입니까?) 수화기를 탁 놓는 순간 경수의 머릿속에 아름다히 전개된 로맨틱한 꿈은 여지없이 깨졌다.

× 신극 단체 연습장

실내 군데군데에 보기 좋게 배열된 가지가지의 연극 포스터. 그중에는 외국의 연극 포스터가 섞여 있다.
신극 단체의 연습장 분위기가 농후하다.
기둥마다 굵은 글씨로 '시간 없으니 정숙'이라고 써 붙이어있고 벽중화에는[122] 다음의 예고 포스터가 붙어있다.

9월 공연 레오 톨스토이 작
〈산송장〉 6막

긴— 책상을 중심으로 좌우로 늘어앉은 남녀 단원, 그 가운데 끼어있는 은숙, 대본의 오식을 고치고 있다.
연출자가 일어서며
"오늘은 이것으로 마치겠습니다. 배역은 명일 연출부로부터 발표해 드리겠습니다. 내일부터는 시간을 엄수해 주시기 바랍니다."
일동은 일어나 서로 인사를 하고 헤어진다.
바람에 흔들리는 나무.
하늘은 시커멓게 구름이 몰린다.

---

122 원문 그대로임.

자동차 한 대가 쏜살같이 동소문을 넘어선다.
콤팩트에 비치는 은숙의 얼굴.
"실버 시드니"[123] 같이 꾸민 입술.
파우더를 칠하는 은숙의 손이 기계같이 움직인다.
은숙은 새끼손으로 자기의 입술을 살짝 문지르더니 콤팩트를 핸드백에 집어넣는다.
그리고는 팔뚝에 찬 콩짝만 한 시계를 눈앞까지 갖다 댄다. 열 시 오십 분.
핸들을 쥔 운전수의 손이 왼편 쪽으로 쏠린다.
방가로 촌을 향해 커브하는 자동차.
헤드라이트에 어렴풋이 비치는 경수의 별장.
자동차는 "끽-" 소리를 내며 현관에 닿았다.
문을 열어주는 운전수. 내려오는 은숙.
이때 이층의 창문이 열려 "은숙 씨" 하고 부르는 경수의 얼굴. 은숙은 서슴지 않고 반쯤 열린 문으로 들어섰다.
층계로 올라가는 은숙의 다리. 그의 얼굴.
'재즈[124]'의 레코드 소리가 점점 크게 들려온다.
경수가 쫓아 나와 은숙의 손을 잡았다.
"어째 이렇게 늦으셨어요."
은숙은 웬일인지 말이 없다. 실내로 들어서는 은숙은 낯익은 방이었지만 유난히도 오늘 방안은 이상하다.
모진 바람이 유리창을 흔든다. 번갯불이 "확" 비치더니 비가 쏟아진다.

---

123 Sylvia Sidney를 말한다. 조선에서는 〈호접부인(Madame Butterfly, 1932)〉, 〈제니의 일생(Jennie Gerhardt(1933))〉이 1934년에, 〈暗黑街의 彈痕(You Only Live Once, 1937))〉이 1937년에 개봉되었다. 『동아일보』 1935.08.07. 기사「콤팩트 쓰는 것은 어리석은 미용법」에서는 실버 시드니의 미용법을 소개하고 있다.
124 원문은 "짜스".

아마도 소나기인가 보다.
"편히 앉으세요."
"네…."
대답하는 은숙의 말이 약간 떨린다. 무서운 예감이 그의 머리를 흔든 것이다.
은숙은 일어나며
"비가 와서 가야겠어요."
"네…? 어린애 같은 말도 다 하십니다. 허허허. 저녁을 아직 안 자셨을 텐데 식당으로 가시지요."
"먹구 왔어요."
천둥소리가 온 세상을 삼킬 듯하다. 빗발은 점점 심해간다.

28회, 1937.09.21.

× 윤건의 꿈

깊은 산중이다. 나무와 나무가 맞닿다시피 우거지고 풀들이 길길이 자라대로 자랐다. 이 나뭇가지에서 저 나뭇가지로 이름 모를 이상한 새들이 날아다닌다.

잔등이 불그스레한 구렁이가 긴 혓바닥을 날름거리며 꼬리를 나뭇가지에 걸친 몸뚱이는 허공에 뚝 떨어뜨리고 있다.

은숙이가 머리를 산발한 채 소리 지르며 숲속을 헤치고 정신없이 뛰어간다.

그 뒤에는 사나운 젊은이 하나가 식칼을 들고 쫓고 있다.
은숙은 숨을 헐떡거리며 나무 밑에 쓰러져 버린다.
가지에 매달렸던 구렁이가 얼씨구나 하고 뚝 떨어진다.
은숙은 별안간 "악" 소리를 친다.

윤건은 이 소리에 깜짝 놀라 눈을 떠보니 꿈은 꿈이라도 웬일인지 좋지 못한 예감에 마음이 안정되지를 않는다.

"이러다 자기는 영영 서울에 돌아가 보지도 못하고 이곳에서 죽어 버리는 것이 아닌가."

"아니 요전 은숙이 편지에 몸이 좀 불편하다고 했는데 급자기 더하지나 않는가."

아직 날이 밝지를 않았다. 밤도 어두운 그믐밤이다.

바위 사이로 흐르는 물소리만이 이 밤을 혼자 지키고 있다.

그렇게 울어대던 산새들도 다─들 자나 보다.

윤건은 담배를 붙여 물고는 가라앉지 않는 머릿속의 가지가지의 예감에 사로잡힌 듯 멍하니 앉아있다.

여관 주인이 언제 달여다 갖다 놓았는지 윗목에는 약그릇과 주전자가 놓여있다.

아마도 잠이 깊이 들었었나 보다. 조금 있으니 옆 방에 어제부터 새로 와있는 해소쟁이[125] 영감님이 일어났는지 재떨이를 두드리는 소리가 "따다닥"거린다.

윤건은 어쩐 일인가 혼자 이렇게 앉아있기가 저승에나 끌려온 것같이 무서워만 온다.

그는 장지를 툭툭 두드리고 나서 "벌써 일어나셨습니까?"

이 인사의 주인공도 자기와 같은 역시 병자라는 것을 알았는지 그 노인은 "외로운데 이리로 건너오시오." 하고 청한다.

윤건은 그렇지 않아도 혼자 있기가 싫은 차라 두말없이 건너갔다.

윤건이와 이 노인은 인사 없이 불시에 친해졌다.

"노형은 무슨 병이오."

---

125 '해소'['해수(咳嗽:기침)'에서 변한 말] + '쟁이', 즉 기침을 많이 하는 사람을 의미하는 듯하다.

"폐병이랍니다."
"응 거 안됐소 젊은이가…. 처자가 있소?"
이 말에 윤건은 그 대답에 망설인다.
동편 하늘이 차츰 훤-해져 온다. 들창 색이 조금씩 달라져 간다.
주인 마누라가 벌써 아침을 지으러 나왔는지 부엌문 소리가 "삐-걱" 하고 났다.

× 방가로 촌
풀잎에 이슬이 아침 햇빛을 받아 제각기 반짝인다.
참새 떼의 재재기는 소리가 시끄럽다.
풀밭을 거니는 여인의 발이 멈칫 선다.
들국화를 꺾는 은숙.
왼편 손에는 가지가지의 꽃이 한 움큼 쥐어져 있다.
치맛자락이 이슬에 흠뻑 젖었다.
은숙은 깨끗이 흐르는 물가로 온다.
물속에는 송사리 떼가 또 떼를 지어 몰렸다가는 다시 흩어진다.
(O.L.)
어항에는 송사리 세 마리.
은숙은 송사리들의 노는 양을 물끄러미 들여다보고는 의미 없는 웃음을 웃는다.
"뭘 그렇게 재미있게 보십니까."
경수가 가운만 입은 채 들어온다.
"첨 노는 게 재미있어요. 통 싸움이 없구만요."
"그게 뭐이 그리 신기해요? 그런데 어느 틈에 뒷산에 가셨댔어요."

〈그림 29〉 9.22.
스틸 - 배은숙 : 복혜숙,
촬영 - 극동무선사진부 이재진

× 별장 안

화병에 꽂힌 들꽃.

"저 이 방에도 반만 덜어줍쇼."

"다 가져가세요."

경수는 화병째 들고 나가며,

"화병은 제 방에 있는 게 더 좋으니 그걸 갖다 놓으시죠."

"꽃 없는 화병은 갖다 놔 뭘 해요."

경수가 나간 다음 은숙은 테이블 위에 놓인 트럼프를 손에 쥐더니 무슨 생각이 돌았는가 점을 치기 시작한다.

하트가 나오고 다이아가 뒤집히고-

점의 결과가 어찌 되었는가, 은숙은 트럼프를 뒤죽박죽 섞어트리더니 베드에 몸을 던진다.

인어 같은 몸이 한동안 움직일 줄 모른다.

은숙의 눈에는 눈물이 고여 있다. 그는 이불 위에 머리를 푹 파묻고는 어린애같이 엉엉 운다.

시계가 여덟 시를 느리게 친다.

은숙의 눈에는 눈물이 끊일 새 없다. 마음껏 울고 싶은 날이다. 그러나 은숙은 이렇게 약한 것을 보여서는 안 된다는 듯이 수건을 꺼내어 눈물을 모조리 씻어 버렸으나 웬일인가 서러워만 질뿐이다.

낭하로 걸어오는 경수의 발소리가 들린다. 눈물 자국을 보이기 싫은 은숙은 들창 앞으로 가서 몸을 돌리고 있다.

"아침이 준비된 모양인데 내려가시죠…. 그리고 참 저… 요즘 은숙 씨가 몹시 괴로워하시는 듯한데 오늘은 소요산이나 갔다 오시지요."

멀리 보이는 신작로로 지금 영구차 한 대가 먼지를 일으키며 달아나고 있다.

은숙은 영구차가 안 보일 때까지 인형같이 서 있다.

29회, 1937.09.22.

× 소요산

카메라 파인더를 통해 경수의 눈에 뚜렷이 들어오는 은숙의 얼굴.

경수는 은숙의 지금 그 얼굴이 그대로 탐난다. 셔터가 터러지자[126] 긴장된 은숙의 얼굴 표정이 다시 변한다.

"고만 집으로 가지요."

"벌써요? 오던 날 빼고 오늘까지 나흘밖에 안 됐는데요. 올 때 일주일 예정하지 않았어요?"

"웬일인지 더 있고 싶지 않아요."

"가선 또 뭘 하세요. 연극도 출연 안 하기로 하셨다면서요."

"몸 아픈 핑계 대고 이렇게 와서 놀고 있는 게 어째 마음에 좋지 않아요."

경수는 뒷 포켓에서 기차 시간표를 꺼내 본다.

사랑하는 사람을 위한 관대한 마음이다.

"막차가 여섯 시 이십 분인데 그럼 그 차로 가지요."

여학생 한 떼가 재재거리며 이 골짜기로 사슴같이 뛰어 들어온다. 나무 사이로 보이는 하늘이 한없이 높다.

산과 산이 제법 금강산을 모방했다.

× 석왕사

여관집 주인이 식대 계산서를 들고 와서 "어째 그렇게 별안간 돌아가세요."

윤건은 트렁크를 들고 나오며 "갔다가 또 오렵니다."

"찬 없는 진지 자시느라구 고생만 하시구."

판에 박은 듯한 여관 주인의 작별 인사다. 주인은 심부름하는 소년을 불러 트렁크를 들게 한 후 윤건이가 주는 밥값을 세어보기에 바쁘다.

"얼른 나가셔야 막차를 타실걸요."

---

126 원문 그대로임.

소년은 앞서가며 뒤떨어지는 윤건을 재촉한다. 날이 점점 어두워 온다. 바람이 소나무 사이로 소리를 내며 지나간다.

윤건의 머리는 지금 복잡할 대로 복잡하다.

- (편지가 주인이 없다고 반환이 되지 않았는가.) -

"얼른 오세요."

소년은 잘 보이지 않을 만큼 앞섰다.

윤건의 얼굴에는 진땀이 쪽 흘렀다. 얼마 안 되는 길이 이렇게도 벌야![127]
날이 금세 완전히 어두워진다. 사방이 똑같이 컴컴하다.

× 열차 식당

경수와 은숙이가 마주 앉아있기는 하나 조금도 정다워 보이는 곳이 없다. 한동안 싸우고 난 신혼부부 같다.

"털털"거리는 바퀴 소리가 두 사람의 머리를 더욱 산란케 만든다.

"은숙 씨 제가 말씀드린 게 실례가 됐을까요…."

"아니요."

"그러면 승낙 못하실 게 없지 않아요. 은숙 씨도 연령으로 보아 그리 이르다고는 전 생각지 않는데요…."

"결혼에 연령이 무슨 문제가 되겠어요."

"글쎄 말입니다. 생각해 보면 요즘 저희들의 생활이란 형식적으로 세상에 발표를 안 했다 뿐이지…."

경수는 자기의 말이 또 실례를 지어내지나 않을까 두려워하여 입 속에 담은 채 다음 말을 우물거려 버린다.

재떨이에 놓아둔 담배가 저 혼자 긴- 연기를 내뽑고 있다. 꼬불거리고 올라가는 연기를 물끄러미 보고 있는 은숙.

---

127 원문 그대로임.

× 이등 객실

극도로 흥분된 경수. 태연히 앉아있는 은숙. 경수는 자기의 흥분을 참지 못하고 드디어.

"은숙 씨!" 하며 은숙의 손을 힘 있게 쥔다. 은숙은 경수에게 손을 잡힌 채 그대로 아무 반항이 없다.

× 자동차 안

방가로 촌을 들어서는 자동차. 경수의 얼굴은 지금까지 보지 못하던 만족스러운 빛이 띠어 있다. 그는 조끼 포켓에서 시계를 내어 본다. 열시 사십 분.

× 별장

째깍이는 탁상시계가 한 시를 가리키고 있다.

베드 위에 누워있는 은숙. 희미할망정 창을 통해 새어드는 달빛이 은숙의 마음을 더욱 울적하게 만든다. 언제 어느새에 들어왔던지 나비 한 마리가 나갈 곳을 찾아 들창에 부딪히고 있다.

그는 한동안 누운 채 멍-하니 있을 뿐이다. 은숙은 조금 있더니 정신병자같이 벌떡 일어나 책상 위에 놓인 종이에다 핸드백 속에서 눈썹 그리는 붓을 꺼내어 무엇인가 써놓고는 방문을 가만히 열더니 사방을 한 번 다시 둘러보며 나가버린다.

옆 방 시계가 한 시를 길게 울린다. 저 건너 동리에서 개가 얄밉게 짖는다.

× 아침

창이 훤-해진다. 닭 우는 소리가 들려온다.

경수는 웬일인가 눈이 일찍 뜨였다. 경적 소리가 나며 자동차가 집 앞에 정거한다. 그러더니 빨리 울린다. 문 여는 소리가 이어 들린다.

하녀가 층계를 빨리 올라와 경수에게 "명함"을 보이면서 이런 분이 찾아오셨습니다, 하고 내려간다. 처음 보는 이름이다.

"윤건"

아직도 날은 밝지를 않았다.

경수는[128] 의심스러운 듯 명함에 박혀있는 "윤건"을 몇 번 다시 보며 내려간다.

〈그림 30〉 9.23.
스틸 - 윤건 : 독은기, 최경수 : 이금룡,
촬영 - 극동무선사진부 이재진

문 앞에 서 있는 윤건. 경수가 나와 어색한 듯이 인사를 한다.

"누구십니까."

"저는 윤건이란 사람입니다. 은숙이란 여자가 댁에 묵고 있다지요."

"네…. 실례지만 누구십니까."

"우선 좀 만나보았으면 좋겠습니다.[129]"

층계로 올라가는 두 사람의 그림자. 앞서 걸어가는 경수의 발이 멈칫 선다. 방긋이 열린 문. 불안의 빛이 되는 경수의 얼굴. 초조한 윤건의 얼굴.

두 사람은 아무 말 없이 그 실내로 들어섰다. 텅 빈 방. 베드. 멍-하니 서 있는 두 사람. 바람에 흔들흔들하고 있는 커튼. 테이블 위에 놓인 편지.

"편지의 일절"

저는 죽음이란 것은 참으로 비열한 행동이라고 늘 생각해 왔었습니다. 허나 별다른 큰 도리를 찾지 못하는 우인[130]에게는 그 길도 오히려 흉엄한 일이라고 믿기 때문에 취하는 것입니다. 제가 이렇게 굳세게 마음을 먹은 이유의 하나는 불일간 증명될 일이라고 믿고 이곳에는 쓰지 못하고 갑니다.

마지막 길을 떠나는 은숙으로부터.

---

128 원문은 "윤건은"이나 오식이다.
129 원문은 "조겠읍니까"이나 오식으로 보인다.
130 우인(愚人): 어리석은 사람.

× 새벽길

새벽길을 걸어가는 윤건. 먼동이 떠온다.

멀리 동소문이 희미하게 보인다. 도수장으로 끌려가는 소가 "엄마-" 하고 외치는 소리가 윤건의 귀에 역력히 들려온다. (끝)

30회, 1937.09.23.

[7] 안석영, 「유한(有閑) 매담[131] 편: 청미(靑眉)[132]」, 1937.09.25.~09.30.

□······정화의 집 뜰
○달리아- 꽃은 곱게 빛나지만 이파리가 말라가는 것을 보아서는 아무래도 그 꽃은 가을의 맘을 가진 듯싶다.
○유리같이 훔치고 닦아 길들인 마루 끝 댓돌에 가죽으로 얼기설기 엮어 만든 구멍을 낸 구두에서 기둥 옆 마루 위에 놓인 검은 칠피(에나멜) 구두로 눈을 옮기면 이 집 주인 여자는 이미 여름을 버리고 가을을 가친[133] 듯싶다.
○방안에서 여자의 가느다란 한숨 소리가 흘러나온다. 이 깨끗한 집에도 생쥐란 놈이 수채[134] 구멍에서 나와 살살 기어서는 마루로 올라가 두 앞발로 주둥이를 닦더니만 찬장 밑으로 숨어버린다.

---

131 '유한마담(유한계급의 부인. 생활이 넉넉하여 놀러 다니는 것을 일삼는 부인.)'을 이른다. 원문의 표기를 살려 "매담"이라 적는다.
132 '푸른 눈썹'이라는 뜻.
133 원문 그대로임.
134 집 안에서 버린 물이 집 밖으로 흘러나가도록 만든 시설.

□……방 안

○손… 정화의 손은 곱다. 그 손에 값진 보석 반지는 그 손의 품위를 더한층 높여주었다. 손가락 사이에는 궐련이 끼워 있고 그 궐련 끝에서는 실같은 연기가 모락모락 일어 높이 올라가다가는 스러진다.

〈그림 31〉 9.25.
스틸 - 정화 : 김소영(金素英),
촬영 - 황운조(黃雲祚)

○정화는 지금 드러누워 명상에 잠겨 있다. 방바닥에는 ××여학교 재학 당시에 가지가지의 추억의 조각조각을 붙여놓은 사진첩 중에도 스포츠 여성으로도 뽐내보던 처녀 시절의 꿈의 흔적이 펼쳐있다. 그리고 영화잡지 = 미남 '로버트 테일러'의 클로즈업[대사(大寫)]한 얼굴이 박혀있는 페이지가 열려 있다. 아직도 이 여자는 추억 속에서 살고 환상 속에서 날개를 푸덕이고 사는 행복한 여성이다.

○그러나 그는 하늘로 그 흰 날개를 푸덕이고 나를라치면 커-다란 검은 날개를 가진 무서운 수리 같은 것이 달려온다. 이런 때는 그는 땅 위로 다시 내려오기에 애를 쓴다.

○지금 정화의 남편은 텁석부리 얼굴을 기차에 싣고 동쪽 바다의 절벽을 돌아서 올 것이다.

○지금쯤은 어느 굴(터널)속에서 그 기차가 나올 것이다. = (기차가 아니라 그 남편의 얼굴이)

○시계- 시계 장침이 몇 번만 돌면 그 금광에서 거칠어진 그의 모습이 대문을 들어서서는 어찌 보면 그 순후한 얼굴이 이 방안에 가득 찰 것이다.

○그리고 그가 방바닥에 금덩이를 내던지며 = (봐- 이것이 정말 돈이야. 이것 때문에 사람이 죽고 살고 하는 게야. 이건 뉘 건데. 다- 그대의 것이야.) 하고 허허 웃고 자기의 어깨를 탁 치는 꼴을 볼 것이다.

○또 길로 같이 나가자고 졸라 가지고 상점 진열장만 보면 굳이 그 앞에

끌고 가서
= "이것을 사줄까, 저것이 어때. 다- 맘에 안 들지?"
하고 씽긋 웃고 슬쩍 돌아서서 오는 그 버릇을 또 보일 것이다.
○그뿐 아니라 언제나 집에 들어올 때는 대문 앞까지 뚜벅뚜벅 걸어와서는 별안간 숨을 죽이고 대문을 가만히 열고 발끝으로 들어와 가지고는 안방 창 앞에 와서 기침을 크게 하여 깜박 놀라게 하던 그의 발자국 소리가 들리는 듯하다.
○지금 그 남편이 타고 오는 기차의 바퀴가 자기의 몸을 지나갔다.[135]
○정화는 벌떡 일어나 앉았다.
○일어나 앉은 정화의 얼굴이 경대의 거울에 비쳤다. 거울에 비친, 소스라쳐 놀란 자기의 얼굴이 아직도 아름다웠다. 정화는 손으로 얼굴을 만져본다. 아직도 탄력이 있다.
○정화는 손을 본다고 한다.
==="하-"===
정화는 탄식한다.
○정화는 손을 든 채로 멀거니 앉았다. 자기의 결혼 전날 남의 눈을 속여 형근이와 만났을 때 영준이가 자기의 손을 쥐고
= "당신의 손만 보아도 아무래도 나 같은 가난한 음악쟁이의 아내가 되어서는 안 되겠소. 누구나 그 사람의 손이 그 사람의 일생을 보여주는 것이라니까."
하던 말이 지금도 귀에 쟁쟁하다.
또 결혼 날 밤 그 남편 역시 자기의 손을 쥐어 가지고
= "난 이런 손은 처음 보오. 참 귀인의 손이군." =
하고 웃던 남편의 음성이 귀 밖에서 웅얼댄다.
○정화는 쓸쓸히 웃는다.

---

135 원문은 "저나갓다."이나 오식으로 보인다.

□……대문간
○대문이 열리며 우편 배달부가 들어온다. 소리친다.
"전보요-. 아무도 없소?"
○정화가 미닫이를 열고 나온다.
○우편 배달부가 아무 소리 없이 마루 끝에 와서 정화를 힐끗 보더니 전보를 주고 나간다.
○정화의 손에 전보.
"아스다쓰 요로시꾸 다노무린"[136]

31회, 1937.09.25.

□……형근의 방
○책상 위에 놓인 종이쪽 글발.[137] 정화가 그 글발을 가져온다.
○글발

> =정화 씨 보시오.
> 여러 날 뵈옵지 못해서 궁금하오. 어쩐지 오늘쯤은 오실 것 같아서 기다리다가 누구와 약속한 시간이 되어서 나가오. 한두 시간- 지루하겠지만 좀 기다리시오. 할 말이 있소.　　…영준

○정화가 그 글발을 책상 위에 놓고 쓸쓸히 웃는다. 웃고 나서는 멀거니 앉았다. 멀리 전차의 지나가는 소리가 들리고 어느 집에서 여자의 웃는 소리가 들려온다.
○정화는 방안을 시름없이 둘러본다.

136　원문 그대로임. '明日立つ、よろしく賴む(내일 떠나니까 잘 부탁해)'로 추정된다.
137　적어 놓은 글.

○벽에는 슈베르트의 초상화가 붙어있고 좀 떨어져서는 베토벤의 석고상이 걸려있다. 그리고 책상 위에 방금 켜다가 놓은 듯한 찌든 바이올린이 비스듬히 놓여있다.
○정화는 바이올린을 보자 그만 애수에 싸인다. 바이올린은 놓여있는데 스르름 하고 우는듯하다. 정화는 그만 옛일을 생각하게 된다. 정화는 다시 바이올린을 본다.
○정화의 눈에는 눈물이 고인다.
○바이올린은 움직인다. 형근의 손이 이 바이올린을 든다. 들어서는 턱 밑에 낀다.
○큰 홀-(부민관[138]이라 해도 좋다)의 넓은 무대 위에 새까만 연미복을 입고 바이올린을 독주하는 형근이가 보인다.
○또 죽은 듯이 바이올린 소리에 넋을 잃고 들어앉아 있는 관중이 보인다. 그 관중 속에 하-얀 옷을 입은 순진하고도 어여쁜 정화가 도취해 앉은 모양이 보인다.
○형근이가 바이올린 연주를 끝마치자 조그만 어린 계집애가 꽃다발을 들고 무대 위에 나타나 형근에게 그 꽃다발을 주니 형근이가 그것을 들고 관중에게 인사하는 모양이 보인다.
○환호하는 관중이 보인다. 그중에도 정화. 자기의 큰 충동을 받고 법열[139]에 찬 양이 보인다.
○관중이 다- 흩어져 간 뒤까지 부민관 정문 앞에서 외로이 서 있는 정화가 있다. 형근이는 여러 사람에게 에워싸여 부민관 정문을 나오자 형근은 정화를 힐끗 보고 자동차 속으로 들어가고 자동차는 가버리고 한다.
○정화는 부민관 층계를 기맥 없이 내려가 길로 가는 자기의 그 을씨년스런 뒷모양을 본다.

---

138 부민관(府民館): 일제 강점기에, 경성 부민의 공회당으로 사용한 건물. 지금은 서울시 의회 의사당으로 사용되고 있다.
139 법열(法悅): 참된 이치를 깨달았을 때 느끼는 황홀한 기쁨.

○집에 돌아와 자리 속에서 오늘 밤에 자기의 행동이 얼마나 마치광이의 짓이었다는 것을 깨닫고 두 손으로 얼굴을 싸고 부끄러웠던 그 천진스러운 그때 그 모양도 보인다.

○정화는 바이올린을 보며 옛 추억 속에 자기의 넋이 헤매다가 소스라쳐 깬다. 머리를 흔들었다. 그리고는 일어선다.

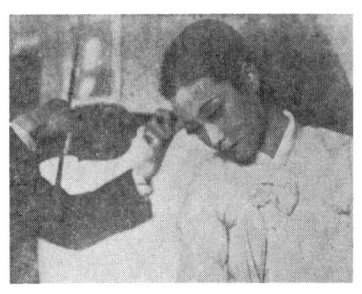

〈그림 32〉 9.26.
스틸 - 정화 : 김소영, 촬영 - 황운조

○일어서서는 창 앞으로 가서 서려다가 그는 침대로 간다. 침대에 털썩 걸터앉아서 멀거니 있다가 그만 쓰러져 누워버린다. 드러누워서 창을 내다본다.

○창으로 보이는 가을 하늘. 잿빛 하늘이다. 금방 찬 빗방울이 떨 것도 같다.

○정화는 괴로운 듯이 눈을 감는다. 그 감은 눈 속에는 또 옛날의 일이 떠오른다.

×

○정화가 오빠의 병실로 들어간다. 그때 정화는 오월의 꽃을 들었었다. 그는 병실 문을 고이 열고 들어간다.

○침대 위에는 오빠가 수척한 얼굴을 이편으로 향했다. 그 앞에는 웬 사나이가 돌아앉았었다. 그 사나이도 정화의 편으로 돌아보았다.

○정화는 깜짝 놀랐다. 그는 정신이 어뜩하여 쓰러질 뻔했다.

○그 사나이는 일어서서 자기가 앉아있던 의자에서 조금 떨어져 선다.

○정화는 고개를 숙여 오빠의 앞으로 가며 그 사나이를 힐끗 보았다. 그러지 않으려 하면서도 어쩐지 정화는 그 사나이를 보지 않을 수 없었다. 오빠가 눈과 손짓으로 그 사나이를 앉으라고 애써 권하고 정화와 인사를 시켰다. 퍽 간략한 말로….

= "형근 군, 이 애가 내 누이동생일세. 잘 지도해 주게. 정화야, 이 어른이 거번[140] '빈'에서 오신 바이올리니스트 김영준 씨다. 많이 배워라." =
정화는 고개도 들지 못하고 대답했다. 그러나 음성은 입으로 나오지 못했다.

   ×

정화는 형근의 집을 찾게 됐다. 한 번 간 것이 얼마 뒤에는 매일, 일요일 같은 때는 아침저녁으로 들르게 되었다. 그들은 사랑을 하고 형근의 집을 올 때마다 형근은 정화에게 세계의 명곡을 연주해 들렸다. 정화의 맘은 어느 신(神)의 지배를 받는 것 같았다.

32회, 1937.09.26.

○형근과 정화 두 사람은 병원의 문을 들어섰다. 정원에는 달리아가 여러 가지 빛으로 피었다. 병원의 건물은 희고 하늘은 파란데 물고기의 비늘 같은 구름이 가로질러 있었다. 가을이었다.
○형근과 정화는 병실로 들어갔다. 이때에 정화의 손에는 코스모스가 들려있었다.
○정화는 코스모스를 병에 꽂고 그 병의 묵은 꽃은 쓰레기 궤짝에 넣었다.
○정화의 오빠의 병세는 더한 것 같았다. 아주 혼수상태였다. 옆의 간호부가 눈짓으로 정화와 형근에게 절망이라는 표시를 했다.
○정화는 목둑개비같이 섰다. 옆의 방에서 누가 죽었는지 여편네와 사나이의 느껴 우는 소리가 난다. 정화의 눈에는 눈물이 좌르르 흘렀다.
○그날 밤 오빠는 이 세상을 떠났다. 정화는 그 시체 앞에서 밤을 샜다.
○형근은 바깥의 일도 분주했다.

---

140 거번(去番): 말하는 때 이전의 지나간 차례나 때.

○정화 오빠를 장사 지내는 날, 정화와 형근은 산소에서 아무것도 타고 올 생각이 없어서 그 먼 길을 걸었다. 정화는 길에서 느껴 운다. 형근은 그를 안위하면서 길을 걸었다.
＝"자- 너무 설워 마시오. 한 번씩은 다- 치르는 일인데 느껴 두 사람의 맘만 변치 맙시다."＝
＝"네- 그래요."＝
정화는 그렇게 대답을 하면서도 울었다.
○정화의 아버지가 시골서 와서 정화의 하숙을 찾았다. 아비가 자식이 죽는 것도 못 보았다는 설움 때문에 그는 울고 나서 정화를 끌고 나갔다.
○정화는 지금 남편인 림이라는 사람을 아버지의 소개로 인사를 했다. 그들 사이는 어느 때 어떤 약속이 있는지 림이라는 사람은 싱글벙글 웃으며 정화를 바라만 보다가
＝"네- 좋습니다. 참 기쁩니다."＝
＝"그렇소? 그럼 나도 적이[141] 안심이 되는구먼…."
하고 야릇한 대화를 끝내고는 자기들끼리 웃는다.
○정화는 침대 위에서 옛일을 생각하다가 그만 벌떡 일어 앉는다. 그는 책상 앞으로 갔다. 무심코 꺼낸 책을 또한 무심코 펼쳤다. 다시 그 책을 덮으려다가 거기에 이상한 글발에 눈을 주었다. 형근의 일기였다.

×월 ×일
나는 그를 사랑했기 때문에 그의 장래를 생각해서 마음이 탄다. 그는 오늘 내 무릎 위에 엎드려 오랫동안 울었다. 울면서 지나간 날의 회오(悔悟)보다도 앞날의 모-든 죄를 사과하였다. 이런 가엾은 여성이 정화뿐이랴. 잘 가라, 잘 가서 몸만 건강하면 그만일 것이다. 그러나 나는 어디로 갈 것인가. 이제는 모든 것을 다 잃었다.

---

141 원문은 "저윽히".

○정화는 또 몇 장을 넘어가서 제쳤다.

×월 ×일
나같이 더러운 놈이 있을까. 멀고 먼 '빈'에서 악전고투를 해 가지고 바이올린 한 개를 들고- 내 고향에서 거지가 되려고 왔던가. 정화의 그 괴롭고 추한 생활에서 얻어오는 그 돈으로 내가 연명을 해나가다니…. 나는 지금 무엇이냐. 나는 애초에 무엇이 되려 했었고 지금은 무엇이냐.

○정화는 일기책 위에 얼굴을 파묻고 느껴 운다. 얼마나 울었는지 정화의 어깨를 흔드는 사람의 손…. 형근의 손이다.
○정화는 눈물에 반죽한 얼굴을 쳐들어 형근을 본다. 그도 눈물을 흘렸다. 그러나 형근은 웃으면서 정화를 일으킨다. 정화는 왈카닥 형근의 가슴에 안긴다. 두 사람은 그런 채로 오래오래 서 있었다.
○형근은 바이올린을 켠다. 형근이가 작곡해 켜던 옛날의 그 곡조다. "그 오빠의 죽음"이다.
○두 사람은 창 앞에 나란히 섰다. 하늘에서는 비가 부실부실 내린다. 두 사람은 말없이 우울하니 섰다.
○신당정(新堂町)의 지저분한 빈민들의 집들을 내려본다. 정화가 입을 연다.
  = "선생님- 저기도 행복이 있을까요." =
  = "글쎄요." =
  = "가엾어 보이는군요." =
  = "그러시겠습니다. 그러나 저들에게는 바이올린이 없을 뿐이겠지요." =
  ○정화는 그만 고개를 숙인다. 형근은 쓸쓸히 웃는다.

〈그림 33〉 9.28.
스틸 - 정화 : 김소영, 촬영 - 황운조

33회, 1937.09.28.

□……들

○비가 갰다. 서편에 넘어가는 햇발이 들의 이슬 맺힌 풀과 들꽃들을 붉게 물들였다.

○정화와 형근은 풀 끝을 발끝으로 차며 걸어간다. 얼마인가 그들은 묵묵히 걸었다. 그러다가 형근이가 입을 열었다.

= "정화 씨, 나는 이곳을 떠납니다." =

○정화는 다른 생각에 잠겨서 걸어가다가 딱 서며 토끼 눈같이 해가지고 형근을 보며 말한다.

= "네? 떠나시다니요. 어디로요." =

= "어디로든지 가야 하지요. 제 고향에서는 사람의 값을 못 찾습니다. 멀리 가겠습니다." =

= "그러시지 않을 일인데요. 선생님에게도 좋은 기회가 있을 것입니다. 선생님은 어디로 뵙든지 천재세요. 정말이에요. 천재는 어느 때고 크게 만날 때가 있지요." =

= "흥 천재요? 내가 천재란 말씀이지요. 정화 씨도 농담을 잘하십니다그려." =

= "아니에요. 선생님께는 좋은 기회가 꼭 올 줄 믿어요. 가시기는 어디를 가셔요." =

= "제게는 그런 기회가 없을 것이요, 있다 해도 벌써 지났을 것입니다. 나는 이 땅에서는 필요치 않은 것만을 가졌기 때문입니다. 오히려 내가 그런 것을 가지지 않았더라면 이곳의 사람들과 친할 수 있었을 것입니다. 신문에 사진이 나고 어쩌고 하면 무얼 합니까. 그것 때문에 도리어 내가 궁지에 빠질 대로 빠졌습니다. 보십시오. 우선 내 생활을 보시오. 나는 노력했습니다. 그러나 정화 씨가 아니면! 당신의 그 돈이 아니면 살 수 없지 않습니까. 가야지요. 먼저 당신이 내게서 가졌고 나는 당신과 이곳의 모든 사람에게서 떠나야 됩니다." =

○정화는 풀 위에 오뚝이 앉았고 형근은 섰다.

정화가 그를 쳐다보았다. 그 눈에는 눈물이 서렸다. 형근은 저녁 햇발에 그 여윈 얼굴도 빛난다.

형근은 입을 연다. = "정화 씨, 그동안 폐를 많이 끼쳤습니다." =

〈그림 34〉. 9.29.
스틸-정화: 김소영, 촬영-황운조

"나 때문에 얼마나 고생을 하시고 번민하시는가를 잘 압니다. 그러나 나는 정화 씨가 나와 함께 사셨다 해도 그보다 행복은 없었을 것입니다. 오히려 지금의 정화 씨의 생애가 나은지 모릅니다. 사람은 어느 때고 그 옳은 길을 바라보면서 다른 길을 걸어가지 않으면 안 되는 운명을 가졌으니까요. 정화 씨의 오빠도 자기는 살려고 별 방법을 다- 썼지만 그는 이 세상을 떠났습니다. 그건 너무 언짢은 예 같습니다마는 어쨌든 정화 씨는 그대로 살아가 보십시오. 그것이 정화 씨의 갈 길인지도 모릅니다."

○정화는 느껴 운다. 울면서 말한다.

"네- 알아듣겠습니다. 선생님의 말씀대로 하지요."

○형근은 비창한 기색으로 서서 말한다.

"인간은 비극의 연속입니다. 그러나 또 어느 때는 그 슬픔이 기쁨보다도 나은 더 큰 무엇을 나타내는 수도 있습니다. 정화 씨에게도 어느 때고 무슨 큰 기적이 있을 것입니다. 우리 두 사람에게 그것이 일생에 한 번도 아니 온대서야 되겠습니까."

○두 사람은 풀 위로 걸어온다. 황혼이다.

□…백화점 식당

○정화와 형근은 백화점 식당에서 저녁을 먹는다.

□…영화관

○정화와 형근은 영화관에서 영화를 보고 앉았다.

□…길
○정화와 형근은 아스팔트로 걸어온다.
○부민관 앞에 두 사람은 섰다. 각기 옛 추억을 실은 현관을 오르내리는 돌층계를 바라보다가 둘이 서로 바라보고 웃고는 걸어온다.

□정화의 집 문 앞
○정화와 형근은 정화의 집 대문 앞에 섰다. 정화와 형근은 맞잡은 손길을 놓았다. 정화가 고요히 입을 연다.
="그럼 안녕히 가셔요. 내일 아침에 가 뵙겠어요."=
="네 오늘 퍽 피곤하셨겠습니다. 내일 또 뵙지요."=
○정화는 대문을 고이 열고 들어가더니만 얼굴만 내밀고 웃어 보인다. 형근도 웃는다.
형근이가 이 집 문패를 멀거니 보고 섰다가 돌아서려 할 때 대문 틈으로 정화의 울가망[142]이 된 조각 얼굴이 보였다. 형근은 손을 들어서 저으면서 웃고는 돌아서 간다.
○돌아서 가는 형근이 혼자 중얼댄다.
=(가엾다. 그러나 용서해 다우.)=

34회, 1937.09.29.

□형근이 있는 집
○아침-. 정화가 형근의 집 앞에 섰다. 서서는 형근이가 있던 위층을 쳐

---

142 근심스럽거나 답답하여 기분이 나지 않음. 또는 그런 상태.

다본다. 유리창이 닫혀있다. 정화는 머뭇거리다가 그 집을 들어간다.
○형근의 방을 올라가는 층계를 통하는 문이 닫혀있다. 그 앞에 정화가 서 있다.
○주인 여편네가 뒤뜰에서 나오다가 서서 정화를 본다. 웃고 정화의 앞으로 온다.
○정화와 주인 여편네가 서로 보고 웃으며 인사한다. 정화가 먼저 입을 연다.
= "안녕히 주무셨어요? 선생님 계셔요." =
○주인 여편네가 정화의 기색을 살피며 말한다.
= "오늘 새벽에 떠나가셨어요. 어디로 가시느냐고 하니까 남양(南洋)으로 가신다구요. 남양 어디로 가시는지는 몰라도 돈벌이로 가시는데 정화씨가 오시면 가서 자세히 편지하시겠다구요. 오시거든 다만 그 말씀만 드려 달라구 하셨어요." =
○정화는 말하는 주인 여편네를 멀거니 바라보다가 그만 혼이 나간 사람같이 해 가지고 = "네- 그래우? 그만 가셨군요." =
주인 여편네도 멀거니 서서 = "네-."
○대문-. 정화는 고개를 푹 숙이고 이 집을 나온다. 나와서 대문 앞에 서서 사면을 살펴보며 핸드백에서 손수건을 꺼내어 눈을 씻는다.
○다리를 건너오다가 정화가 우두커니 선다.
○흘러가는 물
○정화가 전차에 탔다. 쓸쓸히 앉았다. 차창 밖으로 풍경이 지나간다.

□……백화점
○-(카메라 회전하여) 백화점 양품부 진열해 놓은 물건들 = 불란서 인형이 보이고 그 앞에 정화와 그의 남편 '림'이 서 있다.
○정화 상긋이 웃으며 남편을 보고 입을 연다.
= "이 불란서 인형 하나 사요." =

그의 남편은 싱그레 웃으며 정화의 등덜미[143]에 손을 대고
="그래. 나도 그것을 살 맘이 있었는데 삽시다. 그러나 산 인형만은 못해. 남 같으면 그만한 세월 동안에 아들 하나쯤은 있었을 텐데!"=
그의 남편이 말하고 나서 껄껄 웃는다. 정화 고개를 숙이고 웃는다. 저편에서 이편의 기색만 보고 서 있던, 물건 파는 소녀 웃으며 온다.
○불란서 인형- 물건 파는 여자의 손이 인형을 쥔다.

□······정화의 방
○불란서 인형을 쥔 정화의 손

○정화는 새침해서 앉았다가 손에 쥔 인형을 탁장 위에 세워놓고 바라보고 웃는다.
남편은 ▨▨▨에서 ▨에 기대어 앉아 싱그레 웃고 입을 연다.

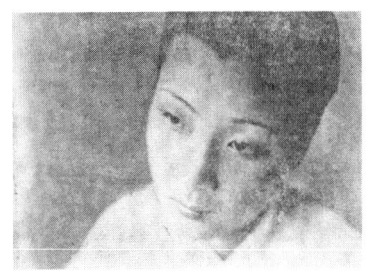
〈그림 35〉 9.30.
스틸-정화: 김소영, 촬영-황운조

="여보 정화! 어떻게 할까. 금광 판 돈을 오늘이라도 다- 받으면 우선 집이라도 집 같은 것을 지어보고 살아야 할 텐데 어떤 집을 지을구."=
○정화가 반겨 웃으며 남편 앞으로 다가앉더니 말한다.
="양옥을 지어요."=
="어떻게"=
="나는 양옥도 넓은 정원 안에 단층으로 짓는 것이 좋아요."=
="그것도 좋지만 적어도 사 층은 지어야지. 단층은 터만 잡아먹지 쓸모가 있어야지."=
="그도 그래요. 그럼 맘대로 하시요."=

---

143 원문은 "등널비".

= "그럼 자가용 자동차 한 대는 있어야 하겠군. 자연 바빠질 텐데. 참 꽤 바쁠 것 같애." =

○정화는 남편을 흘겨보고는 웃으며 말한다.

= "돈이 생기면 몸이 편할 건데 바쁘긴요. 그 좋아하는 기생집 출입, 요릿집 출입이 바쁘시겠지…." =

○두 사람, 큰 소리로 웃는다. 남편은 정화의 손목을 잡아서 끌어간다. 그러면서 말한다.

"우리 내일 주을(朱乙)온천[144]에 가서 며칠이고 정양을 좀 하다 올까. 정화- 갈 테요?"

"가요."

"주을온천 아니고 어디든지 갈 테야?"

"어디든지 가요. 남양이고 남극이고 어디든지 가겠어요."

"왜 하필 남양은. 아프리카를 가지."

○방 미닫이 밖-. 식모가 마루에 걸레질을 하는데 방안에서 정화와 남편의 웃음소리가 크다. 식모도 마루를 훔치며 혼자 웃는다.

(끝)

35회, 1937.09.30.

---

144 함경북도 경성군 주을읍 서북쪽에 있는 온천.

[해제]
명류(名流)영화인이 본
여인생활의 백면상(白面相)*

김다영

만약 2020년대 가장 주목 받는 여섯 명의 영화인들 – 배우, 영화감독, 시나리오 작가 – 이 릴레이 단편 시나리오를 연재한다면 어떨까. 아마도 그 기획이 성사됐다는 사실 만으로도 화제성은 담보될 것이다. 게다가 그 단편 시나리오를 관통하는 주제가 "여성의 삶"이라면, 논쟁적이고 흥미로운 내용이 될 것임에 어렵지 않게 수긍 할 수 있다. 이렇게 현대에도 충분히 참신하다고 할 수 있는 기획이 이미 1937년도에 시도된 바 있다. 그 제목은 「여인부락」으로, "명류영화인이 본 여인생활의 백면상(白面相)"이라는 부제 하에 일곱 명의 당대 영화인들이 1937년 8월 15일부터 9월 30일까지 한 달 반 기간 동안 동아일보에 릴레이로 연재한 단편 시나리오들이다. 더 재미있게 이 시나리오를 감상할 수 있도록 두 가지 주된 키워드 "명류영화인"과 "여인생활"에 대한 약간의 정보를 제공하고자 한다.

릴레이 연재 첫 번째 주자인 안종화는 1924년 조선키네마에서 배우로 영화계에 입문했다. 1927년 조선영화예술협회를 거쳐 영화평론가로도 활발한 문필활동을 시작하였으며, 1930년대에 들어서는 〈노래하는 시

---

* 「여인부락」의 연재 예고(「연재 단편 씨나리오 「여인부락」」, 『동아일보』, 1937.08.12.) 부제.
1 「수야」·「박쥐」·「방가로 촌의 비극」·「청미」의 원문에 등장하는 소제목(예: 기생 편)

〈표 1〉 저자 및 제목 목록(연재 순)

저자	제목[1]
안종화	「칠성대(七星臺)」
김유영	「백란기(白蘭記)」
박기채	「기생 편: 수야(愁夜)」
이규환	「여급 편: 박쥐」
서광제	「여학생 일기」
김혁	「여배우 편: 방가로 촌의 비극」
안석영	「유한매담 편: 청미(靑眉)」

절〉(1930), 〈청춘의 십자로〉(1934), 〈인생항로〉(1937) 등을 연출하며 영화감독으로 자리매김한다. 조선일보에서 주최한 제1회조선일보영화제에서 영화팬들의 편지를 통한 인기투표를 통해 상영 결정된 무성영화 상위 열 개 작품[2] 중 각각 3위에 〈인생항로〉, 6위에 〈청춘의 십자로〉 두 개의 작품이 선정된 사실은 그의 작품의 당시 대중적 인기를 가늠 할 수 있게 한다.

두 번째 주자인 김유영은 조선영화예술협회에 안종화와 함께 몸담은 바 있다. 조선영화예술협회의 최초이자 최후 연구생 출신으로서 1928년에 데뷔작 〈유랑〉을 연출한 김유영은 〈혼가〉(1929) 〈화륜〉(1931) 등 프롤레타리아 이념을 담은 영화들을 연출하며 프로 감독으로 자리 잡는다. 이 과정에서 조선 시나리오 라이터 협회를 결성[3]하여 회원이었던 안석영·서광제·이효석과 함께 영화 〈화륜〉의 시나리오를 릴레이 연재 방식으로 1930년에 『중외일보』에 연재한 바 있다.

박기채와 이규환은 1930년대 중반 무성영화에서 유성영화로의 전환기

은 해제 본문에서는 편의상 생략하였다.
2 「명화 "베스트·텐" 당선」, 『조선일보』, 1939.11.23.
3 「조선 씨나리오 라이터 협회」, 『중외일보』, 1930.05.28.

에 영화계 세대교체 중심에 있던 인물들[4]이다. 박기채는 조선인 최초로 일본영화에서 촬영감독을 맡아 주목 받은 바 있으며, 영화감독으로서 연출한 것으로 알려진 작품은 총 일곱 편인 데에 반해 영화계에서 활발한 문필활동을 한 것으로 유명하다. 촬영감독 출신답게 그가 일본 유학 후 조선에 귀국하여 공개한 첫 영화인 〈춘풍〉(1935)은 할리우드 스타일의 연출이 지배적이던 조선 영화계에 담백하고 유려한 연출로 새로운 바람을 불러일으킨 작품으로 평가[5]받는다. 또한 그는 예술영화란 문예영화여야 한다는 지향[6]을 가졌던 인물로, 〈춘풍〉은 안석영의 원작 연재소설을 바탕으로 각색된 것이고, 1939년에는 이광수 「무정」을 영화화했다.

이규환은 1932년 감독한 영화 〈임자 없는 나룻배〉에서 민족이 처한 비극적 현실을 뛰어난 리얼리즘으로 묘사해냈다는 평가를 받으며 1930년대 활발한 작품 활동을 했다. 〈임자 없는 나룻배〉는 제1회조선일보영화제에서 1위 나운규의 〈아리랑〉에 이어 2위를 차지하기도 했다. 비록 엇갈린 평가[7]도 존재하지만, 그는 일제강점기를 대표하는 감독이자 해방 후에도 영화계에서 다양한 활동을 지속해온 것으로 알려져 있다.

이규환과는 엇갈린 친일행보로 친일인명사전 수록 예정자 명단에 포함되기도 한 서광제는 감독이자 각본가로도 활동했지만 평론활동이 주를 이룬다. 비록 카프에 몸담은 바 있지만, 그의 초기 평론 활동은 강경한 프롤레타리아 이념과는 거리를 둔 경향파 영화 이론에 뿌리를 있으며 1930년대 중반부터는 할리우드의 고전적 리얼리즘 영화 미학에 입각하여 평론 했다. 그는 예술성과 상업성 사이에서 고뇌하는 회색지대에 위치한 인물로 평가[8]되기도 한다. 광복 후에는 카프 경력을 바탕으로 좌익계

---

4 「조선문화급산업박람회, 영화편」, 『삼천리』, 1940.
5 「명배우, 명감독이 모여 『조선영화』를 말함」, 『삼천리』, 1936.
6 「조선영화이상론」, 『영화보』 제1호, 1937.
7 강성률, 「이규환 감독의 일제 강점기 영화에 대한 비판적 고찰 -〈임자 없는 나룻배〉와 〈군용열차〉의 기차 이미지를 중심으로-」, 『현대영화연구』 9호, 한양대학교 현대영화연구소, 2010, 5~31쪽.

열에서 활동하다가 1940년대 후반 월북한 것으로 전해진다. 아이러니하게도 서광제의 감독 데뷔작인 〈군용열차〉(1938)의 원작자는 이규환이다.

김혁은 1934년 도쿄에서 "조선영화예술협회"를 조직하여 회장을 맡고 〈임자 없는 나룻배〉를 일본에 소개하려 했다는 기록이 남아있다.[9] 1937년 김유영과 월간 잡지 『영화작가』를 창간[10]했고, 같은 해에 영화 〈한강〉(1937),[11] 〈호반〉(1937)[12]의 각색에 참여하며 작가로서 활발하게 활동을 시작한다. 1939년에는 "조선영화작가협회"의 설립에 참여[13]하기도 했다.

마지막으로 안석영, 또는 석영 안석주는 문필가보다는 그의 삽화가와 만문만화 작가로서의 이력으로 익히 알려져 있지만 영화소설, 미술감독, 영화감독으로도 다방면으로 활동하였다. 「노래하는 시절」(1930), 「화륜」(1930) 등의 시나리오를 작성했으며, 1935년에는 소설 「춘풍」(1935)이 영화화[14]되기도 했다. 1937년에는 직접 〈심청〉을 연출하며 감독으로 데뷔한다.

때로는 작품으로, 때로는 영화계 활동으로 서로 연을 맺었던 일곱 명의 인물의 각각의 개성이 다르기에, 그런 차이점을 인지하고 이들이 동일한 주제를 어떻게 서로 다른 각도에서 조명했는지 주목해보는 것도 이 릴레이 시나리오를 감상하는 데에 재미를 더해주는 요소라고 하겠다. 예를 들어 릴레이 연재 작품 중 첫 번째인 안종화의 「칠성대」는 아이를 갖지 못하는 복희에게 신식 병원에서 수술을 받으라고 권하는 복희의 남편과 이를 내켜하지 않는 아내 복희의 이야기이다. "구여성은 구여성으로서의

---

8 이효인·김정호, 「카프 영화인 서광제의 전향 논리 연구」, 『한민족문화연구』 30호, 한민족문화학회, 2009, 239~268쪽.
9 「영화예술협회조직」, 『조선일보』, 1934.03.31.
10 「씨나리오문학연구자 수씨 월간잡지 『영화작가』 창간」, 『동아일보』, 1937.06.03.
11 「반도영화제작소 『한강』 촬영개시」, 『동아일보』, 1937.06.29.
12 「영화계에 또 낭보」, 『조선일보』, 1937.10.09.
13 「조선 최초의 씨나리오작가협회」, 『동아일보』, 1939.07.28.
14 「안석영씨의 소설 『춘풍』 영화화」, 『조선일보』, 1935.09.20.

한 개의 성격을 뚜렷이 가지고 있다."는 것이 「칠성대」의 소개인데, 현대 문명이라고 할 수 있는 서양 의학을 해괴망측하다면서 구시대의 유물인 무속 신앙에는 의지하려는 "구여성"의 면모를 그리고 있다.

한편 김유영이 「백란기」에서 묘사한 '신여성' 백란은 시인 주민과 사랑에 빠졌었다. 하지만 연애를 넘어 결혼을 하게 되면 돈 없는 애정이 얼마나 지속될 것 같냐 묻는 주민의 물음에 당당하게 변치 않으리라 대답하던 백란의 모습은 삼 년 후에 온데간데없이 사라져있다. 연애 시절 자신과 주민을 두고 경쟁하던 부자 애라가 생활에 지쳐 병이든 주민에게 돈을 보내자 백란은 애라에게 가라며 주민을 뿌리치고 아이를 데리고 집을 나온다. 이 대목에서 기존 다른 작품들과의 차이점이라면, 신파조로 흐를 수 있는 이야기의 결말이 아이의 울음소리를 떠올리며 어머니로서의 결의를 다진 의연한 백란의 뒷모습으로 마무리 된다는 점이다.

한편 기생을 주인공으로 내세운 박기채의 「수야」, 여급의 삶을 그린 이규환의 「박쥐」, 여배우가 주인공인 김혁의 「방가로촌의 비극」, 안석영의 「청미」는 비록 각각 양상은 다르나 사랑과 물질 사이에서 고뇌하고 수난을 겪는 여성들의 그렸다는 점에서 내러티브 적으로 매우 유사하다. 이들은 진정으로 사랑하는 이를 위해 다른 남자와 함께하는 인생을 선택하며 스스로의 삶을 희생하지만 인정을 받지 못하거나, 타협하거나, 결국 죽음에 이른다. 그리고 좀 더 넓게 본다면, 「여인부락」의 모든 이야기의 주인공은 여성이나 이들의 삶은 전통적으로 여성들의 삶의 핵심으로 다뤄져 왔던 출산과 결혼에 여전히 단단히 얽혀 있다. 근대화의 산물이라고 여겨지는 자유연애를 추구한다는 점에서는 '신여성'일지는 모르지만, 이들의 정체성은 여전히 남성과의 수동적인 관계를 통해서만 비로소 확립된다. 하지만 이런 묘사들은 90년이라는 시차를 둔 작품의 시대적 한계로, 독자의 흥미를 이끌기 위한 자극적 소재의 채용으로, 또는 리얼리즘에 입각한 현실 비판으로도 현대 독자들에게 읽힐 수 있는 가능성을 내포하고 있다.

 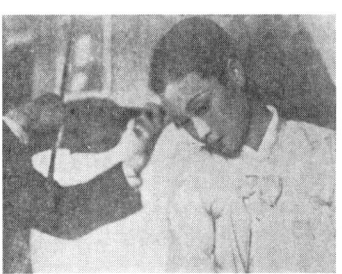

〈그림 1〉 1937년 9월 21일 28회, 배은숙 역의 복혜숙 배우 스틸

〈그림 2〉 1937년 9월 26일 32회, 정화 역의 김소영 배우 스틸

〈그림 3〉 1937년 9월 3일 15회, 금주 역의 신일선 배우 스틸

"여인 삶의 백면상"을 주제로 삼은 연재이니만큼 여주인공들을 연기하는 스틸 속 여배우들도 작품의 감상 포인트 중 하나이다. 「칠성대」에서는 상술 모(母) 역할을, 「백란기」에서는 애라 역을, 「방가로촌의 비극」에서는 배은숙 역을 맡으며 총 7개의 작품 중 세 개의 작품에서 등장하는 배우 복혜숙은 1904년 생으로 1923년 조선총독부 계몽영화 〈방역〉으로 영화계에 입문, 1926년 조선키네마에서 제작한 첫 영화인 〈농중조〉에서 나운규와 함께 주연을 맡아 신여성을 연기하여 인기를 얻는다. 다양한 나이대와 캐릭터를 소화하는 뛰어난 연기력으로 해방 후까지도 꾸준히 TV와 스크린을 오가며 작품 활동을 이어갔다. 본 책에 수록된 「춘풍」의 영화판 주연 여배우 역시 복혜숙이다.

복혜숙이 이미 14년의 경력을 가진 배태랑 여배우였다면, 마지막 작품 「청미」에서 정화 역을 맡은 배우 김소영은 이제 막 영화계에서 커리어를 쌓기 시작한 신인 여배우였다. 데뷔는 1931년 작 〈방아타령〉이지만, 그 후 1936년 〈무지개〉 외에 별다른 작품 활동이 없었던 김소영은 「여인부락」의 연재가 끝난 직후인 1937년 11월 개봉한 영화 〈심청〉으로 주목받았고, 잇따라 주연을 맡은 〈국경〉(1939), 〈반도의 봄〉(1941)과 같은 영화들이 흥행에 성공한다. 김소영을 주목받게 해준 작품 〈심청〉의 감독이 「청미」의 작가 안석영이었다는 점도 흥미로운 지점이다.

필름이 유실된 나운규의 무성영화 〈아리랑〉(1926)의 여주인공 신일선의 모습은 박기채의 「수야」 스틸에서 확인할 수 있다. 〈아리랑〉으로 일약 스타덤에 올랐던 신일선은 1927년까지 연달아 다섯 편의 영화를 추가로 찍으며 왕성한 활동을 했으나 1927년 10월 개봉한 〈먼동이 틀 때〉를 마지막으로 돌연 종적을 감춘다. 7년간의 공백기 동안 결혼과 이혼을 겪고 1934년 〈청춘의 십자로〉로 스크린에 복귀 했으나 이후 배우로서의 삶을 순탄히 이어가지는 못했다. 1937년 1월 31일 『조선일보』에는 신일선이 기생(妓生)으로 삶을 시작했다는 기사[15]가 게재되어 있다. 「수야」의 주인공 기생 역할을 한 때 여배우였다가 기생으로 전직한 지 얼마 되지 않았던 신일선이 맡았다는 점 역시 눈여겨볼 만하다.(*)

---

15 「명녀 신일선 기계에 진출」, 『조선일보』, 1937.01.31.

2장

논문

신일선의 스타 이미지[*]

백문임

1. "조선의 애인"

(1) 신일선. 영화 유사 이래 처음되는 인기를 한 몸에 담았던 분이다. 당시에 여배우로서는 누구보다도 청초하고 순진하고 또 예술적 재분을 겸비하였었다.[강조-인용자][1]

(2) 정든 님 버리고 길 떠나면 / 십 리를 못 가서 발병이 나네.
저 유명한, 가장 조선 내음새가 많은, 민요 '아리랑'을 제명으로 하여 가지고 박힌 활동사진 〈아리랑〉 일편이 얼마 전에 단성사에서 상영되었을 때, 처음부터 끝까지, 생각건대 영원히 잊어버리지 못할 만큼 그렇게 강하게 관중에게 인상된 사람이 있으니 이는 이 사진에 나타난 나이 어린 여주인공 영숙['영희'의 오기-인용자]이라는 처녀였습니다. 〈아리랑〉의 영숙이는 그 깨끗한 모양과 티없는 연출로 말미암아 한번에 뛰어올라 만도의 인기를 한 몸에 입었으니 그의 본명은 신일선이요, 나이는 금년에 열다섯입니다. 미국에 유명한 희극배우 더글라스 페어뱅스의 아내 메리 픽포드는 세계의 애인이라는 말을 듣습니다. 어떤 사람은 이런 의미에서 우리의 신일선 양도 조선

---

[*] 이 글은 졸고 「영화배우 신일선(1912~1990) 연구」(『여성문학연구』 64, 한국여성문학학회, 2025.)를 축약한 것이다.
[1] 나웅, 「사라진 명우 군상, 생각나는 사람 보고 싶은 사람」, 『삼천리』 제10권 11호, 1938.

의 애인이라고까지 했습니다.[강조-인용자]²

　신일선(申一仙, 1912~1990)은 연극무대가 아닌 영화를 통해 대중적 인지도를 얻은 여배우라는 점에서, 그리고 데뷔작인 〈아리랑(나운규, 1926)〉으로 "영화 유사 이래 처음되는 인기"를 얻으며 "조선의 애인"에 등극했다는 점에서 초기 영화의 가장 중요한 인물 중 하나다. 근대 초 여배우 중 그간 제일 많은 관심을 받았던 사람은 이월화(李月華, 1904~1933)라 할 수 있을 텐데, 이월화가 토월회 등 연극무대에서 출발하여 영화로 이어진 경력을 보여준 데 비해 신일선은 처음부터 '영화' 배우로 인식되었다는 점에서 차별성을 갖는다.³ 또 〈아리랑〉에서 주인공 최영진(나운규 분)의 여동생 영희를 연기했던 이 15세 소녀는 그 용모와 기예가 확실히 "조선 여우로서는 누구보다도 영화배우적 소질을 가장 풍부히 가진 사람"⁴으로서 (이월화와 달리) 노래 재능도 지니고 있어, 상영과 공연이 공존했던 초기 영화에 잘 부합하는 존재였다. "세계의 애인"으로서 "일요일로만 가득 찬 달처럼 명랑하고 가장 사랑받는 존재"⁵로 평가되는 메리 픽포드(Mary Pickford)에 비견되며 신일선이 등장하자, 조선의 대중문화에는 '기이한 열기'가 들끓게 되어, "왜 이렇게 인기가 많은가?"⁶라는 질문과 분석이 이어질 정도였다.

---

2 「예술가의 가정(4): 조선이 가질 미래의 예술가 신일선」, 『중외일보』, 1926.12.04.
3 「여배우 번영기」(『조선일보』, 1938.01.04.)라는 글에서는 "조선 영화계의 여배우로서 제일 먼저 손꼽아야 할 사람은 김정숙"이라 말하는데, 김정숙(1906~?)은 신일선보다 약간 먼저 등장하여 〈개척자(이경손, 1925)〉와 〈장한몽(이경손, 1926)〉에 출연했다. 이후 영화소설 「백의인(이경손, 1927)」의 실연 사진과 영화 「먼동이 틀 때(심훈, 1927)」는 신일선과 함께 촬영하기도 했는데, 인기 면에서 "한동안 세상을 뒤흔들었"던 신일선에는 미치지 못했다. 신일선과 "대등한 인기와 연기를 가진 이로서 문예봉"만이 언급될 정도로, 신일선은 짧은 경력에 비해 폭발적인 관심을 얻었다.
4 김을한(영화동호회), 「〈아리랑〉 6권: 조선키네마 작」, 『동아일보』, 1926.10.07.
5 몰리 해스켈, 이형식 역, 『숭배에서 강간까지: 영화에 나타난 여성상』, 나남출판, 2008, 79쪽.
6 이서구, 「내가 본 신일선」, 『매일신보』, 1927.03.11.

〈그림 1〉〈아리랑〉의 나운규와 신일선. 『동아일보』, 1926.09.19.

〈그림 2〉「신영화 〈봉황의 면류관(이경손, 1926)〉에 자매역: 윤메리, 신일선」, 『동아일보』, 1926.10.15.

〈그림 3〉「계림영화 시작품 〈먼동이 틀 때(심훈, 1927)〉 촬영 개시: 신일선과 한병룡 씨」, 『조선일보』, 1927.09.03.

그런데 이렇게 초기 미디어 산업이 형성되던 시기의 '스타'였던 신일선에 대한 연구는 거의 진척되지 않았다.[7] 그 이유는 첫째, 작가나 감독,

---

7   신일선의 이력을 비교적 상세하게 소개하는 글은 황문평의 「민족영화〈아리랑〉의 여주인공 신일선」(『인물로 본 연예사: 삶의 발자국(1)』, 도서출판 선, 1998, 306~318쪽)과 강옥희 외, 『식민지 시대 대중예술인 사전』(도서출판 소도, 2006, 188~190쪽) 정도인데, 그 정보는 대부분 신일선의 「무성영화 시대: 남기고 싶은 이야기들」(『중앙일보』, 1970.11.23.~12.10.)에 근거한 것이다. 그런데 신일선의 이 회고는 과거의 각종 기사나 인터뷰 등의 기록과 다소 차이가 있다.
한편 탐정, 모험 활극 〈괴인의 정체(김수로, 1927)〉에서 신일선의 캐릭터를 서구 연속 영화의 '시리얼 퀸(serial queen)'과 관련하여 분석한 이화진의 작업(「무성영화〈괴인의 정체(1927)〉의 재구성」, 『한국극예술연구』 77호, 한국극예술학회, 2022, 181~210쪽)은 신일선의 출연작을 다룬 흔치 않은 연구다.

작품에 비해 배우나 스타에 대한 관심이 상대적으로 미약한 연구 경향 때문이겠고, 둘째, 근대 초기 조선에서 여배우를 둘러싸고 형성되었던 편견[8]과, 실제로 이들이 처했던 불우한 환경이 그 편견을 강화할 수밖에 없었던 상황이, 이들에 대한 진지한 접근을 가로막았기 때문이겠다. 대중문화 계통에 종사하여 이해가 깊은 아버지나 남편의 지원이 가능했던 (문예봉 등) 극소수를 제외하고는, 많은 여배우들이 척박한 식민지 대중문화 산업 내에서 생계를 유지하기 어려워 카페 여급, 댄서, 웨이트리스, 기생 등의 직업 전선으로 나가야 했다. 이것은 언제나 '추문'과 '전락'의 낙인을 동반하며 가십거리가 되었을 뿐, 담론화되거나 본격적인 탐구의 대상이 되지 못했다. 〈아리랑〉으로 일약 스타가 된 신일선이 다음 해인 1927년 말 돌연 전라도 부호의 첩이 되며 은퇴를 선언한 것은 엄청난 스캔들로 치부되었고, 6년이 흘러 그가 이혼 후 활동을 재개했지만 결국 몇 년 후 한성권번 기생으로 전신을 한 경로는 "좀 더 돈이 그리워" 전락한 것[9], 수양을 쌓지 않은 "조선 여자 대다수의 운명"[10]으로 간주되며 멸시와 동정의 대상이 되었다.

> **이서구**: …… 신일선이같이 '<u>조선의 애인</u>' 노릇을 한 이가 근대사 중에는 없을 걸요.
> **복혜숙**: 그렇지요. 거장 나운규가 끌어내어 영화 〈아리랑〉을 만든 뒤로는 <u>조선에 금강산과 신일선이 명물</u>이 되었지요. 천도교당이나 청년회관에 음악회가 있으면 신일선이 출연한다면 언제든 만원이었

---

8 예컨대 『별건곤』의 기자는 신일선에게 직접적으로 "조선서는 여배우라 하면 정조 관념도 없고 아무것도 볼모없는 아주 천하고 더러운 사람으로만 여겨주는데 거기 대해서 어떻게 생각하시나요."라는 질문을 던지기도 한다. 신일선의 대답은 "그거야 모르고 그러는 것이니까 저만 안 그러면 그만이지요. 그러기에 저는 극장에를 가도 오빠와 꼭 동행을 하고 다른 동무와는 같이 다니지도 않아요."였다. 「조선 영화계 유일의 화형 여우 일문일답」, 『별건곤』 제7호, 1927.
9 김태진, 「무대는 돌아간다(4): 여배우 무상 부침기」, 『조선일보』, 1939.06.06.
10 「장안 '재자가인', 영화와 흥망기」, 『삼천리』 11권 1호, 1939.

지요. 그러던 색시가 어쩌면 기생으로 또 지금 소문에는, 저 딴
길을 밟아 옛날의 명성을 짓밟고 말다니 참 가석한 일이에요.

이서구: 비단 신일선이에만 하는 말이 아니라 대체로 여자란 젊었을 때는
그저 미모와 아름다운 자태로 그 명성을 유지할 수 있지마는 그
러나 나이 들면 그때는 교양의 힘이 아니고는 도저히 인기를 유
지해갈 수가 없거든. 그런데 신일선이야 동덕고녀인가 어딘가 다
니다가 말고 그 뒤도 <u>수양을 아니하니 전락할 밖에 별수 있어야</u>
<u>지. 조선 여자 대다수의 운명이야.</u>[강조-인용자][11]

복혜숙의 말처럼 등장하자마자 "금강산"과 더불어 조선의 "명물"이 되
었던 신일선은 이렇게 식민지 말기부터 잊혀지게 된다. 그러다가 한국전
쟁 후 남한에서 나운규와 〈아리랑〉을 정전화하는 과정에서 다시 영화계
의 호출을 받는다. 나운규 20주기 기념으로 만들어졌던 영화 〈아리랑(김
소동, 1957)〉에 특별출연을 했고, 나운규 추도회나 동상 건립식 등에서 노
래 '아리랑'을 부르는 등, 나운규와 가장 가까운 관계를 맺었던 동료의
하나로서, 그리고 무엇보다도 전설이 된 〈아리랑〉의 여주인공으로서 대
중문화계에 마지막 자취를 남기게 된다. 1979년 그가 한국영화평론가협
회로부터 특별 공로패를 받을 즈음엔, 그녀의 사생활을 입에 올리는 회고
는 보이지 않았다.

강렬한 만큼 모순적이었던 신일선의 스타 이미지를 분석하기 위해, 이
글에서는 그간의 영화사 서술에서 누락되었던 일련의 신문 연재 영화소
설과 시나리오를 신일선의 필모그라피에 포함시킬 것을 제안한다. 영화
소설 「백의인(이경손, 1927)」과 「승방비곡(최독견, 1927)」, 신일선의 컴백
후 연재된 시나리오 「은하에 흐르는 정열(안종화, 1935)」, 신일선이 기생으
로 전신한 후 발표된 시나리오 「기생 편: 수야(愁夜)(박기채, 1937)」는 거의
매일 일간지에 연재되면서 주인공 신일선의 '실연(實演) 사진'[12]을 게재했

---

11 위의 글.

다는 점에서 중요하다. 이중 「백의인」과 「기생 편: 수야」는 그간 거의 주목받지 못했던 작품이고, 「승방비곡」은 최독견의 인기 소설 혹은 1930년 이구영이 감독한 영화(여기엔 신일선이 출연하지 않았다)로만 알려져 있으며, 「은하에 흐르는 정열」은 함께 진행되었던 영화 제작에 가려 역시 거의 언급되지 않았다. 신일선이 출연했던 영화 프린트가 (〈청춘의 십자로(안종화, 1934)〉를 제외하고는) 유실되었다는 점에서도, 이 영화소설 및 시나리오들은 그 자체로 새로운 장르로서만이 아니라 스타 신일선을 규명하기 위한 중요한 자료로서 가치를 지닌다.

지금까지 확인한 바 신일선의 활동 내용을 간단히 도표화하면 다음과 같다.

〈표 1〉 신일선의 대중문화 활동

연도	신문 연재 영화소설, 시나리오 (작가)	영화 (감독/제작사)	방송, 무대, 음반 등
1926		10.1. 〈아리랑〉 (나운규/조선키네마프로덕션)	
		11.1. 〈봉황의 면류관〉 (이경손/계림영화협회)	
1927	1.20.~4.25. 영화소설 「백의인(이경손)」	2.24. 〈괴인의 정체〉 (김수로/극동키네마)	▸ 경성방송국(JODK) 최초의 '라디오 드라마' 「명예와 시인」, 소녀 합창극 「인생춘몽」, 소녀창가극 「리(狸)와 토(兎)」 등 ▸ 최초의 '방송 영화극' 「금붕어」 ▸ 반도여학원의 음악, 무도, 연극 대회 출연(독창, 연극 「스산나」 주연 등) ▸ 5.7. '산유화회' 결성 ▸ 6.11. '백양회' 결성
	5.10.~9.11. 영화소설 「승방비곡(최독견)」 *스틸 촬영: 나운규와 조선키네마프로덕션 배우 일동	4.14. 〈야서(野鼠:들쥐)〉 (나운규/조선키네마프로덕션)	
		7.6. 〈금붕어〉 (나운규/조선키네마프로덕션)	
		10.26. 〈먼동이 틀 때〉 (심훈/계림영화협회)	

---

12 영화소설이나 시나리오의 특정 장면을 배우가 실제로 연기하는 것을 촬영한 사진을 의미한다. '장면 사진' 혹은 '스틸'이라 불리기도 했다. 조선에서는 심훈의 영화소설 「탈춤(1926)」에서 처음 시도되었다.

1933			폴리돌 전속으로 음반 취입, 각종 무대 공연
1934		9.21. 〈청춘의 십자로〉 (안종화/금강키네마)	오케 전속으로 음반 취입, 각종 무대 공연 (~35년 3월)
1935	8.20.~9.15. 시나리오 「은하에 흐르는 정열(안종화)」	9.7. 〈은하에 흐르는 정열〉 (안종화/금강키네마)	
1936		5.15. 〈아리랑 3편〉 (나운규/한양영화사) *발성영화	임생원 일행의 문수성좌 활동
1937	8.29.~9.3. 시나리오 「기생편: 수야(愁夜)(박기채)」 *안종화 외, 연작 단편 시나리오 「여인부락」(『동아일보』, 1937. 08.15.~09.30.)의 세 번째 작품		한성권번 입적
1957		4.19. 〈아리랑〉 (김소동/남양영화사) *특별출연	
1963		5.16. 〈상처받은 두 여인〉 (이규환/서울프로듀스클럽) *특별출연	

2. '순결한 처녀' vs "까불까불 유쾌하게 뛰노는 인물"

영화 〈아리랑〉과 〈봉황의 면류관(이경손, 1926)〉이 개봉된 후 얼마 지나지 않아, 신일선은 영화소설 「백의인(1927년 1월 20일~4월 27일)」과 「승방비곡(1927년 5월 10일~9월 11일)」의 '실연 사진'에 연달아 여주인공으로 출연하게 된다.[13]

---

13 얼핏 「백의인」의 여주인공은 '수자' 역을 맡은 김정숙과 '정애' 역의 신일선으로 양분

주목해야 할 것은, 이런 실연 사진에는 기존의 연재 소설의 삽화와는 다른 하나의 층위, 즉 '실제 배우'라는 층위가 더해진다는 점이다. 예컨대 「백의인」의 실연 사진에서 보여지는 인물은 소설 속 캐릭터 정애인가, 배우 신일선인가? 연재가 시작되기 얼마 전 공개되어 화제를 낳은 영화 〈아리랑〉 혹은 〈봉황의 면류관〉을 보았거나 소문을 들은 독자에게라면, 정애는 소설 속 캐릭터로서보다는 먼저 배우 신일선으로 받아들여졌을 가능성이 높다. 소설 속 캐릭터가 우선하고 그것을 시각화하는 기존 삽화와 달리, 실제 배우의 실연 사진은 "정애 : 신일선"과 같이 '특정 배우'가 어떤 캐릭터를 연기하고 있음을 강조하기 때문이다. 즉 실연 사진을 동반한 영화소설이나 시나리오에서는 캐릭터보다 배우 자신이 더 강하게 어필되는 효과가 생긴다.

소설의 캐릭터 구성과 비교하며 영화에서의 '스타'를 분석한 리처드 다이어는, 소설적 캐릭터 개념과 구별되는 영화 스타의 특성 중 하나로 "동일성(sameness)"을 지적한다. 즉 스타가 여러 작품에서 다양한 캐릭터를 연기할 때, 이 캐릭터들이 아무리 상이한 줄거리와 배경 속에서 그려진다 하더라도, 인지와 동일시를 위해 스타는 넓게 보아 동일한 것으로 머무른다는 것이다. 마치 호머의 작품에서 오디세우스가 "매우 다양한 역할을 해내고 있음에도 불구하고 반복되는 공식적인 통명(formulaic epithet)에 의해 지시되는 동일하고 고정된 단순한 캐릭터"로 남아 있는 것처럼 말이다.[14] 신일선은 불과 몇 달 전 〈아리랑〉으로 데뷔했음에도 1927년에는 조선의 대중매체를 통해 가장 화제성이 강한 스타로 떠올랐다. 2-3개월에 한편씩 출연 영화가 개봉했고 방송과 무대 활동을 계속 했으며, 8월경 터진 결혼설로 그야말로 "신일선당," "신일선종(宗)"이라 불리던 팬들을

되어 있는 것처럼 보이나, 실연 사진의 분량 면에서 볼 때는 주요 인물 5인 중 신일선이 전체의 1/3 (총 64개의 실연 사진 중 21개)을 차지하고 있어, 명실공히 시각적 이미지상의 주인공이었다고 할 수 있다.

14   리처드 다이어, 주은우 옮김, 『스타 - 이미지와 기호』, 한나래, 1995, 182~183쪽.

들끓게 만들었다. 이런 스타덤의 형성에는 1월부터 9월까지 일간지에 연재되던 영화소설의 실연 사진도 적지 않은 역할을 했을 것이다.

지면 구성상 실연 사진을 먼저 보고 소설을 읽게 되기 때문에, 배우 자신은 캐릭터보다 더 즉각적으로 인지된다. 첫째, 작가들 역시 이 사실을 인지하고 창작을 했기 때문에, 영화소설의 구상과 창작 과정 전반에 걸쳐 신일선이라는 배우의 "동일성"은 유지되고, 둘째, 독자들 역시 배우 신일선에 대한 선지식 혹은 외양이 주는 인상과 더불어 정애(「백의인」)와 은숙(「승방비곡」)이라는 캐릭터를 읽어가게 된다. 즉 작가의 생산과 독자의 읽기 과정 모두에 신일선이라는 "동일성"이 영향을 미친다는 점에서, 실연 사진을 첨부한 영화소설의 캐릭터는 배우의 이미지와 결합되어 구성된다고 할 수 있다. 이 점은 소설과도 다르고 영화와도 다른 장르로 초기 영화소설을 특징짓게 만든다.

〈그림 4〉「백의인」(1927.03.04.)
바이올린을 든 정애(신일선 분)

〈그림 5〉「승방비곡」(1927.05.19.)
만돌린을 켜는 은숙(신일선 분)

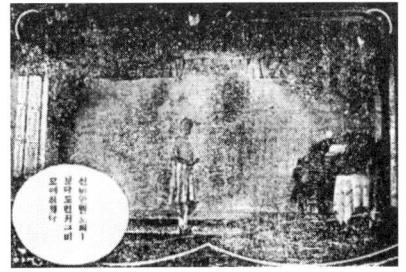

〈그림 6〉「승방비곡」(1927.05.12.)
성악가 은숙(신일선 분)의 독창 무대

그래서 「백의인」과 「승방비곡」은 작가와 스토리, 문체와 주제 의식 등 모든 면에서 상이한 작품이지만, 1927년에 가장 뜨거운 스타로 떠오르던 신일선을 매개로 여주인공 캐릭터를 구성했고 또 역으로 그렇게 독자들과 소통함으로써 신일선의 스타덤 형성에 기여했다는 공통점을 지닌다. 여학교를 다니던 중 경식을 만나 그를 따라 동경에 가기 위해 자퇴를 하고, 경식에게 배신당해 연극 배우 일을 하고, 다시 경식을 만나지만 마약과 임질에서 벗어나지 못하는 「백의인」의 정애. 고고한 성악가로서 영일과 결혼하려던 순간 영일과 자신이 이부(異父) 남매라는 사실을 알게 된 「승방비곡」의 은숙. 둘 사이에는 신일선을 염두에 두고, 혹은 신일선으로부터 출발하여 창조된 캐릭터라는 공통점이 있는 것이다.

그런 점에서 〈그림 4-6〉은 아름다운 목소리로 노래하는 데 재능이 있었던 신일선의 "비이클(vehicle:특정 배우의 능력과 매력, 이미지 등을 잘 나타낸 영화)"[15]과 같은 장면들이다. 마치 진 켈리(Gene Kelly)[16]를 위해 긴 발레 시퀀스를 설정하는 것처럼, 신일선을 위해 두 작품 모두 악기 장면을 넣고 「승방비곡」에서는 아예 은숙의 직업을 유명 성악가로 만들어 놓았다고 할 수 있다.

더욱이 「백의인」의 작가는 신일선을 발굴하고 후원했던 감독 이경손이며, 「승방비곡」을 영화화할 '감독'으로서 실연 사진 촬영을 맡고 있던 사람은 역시 신일선을 발굴하여 〈아리랑〉에서 호흡을 맞추었던 나운규다. 신일선의 가장 든든한 후원자[17]로서 이경손과 나운규는 '조선의 메리 픽포드'인 신일선과 1927년 6월 '백양회'를 조직하면서 마치 찰리 채플린, 더글라스 페어뱅크스와 그 아내 메리 픽포드가 결성했던 '유나이티드 아

---

15 리처드 다이어, 위의 책, 125~126쪽.
16 〈사랑은 비를 타고(Singin' in the Rain, 1952)〉로 유명한 뮤지컬 배우.
17 자신을 "진정으로 위해주고 진정으로 잘 지도해 주려는 후원자는 누가 있습니까?"라는 기자의 질문에 신일선은 친오빠 외에 "이경손 씨하고 나운규 씨"가 있다고 답한다. 「조선 영화계 유일의 화형 여우 일문일답」, 『별건곤』 제7호, 1927.

티스츠'와 같은 장면을 연출하기도 했다.(〈그림 7, 8〉)

〈그림 7〉 '유나이티드 아티스츠'를 결성한 찰리 채플린, 메리 픽포드, 더글라스 페어뱅크스(좌로부터)[18]

〈그림 8〉 신극 단체 '백양회' 조직을 알리는 기사: 사진은 우로부터 신일선, 나운규, 이경손. 『동아일보』 1927.06.12.

그렇다면 이경손과 나운규, 최독견은 신일선의 어떤 이미지를 활용하여 정애와 은숙 캐릭터를 만들었는가, 혹은 신일선의 스타 이미지를 만드는 데 어떤 역할을 했는가, 나아가 신일선 자신은 이 캐릭터들 및 본인의 스타 이미지와 어떤 관계를 맺고 있는가.

(1) (전략) 여우(女優)로는 선천적 결점이 적지 아니하나 (표정은 누구나 다 없었으니까) 말할 것이 못 되고 그중 〈부활〉에 옥중생활에 나타난 그의 예풍은 여간 소인 배우로는 흉내도 내기 어려울 것이다(순결한 처녀다운 기분을 드러냄에는 전연 실패를 하였으나).[강조-인용자][19]

(2) 왜 이렇게 인기가 많은가? 미모와 특히 스크린에 나타나는 그의 낯이 재래의 여배우 중에서는 걸출된 것도 치려니와 무엇보다도 그의 제일 큰 인기는 그 순결일까 한다. 본시 여배우란 어느 나라를 물론하고 정조를 굳게

---

18 https://www.flickr.com/photos/truusbobjantoo/39224283340 (최종접근:2025.03. 01.19:24 P.M.)
19 심훈, 「미래의 극단을 위하여-토월회 2회 공연을 보고」, 『동아일보』, 1923.10.07.

지킨다는 말은 못 들었으나 그것은 예술가의 인간적 생애를 도외시하는 곳의 말이지, 여성의 인격을 좌우할 수 있는 정조가 흔들려서야 그의 명망은 그만 땅에 떨어지고 말 것은 사실이며 <u>이미 토월회 전성시대의 모모 여배우가 재주는 지금의 신일선의 몇배 뛰어나기도 했으나 신일선만큼 인기가 적었다는 것은 그것은 곧 그의 품격을 한층 낮추어본 것이다.</u> 그러므로 나는 오늘날 신일선의 인기의 원동력은 <u>아직 그가 어리며 그의 일신은 옥과 같이 깨끗하여</u> 아직은 한낱의 추문일지라도 세상에 흩어내지 않는 데 있지나 아니한가 한다. (중략) 나는 아직 그와 인사도 없는 이때 장담을 해둔다. <u>만일 그가 두 번 세 번 재래 여배우와 같은 추문만 흘리게 되면 그의 인기는 땅에 떨어지고 말 것이라고.</u>[강조-인용자][20]

인용문 (1)은 토월회의 〈부활〉 공연에서 카츄샤 역을 맡았던 이월화에 대한 평이고, (2)는 그 이월화에 비해 "재주"는 몇 배 떨어지지만 인기는 훨씬 많은 1927년 초의 신일선에 대한 평이다. '최초의 여배우' 중 하나로 독보적인 지위를 쌓았던 이월화와 달리 신일선은 이제 막 〈아리랑〉과 〈봉황의 면류관〉 두 편에 출연한 신인이었다. 여기에서 평자들이 동일하게 "순결"이라는 단어를 사용한다는 점, 이월화는 "실패"했던 그것이 신일선의 "옥과 같이 깨끗"함으로 성취되었으며 "제일 큰 인기"의 비결이라고 말하는 점에 주목하자. 그리고 이것은 캐릭터들에 대한 평가가 아니라 배우 개인에 대한 평이라는 점도 기억하자. 특히 (2)의 필자 이서구가 강조하는 것은 이월화의 몇 가지 스캔들이고, 신일선이 아직 어려서 그런 성적인 "추문"도 없이 "순결"하다는 점이다. 이 태도에는 신일선이 다른 여배우들과는 달리, "여성의 인격을 좌우할 수 있는 정조"를 굳게 지키기를 바라는 조바심 같은 것마저 엿보인다. 한마디로 어리디어린 '처녀 여배우'의 등장에 방점을 찍는 반응들인데, 이는 이서구도 언급하듯 이월화와 같은 "재래 여배우"에 대한 세간의 편견과 궤를 같이하는 것이고, 이후

---

20 이서구, 「내가 본 신일선」, 『매일신보』, 1927.03.11.

신일선의 결혼 소식에 대한 반응에서 극명하게 드러나게 되듯, 여성 배우의 섹슈얼리티를 관리의 대상으로 간주하는 태도이다. 그리고 얼핏 열광과 숭배의 대상인 것처럼 보이는 이 '순결'은 집착의 대상이 됨으로써 신일선을 성애화한다.

조선 영화계는 그래서 신일선의 이 "순결"한 이미지를 보호하거나 추앙하는 대신, 마치 시험이라도 하듯 그것이 폭력적으로 훼손될 위기를 끊임없이 창작해 냈다. 영희(〈아리랑〉), 은숙(「승방비곡」), 은애(〈야서〉)는 (돈 많은) 악한에게 겁탈당하거나 그와 혼례를 치를 위기에 놓이고, 「승방비곡」의 실연 사진들(〈그림 9, 10〉)과 〈괴인의 정체(김수로, 1927)〉의 홍보 사진(〈그림 11〉)은 신일선의 캐릭터가 물리적으로 '납치'당하는 장면, 위기에 처한 장면을 선정적인 구도로 묘사하고 있다.

이것은 서사적으로는 신일선 캐릭터들을 구출하고 악한을 응징하는 남성 영웅의 액션을 전개할 동기를 마련하기 위한 것이고(〈아리랑〉, 「승방비곡」, 〈야서〉에서 이 영웅은 나운규가 연기했다), 이미지상으로는 "순결"의 취약성을 강조하는 관음증적 스펙타클을 제공하는 것이다. 이 시기 형성되고 있던 조선 무성영화의 전형과 서사적 관습, 특히 '액션 영웅이 악한으로부터 순결한 여성을 구해낸다'는 도식은 아슬아슬한 위기의 순간을 선정적으로 시각화함으로써 효과를 극대화했기 때문이다. 식민지 조선의 문화산업이 할리우드와 같은 스타 시스템을 운용할 정도로 무르익지는 않았지만, 스타 시스템의 이점, 즉 유형화될 수 있어서 이해하기 쉬운 공식을 제공하여 "선전하고 팔 수 있"는 "표준화된 생산품"으로 이윤을 얻는다는 장점에 대한 감각은 형성되어 있었기 때문이다. 즉 할리우드의 "사악한 악당, 정직한 영웅, 섬뜩한 마녀, 상냥하고 젊은 아가씨, 신경질적인 여자 등" 전형[21]에 대응하는 조선 영화의 전형으로 '순결한 처녀'가 만들

---

21 H. Powdermaker, *Hollywood, The Dream Factory*, pp. 228~9, 리처드 다이어, 앞의 책, 34쪽에서 재인용.

 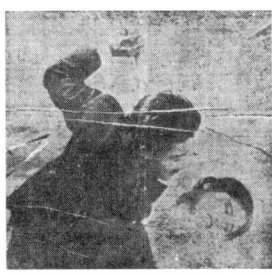 

〈그림 9〉「승방비곡」 35회(1927.06.18.): 괴한들에게 납치당하는 은숙

〈그림 10〉「승방비곡」 45회(1927.06.30.): 필수의 폭력 앞의 은숙

〈그림 11〉〈괴인의 정체〉의 "괴인과 영옥," 『동아일보』, 1927.02.12.

어지고 있었으며, 여기에 신일선의 등장은 결정적인 역할을 했다고 할 수 있다.(혹은 그 역일 수도 있겠다.) 그는 등장하자마자 열렬히 사랑받고 또 탐욕스럽게 소비되었으며, 갑자기 결혼을 발표했을 때는 지독한 멸시와 저주를 받았다. 이런 점에서 신일선은 명실공히 '조선 영화 최초의 여성 스타'였다고 할 수 있다.

(1) 마음이 어린 탓인지는 몰라도 저는 웃음과 활발한 것이 뒤섞인 희활극이 좋아요. (중략) 저는 언제든지 보기만 하여도 가슴이 뛰고 통쾌한 작품에 한 번 수연해 보고 싶어요. 제가 출연한 작품으로는 〈아리랑〉과 〈봉황의 면류관〉의 두 편이 있는데 남들은 〈아리랑〉에 출연한 것이 낫다 하나 저의 성격으로는 〈봉황의 면류관〉이 맞는 거 같아요. [강조-인용자][22]

(2)
記[기자]: 제일 싫은 때는요.
仙[신일선]: 가령 처녀로 혼자 있을 때 같은 때에 애인 아닌 남자가 달려

---

22 신일선, 「내가 좋아하는 배우 레지날드 데니」, 『조선일보』, 1927.01.19.

	드는 장면 같은 것을 할 때가 제일 마음에 싫어요. (중략)
記:	제일 힘이 드는 것은 어느 때인가요.
仙:	못된 사람에게 붙들려 가지고 뿌리치고 달아나려 하는 것을 할 때가 제일 힘이 들고 고생되어요. 가령 〈아리랑〉 중 지주의 집 마름 녀석(주인규 연(演))이 덤벼드는 때가 있지 않습니까. 그런 것을 뿌리치려고 애쓰는 것을 박힐 때가 제일 고생되어요.(중략)
記:	그럼 당신 생각에 당신에게 제일 적합한 노릇은 무엇일까요.
仙:	좀 우습지만 까불까불 유쾌하게 뛰노는 인물이 제게는 맞아요. 아마 나이가 어려서 그런가 봐요.[강조-인용자][23]

짧은 기간에 형성된 본인의 스타 이미지에 대해 신일선은 꽤 활달하게, 〈아리랑〉의 농촌 소녀보다는 〈봉황의 면류관〉에서 언니의 애인을 짝사랑하는 "15살 먹은 어린아이"의 캐릭터[24] 혹은 "까불까불 유쾌하게 뛰노는 인물"이 더 자신에게 맞는다고 말하고 있다. 그리고 그에게 요구되었던 폭력적인 장면들이 "제일 마음에 싫"고 "제일 힘이 들고 고생"된다고 답한다. 어쩌면 그는 당시 자신을 둘러싼 관음증적 스펙타클의 메커니즘을, 그리고 '스타'라는 상품의 한계를 이미 눈치채고 있었는지도 모른다.

3. 오버랩되는 배우-캐릭터

떠들썩한 결혼과 함께 은퇴했던 신일선이 다시 모습을 드러낸 것은 6년이 지난 1933년 5월, 그가 22세 때였다. 그는 폴리돌 회사와 오케 레코드의 전속으로 활동했는데, 마침 당시는 "모든 오락예술이 다 위축해 있

---

23 「조선 영화계 유일의 화형 여우 일문일답」, 『별건곤』 제7호, 1927.
24 「〈봉황의 면류관〉 경개」, 『동아일보』, 1926.10.29.

지마는 오직 레코드만은 다소 윤택"[25]했던, "레코드 예술가의 황금시대"[26]라 불릴 정도로 빅터, 콜롬비아, 폴리돌, 시에론, 태평, 오케 등 6개 회사에서 많은 음반을 출시하고 또 그것이 잘 팔리던 때였다. 이애리수, 최남용, 전옥, 김선초, 왕수복, 이난영 등의 가수 뿐만 아니라 신불출과 같은 만담가의 음반도 인기가 있었다. 신일선은 1933년 폴리돌 회사에서 「지나간 그날」[27] 등의 극과 난센스 음반을 취입하고 순회공연을 했고, 1934년에는 오케 레코드에서 「낙랑공주와 마의태자」 등의 극, 난센스, 스케치 음반을 취입하고 1935년 초순까지 전 조선과 중국 등지를 순회하며 오케 레코드 가수들의 음악회에 참여했다.[28]

그는 영화계에도 복귀하여 〈청춘의 십자로(안종화, 1934)〉로 컴백을 알렸다. 이 작품의 프린트는 2007년에 발굴, 공개되어 신일선이 연기하는 모습을 볼 수 있는 유일한 영화가 되었지만, 네거티브 판본인 데다 총 9롤 중 1롤은 부패가 심해 복원되지 않은 상태다.[29] 신일선이 맡은 역은 영복(이원용 분)의 여동생으로, 농촌에서 오빠를 찾아 서울에 왔다가 만나지 못하고 카페 여급 생활을 하던 중 한량들(영복의 원수인 주명구와 장개철)에게 성폭행을 당하는 영옥이다. 신문에 실린 "경개"를 읽지 않으면 영옥이 누구인지, 과거가 어떤지 전혀 알 수 없기 때문에[30], 현재의 관객이

---

25 「예원에 빛나는 조선의 딸들: 왕년의 화형 여우 신일선 양」, 『매일신보』, 1934.01.03.
26 「6대 회사 레코드전」, 『삼천리』 제5권 제10호, 1933.
27 이 작품은 신일선이 왕평, 박제행과 함께 1926년도 〈아리랑〉의 '카츄샤의 이야기' 부분을 재구성한 것이어서 흥미롭다. 여기에 대한 분석은 졸고, 「영화배우 신일선(1912~1990) 연구」(앞의 글, 2025.) 참조.
28 이때 신일선이 취입한 음반의 목록은 신수정의 「1930년대 여배우의 유성기 음반 활동 연구」(『음악과 현실』 52호, 민족음악학회, 2016)에서 확인할 수 있다.
29 정종화, 「조선 무성영화 스타일의 역사적 연구」, 중앙대학교 첨단영상대학원 박사학위논문, 2012, 244쪽 참조.
30 경개는 「금강 키네마사 작품 〈청춘의 십자로(전10권)〉」(『매일신보』, 1934.09.22.)에 소개되는데, 다음 내용이 현재 훼손된 롤에 담겨있는 듯하다. "[영복이 봉선과 ―인용자] 성례(成禮)하게 될 때 마을에 살고 있는 주명구에게 봉선을 빼앗기고 오직 자기의 기구한 운명을 탄식했을 뿐으로 늙은 자모(慈母)와 누이동생 영옥을 고향에 남기고

영화만 보았을 때 영옥-신일선은 카페에서 담배를 피는 모습으로 처음 등장하게 된다.(〈그림 12〉)

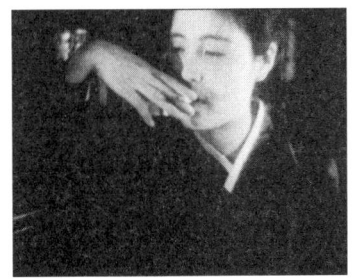 

〈그림 12〉 발굴된 〈청춘의 십자로〉에서 신일선의 등장 장면.

〈그림 13〉 '라이온 치마분'과 제휴한 영화 〈은하에 흐르는 정열〉 전면 광고. 학생복을 입은 신일선과 이원용이 보인다. 『조선일보』, 1935.09.07.

'농촌 출신의 젊은 여성이 오빠를 찾아 서울에 왔다가 생활난 때문에 카페 여급이 되었다'는 이런 설정은, 나운규의 활극 시대가 저물고 토키 시대로 이행 중이던 조선 영화계에 복귀한 신일선의 위치를 예견하는 것 같았다. 그녀는 이제 과거처럼 "순결"한 농촌 처녀 혹은 철없는 여학생을 연기할 수 없고, 그렇다고 소위 '뱀프(vamp-요부)' 역을 소화하기도 힘들었던 것으로 보인다. 이규환은 〈청춘의 십자로〉로 돌아온 신일선에 대해 "순진한 농촌의 처녀로서 도회로 밀려 나와 탕아들의 완롱물이 되어 시들어져 가다가 또다시 색마의 손에 그의 정조를 잃어버리고 버림을 받는 비운에서, 그야말로 청춘의 십자로에서 슬피 우는 가련한 여성의 처지를 신 양은 그럴 듯이 보여준다. 어느 편으로 보면 그에게 적역이니만치 숨

길을 떠났다. (중략) 고향의 남아있던 영옥은 어머니가 세상을 떠나매 오빠를 찾아 상경했던 끝에 생활난으로 카페의 여급이 되었다."

은 곳을 잘- 찾아보면 그의 연기에 싸여 들어감을 깨달을 수 있을 것이다."[31]라고 평한다. 신일선의 사생활과 영화 내 캐릭터를 이렇게 유비 관계에 놓는 언급은 줄곧 심심치 않게 등장하는데,[32] 이런 담론은 결과적으로 그의 운신의 폭을 좁히는 효과를 낳았을 수 있다.

신일선의 마지막 무성영화 〈은하에 흐르는 정열(안종화, 1935)〉은 "조선의 온갖 문화 기관을 통해 레코드로, 라디오 드라마로, 신문 연재 시나리오로, 또는 조선에서 최고라고 할 모회사와 타이업을 하여 신문광고로 선전"[33]했다는 평가를 받았다. 실제로 실연 사진을 담은 시나리오 연재와 영화 제작이 거의 동시에 시작되었고, 개봉 직전에는 이운방 각색, 박진 연출, 복혜숙 해설의 라디오 드라마[34]로 방송되었다. 또 '라이온(ライオン) 치마(齒磨) 회사'와 타이업을 하여 조선일보에 전면 광고를 싣는 등(〈그림 13〉), 당시로서는 보기 드물게 치밀한 마케팅에 신경을 썼던 작품이다.

이 영화는 대학생 순영(이원용 분)과 연숙(신일선 분), 그리고 그 친구들을 다루는 "학생영화"[35]로, 미취학 아동을 위한 교육 문제를 건드리면서도 "남녀 학생 5, 6명이 작반하여 해수욕과 등산"을 하는 "일류 불량 학생"을 그렸다는 비판을 받았다. 또 각본과 각색, 감독을 한 사람(안종화)이 맡아서 함으로써 각본의 단조로움이 해결되지 않았다는 지적도 받았다.[36] 시나리오상으로도 대학생들의 유희와 연애 문제, 선친의 유지를 받들어 교육 사업에 헌신하는 문제, 유한 부인의 섹슈얼리티와 모략 등 초점이

---

31 이규환, 「금강키네마 작품 〈청춘의 십자로〉를 보고 (하)」, 『조선일보』, 1934.10.03.
32 예컨대 윤봉춘도 " … 신일선이는 〈들쥐['야서(野鼠)'를 말함-인용자]〉의 스토리와 같이 알지도 못했던 사나이, 맘에도 없는 사나이에게 오빠의 강권 때문에 전라도 어느 부자에게 시집을 갔는데 … ."라고 회고한다. 윤봉춘, 「나와 영화 반세기: 첫 '데뷰' 작품은 1927년의 〈들쥐〉」, 『월간 영화』, 1974.
33 서광제, 「〈은하에 흐르는 정열〉을 보고(3)」, 『동아일보』, 1935.09.13.
34 라디오 드라마에서는 주인공 백순영을 서월영이, 연숙을 김선초가 연기했다. 「영화극 〈은하에 흐르는 정열〉」광고, 『조선일보』, 1935.09.04.
35 〈은하에 흐르는 정열〉광고, 『동아일보』, 1935.09.08.
36 서광제, 앞의 글 (2), (3), 『동아일보』, 1935.09.12.~13.

산만하게 흩어져 있음을 확인할 수 있다. 신일선이 연기한 연숙은 "음전스럽고 엄숙"[37]한 애인 순영을 존경하여 그의 육영사업을 살리기 위해 부모의 결혼 제의를 받아들이는 희생적인 캐릭터다. 그는 사고로 다리를 잃은 후 결국 사망하고 마는데, 이 후반부의 실연 사진은 줄곧 양장 학생복과 모자를 착용한 발랄한 모습이 묘사되던 전반부의 그것과 대조를 이룬다.(〈그림14-16〉)

〈그림 14〉 「은하에 흐르는 정열」 4회 실연 사진. 이원용과 신일선. 『조선중앙일보』, 1935.08.23.   〈그림 15〉 「은하에 흐르는 정열」 15회 실연 사진. 이원용과 신일선. 『조선중앙일보』, 1935.09.07.   〈그림 16〉 「은하에 흐르는 정열」 19회 실연 사진. 목발을 짚은 신일선. 『조선중앙일보』, 1935.09.12.

한편, 신일선의 컴백에 대해 나운규는 별도의 글을 발표했을 정도로 환영과 충고를 표했고,[38] 1936년에는 신일선과 함께 〈아리랑 3편〉을 만들었다. 이 작품은 나운규와 신일선이 다시 만나 만드는 〈아리랑〉일 뿐만 아니라 '전발성(토키)'으로 만들었다는 점에서 주목을 받았으나, 사운드와 대사면에서 모두 불만족스러웠다. 특히 비난을 받았던 것은 (역시 광인 최

---

37 안종화, 시나리오 「은하에 흐르는 정열」 4회, 『조선중앙일보』, 1935.08.23.
38 나운규는 신일선의 컴백에 대해 환영하면서도 "이제는 얼굴만 가지고 명배우 노릇할 때는 이미 지나갔"으므로 극예술에 대한 공부를 하라고 충고한다. 「'부활한 신일선'관, 극계와 영화계의 이일 저일까지」, 『삼천리』 제5권 제9호, 1933.

영진을 연기한) 나운규가 "철쇄에 얽혀 자유를 잃고 몸부림을 칠 때에 발하는 그 아우성 소리"였다.[39] 데뷔 때부터 '노래'를 잘하는 배우로 주목받았던 신일선도 본인 최초의 발성영화에서는 별다른 수완을 보여주지 못했던 듯하다.

다만 나운규가 연기하는 최영진과 신일선이 연기하는 그 동생 영희의 맥락에서 볼 때, 〈아리랑 3편〉에서 이제 영희가 죽어버린다는 사실은 여러모로 의미심장하다. 이번에도 영희는 겁탈당할 위험 앞에 놓이는데, 오빠 영진은 악한에 의해 감금되는 바람에 그녀를 구하러 오지 못한다. 영희는 스스로를 지키기 위해 식도를 들고 악한을 막으려 했으나 그만 그 자신이 칼에 찔려 사망해 버려서,[40] '아리랑' 시리즈에서 영원히 사라지는 캐릭터가 된 셈이다. 그리고 공교롭게도 다음 해에 나운규는 세상을 떠나고 신일선은 기생이 되어 영화계를 은퇴함으로써, 이 영화는 1926년 〈아리랑〉이 배출했던 스타 두 명이 마지막으로 함께 한 작품이 되어 버렸다.

"하늘을 찌르던" 신일선의 인기는 "다시 바라볼 수 없"게 되었고, 1936년 말 그는 "임생원이라는 이가 경영하는 문수성이라는 순회극단"에 적을 두게 된다.[41] 그리고 1937년 1월, 갑자기 신일선이 기생으로 전신했다는 소식이 전해진다. "명여우" 신일선이 종로서에 기생 영업 허가원을 제출했고 기적은 한성권번이라는 것이다.[42] 한성권번 연예부에서는 2월 '가무극의 밤'을 마련하면서 "얼마 전에 동 권번에 입적한 신일선도 여기의 처녀 무대를 밟게 되었으며 기생으로서 신일선의 초년병 자태를 보이리라"[43]는 소식을 전하는데, 부민관에서 이루어진 이 행사에서 신일선이 선보인 레파토리는 "넌센스[난센스]"였다고 한다.[44]

---

39 김중희, 「〈아리랑 제3편〉을 보고서」, 『영화조선』 창간호, 1936.
40 〈아리랑 3편〉의 경개는 「조선어 전발성 〈아리랑 제3편〉」(『동아일보』, 1936.02.07.) 참조.
41 「화형(花形) 후일담」, 『조선일보』, 1937.01.08.
42 「명여우 신일선, 기계(妓界)에 진출」, 『조선일보』, 1937.01.31.
43 「한성권번 연예부 '가무극의 밤'」, 『조선일보』, 1937.02.10.

"일찍 은막에 죄없고 티끌없는 아담한 자태를 비추어 장안 청춘 사녀(士女)를 뇌살시키"던 그가 왜 기생의 길을 선택했는가 묻는 어느 기자에게 신일선은 다음과 같이 답했다.

> … 영화배우로 지낸대야 어디 생활 안정을 얻을 수 있어야지요. 그러니 생활비는 이렇게 하여 얻고 영화 방면에는 보수같은 것을 바라지 않고 그저 예술적, 양심적으로 나오고 싶어요.[45]

앞서도 언급했듯 신일선의 사생활과 영화 내 캐릭터를 유비 관계에 놓는 언급은 자주 등장하는데, 그가 기생으로 전신한 후 기생 역을 맡아 실연 사진에 출연한 단편 시나리오 「기생 편: 수야(愁夜)」는 그 정점이자 마지막에 놓여 있다. 안종화, 김유영, 이규환, 서광제, 안석영 등 일곱 명의 작가들이 "명류 영화인이 본 여인 생활의 백면상(白面相)"이라는 부제 하에 각자의 단편 시나리오를 『동아일보』(1937.8.15.-9.30.)에 연작 형식으로 연재했던 「여인부락(女人部落)」에서, 당시 가장 유망한 감독으로 부상하던 박기채는 신일선을 '기생' 금주로 등장시킨다. 미신에 빠진 구여성(현순영 분), 허영심 많은 신여성(황정미 분), 카페 여급(현순영 분), 여학생(김연실, 황정미 분), 여배우(복혜숙 분), 권태로운 유한 마담(김소영 분) 등으로 여성을 유형화한 이 프로젝트에, 몇 달 전 실제로 기생이 된 신일선이 '기생' 역을 맡아 참여했던 셈이다. 이 작품은 이후 신일선의 어떤 회고나 기록에서도 언급되지 않고 영화사에서도 누락되어 있는데, 그 연재 시기가 나운규의 사망(1937.8.9.) 직후여서 묘한 울림을 준다. 훗날 1970년의 회고에서 신일선은 자신이 기생 일을 했었다는 내용은 제외하고 있다.[46] 그는 문수성에서 순회공연을 하다가 1938년 5월에 "조용히 은퇴하

---

44 「한성권번 가무극의 밤」, 『조선일보』, 1937.02.11.
45 「장한가 부르는 박행(薄倖)의 가인 신일선」, 『삼천리』 제9권 제4호, 1937.
46 신일선은 나운규의 사망 소식을 들었을 때가 "영화계에서 발을 끊고 문수일 씨가 이끄

기로 결심"했으며, "존경하던 나 선생[나운규-인용자]이 세상을 떠난 것이 내가 은퇴하게 된 큰 동기 중의 하나"라고만 말한다.[47]

〈그림 17〉 「기생 편: 수야(愁夜)」의 신일선과 김일해, 1937.08.29.

〈그림 18〉 「기생 편: 수야(愁夜)」에서 애인 영삼(김일해 분)을 생각하는 금주(신일선 분), 1937.09.01.

〈그림 19〉 1957년 나운규 20주기 기념 영화 〈아리랑(김소동 감독)〉 포스터. "특별출연 신일선"이라는 문구가 보인다. 『조선일보』, 1957.04.19.

신일선의 식민지 시대 마지막 행적으로 남아있는 것은 1937년 9월, 조선 기생들이 중국 친화회에 가서 "황군 위문금 모집 위문 연주회"를 가질 예정이라는 기사,[48] 10월에 평양에서 신불출이 개최한 만담대회에 그가 나품심과 함께 출연한다는 소식 정도이다.[49]

는 '반도예술단'을 따라 평양에서 공연할 때였다"라고 말한다. 신일선, 「무성영화 시대: 남기고 싶은 이야기들(13)」, 『중앙일보』, 1970.12.07.
47 신일선, 앞의 글(14), 1970.12.08.
48 「조선 기생들 총후 적성」, 『매일신보』, 1937.09.14.
49 「만담대회 개최」, 『조선일보』, 1937.10.26.

훗날 신일선은 자신이 25세 때 갑부인 K씨와 결혼하여 의정부에서 살다가 한국 전쟁시 피난 생활을 하며 빈곤해져 평택 등에서 식료품 장사를 했다고 말한다.[50] 이후 그는 나운규 20주기 기념으로 남양영화사에서 제작한 〈아리랑(김소동 감독, 1957)〉에 "영진의 은사 부인으로 한 컷만"[51] 특별출연했고, 1962년 나운규 탄생 60주년 기념 모임에 참석하여 "눈물 어린 목소리로 '아리랑' 노래를 불렀"다.[52] 1963년에는 이규환이 만든 영화 〈상처받은 두 여인〉에 특별 출연했고, 1967년 나운규 동상 기공식 피날레에서는 그가 "〈아리랑〉 라스트 신에서 노래했던 주제가를 독창"하고 "참석자들이 2절을 합창"하기도 했다.[53] 신일선은 1979년 한국영화평론가협회로부터 특별 공로패를 받았고,[54] 1990년 6월 여의도에서 세상을 떠났다.

4. '〈아리랑〉과 나운규의 신일선'으로 기억되다

임화는 1936년에 쓴 「이월화, 신일선」이라는 짤막한 글에서 신일선을 "조선 영화 공연 이래 가장 좋은 여배우로 좋아합니다."라 말하며 〈아리랑(1926)〉의 "가장 전형적인 조선의 처녀"의 이미지를 지적한다.

> 그가 없는 시는 나운규 씨의 걸작 〈아리랑〉은 저만치 조선의 좋은 향토색이라든가 아담한 분위기라든가 연출치 못했을 것입니다. 그는 조선의 나이 어린 처녀를 연묘(演描)하는 때 여태까지의 어느 여배우보다도 출중한 바가 있습니다. 아마 저뿐이 아니라 대부분의 영화 관객들은 신일선을 통하여 가

---

50 「흘러간 별들」, 『동아일보』, 1959.10.29.~30.
51 신일선, 앞의 글.
52 「아리랑도 목이 메어…」, 『동아일보』, 1962.11.24.
53 「춘사 나운규 동상 기공」, 『조선일보』, 1967.11.30.
54 「원로 영화인에 공로패」, 『동아일보』, 1979.12.15.

장 전형적인 조선의 처녀를 느끼었을 것입니다.[강조-인용자][55]

여기서 임화는 신일선의 데뷔 초에 여타 평자들이 말했던 '순결'한 이미지보다는 "조선의 좋은 향토색"을 신일선에 결부시키고 있다. 몇 년 후 임화가 「조선영화발달소사」에서 영화 〈아리랑〉을 가리켜 "소박하나마 조선 사람에게 고유한 감정, 사상, 생활의 진실의 일단(一端)이 적확히 파악되어 있"고 "조선 영화가 탄생 이후 당연히 가져야 할 것이지만 미처 가지지 못했던 것"을 관객에게 주었으며 "일세(一世)의 인기 여배우 신일선을 세상에 내놓"아 "모뉴멘트"가 되었다 평가한 것[56]과 연결되는 시각이다.

하지만 그 당시에나 해방 후에나 〈아리랑〉과 나운규의 '신화화' 과정에서 신일선은 계속 그림자에 머물렀다는 사실을 곱씹을 필요가 있다. 지금까지 살펴보았듯, 신일선은 〈아리랑〉으로 데뷔한 후 매우 다채롭고 활발한 활동을 했다. 6년간의 공백 후 컴백했을 때도, 영화와 음반, 공연 등에서 그가 남긴 업적은 적지 않다. 하지만 근대 초기 '여배우'라는 존재가 놓여 있던 모순적인 좌표(열광과 멸시, 사랑과 혐오가 동전의 양면을 이루는)로 인해 그는 '결혼(및 이혼)' 하나로 낙인찍힌 존재가 되었다. 또 식민지 문화 산업의 열악한 환경 때문에 그가 선택했던 길들(기생으로의 전신, 재혼 혹은 삼혼)은 그 낙인을 더욱 깊게 만들었다. 오랜 시간이 지나 나운규와 〈아리랑〉의 '신화화'가 완료되어 갈 즈음에야 다시 호출되고 기억될 수 있는 자리를 얻었지만, 그에게는 '나운규와 〈아리랑〉의 신일선' 이외의 이름표는 허용되지 않았다. 나운규의 동상 제막식에서 주제가 '아리랑'을 선창할 자격을 가졌던 유일한 생존자로서만 말이다.

생애 끝까지 자신의 15세 시절 데뷔작으로만 기억되었던 신일선. 그로부터 다양한 모습들, 즉 각종 아카이브에 숨겨져 있는 신일선, 희활극의

55 　임화, 「이월화, 신일선」, 『모던 조선』 창간호, 1936.
56 　임화, 「조선영화발달소사」, 『삼천리』 제13권 6호, 1941.

신일선, "까불까불 유쾌하게 뛰노는"[57] 신일선, "그레타 가르보의 요염한 눈"을 좋아하는[58] 신일선 등을 끄집어내는 작업은 후대의 연구자 혹은 팬에게 남겨진 과제가 아닐까 한다.

---

57 「조선 영화계 유일의 화형 여우 일문일답」, 『별건곤』 제7호, 1927.
58 영화인 설문조사에서 신일선은 "그레타 가르보의 요염한 눈이 좋아요...가만히 눈을 내리뜰 때 기다란 속눈썹이 간즈럽게 움직이는 그것이 좋아요."라 답한 적이 있다. (「영화 비상시, 영화인의 저녁: 영화를 떠난 영화 한담」, 『조선일보』, 1936.01.07.) 그레타 가르보(Greta Garbo)의 영화들(〈명모(明眸)의 죄(The Temptress, 1926)〉, 〈안나 크리스티(Anna Christie, 1930)〉, 〈인스피렌숀(Inspiration, 1931)〉 등)은 조선에서 1928년부터 상영되었다.

1930년대 조선영화의 희극(성)과 가족 로망스[*]

⟨싸구료 박사⟩와 ⟨키드⟩(The Kid, 1921) 겹쳐 읽기

최우정

1. 식민지 조선의 '찹푸린' 담론과 ⟨싸구료 박사⟩

일찍이 아리스토텔레스가 "희극은 우리만 못한 인간을 모방하려 하고, 비극은 우리보다 더 나은 인간을 모방하려 한다"[1]고 정의한 이래, 희극과 비극은 서로의 짝패를 이루는 개념으로 간주되어 왔다. 고대 그리스 비극 속 고귀한 인물이 자신의 실수나 결함[하마르티아(hamartia)]을 극복치 못하고 불행한 처지로 전락하는 데서 연민과 공포가 발생한다면, '중간 혹은 하층계급의 삶을 표상하는 데 가장 적합한 장르로서 존재해 온'[2] 희극은 어떤 방식으로든 위기나 갈등 상황을 해결함으로써[해피엔딩(happy ending)] 웃음과 안도를 제공하는 식이다. 이를 영국의 낭만파 시인 바이런은 "모든 비극은 죽음으로 끝나고, 모든 희극은 결혼으로 마무리된다"[3]

---

[*] 이 글은 졸고 「1930년대 조선영화의 희극(성)과 가족 로망스: ⟨싸구료 박사⟩와 ⟨키드⟩ 겹쳐 읽기」(『사이間SAI』 37, 국제한국문학문화학회, 2024)를 다듬고 재구성한 것이다.

[1] 아리스토텔레스, 『수사학 / 시학』, 천병희 역, 도서출판 숲, 2017, 346쪽.

[2] 스티브 닐·프랑크 크루트니크, 『세상의 모든 코미디』, 강현두 역, 커뮤니케이션북스, 2002, 27쪽.

[3] George Gordon Lord Byron, *Don Juan*, The Modern Library, 1949, p.121.

는 시구로 간명히 요약한 바 있다.

'삶은 가까이서 보면 비극이고, 멀리서 보면 희극이다'라는 메시지로 널리 알려진 찰리 채플린(Charlie Chaplin, 1889~1977)은 무성영화 시대의 아이콘이다. 식민지기 조선에서도 그의 인기는 기념비적이라 할 만한데, 이른바 '챂푸린 팬덤' 현상은 당시 관객의 할리우드 선호 경향을 훌쩍 넘어선 것이었다. 박선영에 따르면, 1920년대 중반부터 수입된 채플린의 장편영화는 1930년대 초반까지 대중의 호응과 비평적 찬사를 불러 모았다.[4] 나아가 그는 채플린이 "여타 코미디 배우들과 다른 담론의 층위에 존재"했다고 평하면서, 그것을 가능케 했던 기제로 "채플린 식의 '센티멘털리티'에 대한 감정적 동조"를 꼽는다.[5] 그렇다면 채플린식 감수성(sentimentality)이란 무엇이며, 또 그(의 영화)는 어떠한 존재로 인식되고 있었을까.

① 희극왕 차리-챂푸린은 [···] 뉴욕의 형무소를 찾아 갔었는데 [···] 그의 명화 〈거리의 등불〉을 둘러메고 가서 일천팔백 명의 죄수에게 보여주어 그들의 슬픈 생활을 위로하여 주었다. [···] "제군 이 슬픈 희극배우인 나[···]의 일은 값있는 일이라고···."[6]

② "챂푸린은 소(笑)의 왕인 동시에 누(淚)의 왕이다. 챂푸린의 위대한 소이(所以)는 다만 우리를 웃는 데 있지 않고 동시에 아아(我我)의 정신에 영향을 주는 데 있다. 실제로의 해학은 애수로부터 나온 것이다. 그의 소(笑)와 눈물의 거리는 매우 가깝다."[7]

---

4 박선영, 「식민시기 "웃음의 감각" 형성과 코미디(성)의 발현 – 외화 코미디 수용을 중심으로」, 『영상예술연구』 21, 영상예술학회, 2012.
5 박선영, 「잡후린(囃侯麟)과 애활가(愛活家) - 조선극장가의 찰리 채플린 수용과 그 의미: 1920-30년대 경성 조선인 극장을 중심으로」, 『대중서사연구』 30, 대중서사학회, 2013, 167~168쪽.
6 「희극왕 챂푸린이 수인(囚人)을 영화로 위무: 뉴욕에서만 상영한 자작 영화 〈거리의 등불〉을 수인 앞에 영사」, 『조선일보』, 1931.02.17.
7 「[해외소식] 독일 민(民)의 챂푸린 관(觀)」, 『조선일보』, 1931.04.03.

③ 1932년에도 그는 여전히 세계 스크린-의 왕 […] "나는 내쇼나리스트가 아닙니다, 인터-내쇼나리스트입니다. 나는 어느 곳을 가든지 시골의 촌락과 가난한 사람들이 사는 곳을 보고 싶습니다." […] 그는 머리가 희어지도록 가난한 사람들을 위하여 일을 하여 왔다. **우리들의 챂푸린**이여 괘래 건강하고 장수하라.[8] (모든 강조는 인용자)

1931-1932년에 게재된 위의 기사들은 세 가지 공통점을 가진다. 첫째는 해외 각지(뉴욕, 베를린, 일본)에서 전해진 채플린의 행적을 생생하게 보도한다는 점이다. 이를 통해 채플린은 영화를 매개 삼아 세계인과 '인터내셔널'하게 소통하는 초국적 이동성의 주체로 의미화된다. 물론 여기에는 채플린의 방조(訪朝: 조선 방문)를 기대하지만 현실상 그 소망을 접어야 했던(동시에 방일을 지켜보아야 했던) 변방민으로서의 자의식도 함축되어 있다. 둘째, 채플린을 향한 애정과 숭배를 드러내기 위해 '왕'이라는 수사를 동원한다. "희극왕"·'웃음과 눈물의 왕'·'세계 스크린의 왕' 등으로 호명됨으로써, 채플린은 영화산업을 견인하는 위대한 예술가이자 민중을 일깨우는 실천적 지성인으로 자리매김한다.

셋째, 채플린은 '웃음'으로써 "슬픈 생활을 위로"하는 희극인으로 초점화된다. 이때 중요한 것은, 그가 영화 안팎에서 느끼거나 위무하는 '슬픔'이 빈곤 및 억압의 문제와 직결되어 있다는 점이다. 기사에 의하자면 채플린은 어느 나라에서나 촌부와 빈자를 찾아가며(③), 성대한 초대연을 모두 거절한 채 〈시티 라이트〉(City Lights, 1931) 필름을 짊어지고 가서 수인(囚人)들에게 보여주기도 한다(①). 인용문 ②는 1차 대전의 여파가 남은 데다 불경기까지 겹친 독일에서 한 노동자가 채플린과 "너저분한 술집에서 맥주로 건배"하고 그의 건강을 빌면서 건넸다는 언술이다. 요컨대 1930년대 초반 조선에서 찰리 채플린은 국경을 초월하여 힘없고 가난한 자와 연대하는 "우리들의 챂푸린"으로 (재)구성되고 있었다.

---

8 「스크린의 왕 챂푸린의 기염: 나는 인터내쇼낼리스트」, 『조선일보』, 1932.05.18.

이렇듯 (마치 산타클로스처럼) 채플린을 신화화하는 앞의 기사들과 달리, 「세계적 희극왕 촤플린을 논함」,[9]은 그의 제왕적 위상을 비판적으로 되짚는다는 점에서 특징적이다. 본 글에서 채플린 영화 속 인물형은 "룸펜 인텔리겐치아의 고독한 전형적 인간"이라 일컬어지는데, 이는 '의도적으로 당대 가장 인기였던 미국 영화(인)를 표적화하는'[10] 사회주의 영화비평의 전략적 소산이기도 하다. 그럼에도 채플린이 "누구나 사랑할 수 있고 친근할 수 있는 인간"임을 인정하는 이헌구의 언급은, 채플린식 코미디가 조선 관객의 공통감각과 폭넓게 접속했음을 확인시켜 준다. 해당 평문은 다음의 물음을 남겨둔 채 끝난다. "회고컨대 촤플린과 조선과의 간섭(干涉)이 얼마나 깊었던가? 우리는 무엇을 그에게서 배우고 있었던가?"

① 시내 엑스키네마에서 […] 김영팔 씨의 희극 〈싸구료 박사〉를 안종화 씨의 감독[…]으로 촬영하기로 되었다는데 **희극이 이번에 동 키네마의 첫 시험**인 만큼 일반의 기대가 크리라 하며[11]

② 이 영화의 원작은 **아직도 조선영화계에서 보지 못하던** 풍자적 희극 스토리로서 […] 일반 팬의 기대에 맞으리라 한다.[12] (모든 강조는 인용자)

이 글은 미개봉 영화 〈싸구료 박사〉(1931)를 시나리오[13]와 스틸을 통해 재구성하고 채플린의 〈키드〉(The Kid, 1921)와 겹쳐 읽으려는 시도이다. 위의 두 기사에서 〈싸구료 박사〉가 '아직 조선영화계에서 보지 못했던 첫 희극'으로 소개된다는 사실은 주목을 요한다. 전술했듯 당시 조선에서 채

---

9 이헌구, 「세계적 희극왕 촤플린을 논함」, 『동아일보』, 1931.07.30~08.01.
10 백문임, 「조선 영화비평에서 미국영화의 문제: 1916-1931」, 『현대문학의 연구』 60, 한국문학연구학회, 2016, 283쪽.
11 「엑스키네마 제2회 작품 〈출발〉을 촬영」, 『중외일보』, 1930.08.15.
12 「엑스키네마 3회작 〈싸구료 박사〉」, 『동아일보』, 1931.06.26.
13 김영팔 작, 안종화 각색, 「싸구료 박사」, 『동아일보』, 1931.09.12~10.25. 이후 작품 인용 시에는 괄호 안에 연재분 회차만을 표기한다.

플린이 곧 희극의 대명사였음을 고려한다면, 이때의 "희극(喜劇)"은 현대적인 코미디 개념의 번역어라기보다 채플린 영화의 지시어일 가능성이 높다. 더욱이 〈싸구료 박사〉와 〈키드〉는 도시 빈민과 아동의 버디무비(buddy films)로서 다분한 유사성과 흥미로운 차별점을 보여준다.

이 글에서는 〈싸구료 박사〉와 〈키드〉를 인물형상화·인물구도·서사구조의 차원에서 비교 검토하여, 전자가 후자의 도상(icon)과 이야기문법(formula)을 차용하는 양상을 밝힌다. 그러나 〈싸구료 박사〉를 〈키드〉의 단선적 수용으로 간주하기보다는, 그것이 무/의식적으로 전유되는 방식과 거기에 작동하는 사회경제적 맥락에 초점을 맞춘다. 이를 통해 1930년대 초반 조선에서 외화에 대한 문화적 번역이 어떻게 이루어졌고, 실현(불)가능한 대중의 욕망은 무엇이었는지 탐색해 보고자 한다. 나아가 '피식민-빈민-난민-어린이'로서 주변화된 독자-관객과 〈싸구료 박사〉가 접속하려 했던 이채로운 국면을 살핌으로써, '식민지 조선에서 희극 만들기'가 지니고 있던 영화사적 함의를 도출하기로 한다.

2. 도시 빈민의 재현과 아동노동의 문제

1920년대 중반부터 대중예술계에 몸담던 인사들은 영화, 연극, 라디오 등 여러 매체를 넘나드는 경우가 많았다. 엑스(X)키네마의 김영팔과 안종화도 그러한 예이다. 1927년 조선영화예술협회에서 활동하던 이들은 안종화가 해당 협회에서, 김영팔이 이듬해 7월 카프(KAPF)에서 각각 제명당한 후, 1930년 4월 이우, 안석영 등과 함께 엑스키네마를 설립한다. 주지하듯 엑스키네마의 동인들은 대체로 카프 바깥에 놓인 자들로서, 1930년대 초반 사회주의 문화운동을 주도하던 카프와는 변별되는 영화적 노선을 모색하고자 했다. 다음의 도표는 엑스키네마의 세 번째 영화로 기획되었던 〈싸구료 박사〉의 (미)제작 경위와 〈키드〉의 상영 정보를 정리한 것이다.

〈표 1〉 〈키드〉의 상영 정보와 〈싸구료 박사〉의 (미)제작 과정

〈키드〉 상영 정보[14]		〈싸구료 박사〉 기획-촬영-연재
1922.01.05.	대정관	-1930.08 엑스키네마의 조직 개편 및 배우 모집
1923.12.23.	조선극장	-1931.06 중순 함경도 로케이션 촬영
1926.02.10.	희락관	-1931.07 중순 개봉을 목표로 했으나 번복
1931.10.18.	우미관	-1931.08 엑스키네마가 제일영화흥업사 등과의 합자 체제로 전환
1931.10.29.	우미관	-1931.09 초순 엑스키네마 배우진이 전국 순회공연 출발
1937.04.29.	경룡관	-1931.09.12~10.25 시나리오「싸구료 박사」연재

〈표 1〉에 강조한 바처럼, 「싸구료 박사」의 연재 기간과 〈키드〉의 4·5차 재개봉 일자가 근접해 있음은 의미심장하다. 「싸구료 박사」의 연재가 끝나가/났던 1931년 10월 18일과 29일, 조선인 극장 우미관에서 〈키드〉가 연달아 편성된 것은 우연의 일치가 아니다. 앞서 밝혔듯 〈싸구료 박사〉와 〈키드〉는 도시 빈민과 아동의 버디무비로서 상당한 친연성을 지닌다. 그러나 두 주인공의 극적인 구원으로 종결되는 〈키드〉와 달리, 〈싸구료 박사〉는 어느 노인과 고아가 근대 산업사회의 주변부 노동을 전전하다가 결국에는 유랑민이 되는 과정을 그리고 있다. 더불어 양부-아들-친모(찰리-존-여자)의 삼각형 구도는 친부-손자-딸-양부(싸구료 박사-수남-혜영-나승호)로 변주되어 나타나는데, 우리는 이를 '사각화(四角化)된 인물구도'라고 부르면서 3장에서 살펴보기로 한다.

채플린의 첫 장편영화 〈키드〉는 떠돌이 찰리(찰리 채플린 분)와 버려진 아이 존(재키 쿠건 분)의 빈민촌 일상을 다루는 코미디이다. 식사와 주거가 부실하기는 하지만, 찰리는 경관의 추격을 따돌리거나 달리는 호송차 위에서 몸싸움을 벌일 만큼 건재하다. 반면 〈싸구료 박사〉에서 전경화되는

---

14 본 상영 정보는 백문임·이화진·김상민·유승진 작성, 〈서양영화 상영 DB: 1910-1950〉(미공개 자료)에서 제공받았다.

것은 가난이 오롯이 새겨져 있는, 바꿔 말하면 질병과 통증에 무방비로 노출되기 쉬운 "노옹(老翁)"의 신체성이다. 생산성을 갖추지 못한 노인이 몸담을 수 있는 업종은 실로 제한적이기에, 싸구료 박사(윤봉춘 분)는 '종일토록 구루마에 시달렸으나 하루살이의 벌이가 예산을 어겼음에 은근히 마음이 괴로워지는'(1회) 행상 일로 생계를 부지한다. 햇빛도 잘 들지 않는 창문 아래 "병으로 파리해진 얼굴"(8회)이 병치되어 있는 스틸(〈그림 1〉)은 노환과 생활고로 마모되어가는 육신의 물질성을 고스란히 시각화한다.

〈그림 1-3〉 싸구료 박사와 수남은 도시 변두리, 곡마단, 나 부호의 집에서 줄곧 노동한다. 이들의 몸은 식민주의와 자본주의의 모순이 교차하는 지극히 현실적인 영화적 장소다. (8회, 3회, 13회)

고아 수남(정호 분)의 사정도 별반 다르지 않다. 5살 존이 이따금 돌팔매질을 해서 찰리의 유리창 장사를 돕는 정도였다면, 10세 수남은 그보다 훨씬 강도 높은 노동을 지속해야 하는 처지에 놓여 있다. 곡예에 실패한 수남이 채찍질을 당하는 장면은 아동 인신매매와 납치, 학대가 일어나던 곡마단의 실상을 선명하게 환기시킨다. 아울러 극은 '거기선 일본말로 이름을 불렸다'는 대사를 통해 곡마단이 곧 민족적 억압과 계급적 착취가 병존하는 피식민지의 은유임을 넌지시 암시한다.[15] 그곳에서 도망쳐 나와

---

15 그러나 다른 한편으로 곡마단 시퀀스는 화려한 볼거리를 마련하기 위한 장치이기도 하다. 2회차와 3회차 스틸에서 단역에 가까운 피에로(장암 분)가 재차 등장한다는 점, 게다가 후자(〈그림 2〉)에서 중앙의 수남보다 왼편의 피에로가 한층 부각된다는 점은

거리를 배회하던 "가없은 조그만 생명"(3회)에게 조선어 이름을 붙여주는 대목은, 제국주의와 자본주의가 맞물린 세계의 틈새에서 서로의 취약성을 보듬어주는 상호 돌봄의 공동체가 형성되는 순간이다.

이쯤에서 〈싸구료 박사〉의 생산자들이 〈키드〉를 모델로 취했던 연고의 일면을 가늠할 수 있다. 그들에게 채플린의 영화란, 현실 사회의 구조화된 불평등을 사실적으로 재현하여 그것의 폭력성을 고발하기 위한 방법론적 참조점이었던 셈이다. 더욱 눈여겨볼 점은, 극의 주인공들이 계층과 연령의 조건에서 이중의 하위주체성을 내포한 채 주변부 노동을 담당하는 비가시화된 타자라는 사실이다. 나승호(김영찬 분)의 별장에 머무는 동안에도 싸구료 박사와 수남은 유리창 닦기, 물통 옮기기, 빗자루 청소 등 잡다한 일거리를 떠맡고(〈그림 3〉), '주인집' 인물들의 멸시마저 감내하면서 전근대적 주종관계와 흡사한 생활을 이어간다. 애꿎게 더부살이에서 쫓겨난 그들이 유랑길에 나서는 결말은, 급격한 산업화와 도시화로 인해 '쓸모없는/없어진' 신체들이 삶의 자리를 잃어버리던 상황과도 적실하게 공명한다.

이처럼 비극적 페이소스로 가득한 〈싸구료 박사〉는 어떻게 희극성을 확보하는가. 아이러니하게도 주인공들의 몸은 영화적 웃음을 적잖이 유발한다. 숨바꼭질하던 싸구료 박사가 실수로 혜순(김보신 분)을 '꽉 붙잡았다가 황송한 듯이 굽실거리는'(18회), 베르그송식으로 말하면 '신체적 경직성'[16] 때문에 사회 규범을 위반하는 장면도 일례이지만, 그의 육체는 대개 웃음보다는 연민을 불러일으킨다는 점에서 일정한 한계를 갖는다. 따라서 〈싸구료 박사〉의 희극성은 수남의 캐릭터성에 크게 의존한다. '어느 모로 뜯어보든지 귀염성과 총명이 있어 보이는'(2회) 외모, 재주 넘기

이를 뒷받침한다.

16 "사람이 단순히 다른 사람의 구경거리가 되는 중성 지대에 어떤 종류의 신체적, 정신적 그리고 성격적인 경직성이 있는 것이다. 사회는 그 구성원들로부터 가능한 한 최대의 유연성과 최고의 사회성을 얻기 위해 이러한 경직성을 제거하고자 한다. 이 경직성이 희극적인 것이며, 남들의 웃음은 그것에 대한 징벌인 것이다." 앙리 베르그송, 『웃음: 희극적인 것의 의미에 대하여』, 김진성·류지석 역, 파이돈, 2022, 35쪽.

〈그림 4-5〉 수남의 소년성이 돋보이는 포즈들
(14회, 15회)

나 잡기 놀이로 부각되는 활동성, 싸구료 박사의 근심과 대비되는 천진난만함이 그의 소년성을 구성한다. 하지만 수시로 핍박과 폭력의 대상이 되는 인물만으로는 충분치 않다. 〈싸구료 박사〉가 코미디의 정조를 갖추기 위해서는 비극적 현실의 '리얼'한 재현과는 거리를 둔 별도의 캐릭터와 서브플롯이 요청되는 것이다.

3. 사각화(四角化)된 인물구도와 아버지됨의 재배치

〈키드〉에서 존의 생모인 여자(에드나 펄비안스 분)가 해피엔딩을 완성시키는 인물이라면, 혜영(이정옥 분)은 〈싸구료 박사〉의 가족 멜로드라마적 성질을 강화하는 구심점이다. 그녀는 수남을 보호하는 대리적 어머니이고, 혜순의 의붓언니이자 연적이며, 용식(고효봉 분)의 의붓누이이자 연인이다. "퍽 가냘픈 호리호리한 몸"(5회)으로 조용히 수를 놓고 "용식의 사진을 품에다 안으며 그윽이 사모하는 표정"(15회)을 짓는 혜영은 고소설에서부터 익히 표상되어 온 정숙하고 순종적인 여성상을 연상시킨다. 이는 〈싸구료 박사〉의 생산자들이 채플린식 할리우드 영화를 양식적 기틀로 삼으면서도, 여성인물의 형상화나 로맨스 플롯의 구축에 있어서는 당대 신문연재소설의 통속적 관습을 고수했음을 알려준다.

무엇보다도 작중 혜영은 아버지됨(fatherhood)의 재배치가 이루어지게 하는 매개물이다. 일견 싸구료 박사와 나승호는 극빈자와 "부호"로서 대척점에 있는 듯하지만, 친딸 하나를 둔 홀아비인 그들은 각각 수남과 용식이라는 상징적 아들을 획득한다는 점에서 유비적 관계에 놓인다. 그런데 나승호가 버려진 아이를 둘씩이나 거둬들이는 데다, 빈자들의 군색한 형편에 '자비스런 눈물이 고이는'(11회) 자산가라는 점은 특징적이다. 더구나 공장주인 그가 막대한 손실을 감수해 가며 직공들의 파업을 옹호하는 대목은 마치 허황된 판타지처럼 느껴지기도 한다. 인접한 시기에 발표된 텍스트들과 견주어보면[17] 더욱 분열성이 두드러지는 '자본가의 이상화'를 어떻게 해석해야 할까.

정신분석학자 프로이트가 창안했던 '가족 로망스(family romance)'의 개념은 〈싸구료 박사〉와 〈키드〉가 공유하는 서사구조를 밝히는 데 유용한 분석틀을 제공한다. 그에 따르면, 현실의 부모에게서 실망감을 느낀 아이는 자신의 진짜 부모가 고귀한 신분의 사람이라고 상상함으로써 실현 불가능한 욕망을 충족시키고 심리적인 독립을 이루게 된다.[18] 이를 바탕으로 프랑스의 독문학자 로베르는 소설의 유형을 '업둥이형(enfant trouvé)'과 '사생아형(bâtard)'으로 분류한 바 있다. 언젠가 신분이 회복되기를 기다리며 도취적인 세계를 꾸며내는 업둥이의 성향이 낭만주의 소설의 원

---

17 예컨대 엑스키네마의 첫 번째 영화로 제작된 시나리오 「노래하는 시절」(안석영, 1930)에서 소작농의 딸을 겁탈한 지주는 사용인의 배신으로 죽임당하며, 김영팔이 각색을 맡았던 영화소설 「유랑」(이종명, 1928)이나 안석영의 시나리오 「출발」(1930)에서도 지배계급은 평면적이고 도식화된 악인으로 그려진다. 프로영화의 색채를 띤 시나리오 「화륜」(이효석·안석영·서광제·김유영, 1930)에서 공장주의 물질적 욕망과 여성을 향한 성적인 탐닉이 중첩되는 것도 마찬가지다(최우정, 「시각성과 연루의 감각: 「화륜」이 '대중'을 호출하는 방식」, 백문임 외 편저, 『키네마: 영화소설과 시나리오 1』, 보고사, 2024, 544쪽).
18 지크문트 프로이트, 「신경증 환자의 가족 소설」, 『성욕에 관한 세 편의 에세이』, 박종대 역, 열린책들, 2020, 177~183쪽.

형이 되었고, 아버지와의 혈연을 부정하면서 주어진 현실과 대결하는 사생아의 성향이 리얼리즘 소설의 원형이 되었다는 것이 그의 요지이다.[19]

이러한 관점에서 보건대, 〈키드〉와 〈싸구료 박사〉는 버려진 아이가 각각 부유해진/한 친모와 양부에 의해 타율적으로 구원되는 업둥이식의 이야기 구조를 지닌다. 그러나 이상적 아버지의 가정에서 혜영의 며느리-딸 지위가 공고해질수록 비천한 아버지의 부권(父權) 박탈이 가속화되는 〈싸구료 박사〉에는 사생아식의 원형도 양립한다. 두 주인공이 놓인 계급적 현실을 핍진하게 묘사하는 메인플롯과, 동화적 세계에 가까운 나 부호 일가의 서브플롯이 전연 별개의 서사로 읽히는 것은 그 때문이다. 권명아가 지적했듯, '아비 부정'이나 '뿌리 찾기'의 모티프는 근대적 주체가 새로운 자기 규정을 정립하는 데 "가족이 '권력 관계의 상상적 구조'로 작동하고 있다는 사실을 보여준다."[20] 정리하자면 〈싸구료 박사〉는 '무능한 아버지'와 절연하고 '유능한 아버지'의 왕국으로 편입되기를 갈망하는 '자발적 업둥이'의 욕망이 정교하게 투영된 텍스트라고 말할 수 있다.

〈그림 6-9〉 동일한 구도에서 촬영된 스틸은 무능한/유능한 아버지의 계급성을 대비시킨다. 싸구료 박사가 잃거나 얻는 부권은 혜영, 수남과의 근접성을 통해서도 제시된다. (26회, 16회, 21회, 28회)

그렇다면 자발적 업둥이를 누구로 상정하는지에 따라 자본가의 이상화

19　마르트 로베르, 『기원의 소설, 소설의 기원』, 김치수·이윤옥 역, 문학과지성사, 1999.
20　권명아, 『가족이야기는 어떻게 만들어지는가』, 책세상, 2000, 24쪽.

에 대한 두 가지 해석이 가능해진다. 하나는 〈싸구료 박사〉를 여성 수난담의 일종으로 파악하면서 당대 대중의 환상을 충족시키려 했던 시도로 읽는 것이다. 어려서 버려진 채 "어머니의 얼굴도 모르고 또 아버지도 없이 자라"(22회)났다는 결핍감을 품고 있는 혜영에게, 극은 독살의 위기를 겪게 함으로써 독자-관객의 동정심과 감정이입을 유도한다. 결국 "죽음이 만연한 사회로부터 개인을 보호하며, 개인에게 생명과 재생의 활력을 제공할 수 있는"[21] 이상적인 가족에 안착하기까지 모든 갈등을 해결하는 동력은 고결한 양부의 카리스마다. 이를 통해 억눌린 대중의 욕망은 상징적으로 해소되고, 코미디영화는 해피엔딩으로 끝맺어야 한다는 장르적 규약 역시 지켜진다.

다른 하나는 1927년부터 1932년까지 김영팔의 행보를 추적하면서 그의 정치적 무의식이 투사된 결과로 읽는 것이다. 카프 결성 당시부터 창단 맹원이자 대표 극작가로 활동하던 그는 1927년 2월 경성방송국(JODK)에 입사하면서 조직 내부의 논란에 휘말리게 된다. 또한 제명 3개월 전에 어느 평문에 썼듯, 자신을 둘러싼 비난의 골자가 '프롤레타리아적이지 않은 창작적 태도'[22] 때문이라고 인식하였다. 「싸구료 박사」를 연재한 지 반년이 지난 1932년 5월 단막극 「우스운 작란」 이후 김영팔의 작품 발표가 멈추었음을 감안한다면, 우리는 자본가의 이상화가 조선 프로문학계와 길항하던 작가의 냉소적 시선과 정치적 고아의식을 징후적으로 드러낸다는 결론에 도달하게 된다.

> 독자 제씨에게
> **사정상 후반에 전개시켜야 할 공장 사건은 약(略)했습니다.**
> 앞으로 영화작품에 있어서는 내용에 변동이 있을 것을 삼가 말해둡니다.
> (필자로서) (35회, 강조는 인용자)

---

21 권명아, 앞의 책, 33~34쪽.
22 김영팔, 「소설 비소설 (2)」, 『조선일보』, 1928.04.13.

그러나 후자의 독법은 두 가지 지점에서 한계를 가진다. 첫째는 1931년 9월 만주사변을 기점으로 강화되었던 검열 권력의 영향이다. 모종의 "사정"으로 인해 '공장 사건을 생략'했다는 앞의 전언은, 노동자들의 파업과 투쟁을 다룬 10회와 12회의 스틸이 누락되어 있기에 더욱 예사롭지 않다. 아울러 35회에는 "폐쇄되어 있는 ××인쇄공장"을 "전경(全景)"으로 포착한다는 서술이 있는데, 이는 앞뒤의 문맥과는 조응하지 않는 여실히 의도적인 쇼트다. 식민지 시대의 모든 문학이 "쓸 수 있었던 것"과 "쓸 수 없었던 것" 사이의 긴장 관계 속에서 씌어졌음을 상기하자면,[23] 어떤 텍스트가 내보이는 균열과 결락은 그것이 각인될 수밖에 없었던 외재적인 압력을 지목하기도 한다. 그러므로 '이제부터 공장 옷을 입고 가련한 저들의 가족을 위해 선두에 서라'(23회)고 말하는 자본가 캐릭터는, 그의 입을 빌려서라도 불온한 메시지를 전달하려 했던 생산자들의 불가피하고도 우회적인 전략일 수 있다.

둘째로 「싸구료 박사」는 비단 김영팔 개인의 창작물이 아니기 때문이다. 이를 구체화하려면 작품 후반부의 중심 사건으로 기능하는 괴인 소동이 어떻게 다뤄지는지 짚어볼 필요가 있다. 흑의(黑衣)와 복면으로 외양을 단순화하고 찻잔에 독을 타는 "검은 손"(31회)을 클로즈업하는 등, 극은 괴인에 대한 제한된 정보만을 제시하여 미스터리한 분위기를 조성한다. 또한 사건의 정황을 논리적으로 분석하는 캐릭터가 부재하기에, 흩어져 있는 단서들을 종합해서 범인의 정체를 유추해야 하는 독자는 능동적인 독서 태도를 요청받는다. 이렇듯 당대에 유행하던 추리소설 및 탐정영화의 요소를 적극 차용하여 작품의 스타일을 구축했다는 점은, 〈싸구료 박사〉의 생산자들이 카프 계열과는 여간한 거리를 두되 보통의 독자-관객과 광범위하게 접속코자 하는 세칭 대중영화를 지향했음을 의미한다.

1930년대 조선 극장가에서 여전히 '1910년대와 20년대 초반에 제작되

---

23 한만수, 『허용된 불온 : 식민지시기 검열과 한국문학』, 소명출판, 2015, 22쪽.

었던 채플린의 단편 슬랩스틱 코미디가 소구되었다'[24]는 사실은, 슬랩스틱으로 창출되는 오락성과 볼거리를 어떻게 당시의 맥락 위에 재배치할 것인지가 〈싸구료 박사〉의 생산자들에게 중차대한 과제였다는 말과도 다르지 않다. 1910년대 중반부터 여러 영미권 논자들은 채플린 영화의 "슬랩스틱한 가치들과 유머의 비속성"을 비판해 왔는데,[25] 〈키드〉에는 그의 비천함 못지않게 반영웅(anti-hero)적인 면모가 부각된다. 가령 건장한 체구의 남성과 재치 있게 맞서는 장면이나, 호송차에 실려가는 존을 구하고자 지붕 위를 질주하는 장면이 그렇다. 여자의 저택에 초대받은 찰리가 존의 보호자로서 그녀와 결합할 것임을 암시하는 결말은, 기어코 부권을 지켜내려 했던 그에게 주어지는 상징적 보상이라고 볼 수 있다.

〈그림 10-12〉 괴인 소동을 해결한 용식은 유능한 아버지의 지위를 이어받을 상속자(子)로 거듭난다. 이때 딸들은 두 남성 간의 상징적 거래의 대상으로 활용되거나, "미거하고 철없는" 질투의 화신으로 형상화된다. (7회, 23회, 17회)

반면 표준적인 히어로의 인물형에 해당하는 용식은 괴인 소동으로 말미암아 규범적 남성성을 증명한다. 우수한 성적으로 전문학교를 졸업한 재원이지만 "서재에만 들어박혀서 사회의 공기를 모르는 책상물림"(〈그림 10〉)이라 일컬어지던 그는 맨몸으로 자동차와 대결하며 강건한 신체 능력을 과시한다. 이는 병들어가던 혜영을 구원하는 간접화된 임무에 다름

---

24 박선영, 앞의 글, 164쪽.
25 스티브 닐·프랑크 크루트니크, 앞의 책, 186~187쪽.

아니며, 찰리가 획득했던 남편-아버지로서의 지위는 남편-사위-아들이라는 보다 다각화된 형태로 용식에게 주어진다. 즉 괴인 소동은 서사 외적 층위에서는 자동차 활극이라는 시청각적 스펙터클을 구현하는 방편으로, 서사 내적 층위에서는 엘리트 청년 남성이 가부장-자본가의 권위를 승계받는 입사식으로 작동하는 셈이다.

▲(근사) 용식과 혜영, 호위인들에게 싸여서 자동차에 오른다. […]
▲(대사) 싸구료 박사는 눈물을 거두고 자동차 사라진 쪽을 힘없이 바라다본다. […]
▲(접사) 달리는 차륜 (용전)
▲석양 언덕 / 보따리를 짊어지고 언덕을 넘어서는 싸구료 박사와 수남 (교폐) (완(完)) (35회)

〈그림 13〉 나승호 일가는 괴인 소동을 거쳐 해피엔딩을 맺는다. 괴인의 정체가 밝혀지는 31회의 스틸은, 시나리오상에 등장하지 않는 그리고 억울하게 추방당해야 했던 싸구료 박사를 서사 내부로 불러들인다.

〈그림 13〉은 시나리오상에 거론되지 않는 인물이 등장하는 유일한 사진으로, 이상적인 가족 질서가 안정화되는 시점에 독자-관객의 인식론적인 균열을 발생시킨다. 그러한 균열의 순간은 합리성의 세계로부터 부당하게 밀려나야 했던 '쓸모없고 수상한 자'의 형상을 지각하는 데서 비롯된다. 만일 특정한 상황적 맥락에 따라 부착되는 '괴인'이라는 기표를 불령선인(不逞鮮人)의 알레고리로 읽어 본다면, 싸구료 박사의 부권 상실은 제국-아버지에 의해 주권을 침탈당한 식민지-아버지의 은유로도 해명될 수 있다. 가족적 가치의 회복을 예찬하는 〈키드〉와 달리, 〈싸구료 박사〉는 근대의 가족 로망스적인 정치적 기획과 공모하지 않는다. 한 쌍의 신세대를 태우고 "하나의 연속적이고 진보하는 흐름"으로 달려가는 웨딩 카 뒤에서, '완전한 침체의 변방에 남겨진'[26] 노부(老夫, 老父)는 그저 계속해서 걸어갈 뿐이다.[27]

4. 오려진 사진 귀퉁이와 '난민-천사'의 형상

〈그림 14-16〉 〈싸구료 박사〉에는 상단 귀퉁이가 오려진 3장의 스틸이 있다. 늙고 가난한 주인공은 부호에게 굴종하고, 괴한으로 의심받아 쫓겨나며, 종국에는 유민(流民)이 된다.

위의 세 스틸은 각각 24회, 32회, 35회에 수록된 것으로, 상단의 귀퉁이가 잘려져 있다는 점 외에는 별다른 연관성이 없다. 일부러 이음매를 만들자면, 자본가의 별장에서 행랑아범 노릇을 하다가 위험한 존재로 낙인찍힌 후 정처 없이 방랑을 떠나게 되는 주인공의 박명한 처지를 요약하는 이미지라고 일별할 수 있다. 사진의 프레임에 장식적 처리를 덧붙이는 일은 심훈의 영화소설 「탈춤」(1926)에도 확인되듯 그 자체로 특별한 바는 아니지만, 다음의 사진과 함께 본다면 좀 더 풍부한 해석의 여지가 열리게 된다.

---

26 브뤼노 라투르, 『우리는 결코 근대인이었던 적이 없다』, 홍철기 역, 갈무리, 2009, 189쪽.
27 이글턴은 "비극 속 영웅은 자신의 죽음과 패배를 자유자재로 활용함으로써 본인의 유한한 지위를 초월"하지만, '무한히 생존하는 희극의 등장인물은 그저 계속해서 나아갈 뿐이다'라고 썼다(테리 이글턴, 『유머란 무엇인가: 농담과 유머의 사회심리학』, 손성화 역, 문학사상사, 2019, 103쪽).

 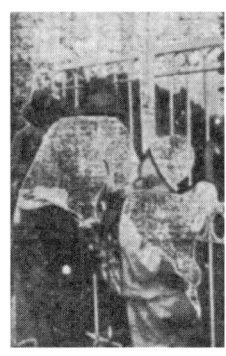

〈그림 17-18〉 〈키드〉의 '천사'들은 안전한 호화주택에 도착하지만, 〈싸구료 박사〉의 '천사'들은 험난한 유랑길에 오른다. 후자의 생산자들은 난민화된 존재들에게 '날개'를 선물한다. (좌: 〈키드〉, 우: 33회)

〈그림 18〉은 〈싸구료 박사〉와 〈키드〉의 상호텍스트성을 현시하는 가장 핵심적인 증거이며, 앞의 사진들이 오려진 모양이 바로 〈키드〉 말미의 '천사' 시퀀스에서 착안한 것임을 알려준다. 찰리와 존은 극적으로 신분 상승을 이룬 여자의 저택에 편입되지만, 싸구료 박사와 수남은 '닫혀서 을씨년스러워 보이는' 문가에서 서성이다가 결국 발붙일 장소를 찾지 못한 채 유랑민이 된다. 즉 완전한 해피엔딩으로써 환영적 세계를 봉합하는 〈키드〉와 달리, 〈싸구료 박사〉의 마지막에는 어디서도 정착하지 못하는 존재들의 비애와 고독만이 남겨진다. 여기에 후자는 노동자들의 파업이 암시되는 공장 쇼트를 삽입하여, 유산계급 가족의 행복이 곧 무산계급이 겪는 억압과 착취와 무관치 않음을 누설한다. 전술했듯 이는 검열 당국의 시선을 염두에 두면서 사회구조적 불평등에 관한 독자−관객의 성찰을 촉구하려 했던 불가피하고 우회적인 전략이다.

과연 〈싸구료 박사〉의 생산자들은 왜 채플린의 영화를 방법론적 참조틀로 삼았던 것일까. 결론부터 말하자면 그것은 프로영화가 흔히 빠지기 쉬운 이념적 경직성을 지양하되, 소위 대중성을 확보하려는 입장에서 발원했다고 이해될 수 있다. 이때의 대중성이란, 엑스키네마의 전작 〈큰 무덤〉을 신랄하게 비판했던 카프 영화부 이규설의 언설처럼 "대중에게 영합키 위한 상업주의에 불외(不外)"[28]하다기보다는 채플린식 코미디가 힘없고 가난한 자들에 '관한' 영화이자 그들을 '위한' 영화일 수 있겠다는 인식에서 기인하는 것이다. 계급적 각성과 투쟁이 후경화된 서사가 이른바 사상적 충실함의 잣대로는 마치 '날개'처럼 미약하고 낭만적이라고 일축되겠지만, 피식민-빈민-난민-어린이로서 주변화된 독자-관객에게 영화적 위로와 즐거움을 제공하려 했던 〈싸구료 박사〉의 시도는 보다 입체적으로 평가되어야 한다.

요약하건대 〈싸구료 박사〉는 제국주의와 자본주의의 모순이 교차하는 현실 속에서 대중예술이 어떠한 역할과 가치를 지니는가 하는 심원한 문제의식을 보여준다. 저간의 한국영화사 연구에서 동원되어 온 민족영화, 경향영화, 신파영화, 활극영화 등의 지배적 범주에 환원되지 않는(혹은 그 모두에 걸쳐 있는) 이 작품이 다각도로 모순적이고 불균질한 텍스트임을 부인하기는 어렵다. 그럼에도 〈싸구료 박사〉는 지금-여기에서 살 수 있는 몸과 그렇지 않은 몸이 구획되는 경계를 비판적으로 사유하게 한다는 점에서 정치적이고, 가족-민족-국가에 포섭되지 못하는 하위주체의 난민성을 서사화하여 그것에 응답하기를 요청한다는 점에서 윤리적이며, 그러한 정치적 탐구와 윤리적 책임을 작품 내용의 차원뿐 아니라 감각의 연결과 전환으로써 잠재할 수 있는 영화 매체의 형식을 통해 모색한다는 점에서 미학적이다. 식민지 조선에서 '희극' 만들기란, 시각과 청각이 접합되는 웃음의 공론장을 형성하는 일이자(喜劇), 유용성과 근대화의 외부에 놓인 이들을 스크린 내부에 조명하는 일이었다(熙劇).

---

28 이규설, 「엑스키네마 2회작 〈큰 무덤〉을 보고 (1)」, 『조선일보』, 1931.03.12.

1930년대 중반 소설과
영화소설의 매체적 경계와 변화[*]

영화 〈춘풍〉(1935) 관련 텍스트 연구

김상민

1. 유실된 영화 〈춘풍〉(1935)을 재구성하기

〈춘풍〉[1]은 1930년대 중반 조선영화계의 변화를 보여주는 상징적인 영화다. '2세대 영화인'을 대표하는 박기채, 양세웅이 이 영화를 통해 조선영화계에 새롭게 등장한 만큼 영화 인력의 세대교체를 알리는 의미를 지니고 있다. 그러나 당시 제작된 많은 영화들처럼 〈춘풍〉 역시 필름이 남아 있지 않아 전체적인 특징을 파악하기 어렵다. 다만 다행인 것은, 〈춘풍〉의 경우 원작소설부터 일부 시나리오, 영화소설까지 유실된 영화를 추측해 볼 수 있는 이차 자료가 풍부하게 남아 있다는 사실이다. 당대의 비평자료와 함께 현재 지면으로 확인 가능한 (1)안석영의 원작소설과 (2)박기채가 수기한 영화소설, (3)『영화시대』에 일부 게재된 시나리오를 종

---

[*] 이 글은 졸고 「1930년대 중반, 소설과 영화소설의 매체적 경계와 변화 : 영화 〈춘풍〉(1935) 관련 텍스트 연구」(『민족문학사연구』 87호, 민족문학사연구소, 2025)를 일부 수정한 것이다.
[1] 1935년 11월 30일 조선극장에서 개봉. 안석영 원작, 각색, 박기채 연출, 양세웅 촬영의 영화로 영화시대사가 제작했다. 이경선(태식 역), 문예봉(영옥 역), 복혜숙(영옥모 역)이 출연했다.

합하면, 영화 〈춘풍〉의 정체를 부분적으로나마 재구성할 수 있다.

작품 및 작가	발표순서 및 매체	영화제작 관련
(1) 원작소설 「춘풍」 - 안석영 작, 화	『조선일보』, 1935.02.10.~1935.04.14.	영화제작 전
(2) 영화소설 「춘풍」 - 박기채 수기(手記)	『조선중앙일보』, 1935.09.17.~10.08. 15회에 걸쳐 연재	영화제작 중
(3) 시나리오 〈춘풍〉 - 안석영 각색, 박기채 윤색	『영화시대』 5권 9호, 1935년 10월호에 일부 게재	영화제작 중

먼저, 1935년 2월 10일부터 4월 14일까지 『조선일보』에 연재된 안석영의 「춘풍」은 '시나리오', '영화소설'이라는 장르로 발표되었던 그의 이전 작품들과는 달리 처음부터 '소설'로 연재되었다. 하지만 영화화 이후인 1936년에 「춘풍」은 '영화소설'이라는 장르명을 달고 단행본으로 출간되어 이 작품이 '소설'인지 아니면 '영화소설'인지 혼란을 더한다.[2] 1936년에 출간된 영화소설 『춘풍』은 현재 한글박물관에서 소장되어 있고, 디지털 한글박물관에서 소설의 첫 페이지만을 확인할 수 있다.[3] 기존의 신문 연재본과 비교해 보면, 전체적인 형식은 거의 동일하고, "그 여자"는 "영옥"으로, "태식의 턱 밑에 닿을 듯이 가져갔다."라는 문장은 "태식의 앞으로 가져갔다." 정도로 수정되어 있다. 기존에 '소설'로 발표되었던 동일한 작품을 문장만 간결하게 수정하여 '영화소설'로 출간했던 것으로 보인다. 아마도 영화 개봉 직후에 단행본이 출간되었으므로, 영화와의 관계를 연상시키는 '영화소설'이라는 장르명이 단행본 홍보에는 훨씬 더 유리했기 때문에 '소설'이 아닌 '영화소설'로 출간되었을 것으로 짐작된다. 따라서 이러한 정황들을 고려한다면, 안석영의 「춘풍」은 처음 발표된 대로 '소설'로 보는 편이 타당할 것이다. 또한 영화 〈춘풍〉 개봉 직후, 민병휘를

---

2 「신간소개」, 『동아일보』, 1936.01.23(4).
3 한글 박물관은 현재 2024년 10월부터 1년간 재개관 준비에 들어가 자료의 확인이 불가능한 상황이다.

비롯한 몇몇 논자들이 이 영화를 안석영의 '소설'을 바탕으로 한 '문예영화'로 언급한 점도 참고할 필요가 있다.

그러나 안석영의 「춘풍」은 '소설' 또는 '영화소설'이라는 장르명으로 분류하는 것이 무의미할 만큼, 그 경계가 모호한 것 또한 사실이다. 「춘풍」은 처음부터 영화소설을 표방한 것은 아니었지만, 영화화의 가능성을 염두에 두고 작품을 쓴 흔적이 곳곳에서 발견되기 때문이다. 이후의 장에서 좀더 자세히 살펴보겠지만, 안석영은 이 소설을 마치 영화연출의 한 수단처럼 활용하고 있다.

안석영의 소설 외에도, 영화와 근사(近似)할 것으로 추정되는 자료로는 (2)『조선중앙일보』에 실린 영화소설과 (3)『영화시대』 10월호에 게재된 시나리오가 있다. 다만 두 자료 중 (3)시나리오는 『영화시대』의 일부 호수만을 현재 확인할 수 있어 영화 전체를 파악하기에는 어려움이 있다. 다행히도 이를 보완할 수 있는 자료로 박기채가 쓴 (2)영화소설 「춘풍」이 있다. 『조선중앙일보』에 1935년 9월 17일부터 10월 8일까지 연재된 이 작품은 영화소설이라고 명시되지는 않았지만, 연출자인 박기채가 영화의 기획 단계부터 촬영기간 동안 영화의 내용을 소설처럼 옮겨 놓은 영화소설의 성격을 지니고 있다. 이러한 박기채의 (2)영화소설과 (3)시나리오는 유실된 영화를 재구성하는 데 중요한 자료이자, 원작이 영화에서 어떻게 각색되었는지를 보여준다는 점에서 상세한 분석이 필요하다.

따라서 이 글은 (1)안석영의 원작소설, (2)박기채가 수기(手記)한 영화소설, (3)『영화시대』에 게재된 시나리오(일부)를 오가며 영화 〈춘풍〉을 재구하는 것은 물론 영화를 둘러싼 각 텍스트의 성격을 분석하는 것을 목표로 한다. 특히 안석영의 원작과 박기채가 쓴 영화소설, 시나리오는 그 자체로서의 학술적 가치도 있지만 결정적으로는 당대 영화 제작 과정에 반영된 영화와 문학의 상호작용을 여실히 보여준다는 점에서도 자세히 분석해 볼 필요가 있는 자료들이다.

2. 영화소설 「춘풍」의 성격과 목적

영화 〈춘풍〉을 제작한 영화시대사는 자신들이 발간하는 영화잡지인 『영화시대』에 〈춘풍〉에 대한 홍보 성격을 지닌 기사를 영화 개봉 두 달 전인 9월부터 집중적으로 싣기 시작했다. 이와 유사하게 영화개봉 전 박기채가 『조선중앙일보』에 발표한 영화소설 「춘풍」 또한 영화 홍보와 함께 무성영화에 대한 해설의 효과를 동시에 노린 것으로 보인다.

실제로 이 영화소설에는 영화의 홍보는 물론 개봉 일정과 관련하여 정밀한 고려를 한 흔적이 발견된다. 가령, 1회에는 "(형편상 이상의 처소가 변경되는 때는 따라서 이상의 장면까지 각본이 달리 변할는지도 모른다.)"라는 메모 성격의 구절이 있는데, 이는 해당 영화소설이 영화 촬영 전 제작 준비 과정에서 미리 계획된 것임을 말해준다. 아울러 이 1회에는 이후 촬영된 영화의 스틸사진까지 함께 수록하여 영화 홍보의 효과를 극대화하려 한 것으로 추정된다.[4] 이렇듯 촬영 전부터 계획되었던 영화소설 「춘풍」은 영화의 스틸사진과 함께 9월 17일부터 10월 8일 사이에 연재되었다.

이러한 연재 일정은 연재가 끝난 후 독자들이 영화 〈춘풍〉을 극장에서 바로 볼 수 있게 고려한 것이었다. 물론 〈춘풍〉의 실제 상영은 11월 30일

---

4 물론 영화소설에 수록된 사진이 실제 영화 스틸인지, 아니면 영화소설을 위해 따로 제작된 이미지인지는 면밀히 따져볼 필요가 있다. 「탈춤」(1926), 「백의인」(1927), 「승방비곡」(1927), 「도화선」(1933), 「애련송」(1937) 등의 영화소설들은 삽화 대신, 영화소설만을 위한 이미지 사진을 별도로 촬영하기도 했기 때문이다. 하지만 영화소설 「춘풍」에는 실제 영화의 스틸 이미지가 사용된 것으로 추정된다. 이렇게 추정하는 근거는 영화가 개봉할 때 신문 기사에 영화 〈춘풍〉의 장면이라고 소개된 스틸들이 모두 박기채의 영화소설 속 이미지와 일치하기 때문이다. 또한 영화소설 마지막 연재분인 10월 7일에는 2주 후 영화가 개봉한다고 예고되는데, 그 시간상 해당 이미지는 실제 영화 장면의 스틸일 가능성이 높다. 다만, 1935년 『영화시대』 9월호(8호)의 〈춘풍〉 특집 화보에는 실제 영화의 주연이었던 이경선이 아닌, 최남용이 태식 역으로 소개된 별도의 이미지들이 사용되고 있다.

에야 이뤄지긴 했지만, 원래 영화 개봉은 연재가 끝나는 10월 중순으로 예정되어 있었다. 박기채의 영화소설 마지막 회는 "금월(10월) 26일쯤 시내에서 상영"이라는 문구로 끝이 나고 있으며,[5] 곧 영화가 개봉한다는 광고 역시 신문에 빈번하게 실리고 있었다.[6] 이를 종합해보면, 박기채의 이 영화소설은 영화의 스틸을 수록하여 홍보 효과를 극대화하고, 연재가 완결되는 시점과 영화의 극장 개봉이 유기적으로 연결되도록 기획되고 발표된 작품이었다는 것을 알 수 있다.

그런데 이전에 발표된 영화소설 중, 「춘풍」처럼 영화의 상영시기까지 정밀하게 고려하여 영화와 함께 공개된 경우는 그리 흔하지 않았다.[7] 이는 영화시대사를 이끌며 영화소설을 여러 편 발표해 온 제작자 박루월[8] 또는 영화의 기업화를 구상하고 있던 박기채의 기획력에서 비롯된 것으로 추정된다. 실제로 〈춘풍〉의 영화평을 발표한 민병휘에 따르면, 영화시대사는 영화 제작 전부터 "각 예술부문에서 일하는 여러 명사에게 방문하여 「춘풍」을 영화화하는 데 그 의의가 있겠는가! 없겠는가?를 문의"[9]했고, 그 결과를 『영화시대』에 싣고 좌담회까지 열 정도로 영화에 대한 기획 활동을 적극적으로 진행했다고 한다.

이처럼 영화와 영화소설을 동시에 발표하는 〈춘풍〉의 전략은 미국의 연속영화 시기에 활성화되었던 타이-인(tie-ins) 소설의 전략을 연상시킨

---

5 박기채, 「춘풍」, 『조선중앙일보』, 1935.10.08(4).
6 10월 개봉 예정을 알리는 기사와 광고는 다음과 같다. 「안석영씨의 소설 『춘풍』 영화화」, 『조선일보』, 1935.09.20(3); 『매일신보』, 1935.10.12(3); 『조선중앙일보』, 1935.10.17(3).
7 이와 유사한 대표적인 사례로는 심훈 연출의 〈먼동이 틀 때〉를 들 수 있다. 영화개봉일정인 1926년 10월 26일부터 삼일 간 영화의 줄거리(梗槪)가 『조선일보』에 비교적 상세히 소개되고 있다. 안석영의 영화소설 「노래하는 시절」 역시 영화 촬영 중 공개되었다. 7화까지는 안석영의 삽화로, 그 이후는 실연사진이 삽화를 대신하고 있다.
8 『영화시대』와 박루월에 대해서는 이화진의 연구를 참조할 것. 이화진, 「영화를 읽는 시대의 도래, 『영화시대』(1931-1949)-한국 근대 영화잡지와 토착적 영화 문화」, 『한국극예술연구』 63, 한국극예술학회, 2019.
9 민병휘, 「"춘풍"은 문예영화인가」(1), 『조선중앙일보』, 1935.12.08.

다. 미국 무성영화 시기의 타이-인 소설을 연구한 벤 싱어에 따르면, 이 시기 미국의 연속영화는 초기(원시적)영화에서 고전적 영화로 전환되는 도정에 있었고, 영화는 아직 독자적인 이야기 전달 체계를 마련하지 못한 상황이었다. 이러한 상황에서 신문이나 잡지에 연재된 타이-인 소설은 영화에 대한 효과적인 대응물로서 홍보는 물론 연속영화에 대한 관객들의 이해를 보조하는 역할을 했을 것이라고 추정된다.[10]

물론 〈춘풍〉이 개봉한 1935년 무렵 조선의 무성영화 역시 어느 정도 내러티브의 전달 체계를 구축한 것으로 추정할 수 있는 만큼, 벤 싱어가 분석하고 있는 미국의 해당 시기와 〈춘풍〉의 경우는 분명 그 맥락이 다를 수 있다. 하지만 한 가지 고려할 점은, 〈춘풍〉이 무성에서 발성영화로의 전환이 활발히 이뤄지던 시기에 개봉되었던 만큼 발성영화와의 경쟁이 불가피한 상황이기도 했다는 사실이다. 한 예로 〈춘풍〉의 신문광고에는 "발성영화를 능가하는 초규모적 순수예술편"[11]이라는 문구가 관찰되는데, 이는 〈춘풍〉의 제작 주체 또한 발성영화와의 경쟁을 상당 부분 의식하고 있었다는 사실을 말해준다.(〈그림1〉의 원) 이러한 상황에서 박기채의 영화소설 『춘풍』은 개봉 예정인 영화의 한 장면을 스틸 사진으로 매회 소개하고, 그 장면을 소설의 형식으로 상세하게 서술함으로써, 홍보는 물론 영화의 내용에 대한 관객들의 이해를 돕고자 하는 목적을 지녔던 것으로 보인다.[12]

---

10 Ben singer, "Fiction tie-ins and narrative intelligibility", *Film History*, Vol. 5, No. 4, Indiana University Press, 1993.12, pp.489~490.
11 『조선일보』, 1935.11.30.
12 조선영화의 제작 역사가 십여 년이 훨씬 경과했음에도 여전히 영화의 서사적 유기성에는 일정한 문제가 있었던 것으로 보인다. 〈춘풍〉에 대해 가장 상세한 영화평을 쓴 서광제 역시 서사적 유기성과 관련하여 다음과 같이 지적하고 있다.
"회고적 장면이 너무 많은 것도 감독 상 기술 부족으로 보여주는 것이 가령 영옥이가 자기가 다니는 학교 앞을 지나갈 때 그 전에 재학 당시에 놀던 것이 회고적 장면으로 나타났으나 그가 윤락된 후 그 학교 앞을 지날 때에 플래시 빽으로 그것을 보여주었더라면 더 효과적이었을 것이다. **이러한 장면 즉 알지 못하였던 장면이 별안간에 나오는**

〈그림 1〉『조선일보』(1935.11.30)에 실린 영화 〈춘풍〉 광고

실제로 이러한 의도는 (3)의 〈춘풍〉 시나리오와 비교해 보면 확연히 드러난다. (3)시나리오가 영화의 모든 장면을 시각적으로 상세히 묘사하는 데 치중하고 있다면, 영화소설은 시각적 묘사는 간결하게 제시하면서 내러티브를 중심으로 각 인물의 내면 심리를 더 구체적으로 서술하는 방식을 취하고 있다. 이러한 차이는 〈춘풍〉 개봉 당시 비평적으로 가장 주목받았던 첫 장면[13]을 영화소설과 시나리오가 어떻게 표현하고 있는지를 비교해 보면 더 명확히 알 수 있다.

1) 시나리오의 경우

　　원숭이
　　호랑이
　　사자
　　하마
　　코끼리

　　데가 서너군데 있다."-서광제, 「영화 〈춘풍〉을 보고」, 『동아일보』, 1935.12.05~12.
13　서광제, 「영화 〈춘풍〉을 보고」, 『동아일보』, 1935.12.05~12; 심훈, 「박기채씨 제1회 작품 〈춘풍〉을 보고서」, 『조선일보』, 1935.12.07.

영옥모는 과자를 던지고는 웃는다-(WO)
S. 어린이 노는 곳
滑走臺를 타고노는 어린이들
列을 지어 가지고 섰는 어린이들-그 가운데는 영옥모도 섞여서서 벙글벙글우스며 차례를 기다리고 있다.
태식이와 영옥이도 어머니의 차례를 기다리고 있다.
두활개를 버리고 타고 내려오는 어머니 뒤가 급한지라 급히 달려와서 태식과 영옥에게 부닥친다. 영옥모 기침을 한다.
무의식중에 태식과 영옥은 몸과 몸이 부닥치고 손이 쥐어졌다.
태식과 영옥은 서로 어이가 없는 듯이 얼굴을 붉힌다.
(FO)
S, 잔디밭
영옥모는 고달퍼서 草席 위에 누워있고 태식과 영옥은 연못을 내려다보고 앉었다.
영옥모 눈이 감긴다.
태식과 영옥은 침묵이 계속된다.
영옥은 고개를 들어 입을 연다.
T. 『언제 떠나세요』[14]

2) 영화소설의 경우

이들은 원숭이, 코끼리, 호랑이, 사자, 하마 등등 보고 웃고 놀라고 깨닫고 생각하고 하는 잔디밭에 앉았다.(형편상 이상의 처소가 변경되는 때는 따라서 이상의 장면까지 각본이 달리 변할는지도 모른다.)영옥이가 들고 온 점심 보자기를 펴자 이들은 따스한 봄볕 아래 새 생명이 돋아오는 흙 위에서 점심을 먹었다. 이들에게 있어서 일 년에 한 번씩 오는 그 짜른 봄이나마 태식이가 동경을 간다는 바람에 이 인상 깊은 즐거운 이 봄날을 이런 곳에서 보내게 될 수 있었음이 그들의 마음을, 더구나 영옥의 마음을 기쁘게 한 것이요,

---

14 「문예영화 춘풍(씨나리오)」, 『영화시대』 5권 9호, 1935.10, 125~126쪽.

또한 서운하게 한 것이다. 영옥의 어머니-죽을 날이 가까워 오는 늙은 과부의 그 마음은 더욱 쓸쓸했지만...(a)
　이들은 반나절 동안 이 유원지에서 해를 보냈다. 그러는 중에 영옥의 가슴은 바지직바지직 태우면서도 앞날이 허전허전하게 하는 것이 있어 웬셈인지 우울한 것이 그 자신도 무슨 까닭인지 몰랐으나 다만 태식이가 자기 집을 떠나고 이 서울을 떠나고 조선을 그리고 이곳에는 영옥이 자신이 새로운 천지에 눈이 뜨이는 때 이 봄에 떠난다는 것이 퍽이나 애처로웠던 것이다. 그러나 무엇을 가지고 태식의 마음을 꺾어볼 수 있으랴. 태식은 - 그렇지, 오빠는 위인이 된다. 이 위인의 걸음을 막지는 못한다. 무슨 수로든지 그의 한쪽 팔 아니 손가락 하나라도 되어보자. 이것이 가련한 영옥이의 마음의 속삭임이다.(b)
　-언제 떠나서요-[15]

　두 예문에서 보듯, 시나리오는 각 장면에 대한 시각적 단서들을 모두 상세하게 묘사한 반면, 박기채의 영화소설은 서술자의 말을 빌려 영화에서는 직접적으로 표현하기 어려운 인물들의 생각, 내면 심리를 더 상세하게 서술하는 데 집중하고 있다.(a, b) 시나리오와 대비되는 영화소설의 이러한 해설적 속성은 관객들의 이해를 돕거나 부연 설명한다는 점 외에도, 영화의 관람만으로는 파악할 수 없는 서사적 정보를 추가적으로 제공했다는 점에서 타이-인 소설과 유사한 역할을 수행했음을 짐작해 볼 수 있다.
　물론 관객들이 영화를 관람하기 전에 이 영화소설을 사전에 얼마나 읽고 갔고, 이러한 마케팅이 상업적으로 얼마나 실효성이 있었는가는 정확히 추산할 수 없다. 하지만 영화소설에서 서술되고 있는 부분은 개봉 영화에 대한 상세한 서사적 보조 수단을 넘어 영화에서는 표현할 수 없는 의미 영역을 영화소설이라는 매체적 속성을 빌려 가시화했던 만큼, 당시 상영된 영화의 특수성을 단적으로 보여주는 예로 주목할 필요가 있다.

15　박기채, 「춘풍」, 『조선중앙일보』, 1935.09.17~18.

3. 안석영의 가상 스크린-
원작소설「춘풍」(1935)에 구현된 영화적 연속성(continuity)

　박기채의 영화소설「춘풍」에서 또 하나 주목해야 할 점은 안석영이 쓴 원작 소설의 영향력이 지대했다는 사실이다. 박기채는 일본에서 귀국 후 다른 영화를 연출하기 위한 가능성을 타진했으나 여의치 않았고, 곧바로 안석영의 소설「춘풍」을 영화화하는 쪽으로 선회하며 안석영에게 각색까지 맡겼다. 박기채는 안석영의「춘풍」을 선택한 이유로「춘풍」이 "소설로 보다도 영화적 스토리로서 그 구성이 최근에 보기 어려운 훌륭한 작"[16]이었기 때문이라고 밝히고 있다. 이는 박기채가 안석영의 원작 소설「춘풍」이 가진 영화적 속성 때문에 해당 작품의 영화화를 결심했다고 해석해 볼 수 있는 부분이다.

　이를 뒷받침할 수 있는 주요한 근거는 영화장면으로 추정되는 박기채의 영화소설 속 스틸사진이다. 이 사진들은 원작의 주요 삽화의 구도를 적극적으로 차용하는 방식으로 촬영되어 있다. 예를 들어, 영화의 첫 장면인 공원 장면은 원작 소설 속 9회의 삽화와 유사하며, 영옥이 학교를 졸업하는 장면 역시 소설 21회의 삽화와 거의 흡사한 구도로 연출되었다. 이러한 유사성은 영화 〈춘풍〉이 소설의 내용뿐만 아니라 삽화와 같은 시각적인 영역에서도 상당 부분 안석영의 원작소설「춘풍」에 의존하고 있었음을 보여준다.

16　박기채,「춘풍의 영화화-감독자로서-」,『영화시대』5권 8호, 1935.09.

〈그림 2〉 9회의 삽화

〈그림 3〉 21회의 삽화

그렇다면 안석영 원작 「춘풍」은 박기채의 말처럼 어떠한 부분에서 "영화적 스토리로서 그 구성"이 뛰어났던 것이었을까. 실제로 안석영은 박기채의 평가처럼 영화의 매체적 성격을 소설 내부로 적극적으로 끌어들이고 있으며, 소설의 삽화와 언어적 서술을 활용해 소설을 통한 가상의 영화연출을 시도하고 있다.

이를 가장 상징적으로 보여주는 예가 38회(1935. 3. 27)의 삽화다. 태식의 친구 명환이 기생 영화에게 인력거를 보내고, 영화가 이 인력거를 타는 장면인데, 이 장면은 이후의 삽화(〈그림 4〉)처럼 창과 창틀을 통해 장면화되고 있다. 이 삽화가 특징적인 이유는 소설의 내용상 누군가가 창밖을 통해 관찰하는 시점이 아님에도 불구하고, 영화가 인력거 타는 장면이 창과 창틀을 통해 형식화되었다는 점이다. 이 삽화에서 관찰되는 '창과 틀'의 형식화는 영화의 매체성에 대한 인식과 결부된 표현으로, 영화연출과 영화적 구성에 대한 안석영의 의도를 단적으로 보여주는 부분이기도 하다.[17]

주지하듯 '창과 틀'은 영화(스크린)의 매체성을 설명하는 비유체계로 여러 연구자들에게 빈번하게 언급되어 왔다. 대표적으로 토마스 엘새서는 세 가지 정도의 이유를 든 바 있는데, 첫째는 창과 틀이 "사건에 대한 특별한, 시각적 접근방식을 제공한다"는 점에서,

〈그림 4〉 38회의 삽화

그리고 두 번째는 이차원적 스크린이 관객의 관찰 과정에서 (가상의)삼차원적 공간으로 변화하여 스크린의 범위를 넘어 열려 있는 듯한 인상을 전달하는 점을 그 이유로 제시한다. 그리고 마지막은 "영화 속 사건으로부터 완전히 분리"된 거리감을 관객에게 제공한다는 사실을 든다. 엘새서는 이러한 점들을 토대로 창과 틀이 현실(사건)에 대한 시각적 관찰과 관객의 심리적 거리를 조정하는 영화 그 자체에 대한 존재론적 비유가 된다고 주장한다.[18] 이러한 맥락에서 보자면, 창과 틀로 형식화된 안석영의 삽화 또한 소설 속 서사 세계를 스크린처럼 독자에게 펼쳐 보여주려는 의도가 집약된 장면이라고 해석할 수 있을 것이다.

실제로 소설 「춘풍」의 삽화는 단순히 소설의 사건에 대한 시각적 환기나 관련 표상을 제공하는 수단을 넘어서 적극적으로 영화의 매체성을 원용하는 방식을 취한다. 안석영은 식민지 시기를 대표하는 소설 삽화가이기도 했던 만큼 그의 삽화가 가진 특징에 대해서는 최근 관련 연구들이 활발히 제출된 바 있다. 공성수,[19] 최민지[20]의 연구가 대표적인데, 두 연

---

17 「춘풍」 발표 이전, 안석영의 여러 영화 관련 작업에 대해서는 한상언, 「안석영의 영화소설 〈노래하는 시절〉 연구」(『근대서지』 16, 근대서지학회, 2017)를 참조할 것.
18 토마스 엘새서 외, 윤종욱 역, 『영화이론』, 커뮤니케이션북스, 2012, 66쪽.
19 공성수, 「한국 근대 소설 삽화가 연구(1)」, 『국제어문』 96, 국제어문학회, 2023.
20 최민지, 「신문소설 삽화의 매체적 특성에 관한 연구-안석영 삽화를 중심으로」, 서울대학교 석사학위논문, 2020.

구 모두 삽화가로서의 안석영의 위상은 물론 그의 삽화의 특징을 세밀하게 분석하고 있다. 특히 두 연구는 공통적으로 안석영이 그린 삽화와 영화와의 관련성을 조명하고 있기도 하다. 두 선행 연구 모두 안석영의 영화적 경력과 당대 영화의 매체적인 영향력을 충분히 고려한 만큼 동의할 만하지만, 「춘풍」에는 기존 연구에서는 언급되지 않았던 「춘풍」 삽화만의 영화적 특수성 역시 존재한다.

그 특수성으로는 '영화적 연속성'과 관련한 두 유형의 이미지들을 들 수 있다. 실제로 「춘풍」의 삽화에는 주요 인물의 등진 이미지와 함께 프레임의 가장자리에 손이나 하반신처럼 다소 거칠게 분할된 신체 이미지가 빈번하게 등장한다. 먼저 두 사람이 대화하는 장면에서 한 사람의 뒷모습이 크게 부각된 이미지들은 삽화의 목적에서 보자면, 서사 정보 전달의 효율성이 크게 떨어지고, 회화의 측면에서도 불완전한 이미지에 가깝다. 또한 프레임의 가장자리에 위치한 인물들의 분할된 신체 이미지 역시 단일한 삽화로 보기에는 구도의 측면에서는 잘 이해되지 않는 것이 사실이다.

하지만, 이 이미지들을 '영화적 연속성'을 담보하는 요소로 이해할 때는 그 의미가 달라질 수 있다. 먼저 가장 대표적인 특징 중에 하나는 등진 인물의 이미지인데, 이를 영화적 관점에서 보자면 '오버 더 숄더 쇼트'(over-the-shoulder shot)에 해당된다. 주지하듯 '오버 더 숄더 쇼트'는 영화적 연속성을 담보하기 위해 쇼트/역쇼트의 편집에서 흔히 사용되는 것이다. 실제로 일 년 후 개봉된 영화 〈미몽〉(양주남, 1936)의 대화 장면을 보면, 쇼트/역쇼트 편집은 물론 '오버 더 숄더 쇼트'가 당대 조선영화에서도 흔히 사용되고 있었다는 것을 확인할 수 있다.

〈그림 5〉 대화 장면에서 등진 이미지가 부각 된 삽화들(16회, 46회, 48회의 삽화)

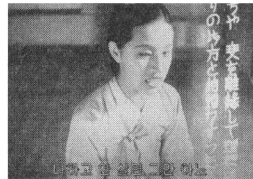

〈그림 6〉 영화 〈미몽〉의 대화 장면 속 연속된 세 쇼트

그리고 안석영의 삽화 중 두 번째 특징 역시 유사한 맥락에서 파악할 수 있다. 앞서 이야기한 것처럼, 화면의 프레임의 가장자리에 불완전하게 걸쳐있는 인물들의 파편적 이미지는 의미 전달의 측면은 물론 미학적인 측면에서도 보자면 불완전한 요소이다.[21] 하지만 '오버 더 숄더 쇼트'처럼, 연속된 쇼트 중의 한 쇼트라면, 부분적인 신체 이미지 역시 전후 쇼트의 영화적 연속성을 담보하는 단서로 기능할 수 있다. 즉 두 유형의 불완전한 이미지는 모두 영화적 연속성과 관련된 관습을 시각화하고 있는 것이다.

---

21 공성수 역시 분할된 신체와 관련하여 안석영의 소설의 삽화를 분석한 바 있지만, 프레임의 가장자리에 잘린 이미지가 아닌 시각적 충격이나 클로즈업과 관련하여 주로 논의하고 있다. 공성수, 『소설과 삽화의 예술사』, 소명출판, 2020, 174~179쪽.

〈그림 7〉 프레임 가장자리에 놓인 인물들의 잘린 이미지
(위에서부터 20회, 21회, 32회, 47회의 삽화)

물론 관점에 따라 삽화에서 관찰되는 분할된 신체들의 이미지가 과연 연속성을 담보할 수 있는가에 대해서는 회의적일 수도 있다. 단일 삽화에서 연속성을 구현하더라도 그것은 단지 정지된 이미지일 뿐 그 자체로 연속성을 담보한다고 보기는 어렵기 때문이다.[22] 하지만 이러한 영화 매체성의 원용을 단일 삽화의 차원에만 한정하지 않고 소설의 언어적 서술과 유기적으로 연결되어 있는 구조로 생각해 본다면 그 의미는 달라질 수 있다. 안석영의 삽화를 연구한 최민지는 스토리 구성에 필요한 요소가 없는 삽화의 경우에도, 이미지에 대응하는 스토리가 소설 텍스트를 통해 제시되었다는 점을 들어 삽화에 항상 스토리가 담지되어 있다고 주장한 바 있다. 그런데 인물들의 불완전한 이미지가 존재하는 「춘풍」 삽화는 단순히 스토리를 담지하는 차원을 넘어서 삽화의 전후에 해당되는 쇼트

---

22 최민지의 경우 단일 정지 이미지인 삽화는 아주 짧은 스토리 시간만을 담지하고 있음을 지적하면서, 안석영은 이를 극복하기 위해 하나의 화면 안에 오랜 시간 동안 진행된 여러 움직임을 동시에 그려 넣는 경우도 있었다고 설명한다.(최민지, 앞의 글, 30쪽)

를 언어의 시각적 묘사로 채움으로써 영화적 연속성을 구현한다는 특징을 보인다. 예를 들면, 「춘풍」의 삽화 중 프레임의 끝에 제시된 분할된 신체 이미지들은 주로 인물들의 대화 장면에 주로 나타나고, 그 다음 쇼트에 해당되는 역쇼트는 다음과 같이 언어적 묘사로 보충된다.

안석영, 「춘풍」 20회(1935.03.06)의 삽화 및 전후의 언어적 묘사

교무주임과 영옥의 대화로 이루어진 20회의 삽화가 대표적인데, 이를 표로 다시 시각화해 보면, 삽화의 전후에 해당되는 부분들이 언어적 묘사로 연결되어 있는 것을 알 수 있다. 그리고 교무주임을 중심으로 한 삽화 (2)의 가장자리에 위치한 영옥의 이미지는, 역쇼트에 해당되는 부분인 (3)에서 영옥의 말과 행동 묘사로 이어진다. 이를 종합해보면, 20회의 삽화를 중심으로 연속된 쇼트에 해당되는 부분에 언어적 묘사 장면이 배치되고, 이를 통해 연속성이 확보되는 것을 확인할 수 있다.(1→2→3)

결국 안석영은 언어적 묘사를 통해 영화의 장면을 대신했던 것인데, 이때 이러한 안석영의 시각적 묘사를 관통하는 주요한 원리는 영화에 대한 '에크프라시스'(ekphrasis)라 할 수 있다. 시각 대상에 관한 언어적 묘사를 말하는 '에크프라시스'는 고대 수사법에서부터 오늘날의 디지털 미디어에 이르기까지 다양한 방식으로 확장되어 오고 있다.[23] 소설의 문자

적 질료를 통해 영화를 상상적으로 재구성하려던 안석영에게도 '에크프라시스'는 필수적인 원리라 할 수 있었다. 실제로 에크프라시스의 원리가 적용된 묘사 장면에서는 당대 영화에서 흔히 구사되던 여러 영화적 기법들이 관찰되는데, 인물의 시점 쇼트(point-of-view shot), 플래시 포워드(flash-forward), 몽타쥬(montage) 등이 포함된다.

안석영 소설에 나타난 첫 번째 영화적 특징으로는 먼저 인물의 시점 쇼트에 대한 에크프라시스를 들 수 있다. 소설 2회에서 주인공인 태식의 시점 쇼트는 다음과 같은 방식으로 묘사되어 있다.

> 태식은 이 여자에게서 얼른 시선을 옮겨 방 안을 살피기 시작했다.(중략) 그는 이 벽에서 저 벽으로, 천정에서 방바닥으로 시선을 옮겨 보았다. 그러나 그의 눈에는 그림, 영화배우의 사진, 수로 놓은 풍경화, 거울, 전등, 축음기, 경대, 방석 등 모든 물체가 그의 시선을 거쳐 갔으나 그것들을 유의해 보지 못했다.[24](강조는 인용자)

그리고 영화의 플래시 포워드에 해당되는 장면 역시 다음과 같이 묘사되고 있다.

> 그는 명환이가 태식이를 꼭 데리고 오리라 했다. 오면 이리이리 하리라 했다. 그대로 들어맞기만 하면 재미있으리라고 혼자 어깨를 으쓱하고 웃었다. **또 그와 더불어 누릴 몇 시간 뒤의 그 즐거운 광경이 활동사진같이 획- 지나갈 때 그는 눈을 감고 또 웃었다.**[25](강조는 인용자)

이밖에도 몽타쥬처럼 당시 보편적으로 이야기되었던 영화적 관습에 대

---

23 이와 관련한 보다 자세한 연구는 이재현, 「디지털 에크프라시스: "멀티미디어로의 전환"과 언어적 표상」(『한국언론학보』 53(5), 한국언론학회, 2009)을 참조할 것.
24 안석영, 「춘풍」 2회, 『조선일보』, 1935.02.13.
25 안석영, 「춘풍」 37회, 『조선일보』, 1935.03.26.

한 구체적 언어적 묘사도 존재한다.

> 체경 앞에 놓은 어항에서 금붕어 은붕어가 먹은 것을 토하고 토한 것을 먹으며 지느러미를 놀려 헤엄치고 있다. 영옥은 그것을 보니 더욱 **답답했다**. 그래서 그는 일어나서 세수를 하고 밥을 먹고 옷을 갈아입었다. 어디든지 발 내키는 대로 쏘다녀 보자는 것이다.[26](강조는 인용자)

영옥의 답답한 심정을 어항 속 금붕어를 통해 표현한 위 장면은 몽타쥬와 관련하여 당시 영화비평 담론에서 빈번히 논의되던 것이기도 했다. 대표적으로 오영진은 몽타주에 대해 어떤 의미와 심리를 "그것을 상징하는 것 암시하는 것 연상시키는 것으로 대치함으로써 강조보족하고 표현하는 영화적 기교"라고 설명하고, "〈산송장〉에서 황량한 폐자의 심적 상태를 처량한 강기슭의 풍경으로 환치"한 장면을 예로 든 바 있다.[27] 이와 유사하게 박기채 역시 다음과 같이 몽타쥬 기법을 언급한 바 있다.

> 영상만으로 한 장면의 의미가 명료해진 경우에 **언어로서 내용을 풍부하게 한다는 것은** 실제상으로 **필요치 않다**. 가령 사랑하는 男女가 달 밝은 밤길을 거닐고 있을 때 "나는 당신을 사랑해요" 이런 말로 설명을 하지 않더라도 벌써 관중은 영상으로서 두 남녀의 감정을 찰지(察知)하고 있는 것이다. (중략)두 남녀의 감정을 심각히 표현하려면 **밤길을 걷는 두 남녀의 감정을 상징적으로 로맨티시즘을 몬타쥬하여야** 길을 걷는 두 남녀의 정신이 포옹에까지 이른 감정인 것을 관중은 짐작할 수 있게 될 것이다.[28](강조는 인용자)

이처럼 영화적 기법에 대한 구체적 언어 서술들은 안석영이 영화적 장면을 소설에 단순히 차용하는 수준을 넘어서, 영화를 언어로 직접 구현하

---

26 안석영, 「춘풍」 46회, 『조선일보』, 1935.04.05.
27 오영진, 「영화와 문학에 관한 프라그멘트」, 『조선일보』, 1939.03.07.
28 박기채, 「朝鮮토키와 新課題」, 『조광』, 1940.08, 283쪽.

려 했었다는 것을 보여준다. 결국 영화적 장면에 대한 에크프라시스는 안석영 소설「춘풍」의 주요한 특징인 동시에, 박기채가 이 소설을 "소설로보다도 영화적 스토리로서 그 구성이 최근에 보기 어려운 훌륭한 작"[29]이라고 평가하는 데 주요한 근거가 되었을 것으로 생각된다.

4. 소설과 영화소설의 경계

앞 장에서 살펴봤듯, 안석영의 「춘풍」은 소설로 발표되었지만, 영화소설이라 하더라도 큰 무리가 없을 정도로 많은 영화적 특징을 지니고 있다. 하지만 이전에 안석영이 여러 편의 영화소설과 시나리오를 발표했던 점, 그리고「춘풍」이후에도 그가 지속적으로 '소설'과 '영화소설'을 구분해서 발표했다는 사실을 고려해 보면, 「춘풍」은 애초부터 '소설'로 발표되었던 것만은 분명해 보인다. 실제로「춘풍」보다 1년 뒤인 1936년에 발표된 영화소설「愁雨」[30]와 단편소설「아카시아」를 비교해 보면 그 형식적 차이가 뚜렷한 것을 알 수 있다. 영화소설「愁雨」가 인물들의 말과 행동을 직접적으로 묘사하는 데 집중했다면, 단편소설「아카시아」[31]는 인물의 내면에 대한 작가의 서술이 중심을 이루고 있다. 이러한 형식적 차이를 고려해 볼 때, 「춘풍」은 영화소설「愁雨」보다는 단편소설「아카시아」에 더 가까운 것이 사실이다.

하지만 '영화소설'과 '소설'의 이러한 구분에도 불구하고, 둘을 구분하는 형식적 기준은 여전히 모호한 것이 사실이다. 이와 관련하여 배현자는 안석영이 '시나리오'와 '영화소설'의 차이를 인식한 것은 분명하지만, '영화소설'과 '소설'의 차이를 얼마나 구분했는가에 대해서는 조심스러운

29　박기채, 「춘풍의 영화화-감독자로서-」, 『영화시대』 5권 8호, 1935.09.
30　안석영, 「愁雨」, 『조광』, 1936.07~12.
31　안석영, 「아카시아」, 『조선일보』, 1936.05.30~06.17.

반응을 보인 바 있다. 그럼에도 안석영이 '영화소설'을 구분하기 위해 '시간 배경의 전면화'나 '공간 배경의 전면화' 등을 시도했다고 보고 있지만, 이는 안석영의 더 많은 텍스트를 통해 논증될 필요가 있는 부분으로 생각된다.[32]

그러나 이러한 모호성은 기본적으로 동시기 '소설'과 '영화소설'의 경계가 급속히 허물어지기 시작한 당대의 문화적 경향과 깊은 관련이 있는 것으로 봐야 한다. 아래의 인용문에서 신경균이 지적하듯, 동시기 일본의 신문소설에서도 영화적 기법은 이미 보편적으로 활용되고 있던 상황이었다.

> 문학은 영화적으로 말하는 「템포」와 「콘포지숀」을 섭취하고 있고 각본은 그의 문장으로써의 특징을 문학과 융합하려 하고 있다. 영화가 가지고 있는 동시성 즉 「컷트빽」과 「푸레쉬빽」을 응용하여 그의 형체로 하고 한 걸음 더 나아가서 소설을 영화의 「몬타쥬」적으로 구성하고 있는 것을 나는 현 일본 내지의 신문소설(대중문예)에서 본다. 하여튼 현대의 모든 예술은 결코 그 독체의 형식에서만 존재하고 있을 수는 없다고 생각한다. 예술은 서로 영향을 받아가면서 각각 서로 교류하여 여기에 신시대의 예술이 개화되어 가지 않는가 생각한다.[33]

또한 1937년 이후에는 문인과 영화인들 사이에서 '시나리오 문학'에 대한 논의도 활발히 전개되고 있었다.[34] 일본의 '시나리오 문학'[35] 담론에 영

---

32 배현자, 「안석주의 영화소설 「인간궤도」 연구」, 『동아시아문화연구』 85, 한양대 동아시아문화연구소, 2021.
33 신경균, 「최근영화계의 신경향」, 『조광』 2권 9호, 1936.09, 268~271쪽.
34 당대 '시나리오 문학'에 관한 논의는 다음의 글을 참조할 것.
서광제, 「영화의 원작문제」, 『조광』, 1937.07, 320~321쪽; 이운곡, 「씨나리오論-단편적인 노-트」, 『조광』, 1937.11, 320~333쪽; 주영섭, 「시나리오 문학과 시나리오」, 『동아일보』, 1938.03.04; 「문학과 영화의 교류: 이태준·박기채 양씨 대담」, 『동아일보』, 1938.12.14; 오세명, 「"시나리오" 문학관」, 『동아일보』, 1939.08.15.·22; 유치진 외, 「시나리오 문학도 문학의 장르로 볼 수 있는가」, 『영화연극』 1, 1939.11.

향을 받은 것으로 보이는 이 논의들은, 희곡처럼 영화의 시나리오도 문학이 될 수 있는가와 같은 주제를 중심으로 이루어졌다. '시나리오 문학'에 대한 이러한 논의는 곧 기존에 존재하던 '영화소설'의 정의를 부정하는 동시에 문학과 영화의 경계를 재설정하기 위한 논의의 성격을 지닌 것이기도 했다.[36]

그런데 한 가지 흥미로운 사실은, 신경균이 '시나리오 문학'을 논의하는 같은 글에서 안석영의 영화소설 「愁雨」를 "가장 신경향인 것"이라고 평가하고, 마찬가지로 안석영의 소설 「아카시아」 역시 "묘사에서 영화적인 요소가 다분히 있는 점에서 최근 가장 흥미 있게 읽은 소설"이라고 언급하고 있다는 점이다. 즉, 신경균은 안석영의 '영화소설'과 '소설'의 구분을 수용하면서도, 두 작품 모두 시나리오 문학과 관련하여 중요한 범례라고 간주하고 있다.

> 이러한 의미에서 최근 『조광』에 연재 중인 안석영 씨의 영화소설 「愁雨」는 가장 신경향인 것이라고 본다. 그리고 다음에 조금 의미를 달리하여 『조선일보』에 연재 중인 채만식 씨의 「보리방아」, 안석영 씨의 「아카시아」같은 소설은 그의 묘사에서 영화적인 요소가 다분히 있는 점에서 최근 가장 흥미 있게 읽은 소설들이다.[37](강조는 인용자)

실제로 이 시기 영화소설 공모 역시 '시나리오 문학' 담론과 공명하며

---

35 鶴領山人, 「씨나리오 문학」, 『조선일보』, 1937.08.12.
36 이 시기 '시나리오 문학운동'에 관한 논의들은 활발히 진행됐음에도 불구하고, 전우형의 선행연구를 제외하면 관련 연구는 미비한 실정이다. 전우형은 이 시기 시나리오 문학론과 관련하여 영화소설이 자주 비판의 대상이 되었지만, 동시에 영화소설은 "시나리오문학의 가능성을 지니고 있으며, 앞으로 이 역할을 대행할 만한 장르로 인식"(전우형, 95쪽)되기도 했다고 설명하고 있다. 그러나 당시 시나리오 문학에 대한 대다수의 논의는 1937년 6월 『동아일보』의 영화소설 공모에서 드러나듯, 기존 영화소설을 철저히 부정하고, '새로운 영화소설'로서 '시나리오 문학'을 정립하려는 방향으로 전개되고 있었다. 전우형, 『식민지 조선의 영화소설』, 소명출판, 2014, 2장 참조.
37 신경균, 앞의 글, 268~271쪽.

일정한 변화를 시도하고 있기도 했다. 『동아일보』에서 실시된 다음과 같은 '영화소설'의 공모[38]를 보면, 이 공모가 요청하는 영화소설이 무성영화 시절의 영화소설과는 상당히 다른 맥락에 놓여 있음을 확인할 수 있다.

> 본사는 지금 일종의 영화소설을 공모하고 있다. 그저 영화소설이 아니라 "일종의 영화소설"이다. "일종의 영화소설"이라 하는 것은 사고에 쓴 바와 같이 종래의 소위 "영화소설"이 아니오 영화와 문학과의 유기적 종합이 가능함을 구체적으로 보여주는 새로운 형식의 독물을 의미함이니 이를 지상에 게재하면 "읽는 영화"가 되고 다소의 시나리오적 각색을 더하면 곧 촬영대본이 될 수 있는 것임을 요한다.(중략) 우리는 시나리오 문학이라는 문학의 한 새로운 장르의 성립이 가능함을 믿는 자이다. 그것이 "영화적"이어야 한다는 것은 근본적으로 요청되는 조건이어니와 동시에 이것이 문학인 이상 문자로써 표현되는 때에 영화가 가진 합종의 표현수단에 입각하여 영화적 이미지를 독자의 머리 속에 그리어 독자로 하여금 그것이 이미지임을 잊고 문학을 통하여 직접 현실의 세계를 자기의 속에 재현시키게 하는 것이라야 하겠다.(강조는 인용자)

이 공모에서 이야기되는 '영화소설'은 "종래의 영화소설"과는 차별화되는 것으로, "이를 지상에 게재하면 읽는 영화가 되고 다소의 시나리오적 각색을 더하면 곧 촬영대본이 될 수 있는" 새로운 성격을 가진 것으로 규정된다. 하지만 이 '영화소설'의 공모는 "아무런 범례도 미리 만들지 못하고 다만 방분과 역량을 가진 작가의 시험을 기다릴 뿐"이라며 정작 자신들이 공모하고 있는 '영화소설'의 정확한 형식은 제시하지 못하고 있다. 다만, "시나리오 문학이라는 문학의 한 새로운 장르의 성립"을 목표로, 문자로써 "영화적 이미지를 독자의 머리 속에 그리어 독자로 하여금 그것이 이미지임을 잊고 문학을 통하여 직접 현실의 세계를 자기의 속에

---

[38] 「본사 공모 중인 영화소설에 대하여」, 『동아일보』, 1937.06.19.

재현"하는 것이라는 구절은 이들이 공모하는 새로운 '영화소설'(시나리오 문학)의 성격을 대략적으로나마 짐작할 수 있게 해준다. 이처럼 '시나리오 문학'에 관한 신경균의 언급이나, 『동아일보』의 공모 취지를 종합해보면, 「愁雨」와 같은 안석영의 영화소설은 물론 소설에 영화적 묘사, 기법을 내장하려 한 「아카시아」나 「춘풍」과 같은 작품 모두 당대 활발히 논의되던 '시나리오 문학'의 한 형태를 예고한 것이라 볼 수 있다.

그런데 이러한 변화는 단순히 '시나리오 문학' 또는 '영화소설'의 재규정 문제에만 국한된 현상은 아니었다. 실제로 "영화적 이미지를 독자의 머리" 속에 재현하도록 한다는 '시나리오 문학'의 특징은, 당시 소설 일반의 문제로 확장되기도 했는데, 이는 당대 문인들의 서술에서도 여러 차례 관찰된다.

> 문예영화의 유행은 본래 문학의 형태에서 향수되어야 할 대중적인 부정을 잉태하고 있는 것이다. 문자의 형태에서 모든 대중의 마음을 충분히 잡아당길 수 없는 것이 영화 형식을 통해 유통하고 있는 것은 실은 **문학적인 이미지와 영화적 이미지의 사회적 교체를 의미한다.**(중략) 이리하여 문학적 이미지는 영화가 지배적이 됨에 따라 문학을 향수할 경우에조차 어느 정도 영화적 이미지와 연결될 수밖에 없다. **많은 작가가 그들이 스크린에서 본 이미지를 그 일루션 속에 집어넣지 않고 창작하는 일은 더욱더 어려워진다.** 라디오와 신문의 전쟁 상황 뉴스는 끊임없이 뉴스영화의 굉장한 목격을 기초로 하여 받아들여진다. 이와 같이 문학적 이미지의 하나의 원천이 영화 속에 포함되어 있다는 사실이야 말로 문학에 의한 향수의 하나의 사회적인 부정을 태동시키고 있는 징후이다. 펄벅의 『대지』의 놀랄만한 판매와 영화 〈대지〉의 상영과의 상호작용이 보여주는 것은 문학의 이미지에 영화 이미지의 결정력이다. 영화로 인해 하야시 후미코(林芙美子)의 소설이 팔리거나 하는 것은 문학의 패퇴에 불과하다. **문예영화 유행의 실태는 문학적 이미지의 향수가 이제 영화적 이미지의 유도에 따라 원작의 문학이 읽힌다는 것으로 실은 문학의 영화에 대한 종속에 불과하다.**[39](강조는 인용자)

동시기 조선에도 많은 영향을 미쳤던 영화이론가 이마무라 타이헤이 (今村太平)는 문예영화를 논의하는 한 글에서, 영화의 이미지로부터 자유로울 수 없게 된 작가의 창작은 물론, 영화를 보고 난 후, 해당 원작 소설을 찾아 읽는 독자들의 경향을 이야기하고 있다. 그리고 이러한 경향은 일본뿐 아니라 조선에서도 동일했던 것으로 보이는데, 1939년 『동아일보』의 한 기사는 펄벅의 소설 『대지』가 영화로 말미암아 인기를 끈 현상을 들며 "영화는 결국 소설의 적이 아니고 도리어 소설의 안내자"가 되고 있다고 설명한다.[40]

창작은 물론 독서의 영역에서 관찰되는 이러한 경향과 현상들은 당대의 소설이 영화적 사고를 반영하는 방향으로 발전할 수밖에 없었음을 시사한다. 이는 곧 주영섭이 진단하듯 "문학의 이미지에서 영화적 이미지로 전환"되는 시대적 흐름의 반영에 다름 아니었다.

> 산문예술은 십구세기의 주도예술이었다. 이십세기에 등장한 영화예술은 새로운 사회적 성격을 형성한다. 문자의 이미지로 문학을 감상하던 십구세기의 독자는 스크린 이미지로 영화는것은 문학의 내용, 심리, 지성, 사상 등을 감상하는 이십세기의 관중이 되어간다. 문자의 이미지는 스크린 이미지로 대위하여 간다. 문학의 독자가 영화의 관중이 되는 것은 예술감상의 태도, 방법, 단위의 전위를 의미한다. 영화가 문학에서 취재하는 근거에는 이와 같은 사회적 성격이 잠재하고 있다. 이것이 가장 주요한 점이다. **예술감상의 시대성은 감상자의 취미, 심리, 생리까지를 변혁시킨다. 오늘은 문학의 이미지에서 영화적 이미지로 전환되는 모멘트다. 머지않아 문자의 이미지로 사상하고 철학하는 대신에 영화의 이미지로 사상하고 철학할 수 있는 시대가 올 것이다.**[41](강조는 인용자)

---

39 今村太平, 「文藝映畵論」, 『文藝』 6, 1938, pp.158~165.
40 「영화와 독서의 관계」, 『동아일보』, 1939.02.05.
41 주영섭, 「문학과 영화」, 『동아일보』, 1939.03.24.

이러한 시대적 정황을 고려할 때, 안석영의 「춘풍」은 소설과 영화를 융합하는 새로운 서사 형식에 대한 실험을 한발 앞서 시도한 것으로 평가할 수 있다. 박기채가 「춘풍」을 "소설로보다도 영화적 스토리로서 그 구성이 최근에 보기 어려운 훌륭한 작"[42]이라 평한 바 있듯, 이 작품은 기존의 소설이나 영화소설과는 다른 성격을 지니는 동시에, 이후 활발히 논의될 '시나리오 문학'과 중요한 연관성을 갖는다는 점에서 그 의미를 재평가할 필요가 있다.

물론 소설 「춘풍」이 보여주는 영화적 성격은, 영화와 문학의 복합적인 관계 안에서 탄생한 영화소설이 이미 오래전부터 존재해왔다는 사실을 고려할 때 그다지 새로운 것이 아닐 수 있다. 하지만 무성영화에서 발성영화로 영화 매체가 변화하는 동안 '영화소설' 역시 그 정의나 형식이 끊임없이 변화했고, 기존의 영화소설을 부정하는 차원에서 새로운 영화소설(시나리오 문학)이 모색되기도 했다는 점을 고려할 때, '영화소설'은 더 분절적인 대상으로 파악될 필요가 있다. 특히 1930년대 중반, 소설과 영화소설의 경계가 흐려지기 시작한 시기에 안석영의 「춘풍」처럼 다양한 영역에서 진행된 서사적 실험과 그 양상들은 새로운 영화소설(시나리오 문학)의 출현과 관련하여 더 세밀하게 분석되어야 할 것이다.

42　박기채, 「춘풍의 영화화-감독자로서-」, 『영화시대』 5권 8호, 1935.09.

참고문헌

1. 기본 자료

『경향신문』, 『동아일보』, 『매일신보』, 『조선일보』, 『조선중앙일보』, 『중앙일보』, 『중외일보』, 『모던 조선』, 『문예(文藝)』, 『별건곤』, 『삼천리』, 『신동아』, 『영화보』, 『영화시대』, 『영화연극』, 『영화조선』, 『조광』, 『중명(衆明)』
백문임·이화진·김상민·유승진 작성, 〈서양영화 상영 DB: 1910–1950〉(미공개 자료)

2. 국내 논저

강성률, 「이규환 감독의 일제 강점기 영화에 대한 비판적 고찰 –〈임자 없는 나룻배〉와 〈군용열차〉의 기차 이미지를 중심으로–」, 『현대영화연구』 9, 한양대학교 현대영화연구소, 2010.
＿＿＿, 「식민지 지식인의 엇갈린 선택: 이경손과 전창근」, 내일을여는역사재단, 『내일을 여는 역사』 68, 민족문제연구소, 2017.
강옥희 외, 『식민지 시대 대중예술인 사전』, 소도, 2006.
공성수, 『소설과 삽화의 예술사』, 소명출판, 2021.
＿＿＿, 「한국 근대 소설 삽화가 연구 (1) –석영 안석주의 예술 이력과 삽화를 중심으로–」, 『국제어문』 96, 국제어문학회, 2023.
권명아, 『가족 이야기는 어떻게 만들어지는가』, 책세상, 2000.
김상민, 「1930년대 중반, 소설과 영화소설의 매체적 경계와 변화: 영화 〈춘풍〉(1935) 관련 텍스트 연구」, 『민족문학사연구』 87, 민족문학사연구소, 2025.
김수남, 「이경손의 한국 영화 운동: 한국 근대 예술의 개척자」, 『영화연구』 12, 한국영화학회, 1997.
김익두, 「이경손과 그의 희곡」, 『한국언어문학』 26, 한국언어문학회, 1988.
김종원, 『한국 영화감독 사전』, 국학자료원, 2004.
노만, 『한국영화사』, 등사본, 1964.
＿＿, 『한국영화사』, 법문사, 2023.
문경연·최혜실, 「일제 말기 김영팔의 만주활동과 연극 〈김동한〉의 협화적 기획」, 『민족문학사연구』 38, 민족문학사연구소, 2008.
문일 편, 『(영화소설) 아리랑』, 박문서관, 1929.
박선영, 「식민시기 "웃음의 감각" 형성과 코미디(성)의 발현 – 외화 코미디 수용을 중심으로」, 『영상예술연구』 21, 영상예술학회, 2012.
박선영, 「잡후린(囃侯麟)과 애활가(愛活家) - 조선극장가의 찰리 채플린 수용과 그 의미: 1920-30년대 경성 조선인 극장을 중심으로」, 『대중서사연구』 30, 대중서사학회, 2013.
_____, 『코미디언 전성시대: 한국 코미디영화의 역사와 정치미학』, 소명출판, 2018.
배현자, 「안석주의 영화소설 「인간궤도」 연구」, 『동아시아문화연구』 85, 한양대학교 동아시아문화연구소, 2021.
백문임, 「조선 영화비평에서 미국영화의 문제: 1916-1931」, 『현대문학의 연구』 60, 한국문학연구학회, 2016.
_____, 「영화배우 신일선(1912-1990) 연구」, 『여성문학연구』 64, 한국여성문학학회, 2025.
백문임 외 편저, 『조선영화란 하오』, 창비, 2016.
백문임 외 편저, 『키네마: 영화소설과 시나리오 1』, 보고사, 2024.
신수정, 「1930년대 여배우의 유성기음반 활동 연구」, 『음악과 현실』 52, 민족음악학회, 2016.
안종화, 『한국영화측면비사』, 현대미학사, 1998.
안태근, 『한국영화 100년사 일제강점기』, 글로벌콘텐츠, 2023.
유현목, 『한국영화발달사』, 한진출판사, 1980.
윤봉춘, 「나와 영화 반세기: 첫 '데뷔' 작품은 1927년의 「들쥐」」, 『월간 영화』, 영화진흥공사, 1974.
이영일, 「(평전, 한국영화인 열전) 이경손 편」, 『월간 영화』, 영화진흥공사, 1977.
_____, 『한국영화전사』, 소도, 2004.
이재현, 「디지털 에크프라시스 : "멀티미디어로의 전환"과 언어적 표상」, 『한국언론학보』 53(5), 한국언론학회, 2009.
이화진, 『소리의 정치: 식민지 조선의 극장과 제국의 관객』, 현실문화, 2016.
_____, 「영화를 읽는 시대의 도래, 『영화시대』(1931-1949)-한국 근대 영화잡지와 토착적 영화 문화」, 『한국극예술연구』 63, 한국극예술학회, 2019.
_____, 「무성영화 〈괴인의 정체〉(1927)의 재구성」, 『한국극예술연구』 77, 한국극예술학회, 2022.
이효인·김정호, 「카프 영화인 서광제의 전향 논리 연구」, 『한민족문화연구』 30, 한민족문화학회, 2009.
임화, 「이월화, 신일선」, 『모던 조선』 창간호, 1936.
_____, 「조선영화발달소사」, 『삼천리』 제13권 6호, 1941.
전우형, 『식민지 조선의 영화소설』, 소명출판, 2014.
정종화, 「조선 무성영화 스타일의 역사적 연구」, 중앙대학교 첨단영상대학원 박사학위논문, 2012.
최민지, 「신문소설 삽화의 매체적 특성에 관한 연구 : 안석영 삽화를 중심으로」, 서울대학교 석사학위논문, 2020.
최우정, 「1930년대 조선영화의 희극(성)과 가족 로망스: 〈싸구료 박사〉와 〈키드〉 겹쳐 읽기」, 『사이間SAI』 37, 국제한국문학문화학회, 2024.
한만수, 『허용된 불온: 식민지시기 검열과 한국문학』, 소명출판, 2015.
한상언, 「안석영의 영화소설 〈노래하는 시절〉 연구」, 『근대서지』 16, 근대서지학회, 2017.
황문평, 「민족영화 〈아리랑〉의 여주인공 신일선」, 『인물로 본 연예사: 삶의 발자국(1)』, 도서출판 선, 1998.

3. 해외 논저
리처드 다이어, 『스타 – 이미지와 기호』, 주은우 역, 한나래, 1995.
마르트 로베르, 『기원의 소설, 소설의 기원』, 김치수·이윤옥 역, 문학과지성사, 1999.
몰리 해스켈, 『숭배에서 강간까지: 영화에 나타난 여성상』, 이형식 역, 나남출판, 2008.
브뤼노 라투르, 『우리는 결코 근대인이었던 적이 없다』, 홍철기 역, 갈무리, 2009.
스티브 닐·프랑크 크루트니크, 『세상의 모든 코미디』, 강현두 역, 커뮤니케이션북스, 2002.
아리스토텔레스, 『수사학 / 시학』, 천병희 역, 도서출판 숲, 2017.
앙리 베르그송, 『웃음: 희극적인 것의 의미에 대하여』, 김진성·류지석 역, 파이돈, 2022.
지크문트 프로이트, 『성욕에 관한 세 편의 에세이』, 박종대 역, 열린책들, 2020.
테리 이글턴, 『유머란 무엇인가: 농담과 유머의 사회심리학』, 손성화 역, 문학사상사, 2019.
토마스 엘새서·말테 하게너, 『영화이론』, 윤종욱 역, 커뮤니케이션북스, 2012.
Ben Singer, "Fiction tie-ins and narrative intelligibility 1911-18", *Film History*, Vol. 5, No. 4, Indiana University Press, 1993.
George Gordon Lord Byron, *Don Juan*, The Modern Library, 1949.

서지 정보

〈백의인〉
조선일보 1927.01.20.~04.27.
네이버 뉴스 라이브러리

〈싸구료 박사〉
동아일보 1931.09.12.~10.25.
네이버 뉴스 라이브러리

소설 〈춘풍〉
조선일보 1935.02.10.~04.14.
네이버 뉴스 라이브러리

감독 박기채 수기(手記), 〈춘풍〉
조선중앙일보 1935.09.17.~10.08.
한국학자료통합플랫폼(https://kdp.aks.ac.kr/)

〈여인부락〉
동아일보 1937.08.15.~09.30.
네이버 뉴스 라이브러리

저자소개

백문임(白文任)
연세대학교 국어국문학과 교수. 연세대학교 국어국문학과 졸업 및 동 대학원 박사. 저서로『줌 아웃: 한국영화의 정치학(2001)』,『춘향의 딸들: 한국 여성의 반쪽짜리 계보학(2001)』,『형언: 문학과 영화의 원근법(2004)』,『임화의 영화(2015)』, 공역서로『카메라 폴리티카(1996)』,『모더니티와 시각의 헤게모니(2004)』, 공(편)저로『르네상스인 김승옥(2005)』,『조선영화란 하오(2016)』,『그런 남자는 없다(2017)』,『페미돌로지(2022)』,『키네마: 영화소설과 시나리오 1(2024)』, *Theorizing Colonial Cinema*(2022) 등이 있다.

김다영(金茶伶)
연세대학교 경영학과를 졸업하고 동 대학원 철학과에서 도덕성과 감정의 상관관계에 관한 연구로 석사학위를 받았다. 인간성과 인간의 가능성에 관한 이론 및 학제 간 연구에 관심이 많다. 연세대학교 국어국문학과 박사과정에서 영화 및 현대소설, 대중문화를 공부하고 있다. 공편저로『키네마: 영화소설과 시나리오 1(2024)』이 있다.

이만강(李萬康)
연세대학교 국어국문학과를 졸업하고 동 대학원에서 한국 좀비 영상물 연구로 석사학위를 받았다. 최근 발표 논문으로「조선족 서사『옥화』와 〈두만강〉의 환대(hospitality) 의식 분석(2022)」,「'재생산적 미래주의(reproductive futurism)'로 한국 좀비 영상물 읽기 - 〈부산행〉, 〈지금 우리 학교는〉을 중심으로 -(2023)」 등이 있다. 한국 영화에 대해 폭넓게 관심을 지니고 연구를 진행하는 한편 1960-70년대 홍콩영화와 한국 영화의 관계에 대한 연구를 준비 중이다.

최우정(崔우정)
서강대학교 국어국문학과를 졸업하고 동 대학원에서 석사학위를 받았다. 현재 연세대학교 국어국문학과 박사과정에서 영화이론, 연극이론, 대중문화, 포스트 인문학을 연구한다. 마이너리티의 문화사를 읽고 쓰는 일, 장르와 매체를 횡단하는 예술(장)을 분석하고 역사화하는 일에 관심이 많다. 공편저로 『키네마: 영화소설과 시나리오 1』(2024)이 있으며, 「한국 여성 독립영화 팬덤문화 연구: '벌새단'과 '메기떼'를 중심으로」(2025) 등의 논문을 발표했다. 2023년 제3회 국립극장 젊은 공연예술 평론가상을 수상했다.

김상민(金相珉)
한국방송통신대학교 국어국문학과 조교수로 재직 중이며, 연세대학교 국어국문학과를 졸업하고 동 대학원에서 박사학위를 받았다. 현재 한국영화와 근대문학을 중심으로 강의와 연구를 진행하고 있다. 「한국 영화적 리얼리즘의 계보 – 근대영화/문학 비평사 연구(2020)」, 「박기채의 영화예술론 연구 – '예술사회학'과 '향토성'을 중심으로(2023)」, 「한국영화의 글로벌라이제이션에 관한 시론적 연구(2021)」 등의 논문이 있으며, 『조선영화란 하오(2016)』 등의 공편저를 발간했다.

한국 언어·문학·문화 총서 20
키네마: 영화소설과 시나리오 2

2025년 8월 25일 초판 1쇄 펴냄

저　자 백문임·김다영·이만강·최우정
펴낸이 김흥국
펴낸곳 보고사

주소 경기도 파주시 회동길 337-15 보고사
전화 031-955-9797(대표)
팩스 02-922-6990
메일 bogosabooks@naver.com
http://www.bogosabooks.co.kr

ISBN　979-11-6587-913-6　94810
　　　　979-11-5516-424-2　94080　(세트)

ⓒ 백문임·김다영·이만강·최우정, 2025

정가 43,000원

사전 동의 없는 무단 전재 및 복제를 금합니다.
잘못 만들어진 책은 바꾸어 드립니다.

이 저서는 연세대학교 학술연구비의 지원으로 이루어진 것임